国家出版基金项目
NATIONAL PUBLICATION FOUNDATION

中国特色社会主义根本政治制度

人民代表大会制度纪实

总　顾　问　王汉斌

编委会主任　乔晓阳

人大讨论决定重大事项制度（上）

任佩文　吴克非　王亚楠 / 编著

中国出版集团
中国民主法制出版社

全国百佳图书
出版单位

图书在版编目（CIP）数据

人大讨论决定重大事项制度/任佩文，吴克非，王亚楠编著 . —北京：中国民主法制出版社，2024. 2

（中国特色社会主义根本政治制度：人民代表大会制度纪实/杨积堂，吴高盛主编）

ISBN 978-7-5162-3521-8

Ⅰ. ①人… Ⅱ. ①任… Ⅲ. ①全国人民代表大会常务委员会—工作—研究—中国 Ⅳ. ①D622

中国国家版本馆 CIP 数据核字（2024）第 039226 号

图书出品人：刘海涛
出 版 统 筹：贾兵伟
责 任 编 辑：张　霞

书名/人大讨论决定重大事项制度
作者/任佩文　吴克非　王亚楠　编著

出版 · 发行/中国民主法制出版社
地址/北京市丰台区右安门外玉林里 7 号（100069）
电话/（010）63055259（总编室）　83910658　63056573（人大系统发行）
传真/（010）63055259
http：// www. npcpub. com
E-mail：mzfz@ npcpub. com
开本/16 开　700 毫米×1000 毫米
印张/67. 5　字数/727 千字
版本/2024 年 6 月第 1 版　2024 年 6 月第 1 次印刷
印刷/三河市宏图印务有限公司

书号/ISBN 978-7-5162-3521-8
定价/258. 00 元（全三册）

中国特色社会主义根本政治制度
——人民代表大会制度纪实

编 委 会

出　版　说　明

　　"乔木亭亭倚盖苍，栉风沐雨自担当。"在第一届全国人民代表大会第一次会议上，毛泽东同志向世人宣告："我们正在做我们的前人从来没有做过的极其光荣伟大的事业。我们的目的一定要达到。我们的目的一定能够达到。"

　　从1954到2024年，人民代表大会制度已走过70年。为记录人民代表大会制度发展历程，宣传中国特色社会主义根本政治制度，阐释中国特色社会主义道路自信、制度自信，中国民主法制出版社于2017年策划"中国特色社会主义根本政治制度——人民代表大会制度纪实"项目，计划用1600万字20册图书，对人民代表大会制度在我国的建立发展进行较完整的记录。

　　历时6年，几易框架，无数次讨论修改，最终收稿3000万字。3000万字分理论和纪实两大部分，详述人民代表大会的制度总论、发展历程、自身建设及立法、重大事项决定、选举任免、监督、代表、会议、对外交往等重要工作。理论部分340余万字，其中自身建设、重大事项和对外交往三个板块根据工作实际和写作安排，理论纪实合为一册，归入理论板块。立法、监督、选举任免、代表工作、会议五个板块的纪实部分共计2600余万字。两大部分通过梳理历届全国人民代表大会会议议程，记录我国根本政治制度的发展历程；通过收录全国人民代表大会及其常务委员会会议作出的决定、批准的重大事项等文件及各专门委员会的文件、报告，为研究中国特色人民代表大会制度整理、保存重要文献，宣传实现我国全过程人民民主的重要制度载体的工作机制。

为保持项目的完整性和对人民代表大会制度记录的客观性，同时适应新时代资料保存查阅的新方式新手段，经多次组织专家讨论、内部研究，项目用 20 册图书、40 个视频、1 个数据库将这 3000 余万字全部收录，将人民代表大会制度 70 年的历程完整记录、如实呈现。其中人大立法工作纪实、人大监督工作纪实、人大会议工作纪实的具体内容均收入"人民代表大会制度纪实"数据库，目录作为索引以图书形式呈现。

项目实施过程中，从总顾问王汉斌同志、编委会主任乔晓阳同志，到刚入校门的大学生，先后百余人参与其中。从框架搭建、内容研讨、资料收集、板块汇编、归类整理到书稿撰写、初稿审读、编辑加工，我们遇到许多意想不到的困难，好在"众人拾柴火焰高"，各方都投入了极大热情，这些困难也一一得到克服。其间，全国人大图书馆、全国人大有关同志给予了我们雪中送炭般的支持。

人民代表大会制度植根于中国历史文化沃土，蕴含着中华文明丰富的政治智慧和治理经验，体现了天下为公、天下大同的社会理想，九州共贯、多元一体的大一统传统，民惟邦本、本固邦宁的民本思想，德主刑辅、法明令行的法治精神。新的伟大征程上，我们要更加坚定制度自信，不断发展具有强大生命力的全过程人民民主。

2024 年是中华人民共和国成立 75 周年，也是全国人民代表大会成立 70 周年、地方人大设立常委会 45 周年，谨以"中国特色社会主义根本政治制度——人民代表大会制度纪实"向祖国献礼！

　　"六年磨一剑"，其中一定还有许多疏漏和不足，我们希望"中国特色社会主义根本政治制度——人民代表大会制度纪实"项目能为坚持好、完善好、运行好人民代表大会制度尽微薄之力。

2024 年 6 月

　　习近平总书记指出，人民代表大会制度是坚持党的领导、人民当家作主、依法治国有机统一的根本政治制度安排，是党领导国家政权机关的重要制度载体。100多年前，中国共产党一经诞生，就把为中国人民谋幸福、为中华民族谋复兴确立为自己的初心和使命，为实现人民当家作主进行了不懈探索和奋斗。在新民主主义革命时期，以毛泽东同志为主要代表的中国共产党人，创造性地提出实行人民代表大会制度的构想。1945年4月，毛泽东同志就说："新民主主义的政权组织，应该采取民主集中制，由各级人民代表大会决定大政方针，选举政府。它是民主的，又是集中的，就是说，在民主基础上的集中，在集中指导下的民主。只有这个制度，才既能表现广泛的民主，使各级人民代表大会有高度的权力；又能集中处理国事，使各级政府能集中地处理被各级人民代表大会所委托的一切事务，并保障人民的一切必要的民主活动。"1954年9月，第一届全国人民代表大会第一次会议召开，通过了《中华人民共和国宪法》，标志着人民代表大会制度这一国家根本政治制度正式建立。

　　经过70年的实践发展，人民代表大会制度更加成熟、更加定型，焕发出蓬勃生机活力。2021年10月13日习近平在中央人大工作会议上的讲话中强调："实践证明，人民代表大会制度是符合我国国情和实际、体现社会主义国家性质、保证人民当家作主、保障实现中华民族伟大复兴的好制度，是我们党领导人民在人类政治制度史上的伟大创造，是在我国政治发展史乃至世界政治发展史上具有重大意义的全新政治制度。"

70 年来，在中国共产党的领导下，全国人大及其常委会、地方各级人大及其常委会不断探索实践、创新发展，人民代表大会制度的理论体系不断完善，人大工作积累了极其丰富的实践成果。这些理论和实践成果，是进一步坚持好、完善好、运行好人民代表大会制度的重要基石。为了深入贯彻习近平总书记关于坚持和完善人民代表大会制度的重要思想，积极发展全过程人民民主，健全人民当家作主制度体系，继往开来，守正创新，开创人大工作新局面，中国民主法制出版社组织立法机关有关同志、从事人大理论研究的相关学者和人大工作领域的实务专家，对人民代表大会制度的理论和实践进行了全面梳理，形成了"中国特色社会主义根本政治制度——人民代表大会制度纪实"项目，并获得了国家出版基金资助。

项目从人民代表大会制度总论、人民代表大会制度发展历程、人大代表选举制度和人大人事任免制度、人大立法制度、人大代表工作制度、人大讨论决定重大事项制度、人大监督制度、人大会议制度、人大自身建设、人大对外交往工作等十个方面，阐述了"中国特色社会主义根本政治制度——人民代表大会制度"的制度创建、自身建设和发展历程，全面梳理了人大行使立法、监督、决定、选举任免等职权的制度体系，并对人大会议制度、人大代表工作、人大对外交往工作做了详尽汇览。

项目在实施过程中，力图在梳理理论体系的同时，尽量根据现有文献和资料，将人民代表大会制度发展进程中和人大工作全过程各环节相关制度成果加以汇总，为现在和未来的人大工作者、人大理论研究者提供尽可能翔实的人大知识宝库。

这是迄今为止收录内容最为完整的一套人大纪实丛书，为了体现中国特色社会主义根本政治制度的伟力，让更多国人了解和熟悉这一制度的逻辑，每一板块我们都进行了导读设计，从而更有利于读者提纲挈领地加以掌握。

今年是中华人民共和国成立 75 周年，也是全国人民代表大会成立 70 周年。我们谨以"中国特色社会主义根本政治制度——人民代表大会制度纪实"项目，向人民代表大会制度致敬，向祖国献礼。

乔晓阳

2024 年 6 月

上　册

理论部分

第一章　讨论决定重大事项的渊源

　　第一节　讨论决定重大事项的理论渊源　　／ 0005

　　第二节　讨论决定重大事项的制度渊源　　／ 0016

　　第三节　讨论决定重大事项的实践发展　　／ 0029

第二章　讨论决定重大事项的功能

　　第一节　讨论决定重大事项的性质和功能　　／ 0050

　　第二节　讨论决定重大事项的立法功能　　／ 0061

　　第三节　讨论决定重大事项的监督功能　　／ 0066

　　第四节　讨论决定重大事项的组织和任免功能　　／ 0078

　　第五节　讨论决定重大事项的外交功能　　／ 0083

第三章　讨论决定重大事项的程序

　　第一节　讨论决定重大事项议题的确定　　／ 0091

第二节　重大事项议案或者报告的提出 　　　／0107

第三节　重大事项议案或者报告的审议 　　　／0112

第四节　重大事项的决定 　　　／0115

第五节　重大事项决议决定的公布 　　　／0120

第四章　讨论决定重大事项制度的坚持与完善

第一节　坚持与完善讨论决定重大事项制度的
历史逻辑 　　　／0125

第二节　坚持与完善讨论决定重大事项制度的
理论逻辑 　　　／0139

第三节　坚持与完善讨论决定重大事项制度的
现实逻辑 　　　／0155

纪实部分

第五章　关于宪法及相关法的决议决定

第一节　关于修改宪法的决议决定 　　　／0175

第二节　关于宪法相关法的决议决定 　　　／0191

第六章　关于选举事项的决议决定

第一节　关于选举法律法规的决议决定 　　　／0199

第二节　关于全国人大代表选举的决议决定 　　　／0251

第三节　关于地方人大代表选举的决议决定 　　　／0282

第四节　关于召开人民代表大会会议的决议决定／0303

第五节　关于开展代表工作的决议决定 　　　／0330

中　册

第七章　关于组织和人事任免的决议决定

第一节　关于组织法修改的决议决定　　　　／ 0367

第二节　关于各国家机关组织事项的决议决定　／ 0459

第三节　关于地方组织事项的决议决定　　　／ 0505

第四节　关于人事任免事项的决议决定　　　／ 0578

第八章　关于立法事项的决议决定

第一节　关于法律适用的决议决定　　　　／ 0599

第二节　关于法律清理的决议决定　　　　／ 0614

第三节　关于法律修改的决议决定　　　　／ 0632

第四节　关于法律废止的决议决定　　　　／ 0693

第五节　关于法律宣传的决议决定　　　　／ 0696

下　册

第九章　关于监督事项的决议决定

第一节　关于各项工作报告的决议决定　　　／ 0749

第二节　关于开展计划和预算监督的决议决定　／ 0801

第三节　关于执法检查的决议决定　　　　／ 0878

第十章　关于对外交往的决议决定

第一节　关于双边外交的决议决定　　　　／ 0893

第二节　关于多边外交的决议决定　　　　　　/ 0915

第三节　关于外交事项的决议决定　　　　　　/ 0936

第十一章　关于特定重大事项的决议决定

第一节　关于重大改革的决议决定　　　　　　/ 0941

第二节　关于重大建设的决议决定　　　　　　/ 0956

第三节　关于重大纪念日的决议决定　　　　　/ 0960

第四节　关于重大荣誉的决议决定　　　　　　/ 0964

第五节　关于国家安全的决议决定　　　　　　/ 0975

第六节　关于国家特赦的决议决定　　　　　　/ 0996

第七节　关于特别行政区治理的决议决定　　　/ 0999

第十二章　关于授权的决议决定

第一节　关于授权常务委员会的决议决定　　　/ 1023

第二节　关于授权国务院的决议决定　　　　　/ 1024

第三节　关于授权国家监察委员会的决议决定　/ 1032

第四节　关于授权"两高"的决议决定　　　　　/ 1033

第五节　关于授权地方政府的决议决定　　　　/ 1040

第六节　关于授权特别行政区的决定　　　　　/ 1045

参考书目　　　　　　　　　　　　　　　　　/ 1048

丛书后记　　　　　　　　　　　　　　　　　/ 1050

理论部分

/ 第一章 /

讨论决定重大事项的渊源

讨论决定重大事项，是宪法和法律赋予人大及其常委会的一项重要职权，即对国家或者本行政区域内的重大事项进行讨论，作出决定的职权。我国的各级人民代表大会都是国家权力机关，全国人民代表大会是最高国家权力机关，地方各级人民代表大会是本地方的国家权力机关，不仅可以依法行使国家立法权或者地方性法规制定权，还可以对政治、经济、教育、科学、文化、卫生、环境和资源保护、民政、民族等工作的重大事项进行讨论，必要时还可以作出决定，并监督政府、监察委员会、法院和检察院实施。党的十八届三中全会通过的《中共中央关于全面深化改革若干重大问题的决定》指出，要"健全人民代表大会讨论、决定重大事项制度，各级政府重大决策出台前向本级人民代表大会报告"。这对新形势下各级人大及其常委会有效行使重大事项职权提出了新的更高要求。科学界定重大事项的内涵和范围，是健全人民代表大会讨论决定重大事项制度的重点和难点，也是推动人民代表大会制度与时俱进的一个重要方面。

第一节　讨论决定重大事项的理论渊源

　　讨论决定重大事项作为马克思主义关于无产阶级政权建设理

论的重要内容，有着深厚的理论渊源和丰富的经典论述，系统梳理和完整把握相关理论体系和观点方法，对于我国人大及其常委会确立和行使这一重要职权具有重要的理论和现实指导意义。

一、马克思主义人民主权思想

马克思主义人民主权思想是我国人民民主专政以及社会主义制度建立的重要理论基础，是我国人民代表大会讨论决定重大事项制度的重要理论渊源。人民主权学说最早由法国资产阶级启蒙思想家卢梭等人提出，卢梭认为，国家是因人民订立契约而产生的，因此，国家主权是人民公意的体现，人民享有国家的最高主权。在这里，卢梭以人民主权代替了君主主权。马克思、恩格斯批判地继承了卢梭等人提出的人民主权学说，进一步深刻分析了人民与国家制度的关系，阐明了谁产生谁、谁主导谁的问题，指出，在民主体制中，国家制度是人民创造的，是人民行使权利的结果，是用来保障自身合法权益的，而在君主体制中，国家制度是国王创造的，是其用来维护统治秩序，压迫和剥削人民的工具。

马克思以人民主权思想为武器，清算了黑格尔的"国家"主权和试图为君主制度辩护的思想，写下了经典著作《黑格尔法哲学批判》。马克思驳斥了黑格尔的君主主权理论以及君主主权和人民主权可以共存的思想，坚定了人民主权的唯一性。马克思针对黑格尔"国家"主权的批判主要体现在这几个方面：一是主权在一国中具有唯一性。"主权这个概念本身就不可能有双重的存在，更不可能有和自身对立的存在"。二是行使主权的主体也具有唯一性。"一个是能够在君主身上实现的主权，另一个是只能在人民身上实现的主权。这同'上帝主宰一切'这个问题是一样的"。君主主权由君主实现，植根于君主专制制度中；人民主权由人民来实现，根植于共和制度中。三是君主主权与人民主权在性质上是根本对立的。人民主权与君主主权根本不能共存，实现人民主权必须消灭君主主权，把被君主制"颠倒了的世界"再颠倒过来。[1]

马克思所提出的这一思想的核心就是人民当家作主，就是无产阶级民主，正如他本人在称赞巴黎公社时所指出的，巴黎公社就是属于人民、由人民掌权的政府。[2] 马克思指出，巴黎公社作为无产阶级民主共和国的一种形式，是与封建君主制直接对立的，"公社就是帝国的直接对立物。巴黎无产阶级用以欢迎二月革命的'社会共和国'口号，不过是表示了希望建立一种不仅应该消灭阶级统治的君主制形式，而且应该消灭阶级统治本身的共和国的模糊意向。公社正是这种共和国的一定形式"。而无产阶级的民主共和国和资产阶级的民主共和国的区别就在于：前者"大多数自然是工人，或者是公认的工人阶级的代表"[3]；后者，其国家所有权力都掌握在资产阶级这个有产阶级手中，而人民根本处于无权地位。两种共和国的本质区别在于："一切旧的政府形式在本质上都是压迫性的，而公社却宣布'社会解放'为共和国的伟大目标，从而以公社的组织来保证这种社会改造。"马克思充分认可巴黎公社的民主形式，认为其之所以是无产阶级民主共和国，根源于其主权是属于工人阶级和全体劳动人民，并由他们自己真正当家作主的。"公社给共和国奠定了真正民主制度的

---

〔1〕《马克思恩格斯全集》第 1 卷，人民出版社 1956 年版，第 279 页。

〔2〕《马克思恩格斯选集》第 3 卷，人民出版社 1995 年版，第 64 页。

〔3〕《马克思恩格斯选集》第 2 卷，人民出版社 1995 年版，第 375 页。

基础，……它是新的真正民主的国家政权……它是由人民自己当自己的家"。同时，人民主权与无产阶级的统治是相辅相成的，没有人民对国家掌握主权就不可能有无产阶级专政；没有无产阶级的专政，也就不可能有人民主权。因此，坚持人民当家作主的基本原则，是共和国无产阶级性质和民主性质的坚实保障。[1]

恩格斯在《家庭、私有制和国家的起源》中，也通过对原始氏族那种平等、自由、公正的社会状态的赞美，表达了对没有阶级之分、没有剥削与压迫的真正的人民当家作主的国家制度的向往。列宁在领导俄国革命的实践中，继承并发展了马克思主义人民主权思想，提出了社会主义民主的新概念。社会主义民主与无产阶级民主的本质是一样的，社会主义民主是无产阶级民主理论在实践中的体现。社会主义民主是工人阶级及其他劳动人民当家作主的民主，是人类历史上新的更高类型的民主。列宁指出，苏维埃政权是新型的国家，是以新的民主制代替了资产阶级民主制，这种还有很多混乱和不合理现象的新型民主制，其活的灵魂就是政权转归劳动者，消灭剥削和镇压机关。在这里，民主第一次为群众为劳动者服务，不再是富人的民主，而在一切资产阶级的、甚至是最民主的共和国里，民主始终是富人的民主。列宁所提出的社会主义民主，其本质特征是工人阶级政党领导人民群众对国家事务进行管理和监督，是真正意义上的人民当家作主。

在阐述人民主权思想的同时，马克思主义也认为，社会主义民主是一个不断完善的历史过程。马克思在总结巴黎公社的经验时说，工人阶级要实现自身的解放，必须经历几个不同阶段。列宁在领导苏维埃政权的建设实践中指出，实行社会主义民主重要

---

〔1〕《马克思恩格斯选集》第2卷，人民出版社1957年版，第422—425页。

的是全体劳动者来管理国家，说起来苏维埃机构是全体劳动者都可以参加的、做起来却远不是人人都能参加，直到今天我们还没有达到使劳动群众能够参加管理的地步。[1] 由此可见，要实现社会主义民主的理想状态，必须不断地推进民主政治建设，不断地完善民主制度的实现形式，这些理论直接或间接地成为中国共产党领导中国人民革命与建设事业中探索建立人民当家作主的新政权的理论来源，也是社会主义国家权力机关职权制度的重要理论来源。

综上所述，人民主权思想的核心内涵是，一个群体之下的最高政治统治力必须拥有正当性的基础，且此正当性的基础只能来自人民，而非人民以外的任何机制。人民主权强调的是人民是主权的最终所有者，而非其他个人或机构。具体包括，主权属于人民，国家权力来源于人民全体；人民主权是一个国家的最高权力，没有其他更高的意志；立法权属于人民，法律是人民共同意志的集中和真实的体现；国家其他权力机关均由人民选举产生，国家权力机关的权力来自人民的授予，向人民负责，受人民监督。[2]

二、马克思主义国家学说

马克思主义国家学说以辩证唯物主义和历史唯物主义为理论基础，立足于社会经济关系，包含了国家的起源、国家的本质、国家的历史类型、资产阶级国家的实质和特征、无产阶级国家的

---

〔1〕《列宁选集》第3卷，人民出版社1995年版，第464、766、770页。

〔2〕李婷：《论人民主权思想的发展脉络——从卢梭到马克思》，博士学位论文，南京师范大学，2014年，第21页。

实质和特征、无产阶级国家的形式以及国家的消亡等一切重要的国家理论问题，是我国人民代表大会讨论决定重大事项制度的重要理论渊源。

首先，无产阶级实现从资本主义向共产主义的过渡，必须建立无产阶级专政的国家。有效组织国家政权并依靠这个政权镇压资本家阶级的反抗和按新的方式组织社会是无产阶级取得政权后的重要任务。马克思、恩格斯从国家的起源入手，揭示了国家是阶级矛盾不可调和的产物，当对立阶级之间的矛盾进入不可调和的状态的时候，为了维护社会的稳定，就需要有一种凌驾于社会之上的力量来把冲突保持在秩序的范围之内，这种力量就是国家。它是随着生产的发展和阶级的产生而产生的，是历史发展的必然。[1] 马克思和恩格斯在《共产党在德国的要求》一文中指出，德国无产阶级在资产阶级革命中的基本任务是建立一个统一的、不可分割的共和国。实现这一任务的措施包括：实现普选制、发给人民代表薪金、保证人民参加议会、废除一切封建义务，等等。恩格斯在《1891年社会民主党纲领草案批判》一文中指出："如果说有什么是毋庸置疑的，那就是，我们的党和工人阶级只有在民主共和国这种政治形式下，才能取得统治。民主共和国甚至是无产阶级专政的特殊形式，法国大革命已经证明了这一点。"[2] 列宁在领导俄国十月革命的过程中，进一步丰富和发展了民主共和思想，他认为"无产阶级借以推翻资产阶级获得胜利的社会的政治形式是民主共和国"。他还在《修改工人政党的土地纲领》中进一步强调："如果政治制度不彻底民主化，如

---

〔1〕 刘素峰：《人民代表大会制度对马克思主义国家学说的继承和发展》，硕士学位论文，江西师范大学，2010年，第8—9页。

〔2〕 《马克思恩格斯选集》第22卷，人民出版社1995年版，第274页。

果共和制度不建立，如果人民专制得不到切实保障，那就根本不能指望保持农民起义的胜利果实，更不用想采取什么进一步的措施。"[1] 1905 年，列宁指出，若要建立共和制，就绝对要有人民代表会议。[2] 1917 年，列宁指出，人民需要共和国，为的是教育群众实行民主，不仅仅需要民主形式的代表机构，而且需要建立由群众自己从正面来全面管理国家的制度，让群众有效地参加各方面的生活，让群众在管理国家中起积极的作用。[3] 马克思、恩格斯、列宁关于民主共和制思想的论述，特别是列宁提出的"人民代表会议"政权形式，以及在俄国建立的第一个社会主义类型的人民代表机关——苏维埃，都直接或间接地为我国人民代表大会制度以及人民代表大会讨论决定重大事项制度的建立指明了方向，提供了实践经验。同时，马克思、恩格斯对于资本主义国家的阶级本质，进行了深刻的揭露和批判。资产阶级共和国的议会制和普选制，虽然在历史的进程中，是一种巨大的进步，但其最终无法改变其阶级本质，资产阶级国家仍是资产阶级镇压工人的机器，是资本家剥削雇佣劳动者的工具。在此基础上，马克思主义对无产阶级国家的国家制度建立作了科学的预见，提出了工人阶级首先要夺取政权、争得民主的思想，恩格斯在一封信中说："为了达到未来社会革命的这一目的以及其他更需要得多的目的，工人阶级应当首先掌握有组织的国家政权并依靠这个政权镇压资本家阶级的反抗和按新的方式组织社会。"然后建立真正的人民民主政权。

其次，民主共和制是无产阶级组织政权机关讨论决定重大事

---

[1]《列宁全集》第 12 卷，人民出版社 1995 年版，第 236 页。

[2]《列宁全集》第 1 卷，人民出版社 1995 年版，第 519 页。

[3]《列宁全集》第 29 卷，人民出版社 1995 年版，第 287 页。

项的现实制度基础。虽然马克思、恩格斯并没有对无产阶级专政政权的具体组织形式作详细论述，但是他们对民主共和国作了高度评价，并为之而奋斗。他们提出要把资产阶级民主共和国的形式借鉴过来，资产阶级共和国虽然是资本奴役劳动的工具，但它对无产阶级来说，却是资本主义制度下的最好的国家形式，因此，无产阶级夺取政权以后，要把资产阶级民主共和国改造为无产阶级的民主共和国，恩格斯更为明确地指出："共和国像其他任何政体一样，是由它的内容决定的；只要它是资产阶级的统治形式，它就同任何君主国一样敌视我们（抛开敌视的形式不谈）。因此，无论把它看作本质上是一种社会主义的形式，还是当它还被资产阶级掌握时，就把社会主义的使命委托给它，都是毫无根据的幻想。"[1] 所以，一种政权组织形式是属于资本主义的还是属于社会主义的，关键是看掌握在谁的手中。恩格斯还在《1891年社会民主党纲领草案批判》中肯定了民主共和国的地位和作用，恩格斯指出："如果说有什么是毋庸置疑的，那就是，我们的党和工人阶级只有在民主共和国这种政治形式下，才能取得统治。民主共和国甚至是无产阶级专政的特殊形式，法国大革命已经证明了这一点。"[2] 为了建立无产阶级自己的民主共和国，则可以借鉴和改造资产阶级民主共和国的政体形式，如普选制、代议机构、政党制度等。这实际上规定了人民代表大会讨论决定重大事项的具体可行的制度形式。

第三，国家的一切政治权力必须集中于人民代议机关之手。国家权力向来是掌握在统治阶级手中，无产阶级专政的社会主义国家也不例外，只不过其统治阶级是广大的劳动人民。在社会主

---

[1]《马克思恩格斯选集》第4卷，人民出版社1995年版，第735页。

[2]《马克思恩格斯全集》第22卷，人民出版社1995年版，第274—275页。

义这个历史阶段，由于各种条件的限制，全体劳动人民不可能一下子都直接参与国家的管理，只有通过人民代议机关的形式来实现。因此，必须建立人民代表机关，实行人民代表制度，使全体劳动人民掌握国家权力。马克思、恩格斯在揭露资产阶级社会制的本质和批判机会主义纲领时指出，应把一切政治权力集中于人民代表机关手中。马克思在《法兰克福激进民主党和法兰克福左派的纲领》一文中指出："法兰克福议会却像小学生做作业似的在议会制度上兜圈子，对各邦政府的行动听之任之，就算这个学术会议在充分讨论之后能够制定最好的议事日程和最好的宪法吧，但是，如果德国各邦政府在这个时候已经把刺刀提到日程上来，那么，最好的议事日程和最好的宪法又有什么用呢？"[1] 恩格斯在《1891年社会民主党纲领草案批判》一文中指出，可以设想，在人民代议机关把一切权力集中在自己手里。把一切政治权力集中于人民代议机关手中的要求写进纲领里去。[2] 列宁在1905年《革命无产阶级和民主主义任务》一文中说："用民主立宪制保证人民专制，也就是把整个国家的最高权力集中在由人民代表组成的一院制的立法会议手中。"[3] 1917年，在《修改党纲材料》一文中，列宁又指出："建立人民专制，国家的最高权力应当全部属于人民代表，人民代表由人民选举产生并且可以由人民随时撤换；人民代表组成单一的人民会议，即单一的议院。"[4] 在《杜马的解散和无产阶级的任务》和《社会革命党人怎样总结革命，革命又怎样给社会革命党人作了总结》这两篇文

---

〔1〕《马克思恩格斯全集》第5卷，人民出版社1995年版，第45页。

〔2〕《马克思恩格斯全集》第22卷，人民出版社1956年版，第273页。

〔3〕《列宁全集》第10卷，人民出版社1995年版，第260页。

〔4〕《列宁全集》第29卷，人民出版社1995年版，第486页。

章里，列宁又说："人民根据经验认识到，如果人民代表机关没有充分的权力，如果它是由旧政权召集的，如果同它并存的旧政权还是完整无损的，那么人民代表机关就等于零。"[1] 这里，列宁已经明确地表明人民代表机关的权力性质和权力范围。但是，人民代表机关不能像资本主义国家的议会那样，成为统治阶级摆弄的幌子。马克思在批判资产阶级代议机关的同时，主张建立掌握国家一切政治权力的人民代表机关。恩格斯在《1891 年社会民主党纲领草案批判》中也指出："有一点在我们看来应该而且能够写到纲领里去，这就是把一切政治权力集中于人民代议机关之手的要求。"这不仅是马克思主义国家学说的重要内容，也是人民代表制度建立的首要前提。

三、人民民主专政理论

人民民主专政理论是马克思主义人民主权理论和国家学说在我国的实现形式，是毛泽东思想的主要内容之一。在实践中，人民民主专政理论既是对我国新民主主义革命斗争的经验总结和方向指引，又来源于我国的现实斗争实践。人民民主专政理论，是随着我国革命实践和社会主义建设实践而不断形成和发展的。早在大革命时期，毛泽东同志就指出，我国革命的领导阶级是工人阶级，我国革命中不容忽视的一个重要阶级是农民阶级。我国革命的胜利，是要依赖所有革命阶级的共同努力。在此，正式奠定了我国人民民主专政的"人民"的内涵。在第一次国内革命战争时期，中华苏维埃共和国的成立以及《中华苏维埃共和国宪法大

---

[1]《列宁全集》第 13 卷，人民出版社 1995 年版，第 308 页。

纲》的颁布，第一次系统地表述了人民民主专政的理论。在中央
到达陕甘宁边区的时候，又颁布了《陕甘宁边区施政纲领》，对
人民民主专政理论进行了进一步的论述。抗战胜利前夕，毛泽东
同志在《论联合政府》中设想新的新民主主义政权组织的产生机
制是"应采取民主集中制，由各级人民代表大会决定大政方针，
选举政府"。[1] 这里"各级人民代表大会决定大政方针"是关于
人大讨论决定重大事项最早的思想渊源，并最终贯彻到人民代表
大会制度这一根本的立国制度。而真正全面阐释人民民主专政，
是毛泽东同志在 1949 年的《论人民民主专政》一文中，随后的
全国人民政治协商会议以《中国人民政治协商会议共同纲领》
（以下简称《共同纲领》）的形式，对这一理论加以发展，成为
国家意志。彭真在 1952 年提出"人民代表会议是权力机关，国
家的重大事情由它来决定"的论述，[2] 同样是人大讨论决定重
大事项的思想渊源。到了 1954 年，我国的第一部社会主义宪法
（1954 年宪法）正式将人民民主专政理论纳入宪法范畴。刘少奇
在宪法初稿的报告中说，"人民代表大会制度是国家的根本政治
制度，一切重大问题都要由人民代表大会讨论决定"[3]，其中同
样包含了人民代表大会决定重大事项的内容。至此，人民民主专
政理念在制度层面得以全面确立。人民民主专政的领导力量是中
国共产党，只有坚持共产党的领导，才能保证工人阶级领导的先
进性。人民民主专政的基础是工农联盟。我国是一个农业大国，
农民占据着全国大部分人口。时至今日，农民依然是我国的一支

---

〔1〕 毛泽东：《论联合政府》，华北新华书店 1949 年版，第 45 页。
〔2〕 刘少奇：《关于中华人民共和国宪法草案的报告》，《刘少奇选集》（下卷），
人民出版社 1984 年版，第 157 页。
〔3〕 彭真：《关于地方人大常委会的工作》，《彭真文选 1941—1990》，人民出版
社 1991 年版，第 223 页。

重要力量。因此，工农联盟是我国人民民主专政的基础。其他各阶级与各阶层虽然也是属于"人民"的范畴，但是我国人民民主专政的核心力量是工人阶级和农民阶级，其他各阶级虽然在我国国家政权中占有一定的比例，但不居于主要地位。人民民主专政的实质就是通过在人民内部实行民主，对"敌人"实行专制。人民作为国家的主人，通过民主选举和民主监督参与到国家治理之中，并镇压和消灭破坏社会主义的敌对分子。人民民主专政包括两个方面，一个是民主，一个是专政。二者初看起来是矛盾的，但是从实质上来看，二者是辩证统一的。民主是对于"人民"而言的，专政是对于"敌人"而言的，二者在本质上，是相互影响、相互促进的。从人民民主专政理论的内容看，"人民"是国家权力的来源，"民主"是实现人民权力的方式，"专政"体现了国家的本质，也就是说，国家的权力来自人民，人民拥有管理国家的最高权力，其实现形式就是人民代表大会制，因此，人民代表大会也就自然拥有决定国家重大事项的权力。这种权力观完全符合恩格斯把一切政治权力交付到人民代议机构手中的精神，同时也符合马克思的无产阶级成为国家主人的思想。[1]

第二节　讨论决定重大事项的制度渊源

从讨论决定重大事项的理论渊源可以看出，讨论决定重大事项是特指人类社会进入整体上消灭剥削阶级的历史阶段，由无产

---

〔1〕《马克思恩格斯全集》第22卷，人民出版社1965年版，第273页。

阶级掌握政权之后，对于国家建设和社会治理而采取的一种特定的权力行使方式。其特点，一是历史发展的彻底性。阶级社会的国家也会讨论一些重大事项，但其目的往往是为了维护剥削统治和剥削制度，服务特定利益集团的，因此其目的不可能是彻底公益性的，必然会受到利益集团的绑架和利用，而只有无产阶级政权才能够实现彻底地为广大无产阶级和人民群众服务，实现权力行使目的彻底性，以及权力主客体的完全一致性。二是现实运用快捷性。这也是重大事项与立法的根本区别，立法往往要着眼更长时期的目标，固化一种更稳定的关系和利益，而重大事项往往是适应短时期内一次性经济社会发展目标确定或暂时的简单的权利义务关系调整，不存在复杂的利益关系调整，也不需要复杂的法律制度设计，通过一事一议的方式，快捷高效地提供制度供给的重要方式。三是运行方式的规范性。虽然讨论决定重大事项比立法程序简单，但是作为人大及其常委会行使权力的一种重要方式，有其一整套系统完善的行使权力的规则和程序。我国宪法第一百零四条规定，"县级以上的地方各级人民代表大会常务委员会讨论、决定本行政区域内各方面工作的重大事项"；地方组织法第十一条第三项和第五十条第四项规定，县级以上的地方人大及其常委会"讨论、决定本行政区域内的政治、经济、教育、科学、文化、卫生、生态环境保护、自然资源、城乡建设、民政、社会保障、民族等工作的重大事项和项目"。其表述均把讨论、决定本行政区域内的各方面重大事项，用顿号加以分开，这说明讨论和决定有不可分割的联系，但又是两个方面的重要工作。因此需要通过讨论充分地听取和吸纳每个群体的意见，更好地汇集和发挥各个方面治理国家和社会的积极性和创造性，从而使作出的决议决定更好地符合全社会的整体利益，与此同时又通过决定能保证尽快形成一致意见的决议决定，尽快地推动经济和社会事业的建设发展，确保整体效率效益的最大化。四是权力要件的象征性。权力说到底是一种影响力。古人认为，师出有名，无往不胜。无论是对法律法规的适用或解释进行明确、或者是对监督议题提出结论性意见、抑或是对人事任免问题作出最终表决，都需要通过讨论决定重大事项的方式配合其他权力运行，提高权力运行的公开化制度化，增强公权力的象征性。

一、俄国苏维埃政权的讨论决定重大事项制度

十月革命胜利后，1918 年 11 月 8 日，全俄苏维埃第二次代表大会公告，"今后全部政权归苏维埃"，苏维埃正式成为了俄国无产阶级专政的国家权力机关的名称。列宁曾指出："苏维埃的产生，并没有根据任何宪法，而且它在成立后一年以上的时间内（1917 年春至 1918 年夏）也还没有过任何宪法。"[1]

作为新的政权组织，苏维埃的权力是广泛的，在《关于地方自治组织（内务人民委员部告各地工人、士兵、农民和雇农代表苏维埃书）》中规定："在中央，苏维埃中央机关——全俄苏维埃第二次代表大会已经成立了中央政权，即临时工农政府（人民委员会）。在地方上，各级苏维埃就是地方管理机关，地方权力机关；一切其他机关，不管是行政机关，或是经济机关、财政机关和文化教育机关，都应受苏维埃的领导。每一个苏维埃组织，即使是最小的苏维埃组织，在处理地方性的问题上完全自主，但他们在工作中必须遵守中央政权的具有普遍性的法令和决议，以

---

〔1〕《列宁选集》第 3 卷，人民出版社 1972 年版，第 658 页。

及上级苏维埃组织的决议。省、州、县苏维埃负有一项任务，它们必须使一切地方苏维埃真正成为地方权力机关，领导地方生活的一切方面。"[1] 在"关于苏维埃的权力和义务（内务人民委员部指示）"中规定：1. 工人、士兵、农民和雇农代表苏维埃是地方的（权力）机关，有权完全独立地处理地方性的问题，但在工作中必须切实遵照中央苏维埃政权的法令和决议，以及本身的上级机关（县的、州的和省的苏维埃）的法令和决议。2. 作为一个权力机关，苏维埃所负的任务是经营地方生活的各个方面，即行政、经济、财政和文化教育等方面。3. 苏维埃按照管理程序贯彻执行中央政权的一切法令和决议，设法使这些决议家喻户晓，发布带强制性的决议，实行征收和没收，科处罚金，封闭反革命的报刊，实行逮捕，解散以积极反对或推翻苏维埃政权为目的社会团体。地方苏维埃应向中央苏维埃政权报告它所采取的一切措施和地方生活中的重大事件。4. 苏维埃从自己的代表中选出若干人组成执行机关（执行委员会、主席团）撤销在革命时期作为战斗机关而产生的革命军事委员会，由它执行苏维埃的决议和进行日常管理工作。对于苏维埃政权还不够巩固或不承认全部政权归苏维埃的州、县，准许作为一项临时措施，派专员到这些地区去。5. 苏维埃作为管理机关所需的经费，在接到它所作的三个月的详细预算后，由国家拨给[2] 从上述内容可以看出，苏维埃作为俄国十月革命后建立的新的政权形式，其性质就是国家权力

---

〔1〕［苏］谢·谢·斯图坚尼金主编：《苏维埃宪法史：1917—1957（文件汇编）》（第一分册），中国人民大学出版社编译室译，中国人民大学出版社1958年版，第108—109页。

〔2〕［苏］谢·谢·斯图坚尼金主编：《苏维埃宪法史：1917—1957（文件汇编）》（第一分册），中国人民大学出版社编译室译，中国人民大学出版社1958年版，第108—109页。

机关，它的权力极其广泛，特别是地方苏维埃，拥有完全的处理地方事务的自主权，管理行政、经济、财政和文化等一切地方性事务。俄国苏维埃制度的建立为我国人民代表大会讨论决定重大事项制度的形成提供了直接的制度来源。苏维埃的地位和职能在俄随后颁布的首部宪法中进一步得到确认。

1918 年通过的俄国首部社会主义宪法规定了苏维埃作为最高国家权力机关的性质，规定了全俄苏维埃代表大会和全俄中央执行委员会的职权。其中，涉及讨论决定重大事项的内容有 20 条左右，充分体现了苏维埃拥有广泛的国家讨论决定重大事项权力，这些职权从此成为苏俄苏维埃一项最基本的职权，体现在后来历部苏俄宪法中。至于苏维埃的本质、苏维埃讨论决定重大事项的含义，列宁给出了回答，他指出，"日益吸引每个国家的工人的新政权的实质就在于：从前管理国家的总是富人或资本家，而现在第一次由遭受资本主义压迫而且人数最多的阶级来管理国家。……在世界上，我们俄国第一次这样建立了国家政权，没有剥削者参加，只有工人和劳动者农民组成群众组织——苏维埃，而国家的全部权力都交给苏维埃"[1]。这就表明，苏维埃拥有国家最高权力，有权决定国家的一切重大问题。其次，党的决定权不能代替苏维埃的决定权。在苏维埃宪法发展的各个阶段上，共产党组织苏维埃，动员一切党政机关和社会团体严格遵守社会主义国家的根本大法——宪法。但是，共产党在实现它的指导作用时，一贯都遵循着联共（布）第八次代表大会的下述指示，这就是："党的决定应当通过苏维埃机关，在苏维埃宪法的范围内贯

---

[1] [苏] 阿·阿·李巴托夫、阿·尔·聂达夫尼、恩·特·萨尔科夫编：《列宁论苏维埃建设》，法律出版社 1958 年版，第 219 页。

彻执行。党应当积极领导苏维埃的活动，而不是包办代替。"[1]
列宁的话明确阐述了党与苏维埃的关系，即，党是国家和社会主义事业的领导核心，但党不能代替苏维埃政权，不能超越宪法，所以党的决定应当通过苏维埃作出，党的意志主要通过对政权机关的领导实现。这里所提的决定，从本质上来讲，就是对重大事项的决定。再次，从上述内容可以看出，俄国各级苏维埃政权的建立以及苏维埃的地位和职权，为后来中国共产党领导建立政权提供了经验，也为新中国建立后健全人民代表大会讨论决定重大事项制度提供了借鉴。

二、革命时期我党领导建立的民主政权对讨论决定重大事项的探索

苏俄苏维埃政权制度为中国共产党领导建立政权提供了重要范式。1919 年 3 月成立的共产国际，其基本任务，是为了建立起一个"世界苏维埃共和国联盟"，而且在 1920 年的共产国际"二大"上，就已经提出了东方落后国家也应该组织苏维埃的设想。作为共产国际在远东的一个支部，中国共产党在其成立之初的"一大"党纲和宣言中，就已经写入了承认苏维埃制度，采用苏维埃组织形式的条文。[2] 由于中国共产党成立之初主要接受共产国际的指导，并且致力于实现与国民党的合作，在 1927 年以前，没有建立苏维埃政权。随着国共合作的失败，1927 年 11 月 21 日，中国第一个工农政权——广东海陆丰苏维埃正式成立，标

---

〔1〕《苏联共产党决议汇编（俄文）》第 1 卷，人民出版社 1954 年版，第 446 页。

〔2〕 何俊志：《从苏维埃到人民代表大会制——中国共产党关于现代代议制的构想与实践》，复旦大学出版社 2011 年版，第 18 页。

志着中国苏维埃运动的正式开始，但这仅仅是党探索建立苏维埃政权的开端。这一时期所建立的苏维埃政权很大程度上体现以县一级为中心的特点，在性质上主要是一种起义组织和红军之间的中介，主要职能是动员群众参加红军，并非真正意义上的政权组织，也没有重大事项的决定权。在零星建立一些苏维埃政权，取得一定经验后，中国共产党开始对苏维埃政权模式及职能进行规划和设计，苏维埃政权逐渐开始行使讨论决定重大事项权。

1928 年 3 月 10 日，中共中央通过了《中央通告第三十七号——关于没收土地和建立苏维埃》，在通告中正式明确了苏维埃的讨论决定重大事项：各级苏维埃一经成立，即须正式议决一切公布一切执行一切，实行一切权力归苏维埃，下级苏维埃绝对服从上级苏维埃之指挥。[1] 1928 年中共"六大"通过了《苏维埃政权的组织问题决议案》，其中，关于苏维埃决定权方面的规定有：苏维埃计划当地及全国的主要政策；人民选举代表，同时有立法及行政之权；苏维埃（工农兵代表会议）的代表（议员）应提到苏维埃的工作中，执行苏维埃的决议案，或督察决议案的执行。中国共产党的早期党员、广东青年运动的先驱阮啸仙同志在《怎样建立与巩固苏维埃的组织》一文中写到，工农兵代表会议为苏维埃最高机关，讨论通过政纲及一切重要决议案，并且选举苏维埃执行委员会，执行委员会选举常务委员会，常务委员会应实行集体分工，常务委员会应经常开会讨论和执行一切决议案。[2] 从建立苏维埃的地方的实践情况看，此时的苏维埃确实

---

〔1〕 中央档案馆编：《中共中央文件选集（第四册）》，中共中央党校出版社 1989 版，第 149—157 页。

〔2〕 何俊志：《从苏维埃到人民代表大会制——中国共产党关于现代代议制的构想与实践》，复旦大学出版社 2011 年版，第 37 页。

行使了一定的权力，发挥了一定的作用，比如，1930年3月8日召开的第二次信江特区工农兵大会，除颁布各种法令、选举苏维埃执行委员外，还颁布了信东苏维埃施政纲领，确立了借贷政策和贸易政策。所作的决策既有革命斗争的内容，又有发展经济方面的内容，表明苏维埃在成立之初即行使了对国家重大问题的决定权。但是，这一时期的苏维埃建设处于探索发展阶段，表现为局部的苏维埃的建设。

1931年，中华苏维埃第一次全国代表大会通过了《中华苏维埃共和国宪法大纲》，1934年，通过了《中华苏维埃共和国中央苏维埃组织法》，这两部法律规定了苏维埃对重大事务的决定权的内容。其中包括：中华苏维埃共和国之最高政权为全国工农兵会议（苏维埃）的大会，具体职权包括审议中央执委会报告，规定大政方针等。在大会闭会的期间，全国苏维埃临时中央执行委员会为最高政权机关，中央执行委员会组织人民委员会处理日常政务，发布一切法令和决议案。中央执行委员会的职权具体包括制定批准国家政策，国家机关的设置，改变或撤销不适当的法令和决议等。除此以外，全国苏维埃代表大会与中央执行委员会都可以行使的职权有20项，在此不一一叙述。由此可以看出，全国苏维埃代表大会及其中央执行委员会的权力是极其广泛的，涵盖内政外交、政治经济等领域，特别是明确了在国家预算、税率、工农商交领域的发展政策与计划方面的决定权，体现了最高国家政权机关决定权的范围与定位，这一规定成为后来中国共产党领导建立的各类政权特别是人民代表大会讨论决定重大事项制度的基础。

除最高苏维埃政权外，1931年通过的《中华苏维埃共和国划分行政区域暂行条例》《苏维埃地方政府的暂行组织条例》，以及 1933 年颁布的《中华苏维埃共和国地方苏维埃暂行组织法（草案）》，规定了省、县、区、乡地方苏维埃政权的组织建设与职权。省、县、区级苏维埃代表大会的职权包括听取并讨论本级苏维埃执行委员会的工作报告，讨论和决定全省范围内苏维埃工作的方针，选举或改选本级执行委员会，监督本区域内苏维埃的工作，变更和取消本区域内各级苏维埃之决议，但取消重要的决议须报上级执行委员会主席团。省、县、区级苏维埃下设执行委员会，执行委员会由苏维埃代表选举产生，执行委员会的职权包括执行上级苏维埃的决议等，代收国家捐款，定期向上级执行委员会报告工作，向下级苏维埃作工作报告，并负责选举省执行委员会主席团，制定工作计划，制定并审查预决算，领导本区域内的政治、经济、文化、教育、卫生、军事等方面的建设，管理本区域社会治安及福利事业，解决本省内的争执问题，领导和监督本省内各县的工作，各级执行委员会还可任用巡视员 5—9 人，出发巡视和指导主席团或各部指定范围内的、关于下一级的某一项或几项工作[1]。从以上规定可以得知，省、县、区级执行委员会在性质上是苏维埃代表大会的执行机关，是民主集中制在地方政权中的实践形式，但从执行委员会的职权看，其既有权力机关的属性，又有地方政府的属性，兼具议会和行政职能，执行委员会拥有广泛的讨论决定重大事项权力。乡苏维埃政权采取的是一种更高程度的议行合一体制，乡苏维埃只设代表大会，不设执行委员会，一般代表大会 10 天召开一次会议，必要时还可以召开非常会议，一切事务都由苏维埃代表大会负责，必要时可以成立由代表组成的临时委员会负责解决某些具体事务，这时的乡苏

---

[1] 舒龙、凌步机主编：《中华苏维埃共和国史》，江苏人民出版社 1999 年版，第 213—221 页。

维埃是高度议行合一的政权组织，拥有广泛的讨论决定重大事项职权。

议会民主制是中国共产党为适应抗战的需要，在陕甘宁边区首先建立起来的更为彻底的民主政权制度，议会由选民直接选举产生议员，议会与行政并立。按照《陕甘宁边区议会及行政组织纲要》的规定，议会的讨论决定重大事项内容包括批准预算，创制和批准各种建设计划，决定征收各项地方性的捐税及发行地方公债。这种规定内容类似参照了国外议会职权的模式，强调议会重点在于控制财权以及税权。由于议会制是在特殊的历史条件下产生的局部政权形式，受多种因素制约，议会制并未真正在实践中运行。随着 1938 年国民政府第一届一次参政会的召开，陕甘宁边区政府按照国民政府颁布的《省参议会组织条例》要求，召开了边区参议会，议会民主制转为参议会制。根据《陕甘宁边区各级参议会组织条例》规定，边区参议会的讨论决定重大事项内容包括批准教育、财政、军事等各项计划，通过预算案，决定地方捐税事宜，决定发行地方公债事宜，议决边区政府提交事项，议决边区人民及团体提交事项，决定边区应兴应革事项，追认已采取的紧急措施。县参议会的讨论决定重大事项内容包括决定民众生计设施，议决单行公约，议决政府提交事项，议决人民和民众团体提交事项，决定本县应兴应革事项，决定收支，批准各项计划。乡市参议会的讨论决定重大事项内容包括议决人民公约，议决并执行应兴应革事项，议决并执行上级政府交办的事项，议决经费收支事项，议决并执行人民团体提议事项。

三、新中国成立后的探索

我国人大及其常委会行使讨论决定重大事项权，从中国共产党团结带领中国人民建设新中国起，就在马克思主义关于人民主权思想和无产阶级政权建设理论指导下，结合新中国建设、改革、发展的中心任务，不失时机地进行了不懈的努力实践和积极探索，取得了一系列的重大理论和制度突破，对于国家政治建设、经济建设、社会建设、文化建设、生态文明建设发挥了重要的推动作用。

解放战争胜利后，一直到 1954 年第一届全国人民代表大会召开前，在中央层面，中国人民政治协商会议全体会议和中央人民政府委员会代行了最高国家权力机关的职权，对国家的重大事项行使了决定权。在地方，则经历了人民代表会议的模式，由各级人民代表会议行使了讨论决定重大事项权。

1949 年 9 月 21 日至 30 日召开的中国人民政治协商会议代行了全国人民代表大会的职权，会议通过了《共同纲领》，对新中国的定都、国旗、国歌、纪元等重大事项作出了决定。同时，选举产生了中华人民共和国中央人民政府委员会，并付之以行使国家权力的职权，但是，全国政协代行最高国家权力机关的职权仅有这一次，此后一段时期里，中央人民政府委员会实际代行了最高国家权力机关的职权。按照《中华人民共和国中央人民政府组织法》的规定，中央人民政府委员会的讨论决定重大事项内容主要有六项：否决法定主体的不适当决议，批准或者废除对外签订的条约和协定，处理战争及和平问题，批准或修改国家预决算，颁布大赦令和特赦令，颁发与授予国家奖章及荣誉称号。从 1949 年 10 月 1 日第一次中央人民政府委员会会议至 1954 年 9 月 9 日第一届全国人民代表大会召开期间，中央人民政府委员会共开会 34 次，对许多重大事项作出了决议。

《共同纲领》具有临时宪法的性质，起了临时宪法的作用，

《共同纲领》规定了国家政权属于人民的性质，规定了人民行使国家政权的途径和方式，特别是规定了在普选的地方人大召开之前，由地方各界人民代表会议逐步地代行人民代表大会的职权，这里实际上以根本法的形式规定了地方人大召开之前的过渡模式，即人民代表会议。事实上，地方人民代表会议制在政治协商会议召开和中央人民政府委员会成立前，就已经在党的领导下开始实践。1949 年 8 月 13 日，毛泽东同志在亲自审改的新华社社论《迅速召开各界人民代表会议》中指出，各界人民代表会议是人民代表大会的雏形和准备，是人民管理政权的初级形式，是团结各界人民的重要工具，必须开好，政府的一切重要工作都应交人民代表会议讨论作出决定。[1] 但这一时期的人民代表会议在性质上主要是一种联系各界群众的组织，在功能上主要是一种咨询性代表机关，没有完全的人民代表大会讨论决定重大事项的权力。中央人民政府委员会成立后，对地方人民代表会议制的组织与运行作出了法律规制。1949 年 11 月 28 日，政务院第八次政务会议讨论了省、市、县各界人民代表会议组织通过草案，之后，又相继通过了省、市、县代表会议组织通则，这些法律性文件对各级各界人民代表会议的职权作了明确规定，如《省各界人民代表会议组织通则》规定的讨论决定重大事项内容主要有四项：听取与审查省人民政府的工作报告，决定施政方针和政策，审查与通过预决算，建议与决议有关省政兴革事宜。1950 年 12 月 8 日，又通过了区以下的人民代表会议、区人民政府、区公所以及乡人民代表会议组织通则，至此，形成了全国各地方各级人民代表会议的系统的法律规范。按照这些通则规定，各级人民政府的重大

---

〔1〕　张友渔主编：《人大里程》，河北人民出版社 1993 年版，第 36 页。

工作，应向各该级人民代表会议提出报告，并在代表会议上进行讨论与审查，一切重大问题应经人民代表会议讨论并作出决定。薄一波在向毛泽东主席《关于华北各城市召开各界代表会议的情形和经验的报告》中，提到华北各城市各界人民代表会议的职权：各城市各界代表会议，一般都以生产上的重要问题为课题，都解决一些问题，如原料如何供给等；每次会议应抓紧解决为广大群众所迫切要求解决的一两个问题，决议后一定要执行；谦虚征询各方意见，解答问题，使每个代表都有充分发言的机会是代表大会的关键；会议后各个代表向其所代表的单位或行业分头报告和解释会议的决议很重要。[1]

从人民代表会议制的实际运行看，这种代表会议从其产生之日起，就被赋予了要与具体问题的解决相联系的职能，因此，这一时期的人民代表会议的召开，也就不仅仅是一种政权的建设工作，而与执政党在特定时期的任务同样紧密联系在一起，无论是中央还是地方的各级领导，在强调召开人民代表会议的重要性时，往往都是从代表会议的结果和功能，而不是代表会议本身来强调它的重要性。[2] 过渡时期的人民代表会议的这一性质与功能，既承继了以往党领导建立代议制在解决国家和地方重大问题上的职权规定，又为人民代表大会作为权力机关的性质及其拥有决定重大问题上的职权，提供了重要范式，奠定了重要基础。

〔1〕中央档案馆编：《共和国的雏形——华北人民政府》，西苑出版社2000年版，第245—247页。

〔2〕何俊志：《从苏维埃到人民代表大会制——中国共产党关于现代代议制的构想与实践》复旦大学出版社2011年版，第135页。

第三节　讨论决定重大事项的实践发展

一、曲折探索时期

新中国成立前夕，以毛泽东为核心的党的第一代领导人在构思新中国的政权组织形式时就明确提出，各级人民代表大会应当决定国家的重大问题。毛泽东同志在中共"七大"所作《论联合政府》的报告中指出：新民主主义的政权组织，应该采取民主集中制，由各级人民代表大会决定大政方针，选举政府。1949 年 9 月，中国人民政治协商会议通过的《共同纲领》规定：中华人民共和国的国家政权属于人民。人民行使国家政权的机关为各级人民代表大会和各级人民政府。人民政府委员会向人民代表大会负责并报告工作。1950 年 6 月，毛泽东同志在党的七届三中全会的书面报告中指出："人民政府的一切重要工作都应交人民代表会议讨论，并作出决定。"[1] 1954 年，人民代表大会制度在全国范围内建立。1954 年 9 月，刘少奇在一届全国人大一次会议所作的《关于宪法草案的报告》中指出："我们国家的大事不是由一个人或少数几个人来决定的。人民代表大会制度既规定为国家的根本政治制度，一切重大问题就都应经过人民代表大会讨论，并作出决定。全国性的重大问题，经过全国人民代表大会讨论和决定，在它闭会期间，经过它的常务委员会讨论和决定；地方性的

---

〔1〕《毛泽东文集》第 6 卷，人民出版社 1999 年版，第 71 页。

重大问题经过地方人民代表大会讨论和决定。我国的人民代表大会就是这样能够对重大问题作出决定并能够监督其实施的国家权力机关。"[1] 之后通过的宪法和地方组织法，首次明确了人大及其常委会的讨论决定重大事项和行使范围，包括保证法律的贯彻执行，规划经济建设、文化建设、公共事业、优抚工作和救济工作，审查和批准预算决算和财政收支情况等八个方面的内容。从此，人大的讨论决定重大事项正式被宪法和地方组织法确立下来。

1954 年 9 月 20 日，第一届全国人民代表大会第一次会议通过了《中华人民共和国宪法》，这是我国第一部社会主义类型的宪法。宪法对人民代表大会的性质、地位、组织与职权等作了规定，宪法第二条规定："中华人民共和国的一切权力属于人民。"人民行使权力的机关是全国人民代表大会和地方各级人民代表大会。宪法第二十七条规定全国人民代表大会除立法权、人事任免权外的讨论决定重大事项内容为：（1）决定国民经济计划；（2）审查和批准国家的预算和决算；（3）批准省、自治区和直辖市的划分；（4）决定大赦；（5）决定战争和和平的问题，以及全国人民代表大会认为应当由它行使的其他职权。宪法第三十一条规定的全国人民代表大会常务委员会的讨论决定重大事项内容为：（1）撤销国务院的同宪法、法律和法令相抵触的决议和命令；（2）改变或者撤销省、自治区、直辖市国家权力机关的不适当的决议；（3）决定同外国缔结的条约的批准和废除；（4）规定军人和外交人员的衔级和其他专门衔级；（5）规定和决定授予国家的勋章和荣誉称号；（6）决定特赦；（7）在全国人民代表大会闭会

---

〔1〕 王汉斌主编：《人民代表大会制度文献集成》，中国民主法制出版社 2016 年版，第 53 页。

期间，如果遇到国家遭受武装侵犯或者必须履行国际间共同防止侵略的条约的情况，决定战争状态的宣布；（8）决定全国总动员或者局部动员；（9）决定全国或者部分地区的戒严；（10）全国人民代表大会授予的其他职权。宪法对全国人民代表大会及其常务委员会决定重大事项的内容采取了列举式和概括式相结合的方式予以规定，其中，列举规定的内容比较具体，实践操作没有争议，但列举式规定不可能把最高国家权力机关的职权全部表述，因此，1954 年宪法又设立一个兜底条款：全国人民代表大会认为应当由它行使的职权，全国人民代表大会常务委员会行使全国人民代表大会授予的其他职权。这个条款充分体现了最高国家权力机关权力的广泛性，也就是说，列举式规定只是明确了部分全国人民代表大会权力内容，至于其他方面的权力是否应由全国人民代表大会行使，判断和决定权在全国人民代表大会手里，从决定重大事项方面讲，只要全国人民代表大会认为某一重大事项应当由它作出决定，那么它就有权行使权力，作出决定。全国人民代表大会常务委员会只要得到全国人民代表大会的授权，它就有权就被授权事项作出决定。宪法第五十五条规定地方各级人民代表大会都是地方国家权力机关。第五十八条、第六十条规定地方各级人民代表大会讨论决定重大事项内容为：（1）规划地方的经济建设、文化建设和公共事业；（2）审查和批准地方的预算和决算；（3）依照法律规定的权限通过和发布决议；（4）改变或者撤销本级人民委员会的不适当的决议和命令。此外，县级以上的人民代表大会还有权改变或者撤销下一级人民代表大会的不适当的决议和下一级人民委员会的不适当的决议和命令；民族乡的人民代表大会可以依照法律规定的权限采取适合民族特点的具体措施。

1954 年 9 月 21 日，第一届全国人民代表大会第一次会议通过了《中华人民共和国地方各级人民代表大会和地方各级人民委员会组织法》（以下简称地方组织法），对宪法确定的地方各级人民代表大会的讨论决定重大事项内容进一步具体化。地方组织法第六条规定县级以上的地方各级人民代表大会的讨论决定重大事项内容主要为：（1）在职权范围内通过和发布决议；（2）规划经济建设、文化建设、公共事业、优抚工作和救济工作；（3）审查和批准预算和决算；（4）改变或者撤销本级人民委员会的不适当的决议和命令；（5）改变或者撤销下一级人民代表大会的不适当的决议和下一级人民委员会的不适当的决议和命令。地方组织法第七条规定乡、民族乡、镇的人民代表大会的讨论决定重大事项内容主要为：（1）在职权范围内通过和发布决议；（2）批准农业、手工业的生产计划，决定互助合作事业和其他经济工作的具体计划；（3）规划公共事业；（4）决定文化、教育、卫生、优抚和救济工作的实施计划；（5）改变或者撤销本级人民委员会的不适当的决议和命令。此外，民族乡人民代表大会在行使职权时，可以采取适合民族特点的具体措施。1954 年宪法和地方组织法的规定，为各级人民代表大会行使讨论决定重大事项提供了较系统的制度体系，也使各级人民代表大会讨论决定重大事项的内容初步定型。

1966 年开始的"文化大革命"严重破坏了我国的法制建设，使 1954 年宪法和地方组织法几乎成为一纸空文。1975 年宪法是在"文化大革命"的背景下通过的，具有浓重的时代色彩，但是 1975 年宪法仍然确认了人民代表大会作为国家权力机关的性质和地位，并且确认了几项讨论决定重大事项：（1）全国人大批准国民经济计划、国家的预算和决算；（2）全国人大认为应当由它行使的其他职权；（3）全国人大常委会批准和废除同外国缔结的条约，以及全国人大授予的其他职权。地方各级人大和它产生的地方各级革命委员会在本地区内，保证法律、法令的执行，领导地方的社会主义革命和社会主义建设，审查和批准地方的国民经济计划和预算、决算，维护革命秩序，保障公民权利。应该说，1975 年宪法并没有完全取消地方各级人民代表大会的决定权，但在当时实行革命委员会制度的特定的历史条件下，地方各级人民代表大会名存实亡，无法行使决定权。[1]

　　1978 年宪法是在粉碎"四人帮"，结束"文化大革命"的历史条件下修订颁布的，虽然仍带有"文化大革命"的色彩，但这部宪法终结了作为文革产物的 1975 年宪法，一定程度上恢复了 1954 年宪法的内容，在当时具有重要的进步意义。关于全国人大讨论决定重大事项，1978 年宪法规定：（1）审查和批准国民经济计划、国家的预算和决算；（2）批准省、自治区和直辖市的划分；（3）决定战争和和平的问题；（4）全国人大认为应当由它行使的其他职权。关于全国人大常委会讨论决定重大事项：（1）改变或者撤销省、自治区、直辖市国家权力机关的不适当的决议；（2）决定任免驻外全权代表；（3）决定批准和废除同外国缔结的条约；（4）规定和决定授予国家的荣誉称号；（5）决定特赦；（6）决定宣布战争状态；（7）全国人大授予的其他职权。1978 年规定的地方人大讨论决定重大事项内容为：（1）规划地方的经济建设、文化建设和公共事业；（2）审查和批准地方的经济计划和预算、决算；（3）依照法律规定的权限通过和发布决议。

---

　　〔1〕 张牟生主编：《地方国家权力机关决定权研究》，中国民主法制出版社 2004 年版，第 41 页。

民族区域自治是中国共产党运用马克思列宁主义解决我国民族问题的基本政策，是国家的一项重要政治制度。民族区域自治是在国家统一领导下，各少数民族聚居的地方实行区域自治，设立自治机关，行使自治权。民族自治地方的人民代表大会既是一般地方国家权力机关，又是自治机关，因此，民族自治地方的人民代表大会讨论决定重大事项的内容更为广泛，1949 年《共同纲领》规定：各少数民族聚居的地区，应实行民族区域自治。1954 年宪法第二章第五节"民族自治地方的自治机关"共有六条，其中第七十条规定："自治区、自治州、自治县的自治机关依照宪法和法律规定的权限行使自治权。……自治机关依照法律规定的权限管理本地方的财政。……自治机关依照国家的军事制度组织本地方的公安部队。……" 1975 年宪法第二章第四节"民族自治地方的自治机关"只有一条，即第二十四条，该条没有规定自治机关具体的自治权，并且取消了 1954 年宪法规定的自治机关制定自治条例和单行条例的自治权。1978 年宪法第二章第四节"民族自治地方的自治机关"共有三条，其中第三十九条恢复了 1954 年宪法规定的自治机关制定自治条例和单行条例的自治权。但是，1978 年宪法也没有规定自治机关具体的自治权。1982 年宪法第三章第六节"民族自治地方的自治机关"在 1954 年宪法的基础上有新的发展，共有十一条。1984 年 5 月 31 日，第六届全国人民代表大会第二次会议通过了《中华人民共和国民族区域自治法》。该法第三章"自治机关的自治权"共有二十七条，其中多数条款涉及民族自治地方人民代表大会的讨论决定重大事项。从这些规定看，民族区域自治地方的讨论决定重大事项比一般地方的国家权力机关讨论决定重大事项的范围和内容更大一些，充分体现了其民族自治的特点与要求，有利于更好实现民族区域自治地方人民当家作主的权利。

二、改革发展时期

改革开放以来，由于我国面临繁重经济发展任务，政权建设以及人民代表大会制度的具体制度建设相对缓慢，这一点从党的历次代表大会的报告中即可管窥一斑。从党的十一届三中全会到十三大之前，党的报告都侧重于经济建设层面，很少提及政权建设中的人民代表大会或人民代表大会制度。从党的十三大开始，党的代表大会报告才开始强调要坚持和完善人民代表大会制度，加强人大及其常委会的立法和监督等职能，直到党的十五大报告，也未出现有关人民代表大会讨论决定重大事项的表述。这说明在改革开放初期，经济社会发展更需要发挥人民代表大会的立法和监督职能。从党的十六大开始，这一状况发生了根本性转变。党的十六大报告在论述人民代表大会制度时强调，"坚持和完善人民代表大会制度，保证人民代表大会及其常委会依法履行职能，保证立法和决策更好地体现人民的意志"[1]。这与之前的三份党的代表大会报告相比出现了明显的变化，十六大报告用"决策"取代了"监督"，前所未有地将"决策"与立法并列提出，并强调要保证决策更好地体现人民的意志，这表明人大及其常委会的讨论决定重大事项的理论政策基础得到了强调和重申。

与此同时，我国不断完善以宪法为核心的社会主义法律体系，完善对讨论决定重大事项的基本制度设计。1979 年 7 月通过

---

［1］《江泽民在中国共产党第十六次全国代表大会上的报告》，2002 年 11 月 8 日，http：//www.gov.cn/test/2008－08/01/content_ 1061490.htm。

的地方组织法，第七条第三项和第三十九条第四项的表述是"讨论、决定本行政区域的政治、经济、文化、教育、卫生、民政、民族工作的重大事项"。1982年宪法肯定并吸收了这一表述，但以更加概括的形式予以规定，其未列举大致范围，而是用"各方面"作了原则性表述。除了关于县级以上的地方人大及其常委会讨论决定重大事项，在宪法及相关法的文本中也没有关于全国人大及其常委会的讨论决定重大事项的明确表述，但宪法第六十二条和第六十七条规定的关于全国人大及其常委会的职权内容，实际上体现了关于最高国家权力机关的讨论决定重大事项的立宪逻辑，即以列举加兜底条款这样一种明确授权和开放性授权相结合的方式对之作了大体规定。

1979年地方组织法规定地方各级人民代表大会是地方国家权力机关，县级以上的地方各级人民代表大会的决定权主要有：（1）审查和批准本行政区域的国民经济和预算、决算；（2）讨论、决定本行政区域的政治、经济、文化、教育、卫生、民政、民族工作的重大事项；（3）改变或者撤销本级人民政府的不适当的决议和命令；（4）改变或者撤销下一级人民代表大会的不适当的决议和下一级人民政府的不恰当的决议和命令。根据1979年地方组织法规定的人民公社、镇的人民代表大会的讨论决定重大事项内容为：（1）在职权范围内通过和发布决议；（2）根据国家计划，决定本行政区域的经济、文化事业和公共事业的建设计划；（3）决定本行政区域民政工作的实施计划；（4）改变或者撤销人民公社管理委员会、镇人民政府的不适当的决议和命令。此外，少数民族聚居的人民公社、镇的人民代表大会在行使职权的时候，应当采取适合民族特点的具体措施。根据1979年地方组织法和人民检察院组织法规定，县级以上的地方各级人民代表大会常务委员会的决定权有：（1）讨论、决定本行政区域的政治、经济、文化、教育、卫生、民政、民族工作的重大事项；（2）根据本级人民政府的建议，决定对本行政区域国民经济计划和预算的部分变更；（3）根据本级人民检察院的提请，决定检察长与检察委员会多数人意见不一致的重大案件和其他重大问题；（4）改变或者撤销下一级人民代表大会的不适当的决议；（5）决定授予地方的荣誉称号。至此，我国人民代表大会讨论决定重大事项的规定进一步完善。

1980 年 4 月 18 日，全国人大常委会召开各省、自治区、直辖市人大常委会负责人第一次座谈会，彭真在讲话中第一次把地方人大及其常委会的主要职权概括为四个方面：一是制定、颁布地方性法规，二是讨论、决定本地区的重大事项，三是人事任免，四是监督本级政府和法院、检察院的工作[1]。简称"四权"，即立法权、讨论决定重大事项、人事任免权、监督权。之后，"四权"成为表述人民代表大会职权的通行说法。多年来，我国各级人大及其常委会都把讨论决定重大事项作为一项基本职权。彭真提出，"人民代表大会和人民代表大会常务委员会是国家权力机关，它的任务是审议、决定国家根本的、长远的、重大的问题"[2]。而这一时期前后也正是地方组织法关于重大事项决定内容的修改和地方人大及其常委会关于讨论决定重大事项的地方性法规相继出台的集中期，1999—2002 年间，共有海南、湖北、广东等 14 个省级地方人大或其常委会制定和修订了关于讨论决定重大事项的规定。这说明人民代表大会讨论决定重大事项

---

〔1〕《彭真文选》，人民出版社 1991 年版，第 386—387 页。

〔2〕 彭真：《论新时期的社会主义民主与法制建设》，中央文献出版社 1989 年版，第 329 页。

从理论到实践开始得到全面加强和完善。

现行宪法即 1982 年宪法，在恢复 1954 年宪法合理内容的同时，适应了时代进步要求，规定了更多的科学内容，经过几十年的实践检验证明是一部成功的宪法。现行宪法关于全国人大讨论决定重大事项的规定为：（1）审查和批准国民经济和社会发展计划和计划执行情况的报告；（2）审查和批准国家的预算和预算执行情况的报告；（3）改变或者撤销全国人民代表大会常务委员会不适当的决定；（4）批准省、自治区和直辖市的建置；（5）决定特别行政区的设立及其制度；（6）决定战争和和平的问题；（7）应当由最高国家权力机关行使的其他职权。全国人大常委会讨论决定重大事项的规定为：（1）在全国人民代表大会闭会期间，审查和批准国民经济和社会发展计划、国家预算在执行过程中所必须作的部分调整方案；（2）决定同外国缔结的条约和重要协定的批准和废除；（3）规定军人和外交人员的衔级制度和其他专门衔级制度；（4）规定和决定授予国家的勋章和荣誉称号；（5）决定特赦；（6）在全国人民代表大会闭会期间，如果遇到国家遭受武装侵犯或者必须履行国际间共同防止侵略的条约的情况，决定战争状态的宣布；（7）决定全国总动员或者局部动员；（8）决定全国或者个别省、自治区、直辖市进入紧急状态；（9）全国人民代表大会授予的其他职权。关于地方人大讨论决定重大事项的规定为：（1）通过和发布决议；（2）审查和决定地方的经济建设、文化建设和公共事业建设的计划；（3）审查和批准本行政区域内的国民经济和社会发展计划、预算以及它们的执行情况的报告；（4）改变或者撤销本级人民代表大会常务委员会不适当的决定。此外，民族乡的人民代表大会可以依照法律规定的权限采取适合民族特点的具体措施。关于地方人大常委会讨论决定重大事项的规定为：（1）讨论、决定本行政区域内各方面工作的重大事项；（2）撤销本级人民政府的不适当的决定和命令；（3）撤销下一级人民代表大会的不适当的决议。

1986年修正的地方组织法关于地方权力机关的讨论决定重大事项内容为：（1）讨论、决定本行政区域内的政治、经济、教育、科学、文化、卫生、民政、民族工作的重大事项；（2）改变和撤销本级人大常委会的不适当的决议；（3）乡、民族乡、镇的人大审查和批准本行政区域内的财政预算和预算执行情况的报告；（4）县级以上人大审查和批准本行政区域内的国民经济和社会发展计划、预算以及它们执行情况的报告。以上地方组织法的内容是根据1982年宪法的规定所作的具体修改，进一步完善了地方人大及其常委会讨论决定重大事项制度。1995年全国人大常委会再次对地方组织法进行了修正，规定地方人大及其常委会的讨论决定重大事项的内容为：讨论、决定本行政区域内的政治、经济、教育、科学、文化、卫生、环境和资源保护、民政、民族工作的重大事项。

三、进入新时代

党的十八大报告提出："要善于使党的主张通过法定程序成为国家意志，支持人大及其常委会充分发挥国家权力机关作用，依法行使立法、监督、决定、任免等职权。"[1] 此次报告中明确提出支持人大及其常委会充分发挥国家权力机关作用，并首次提出"决定权"。

---

[1]《胡锦涛在中国共产党第十八次全国代表大会上的报告》，2012年11月17日，http：//www.gov.cn/ldhd/2012－11/17/content_2268826.htm。

（一）明确发展方向

党的十八届三中全会通过的《中共中央关于全面深化改革若干重大问题的决定》提出了各级政府重大决策出台前向本级人大报告的要求。2017 年 2 月，中央办公厅印发了《关于健全人大讨论决定重大事项制度、各级政府重大决策出台前向本级人大报告的实施意见》（中办发〔2017〕10 号），要求认真做好人民代表大会讨论决定重大事项工作，更好地发挥国家权力机关职能作用。时任全国人大常委会委员长张德江在 2017 年十二届全国人民代表大会第五次会议上作的工作报告中也肯定并强调落实这一点。党的十九大报告在阐述"健全人民当家作主制度体系，发展社会主义民主政治"基本方略中提出，"支持和保证人大依法行使立法权、监督权、决定权、任免权，更好发挥人大代表作用，使各级人大及其常委会成为全面担负起宪法法律赋予的各项职责的工作机关，成为同人民群众保持密切联系的代表机关"。

（二）作出全面部署

2021 年 10 月 13 日至 14 日，中央人大工作会议在北京召开。中共中央总书记、国家主席、中央军委主席习近平出席会议并发表重要讲话，强调人民代表大会制度是符合我国国情和实际、体现社会主义国家性质、保证人民当家作主、保障实现中华民族伟大复兴的好制度，是我们党领导人民在人类政治制度史上的伟大创造，是在我国政治发展史乃至世界政治发展史上具有重大意义的全新政治制度。习近平总书记指出，党的十八大以来，党中央统筹中华民族伟大复兴战略全局和世界百年未有之大变局，从坚持和完善党的领导、巩固中国特色社会主义制度的战略高度出发，继续推进人民代表大会制度理论和实践创新，提出一系列新理念新思想新要求，主要有以下几个方面：一是必须坚持中国共产党领导。坚持党总揽全局、协调各方的领导核心作用，坚决维护党中央权威和集中统一领导，保证党的理论、路线、方针政策和决策部署在国家工作中得到全面贯彻和有效执行，支持和保证国家政权机关依照宪法法律积极主动、独立负责、协调一致开展工作。要加强和改善党的领导，善于使党的主张通过法定程序成为国家意志，善于使党组织推荐的人选通过法定程序成为国家政权机关的领导人员，善于通过国家政权机关实施党对国家和社会的领导，维护党和国家权威、维护全党全国团结统一。二是必须坚持用制度体系保障人民当家作主。坚持以人民为中心，坚持国家一切权力属于人民，支持和保证人民通过人民代表大会行使国家权力，健全民主制度，丰富民主形式，拓宽民主渠道，保证人民平等参与、平等发展权利，发展更加广泛、更加充分、更加健全的全过程人民民主。三是必须坚持全面依法治国。坚持走中国特色社会主义法治道路，建设中国特色社会主义法治体系，建设社会主义法治国家，弘扬社会主义法治精神，依照宪法法律推进国家各项事业和各项工作，维护社会公平正义，尊重和保障人权，实现国家各项工作法治化。四是必须坚持民主集中制。坚持人民通过人民代表大会统一行使国家权力，各级人民代表大会由民主选举产生，对人民负责，受人民监督；各级国家行政机关、监察机关、审判机关、检察机关都由人民代表大会产生，对人大负责，受人大监督；实行决策权、执行权、监督权既合理分工又相互协调，保证国家机关依照法定权限和程序行使职权、履行职责；坚持在党中央统一领导下，充分发挥地方主动性和积极性，保证国家统一高效组织推进各项事业。五是必须坚持中国特色社会主义政治发展道路。坚持党的领导、人民当家作主、依法治国有机统一，核心是坚持党的领导。人民代表大会制度是坚持党的领导、人民当家作主、依法治国有机统一的根本政治制度安排，保证党领导人民依法有效治理国家。可以借鉴人类政治文明的有益成果，但绝不照搬西方政治制度模式。六是必须坚持推进国家治理体系和治理能力现代化。人民代表大会制度是中国特色社会主义制度的重要组成部分，也是国家治理体系的重要组成部分。要坚持和完善人民当家作主制度体系，不断推进社会主义民主政治制度化、规范化、程序化，更好把制度优势转化为治理效能。

（三）推进制度建设

适应新时代正经历百年未有之大变局，制度竞争成为综合国力竞争的重要方面，制度优势成为一个国家赢得战略主动重要优势的新形势，从坚持中国特色社会主义政治发展道路、坚持和完善包括讨论决定重大事项等在内的人民代表大会制度及其一系列具体制度出发，加强和改进新时代人大工作，不断完善人民代表大会及其常务委员会对国家或者本行政区域内的重大事项进行讨论并作出决定的制度，巩固和发展生动活泼、安定团结的政治局面，成为发展全过程人民民主的重要内容和方式。2022 年 3 月 11 日，第十三届全国人民代表大会第五次会议对《中华人民共和国地方各级人民代表大会和地方各级人民政府组织法》[1]作出了修改。修改的主要内容包括：

"地方各级人民代表大会、县级以上的地方各级人民代表大会常务委员会和地方各级人民政府坚持中国共产党的领导，坚持以马克思列宁主义、毛泽东思想、邓小平理论、'三个代表'重要思想、科学发展观、习近平新时代中国特色社会主义思想为指导，依照宪法和法律规定行使职权""地方各级人民代表大会、

---

〔1〕 中国人大网，http：//www.npc.gov.cn/npc/c30834/202203/a1ebf1e8f9f045deb0d7f5147bfaa3a5. shtml。

县级以上的地方各级人民代表大会常务委员会和地方各级人民政府坚持以人民为中心，坚持和发展全过程人民民主，始终同人民保持密切联系，倾听人民的意见和建议，为人民服务，对人民负责，受人民监督"。地方各级人民代表大会、县级以上的地方各级人民代表大会常务委员会和地方各级人民政府实行民主集中制原则。应当充分发扬民主，集体行使职权。对县级以上的地方各级人民代表大会职权作出的修改包括："审查和批准本行政区域内的国民经济和社会发展规划纲要、计划和预算及其执行情况的报告，审查监督政府债务，监督本级人民政府对国有资产的管理""讨论、决定本行政区域内的政治、经济、教育、科学、文化、卫生、生态环境保护、自然资源、城乡建设、民政、社会保障、民族等工作的重大事项和项目""选举本级监察委员会主任、人民法院院长和人民检察院检察长；选出的人民检察院检察长，须报经上一级人民检察院检察长提请该级人民代表大会常务委员会批准""听取和审议本级人民代表大会常务委员会的工作报告""听取和审议本级人民政府和人民法院、人民检察院的工作报告""铸牢中华民族共同体意识，促进各民族广泛交往交流交融，保障少数民族的合法权利和利益"。对乡、民族乡、镇的人民代表大会行使职权的修改包括："根据国家计划，决定本行政区域内的经济、文化事业和公共事业的建设计划和项目""审查和批准本行政区域内的预算和预算执行情况的报告，监督本级预算的执行，审查和批准本级预算的调整方案，审查和批准本级决算""听取和审议乡、民族乡、镇的人民政府的工作报告""听取和审议乡、民族乡、镇的人民代表大会主席团的工作报告""铸牢中华民族共同体意识，促进各民族广泛交往交流交融，保障少数民族的合法权利和利益""少数民族聚居的乡、民族乡、镇的人民代表大会在行使职权的时候，可以依照法律规定的权限采取适合民族特点的具体措施"。

对县级以上的地方各级人民代表大会常务委员会职权作出的修改包括："讨论、决定本行政区域内的政治、经济、教育、科学、文化、卫生、生态环境保护、自然资源、城乡建设、民政、社会保障、民族等工作的重大事项和项目""根据本级人民政府的建议，审查和批准本行政区域内的国民经济和社会发展规划纲要、计划和本级预算的调整方案""监督本行政区域内的国民经济和社会发展规划纲要、计划和预算的执行，审查和批准本级决算，监督审计查出问题整改情况，审查监督政府债务""监督本级人民政府、监察委员会、人民法院和人民检察院的工作，听取和审议有关专项工作报告，组织执法检查，开展专题询问等；联系本级人民代表大会代表，受理人民群众对上述机关和国家工作人员的申诉和意见""监督本级人民政府对国有资产的管理，听取和审议本级人民政府关于国有资产管理情况的报告""听取和审议本级人民政府关于年度环境状况和环境保护目标完成情况的报告""听取和审议备案审查工作情况报告""在本级人民代表大会闭会期间，决定副省长、自治区副主席、副市长、副州长、副县长、副区长的个别任免；在省长、自治区主席、市长、州长、县长、区长和监察委员会主任、人民法院院长、人民检察院检察长因故不能担任职务的时候，根据主任会议的提名，从本级人民政府、监察委员会、人民法院、人民检察院副职领导人员中决定代理的人选；决定代理检察长，须报上一级人民检察院和人民代表大会常务委员会备案""根据监察委员会主任的提名，任免监察委员会副主任、委员""在本级人民代表大会闭会期间，决定撤销个别副省长、自治区副主席、副市长、副州长、副县长、副区长的职务；决定撤销由它任命的本级人民政府其他组成人员和监察委员会副主任、委员，人民法院副院长、庭长、副庭长、审判委员会委员、审判员，人民检察院副检察长、检察委员会委员、检察员，中级人民法院院长，人民检察院分院检察长的职务"。

这次地方组织法对于人大常委会讨论决定重大事项制度的修改，增加了新的规定："常务委员会讨论前款第四项规定的本行政区域内的重大事项和项目，可以作出决定或者决议，也可以将有关意见、建议送有关地方国家机关或者单位研究办理。有关办理情况应当及时向常务委员会报告。"删去了决定授予地方荣誉称号的规定。对县级以上地方各级人民政府的相关义务也增加了一些规定，包括"地方各级人民政府应当依法接受监督，确保行政权力依法正确行使""地方各级人民政府实行重大事项请示报告制度""履行国有资产管理职责"等。同时修改了一些其他规定，包括"编制和执行国民经济和社会发展规划纲要、计划和预算，管理本行政区域内的经济、教育、科学、文化、卫生、体育、城乡建设等事业和生态环境保护、自然资源、财政、民政、社会保障、公安、民族事务、司法行政、人口与计划生育等行政工作""铸牢中华民族共同体意识，促进各民族广泛交往交流交融，保障少数民族的合法权利和利益，保障少数民族保持或者改革自己的风俗习惯的自由，帮助本行政区域内的民族自治地方依照宪法和法律实行区域自治，帮助各少数民族发展政治、经济和文化的建设事业""省、自治区、直辖市的人民政府可以根据法律、行政法规和本省、自治区、直辖市的地方性法规，制定规章，报国务院和本级人民代表大会常务委员会备案。设区的市、自治州的人民政府可以根据法律、行政法规和本省、自治区的地方性法规，依照法律规定的权限制定规章，报国务院和省、自治区的人民代表大会常务委员会、人民政府以及本级人民代表大会常务委员会备案。"对乡、民族乡、镇的人民政府职权同样作出了修改，包括，"执行本行政区域内的经济和社会发展计划、预算，管理本行政区域内的经济、教育、科学、文化、卫生、体育等事业和生态环境保护、财政、民政、社会保障、公安、司法行政、人口与计划生育等行政工作""铸牢中华民族共同体意识，促进各民族广泛交往交流交融，保障少数民族的合法权利和利益，保障少数民族保持或者改革自己的风俗习惯的自由"。

第二章

讨论决定重大事项的功能

1945 年 4 月 24 日，毛泽东同志在中共七大上所作的《论联合政府》报告中指出："新民主主义的政权组织，应该采取民主集中制，由各级人民代表大会决定大政方针，选举政府。……只有这个制度，才既能表现广泛的民主，使各级人民代表大会有高度的权力；又能集中处理国事，使各级政府能集中地处理被各级人民代表大会所委托的一切事务，并保障人民的一切必要的民主活动。"[1] 1950 年 6 月，毛泽东同志在中共七届三中全会上又进一步指出："人民政府的一切重要工作都应交人民代表大会讨论，并作出决定。"[2] 刘少奇也强调："我们国家的大事不是由一个人或少数几个人来决定的。人民代表大会制既规定为国家的根本政治制度，一切重大问题就都应当经过人民代表大会讨论，并作出决定。全国性的重大问题，经过全国人民代表大会讨论和决定，在它闭会期间，经过它的常务委员会讨论和决定；地方性的重大问题经过地方人民代表大会讨论和决定。我国的人民代表大会就是这样能够对重大问题作出决定并能够监督其实施的国家权力机关。"[3] 实际上，新中国初期"五年来的政权建设的经验证明：凡是认真发扬了民主，把人民政府的一切重大问题都提交人民代表会议或人民代表大会，在大会和小组会议上展开讨论，并

〔1〕《毛泽东选集》第 4 卷，人民出版社 1991 年版，第 1057 页。
〔2〕《建国以来毛泽东文稿》第 1 册，中央文献出版社 1987 年版，第 395 页。
〔3〕《刘少奇选集》下卷，人民出版社 1985 年版，第 157 页。

且充分进行批评和自我批评的地方，那里人民的积极性和创造性就能得到发挥，政府工作就有朝气，就可以不犯或少犯官僚主义的错误"。[1] 1980 年 4 月 18 日，时任全国人大常委会委员长彭真在各省、自治区、直辖市人民代表大会常委会负责人第一次座谈会上的讲话中，第一次使用"决定权"一词。他把人民代表大会的职权分为立法权、决定权、任免权和监督权等四个方面。这里，彭真所说的决定权就是"作出决议和决定的权力"。[2] 人大及其常委会的决定权体现了人民当家作主的性质。可见，人大及其常委会的决定权是人民管理国家的重要权力。

第一节　讨论决定重大事项的性质和功能

所谓"重大事项"，即是指具有全局性、长远性和根本性的事，因此彭真指出："人民代表大会和人民代表大会常务委员会是国家权力机关，它的任务是审议、决定国家根本的、长远的、重大的问题。""全局"指问题涉及的空间范围；"长远"指问题涉及的时间范围；"根本"指问题的重要程度。就目前来看，"重大事项"就是如何按照中央确定的"四个全面"的战略布局，推进政治、经济、文化、社会、生态"五位一体"的总体布局的全面现代化。但毋庸讳言，这一过程中并不会一帆风顺，需要逢山开路、遇水架桥，不断破解一系列的改革发展问题，特别是着眼于法治和制度建设，不断推进国家治理体系和治理能力的现代化。

---

〔1〕《董必武政治法律文集》，法律出版社 1986 年版，第 367—368 页。
〔2〕 王清秀：《人大制度学》，中国人民公安大学出版社 2003 年版，第 256 页。

一、人大讨论决定重大事项的性质和范围

（一）人大讨论决定重大事项制度的性质

一是具有主权性。讨论决定重大事项制度作为人民代表大会制度的具体制度是服从和服务于我国的国体的。宪法第一条规定："中华人民共和国是工人阶级领导的、以工农联盟为基础的人民民主专政的社会主义国家。"这就规定了人民代表大会制度及其讨论、决定重大事项等各项具体制度必须首先坚持国家的基本性质，必须坚持党的领导的原则，人大讨论决定重大事项制度的本质是党领导人民依法治理国家、讨论决定国家重大事项的制度，是党的领导制度和人民当家作主制度的具体化和法治化。二是具有民主性。讨论决定重大事项制度作为人民代表大会制度的具体制度，必须积极发扬民主、广泛汇集民意、充分凝聚共识。因此，健全讨论决定重大事项制度首先必须从人民代表大会行使重大事项决定权出发，认识到常委会行使各项职权都是人民代表大会行使各项职权的授权和延伸，把人民代表大会行使重大事项决定权和常委会行使重大事项决定权作为整体来研究和认识，才能始终坚持党的领导、人民当家作主、依法治国有机统一的制度本质。三是具有法定性。讨论决定本行政区域内的重大事项作为宪法和法律明确规定的人大及其常委会的一项重要职权，在宪法和地方组织法、监督法、预算法、审计法、城乡规划法等法律中都对人大及其常委会讨论决定重大事项作出了相关程序性规定。因此，行使重大事项决定权必须严格依法按程序来行使。四是具有强制性。讨论决定重大事项制度是党的主张和人民群众意愿有机结合，进而上升为国家意志并由全社会一体遵循的一种制度和

程序保障，具有国家强制力的属性。地方组织法第二章第十一条第一款和第三章第五十条第一款分别规定，地方人大及其常委会"在本行政区域内，保证宪法、法律、行政法规和上级人民代表大会及其常务委员会决议的遵守和执行"，因此人大及其常委会就重大事项作出的决议决定具有与法律法规同样的权威性和约束力。

（二）人大讨论决定重大事项制度的范围

按照宪法和地方组织法的规定，讨论、决定重大事项的内容非常广泛，宪法第六十二条、第六十七条分别列出了全国人大及其常委会行使的决定权包括：审查和批准国民经济和社会发展计划和预算等情况的报告；批准省、自治区和直辖市的建置；决定特别行政区的设立及其制度；决定战争和和平的问题等十个方面的事项及应当由最高国家权力机关行使的其他职权。"应当由最高国家权力机关行使的其他职权"是一种开放性、兜底性授权，说明宪法赋予全国人大及其常委会的讨论决定重大事项是广泛的，并不限于以上列举的具体事项。关于地方人大及其常委会行使的决定权，宪法第九十九条第一款规定，地方各级人民代表大会在本行政区域内"依照法律规定的权限，通过和发布决议，审查和决定地方的经济建设、文化建设和公共事业建设的计划"。宪法第一百零四条规定，"县级以上的地方各级人民代表大会常务委员会讨论、决定本行政区域内各方面工作的重大事项"。地方组织法对此作出了进一步的细化规定，包括地方人大及其常委会分别在人民代表大会会议期间和闭会期间"讨论、决定本行政区域内的政治、经济、教育、科学、文化、卫生、生态环境保护、自然资源、城乡建设、民政、社会保障、民族等工作的重大事项和项目""审查和批准本行政区域内的国民经济和社会发展规划纲要、计划和预算及其执行情况的报告；听取和审议本级人民代表大会常务委员会的工作报告；听取和审议本级人民政府和人民法院、人民检察院的工作报告"等决定权；人大常委会还有"根据本级人民政府的建议，审查和批准本行政区域内的国民经济和社会发展规划纲要，计划和本级预算的调整方案"等决定权。

二、人大讨论决定重大事项的特点和优势

人大讨论决定重大事项与人大及其常委会行使立法权、监督权、选举任免权这三项职权相辅相成，共同构成人大及其常委会开展工作、行使职权、发挥职能的整体，与其他三种职权相比，讨论决定重大事项权有三项突出特点，即权威性、规范性、灵活性。

（一）权威性

新中国成立以来，我国在一穷二白的基础上建设一个全新的人民民主专政的国家，在学习苏联等社会主义国家建设经验的同时，很多工作又有我国的特殊性和紧迫性。全国人民代表大会成立后，作出了大量决议决定，对千头万绪、纷繁复杂的人民政权建设和国家治理事项进行了及时决策和处理。可以说这些决议决定不仅直接解决了当时面临的突出问题，而且更重要的是鲜明地举起了人民当家作主的旗帜，使千百年来受尽内外剥削阶级、反动势力欺压奴役的人民群众看到和感受到了当家作主的巨大反差，充分激发了全国人民紧密地团结在党中央和新政权周围，热烈拥护和坚决捍卫新生民主政权的热情和积极性。改革开放以来，我国的经济社会发展突飞猛进，大量新事物新情况需要从国

家层面作出决断，但是对所有的事项都进行立法，既做不到也没必要，全国人大及其常委会据此作出了大量的决议决定，包括支持国家设立新的省级行政区、建立经济特区、支持推进重大改革事项等，在全世界面前展现了依法推进改革的决心和形象。也只有这样，才能在推进国内经济社会发展的同时，有效推进国家治理方式的制度化、法治化、规范化，从而才能更好地适应改革开放的需要，让世界看到中国人民推进法治、与世界接轨、融入全球化的坚定意志和决心，为国内进一步推进改革确定前进的方向，提供权威性指引。

（二）灵活性

相对于人大及其常委会制定宪法法律需要经过立项、调研、起草，并经过若干次正式审议，立法的内容涉及方方面面，需要作出一系列的科学制度设计，切实减少立法可能带来的不必要的负面效应等，人大及其常委会讨论决定各方面工作的重大事项显得非常灵活。既可以作出原则性规定，也可以作出具体事项的规定；既可以作出决定性规定，也可以作出授权性规定；既可以讨论决定某方面的全面工作，也可以讨论决定某方面的重点工作；可以是定期进行讨论决定，也可以是不定期进行讨论决定；可以是主动进行讨论决定，也可以是被动的由提出议案主体提出动议进行讨论决定；可以是只讨论不决定，也可以是既讨论又决定，都具有较大的灵活性。这种灵活性的特点，有利于发挥人大及其常委会的主动性、积极性和创造性，有利于人大及其常委会根据经济社会发展的实际情况，及时抓住重点问题，有针对性地予以关注和推动，而不至于受到工作力量、现实条件等的牵制和影响，能够及时就方向性、关键性问题作出决议决定，支持和推动政府和全社会共同努力，共同参与治理和解决问题，解决经济社会发展中的关键问题，提高经济社会发展质量。

（三）规范性

人大及其常委会所讨论决定的重大事项，都是涉及人民群众切身利益的重大事项，群众比较关心、反映比较强烈的问题。确定由人大及其常委会进行讨论决定的重大事项，都需要按照全国人大议事规则或全国人大常委会议事规则的规定，按照严格的民主议事程序，经过深入的调查研究，充分听取方方面面的意见建议，有些专业性较强的问题还会交由相关的专门委员会提出意见建议，在此基础上形成科学严谨的决议决定文本，提请全国人大或全国人大常委会进行讨论和表决。通过后的决议决定也会按照全国人大及其常委会的相关工作规程，依法依规向社会公开发布，并监督相关部门、企业、社会组织和公民贯彻执行，必要时还可以就决议决定的贯彻执行情况听取"一府一委两院"相关工作情况的报告。

三、人大讨论决定重大事项的功能

（一）依法推进改革的功能

改革开放以来，我国开始全面转入以经济建设为中心的发展道路，在经济社会迅猛发展的同时，社会结构深刻变化、利益结构深刻调整，推进法治建设过程中的问题也日益凸显出来。党领导人民不断推进经济社会的依法治理。2014 年 10 月，中共十八届四中全会提出，凡属重大改革都要于法有据，不允许法治轨道之外改革试点。一是把讨论决定重大事项制度作为坚持以人民为中心发展思想的重要制度。积极支持人大及其常委会围绕重大事项广泛汇集人民群众意愿、充分凝聚社会共识、有效整合各种资源和力量，更好地实现党科学执政、民主执政、依法执政。二是把讨论决定重大事项制度作为全面深化改革的有效方式。全面深化改革往往涉及重大利益的调整，任务艰巨、充满挑战，只有紧紧依靠人民群众，通过制度渠道有序表达人民意愿，争取最大多数人民群众的支持和参与，充分反映方方面面的意见建议，既能顾及改革发展的需要，也能够减少改革带来部分群体利益受损的范围和程度，保证改革始终代表最大多数人民群众的利益，能够不断顺利推进。三是把讨论决定重大事项制度作为推进依法治国进程的重要途径。改革意味着对既有制度和规则的改变和调整，如何在变动的过程中坚持法治原则、弘扬法治精神、确立法治信仰，有必要通过发挥讨论决定重大事项"小、快、灵"的制度优势，作出方向性、原则性、战略性的规定，从而实现改革与法治同步推进的目标，彰显依法推进改革的坚定决心。

（二）弥补法治不足的功能

由于我国仍然处于迅速变动发展的时期，推进依法治国方略的实施和法治建设的进程不可能一蹴而就，法治建设的动态调整和跟进成为一种常态，社会主义法制的健全、甚至一部法律法规的科学制定都需要经过一定时间的深入调研和反复论证，才能不走弯路，不至于出现欲速不达的被动局面。在这种情况下，全国人大常委会通过发挥决定权的立法性功能，尤其是变通立法功能，为国家重大改革提供合法性依据，弥补了改革突破部分法律规定的正当性。整体而言，由于全国人大及其常委会的决定权兼具权威性和灵活性，全国人大及其常委会作出的有关决定就成为了为重大改革提供指向性支持、正当性依据的最佳方式。秦前红教授指出，"政治体制改革试点之正当性主要可系于全国人大及其常委会立宪、释宪、立法、修法、释法和重大事项决定等"，其中通过行使全国人大常委会决定权更具可行性。[1] 2019 年，全国人大常委会决定权显著发力，"国家立法机关秉持'重大改革于法有据'等法治原则，频频对重大问题或法律问题作出'决定'，以这一高效的行权方式，快速回应时代和改革的法治需求，激活政治、经济等多个维度的国家决策"。[2]

（三）动员整合力量的功能

改革是一项庞大的系统工程，但在改革的过程中很难全面细致地刻画未来发生的所有细节，并对此作出制度安排和规则设计，加之外部环境的不可控，因此，需要及时就重要领域和关键环节的重大事项作出决议决定，明确改革的方向和战略目标，才能号召全社会明确发展方向，从不同角度和层面，树立和强化责任意识、发展取向、大局观念和法治方式，把权力作为履行职责的条件，共同为全面深化改革做好准备、共同发力，推动取得整体进展，从而使改革发展更加平稳有序。同时全国人大常委会讨论决定重大事项，能够把其立法权、任免权、监督权、宪法和法律解释权、特定问题调查权等权力进行融合，发挥更大的工作成效。

四、人大讨论决定重大事项在国家政权运行中的作用

一是人大讨论决定重大事项制度是在国家政权中贯彻党的主张的重要方式。《中国共产党地方委员会工作条例》第五条规定，

---

〔1〕　秦前红：《中国政治体制改革"试点"模式需解决好四大问题》，《中国法律评论》2017 年第 4 期，第 189 页。

〔2〕　阿计：《2019 年十大立法脉络》，《民主与法制》（周刊）2019 年第 48 期，第 18 页。

地方党委的领导主要内容之一包括"通过法定程序使党组织的主张成为地方性法规、地方政府规章或者其他政令"。这个法定程序即是指人大及其常委会依法行使职权，包括行使立法权和重大事项决定权。彭真同志曾强调，"有关国家事务的重大决定要经过人大或政府，通过法律程序变成国家意志"。换言之，党委对国家事务的领导主要通过对国家和社会事务的建议，然后由地方人大及其常委会通过法定程序将其变成国家意志和人民的自觉行动。人大讨论决定重大事项制度实际上是党的领导制度的重要组成部分。

二是人大讨论决定重大事项制度是人大行使其他职权的重要方式。首先，讨论决定重大事项制度为立法提供重要来源。一些重要决议决定经过实践检验，被认为切实可行的事项，就可以通过立法的方式固定下来。与此同时，决定权还是立法权的重要补充，特别是在不享有立法权的地方人大及其常委会尤其如此。其次，讨论决定重大事项制度可以强化监督权。如听取和审议国民经济和社会发展计划、预算的执行情况报告，是人大常委会行使监督权的重要内容。如果涉及计划和预算的部分调整，则需要人大常委会进行审查并作出批准决定，这又属于讨论决定重大事项的范畴，这种审查和批准可以有效地强化人大及其常委会对计划和预算执行情况的监督。另一方面，行使决定权有时需要借助于监督权的行使。如监督法第三十九条规定："各级人民代表大会常务委员会对属于其职权范围内的事项，需要作出决议、决定，但有关重大事实不清的，可以组织关于特定问题的调查委员会。"这种情况下，讨论决定重大事项需要借助特定问题调查这种监督方式来弄清楚重大事实。此外，行使决定权所作出的决议、决定，也需要通过行使监督权来保证其执行。再次，决定权与任免权的关系同样密切。人大对重大事项作出决定以后，需要通过行使任免权来保证所决定重大事项的有效实施。而从广义上来讲，行使任免权也是在作出决定，因此行使任免权往往也采用决定的形式。

三是人大讨论决定重大事项制度是政府依法行政的重要依据和保障。宪法第一百零五条第一款规定："地方各级人民政府是地方各级国家权力机关的执行机关，是地方各级国家行政机关。"国家行政机关的行政行为应严格依照现行有效的法律法规、本级人大决议决定和上级行政机关的决定命令对社会进行管理。党的十八届三中全会的决定指出，各级政府重大决策出台前向本级人大报告。这就是政府的重大决策通过人大的讨论决定重大事项制度。这一制度可以更好地广泛汇集民意，充分凝聚社会共识，求得社会多元主体利益的最大公约数，使行政机关的治理行为和社会管理活动更加合理合法、顺畅高效。

五、人大行使重大事项决定权与行使其他职权的包含与竞合

近年来，大量专家学者都注意到并对人大重大事项决定权与其他职权在范围和行使方式上的交叉重合进行了深入的讨论。有学者提出"立法性决定""有关法律的决定"等，就是看到了立法权与决定权的关联。对于决定权与监督权的竞合问题，同样也有一些讨论。有的学者提出，各级人大批准国民经济和社会发展计划执行与下一年的计划草案的决议、批准预算执行和下一年预算草案的决议，批准本级人大常委会、人民政府、人民法院和人民检察院的工作报告的决议，既有监督工作的内涵，又都被视为人大行使重大事项决定权的具体表现，是以"决议"的方式实现监督权。人大的任免权和决定权也存在竞合问题，有学者认为，

人大的决定权包括组织建设的决定权、财政的决定权，也包括人事的决定权等，任免权在宽泛的意义上而言也是一种人事的决定权。有资深学者认为"四权"的划分并不严格，有些人大决定也可以看作是立法、监督权的行使。因此，由于决定权与其他权力存在的竞合现象，导致简单用"四权"来划分人大各项职权的边界越来越缺乏解释力，甚至到了自相矛盾的境地。据此有的学者提出决定权的双重属性说，即人大决定权既具有独立性，又具有依附性，人大决定权的独立性表现为单一型决定权的行使，人大决定权的依附性表现为竞合型决定权的行使，即决定权依附于人大其他功能职权的行使。[1] 这种提法比简单用"四权"来划分确实前进了一步，但是仍然存在某种理论解释上的不彻底。

实际上，造成这一现象的原因，是由权力不同层面的不同属性决定的。从人大及其常委会行使权力的本质来讲，根据一切权力属于人民的主权规定，所有权力包括立法权、监督权、重大事项决定权、选举任免权本质上都是人民的决定权，这就是说，决定权具有包含性和兜底性，特别是对于不同职权的交叉地带，难以明确界定的权力行使，一定都能够以决议决定的方式来代替，发挥权力工具箱的包揽和兜底作用。但这不是说，各种职权划分没有意义，只要行使决定权就可以了。实际上，在人大及其常委会代表人民行使国家权力的实际工作中，特别需要根据不同的权力行使场景，完善相应的权力运行规则和程序，分别以立法权、监督权、选举任免权和重大事项决定权的方式来行使，但是这种人为的权力划分和规则设定很难实现对全部权力的囊括和兜底，必然导致在对权力的实际运行和规则适用过程中，会出现各种无

---

〔1〕 孙莹：《论人大重大事项决定权的双重属性》，《政治与法律》2019 年第 2 期。

法完美解释的可能性。因此，为了避免对人大及其常委会行使职权记录的遗漏，应着眼于对全部权力的行使来研究和整理人大及其常委会作出的决议决定，凡是立法权、监督权、选举任免权难以囊括和解释的决定权行使，为避免出现因职权划分不清导致无法全部记录的情况，应从权力的本质上将其纳入人大及其常委会讨论决定重大事项的范畴。如全国人大授权国务院或地方人大制定行政法规或地方性法规的决定，仅仅是作出了一个授权的指向，并没有对具体的立法事宜作出规定，就不应该简单将此决定列入立法的范畴，而应纳入讨论决定重大事项的范畴。实际上，在全国人大和地方各级人大提供的官方法律法规资料库中，很难见到决议决定的身影。

第二节　讨论决定重大事项的立法功能

从本质上说，人民代表大会行使讨论决定重大事项职权和立法职权都是对国家或者地方的重大事项表达自身意志。这个意志如果是以法律法规的形式表现出来，就是行使的立法职权，如果是以决定的形式表现出来，通常就是行使讨论决定重大事项职权。因此，讨论决定重大事项与立法权在本质上是一致的。

一、讨论决定重大事项职权和立法权的关系

1. 相互区别

一是行权种类不同。讨论决定重大事项职权与立法权都有各

自特定内涵的单独职权，两者不可混用。立法权是相对于行政权、司法权而言的国家权力，是指立法机关依照法定程序制定、修改、废止或者解释法律的权力。在很多国家，议会也被称为立法机关，就在于立法是议会的首要和主要职能。讨论决定重大事项和立法权的不同，主要在于行权种类有所不同，二者都属于决策权，但立法权是规则类决策，其对象具有普遍性、反复适用性，而讨论决定重大事项是事务性决策，作出的决定一般针对具体的事项。因此，对于那些重复发生且制定普遍性规则条件又成熟的重大事项，通常予以立法的形式规制；而对于那些非重复发生且制定法律的条件又不成熟的重大事项，则由国家权力机关以决定的形式予以规制。

二是行权主体不同。讨论决定重大事项和立法权的行权主体也不同，我国五级人民代表大会和四级人民代表大会常务委员会均有决定权，而县乡两级人民代表大会和县级人民代表大会常务委员会没有立法权。

三是行权范围不同。相比立法权，决定权具有灵活性强的特点，不仅可用来解决实体性问题，也可用来解决程序性问题；既可就一时一事作出决定，也可就某一方面较长时期的工作作出决定。特别是在没有立法权或制定法规条件还不成熟时，通过决定权能够迅捷有效地规范和调整有关问题。

2. 紧密联系

一是目的相同。虽然两者属于不同的行权种类，行权的主体不同，有着不同的适用范围，但是两者均服务于人大及其常委会行使职权，以不同的形式实现人大的职能作用。

二是有效补充。讨论决定重大事项适用的灵活性，能够有效弥补立法权的不足，实践中的大量案例也体现了这一点，比如，上海市人大常委会以决定的形式对浦东新区综合配套改革试点工作予以规范，就属于在立法条件不成熟的情况下的一种变通做法，既达到了法律规制的目的，也避免了随意立法、草率立法，保证了法律的严肃性。再如 2022 年 5 月 13 日，郑州市第十五届人大常委会第三十四次会议表决通过了《郑州市人民代表大会常务委员会关于新冠肺炎疫情常态化防控期间佩戴口罩和使用场所码的决定》，明确规定了佩戴口罩和使用场所码的有关要求、法律责任，以最小的代价实现了最大的依法治理和防控效果。

二、讨论决定重大事项的立法功能

全国人大及其常委会作为国家权力机关和立法机关，作出的决议决定具有一定的法律性质和法律地位，因此在实践中，有的决议决定直接和立法权相衔接，对法律进行修改或者废止，发挥着补充替代立法的功能。这部分决议决定的功能不尽一致，可以分为补充立法、变通立法、辅助立法的功能。[1]

1. 补充立法功能

补充立法就是通过作出立法性决议决定，对立法事项或法律作出创制、修订、废止、公示等决定，达到立法、修法或废止法律的目的。1954 年人民代表大会成立运行以来，全国人大常委会创制、修改、废止法律的决定文件共有 200 多项。这类发挥补充立法功能的决定有四类：第一类是修改法律的决定，如全国人大常委会《关于修改〈中华人民共和国文物保护法〉第三十条、第三十一条的决定》（1991 年）、《关于增加〈中华人民共和国香

---

〔1〕　杨振：《全国人大常委会的决定权研究》，大连海事大学 2020 年硕士论文。

港特别行政区基本法〉附件三所列全国性法律的决定》（2017年）、《关于修改〈中华人民共和国台湾同胞投资保护法〉的决定》（2019年）；第二类是废止法律的决定，如全国人大常委会《关于废止部分法律的决定》（2009年）、《关于废止有关劳动教养法律规定的决定》（2013年）、《关于废止有关收容教育法律规定和制度的决定》（2019年）；第三类是认定法律的决定。在改革开放初期，由于法律空白点较多，很多法律又很难一下子制定出来，全国人大常委会采取讨论决定重大事项的方式，通过批准行政法规、军事法规、地方性法规等的决定，发挥认定法律、弥补相关法律缺失的作用。如《关于批准〈广东省经济特区条例〉的决议》（1980年）、《关于批准〈国务院关于职工探亲待遇的规定〉的决议》（1981年）、《关于批准中央军事委员会〈关于授予军队离休干部中国人民解放军功勋荣誉章的规定〉的决定》（1988年）；第四类是公布和征求法律草案意见的决定，如全国人大常委会《关于公布〈中华人民共和国宪法修改草案〉的决议》（1982年）、《关于公布〈中华人民共和国香港特别行政区基本法（草案）〉的决议》（1989年）、《关于公布〈中华人民共和国澳门特别行政区基本法（草案）〉的决议》（1992年）。

2. 调整法律适用的功能

全国人大常委会通过讨论决定重大事项，对现行法律作出调整适用的决议决定，以使得法律规范在某一地区在某一时期对所调整的对象不产生法律效力，从而使这一地区获得推进国家重大改革措施或试点所必需的法律支持和法律依据。除了上述情形，这一功能也会适用于法律制定后出现的特殊情况。全国人大常委会决定权调整法律适用的功能包含对主体、地域、期限和事项等四个方面调整适用的情形。一是主体上的调整适用，如《关于授

权国务院在广东省暂时调整部分法律规定的行政审批的决定》
（2012 年）；二是地域上的调整适用，如《关于授权最高人民法
院、最高人民检察院在部分地区开展刑事案件认罪认罚从宽制度
试点工作的决定》（2016 年）；三是期限上的调整适用，如《关
于刑事案件办案期限问题的决定》（1981 年）；四是事项上的调
整适用，如《关于军官制度改革期间暂时调整适用相关法律规定
的决定》（2016 年）。当然，调整适用的四种情形并不是绝对孤
立的，而是相互联系交错的，比如有的决定既涉及地域的调整适
用，又同时涉及事项的调整适用。

3. 创制立法功能

有些立法事项需要尽快出台实施，全国人大常委会通过行使
讨论决定重大事项权的方式完成法律规范的创制，以便更加快速
地提供法律供给。如第十二届全国人大常委会第十五次会议于
2015 年 7 月 1 日通过的《全国人民代表大会常务委员会关于实行
宪法宣誓制度的决定》，就是以创制法律的方式作出决定，确立
了我国宪法宣誓制度。再如，为推进香港特别行政区选举制度依
法完善和依法治理，有效遏制国际势力不断插手香港事务，破坏
香港法治秩序，维护香港地区的长期繁荣稳定，全国人大及其常
委会灵活运用讨论决定重大事项职权，采取"决定＋修法"分步
走的方式，依法平稳有序地解决了香港的法治建设问题。第一
步，全国人民代表大会根据宪法和香港基本法、香港国安法的有
关规定，作出关于完善香港特别行政区选举制度的决定，明确修
改完善香港特别行政区选举制度应当遵循的基本原则和修改完善
的核心要素内容，并授权全国人民代表大会常务委员会根据本决
定修改香港基本法附件一和附件二。第二步，全国人大常委会根
据宪法、香港基本法、香港国安法和全国人大有关决定，修订香

港基本法附件一香港特别行政区行政长官的产生办法和附件二香港特别行政区立法会的产生办法和表决程序，修订后的附件一和附件二将对香港特别行政区实行的新的民主选举制度作出具体明确的规定。在国家层面完成对附件一和附件二的修订后，香港特别行政区据此对本地有关法律作出相应修改，[1] 从而平稳有序地构建和完成了香港特别行政区选举制度的法治体系建设。

第三节　讨论决定重大事项的监督功能

人大及其常委会作为国家权力机关，对"一府一委两院"开展监督的主要方式是依法开展监督。其中的法，除了指宪法和相关法律之外，还包括人大及其常委会作出的决议决定。根据监督法的规定，监督的法定方式主要包括七种：听取和审议人民政府、人民法院和人民检察院的专项工作报告；审查和批准决算，听取和审议国民经济和社会发展计划、预算的执行情况报告，听取和审议审计工作报告；法律法规实施情况的检查；规范性文件的备案审查；询问和质询；特定问题调查；撤职案的审议和决定。在实践中很多监督方式的运用和行使都与讨论决定重大事项密切相关，实际上，讨论决定重大事项已经成为人大及其常委会开展监督的重要依据、重要方式、重要内容和重要环节。

---

〔1〕 大公报，http://www.takungpao.com/news/232108/2021/0306/559118.html。

一、讨论决定重大事项作为监督的重要依据

全国人民代表大会一般每年召开一次会议，会议的重要议题是听取全国人大常委会、国务院、最高人民法院、最高人民检察院的工作报告，这是全国人民代表大会对全国人大常委会、国务院、最高人民法院、最高人民检察院开展工作监督的重要方式。在这一过程中，全国人民代表大会作出的相关决议决定发挥了重要的监督依据的作用。这个决议决定就是批准全国人大常委会、国务院、最高人民法院、最高人民检察院年度工作报告的决议决定。

全国人大常委会、国务院、最高人民法院、最高人民检察院年度工作报告主要包括两方面的内容，即过去一年工作的总结和新一年度主要任务的安排。批准全国人大常委会、国务院、最高人民法院、最高人民检察院年度工作报告的决议决定相应地包括两方面的内容，一是对过去一年工作的总体评价，即全国人民代表大会对该国家机关过去一年工作行使监督职权后作出的主要结论。如果这个结论是肯定和正面的，就说明全国人民代表大会充分认可该国家机关过去一年的工作成绩以及主要思路和做法，被批准工作报告的国家机关可以继续按照这些正确的思路和做法开展工作。二是对完成好当年目标任务提出明确的意见和要求，即全国人民代表大会对该国家机关提出的新一年度的工作目标和主要任务表明是否同意和认可。如果表明同意和认可，该国家机关就可以按照批准的报告开展工作。需要指出的是，全国人大常委会、国务院、最高人民法院、最高人民检察院的工作报告被全国人民代表大会批准后，就不再仅仅是各国家机关报告重大事项的

文件，而是转变为全国人民代表大会批准的具有法律约束力的决议决定的重要组成部分，同时也成为全国人民代表大会对全国人大常委会、国务院、最高人民法院、最高人民检察院新一年度工作进展情况开展监督的主要法律依据。

如 2022 年 3 月 11 日，第十三届全国人民代表大会第五次会议通过了关于政府工作报告的决议，决议指出，第十三届全国人民代表大会第五次会议听取和审议了国务院总理李克强所作的政府工作报告。会议高度评价在具有里程碑意义的 2021 年国家发展取得的新的重大成就，充分肯定国务院的工作，同意报告提出的 2022 年经济社会发展的总体要求、目标任务、政策措施和工作部署，决定批准这个报告。在此基础上，决议进一步发出号召：会议号召，全国各族人民更加紧密地团结在以习近平同志为核心的党中央周围，高举中国特色社会主义伟大旗帜，以习近平新时代中国特色社会主义思想为指导，全面贯彻落实党的十九大和十九届历次全会精神，深刻认识"两个确立"的决定性意义，增强"四个意识"、坚定"四个自信"、做到"两个维护"，弘扬伟大建党精神，坚持稳中求进工作总基调，统筹国内国际两个大局，完整、准确、全面贯彻新发展理念，加快构建新发展格局，全面深化改革开放，坚持创新驱动发展，推动高质量发展，促进共同富裕，坚持以供给侧结构性改革为主线，统筹疫情防控和经济社会发展，统筹发展和安全，继续做好"六稳"工作、落实"六保"任务，保持经济运行在合理区间，持续改善民生，踔厉奋发、勇毅前行、埋头苦干，保持经济持续健康发展和社会大局稳定，以实际行动迎接党的二十大胜利召开！会议号召的内容，除了全国人民要积极行动起来之外，更重要的是对各级政府的工作提出了要求。

此外，监督法第十五条第三款明确规定，人大及其常委会审查批准决算时，决算草案应当按照本级人民代表大会批准的预算所列科目编制，按预算数、调整数或者变更数以及实际执行数分别列出，并作出说明。这就明确规定，各级政府要按照人大及其常委会讨论决定的重大事项来接受监督。

二、讨论决定重大事项作为监督的重要方式

监督法颁布实施以来，各级人大及其常委会监督工作日益得到规范和加强，其中规范和加强相关计划和预算的重大事项进行讨论、监督，并作出决议决定尤为明显。对计划和预算进行监督是全国人大及其常委会开展监督工作的重要内容。而对相关计划和预算的重大事项进行讨论并作出决议决定又是全国人大及其常委会开展计划和预算监督的重要方式。

一是方式法定。以预算草案的审查批准为例，在实际工作中，全国人民代表大会对国务院及相关预算部门的预算依法进行审查后，都要通过讨论决定重大事项的方式作出批准或不批准的决议决定。这个讨论审查预算草案并作出决议决定的方式是开展预算监督的重要方式。批准计划和预算的决议决定一般都包括两方面的内容，一部分是对上一年度财政预算执行情况和年度决算审查意见，另一部分是对新一年度财政预算的审查意见。如 2022 年 3 月 11 日，第十三届全国人民代表大会第五次会议通过了《关于 2021 年中央和地方预算执行情况与 2022 年中央和地方预算的决议》，决议指出，第十三届全国人民代表大会第五次会议审查了国务院提出的《关于 2021 年中央和地方预算执行情况与 2022 年中央和地方预算草案的报告》及 2022 年中央和地方预算

草案，同意全国人民代表大会财政经济委员会的审查结果报告。会议决定批准《关于 2021 年中央和地方预算执行情况与 2022 年中央和地方预算草案的报告》，批准 2022 年中央预算。

二是程序规范。按照监督法的规定，为了深化对中央决算进行审查监督，提高讨论决定相关财政重大事项职权的工作质量，监督法第十九条规定，常务委员会每年审查和批准决算的同时，听取和审议本级人民政府提出的审计机关关于上一年度预算执行和其他财政收支的审计工作报告。在此基础上，结合审计工作报告和全国人民代表大会财政经济委员会提出的中央决算的审查报告，对中央决算（草案）和中央决算报告进行审查，最终作出批准中央决算的决定。如 2021 年 6 月 10 日，第十三届全国人民代表大会常务委员会第二十九次会议通过的《关于批准 2020 年中央决算的决议》指出，会议听取了财政部部长刘昆受国务院委托作的《国务院关于 2020 年中央决算的报告》和审计署审计长侯凯受国务院委托作的《国务院关于 2020 年度中央预算执行和其他财政收支的审计工作报告》。会议结合审议审计工作报告，对2020 年中央决算（草案）和中央决算报告进行了审查。会议同意全国人民代表大会财政经济委员会提出的审查结果报告，决定批准 2020 年中央决算。

三是内容具体。如对于批准五年规划和远景目标纲要的决议决定，除批准规划的表述外，还会就规划的贯彻实施提出意见建议。如 2021 年 3 月 11 日第十三届全国人民代表大会第四次会议通过的《中华人民共和国国民经济和社会发展第十四个五年规划和 2035 年远景目标纲要的决议》，内容除了同意全国人民代表大会财政经济委员会的审查结果报告，决定批准这个规划纲要之外，还指出，在以习近平同志为核心的党中央坚强领导下，全党全国各族人民砥砺前行、开拓创新，"十三五"规划目标任务胜利完成，全面建成小康社会取得伟大历史性成就，决战脱贫攻坚取得全面胜利，中华民族伟大复兴向前迈出了新的一大步。这充分彰显了中国共产党领导和中国特色社会主义制度优势，将激励全党全国各族人民再接再厉，向实现第二个百年奋斗目标继续奋勇前进。同时要求，"十四五"时期要高举中国特色社会主义伟大旗帜，深入贯彻党的十九大和十九届二中、三中、四中、五中全会精神，坚持以马克思列宁主义、毛泽东思想、邓小平理论、"三个代表"重要思想、科学发展观、习近平新时代中国特色社会主义思想为指导，全面贯彻党的基本理论、基本路线、基本方略，统筹推进经济建设、政治建设、文化建设、社会建设、生态文明建设的总体布局，协调推进全面建设社会主义现代化国家、全面深化改革、全面依法治国、全面从严治党的战略布局，坚持稳中求进工作总基调，准确把握新发展阶段，深入贯彻新发展理念，加快构建新发展格局，推动高质量发展，统筹发展和安全，推进国家治理体系和治理能力现代化，实现经济行稳致远、社会安定和谐，为全面建设社会主义现代化国家开好局起好步。

三、讨论决定重大事项规定监督的重要内容

近年来，全国人大及其常委会对预算监督工作日益重视。1999 年 12 月 25 日，第九届全国人民代表大会常务委员会第十三次会议讨论通过了《全国人民代表大会常务委员会关于加强中央预算审查监督的决定》，2021 年 4 月 29 日，第十三届全国人民代表大会常务委员会第二十八次会议又对《全国人民代表大会常务

委员会关于加强中央预算审查监督的决定》（以下简称"决定"）进行了修订。上述决定规定的具体内容，就是全国人民代表大会常务委员会加强对中央预算审查监督的重要内容。主要包括：

一是加强全口径审查和全过程监管。决定规定，全国人民代表大会及其常务委员会对政府预算决算开展全口径审查和全过程监管，坚持党中央集中统一领导，坚持围绕服务党和国家工作大局，坚持以人民为中心，坚持依法审查监督，聚焦重点，注重实效，保障宪法和法律贯彻实施，保障国家方针政策和决策部署贯彻落实。具体包括：加强财政政策审查监督、加强一般公共预算审查监督、加强政府债务审查监督、加强政府性基金预算审查监督、加强国有资本经营预算审查监督、加强社会保险基金预算审查监督、进一步推进预算决算公开和提高预算决算透明度等七个方面。

二是加强中央预算编制的监督工作。决定规定，坚持先有预算、后有支出、严格按预算支出的原则，细化预算和提前编制预算。按预算法规定的时间将中央预算草案全部编制完毕。中央预算应当按照宪法和法律规定，贯彻落实国家方针政策和决策部署，做到政策明确、标准科学、安排合理，增强可读性和可审性。中央一般公共预算草案，应当列示预算收支情况表、转移支付预算表、基本建设支出表、政府债务情况表等，说明收支预算安排及转移支付绩效目标情况。中央政府性基金预算草案应当按基金项目分别编列、分别说明。政府性基金支出编列到资金使用的具体项目，说明结转结余和绩效目标情况。中央国有资本经营预算草案收入编列到行业或企业，说明纳入预算的企业单位的上年总体经营财务状况；支出编列到使用方向和用途，说明项目安排的依据和绩效目标。中央社会保险基金预算草案应当按保险项目编制，反映基本养老保险全国统筹推进情况，说明社会保险基金可持续运行情况。

三是加强和改善中央预算的初步审查工作。决定规定，国务院财政部门应当及时向全国人民代表大会财政经济委员会和全国人民代表大会常务委员会预算工作委员会通报有关中央预算编制的情况。预算工作委员会应当结合听取全国人大代表和社会各界意见建议情况，与国务院财政等部门密切沟通，研究提出关于年度预算的分析报告。在全国人民代表大会会议举行的四十五日前，国务院财政部门应当将中央预算草案初步方案提交财政经济委员会，由财政经济委员会对中央预算草案初步方案进行初步审查，并就有关重点问题开展专题审议，提出初步审查意见。财政经济委员会开展初步审查阶段，全国人民代表大会有关专门委员会围绕国家方针政策和决策部署，对相关领域部门预算初步方案、转移支付资金和政策开展专项审查，提出专项审查意见。专项审查意见中增加相关支出预算的建议，应当与减少其他支出预算的建议同时提出，以保持预算的平衡性、完整性和统一性。有关专门委员会的专项审查意见，送财政经济委员会、预算工作委员会研究处理，必要时作为初步审查意见的附件印发全国人民代表大会会议。

四是加强中央预算执行情况的监督工作。决定规定，在全国人民代表大会及其常务委员会领导下，财政经济委员会和预算工作委员会应当做好有关工作。国务院有关部门应当及时向财政经济委员会、预算工作委员会提交落实全国人民代表大会关于预算决议的情况。国务院财政部门应当定期提供全国、中央和地方的预算执行报表，反映预算收支、政府债务等相关情况。国务院有关部门应当通过国家电子政务网等平台，定期提供部门预算执行、宏观经济、金融、审计、税务、海关、社会保障、国有资产等方面政策制度和数据信息。全国人民代表大会常务委员会通过听取和审议专项工作报告、执法检查、专题调研等监督方式，加强对重点收支政策贯彻实施、重点领域财政资金分配和使用、重大财税改革和政策调整、重大投资项目落实情况的监督。国务院在每年八月向全国人民代表大会常务委员会报告当年预算执行情况。国务院财政部门及相关主管部门每季度提供预算执行、有关政策实施和重点项目进展情况。全国人民代表大会常务委员会利用现代信息技术开展预算联网监督，提高预算审查监督效能，实现预算审查监督的网络化、智能化。对预算联网监督发现的问题，适时向国务院有关部门通报，有关部门应当核实处理并反馈处理情况。

五是加强中央预算调整方案的审查工作。决定规定，中央预算执行中，农业、教育、科技、社会保障等重点领域支出的调减，新增发行特别国债，增加地方政府举借债务规模，须经全国人民代表大会常务委员会审查和批准。中央预算执行中必须作出预算调整的，国务院应当编制中央预算调整方案，一般于当年六月至十月期间提交全国人民代表大会常务委员会。严格控制预算调剂，各部门、各单位的预算支出应当按照预算执行，因重大事项确需调剂的，严格按照规定程序办理。中央预算执行中出台重要的增加财政收入或者支出的政策措施，调入全国社会保障基金，或者预算收支结构发生重要变化的情况，国务院财政部门应当及时向预算工作委员会通报。预算工作委员会及时将有关情况向财政经济委员会通报，必要时向全国人民代表大会常务委员会报告。

六是加强中央决算的审查工作。决定规定，中央决算草案应当按照全国人民代表大会批准的预算所列科目编制，按预算数、调整预算数以及决算数分别列出，对重要变化应当作出说明。一般公共预算支出应当按功能分类编列到项，按经济性质分类编列到款。政府性基金预算支出、国有资本经营预算支出、社会保险基金预算支出，应当按功能分类编列到项。按照国务院规定实行权责发生制的特定事项，在审查中央决算草案前向全国人民代表大会常务委员会报告。中央决算草案应当在全国人民代表大会常务委员会举行会议审查和批准的三十日前，提交财政经济委员会，由财政经济委员会结合审计工作报告进行初步审查。

七是加强预算绩效的审查监督工作。决定规定，各部门、各单位应当实施全面预算绩效管理，强化事前绩效评估，严格绩效目标管理，完善预算绩效指标体系，提升绩效评价质量。加强绩效评价结果运用，促进绩效评价结果与完善政策、安排预算和改进管理相结合，推进预算绩效信息公开，将重要绩效评价结果与决算草案同步报送全国人民代表大会常务委员会审查。全国人民代表大会常务委员会加强对重点支出和重大项目绩效目标、绩效评价结果的审查监督。必要时，召开预算绩效听证会。

八是加强对中央预算执行和决算的审计监督。决定规定，审计机关应当按照真实、合法和效益的要求，对中央预算执行和其他财政收支情况以及决算草案进行审计监督，为全国人民代表大会常务委员会开展预算执行、决算审查监督提供支持服务。国务院应当在每年六月向全国人民代表大会常务委员会提出对上一年度中央预算执行和其他财政收支的审计工作报告。审计工作报告应当重点报告上一年度中央预算执行和决算草案、重要政策实施、财政资金绩效的审计情况，全面客观反映审计查出的问题，揭示问题产生的原因，提出改进工作的建议。审计查出的问题要依法纠正、处理，加强审计结果运用，强化责任追究，完善审计查出问题整改工作机制，健全整改情况公开机制。必要时，全国人民代表大会常务委员会可以对审计工作报告作出决议。

九是加强审计查出问题整改情况的监督工作。决定规定，全国人民代表大会常务委员会对审计查出突出问题整改情况开展跟踪监督。综合运用听取和审议专项工作报告、专题询问等方式开展跟踪监督，加大监督力度，增强监督效果，推动建立健全整改长效机制，完善预算管理制度。健全人大预算审查监督与纪检监察监督、审计监督的贯通协调机制，加强信息共享，形成监督合力。全国人民代表大会常务委员会在每年十二月听取和审议国务院关于审计查出问题整改情况的报告，根据需要可以听取审计查出突出问题相关责任部门单位的单项整改情况报告。有关责任部门单位负责人应当到会听取意见，回答询问。国务院提交的整改情况报告，应当与审计工作报告揭示的问题和提出的建议相对应，重点反映审计查出突出问题的整改情况，并提供审计查出突出问题的单项整改结果和中央部门预算执行审计查出问题整改情况清单。必要时，全国人民代表大会常务委员会可以对审计查出问题整改情况报告作出决议。

十是依法执行备案制度，强化预算法律责任。决定规定，国务院应当将有关预算的法规及规范性文件，中央预算与地方预算有关收入和支出项目的划分、地方向中央上解收入、中央对地方税收返还或者转移支付的具体办法，省、自治区、直辖市政府报送国务院备案的预算决算的汇总，中央政府综合财务报告，以及其他应当报送的事项，及时报送全国人民代表大会常务委员会备案。全国人民代表大会常务委员会开展预算决算审查监督工作发现的问题，相关机关、部门单位和地方应当及时研究处理，对违反预算法等法律规定的，依法追究法律责任；需要给予政务处分的，全国人民代表大会常务委员会有关工作机构及时通报监察机关。

十一是更好发挥全国人大代表作用。决定规定，国务院财政等部门应当通过座谈会、通报会、专题调研、办理议案建议和邀请全国人大代表视察等方式，在编制预算、制定政策、推进改革过程中，认真听取全国人大代表意见建议，主动回应全国人大代表关切。全国人民代表大会有关专门委员会、常务委员会有关工作机构应当加强与全国人大代表的沟通联系，更好发挥代表作用，健全预算审查联系代表工作机制。

十二是预算工作委员会职责。决定规定，预算工作委员会协助财政经济委员会承担全国人民代表大会及其常务委员会审查预算决算、审查预算调整方案和监督预算执行方面的具体工作；承担国有资产管理情况监督、审计查出突出问题整改情况跟踪监督方面的具体工作；承担预算、国有资产联网监督方面的具体工作；受委员长会议委托，承担有关法律草案的起草工作，协助财政经济委员会承担有关法律草案审议方面的具体工作；承办本决定规定的和常务委员会、委员长会议交办以及财政经济委员会需要协助办理的其他有关财政预算的具体事项。经委员长会议同意，预算工作委员会可以要求政府有关部门和单位提供预算情况，并获取相关信息资料及说明。经委员长会议批准，可以对各部门、各预算单位、重大建设项目的预算资金使用和专项资金的使用进行调查，政府有关部门和单位应积极协助、配合。

四、讨论决定重大事项作为监督的重要环节

近年来，为加强对某方面法律的贯彻实施，推动加强对相关

工作的监督，动员全社会进一步统一思想、提高认识，推进相关工作进程，全国人大常委会还在听取执法检查报告的基础上，进一步作出决议决定。如 2018 年 7 月 10 日，第十三届全国人民代表大会常务委员会第四次会议听取和审议了栗战书委员长所作的全国人大常委会执法检查组关于检查大气污染防治法实施情况的报告。会议充分肯定和高度评价执法检查组的工作，一致赞成执法检查报告，同意报告对贯彻实施大气污染防治法、打赢蓝天保卫战提出的意见和建议。在此基础上，全国人民代表大会常务委员会又进一步作出了《关于全面加强生态环境保护依法推动打好污染防治攻坚战的决议》，要求各级人大及其常委会充分发挥人民代表大会制度的特点和优势，履行宪法法律赋予的职责，以法律的武器治理污染，用法治的力量保护生态环境，为全面加强生态环境保护、依法推动打好污染防治攻坚战作出贡献。

第四节　讨论决定重大事项的组织和任免功能

作为新型的社会主义国家，我国的国家政权组织和机构设置有着诸多的独特之处，在此基础之上对各国家机关工作人员的任免，则是根据国家政权组织原则和机构设置功能决定的。因此讨论人事任免就不能撇开国家政权组织和机构设置来孤立地论述。从全国人大及其常委会讨论决定相关重大事项的实际情况来看，全国人大常委会对此行使重大事项决定权也确实是从这两方面着力的。新中国成立之初，新政协筹备会常委会副主任周恩来在向参加新政协的代表作关于人民政协几个问题的报告时，专门就中央人民政府组织法草案问题所作的说明指出："根据我们民主集中制的组织系统，在人民代表大会闭幕期间的最高权力机关，是中央人民政府委员会，它是经过民主方式产生的。而对工作的经常指导，又是集中在由民主方式产生出来的主席身上。主席下面的组织，首先是政务院，其他还有人民革命军事委员会，最高人民法院和最高人民检察署。"由此可以看出，组织建设与人事任免紧密联系，而讨论决定重大事项在这两个方面都发挥了不可替代的作用。

一、讨论决定重大事项的组织建设功能

新中国成立之初，中国人民政治协商会议第一届全体会议通过的《共同纲领》明确规定，中华人民共和国的国家政权属于人民。人民行使国家政权的机关为各级人民代表大会和各级人民政府。国家最高权力机关为全国人民代表大会。在普选的全国人民代表大会召开以前，由中国人民政治协商会议全体会议执行全国人民代表大会的职权，制定中央人民政府组织法，选举中央人民政府委员会。在此期间，通过了《中国人民政治协商会议组织法》《中华人民共和国中央人民政府组织法》，以及《中国人民政治协商会议全国委员会关于地方委员会的决定》《关于增设中央人民政府人事部和中央人民政府华北事务部的决议》《关于地方各级协商委员会的关系的决定》《关于调整中央人民政府机构的决议》《关于调整地方人民政府机构的决议》《关于调整省、区建制的决议》《关于增设中央人民政府机构的决议》等一系列国家政权组织的法律和有关组织建设问题的决议决定。

1954 年 9 月，第一届全国人大及其常委会成立。在任期的 4

年零 7 个月中，通过了大量关于国家政权组织建设和机构设置问题的决定。

一是关于各级人大组织建设的决议决定，如《关于设立全国人民代表大会代表办事处的决定》《关于第一届地方各级人民代表大会任期问题的决定》《关于省、县、乡改变建制后本届人民代表大会代表名额问题的决定》《关于召集一届全国人民代表大会第二次会议的决议》《关于撤销热河省、西康省并修改地方各级人民代表大会和地方各级人民委员会组织法第二十五条第二款第（一）项规定的决议》《关于自治州人民代表大会和人民委员会每届任期问题的决定》等；

二是关于国务院组织机构设置的决议决定，如《关于调整国务院所属组织机构的决议》《关于调整国务院所属组织机构的决定》《关于批准国务院调整若干直属机构的决议》《关于撤销燃料工业部设立煤炭工业部、电力工业部、石油工业部、农产品采购部并修改国务院组织法第二条第一款条文的决议》等；

三是关于省级行政区划调整的决议决定，如《关于成立新疆维吾尔自治区、撤销新疆省建制的决议》《关于成立广西壮族自治区的决议》《关于成立宁夏回族自治区的决议》《关于批准西藏自治区筹备委员会组织简则的决议》等；

四是关于基层组织建设的决议决定，如《关于修改地方各级人民代表大会和地方各级人民委员会组织法第二十五条第二款第（四）项、第（五）项规定的决议》《关于农业生产合作社示范章程的决议》《关于批准〈湘西苗族自治州人民代表大会组织条例〉和〈湘西苗族自治州人民委员会组织条例〉的决议》《关于批准〈新疆维吾尔自治区各级人民代表大会和各级人民委员会组织条例〉的决议》《关于批准〈湖南省江华瑶族自治县人民代表大会和人民委员会组织条例〉的决议》《关于批准〈河北省孟村回族自治县人民代表大会和人民委员会组织条例〉的决议》《关于批准〈河北省大厂回族自治县人民代表大会和人民委员会组织条例〉的决议》《关于撤销农产品采购部和设立第三机械工业部的决议》《关于批准〈黔东南苗族侗族自治州人民代表大会组织条例〉和〈黔东南苗族侗族自治州人民委员会组织条例〉的决议》《关于批准〈黔南布依族苗族自治州人民代表大会组织条例〉和〈黔南布依族苗族自治州人民委员会组织条例〉的决议》《关于批准〈云南省大理白族自治州人民代表大会和人民委员会组织条例〉的决议》《关于批准〈黑龙江省杜尔伯特蒙古族自治县人民代表大会和人民委员会组织条例〉的决议》等。

应该说，这些关于政权组织建设和机构设置的决议决定，为进一步做好各级国家机关工作人员的人事任免工作打下了基础，明确了要求，提供了法律依据。

二、讨论决定重大事项的人事任免功能

一是依据宪法作出任免的决议决定。主要涉及狭义的任免和部分职务人选决定等两类任免决定。其中，狭义的任免主要包括最高人民法院副院长、审判员、审判委员会委员和军事法院院长的任免，最高人民检察院副检察长、检察员、检察委员会委员和军事检察院检察长的任免以及省、自治区、直辖市的人民检察院检察长的任免批准，驻外全权代表任免的决定等；部分职务的人选决定主要包括国务院各部部长、各委员会主任、审计长和秘书长人选的决定，以及中央军事委员会其他组成人员的人选的决定。

二是依据法律对部分职务人选作出任免的决议决定。部分职务的人选决定主要涉及宪法未作任免规定的国务院组成部门的行政首长，除去各部部长、各委员会主任以及审计长，实际仅有中国人民银行行长这一人选的决定问题宪法没有作明确的规定，而是由中国人民银行法第十条规定的。

三是依据法律对部分职务代理人选作出任免的决议决定。全国人大常委会对部分职务的代理人选决定主要涉及国务院总理、中央军事委员会主席、国家监察委员会主任、最高人民法院院长和最高人民检察院检察长等，其决定权行使的依据为全国人民代表大会议事规则第四十三条第四款。

四是依据法律作出接受辞职的决议决定。接受辞职的决定主要涉及全国人大常委会组成人员辞职、国家主席和副主席辞职、国务院组成人员辞职、中央军委组成人员辞职、国家监察委员会主任、最高人民法院院长和最高人民检察院检察长辞职、香港澳门全国人大代表辞职、全国人大专门委员会成员辞职等几种具体情况。其中，接受全国人大常委会组成人员辞职，其决定权行使的依据有全国人民代表大会议事规则第四十三条第一款和全国人民代表大会组织法第二十三条第三款。同时，扩大考虑该种情况，接受辞职的决定可能涉及全国人大常委会代表资格审查委员会组成人员的辞职，相关依据应当是全国人民代表大会组织法第二十六条。[1] 接受国家主席和副主席、国务院组成人员、中央军委组成人员、国家监察委员会主任、最高人民法院院长和最高人民检察院检察长等人员的辞职，有关依据为全国人民代表大会

---

〔1〕《全国人民代表大会常务委员会关于接受陈斯喜、王晓辞去第十二届全国人民代表大会常务委员会委员等职务的请求的决定》，2013年6月29日第十二届全国人民代表大会常务委员会第三次会议通过。

议事规则第四十三条第一款。接受港澳全国人大代表辞职，有关依据主要为全国人大制定的香港、澳门特别行政区选举全国人民代表大会代表的办法，其中，《香港特别行政区选举第九届全国人民代表大会代表的办法》是全国人大制定的第一个关于特区全国人大代表选举的办法，由于没有规定特区全国人大代表辞职的问题，全国人大常委会补充作出了《关于香港特别行政区第九届全国人民代表大会代表辞去代表职务的办法的决定》。接受全国人大专门委员会成员辞职，该决定权行使的依据同样在全国人民代表大会议事规则第四十三条第一款有明确的规定。

第五节 讨论决定重大事项的外交功能

外交事项作为国家之间的交往活动，是代表和象征一国主权的法定活动。由于外交事项的随机性、复杂性等特点，作为国家权力机关的全国人大及其常委会只能是通过讨论决定重大事项的方式，代表国家来灵活地处理和决定国家间的交往事务。从实际工作中来看，全国人大及其常委会讨论决定外交事项主要包括两个方面，一类是处理我国与另外一个国家之间双边关系的决议决定，另一类是处理我国参加国际条约、国际组织、共同倡议等多边关系的决议决定。

一、讨论决定双边关系重大事项的功能

一是加强经贸文化合作的决议决定。新中国成立之初，西方

对我国采取敌视封锁战略，我国的外交主要是和苏联、东欧等社会主义国家之间进行的。刚刚成立不久的全国人大常委会就开始在这方面发挥积极作用，如1954年10月16日，第一届全国人大常委会第一次会议就作出了《关于批准〈中国和阿尔巴尼亚人民共和国文化合作协定〉的决议》；11月8日，第一届全国人大常委会第二次会议作出了《关于赠送苏联专家"中苏友谊"章的决议》；1956年10月20日，第一届全国人大常委会第四十九次会议作出了《关于批准〈中国和苏维埃社会主义共和国联盟文化合作协定〉的决议》《关于批准〈中华人民共和国政府和叙利亚共和国政府文化合作协定〉的决议》《关于批准〈中华人民共和国和尼泊尔王国保持友好关系以及关于中国西藏地方和尼泊尔之间的通商和交通的协定〉的决议》。

二是划定陆地边界的决议决定。如1960年12月14日，第二届全国人大常委会第三十三次会议作出了《关于批准〈中华人民共和国和缅甸联邦边界条约〉的决议》；1961年10月5日，第二届全国人大常委会第四十三次会议作出了《关于签订〈中华人民共和国和尼泊尔王国边界条约〉的决议》；1963年3月4日，第二届全国人大常委会第八十六次会议作出了《关于批准〈中华人民共和国和蒙古人民共和国边界条约〉的决议》；2000年4月25—29日，第九届全国人大常委会第十五次会议作出了《关于批准〈中华人民共和国和越南社会主义共和国陆地边界条约〉的决定》《关于批准〈中华人民共和国、吉尔吉斯共和国和哈萨克斯坦共和国关于三国国界交界点的协定〉的决定》《关于批准〈中华人民共和国和吉尔吉斯共和国关于中吉国界的补充协定〉的决定》；等等。

三是解决主权遗留问题的决议决定。如1985年4月10日，第六届全国人大第三次会议通过了《关于批准〈中华人民共和国政府和大不列颠及北爱尔兰联合王国政府关于香港问题的联合声明〉的决定》；1987年6月23日，第六届全国人大常委会第二十一次会议通过了《中华人民共和国政府和葡萄牙共和国政府关于澳门问题的联合声明》的决定，对于解决香港、澳门问题的基本方针政策、联合联络小组、土地契约、过渡时期的安排等问题作出了法定安排。

四是加强司法领域合作的决议决定。如2011年12月31日，第十一届全国人大常委会第二十四次会议通过了《关于批准〈中华人民共和国和意大利共和国引渡条约〉的决定》；2013年12月28日，第十一届全国人大常委会通过了《关于批准〈中华人民共和国和吉尔吉斯共和国关于移管被判刑人的条约〉的决定》；2014年4月24日，第十二届全国人大常委会第八次会议《关于批准〈中华人民共和国和阿根廷共和国关于刑事司法协助的条约〉的决定》。

二、讨论决定多边关系重大事项的功能

一是表明立场的声明性的决议决定，如1955年2月12日，第一届全国人大常委会第七次会议通过了《响应苏维埃社会主义共和国联盟最高苏维埃宣言的决议》，指出世界各国人民和议会不能不注意到正在亚洲、欧洲以及世界其他地区发展着的紧张局势。亚洲各国人民的独立和主权遭受到侵略和战争势力的日益严重的威胁和侵犯。中国的领土台湾遭受到美国的公开强占。远东和亚洲的紧张局势正在加剧。复活德国和日本军国主义的危险政策要把欧洲、亚洲乃至全世界推向战争的道路。建立反对其他国

家的军事集团、推行军备竞赛、准备原子战争的罪恶活动正在威胁着全世界人民的安全。为了制止侵略战争，维护世界和平，必须消除任何国家对其他国家内政的干涉，防止德国和日本的军国主义的复活，普遍裁减军备，禁止原子武器和所有其他大规模毁灭性武器。各国之间的友好合作关系必须建立在互相尊重领土主权、互不侵犯、互不干涉内政、平等互利、和平共处的原则的基础之上。中华人民共和国全国人民代表大会常务委员会热烈响应苏联最高苏维埃的建议，认为各国议会应该担负起维护和巩固世界和平的重大责任，采取具体步骤发展各国人民的友好合作关系，并互派代表团进行访问，为加强国际和平而努力。1958 年 9 月 4 日，第一届全国人大常委会第一百次会议通过了《关于批准中华人民共和国政府关于领海声明的决议》，1962 年 6 月 8 日，第二届全国人大常委会第五十五次会议作出了《关于支持朝鲜最高人民会议为迫使美军撤出南朝鲜、实现朝鲜和平统一给世界各国议会的信的决议》，这些决议都是声明我国主权和国家立场的重要文件。

二是参加国际多边组织的决议决定。如 2013 年 8 月 30 日，第十二届全国人大常委会第四次会议通过了关于批准《关于持久性有机污染物的斯德哥尔摩公约》两修正案的决定，批准分别于 2009 年 5 月 8 日和 2011 年 4 月 29 日经《关于持久性有机污染物的斯德哥尔摩公约》缔约方大会第四次会议和第五次会议通过的《关于持久性有机污染物的斯德哥尔摩公约》新增列九种持久性有机污染物修正案和《关于持久性有机污染物的斯德哥尔摩公约》新增列硫丹修正案；2014 年 4 月 24 日，第十二届全国人大常委会第八次会议通过了《关于批准〈视听表演北京条约〉的决定》，批准世界知识产权组织于 2012 年 6 月 26 日在北京召开的保护音像表演外交会议上通过的《视听表演北京条约》，同时声明：中华人民共和国不受《视听表演北京条约》第十一条第一款和第二款规定的约束；在中华人民共和国政府另行通知前，《视听表演北京条约》暂不适用于中华人民共和国香港特别行政区。2016年9月3日，第十二届全国人大常委会第二十二次会议通过了《关于批准〈巴黎协定〉的决定》；2020年6月20日，第十三届全国人大常委会第十九次会议通过了《关于加入〈武器贸易条约〉的决定》，决定加入2013年4月2日由联合国大会通过的《武器贸易条约》。

三是支持我国政府主动参与多边合作的决议决定。2013年6月29日，第十二届全国人大常委会第三次会议通过了《关于批准〈关于在上海合作组织成员国境内组织和举行联合反恐行动的程序协定〉的决定》；2014年12月28日，第十二届全国人大常委会第十二次会议通过了《关于批准〈上海合作组织反恐怖主义公约〉的决定》，批准2009年6月16日由时任国家主席胡锦涛代表中华人民共和国在叶卡捷琳堡签署的《上海合作组织反恐怖主义公约》，同时声明：在中华人民共和国政府另行通知前，《上海合作组织反恐怖主义公约》暂不适用于中华人民共和国香港特别行政区。2015年11月4日，第十二届全国人大常委会第十七次会议通过了《关于批准〈亚洲基础设施投资银行协定〉的决定》，批准2015年6月29日由中华人民共和国代表在北京签署的《亚洲基础设施投资银行协定》。

四是处理多边陆地边界的决议决定。如2012年10月26日，第十一届全国人大常委会第二十九次会议通过了《关于批准〈中华人民共和国、塔吉克斯坦共和国和阿富汗伊斯兰共和国关于确定三国国界交界点的协定〉的决定》。

/ 第三章 /

讨论决定重大事项的程序

人民有权依法决定国家经济社会发展的重大事项，是人民当家作主和管理国家事务的集中表现。人民拥有讨论决定重大事项的权力，反映了我国一切权力属于人民的性质。彭真指出："人民代表大会的决定权是人民给的，是代表人民行使的。"[1] 新中国成立后，随着我国的法治体系逐步完善，由宪法和法律明确规定的各级人大及其常委会讨论决定重大事项的职权的制度化、规范化、程序化日益完善，蔡定剑认为："在人民代表大会的四类职权中，决定权可谓是表现人民代表大会国家权力机关特征的一种职权。"人大及其常委会讨论决定重大事项，通常结合审议重要议案或者听取审议专项工作报告和执法检查报告等形式提出，因此，其程序同样包括议题的确定、议案或者报告的提出、审议、表决和公布等五个阶段。

第一节　讨论决定重大事项议题的确定

讨论决定重大事项制度作为人大及其常委会的一种重要职权，虽然还没有制定明确的法律予以规范，但相关工作在宪法、

---

[1]　彭真：《论新时期的社会主义民主与法制建设》，中央文献出版社 1989 年版，第 328 页。

组织法、立法法、监督法、人大及其常委会议事规则等法律规范和政策文件中都有所涉及，形成了一整套实施的规则和程序。其中，首要的就是关于讨论决定重大事项议题的确定问题。

一、确定重大事项的原则

根据宪法和有关法律规定，结合人大及其常委会的性质、地位及其与执政党、政府、监察委员会、法院、检察院的关系，确定重大事项应当遵循以下原则。

（一）重大原则

主要可以从三个方面作出判断：一是从是否影响全局进行判断。凡是对全局有重要影响的事项，人大及其常委会作为国家权力机关，就有权进行询问和讨论，必要时，依法作出决定。比如财政预算编制执行、审计查出问题整改等。二是从是否影响长远进行判断。凡是对长远有重要影响的事项，比如五年发展规划、年度发展计划，资源与环境保护、文物保护等，也是人大及其常委会可以进行讨论决定的重大事项。三是从是否属于群众高度关注进行判断。有些平时可能不属于重大事项，人大及其常委会可以不对其进行讨论决定，但在某一时期如成为群众高度关注的问题，一旦处理不当有可能引起严重问题，则可以作为重大事项进行讨论决定。比如教育问题、医疗问题、住房问题等。

2015年颁布的《中共全国人大常委会党组关于加强县乡人民代表大会工作和建设的若干意见》提出，人民代表大会要把听取审议"一府两院"工作报告、审查批准计划和预算作为行使讨论决定重大事项的重点；地方人民代表大会根据法律规定，结合地方实际，可以制定具体办法，进一步明确重大事项范围，包括加强民主法治建设的重大措施以及区域发展总体规划、城镇建设、重大民生工程、重大建设项目等。2017 年中央出台的《关于健全人民代表大会讨论决定重大事项制度、各级政府重大决策出台前向本级人民代表大会报告的实施意见》，对上述文件关于讨论决定重大事项的规定作了进一步的肯定和完善。

（二）必要原则

一是我国作为发展中国家，发展经济的任务十分繁重，虽然我国已经是全球第二大经济体，但是人均收入刚刚迈入发达国家门槛。作为上层建筑的政治决策和制度建设，总体上要适应经济发展和生产力水平，有助于解放和发展生产力，而不能单纯从制度和法律"高大上"出发，使作出的重大事项的决定损害经济的长远发展。二是我国的经济发展速度很快，社会也处于剧烈转型时期，提高制度化水平在建立秩序的同时，也会产生对创新体制机制的束缚作用，因此，应从最必要、最紧迫处着眼来行使重大事项决定权。三是各级人民代表大会通常一年只召开一次会议，人民代表大会常务委员会则每两个月召开一次会议，每次会期也都十分有限，因此，人大及其常委会讨论决定的重大事项不可能太多。这就要求人大及其常委会在确定重大事项时，除遵循重大原则外，还必须强调必要性原则，切实抓住当前经济社会发展中最迫切的问题进行讨论决定，否则，议题多、任务重，在有限的时间内，会前调查研究难以深入细致，会议讨论决定的质量也会受到影响。

（三）有效原则

讨论决定重大事项具有很强的针对性，人大及其常委会往往抓住当前群众最关心的问题，确定讨论重大事项议题，深入开展调查研究和进行会议讨论，及时解决群众最关心、最迫切的问题。但是讨论决定重大事项也决不能搞赶时髦、蹭热度的事情，而是根据经济社会发展的需要，充分发挥人大讨论决定重大事项的制度优势和工作优势，必要时，要制定人大及其常委会年度讨论决定重大事项的计划，在落实计划中应深入开展调查研究，切实抓住问题的本质和解决问题的关键部位和重点环节，才能使讨论和审议有针对性，作出的决议决定才能很好地得到贯彻落实。

二、确定重大事项的依据

多年来，全国人大和各地人大对什么是重大事项进行了很多有益的探索，不少地方还专门制定了地方性法规或者规范性文件，尝试对哪些是重大事项作出规定。从各种有关重大事项的讨论和规定看，对什么是重大事项，有两种不同理解：一种是狭义的理解，认为重大事项是指宪法规定全国人民代表大会有权行使"应当由最高国家权力机关行使的其他职权"；地方组织法规定的县级以上地方各级人大及其常委会有权"讨论、决定本行政区域内的政治、经济、教育、科学、文化、卫生、生态环境保护、自然资源、城乡建设、民政、社会保障、民族等工作的重大事项和项目"。一种是广义的理解，认为除地方组织法的上述规定外，还包括宪法和法律明确规定应当由人大及其常委会讨论决定的其他事项。应该说，广义的理解更符合我国人民代表大会的性质和国家政权组织体系中的地位。

按照对重大事项的广义理解，我们可以把重大事项分为法定重大事项和酌定重大事项两大类。

（一）法定重大事项

法定重大事项，是指宪法和法律明确规定应当由人大或其常委会讨论决定的事项。如宪法第六十二条规定应由全国人民代表大会讨论决定的重大事项是：（1）批准省、自治区和直辖市的建置；（2）决定特别行政区的设立及其制度；（3）决定战争和和平的问题。根据上述规定，全国人民代表大会先后讨论决定了一批重大事项，如《关于设立海南省的决定》（1988年4月）、《关于批准设立重庆市的决定》（1997年3月）、《关于设立香港特别行政区的决定》（1990年4月）、《关于设立澳门特别行政区的决定》（1993年3月）等。

宪法第六十七条规定应由全国人大常委会讨论决定的重大事项是：（1）决定同外国缔结的条约和重要协定的批准和废除；（2）规定和决定授予国家的勋章和荣誉称号；（3）决定特赦；（4）在全国人民代表大会闭会期间，如果遇到国家遭受武装侵犯或者必须履行国际间共同防止侵略的条约的情况，决定战争状态的宣布；（5）决定全国总动员或者局部动员；（6）决定全国或者个别省、自治区、直辖市进入紧急状态。根据上述规定，全国人大常委会先后讨论决定了一系列重大事项，如《关于授予中华人民共和国元帅军衔的决定》（1955年9月）、《关于授予在中国人民革命战争时期有功人员一级八一勋章一级独立自由勋章一级解放勋章的决议》（1955年9月）、《关于授予在中国人民革命战争时期有功人员勋章的决议》（1957年6月）、《关于授予宋庆龄同志中华人民共和国名誉主席荣誉称号的决定》（1981年5月），全国人大常委会还先后9次作出关于特赦的决定（1959年9月、1960年11月、1961年12月、1963年3月、1964年12月、1966年3月、1975年3月、2015年8月、2019年6月）等。

（二）酌定重大事项

酌定重大事项，是指宪法和法律规定由人大及其常委会依法在职权范围内根据情况选定讨论决定的事项。

宪法和有关法律虽然没有明确关于全国人大及其常委会讨论决定重大事项的表述，但宪法第六十二条规定的全国人民代表大会的职权的最后一项是"应当由最高国家权力机关行使的其他职权"，宪法第六十七条规定的全国人大常委会的职权的最后一项是"全国人民代表大会授予的其他职权"。这两项规定，实际上赋予了全国人大及其常委会可以酌情讨论决定重大事项的权力。比如，1984 年 5 月第六届全国人民代表大会第二次会议通过的《关于海南行政区建置的决定》，1993 年 4 月第七届全国人民代表大会第五次会议讨论通过的《关于兴建长江三峡工程的决议》，就是根据上述规定作出的。

宪法第一百零四条规定，"县级以上的地方各级人民代表大会常务委员会讨论、决定本行政区域内各方面工作的重大事项"，地方组织法第十一条、第五十四条规定，县级以上地方各级人大及其常委会"讨论、决定本行政区域内的政治、经济、教育、科学、文化、卫生、生态环境保护、自然资源、城乡建设、民政、社会保障、民族等工作的重大事项和项目"。上述规定，就是县级以上地方各级人大及其常委会可以酌情讨论决定特别重大事项的法律依据。

三、酌定重大事项的类别

根据人大及其常委会职权的分类，以及新中国成立以来全国人大及其常委会讨论决定重大事项的实践，由全国人大及其常委会讨论决定的酌定重大事项，主要包括关于重大改革的决议决定、关于重大建设的决议决定、关于重大纪念日的决议决定、关于重大荣誉的决议决定、关于国家安全的决议决定、关于国家特赦的决议决定、关于特别行政区治理的决议决定等 7 个方面。

1. 关于重大改革的决议决定

党的十一届三中全会以来，我国一直致力于推进和深化改革开放，这是我国将长期实行的一项基本方针。改革开放涉及经济、政治、文化、社会的各个方面，是一场深刻的革命。重大改革措施，如调整完善生育政策、开展国家监察体制改革试点、企业制度改革、劳动制度改革、社会保障制度改革、医疗制度改革等，与人民群众利益密切相关，与稳定和发展密切相关，人大及其常委会作为人民利益的代表机关和国家权力机关，当然有权也有责任进行讨论，提出意见，必要时作出决定。

2. 关于重大建设的决议决定

我国正处于大建设、大发展时期，建设任务十分繁重，一般情况下，各项建设应由政府依法决定，人大及其常委会不必也不可能一一进行讨论决定。但人民代表大会负责审查和批准国民经济和社会发展计划，人大常委会负责监督计划的实施和审查、批准计划的部分变更，因此，对一些重大的建设事业，在列入计划前，人大及其常委会可以对是否列入计划进行讨论，并可以在必要时作出决定。比如，三峡工程列入计划前，就由国务院提请全国人民代表大会进行审议讨论，并作出《关于兴建长江三峡工程的决议》，在决议中"决定批准将兴建长江三峡工程列入国民经济和社会发展十年规划，由国务院根据国民经济发展的实际情况和国家财力、物力的可能，选择适当时机组织实施"。重大建设事业在列入计划前，先提请人大或其常委会讨论决定，也有利于计划或计划的变更方案提请人大及其常委会审查时得到顺利批准。

至于哪些建设事业应当由人大及其常委会讨论决定，可以考虑从以下三个方面来判断：一是看是否有重大财政投入。各级人民代表大会负责审查和批准财政预算及其执行情况，人大常委会负责监督预算的实施和审查、批准预算的部分变更。因此，如果某项建设需要较多财政投入，在列入计划和编制预算前，人大及其常委会当然可以先进行讨论，并可以在必要时作出决定。二是看是否会对长远环境和资源可持续发展造成重大影响。加强环境和资源保护，实现人和自然和谐相处，是科学发展观的重要内涵和要求，事关可持续发展和人民群众的切身利益，因此，对环境和资源会造成重大影响的建设，人大及其常委会应当格外关注，及时进行讨论，提出意见，必要时作出决定。三是看是否需要进行大量人口迁移。如果某项建设需要进行大量人口迁移，涉及补偿、安置、就业、就学等各方面的问题，如果处理不当，极易引起社会不稳定。因此，对这类建设事项，人大及其常委会可以进行讨论，必要时可以作出决定。

3. 关于重大纪念日的决议决定

重大纪念日是一个国家保留集体记忆、形成和巩固共同体价值的重要方式，也是一个国家强化和彰显主权的重要象征。正因为如此，新中国一成立，中国人民政治协商会议第一届全国委员会在 1949 年 10 月 9 日的第一次会议中，就通过了《请政府明定十月一日为中华人民共和国国庆日，以代替十月十日的旧国庆日》的建议案，1949 年 12 月 2 日，中央人民政府委员会第四次会议通过了这个建议案，正式确定 10 月 1 日为中华人民共和国国庆日。

进入新时代，全国人大及其常委会在党中央的坚强领导下，高度重视全国重大纪念日的设定，仅 2014 年就通过讨论决定重大事项的方式，设立了四个重大纪念日。包括 2014 年 2 月 27 日，第十二届全国人民代表大会常务委员会第七次会议通过的关于将 12 月 13 日设立为南京大屠杀死难者国家公祭日的决定；2014 年 2 月 27 日，第十二届全国人民代表大会常务委员会第七次会议通过的关于将 9 月 3 日确定为中国人民抗日战争胜利纪念日的决定；2014 年 8 月 31 日，第十二届全国人民代表大会常务委员会第十次会议通过的关于将 9 月 30 日设立为烈士纪念日的决定；2014 年 11 月 1 日，第十二届全国人民代表大会常务委员会第十一次会议通过的关于将 12 月 4 日设立为国家宪法日的决定。

4. 关于重大荣誉的决议决定

功勋荣誉表彰是重要的国家制度。我国宪法规定，全国人大常委会"规定和决定授予国家的勋章和荣誉称号"，国家主席根据全国人大常委会的决定，"授予国家的勋章和荣誉称号"。决定授予国家的勋章和荣誉称号虽然是宪法第六十七条明确规定应由全国人大常委会讨论决定的重大事项，但在实践中，这项职能相对于其他法定的重大事项，具有更大的不可预见性和非周期性等特点，因此更类似于特别重大事项的决定。如 1955 年 2 月 12 日，第一届全国人民代表大会常务委员会第七次会议通过了《关于规定勋章奖章授予中国人民解放军在保卫祖国和进行国防现代化建设中有功人员的决议》，规定国旗勋章、红星勋章、荣誉勋章和荣誉奖章，分别授予中国人民解放军在保卫祖国和进行国防现代化建设中建有功勋的人员，并以国旗勋章和红星勋章授予建有功勋的部队和兵团。1981 年 5 月 16 日，第五届全国人民代表大会常务委员会第十八次会议通过了关于授予宋庆龄同志中华人民共和国名誉主席荣誉称号的决定。表彰她一贯在我国人民民主革命和社会主义革命、社会主义建设事业中，坚定地和中国各族人民站在一起，是中国各族人民包括台湾同胞和海外侨胞衷心敬爱的领导人，是举世闻名的爱国主义、民主主义、国际主义、共产主义的伟大战士；在发展各国人民友好、发扬进步文化、保卫世界和平的事业中，受到中外各方人士的广泛崇敬；在我国革命和建设事业中，为国家和人民建立了光辉的业绩。

进入新时代，以习近平同志为核心的党中央高度重视功勋荣誉表彰工作。习近平总书记多次作出重要指示，强调要充分发挥党和国家功勋荣誉表彰的精神引领、典型示范作用，推动全社会形成见贤思齐、崇尚英雄、争做先锋的良好氛围。2019 年 9 月 17 日，在庆祝中华人民共和国成立 70 周年之际，第十三届全国人民代表大会常务委员会第十三次会议通过了关于授予国家勋章和国家荣誉称号的决定。决定授予于敏、申纪兰（女）、孙家栋、李延年、张富清、袁隆平、黄旭华、屠呦呦（女）"共和国勋章"。授予劳尔·卡斯特罗·鲁斯（古巴）、玛哈扎克里·诗琳通（女，泰国）、萨利姆·艾哈迈德·萨利姆（坦桑尼亚）、加林娜·维尼阿米诺夫娜·库利科娃（女，俄罗斯）、让－皮埃尔·拉法兰（法国）、伊莎白·柯鲁克（女，加拿大）等外国人士"友谊勋章"。授予叶培建、吴文俊、南仁东（满族）、顾方舟、程开甲"人民科学家"国家荣誉称号；授予于漪（女）、卫兴华、高铭暄"人民教育家"国家荣誉称号；授予王蒙、秦怡（女）、郭兰英（女）"人民艺术家"国家荣誉称号；授予艾热提·马木提（维吾尔族）、申亮亮、麦贤得、张超"人民英雄"国家荣誉称号；授予王文教、王有德（回族）、王启民、王继才、布茹玛汗·毛勒朵（女，柯尔克孜族）、朱彦夫、李保国、都贵玛（女，蒙古族）、高德荣（独龙族）"人民楷模"国家荣誉称号；授予热地（藏族）"民族团结杰出贡献者"国家荣誉称号；

授予董建华"'一国两制'杰出贡献者"国家荣誉称号；授予李道豫"外交工作杰出贡献者"国家荣誉称号；授予樊锦诗（女）"文物保护杰出贡献者"国家荣誉称号。以此强化国家意识、对功勋模范人物授予国家最高荣誉，弘扬社会主义核心价值观、凝聚时代精神，全面实施宪法、彰显宪法精神。

5. 关于国家安全的决议决定

国家安全是指国家政权、主权、统一和领土完整、人民福祉、经济社会可持续发展和国家其他重大利益相对处于没有危险和不受内外威胁的状态，以及保障持续安全状态的能力。当代国家安全涉及的内容日益宽泛，包括政治安全、国土安全、军事安全、经济安全、文化安全、社会安全、科技安全、网络安全、生态安全、资源安全、核安全、海外利益安全、生物安全、太空安全、极地安全、深海安全等方面的基本内容。为了更好地维护国家各方面的安全，全国人大及其常委会通过适时行使重大事项决定权，为国家安全提供了及时精准的法治保障。

例如，为促进我国互联网的健康发展，维护国家安全和社会公共利益，保护个人、法人和其他组织的合法权益，2000年12月28日，第九届全国人民代表大会常务委员会第十九次会议通过了关于维护互联网安全的决定；2011年1月8日，又根据《国务院关于废止和修改部分行政法规的决定》对该决定进行了修订。决定围绕几类行为作出了禁止性规定：一是围绕保障互联网的运行安全，对侵入国家事务、国防建设、尖端科学技术领域的计算机信息系统；故意制作、传播计算机病毒等破坏性程序，攻击计算机系统及通信网络，致使计算机系统及通信网络遭受损害；违反国家规定，擅自中断计算机网络或者通信服务，造成计算机网络或者通信系统不能正常运行等犯罪行为，依照刑法有关规定追究刑事责任。二是围绕维护国家安全和社会稳定，对利用互联网造谣、诽谤或者发表、传播其他有害信息，煽动颠覆国家政权、推翻社会主义制度，或者煽动分裂国家、破坏国家统一；通过互联网窃取、泄露国家秘密、情报或者军事秘密；利用互联网煽动民族仇恨、民族歧视，破坏民族团结；利用互联网组织邪教组织、联络邪教组织成员，破坏国家法律、行政法规实施犯罪的，依照刑法有关规定追究刑事责任。三是围绕维护社会主义市场经济秩序和社会管理秩序，对利用互联网销售伪劣产品或者对商品、服务作虚假宣传；利用互联网损害他人商业信誉和商品声誉；利用互联网侵犯他人知识产权；利用互联网编造并传播影响证券、期货交易或者其他扰乱金融秩序的虚假信息；在互联网上建立淫秽网站、网页，提供淫秽站点链接服务，或者传播淫秽书刊、影片、音像、图片犯罪的，依照刑法有关规定追究刑事责任。四是围绕保护个人、法人和其他组织的人身、财产等合法权利，对利用互联网侮辱他人或者捏造事实诽谤他人；非法截获、篡改、删除他人电子邮件或者其他数据资料，侵犯公民通信自由和通信秘密；利用互联网进行盗窃、诈骗、敲诈勒索犯罪的，依照刑法有关规定追究刑事责任。此外还对列举行为以外的其他犯罪行为、对违反社会治安管理尚不构成犯罪以及构成民事侵权等行为依法追究刑事责任、给予行政处罚、承担民事责任。对各级政府及有关部门，人民法院、人民检察院、公安机关、国家安全机关，从事互联网业务的单位，以及互联网使用单位和个人等，在执法、司法、守法等方面作出明确规定。

6. 关于国家特赦的决议决定

在重大庆典和重大纪念日等时间节点，为营造全社会浓厚氛围，对部分在押人员实行国家特赦，对于落实宪法规定、彰显宪法精神，体现依法治国理念和人道主义精神具有重要意义。2015年8月29日，为纪念中国人民抗日战争暨世界反法西斯战争胜利70周年，第十二届全国人民代表大会常务委员会第十六次会议通过了关于特赦部分服刑罪犯的决定，对参加过中国人民抗日战争、中国人民解放战争的；对中华人民共和国成立以后，参加过保卫国家主权、安全和领土完整对外作战的，但犯贪污受贿犯罪，故意杀人、强奸、抢劫、绑架、放火、爆炸、投放危险物质或者有组织的暴力性犯罪，黑社会性质的组织犯罪，危害国家安全犯罪，恐怖活动犯罪的，有组织犯罪的主犯以及累犯除外；对年满七十五周岁、身体严重残疾且生活不能自理的；对犯罪的时候不满十八周岁，被判处三年以下有期徒刑或者剩余刑期在一年以下的，但犯故意杀人、强奸等严重暴力性犯罪，恐怖活动犯罪，贩卖毒品犯罪的除外的服刑罪犯，经人民法院依法作出裁定后，予以释放。

2019年6月29日，为庆祝中华人民共和国成立70周年，第十三届全国人民代表大会常务委员会第十一次会议通过了关于在中华人民共和国成立70周年之际对部分服刑罪犯予以特赦的决定，对参加过中国人民抗日战争、中国人民解放战争的；对中华人民共和国成立以后，参加过保卫国家主权、安全和领土完整对外作战的；对中华人民共和国成立以后，为国家重大工程建设做过较大贡献并获得省部级以上"劳动模范""先进工作者""五一劳动奖章"等荣誉称号的；对曾系现役军人并获得个人一等功以上奖励的；对因防卫过当或者避险过当，被判处三年以下有期徒刑或者剩余刑期在一年以下的；对年满七十五周岁、身体严重残疾且生活不能自理的；对犯罪的时候不满十八周岁，被判处三年以下有期徒刑或者剩余刑期在一年以下的；对丧偶且有未成年子女或者有身体严重残疾、生活不能自理的子女，确需本人抚养的女性，被判处三年以下有期徒刑或者剩余刑期在一年以下的；对被裁定假释已执行五分之一以上假释考验期的，或者被判处管制的服刑罪犯，经人民法院依法作出裁定后，予以释放。但同时也规定对具有贪污受贿犯罪，军人违反职责犯罪，故意杀人、强奸、抢劫、绑架、放火、爆炸、投放危险物质或者有组织的暴力性犯罪，黑社会性质的组织犯罪，贩卖毒品犯罪，危害国家安全犯罪，恐怖活动犯罪的罪犯，其他有组织犯罪的主犯、累犯的；曾经被特赦又因犯罪被判处刑罚的；不认罪悔改的；经评估仍具有现实社会危险性等情形之一的，不得特赦。

7. 关于特别行政区治理的决议决定

特别行政区是指在我国行政区域内，根据宪法和法律的规定而设立的具有特殊法律地位，实行特殊的社会制度、政治制度、经济制度和文化制度等的行政区域。根据邓小平同志"一国两制"理论解决祖国统一问题的重要制度设计，在中华人民共和国中央人民政府的统一领导下，在大陆实行社会主义制度，在香港、澳门实行资本主义制度。宪法第三十一条规定，国家在必要时得设立特别行政区。在特别行政区内实行的制度由中华人民共和国全国人民代表大会以法律规定。全国人大在制定《中华人民共和国香港特别行政区基本法》《中华人民共和国澳门特别行政区基本法》的同时，还通过了一系列关于特别行政区治理的决议决定，推动历史遗留问题的依法解决和特别行政区的依法治理。如1990年4月4日，第七届全国人民代表大会第三次会议通过了关于设立香港特别行政区的决定，决定自1997年7月1日起设立香港特别行政区，香港特别行政区的区域包括香港岛、九龙半岛，以及所辖的岛屿和附近海域。

　　进入新时代，我国正经历百年未有之大变局，西方反华势力利用香港遗留问题不断挑起事端，特别是围绕香港特别行政区选举制度不断炒作滋事，严重威胁香港地区长期繁荣稳定和国家安全。2021 年 3 月 11 日，第十三届全国人民代表大会第四次会议通过了关于完善香港特别行政区选举制度的决定。决定指出，香港回归祖国后，重新纳入国家治理体系，《中华人民共和国宪法》《中华人民共和国香港特别行政区基本法》共同构成香港特别行政区的宪制基础。香港特别行政区实行的选举制度，包括行政长官和立法会的产生办法，是香港特别行政区政治体制的重要组成部分，应当符合"一国两制"方针，符合香港特别行政区实际情况，确保爱国爱港者治港，有利于维护国家主权、安全、发展利益，保持香港长期繁荣稳定。为完善香港特别行政区选举制度，发展适合香港特别行政区实际情况的民主制度，根据《中华人民共和国宪法》第三十一条和第六十二条第（二）项、第（十四）项、第（十六）项的规定，以及《中华人民共和国香港特别行政区基本法》《中华人民共和国香港特别行政区维护国家安全法》的有关规定，全国人民代表大会作出如下决定：一是完善香港特别行政区选举制度，必须全面准确贯彻落实"一国两制"、"港人治港"、高度自治的方针，维护《中华人民共和国宪法》《中华人民共和国香港特别行政区基本法》确定的香港特别行政区宪制秩序，确保以爱国者为主体的"港人治港"，切实提高香港特别行政区治理效能，保障香港特别行政区永久性居民的选举权和被选举权。二是香港特别行政区设立一个具有广泛代表性、符合香港特别行政区实际情况、体现社会整体利益的选举委员会。选举委员会负责选举行政长官候任人、立法会部分议员，以及提名行政长官候选人、立法会议员候选人等事宜。选举委员会由工商、金融界，专业界，基层、劳工和宗教等界，立法会议员、地区组织代表等界，香港特别行政区全国人大代表、香港特别行政区全国政协委员和有关全国性团体香港成员的代表界等五个界别共1500名委员组成。三是香港特别行政区行政长官由选举委员会选出，由中央人民政府任命。行政长官候选人须获得选举委员会不少于188名委员联合提名，且上述五个界别中每个界别参与提名的委员不少于15名。选举委员会以一人一票无记名投票选出行政长官候任人，行政长官候任人须获得选举委员会全体委员过半数支持。四是香港特别行政区立法会议员每届90人。通过选举委员会选举、功能团体选举、分区直接选举三种方式分别选举产生。五是设立香港特别行政区候选人资格审查委员会，负责审查并确认选举委员会委员候选人、行政长官候选人和立法会议员候选人的资格。香港特别行政区应当健全和完善有关资格审查制度机制，确保候选人资格符合《中华人民共和国香港特别行政区基本法》、《中华人民共和国香港特别行政区维护国家安全法》、全国人民代表大会常务委员会关于《中华人民共和国香港特别行政区基本法》第一百零四条的解释和关于香港特别行政区立法会议员资格问题的决定以及香港特别行政区本地有关法律的规定。六是授权全国人民代表大会常务委员会根据本决定修改《中华人民共和国香港特别行政区基本法》附件一香港特别行政区行政长官的产生办法和附件二香港特别行政区立法会的产生办法和表决程序。七是香港特别行政区应当依照本决定和全国人民代表大会常务委员会修改后的《中华人民共和国香港特别行政区基本法》附件一香港特别行政区行政长官的产生办法和附件二香港特别行政区立法会的产生办法和表决程序，修改香港特别行政区本地有关法律，依法组织、规管相关选举活动。八是香港特别行政区行政长官应当就香港特别行政区选举制度安排和选举组织等有关重要情况，及时向中央人民政府提交报告。在新的香港特别行政区选举制度的有力支持下，2022 年 5 月 8 日，备受关注的香港特别行政区第六任行政长官选举顺利举行，李家超高票当选。选举过程公平、公正、公开，选举结果充分反映香港民意，是香港民主发展的成功实践，有力彰显了香港新选举制度的进步性。

第二节　重大事项议案或者报告的提出

一、提出重大事项议案或者报告的宪法法律依据

宪法和有关法律虽然没有明确关于全国人大及其常委会讨论决定重大事项的表述，但宪法第六十二条规定的全国人大的职权的最后一项是"应当由最高国家权力机关行使的其他职权"，宪法第六十七条规定的全国人大常委会的职权的最后一项是"全国人民代表大会授予的其他职权"。这两项规定，实际上赋予了全国人大及其常委会可以酌情讨论决定重大事项的权力。比如，1984 年 5 月第六届全国人民代表大会第二次会议通过的《关于海南行政区建置的决定》，1993 年 4 月第七届全国人民代表大会第五次会议讨论通过的《关于兴建长江三峡工程的决议》，就是根据上述规定作出的。

宪法第一百零四条规定，"县级以上的地方各级人民代表大会常务委员会讨论、决定本行政区域内各方面工作的重大事项"，

地方组织法第十一条、第五十条规定，县级以上地方各级人大及其常委会"讨论、决定本行政区域内的政治、经济、教育、科学、文化、卫生、生态环境保护、自然资源、城乡建设、民政、社会保障、民族等工作的重大事项和项目"。上述规定，就是县级以上地方各级人大及其常委会可以酌情讨论决定重大事项的法律依据。

二、提出重大事项议案或者报告的要件

重大事项议案，属于一般议案，按照有关法律关于一般议案的规定办理。根据法律规定，形成一件人大代表议案需要具备两个要件：形式要件和实质要件。

形式要件主要包括六个方面的内容：第一，代表的联名人数应达到法定要求；第二，代表议案的领衔人和附议人事先经过集体讨论对议案事项观点一致；第三，议案应当由案由、案据和方案三部分组成，案由应当包括议案的目的和形成过程，并对调查和征集群众意见的情况作出说明，案据应当包括事实和法律依据，方案应当合法、具体、可行，尤其是所提的法律案，还应当附有法律草案；第四，议案必须采取书面形式，格式应当符合规范；第五，要求列入人大会议议程进行审议；第六，应当在规定的提出议案截止时间前提出。全国人民代表大会组织法规定，大会主席团"决定会议期间代表提出议案的截止时间"，因此代表提出议案的时间必须在截止时间之前。

实质要件是指所提议案的内容必须属于本级人大职权范围内。在人民代表大会会议期间提出的代表议案从内容上必须属于本级人民代表大会职权范围内，所提议案必须符合法定时间要

求；闭会期间，代表向人大常委会提交的议案，其内容必须属于本级人大常委会职权范围内。

三、提出重大事项议案或者报告的法定主体

根据全国人民代表大会组织法和全国人民代表大会议事规则的规定，可以向全国人民代表大会提出议案的有主席团、常委会、各专门委员会、国务院、中央军事委员会、国家监察委员会、最高人民法院、最高人民检察院和各代表团、代表 30 名以上联名。可以向全国人大常委会提出议案的有委员长会议、各专门委员会、国务院、中央军事委员会、国家监察委员会、最高人民法院、最高人民检察院和常委会组成人员 10 人以上联名。根据地方组织法的规定，可以向县级以上地方各级人民代表大会提出议案的有主席团、常委会、各专门委员会、本级人民政府和代表 10 人以上联名。可以向县级以上地方各级人民代表大会常委会提出议案的有主任会议、各专门委员会、本级人民政府和常委会组成人员联名（省和设区的市两级为 5 人以上、县级为 3 人以上）。一些地方性法规还增加规定法院、检察院可以向本级人大及其常委会提出议案。

虽然法律规定的上述主体都可以提出重大事项的议案，但由于重大事项主要涉及政府，因此，实践中大多都是政府提出的，其他主体很少提出。重大事项的报告，通常由政府向人大及其常委会提出。政府可以应人大及其常委会的要求提出，也可以与委员长会议或者主任会议商量同意后主动提出。

向全国人大或全国人大常委会提出议案必须由有提案权的单位或个人提出。哪些单位或个人有提案权呢？1954 年全国人民代

表大会组织法第八条规定："中华人民共和国主席、副主席，全国人民代表大会的代表、主席团、常务委员会和各委员会，国务院，都可以向全国人民代表大会提出议案。"第二十一条规定："中华人民共和国主席、副主席，全国人民代表大会常务委员会委员长、副委员长和委员，民族委员会和法案委员会，国务院，都可以向常务委员会提出议案。"1954 年宪法第四十九条规定，国务院有权"向全国人民代表大会或者全国人民代表大会常务委员会提出议案"。

1982 年 12 月 10 日，第五届全国人民代表大会第五次会议通过了现行全国人民代表大会组织法，2021 年 3 月 11 日，由第十三届全国人民代表大会第四次会议作出决定进行了修正。新的全国人大组织法对人民代表大会的提出议案主体规定：全国人民代表大会主席团，全国人民代表大会常务委员会，全国人民代表大会各专门委员会，国务院，中央军事委员会，国家监察委员会，最高人民法院，最高人民检察院，可以向全国人民代表大会提出属于全国人民代表大会职权范围内的议案；一个代表团或者 30 名以上的代表联名，可以向全国人民代表大会提出属于全国人民代表大会职权范围内的议案。全国人大组织法对人民代表大会常务委员会的提出议案主体规定：委员长会议，全国人民代表大会各专门委员会，国务院，中央军事委员会，国家监察委员会，最高人民法院，最高人民检察院，常务委员会组成人员 10 人以上联名，可以向常务委员会提出属于常务委员会职权范围内的议案；常务委员会会议期间，常务委员会组成人员 10 人以上联名，可以向常务委员会书面提出对国务院以及国务院各部门、国家监察委员会、最高人民法院、最高人民检察院的质询案。

四、提出重大事项议案或者报告的主要步骤

议案的提出过程一般可以分为三个步骤。

一是调研起草阶段。根据前述重大事项的议案要符合一般议案的要件可知，议案应当由案由、案据和方案三部分组成。案由应当包括议案的目的和形成过程，并对调查和征集群众意见的情况作出说明，案据应当包括事实和法律依据，方案应当合法、具体、可行，尤其是所提的法律案，还应当附有法律草案。因此，提出议案必须经历一个深入调研、反复酝酿的过程，才可能提出一个高质量的议案。需要注意的是，为了给全国人民代表大会代表讨论、审议提供一个理想的文本，草拟决定草稿时，要注意以下几点：第一，注意公文的规范性；第二，注意语言的准确性和简约性；第三，注意决定的科学性、合理性、可行性和操作性。

二是酝酿联署阶段。需要说明的是，提交全国人大或全国人大常委会审议的决定草案，首先要经过提出议案主体内部的酝酿和讨论，包括全国人大常委会或委员长会议，全国人大各专门委员会，国务院，中央军事委员会，国家监察委员会，最高人民法院，最高人民检察院，以及一个代表团等召开会议进行集体酝酿和讨论，通过表决形成正式议案。而由代表联名提出的议案，要求代表进行联署，达到法定人数才能符合代表议案的要件。

三是提交初审阶段。议案提出后，需经法定机构提交和初步审查，才可列入会议议程。1954 年全国人民代表大会组织法第十一条规定："向全国人民代表大会提出的议案，由主席团提请全国人民代表大会会议讨论，或者交付有关委员会单独审查或者联合审查后提请全国人民代表大会会议讨论。"第二十二条规定：

"向常务委员会提出的议案，由委员长提请常务委员会会议讨论，或者交付有关委员会单独审查或者联合审查后提请常务委员会会议讨论。"按照1954年全国人民代表大会组织法规定，向全国人民代表大会提出的决定议案，首先得提交大会主席团或者专门委员会审查通过，然后由主席团或者专门委员会提请全国人民代表大会讨论；向全国人大常委会提出的决定议案，首先得提交委员长会议或者专门委员会审查通过，然后由委员长或者有关委员会提请常务委员会会议讨论。全国人大或全国人大常委会收到议案后，提案审查委员会或常务委员会授权的工作委员会需要做下述工作：第一，确认该议案的提出主体是否符合法律规定。凡是无提案权的单位和个人提请审议的事项，均不能视为议案。第二，确认议案的内容是否属于人民代表大会或人民代表大会常务委员会职权范围内的。或者说所提议案是否属于本级人民代表大会或人民代表大会常务委员会的职权范围；是否有违反宪法和法律的情况；是否符合提案程序；是否有起码的现实合理性；等等。

第三节　重大事项议案或者报告的审议

重大事项的议案或者报告提出后，由委员长会议或者主任会议决定列入常委会会议议程，或者由常委会决定列入人民代表大会会议议程。

一、审议程序的启动

决议案的筛选环节。决定案提出后，须经法定机构提交和初步审查，确定是否将议案列入议程。这一环节根据上述提出主体的不同而分为三种情况。首先，当提出主体是国务院、全国人大专门委员会、中央军事委员会、国家监察委员会、最高人民法院和最高人民检察院时，筛选主体有直接决定提请和审议后决定是否提请两种实践模式，前者由委员长会议直接决定提请常委会审议，后者是先交由有关专门委员会审议报告，再交由委员长会议决定提请。其次，当提出主体是常委会组成人员 10 人以上联名时，筛选主体的实践模式可以概括为"审后决定是否提请"，即要么由委员长会议审查后决定是否提请，要么由有关专门委员会审议后再由委员长会议决定是否提请。再次，当筛选主体与提出主体身份重合而都为委员长会议时，提出环节和筛选环节也就合二为一，这时委员长会议也就直接启动了决定权。综上，除第三种情况外，提出主体的决定案提出和委员长会议的决定案提请是有实质区别的，前者作为决定权启动的提出环节，未必能启动决定权，后者作为决定权启动的筛选环节，必然能启动决定权。[1]

二、审议的具体方式

重大事项的议案或者报告列入议程后，通常先由大会全体会议或者常委会全体会议听取关于议案的说明或者报告，然后由各代表团或者常委会分组会议进行审议。同时，有关专门委员会也进行审议，提出意见。代表或者常委会组成人员进行审议时，可以提出询问，由提案人或者报告人予以答复。

必然的审议阶段可以划分为三个环节：首先是说明环节，决

---

〔1〕 杨振：《全国人大常委会的决定权研究》，大连海事大学 2020 年硕士论文。

定案的提出主体向全国人大常委会全体会议作决定案说明；其次是具体审议环节，全国人大常委会分小组或联组会议审议，同时交有关的专门委员会审议，并要求其提出报告或向常委会全体会议汇报；最后是决定是否表决环节，全国人大常委会委员长会议根据审议情况和专门委员会审议报告，决定是否提请常委会全体会议进行表决。另外，具体审议环节有两方面问题须特别说明：一方面，提案主体、有关专门委员会、全国人大常委会有关工作部门应当为审议人员提供相关的资料，提案主体还应当派人参加会议，回答常委会组成人员的询问；另一方面，对决定案某些重要问题存有意见分歧或发现未解决的问题，需要进一步研究的，由委员长会议提出，常委会全体会议直接决定搁置而暂不付表决，或者由常委会交有关部门调查研究后，在下次或以后的会议再行审议。显然，这和上述的决定是否表决环节是不同的。

决定草案列入会议议程之后，就由提案人向人民代表大会或人大常委会全体会议作议案的说明。当然，参加听取议案说明和审议的人民代表大会代表或常委会组成人员必须达到法定人数。审议议案的主要方式有"大会或常委会的全体会议、大会的代表团会议、大会或常委会的分组（小组）会议"。审议的主要内容"一是内容的合法性、必要性、合理性、可行性；二是应当不应当作出决定。不是人民代表大会决定的范围不应作出；不具备可行性的不应作出；问题不清楚的可待以后作出"。

决定草案审议程序与法律议案审查程序大致一样，也分为四个步骤：议案组初步处理、议案审查委员会审议、主席团审议、大会审议或者常委会审议处理。不过，在审议决定草案过程中，要注意以下几个问题：第一，有关单位（即提案人、有关专门委员会和常委会有关工作部门等）要提供必要的审议参考资料（应包括各种不同意见）；第二，有关单位要派人参加审议会议，回答代表或常委会组成人员的询问；第三，要安排充分的审议时间，凡存在重大分歧，而时间又不十分紧迫的，应不立即付表决，作进一步的深入调查研究，在下次或以后的会议上再行审议、决定；第四，简报要及时、准确和充分地反映各种不同意见，大众传播媒介报道会议审议情况应客观、公正。另外，议案在代表团会议或常委会小组会议审议的同时，也要交有关专门委员会审议，并提出报告，或向大会或常委会全体会议汇报。大会主席团或委员长会议根据审议情况和专门委员会审议报告，决定是否提请大会或常委会全体会议进行表决。一般来说，决定议案的审议都是一次会议审议，即交付表决通过。对少数特别重大的决定案，要经两次会议或两次以上的会议审议。

三、审议结果的处理

重大事项的议案或者报告经审议后，如果不作决定，则由工作机构负责将审议意见进行归纳整理后，送有关部门研究处理。有关部门对人大及其常委会的审议意见应当进行研究，提出处理意见，并向人大及其常委会反馈。反馈意见必要时可以印发人民代表大会会议或者常委会会议。

决定草案经过审议后，即进入表决通过程序。

第四节　重大事项的决定

需要指出的是，人大及其常委会行使讨论决定重大事项职权并不是都会作出相应的决议决定。有些重大事项的报告仅安排听取和审议，有的重大事项甚至只听取报告不安排审议。在实践中，重大事项的议案或者报告列入常委会会议议程或者列入人民代表大会会议议程审议后，由委员长会议或者主任会议决定是否作出决议决定，或者由常委会决定是否作出决议决定。

一、决议决定的启动

重大事项的议案或者报告由委员长会议或者主任会议决定是否列入常委会会议议程，或者由常委会决定是否列入人民代表大会会议议程听取和审议的同时，委员长会议或者常委会会议首先会听取相关工作情况的报告，并根据听取报告的情况和代表与人民群众的关注度，决定是否作出决定。实际上，听取相关工作情况的报告也是一种开展调查研究、统一思想认识的过程，可以据此研判解决重大事项本身的紧迫程度、时机条件、效果预期等，进而作出不同的处理结果：一是只安排听取相关工作情况的报告，对于工作方向明确和思路清晰的重大事项，安排听取相关工作情况的报告以便使大家了解掌握相关工作的进展情况。二是在听取相关工作情况的报告后安排审议环节，对于工作思路总体可行，但仍然存在需要改进的地方，通过会议审议或分组审议，进一步完善方案、理顺关系、促进发展。此外，凡属于"一府一委两院"各自职权范围内可以解决的问题，人民代表大会一般也不作决定。三是不仅安排听取和审议相关工作情况的报告，还要在充分讨论的基础上作出决议、决定。对于存在明显分歧，需要进一步统一思想、明确方向、凝聚力量的重大事项，就需要作出决议、决定来推动相关问题的解决。一般来讲，凡是涉及全局的、根本的、长远的以及与人民群众切身利益密切相关，并迫切要求解决的问题，人民代表大会都会作出相应的决议、决定[1]。

二、决议决定的分类

重大事项的议案或者报告如果需要作出决议决定，通常由主席团或者委员长会议、主任会议或者有关的专门委员会提出决定草案。决定草案应当充分反映代表或者常委会组成人员在审议中所提出的意见。决定草案交人民代表大会会议或者常委会会议审议后，由主席团或者委员长会议、主任会议提请大会全体会议或者常委会全体会议表决，以全体代表或者常委会全体组成人员过半数通过。

宪法和地方组织法对"决议""决定"的隶属机关作了区分。"决议"属于人大及其常委会的规范性文件，"决定"属于政府的规范性文件。如地方组织法第五十条规定，县级以上的地方各级人大常委会有权"撤销下一级人民代表大会及其常务委员会的不适当的决议"，"撤销本级人民政府的不适当的决定和命令"。但在人大实际工作中同时使用了"决议"和"决定"两种规范性文件，而且使用时也不是十分规范、统一。一般来讲，"决议"多适用于重大的、内容较为复杂、需要在较长时间内执行的事项，如批准重要工作报告、国民经济和社会发展计划、财政预决算等。"决定"一般适用于对单项的、具体的事项作出安排。如关于换届选举时间的决定，关于代表名额和人大常委会组成人员名额的决定，关于依法治市的决定，关于开展"八五"普

---

[1]　阚珂：《2004 年中国立法研究报告》，中国民主法制出版社 2004 年版，第 373 页。

法教育的决定等。

从公文的角度来讲,"决议"适用于经会议审议并通过的重要事项,如对于政府工作报告、计划和计划执行情况的报告、财政预算和预算执行情况的报告,在审议后都要作出决议;而"决定"更适用于对重大事项作出的决策和安排,如1955年3月10日第一届全国人民代表大会常务委员会第八次会议通过了关于第一届地方各级人民代表大会任期问题的决定,是对某一方面的重大事项作出决策,以决定的形式为好。

三、决议决定的表决

重大事项决定草案经审议后,即交付代表大会或常委会全体会议进行表决。"表决是实行集体决定问题的机关或组织用以区分其成员对某一问题的态度、并决定采取何种行为的方法。"它是人民代表大会或人民代表大会常务委员会行使决定权时的一项非常重要的程序。不过,在决定草案表决前,还"应确认参加表决的是否合乎法定的人数,如有必要,还应最后一次征求代表或常委会组成人员的意见"。

实际工作中,无记名投票和举手表决是第一届全国人民代表大会期间两种主要表决方式。第一届全国人民代表大会第一次会议还专门规定了无记名投票表决方式范围和程序。从该办法可知,无记名投票主要针对中华人民共和国宪法的表决以及中华人民共和国主席、副主席,全国人大常委会委员长、副委员长、秘书长和委员,国务院总理,最高人民法院院长和最高人民检察院检察长这些重要人事任免的表决。事实上,除以上事项由无记名投票表决外,其他议案和人事任免事项,一般都采用举手表决方式进行。如第一届全国人民代表大会第二次会议对《中华人民共和国发展国民经济的第一个五年计划》的大会讨论结束后，出席会议的 1095 名代表用举手表决方式通过了中华人民共和国发展国民经济的第一个五年计划。1986 年 3 月举行的第六届全国人大常委会第十五次会议首次采用电子表决器进行表决，开启了由举手表决向按电子表决器方式转变的进程。电子表决器是不记名的，常委会组成人员通过按电子表决器，表达自己对议案的意见，可以赞成、可以反对，也可以弃权。当时担任全国人大常委会秘书长的王汉斌说："使用电子表决器有利于保护投票人的民主权利，便于代表、委员按照自己的意愿来投票。"

1954 年宪法第二十九条规定："法律和其他议案由全国人民代表大会以全体代表的过半数通过。"1954 年全国人民代表大会组织法第二十三条规定："常务委员会的决议，由常务委员会以全体委员的过半数通过。"可见，决定议案的通过以全体代表或常委会组成人员过半数同意通过。当会议主持人或工作人员宣读完赞成、反对、弃权的票数后，会议主持人应认定议案是否获得半数以上法定人数的赞成，并当场宣布议案是否通过。

四、审议意见的处理

审议意见是指人大代表和人大常委会组成人员分别在人民代表大会会议或者常务委员会会议上，对列入会议议程的重大事项议案或工作报告所提出的见解和处理方案、办法等。有的地方人大常委会的审议意见，由有关工作机构根据常委会组成人员的审议发言综合整理后，提交常委会会议或主任会议通过，形成"审议意见书"的专门文书交有关机关办理，作为"一府一委两院"改进工作和人大实施监督的依据。"审议意见书"一要规范，二要准确，三要具体、可行，便于有关机关操作实施和人大跟踪监督。

第五节　重大事项决议决定的公布

公开原则是把人大及其常委会的工作置于人民监督之下的重要保证。重大事项决议决定公布既保证了人民群众的知情知政权，也是人大常委会保持同人民群众的联系、倾听人民群众的意见和接受人民群众监督的重要途径。一般来讲，重大事项决定议案通过后即行公布。及时公布有利于决定、决议尽快为全国人民所了解并发挥作用。

一、关于重大事项决议决定的法定载体

人大讨论决定重大事项，一般都会作出决议或决定，或者形成审议意见；或者既作出决定，又形成审议意见。需要指出的是，一旦经人民代表大会或常委会审议和表决通过后，作为讨论和表决对象的工作报告就具有了法律地位和约束力，有关部门要根据工作报告提出的工作目标和任务积极落实，人大及其常委会也可以根据报告内容开展工作监督。因此，报告、决议决定和审议意见都是最基本、最常用的载体。

二、关于重大事项决议决定公布的主体

重大事项的决议决定主要通过发布公告的方式予以公布。全

国人民代表大会通过的决议决定，由其大会主席团发布公告公布实行；全国人民代表大会常务委员会通过的决议决定，由常委会发布公告公布实行。

三、关于重大事项决议决定公布的方式

公布一般单独或同时采取以下几种方法：通过报纸、网站、电台、电视台等主流媒体公布；通过人民代表大会常务委员会的公报或会刊公布；通过人民代表大会常务委员会发文公布，由有关的国家机关通过张贴公布等。

四、关于重大事项决议决定和审议意见的法律效力和法律责任

人大及其常委会作出的"决议""决定"，体现的是国家意志。"决议""决定"一经通过，就具有法律效力，本行政区域内的各个机关、组织、团体、企业事业单位和全体公民都必须遵守和执行。各级人大及其常委会一方面要善于把监督权与决定权结合起来，持续开展对重大事项决议决定执行情况的跟踪问效。另一方面，要通过对决定执行情况的回头看，对决定本身存在的不足和问题及时进行调整完善，对与上位法或上级人大及其常委会决定相冲突的，要及时启动决定的撤销或废止程序，增强决定的合法性、针对性、适应性、可执行性，从而进一步提高决定执行的效率。

"审议意见"的法律地位介于决议、决定及代表建议、批评和意见之间，也具有一定的约束力。

第四章

讨论决定重大事项制度的坚持与完善

1954年9月，第一届全国人民代表大会第一次会议的召开以及新中国首部宪法的颁布实施，标志着我国人民代表大会讨论决定重大事项制度的正式实施。由于宪法对人民代表大会讨论决定重大事项的规定比较原则，在实践中党的政治决策权与人民代表大会重大事项决定权、政府行政处置权的范围和界限难以厘定，各级人民代表大会讨论决定重大事项制度的坚持和完善走过了一段曲折发展的道路。进入新时代，随着依法治国方略的深入实施，党不断加强对人大工作的领导，人民代表大会讨论决定重大事项制度的实际作用和价值不断凸显出来。毋庸讳言，人大讨论决定重大事项制度的坚持和完善是一个长期的历史发展过程，不可能一蹴而就，必须认真考察分析制度形成的历史过程和经验教训，深化对讨论决定重大事项制度的理论研究和认识把握，针对当前的形势和任务准确判断制度实施和完善的政治生态和其他因素变化，从而，为坚持和完善讨论决定重大事项制度指明方向。

第一节　坚持与完善讨论决定重大事项制度的历史逻辑

一、党的领导是坚持与完善讨论决定重大事项制度的根本保证

人民代表大会制度是全国各族人民在党的领导下，适应长期

的革命、建设和改革发展的需要，经过反复不断地探索和完善建立起来的。实践证明，什么时候党的领导坚强有力，人民代表大会制度就会充满活力、健康发展；一旦党的领导出现削弱，人民代表大会制度运行就会受到影响，作为人民代表大会制度的组成部分的讨论决定重大事项制度相应地就会受到挫折。

在新中国成立初期，党高度重视人民当家作主的制度化建设，高度重视人民代表大会制度的建立与完善。1953 年 12 月，毛泽东亲自带领宪法起草小组成员赴杭州专门起草新中国第一部宪法。在宪法起草过程中，毛泽东要求对宪法初稿进行广泛的讨论、征求意见和修改，全国大约有 1.5 亿人参加了讨论。在 1954 年 6 月 14 日召开的中央人民政府第三十次会议上，毛泽东专门就宪法草案作了讲话。毛泽东作为领袖对宪法制定颁布的重视，极大地推动了人民代表大会依法行使宪法赋予的讨论决定重大事项的职权。

在 1956 年社会主义改造任务基本完成后，毛泽东等党的高层领导人对待人民代表大会制度和对待民主法制建设的态度，开始逐步发生变化，在决策和工作中开始脱离宪法规定和人民代表大会制度运作机制，转向以人治的方式处理经济社会发展过程中出现的各种问题。许多依宪法规定应由人民代表大会决定的重大问题，未经人民代表大会法定程序决定，便由党内作出决定，人民代表大会讨论决定重大事项职权被替代。在反右斗争掀起后，有关人民代表大会制度的讨论和人民代表大会会议期间的讨论，逐渐变成了一个禁区。[1] 与此同时，党中央成立了财政、政法、外事、科学、文教各小组，直接隶属于中央政治局和书记处，国

---

〔1〕 何俊志：《从苏维埃到人民代表大会制——中国共产党关于现代代议制的构想与实践》，复旦大学出版社 2011 年版，第 158 页。

务院各个组成部门也归口上述直接对中共中央政治局和书记处负责的各小组领导，党中央与行政部门之间建立起直接负责制度，全国人大及其常委会逐渐被排除在这套党内组织体系之外，其决定国家重大事项的职权受到制约或偏离正常轨道。

1966 年 7 月，第三届全国人大常委会举行第三十三次会议，康生在会上宣布，一场轰轰烈烈的史无前例的"无产阶级文化大革命"开始了，这是全国性的大鸣、大放、大辩论、大字报这样的全面的大民主运动。在革命运动中少开一次或迟开一次会，是可以的、允许的。在这次会议上，在没有经过任何讨论的情况下，就通过了关于延期召开三届全国人大二次会议的决议，此后，在 8 年多的时间里，第三届全国人大常委会再也没有举行过一次会议。全国人大及其常委会仅保留了一个名义，实际上已经失去了最高国家权力机关作用。地方各级人大和人民委员会被彻底砸烂，后由所谓"临时权力机构"革命委员会所取代。[1]

1975 年 1 月召开的四届全国人大一次会议，选举朱德为全国人大常委会委员长，董必武、宋庆龄等 22 人为副委员长。会议选举产生了第四届全国人大常委会，常委会下设秘书组、外事组、政法组、总务组。同年 7 月，常委会设立民族政策研究组和宗教政策研究组（国家民委和宗教事务管理局恢复后即撤销）。会议还通过了新修订的宪法。1975 年宪法对全国人大及其常委会决定重大事项的内容作了大改变。其中，将 1954 年宪法规定的由全国人大决定的重大事项大部分删除，只保留了对国家经济计划与预决算的批准权；将 1954 年宪法规定的由全国人大常委会决定的重大事项大部分删除，只保留了批准和废除同外国缔结的

---

〔1〕　刘政、程湘清：《民主的实践：全国人民代表大会及其常委会的组织和运作》，人民出版社 1999 年版，第 21—22 页。

条约，以及全国人民代表大会授予的其他职权。1975 年宪法对全国人大及其常委会权力内容的修订，虽然保留了"全国人大认为应当由它行使的其他职权"这一体现权力广泛性的条款，但客观上缩减了全国人大及其常委会的权力范围。四届全国人大除了通过关于特赦释放全部在押战争罪犯的决定和几个任命事项外，没有其他实质性决定，其作用是很有限的。但是，这次会议是在经过 8 年"动乱"后召开的，标志着全国人大及其常委会又开始恢复活动，开始行使国家权力机关的权力。

在粉碎"四人帮"和"文化大革命"结束后，1978 年 3 月 5 日召开了五届全国人大一次会议。这次会议再次对宪法进行了修订，重新恢复了 1954 年宪法列举的全国人大及其常委会在决定国家重大事项方面的内容，选举产生了第五届全国人大常委会。1979 年 2 月，常委会设立法制委员会，由 80 人组成，彭真为主任，胡乔木等 10 人为副主任。法制委员会下设法律室、政策研究室、办公室，1982 年演变成办公室、刑法室、民法国家法室、经济法室、研究室。1979 年 6 月第五届全国人大民族委员会产生，1981 年办公厅增设研究室。这些变化标志着全国人大及其常委会活动以及行使权力上的进一步恢复。

1978 年 12 月 18 日至 22 日，中国共产党十一届三中全会在北京举行，邓小平在会上作了《解放思想，实事求是，团结一致向前看》的重要讲话。这次会议实现了党在思想路线、政治路线、组织路线上的拨乱反正，恢复了民主集中制的传统，作出了实行改革开放的新决策。1981 年 6 月，党的十一届六中全会通过了《关于建国以来党的若干历史问题的决议》，全面总结了中华人民共和国成立以来社会主义革命与建设的经验教训。1982 年 9 月，党的第十二次全国代表大会确定了全面开创社会主义现代化建设新局面的战略决策。这几次重要会议，把国家各个方面工作拉回到了正常轨道，为全国人大及其常委会进一步行使好最高国家权力机关的权力奠定了重要基础。1979 年开始，全国人大常委会恢复了向每年召开一次的全国人民代表大会会议报告工作。

从行使权力情况看，1975 年至 1982 年，全国人大逐渐恢复了 1954—1956 年间决定重大问题内容的惯常做法。从 1978 年开始，全国人大开始每年一次的对国家经济和社会发展计划的审议决定，对国家决算和预算的审议决定，对政府工作报告的审议决定，1982 年还通过了关于当前经济形势和今后经济建设的方针报告的决议，通过了关于开展全民义务植树运动的决议。全国人大常委会通过了关于新中国成立以来制定的法律、法令效力问题的决议；防止关停企业和停建缓建工程国家财产遭受损失的决议；严惩严重破坏经济罪犯的决议；国务院部委机构改革实施方案的决议；关于批准长江南通港、张家港对外国籍船舶开放的决议；等等。同时，就有关与外国缔结条约等国际事务、地方人民代表大会建设、授予荣誉称号等方面的重大事项作出了决定。这些决定表明，全国人大及其常委会在行使国家讨论决定重大事项上的全面恢复，更值得一提的是，全国人大及其常委会关于经济领域的重大事项决定开始增多。

与此同时，全国人大及其常委会在审议重大事项方面发生积极变化。党在 20 世纪 70 年代末至 80 年代初所进行的思想解放运动与组织体制改革，大大改变了党与全国人大的关系，并且这种变化很快就在全国人大会议的利益表达和决策冲突中得到体现，标志着中国原有政治体制的一大突破[1]人大代表开始敢

---

[1]　孙哲：《全国人大制度研究》，法律出版社 2004 年版，第 50 页。

于在全国人大及其常委会开会讨论审议一些重大问题时，表达真实意见。例如，20 世纪 80 年代中期的政府工作报告就引起了代表们的批评。人大代表批评在全国普遍流行并得到过分推崇的"快速致富"的口号，并批评"向钱看"和不重视节俭的传统。[1] 在听取了这些批评意见之后，国务院在工作报告中再次强调反冒进，同时也反固步自封的稳妥立场。[2] 全国人大在审议时的意见最终体现在政府工作报告中，全国人大最终作出了关于政府工作报告的决议，决议指出"国务院和地方各级人民政府，应充分重视这次会上代表们提出的意见和建议，认真研究并采取切实有效的措施，努力解决好广大人民普遍关心的农业、物价、教育、社会风气和社会治安等问题，保证我国社会主义事业更加稳定协调地向前发展。在当前我国的社会主义现代化建设中，必须把农业真正置于国民经济基础的地位，力争农业特别是粮食生产稳步增长；严格控制基本建设规模、社会集团购买力和货币发行量，进一步实现国民经济的稳定发展；价格改革要注意保持物价总水平的相对稳定，充分考虑各方面的承受能力；要加快科学技术和教育事业的发展和改革；要把计划生育特别是农村的计划生育工作抓紧抓好；切实搞好政府的机构改革，克服官僚主义，密切联系群众，提高工作效率；通过经济和政治体制改革，加强社会主义民主、社会主义法制和社会主义精神文明的建设，端正社会风气，巩固和发展安定团结的政治局面"。这充分体现了最高国家权力机关和人民的意志。

---

〔1〕 Burns, John P. : "Peking's legislative Forums are Increasingly Feisty", The New York Times, April 15, 1985, p. A12; LiangQian, "Jingji gaige zhong chule shemma wenti?" (What problems are emerging in economicreforms?) Zhengming (Contending), No, 91 (May 1985), p. 46.

〔2〕 孙哲：《全国人大制度研究》，法律出版社 2004 年版，第 55 页。

二、紧紧围绕中心任务发挥职能作用是坚持与完善讨论决定重大事项制度的不竭动力

新中国成立以后，在向社会主义过渡时期，国家的总体任务是社会主义工业化建设和社会主义改造。为实现这个目标，中国共产党领导进行了政治、文化、国防等多方面的建设，特别是新中国首部宪法的颁布实施，标志着我国在健全民主制度、加强法制建设、调整国内政治关系等方面迈出了重要步伐。整个国家的政治、法律等上层建筑，都进一步适应社会主义经济基础的建立并为之服务。[1] 党领导全国各族人民紧紧抓住当时历史条件下国家建设与发展的主要矛盾，充分调动广大人民的积极性，积极支持全国人大及其常委会讨论决定国家重大事项，促进了党和各国家机关各司其职，依法行使职权。自 1954 年 9 月至 2009 年 3 月，全国人大常委会共批准或加入中国同外国和国际组织缔结的条约和重要协定约 356 件[2]。1955 年，即全国人民代表大会成立后的第二年，就把治理黄河这件大事提交全国人民代表大会讨论和批准。1955 年通过了授予中国人民解放军在中国人民革命战争时期有功人员、中国人民志愿军抗美援朝保家卫国有功人员勋章奖章的决议等。1955 年 9 月通过了关于授予中华人民共和国元帅军衔的决议。1955 年 4 月通过了关于结束中华人民共和国同德国之间的战争状态的决议。1955 年 9 月通过了关于成立新疆维吾尔自治区撤销新疆省建制的决议。1959 年 9 月通过了关于特赦确

---

〔1〕 中共中央党史研究室编：《中国共产党历史》，中国党史出版社 2011 年版，第 246 页。

〔2〕 王怀胜：《缔约、批约与一本书——编辑〈全国人民代表大会常委会决定批准或加入的条约和重要协定概览〉随感》，《中国人大》2010 年第 18 期。

实改恶从善的罪犯的决定。20 世纪 60 年代几次通过特赦确实改恶从善的蒋介石集团和伪满洲国的战争罪犯的决定。1965 年 5 月通过了关于取消中国人民解放军军衔制度的决定。1965 年 8 月通过了关于成立西藏自治区的决议等。极大地拓展和夯实了全国人大及其常委会讨论决定国家重大事项职权的领域和基础。

随着拨乱反正和改革开放，市场经济不断发展。我国于 1982 年颁布实施现行宪法，民主法治建设取得长足进步，人民代表大会制度实现了平稳运行，全国人大及其常委会依照宪法列举规定积极行使讨论决定重大事项职权，对诸如国家预算和决算等一些国家重大事项实现了常态化的审议决定，对很多特定国家重大事项进行了审议。1978 年 3 月 5 日，第五届全国人民代表大会第一次会议通过了关于中华人民共和国国歌的决定。1982 年 12 月 4 日，第五届全国人民代表大会第五次会议又撤销这一决定，并决定恢复《义勇军进行曲》为中华人民共和国国歌。1982 年 3 月、5 月、8 月，第五届全国人大常委会第三次会议通过了国务院机构改革方案。1978 年 12 月 26 日，第五届全国人大常委会第五次会议讨论通过《告台湾同胞书》，明确具体地提出了解决台湾问题、和平统一中国的设想。1979 年 1 月 1 日，国防部宣布，停止炮击金门等岛屿，始于 1958 年的对上述地区的炮击宣告结束。1981 年通过了关于授予宋庆龄同志中华人民共和国名誉主席的荣誉称号的决定。1987 年第七届全国人民代表大会第二次会议又决定恢复军衔制。1988 年 4 月，第七届全国人民代表大会第一次会议通过了关于设立海南省的决定。1990 年 4 月，第七届全国人民代表大会第三次会议通过了关于设立香港特别行政区的决定。1992 年 4 月，第七届全国人民代表大会第五次会议通过了关于兴建长江三峡工程的决议，决定批准将兴建长江三峡工程列入国民经济和社会发展十年规划。1993 年 3 月，第八届全国人民代表大会第一次会议通过了关于设立澳门特别行政区的决定。1997 年 3 月，第八届全国人民代表大会第五次会议通过了关于批准设立重庆直辖市的决定。2000 年 8 月 25 日，第九届全国人大常委会第十五次会议通过了关于我国加入世界贸易组织的决定。从六届全国人民代表大会起，历届全国人民代表大会第一次会议都通过了关于国务院机构改革方案的决定。2014 年 2 月 27 日，第十二届全国人大常委会通过了关于设立南京大屠杀死难者国家公祭日的决定和关于确定中国人民抗日战争胜利纪念日的决定。2014 年 8 月 31 日，通过了关于设立烈士纪念日的决定，以及关于在北京、上海、广州设立知识产权法院的决定。2014 年 11 月 1 日，通过了关于设立国家宪法日的决定。2015 年 7 月 1 日，通过了关于实行宪法宣誓制度的决定等。

全国人大成立以来行使讨论决定重大事项职权情况表

全国人民代表大会届次及任期时间	全国人大作出的决议决定		全国人大常委会作出的决议决定	
	法律和有关法律问题的决定	各项工作报告	有关法律、法律解释和法律问题	国际公约、双边条约和协定
第一届（1954 年 9 月至 1959 年 4 月）	14	21	52	26
第二届（1959 年 4 月至 1964 年 12 月）	0	14	9	30
第三届（1964 年 12 月至 1974 年 12 月）	0	5	3	1
第四届（1975 年 1 月至 1978 年 2 月）	0	1	1	0
第五届（1978 年 2 月至 1983 年 6 月）	23	21	35	12

续表

全国人民代表大会届次及任期时间	全国人大作出的决议决定		全国人大常委会作出的决议决定	
	法律和有关法律问题的决定	各项工作报告	有关法律、法律解释和法律问题	国际公约、双边条约和协定
第六届（1983 年 6 月至 1988 年 3 月）	8	30	46	27
第七届（1988 年 3 月至 1993 年 3 月）	14	28	53	41
第八届（1993 年 3 月至 1998 年 3 月）	12	32	84	62
第九届（1998 年 3 月至 2003 年 3 月）	4	31	92	60
第十届（2003 年 3 月至 2008 年 3 月）	12	35	94	73
第十一届（2008 年 3 月至 2013 年 3 月）	3	31	86	38
第十二届（2013 年 3 月至 2018 年 3 月）	4	37	42	41

根据中国民主法制出版社 2014 年出版的《全国人民代表大会及其常务委员会大事记（1954—2014）》和全国人大门户网站数据统计整理

从上表统计数字看，全国人大成立以来，全国人大及其常委会行使讨论决定重大事项职权总体呈现三段两头高"U"字形变化，即第一届全国人大任期内讨论决定重大事项行使数量多，第二届开始下降，第三、四届数量出现停滞，从第五届开始井喷式上升。分析可知，在新中国成立初期，由于当时经济社会发展亟待从战争创伤中恢复发展，国家实行权力相对集中的统一治理方式，因此，在人民代表大会制度建立初期，讨论决定重大事项职权行使十分充分和及时。此后，随着国家政治生活偏离正常轨道，人大讨论决定的重大事项不断减少甚至淡出人们视线。但是，随着拨乱反正和工作重心转移到经济建设上来，从第五届开始，全国人大及其常委会讨论决定的重大事项迅猛增长，而且涉及的范围和领域也逐步扩大，对于经济建设、社会治理、法治建设、外交合作、国家安全等方面的问题都作出了一系列决议决定，推动全国人大及其常委会讨论决定重大事项职权不断得到加强和规范。

三、不断加强法治建设是坚持和完善讨论决定重大事项制度的实现途径

随着 1982 年宪法的颁布实施，标志着我国国家政治生活和人民代表大会制度重新步入法治化的正常轨道。1982 年宪法是我国现行宪法，也被认为是新中国成立以来制定的最好的宪法。1982 年宪法基本恢复了 1954 年宪法规定的内容，不仅为全国人大及其常委会行使重大事项决定权提供了宪法依据，更重要的是为重大事项决定权的行使提供了重要的法治环境和法治基础。这是因为，任何一项制度的贯彻实施都需要法治体系的整体健全和完善，才能为制度的运行提供有力的支撑。

1. 进一步夯实了全国人大及其常委会讨论决定重大事项制度的宪法基础

一是全国人民代表大会讨论决定重大事项制度。1954 年宪法对全国人大讨论决定重大事项制度的规定，主要体现在"全国人民代表大会认为应当由它行使的其他职权"的规定。1982 年宪法则是规定了"应当由最高国家权力机关行使的其他职权"，说明我们对应当由最高国家权力机关行使重大事项决定权的事项的

认识更加成熟。此外，1982 年宪法列举增加了一项应由全国人大行使的讨论决定重大事项的职权，即"决定特别行政区的设立及其制度"。这是因为 1997 年、1999 年我国将分别对香港、澳门恢复行使主权，鉴于香港、澳门在过去一个相当长的历史时期被外国殖民统治，实行资本主义制度，如何对香港、澳门恢复行使主权，并保持香港、澳门的经济繁荣和社会稳定，是一个相当复杂的问题，需要通过法治的方式建立法治框架，由最高国家权力机关讨论并作出决定，依法有序地予以推进。

二是全国人民代表大会常务委员会讨论决定重大事项制度。1982 年宪法对于全国人大常委会讨论决定重大事项职权的规定比 1954 年宪法增加了一项内容，即："在全国人民代表大会闭会期间，审查和批准国民经济和社会发展计划、国家预算在执行过程中所必须作的部分调整方案。"这就解决了实际工作无法可依的问题。由于全国人大每年只召开一次会议，大部分时间处于闭会期，对于国民经济和社会发展计划、国家预算执行中的调整等重大事项，难以由最高国家权力机关及时作出决定，只能采取事后备案的方式进行补救，有损于宪法精神的贯彻落实。所以将这项决定权授予最高国家权力机关的常设机关——全国人大常委会行使，既完善了全国人大及其常委会讨论决定重大事项的制度，又规范了对国务院计划和预算执行的监督和支持，同时促进了国家发展计划和财政预算工作的制度化和法治化。

2. 进一步规范了全国人大及其常委会讨论决定重大事项制度的程序规则

改革开放以来，随着我国法治建设的推进，全国人大及其常委会讨论决定重大事项日益步入法治轨道。

一是明确了职权的范围。宪法及相关法明确规定了全国人大及其常委会讨论决定重大事项的范围。1982年宪法第六十二条规定了全国人民代表大会行使的各项职权，其中第（九）项"审查和批准国民经济和社会发展计划和计划执行情况的报告"；第（十）项"审查和批准国家的预算和预算执行情况的报告"；第（十二）项"批准省、自治区和直辖市的建置"等以列举的方式授权全国人民代表大会行使讨论决定重大事项；第（十五）项作为兜底条款以开放性授权的方式确定全国人民代表大会行使应当由最高国家权力机关行使的其他职权。

宪法第六十七条关于全国人大常委会行使的各项职权中，第（五）项规定"在全国人民代表大会闭会期间，审查和批准国民经济和社会发展计划、国家预算在执行过程中所必须作的部分调整方案"；第（十四）项"决定同外国缔结的条约和重要协定的批准和废除"；第（十六）项"规定和决定授予国家的勋章和荣誉称号"等，以列举的方式规定了部分讨论决定重大事项；同时第（二十一）项也以兜底条款授权全国人大在必要时授予全国人大常委会关于其他重大事项的决定权。

二是明确了相对人义务。宪法第八十九条规定了国务院行使的各项职权，其中第（二）项规定"向全国人民代表大会或者全国人民代表大会常务委员会提出议案"。国务院组织法第八条规定，"国务院各部、各委员会的设立、撤销或者合并，经总理提出，由全国人民代表大会决定；在全国人民代表大会闭会期间，由全国人民代表大会常务委员会决定"。该宪法相关法在规定国务院及其相关部门权责的同时，从另一个侧面规定了全国人大及其常委会行使讨论决定重大事项职权，对相对人的义务性规定。

三是明确了程序规则。1987年全国人大常委会首次制定颁布了全国人大常委会议事规则，1989年七届全国人大二次会议通过了全国人民代表大会议事规则。这就使全国人大及其常委会在讨论决定重大事项规则上有了法律依据，为全国人大及其常委会行使讨论决定重大事项职权提供了重要的程序性规则。全国人民代表大会议事规则明确了会议举行的程序，议案的提出和审议，审议工作报告、审查国家计划和财政预算，询问和质询，特定问题调查，以及发言和表决等规则。其中，对于审议工作报告、审查国家计划和财政预算单独作出了规定，规定可将这些议案交由全国人大相关专门委员会，提前一个月进行初审，提出审查意见。全国人大常委会议事规则明确了会议的召开、议案的提出和审议、听取和审议工作报告、质询、发言和表决程序规则，规定了几类议案的提出主体和委员长会议的职权，规定了分组审议、专门委员会审议、联组会审议的方式，规定可以组织成立特定问题的调查委员会，开展调查并提出调查报告，或作出相应的决议，规定常委会认为必要时可以对工作报告作出决议等。

3. 进一步完善了全国人大及其常委会讨论决定重大事项的工作基础

一是确定了围绕全国人大及其常委会履职完善工作机构的思路。六届全国人大期间，彭冲副委员长受委员长会议委托，主持对全国人大机关工作机构问题进行了专题研究，提出了《关于健全人大机关工作和机构的报告》，并提交第六届全国人大常委会第二十一次会议进行了审议。报告明确，各专门委员会和常委会办公厅、法工委都应为召开全国人大会议、常委会会议、委员长会议服务；为发展社会主义民主健全社会主义法制服务；为全国人大代表和常委会委员依法行使职权服务。

二是逐步完善机构设置。1983 年 9 月，全国人大常委会法制委员会改为法制工作委员会。1988 年 3 月，第七届全国人民代表

大会第一次会议增设了内务司法委员会。1998 年 3 月，第九届全
国人民代表大会第一次会议增设农业与农村工作委员会。除法律
委员会外，其他各专门委员会都设办公室（局级）。全国人大常
委会机构的不断细化，为审议决定重大事项提供了重要条件和保
障，特别是一些专门委员会的设立，从职能上担负起讨论决定重
大事项的初步审议和专业审议工作，如财政经济委员会承担了发
展计划和财政预算草案和执行情况的初步审议，教育科学文化卫
生委员会承担了有关国家文教体育卫生方面的一些重大事项的初
步审议，为全国人大及其常委会更好地履行讨论决定重大事项职
权，及时就一些重大事项作出决议决定创造了重要工作条件。

　　三是不断加强干部队伍建设。随着全国人大及其常委会工作
职能的恢复和长足发展，全国人大常委会机关工作人员和干部队
伍建设也得到加大加强。

　　综上所述，新中国成立 70 年来，我们党领导人民创造了世
所罕见的经济快速发展奇迹和社会长期稳定奇迹，中华民族迎来
了从站起来、富起来到强起来的伟大飞跃。与此同时，党领导人
民坚持全面依法治国方略，不断推进包括讨论决定重大事项制度
在内的人民代表大会制度的各项具体制度的健全和完善，使之成
为新中国成立 70 年来我们党执政成就和国家治理成效的明显标
志，成为我国国家制度和国家治理体系不断完善的生动体现。

第二节　坚持与完善讨论决定重大事项制度的
理论逻辑

　　从以上历史考察看，新中国成立以来，全国人大围绕党的大

政方针和国家中心任务，适时启动重大事项决定权的行使，对一系列关系国计民生、社会发展、对外交往等重大事项作出了决定，有效推动了相关工作，促进了问题的解决，发挥了国家权力机关的作用。但是，相对于立法权、监督权和人事任免权的行使，讨论决定重大事项职权的行使还是显得比较薄弱，特别是随着我国进入全面建设社会主义现代化强国的新时代，从应对经济社会剧烈转型和国家管理日益复杂的需要来讲，人民代表大会讨论决定重大事项制度的实施显然还不理想、不到位。党的十九届四中全会提出"把我国的制度优势转化为国家治理效能"。人大讨论决定重大事项职权是"人大四权"（立法权、监督权、决定权、任免权）之一，具有显著的制度优势。对于这个问题，有必要从继续保持经济快速发展、社会长期稳定两大奇迹，巩固70年来我们党执政成就和国家治理成效、继续推进我国国家制度和国家治理体系完善的角度，就其中最关键的几个问题，包括推进依法执政的战略需要、实现改革发展的快速决策、推进全过程人民民主实践、补齐社会治理的法治短板等角度进行深入分析和考量，从而更好地把握坚持与完善讨论决定重大事项制度的理论逻辑。

一、关于推进党依法执政的战略需要

由于我国特殊的历史和国情，中国共产党作为国家的领导核心以及所承担的历史使命，在过去相当长的时期内，实行高度集中的领导方式，表现为党领导一切事务、决定一切事务，党政不分、以党代政，这在特定的历史条件下是必要的，也是有效的。但是，随着经济社会的发展，这种传统的领导方式已经不能很好地适应时代的要求，必须根据历史条件的变化及现实需要，加强与改善党的领导。从当前实际情况看，加强与改善党的领导，一个重要方面就是把党的意志变为人民意愿，把党的决策变为国家决策，增强党的决策的合法性和民意基础。因为，随着历史和经济社会发展变化，中国共产党已经由革命党变成了执政党，执政党执掌国家政权并不是代替国家政权，执政党的执政权主要体现在其对国家政权机关的领导和掌控上，执政党的执政路线、方针、政策需要通过法定方式和程序贯彻到人民代表大会的运行中，通过人民代表大会的意志表现出来，使党的主张经过法定程序变为国家意志和人民的自觉行动。只有把党的领导体现在制度中，才能真正加强党的领导、改善党的领导。

1. 讨论决定重大事项制度是党领导全面依法治国的重要制度。坚持党对全面依法治国的领导，是中国特色社会主义法治的本质特征和内在要求。中国共产党的领导是中国特色社会主义最本质的特征，是社会主义法治最根本的保证，是社会主义法治之魂。全面依法治国绝不是要削弱党的领导，而是要加强和改善党的领导，不断提高党领导依法治国的能力和水平，巩固党的执政地位。因此，必须推进党的领导制度化、法治化，不断完善党的领导体制和工作机制，把党的领导贯彻到全面依法治国全过程和各方面，具体落实到党领导立法、保证执法、支持司法、带头守法的各环节。需要指出的是，我国进入了全面建设社会主义现代化强国的新时代，经济社会剧烈转型，国家管理日益复杂，如何完善和发展中国特色社会主义制度，推进国家治理体系和治理能力现代化，很重要的一条历史经验就是坚持在党的领导下通过有效的制度和机制建设不断推进全面依法治国，这就为坚持与完善人大及其常委会讨论决定重大事项制度提供了广阔空间，相比人大立法职能的长周期、监督工作的滞后性，讨论决定重大事项具有灵活高效、规范权威等特点，十分有利于在复杂局面下有序同步推进改革和法治建设。

2. 讨论决定重大事项制度是巩固党的领导地位的重要内容。在全面推进依法治国的背景下，加强和巩固党的领导地位和领导权威的一个重要方面，就是理顺党与人民代表大会行使各项职权，特别是在讨论决定国家重大事项中的关系。根据宪法规定，一方面，党领导人民代表大会讨论决定国家的重大事项；另一方面，党的领导也要按照宪法和法律规定，通过人民代表大会实现对国家政治生活的依法组织和领导。一是党提出人民代表大会工作的方针政策，人民代表大会贯彻执行；二是党就重大问题直接向人大及其常委会提交建议案；三是党对人大及其常委会实行工作领导，包括立法工作、选举工作、代表工作、会议工作以及日常工作等；四是党的组织领导，主要表现在：选举人大代表和常委会组成人员及其领导人员时，其候选人主要由党组织推荐；由人大及其常委会选举、任命的其他国家机关领导人及其组成人员的候选人，也要由党组织作出安排。由此可以看出，人大及其常委会行使重大事项决定权本身是党的领导的一种实现形式，因此，在党的领导下，支持人大及其常委会依法讨论决定重大事项，不仅是发挥人大及其常委会职能作用、维护国家权力机关的法定地位和权威的重要方面，而且也是巩固党的领导地位的重要内容。[1]

3. 讨论决定重大事项制度是不断推进党依法执政的重要方式。首先，伴随我国四十多年的改革开放及现代化进程，人民的权利意识、民主意识、政治参与意识不断提升，如果党的领导方

---

〔1〕 田自勇：《完善人民代表大会讨论决定重大事项制度的思考》，《河北法学》2014 年 3 月第 3 期，第 171 页。

式、国家决策体制依旧延续过去的做法，必然会影响执政党对民众政治表达的汇集和吸纳，不利于维护党的领导权威。党支持和保证将涉及国家主权和人民利益的重大事项交由人大及其常委会讨论并作出决定，从形式上更具合法性，更能体现公开透明、平等参与、人民当家作主；从实质上更有利于民意的充分表达，体现大家的事大家办、重要的事商量着办的协商精神，体现党的意志与人民意志的统一。其次，在党的领导下，发挥权力机关的职能作用，一些重大事项让人大代表参与决策，实际上就将相关决策纳入了法治的轨道。从决策的科学性合理性上，更有利于集思广益、汇集民意、集中民智；在推动工作上更有利于在重大问题和行动上统一思想，释放民众情绪，减少改革阻力。从工作成效上，有利于决策的执行和监督，从而有利于巩固党的执政基础，维护党的领导权威，实现党所确定的"两个一百年"宏伟目标。最后，人民代表大会重大事项决定制度是整体决策体制中的一个环节，人民代表大会及其常务委员会行使重大事项决定权是有法定范围、法定内容的，并非任何重大事项都由其作出决定，那些应由党决策的政治层面的路线、方针、政策性质的重大事项，应由政府决策的具体的执行层面的重大事项，与应由人大及其常委会进行依法决策的重大事项并不矛盾，完全可以并行不悖，可以相互衔接、彼此支撑。

4. 讨论决定重大事项制度是加强与改善党的领导的重要方法。人民代表大会、人民代表大会常务委员会作为法律上的国家权力机关，将党对国家和地方重大事项的主张和政策，通过讨论决定重大事项的法定程序转化为国家意志，有利于加强与改善党的领导。首先，有利于科学决策。人民代表大会、人民代表大会常务委员会是汇集人民智慧的平台，党的主张、党的政策是否正确，只有让人大代表广泛联系人民群众进行充分参与和讨论，最后通过人大及其常委会的法定程序作出表决，才能真正得到认同和验证。这个过程也是完善和纠偏的过程，它能够完善缺失的部分、纠正不合理的内容，甚至阻止有问题政策的出台，始终使党的政策与人民的意愿保持高度一致，始终使党的路线、方针、政策切合实际，符合人民的愿望和诉求，最终有利于巩固党的执政地位，有利于加强和改善党的领导。其次，有利于推动工作。党的主张和政策都是着眼管根本、利长远的重大部署，党通过人民代表大会、人民代表大会常务委员会安排讨论决定重大事项议题，通过人大及其常委会中的党组织和党员广泛进行宣传解释，有利于引导社会各界和人民群众正确认识党的主张、党的政策，进而支持党的主张、党的政策。最后，有利于把加强党的领导纳入法治轨道。党可以发挥人民代表大会和常委会组成人员中党员数量上的优势，在确保党的正确主张和政策在权力机关顺利通过的同时，这一过程也是党不断完善领导国家权力机关制度和机制的过程，也是掌握了解更多矛盾和问题、不同群体意见和建议的过程，有利于党在利益诉求日益多元化复杂化背景下，更好地领导人民代表大会、人民代表大会常务委员会作出更加具有科学性、长远性、根本性的决定，不断提高党的领导的合法性和权威性。

二、关于实现国家改革发展的快速决策

作为后发的追赶型国家，政府在我国经济社会发展中有着难以替代的主导作用。改革开放以来，随着工作重心转移到经济建设上来，我国开始不断加快从计划经济向社会主义市场经济的转

型步伐，同时为了防止出现经济发展的大起大落，保证经济社会发展的平稳有序过渡，需要在这一过程中持续地进行制度供给和作出动态安排，从而形成了学者研究的"过渡性制度安排的相继替代"[1] 的现象。而全国人民代表大会、全国人民代表大会常务委员会作为国家权力机关，通过讨论决定重大事项，将党对国家的阶段性改革主张和政府推动改革的政策举措及时上升为具有法律效力的决议决定，发挥了重要的阶段性、过渡性制度安排的作用，实现了"过渡性制度安排的相继替代"，保证了改革的快速决策和制度的快速供给同频共振、同步推进。

一是讨论决定重大事项制度承担了经济快速发展急需的制度转化和提供功能。尽管全国人大及其常委会作出的重大事项决议决定所提供的过渡性制度安排往往是短期的制度安排，但毋庸置疑的是，它是一种真正的制度，是制度安排的一种特殊类型，意味着在一定范围或社会群体中建立了人们共同承认并且普遍遵守的社会关系规范和行为规则。作为制度是具有强制性、公共性、持续性的特征的。其中前两个是一项社会安排成为制度的必要条件，后一个则是充分条件。任何一项社会性的安排，如果没有强制性就不成其为制度，禁则和罚则是任何一项制度都必须包括的内容，否则制度就不能得到普遍遵守，也就不能发挥约束和规范人们行为的作用。强制性的作用在于，不论其中的每个成员是否完全愿意，制度都会对他产生约束力，因此，制度具有普遍性和公共性。人大及其常委会通过讨论决定重大事项，把党的主张、中央对改革的宏观设计，以及现实发展对法治的需求、国内外一些成熟的经验做法及时转化成具有法定效力的决议决定，能够比

---

〔1〕　周冰、黄卫华、商晨：《论过渡性制度安排》，《南开经济研究》2008 年第 2 期，第 64—78 页。

相对周期更长的立法更快地提供相关的制度供给，满足经济社会改革和发展对法治建设的迫切需求。

二是讨论决定重大事项制度发挥了我国独特的政治优势。经济基础决定上层建筑，但反过来，上层建筑也会对经济基础产生反作用。我国的人民代表大会制度是按照民主集中制的原则组织起来的，同时也是按照民主集中制的原则运行的，这既有利于在国家权力机关中充分发扬民主，同时也有利于在发扬民主的基础上尽快形成国家的统一决策，更为重要的是，由此形成的决议决定具有坚实的民意基础和广泛的社会政治共识，有利于维护政治的理性和清明、维护社会的长期稳定、促进经济的健康持续发展，避免出现各派政治势力互相扯皮、相持不下的局面，避免贻误重要国际战略机遇、丧失国内改革发展的重要时机。正是因为这项制度，使我国顺利地形成了一个又一个既有民主又有集中的国家层面的经济社会发展规划和年度发展计划，如五年规划、十年规划、十五年远景目标规划等，同时还授权国务院和部分地方政府作出了大量推动产业发展和区域改革的决议决定，形成了既有中央集中统一部署，又有地方积极性创造性的良好互动，形成了一个接一个规划落地实施，不断推动经济社会持续快速发展的良好态势，极大地促进了经济发展、社会稳定和市场活力的不断提升。这就比西方"民主国家"大搞民粹主义造成"否定政治"的被动局面具有十分明显的优势。近年来，美国等西方国家由于大搞民粹主义，日益走向社会族群撕裂和政治对立，造成很多重要的政治改革、社会治理或经济发展方案，经常被相互对立的政治派别出于政治竞争考虑而否定，却始终难以形成建设性讨论和相互支持的良好局面。如对于新冠肺炎疫情的防控，西方不少国家内部各派政治势力出于政治目的，干扰议会及时形成正确决策，同时误导民众对抗防疫政策，政治运行整体处于无序和失控状态。

三是讨论决定重大事项制度有效克服了西方"票决制"的弊端。人民代表大会制度来源于西方的现代代议制民主制度，或多或少也会有代议制本身的共性问题，特别是目前西方国家愈演愈烈的简单化的"票决制"，常常游离于议案本身的是非曲直，通过拉拢许诺、煽动蛊惑等方式获取选票，谋取政治利益，票决结果经常让国内外错愕不已。可以说，票决制已经让西方在政治衰败的道路上不停狂奔，难以自已。如美国民众强烈呼吁通过立法形式管控泛滥的枪支暴力，但是由于利益集团的干扰和院外活动，民众的诉求一直得不到回应，直接表现在投票不能满足绝对多数，相关议案始终难以通过。而一些涉及国计民生的重大国策，全民公决的简单多数就能通过，比如英国 2016 年的脱欧公投，出乎意料地获得多数投票通过，逼迫英国政府不得不在毫无准备的情况下启动脱欧程序，严重地伤害了英国的国家利益和民众福祉。[1] 与此形成鲜明对照的是，我国的人民代表大会制度在承认少数服从多数原则的同时，更关注事情本身的来龙去脉，讨论决定重大事项一个核心的关键词是讨论，是通过讨论进行充分的调查研究、开展面对面的协商沟通，从而形成了一种"不求说了算、共求说得对"的求真务实的良好议事局面。此外，讨论决定重大事项制度在实践中的做法日趋完善，主要分三类进行：应当经人大常委会批准和决定的事项；应当向人大常委会报告，必要时可以作出相应决议的事项；应当报告人大常委会审查或备案的事项，通过适当分类解决了议题过多难以兼顾的问题，同时坚持了理性必要和实事求是的议事原则。

---

〔1〕 杨光斌：《比较视野下的中国民主的优秀基因》，《北京日报·理论周刊》，2022 年 5 月 16 日第 11 版。

三、关于不断推进全过程人民民主实践

如何在政府强势推动经济社会快速发展与人口众多、地域广阔、情况复杂的超大型社会治理之间取得平衡，是改革开放以来我国始终面临的首要问题。习近平总书记在庆祝中国共产党成立100周年大会上，提出了"发展全过程人民民主"，发出我国社会主义民主政治建设新征程的号令。人民代表大会作为国家权力机关，通过广泛联系人民群众、充分反映人民群众的意见和呼声，及时讨论决定重大事项，及时对政府运行作出评价，有利于肯定合理有效的机制改革和发展举措，支持政府坚持既有的正确做法；指出潜在的矛盾和问题，推动政府改进政策、完善措施、回应民意；统一思想认识、引导化解分歧，促进全社会行动的一致性。这实际上就形成了反映和落实人民群众意见和呼声的全过程人民民主的工作闭环，也形成了对政府行政运行评价管理的闭环，有利于调动人民群众广泛参与的积极性，促进人大行使讨论决定重大事项的能力和水平，也有利于推动政府不断改进工作，提高行政运行的质效。

一是通过讨论决定重大事项支持政府的过往工作。这是目前全国人大及其常委会行使讨论决定重大事项职权最多最规范的一项。首先是每年或者每五年，全国人民代表大会都会听取政府工作报告对过去一年或五年工作的全面总结。通过代表充分审议和讨论，代表会充分了解政府过去一年或五年的主要做法、取得的主要成就、形成的主要经验，在此基础上作出充分肯定政府工作的决议，有利于支持政府坚持既有的正确和有效做法，进一步总结经验、完善制度和开拓创新，不断取得新的进展和成效。其次

是全国人民代表大会对政府发展计划和财政预算报告的讨论和审查。由于这项工作相对比较专业，一般要交财政经济委员会进行初步审查，财经委员会也会对经济社会发展和财政预算执行情况作出全面中肯的评价，充分肯定成绩，同时指出存在的不足和问题，以供代表大会在审议发展计划和财政预算执行情况时参考，这些评价经大会讨论通过后就成为全国人民代表大会的审查和评价意见，同样能发挥支持和激励政府的作用。

二是通过讨论决定重大事项推动政府改进工作。全国人民代表大会在听取和审议中央政府工作报告以及发展计划和财政预算报告时，除了肯定政府的相关工作、发挥支持和激励作用之外，还会对改进工作中的不足、弥补发展中的短板、消除发展不均衡、完善下一步工作的措施等提出意见和建议。中央政府领导人、组成部门主要负责人以及相关工作人员则分别到各代表团讨论现场听取意见和建议，回答代表在审议中提出的问题。根据讨论情况起草的关于政府工作报告的决议，会对未来一个时期的工作提出方向性的意见，这个意见成为决议的重要内容，也成为全国人大及其常委会下一步对中央政府开展监督工作的重要法律依据。此外，近年来，随着全面推进依法治国方略的实施，全国人大常委会加强了对法律实施的监督检查，在听取执法检查报告后，就进一步解决好执法检查中发现的突出问题作出决议，推动各级人大及其常委会加强相关监督工作，推动本地区相关问题的依法治理。如2018年7月10日，第十三届全国人民代表大会常务委员会第四次会议听取和审议了栗战书委员长所作的全国人大常委会执法检查组关于检查大气污染防治法实施情况的报告，充分肯定和高度评价执法检查组的工作，一致赞成执法检查报告，同意报告对贯彻实施大气污染防治法、打赢蓝天保卫战提出的意见和建议。同时作出了关于全面加强生态环境保护，依法推动打好污染防治攻坚战的决议，要求各级人大及其常委会作为国家权力机关，要充分发挥人民代表大会制度的特点和优势，履行宪法法律赋予的职责，以法律的武器治理污染，用法治的力量保护生态环境，为全面加强生态环境保护、依法推动打好污染防治攻坚战作出贡献。

三是通过讨论决定重大事项号召全社会支持政府共同行动。这实际上充分体现了人民代表大会制度的巨大政治优势。在全国人民代表大会及其常务委员会对政府工作报告作出决议决定后，不仅对政府工作提出要求，同时还会号召全社会共同行动，支持政府的工作，并作出各自的努力和贡献，为政府工作创造良好的社会环境和法治环境。这就完全摈弃了西方国家政治党派相互竞争、倾轧拆台，导致社会意见纷争、族群撕裂，不少很好的议案付之东流，难以落地。如2021年3月11日，第十三届全国人民代表大会第四次会议通过的关于政府工作报告的决议指出，会议高度评价"十三五"时期我国经济社会发展取得的历史性成就，充分肯定国务院过去一年的工作，同意报告提出的"十四五"时期主要目标任务和2021年经济社会发展的总体要求、主要目标和工作部署，决定批准这个报告。会议号召，全国各族人民更加紧密地团结在以习近平同志为核心的党中央周围，高举中国特色社会主义伟大旗帜，以习近平新时代中国特色社会主义思想为指导，全面贯彻党的十九大和十九届二中、三中、四中、五中全会精神，增强"四个意识"、坚定"四个自信"、做到"两个维护"，坚持稳中求进工作总基调，立足新发展阶段，贯彻新发展理念，构建新发展格局，以推动高质量发展为主题，以深化供给侧结构性改革为主线，以改革创新为根本动力，以满足人民日益增长的美好生活需要为根本目的，坚持系统观念，巩固拓展疫情防控和经济社会发展成果，更好统筹发展和安全，扎实做好"六稳"工作、全面落实"六保"任务，保持经济运行在合理区间，促进经济社会持续健康发展，同心协力、拼搏进取、扎实工作，确保"十四五"开好局起好步，以优异成绩庆祝中国共产党成立100周年。

四、关于补齐社会治理的法治短板

改革开放以来，随着我国实现工作重心转移到经济建设上来，社会的治理方式全面开启了推进法治建设的进程，这是经济发展的需要，也是彻底结束"无法无天"局面、扫除"文化大革命"思想遗毒，推进社会依法治理的需要。由于立法工作相对繁重复杂，需要投入更多时间、等待更长周期，全国人民代表大会常务委员会通过作出决议决定，有效解决了社会治理的法治依据不足、法治供给针对性不强等问题。特别是1979年地方人大常委会的设立，使人大通过行使讨论决定重大事项职权促进地方经济社会发展和依法治理得到了长足发展，人大及其常委会讨论决定重大事项的质和量都得到了大幅提升。

一是通过讨论决定重大事项解决法治中的立法适用问题。改革开放之初，法治建设领域百废待兴，很多法律在"文化大革命"中被搁置，全国人大常委会作出一系列关于法律法规适用和法律解释的决议决定、关于法律清理的决议决定、关于法律宣传的决议决定等，不断推动法治建设取得长足进展。进入新时代，随着全面深化改革和全面依法治国双轮驱动战略的实施，全国人大常委会继续通过作出决议决定的方式，解决法治依据不足和不适应的问题。

二是通过讨论决定重大事项授权国务院推进依法改革和法治建设。改革开放以来，全国人大及其常委会通过讨论决定重大事项的方式，作出了大量的决议决定，授权国务院推进依法改革和依法治理。如 1985 年 4 月 10 日，第六届全国人民代表大会第三次会议作出了关于授权国务院在经济体制改革和对外开放方面可以制定暂行的规定或者条例的决定；2012 年 12 月 28 日，第十一届全国人民代表大会常务委员会第三十次会议作出了关于授权国务院在广东省暂时调整部分法律规定的行政审批的决定；2015 年 11 月 4 日，第十二届全国人民代表大会常务委员会第十七次会议作出了关于授权国务院在部分地方开展药品上市许可持有人制度试点和有关问题的决定；2018 年 10 月 26 日，第十三届全国人民代表大会常务委员会第六次会议作出了关于延长授权国务院在部分地方开展药品上市许可持有人制度试点期限的决定；2018 年 12 月 29 日，第十三届全国人民代表大会常务委员会第七次会议作出了关于授权国务院提前下达部分新增地方政府债务限额的决定；2020 年 8 月 11 日，第十三届全国人民代表大会常务委员会第二十一次会议作出了关于授权国务院在粤港澳大湾区内地九市开展香港法律执业者和澳门执业律师取得内地执业资质和从事律师职业试点工作的决定；2021 年 10 月 23 日，第十三届全国人民代表大会常务委员会第三十一次会议作出了关于授权国务院在部分地区开展房地产税改革试点工作的决定；等等。

三是通过讨论决定重大事项授权地方政府推进依法改革和法治建设。在授权"一府一委两院"推进依法改革和法治建设的同时，全国人大及其常委会还通过讨论决定重大事项的方式，授权地方政府推进依法改革和依法治理。如 1988 年 4 月 13 日，第七届全国人民代表大会第一次会议作出了关于建立海南经济特区的决议；1989 年 4 月 4 日，第七届全国人民代表大会第二次会议作出了关于国务院提请审议授权深圳市制定深圳经济特区法规和规章的议案的决定；1992 年 7 月 1 日，第七届全国人民代表大会常务委员会第二十六次会议作出了关于授权深圳市人民代表大会及其常务委员会和深圳市人民政府分别制定法规和规章在深圳经济特区实施的决定；1994 年 3 月 22 日，第八届全国人民代表大会第二次会议作出了关于授权厦门市人民代表大会及其常务委员会和厦门市人民政府分别制定法规和规章在厦门经济特区实施的决定；1996 年 3 月 17 日，第八届全国人民代表大会第四次会议作出了关于授权汕头市和珠海市人民代表大会及其常务委员会、人民政府分别制定法规和规章在各自的经济特区实施的决定；2021 年 6 月 10 日，第十三届全国人民代表大会常务委员会第二十九次会议作出了关于授权上海市人民代表大会及其常务委员会制定浦东新区法规的决定；等等。

四是地方人大常委会通过讨论决定重大事项推进依法改革和法治建设。改革开放以来，随着地方人大设立常委会，人大及其常委会讨论决定重大事项制度完善和理论实践创新得到长足发展。目前全国有 29 个省、自治区、直辖市都制定了关于讨论决定重大事项的地方性法规，有效保障和规范了省级人大常委会依法行使重大事项决定权，保证了党领导人民有效治理国家，健全了党委对人大工作的领导制度，保证了党领导人大工作的制度化、规范化。与此同时，地方人大常委会讨论决定重大事项的实践也有力地推动了本地依法改革和法治建设。以北京市为例，自 1979 年北京市人大设立常委会以来，截至 2021 年底，除了市人民代表大会通过的决议决定外，仅市人大常委会就依法作出 225

项决议决定，主要涉及以下四个方面：（1）围绕经济社会发展规划计划和预算安排作出决议。依法听取和审议计划、预算执行情况，决算报告和部分变更预算的议案，审计工作报告与审计发现问题整改和处理情况的报告，作出相关决议，确保了预算平衡和计划目标的完成，促进了经济社会又好又快发展。同时，还及时就计划和预算执行中遇到的问题作出决议决定，如 2012 年作出了批准北京市 2012 年地方政府债券收支安排专项预算调整方案的决议。（2）围绕首都建设改革中的重大事项作出决议决定。如 2001 年通过了关于支持北京申办 2008 年奥运会的决议，2007 年作出了关于为顺利筹备和成功举办奥运会进一步加强法治环境建设的决议，2013 年作出了关于北京市在严格控制碳排放总量前提下开展碳排放权交易试点工作的决定，同年又作出了批准北京市国民经济和社会发展第十二个五年规划纲要部分指标调整方案的决议。此外常委会还作出了关于大力发展外商投资企业的决议、关于扶植和引导乡镇企业健康发展的决议、关于进一步发展粮食生产的决议、关于进一步帮助贫困山区改变面貌的决议等。（3）围绕加强法律监督推进公正司法作出决议。2008 年 9 月 25 日，北京市第十三届人大常委会第六次会议作出了关于加强人民检察院对诉讼活动的法律监督工作的决议，要求检察院把依法行使法律监督职能放在更加突出的地位，切实加强对公安机关行使侦查权、审判机关行使审判权、监狱机关行使监管权的监督等，有力推动了法律监督工作的深入发展，促进了公正司法水平的提高。（4）围绕普法问题作出决议。1985 年 11 月，中共中央、国务院批转了中宣部、司法部《关于向全体公民基本普及法律常识的五年规划》。同月，全国人大常委会作出了《关于在公民中基本普及法律常识的决议》。从 1986 年开始，北京市人大常委会紧紧跟随全国人大常委会推动普法宣传的步伐，五年一段作出相关决议，要求全市各级国家机关都要把依法履行职责的工作实践与法治宣传教育有机结合起来，使立法、执法、司法和守法有机衔接和统一起来，不断把法治建设引向深入。

第三节　坚持与完善讨论决定重大事项制度的现实逻辑

习近平总书记在庆祝中国共产党成立 100 周年大会上，站在"两个一百年"奋斗目标交替的新的历史起点上，提出了"中国式现代化新道路"的崭新命题，提出了"发展全过程人民民主"，开辟了我国社会主义民主政治建设新征程。这就是要在以习近平同志为核心的党中央坚强领导下，坚持以习近平新时代中国特色社会主义思想为指引，深刻把握中国式现代化的新内涵新要求，大力拓展法治现代化新道路。坚持与完善讨论决定重大事项制度就是其中的一项重要工作。有必要从把方向、管大局、补短板、强弱项等方面，加强党的领导，完善讨论决定重大事项的制度、机制和程序，提升人大及其常委会的工作能力和水平。

一、围绕加强党的领导发挥讨论决定重大事项的职能作用

党的十八大以来，党中央明确提出全面依法治国、建设中国特色社会主义法治体系、建设社会主义法治国家，全面开启了迈向建设社会主义现代化法治强国的历史进程。法治强国是社会主

义现代化强国的重要内涵，也是建设社会主义现代化强国的重要保障。而中国共产党的领导是中国特色社会主义最本质的特征，是社会主义法治最根本的保证。因此，全面推进依法治国必须推进党的领导制度化、法治化，不断完善党的领导体制和工作机制。人民代表大会讨论决定重大事项，在我国决策体制和法治建设布局中占有重要地位。人民代表大会根据宪法和法律规定，对法定的重大事项作出决议决定，体现了人民意志转变为国家意志，是人民当家作主的表现，具有终极的历史合法性。因此，在党的领导下，人民代表大会及其常务委员会充分行使重大事项决定权，充分发挥好人大重大事项决定制度的功能与作用，体现了党的领导、人民当家作主、依法治国有机统一，对于促进社会主义民主政治发展、推进社会主义法治国家建设、加强与改善党的领导，都具有重要意义。

一是把人大讨论决定重大事项制度作为党推进民主执政的重要制度。近代以来的历史和中国共产党诞生百年的历史清楚地说明，没有共产党就没有新中国，共产党的领导是中国人民实现站起来、富起来的根本保证，更是建设中国特色社会主义现代化国家、实现强起来的根本保证。党执政的根本目的是为了人民的利益，是保证人民当家作主，党除了人民利益没有自身的特殊利益，这是由党的性质、宗旨和执政目标共同决定的。当前，我国正面临百年未有之大变局，如何以不变应万变，关键是要办好自己的事。作为执政党不仅要进一步发展党内民主，同时还要更好地发展社会主义民主政治，团结一切可以团结的人、调动一切可以调动的积极因素，才能以不变应万变，稳坐钓鱼船。人民代表大会制度是党领导人民建立的当家作主的根本政治制度，保证和支持各级人民代表大会及其常务委员会充分行使重大事项决定权，是保证人民当家作主、发展社会主义民主政治的重要内容。因此，坚持和完善人大讨论决定重大事项制度，必须放到加强和改善党的领导的大格局中来谋划，才能更好地体现这项制度的本质要求，更好地实现这项制度的核心价值，更好地发挥出这项制度的内在历史进步性和强大的制度优势。

二是把支持人大行使讨论决定重大事项职权作为党推进法治建设的重要方式。法治是现代政治文明的核心，法治也是我们建设中国特色社会主义国家的重要目标和手段，法治的基本含义是依照法律治理，从执政党的角度就是依法执政，依法执政的本质是通过法律、依照法律执政。执政党要善于把人民群众的利益和意志整合为执政党的意志和主张，并进一步通过立法程序转化为国家意志，即上升为法律。[1] 党的执政活动是具体的实践的，需要通过执掌和运用国家政权的方式来实现，通过法定的政权运行方式进行执政，就是要通过实行人民代表大会制度，经过国家权力机关按照法定程序制定法律或作出决定，把党的主张变成国家意志，通过国家行政机关贯彻执行。[2] 人民代表大会讨论决定重大事项制度是党依照法律执政的一种具体制度形式，党支持和保证人民代表大会及其常务委员会充分行使重大事项决定权，是按照依法执政的本质要求，实现依法执政的目标和实践依法执政方式的具体行动。一方面，党作为国家的领导核心，支持和保证人民代表大会依法充分行使重大事项决定权，就是在落实宪法和法律的规定，就是在实践依法执政。另一方面，人民代表大会

〔1〕　杨绍华：《科学执政民主执政依法执政——中国共产党执政方式问题研究》，人民出版社 2008 年版，第 198 页。

〔2〕　熊辉：《中国共产党领导方式和执政方式现代化研究》，湖南人民出版社 2010 年版，第 156 页。

及其常务委员会决定重大事项的过程，是人大代表、常委会组成人员代表人民发表意见、行使权力的过程，不论个别代表发表的意见建议是否在最终结论中体现，都实际行使了法定权利，人民的民主权利均得到了实现。需要指出的是，当前一些地方党委仅仅把人大立法作为推进法治建设的重要内容，相比而言，对于人大讨论决定重大事项制度和人大讨论决定重大事项工作，还远远没有放到推进依法执政、加强法治建设的总盘子中来进行统筹谋划。究其根本，一方面是对讨论决定重大事项制度还不熟悉，在推进依法治理中，还不能熟练运用法治思维和法治方式解决问题。另一方面是对于讨论决定重大事项制度的特点和优势认识不到位，对于比较紧急的重要事项和制度建设，不善于通过人大讨论决定重大事项的方式快速解决。

三是把健全讨论决定重大事项制度体系作为加强党的领导的重要议题。人大讨论决定重大事项职权不是人大及其常委会单独行使的，而是严格按照党的领导、人民当家作主、依法治国有机统一的原则来行使的。这就需要健全和完善一个不是简单地争"谁说了算"，而是共求"说得对"的工作制度体系。首先，要健全和完善委员和代表作用发挥机制。要更多地把代表议案作为重大事项的来源，组织委员和代表加强重大事项审议决定前的调查研究，为人大及其常委会讨论决定重大事项提供坚实的工作基础。其次，要健全和完善向党委汇报请示机制。建立健全人大及其常委会讨论决定重大事项向党委请示报告制度，善于把党委的决策主张经过法定程序变成人大及其常委会作出的决定、决议。再次，要健全政府对重大事项议案的报告制度。对于政府报告的事项，人大及其常委会应先交由相关人大专门委员会进行调查研究，并提出初步审议意见和建议，再一并提请人民代表大会审议和作出决议决定。从次，要健全和完善重大事项规划和计划制度。重大事项事关经济社会和公民的全局、长远、根本利益，要结合发展长远规划，提前规划和计划一个时期和年度讨论决定重大事项的议题，做好调研研究，有序组织委员和代表做好前期调研，提高讨论决定重大事项的质量和实效。最后，要健全和完善重大事项议案调研和审议制度。列为规划或计划的重大事项议题，人大及其常委会应按照议事规则，组织委员和代表加强会前的调研，广泛汇聚民智、集中民意，提高重大事项议案的必要性、科学性、可行性研究，使作出的决议决定，凝民心、聚民智、集民力，既符合法律规定，又能体现党委主张，反映群众意愿，达到坚持党的领导、人民当家作主、依法治国的有机统一。

二、围绕推动共同富裕拓展讨论决定重大事项制度的价值内涵

共同富裕是社会主义的本质要求，是中国式现代化的重要特征。实现共同富裕是一场广泛而深刻的社会革命和历史变迁，既需要民主法治的助力和保障，也推动着民主法治的变革和进步。在共同富裕成为国家发展重要目标的背景下，只有将民主法治现代化与促进共同富裕相结合，把共同富裕目标贯穿于民主法治现代化始终，法治才有更现实和旺盛的生命力。讨论决定重大事项制度就是一项发展社会主义民主、推进社会主义法治建设的重要制度，因此，必须为实现共同富裕努力构建更高质量、更有效率、更加公平、更可持续、更为安全、更加良好的民主法治空间，发挥民主法治固共同富裕之根本、稳共同富裕之预期、利共同富裕之长远的保障作用。

一是为激发社会主义市场经济活力提供制度保障。发展社会

主义市场经济是一个长期的历史过程，要发挥讨论决定重大事项制度的灵活性和规范性特点，及时出台决议决定，通过法治方式进一步激发社会主义市场经济的巨大潜能。在所有制方面，在坚持公有制主体地位和国有经济主导地位的同时，大力调整所有制结构，支持个体经济、私营经济、外资经济等健康发展，不断激发各类市场主体活力和创造力。在分配制度方面，坚持按劳分配为主体，允许和鼓励资本、土地、知识、技术、管理等其他生产要素参与分配，积极调动各方面积极性。在资源配置方式方面，坚持社会主义市场经济改革方向，继续把有效的市场机制和有度的宏观调控结合起来。总之，坚持与完善讨论决定重大事项制度，既要有利于解放和发展社会生产力、改善人民生活，又要有利于维护社会公平正义、实现共同富裕。

二是为完善以机会公平、规则公平、权利公平为主体的社会公平提供制度保障。全体人民共同富裕体现了人民至上、以人民为中心的社会主义本质要求，折射到法治领域，就是要有针对性地推动相关制度改革，推动社会主义分配制度的不断健全和完善，既有利于鼓励先进，促进效率，最大限度激发活力，又有利于防止两极分化，逐步实现共同富裕，激励和保护全体人民勤劳创新致富，共同创造社会财富，共享改革发展成果。首先，要支持完善初次分配制度。要坚持多劳多得，着重保护劳动所得，健全工资决定和正常增长机制，完善企业工资集体协商制度，强化工资收入支付保障制度，增加劳动者特别是一线劳动者劳动报酬，提高劳动报酬在初次分配中的比重。要健全劳动、资本、土地、知识、技术、管理、数据等生产要素由市场评价贡献、按贡献决定报酬的机制。强化以增加知识价值为导向的收入分配政策，充分尊重科研、技术、管理人才，建立健全数据权属、公开、共享、交易规则，更好实现知识、技术、管理、数据等要素的价值。其次，要健全再分配调节机制。在支持以税收、社会保障、转移支付等为主要手段的再分配调节机制的同时，推动第三次分配在道德、文化、习惯等影响下，通过社会力量以自愿捐赠、慈善事业、志愿行动等方式济困扶弱，对再分配进行有益补充。再次，要推动规范收入分配秩序。形成正确的激励导向，在全社会鼓励勤劳致富，保护合法收入，清理规范隐性收入，取缔非法收入，将分配制度建立在法治的轨道之上。要遏制以权力、垄断和不正当竞争行为获取收入，将收入获取建立在公平竞争和要素贡献基础之上。最后，要推动扩大中等收入群体。中等收入群体持续扩大对形成强大国内市场、推动经济高质量发展、维护社会和谐稳定十分重要。要高度关注发展质量效益、扩大人力资本、发挥企业家作用、支持中小微企业发展、建设技能型劳动者队伍等重大问题，积极推动增加低收入者收入，扩大中等收入群体，调节过高收入，逐步形成橄榄型收入分配格局。

三是为完整、准确、全面贯彻新发展理念提供制度保障。坚持与完善讨论决定重大事项制度要为创新发展、协调发展、绿色发展、开放发展、共享发展保驾护航，推动在高质量发展中促进共同富裕。经过 20 多年发展实践，我国社会主义市场经济体制不断健全完善，但在一些方面仍存在束缚市场主体活力、阻碍市场和价值规律充分发挥作用的弊端。经济高质量发展也对加快完善社会主义市场经济体制提出了更高要求。首先，要推动完善产权制度。产权制度是市场经济的基石。只有产权得到平等、有效保护，市场主体才能放心投资，市场交易才有前提条件。要积极推动完善相关制度，健全以公平为原则的产权保护制度，依法平等保护各类产权。其次，要推动完善要素市场化配置。我国商品市场发育较为充分，市场决定商品价格基本实现全覆盖，但要素市场发育不充分，存在市场决定要素配置范围有限、要素流动存在体制机制障碍等问题。要推进要素市场制度建设，重点是在土地、金融、科技、数据等领域健全制度规则，深化市场化改革，实现要素价格市场决定、流动自主有序、配置高效公平。再次，要推动完善公平竞争制度。市场经济的核心是公平竞争，只有竞争是公平的，才能实现资源有效配置和企业优胜劣汰。要推动全面实施市场准入负面清单制度，改革生产许可制度，健全破产制度，落实公平竞争审查制度，加强和改进反垄断和反不正当竞争执法。针对我国消费者权益保护不力，维权成本高、侵权成本低这一老大难问题，推动探索建立集体诉讼制度。从次，要推动完善科技创新体制机制。建设现代化经济体系，增强国际竞争力，根本要靠科技创新，必须深化科技创新体制改革。要推动构建社会主义市场经济条件下关键核心技术攻关新型举国体制，强化国家战略科技力量；要推动加大基础研究投入，健全鼓励支持基础研究、原始创新的体制机制；要推动建立以企业为主体、市场为导向、产学研深度融合的技术创新体系，支持大中小企业和各类主体融通创新，创新促进科技成果转化机制，积极发展新动能，强化标准引领，提升产业基础能力和产业链现代化水平。最后，要推动城乡区域协调发展。农业农村农民问题是关系国计民生的根本问题，必须始终把解决好"三农"问题作为工作的重中之重，实施乡村振兴战略，完善农业农村优先发展和保障国家粮食安全的制度政策，健全城乡融合发展体制机制。

四是为构建共同富裕的良好法治环境提供制度保障。坚持与完善讨论决定重大事项制度要为共同富裕创造充满活力、安定有序的良好法治环境。首先，要推动提高共同富裕立法的实效性，将共同富裕的核心价值全方位、深层次地融入法治体系，从根本上提高法治的品质，促进法治高质量发展。其次，要推动共同富裕法律制度供给和变革。对共同富裕的制度保障程度是衡量法治现代化的重要尺度。要推动与共同富裕相关法律法规的立改废释，加快构建系统完备、科学规范、运行有效的共同富裕的制度体系，营造共同富裕的良好法治环境。再次，要推动强化对相关法律法规的实施与监督，积极调整共同富裕所面临的各种关系，包括国家与公民、群体与个体、先富与后富、城乡之间、区域之间、群体之间等利益关系和社会关系的调整，改革调整机制和方法，更多体现公平与效率、自由与平等、致富与共富、私益与公益等价值平衡。

三、围绕发展全过程人民民主完善讨论决定重大事项的制度和机制

发展全过程人民民主，是习近平新时代中国特色社会主义思想提出的推动中国式民主的新理念、新思想、新战略。习近平总书记深刻指出："江山就是人民，人民就是江山。"全过程人民民主的本质特征是人民当家作主。坚持与完善讨论决定重大事项制度就是要围绕发展全过程人民民主不断健全相关制度和机制。

一是围绕坚持以人民为中心来完善讨论决定重大事项制度的制度和机制。人民当家作主是中国民主政治的本质和核心。坚持以人民为主体发展社会主义民主，历来是中国共产党人的奋斗目标和核心价值。全过程人民民主，是中国共产党团结带领人民追求民主、发展民主、实现民主的伟大创造，是党不断推进社会主义民主理论创新、制度创新、实践创新的伟大成果。坚持和完善

讨论决定重大事项制度就是要紧紧围绕中国人民真正成为国家和社会的主人，成为社会主义民主政治建设的主体力量这个中国式民主的最本质特征，来完善相关的制度和机制。首先，要始终把人民作为讨论决定重大事项的根本出发点。讨论决定重大事项着力保障人民主权，增进人民福祉，不断实现人民对美好生活的需要。其次，要始终把人民作为民主政治建设的根本依靠力量。讨论决定重大事项要坚持党的领导、人民当家作主、依法治国有机统一，要通过扎实的调查研究，听民意、汇民智，全心全意依靠人民的主体力量推进各领域各层次民主政治建设。再次，要始终把人民作为民主政治建设的根本目的。通过讨论决定重大事项确保人民享有真实的和广泛的参与权，不断增强更加充实、更有保障、更可持续的获得感、幸福感和安全感。

全过程人民民主离不开人民意愿的畅通表达。"在中国社会主义制度下，有事好商量，众人的事情由众人商量，找到全社会意愿和要求的最大公约数，是人民民主的真谛。"为更好倾听民声，凝聚人民智慧，2015 年以来，全国人大常委会法工委在全国建立了 32 个基层立法联系点（含 1 个立法联系点），把法律草案直接发到群众手中"问计于民"。截至 2023 年 3 月，全国人大常委会法工委先后就 152 件次法律草案、立法规划稿征求意见15000 多条，有 2800 条被采纳，生动践行、发展着新时代全过程人民民主。基层立法联系点的建立，对于倾听基层群众的意见建议、推动民主立法意义重大。此外，每年召开的全国"两会"，来自全国各地区、各民族、各行业的全国人大代表和政协委员，把广大人民群众的呼声和愿望带到会场，真正做到了民有所呼、我有所应。

二是围绕不断完善人民当家作主制度体系来完善讨论决定重

大事项制度的制度和机制。经过长期奋斗和持之以恒的努力，我国民主政治建设取得了长足的发展，为在新征程上进一步发展全过程人民民主搭建起了制度保障的四梁八柱。主要包括：人民代表大会制度，这是当代中国的根本政治制度，是中国人民当家作主的最高实现形式，是实现全过程人民民主的重要制度载体；中国共产党领导的多党合作和政治协商制度，这是当代中国的基本政治制度；民族区域自治制度，这是通过民主的渠道和形式实现民族平等和团结的伟大政治创造，是中国特色解决民族问题的根本道路选择和基本制度保障；基层群众自治制度，这是确保人民群众广泛民主权利，建设人人有责、人人尽责、人人享有的社会治理共同体的重要制度安排。当前完善讨论决定重大事项制度就是要围绕进一步构建全过程人民民主的完整制度链条和制度程序提供更加有效的制度和机制，在选举民主、协商民主、社会民主、基层民主、公民民主等民主政治的全部要素和民主选举、民主协商、民主决策、民主管理、民主监督等民主过程的一切领域，发展和保障人民当家作主权利，致力于实现过程民主和成果民主、程序民主和实质民主、直接民主和间接民主、人民民主和国家意志的有机统一。

具体来讲，当前要从以下几个方面来完善讨论决定重大事项制度和机制。首先，要规范重大事项的启动程序。这一方面要严格履行宪法法律规定人大及其常委会讨论决定的重大事项；另一方面要认真制定讨论决定重大事项的规划和计划，有计划有步骤地开展讨论决定重大事项议题的调研和审议工作。其次，要健全和完善重大事项决定的议决程序。包括重大事项议案和决定草案的起草和提请程序、向社会公开征求公众意见程序、有关的专门委员会或者工作委员会进行初步审议的程序、提请委员长会议或主任会议的研究讨论程序、议案审议表决程序以及审议中到会作说明和接受询问程序等。再次，是健全和完善重大事项决定的实施程序。法律的生命力在于实施，重大事项决定的效力同样取决于实施。要参照法律实施完善新闻发布程序、宣传贯彻程序、出台配套文件政策程序等，促进重大事项决定的落实。从次，是健全和完善重大事项决定实施的监督程序。对于重大事项决定实施情况的监督是保证其贯彻落实的重要环节。决定出台实施后，同样要参照法律实施情况的监督程序完善重大事项决定向上一级人大常委会报备程序、列入监督计划程序、实施情况定期评估程序、开展执法检查程序、听取专项工作报告程序、委托专门委员会跟踪程序、第三方评估程序等。最后，是健全和完善重大事项决定的民主公开程序。这包括人大及其常委会讨论决定重大事项议题计划的公开程序、开展相关调研活动的公开程序、重大事项决定草案的公开程序以及重大事项决定通过后正式决议决定的公开程序等。另外，是健全和完善重大事项决定的修正、完善和废除程序。包括由执行机关提起的个别废止程序、由人大常委会根据执法检查或事后评估启动的废止程序、由人大常委会根据法律实施或针对特定问题开展的集中清理程序等。

三是要围绕充分调动人民有序政治参与积极性来完善讨论决定重大事项的制度和机制。人民民主的最本质要求是保障人民民主参与权利，充分表达人民民主参与意愿。实践表明，人民有序政治参与越广泛、意愿表达越充分，人民当家作主权利的实现就越巩固、越真实。新征程上发展全过程人民民主，完善讨论决定重大事项的制度和机制，就是要不断扩大人民有序参与国家治理和社会政治生活的范围与程度，保障人民享有真实的知情权、参与权、表达权和监督权，依靠人民广泛参与不断推进党和国家政治生活的民主化、经济和社会生活的民主化，把人民当家作主权利真正落到实处。可以借鉴监督法关于监督议题的来源的规定，通过规定来源途径来有序扩大人民群众对重大事项决定议题来源的参与，更好地体现其人民性：（1）人民代表大会期间代表集中反映、要求讨论并作出决定的问题；（2）人民政府、人民法院和人民检察院向本级人民代表大会及其常务委员会提出要求讨论决定的重大事项；（3）本级人民代表大会常务委员会在制定地方性法规、听取审议专项工作报告、计划和预算报告、执法检查中发现的突出问题；（4）本级人民代表大会常务委员会组成人员提出的比较集中的问题；（5）本级人民代表大会专门委员会、常务委员会工作机构在调查研究中发现的突出问题；（6）本级人民代表大会代表建议、批评和意见集中反映的问题；（7）人民来信来访集中反映的问题；（8）社会普遍关注的其他问题。特别是要把代表议案和意见中反映较为普遍的重大问题、人大常委会听取和审议专项报告中发现的重大问题作为讨论决定重大事项议题的重要来源。在拓展讨论决定重大事项议题来源的同时，可借鉴立法工作的经验，坚持党的领导、人民当家作主、依法治国有机统一原则，有规划有计划地安排讨论决定重大事项。正如制定五年立法规划和年度立法计划一样，可以研究和制定讨论决定重大事项的五年规划、年度计划，并对拟讨论决定的重大事项按照重要性及人民群众关注程度等标准，提出提交人民代表大会或人大常委会讨论的建议，在年初制定常委会工作安排时，一并提出讨论决定重大事项的计划，经党委批准后实施。这样就实现了坚持党的领导与反映人民群众意志愿望的有机结合，解决了讨论决定重大事项的桥和船的问题。需要强调的是，要特别重视建立健全党委决策制度和人大讨论决定重大事项制度之间紧密衔接的制度和程序，重视发挥好人大常委会党组在人大讨论决定重大事项制度中的统筹和衔接作用。

四是要围绕充分凝聚共识形成最大公约数来完善讨论决定重大事项的制度和机制。中国式民主之所以愈来愈彰显出巨大的生命力和影响力，在当今世界各种民主制度和价值理念竞争中愈益彰显出鲜明特色和巨大优势，一个根本性原因就是充分凝聚共识、形成最大公约数。首先，要完善讨论决定重大事项的平等制度和机制。在我国建设社会主义现代化国家的新阶段，社会成员多元化价值诉求突出表现为对平等的更多价值期待——人民不仅期待结果平等，希望从国家现代化发展和社会民主进程中享有更多更加平等的民主权益，不断增强获得感、幸福感和安全感，而且期待过程平等，希望有更多平等的机会参与公共治理，充分表达自己的民主权利和民意诉求。其次，要完善讨论决定重大事项的包容制度和机制。我国全过程人民民主尤其是协商民主涵盖各党派、各团体、各民族、各阶层、各界别和各方面人士，具有极大的政治包容性。讨论决定重大事项制度要注重通过广泛多层制度化的民主协商，围绕治国理政、国计民生重大问题和人民群众关注的热点难点堵点问题进行广泛充分的商量，有事多商量，做事常商量，众人的事情由众人商量，最大限度兼顾各方面利益，最大限度包容各方面诉求，最大限度融汇各方面建议，形成各方面均可接受与采纳的公共措施，形成符合最大多数人利益和意愿的最大公约数，共同推进政治民主、社会和谐和国家繁荣。

需要指出的是，在凝聚社会共识、形成最大公约数的同时，绝不能忽视支持和鼓励政府及其有关部门提出讨论决定重大事项的积极性，这是因为我国仍处于社会主义初级阶段，改革发展的任务依然很重。因此，一要注重支持政府依法改革。要按照全面深化改革的要求，善于及时用有效的决议决定支持政府解决全面深化改革中遇到的问题，一个决议解决一个问题，实现"依法改革、于法有据"。二要围绕重点难点工作推进公共治理。要完善在党的领导和政府主导下的公共治理体系，使城市和社会治理摆脱单一的政府主导、政府管理的行政管理体制，按照法治思维，发挥人民代表大会制度凝聚共识、整合资源、形成合力的优势，通过充分行使讨论决定重大事项职权，更好地坚持党的领导、人民当家作主、依法治国有机统一。三要促进政府内部改革。目前政府内部还存在着部门管理彼此割裂、统筹不够、衔接不够等问题，要通过对人民群众关注的突出问题行使讨论决定重大事项职权，促进政府围绕特定问题的解决推进政府内部职能的整合和统筹。

纪实部分

全国人民代表大会及其常务委员会讨论决定重大事项制度的实践，从全国人民代表大会成立开始就成为履行职权的重要方式和重要内容，涉及全国人民代表大会及其常务委员会履行职权的方方面面。首先是关于宪法及相关法的决议决定，这是国家的灵魂、法治的原点，对此作出决议决定充分体现了我国一切权力属于人民的国家性质；其次是关于选举法的决议决定，这是选举全国人大代表、产生最高国家权力机关的过程，包括关于代表选举、召开人民代表大会会议、开展代表工作等方面的决议决定。再次是关于组织和任免事项的决议决定，这是关于如何组织国家机关、决定由谁来执掌国家机构的重要环节；最后是关于全国人民代表大会及其常务委员会围绕依法履职作出的决议决定，涉及立法、监督、对外交往、决定特定问题、作出授权决定等方面。全国人民代表大会及其常务委员会以上讨论决定重大事项制度实践产生了大量历史文献，纪实部分正是按照这样一个逻辑，依次对相关历史文献进行梳理和原文展示，并适当加以简略的文字介绍，以便读者更好地发现历史的变迁和人民代表大会讨论决定重大事项制度的日益完善。

第五章

关于宪法及相关法的决议决定

1954 年 9 月 15 日至 28 日第一届全国人民代表大会第一次会议举行。会议通过了《中华人民共和国宪法》《中华人民共和国全国人民代表大会组织法》。宪法起草委员会委员刘少奇在关于宪法草案的报告中指出，我们国家的大事不是由一个人或少数几个人来决定的。人民代表大会制度既规定为国家的根本政治制度，一切重大问题就都应当经过人民代表大会讨论，并作出决定。我国的人民代表大会就是这样能够对重大问题作出决定并能够监督其实施的国家权力机关。正是在这样的指导思想下，全国人大及其常委会讨论决定重大事项首先就是从讨论宪法及相关法的决议决定开始的。

第一节　关于修改宪法的决议决定

关于宪法的决议决定是全国人大及其常委会讨论决定重大事项中数量不多的一部分内容，但是，由于宪法本身的重要地位，因此，关于宪法的决议决定也成为全国人民代表大会及其常务委员会讨论决定重大事项、作出决议决定的最重要的部分。

一、关于修改宪法的决议决定

关于修正《中华人民共和国宪法》若干规定的决议

（1979 年 7 月 1 日第五届全国人民代表大会第二次会议通过 1979 年 7 月 1 日全国人民代表大会公告公布 自 1980 年 1 月 1 日起施行）

中华人民共和国第五届全国人民代表大会第二次会议审议了第五届全国人民代表大会常务委员会提出的关于修正《中华人民共和国宪法》若干规定的议案，同意县和县以上的地方各级人民代表大会设立常务委员会，将地方各级革命委员会改为地方各级人民政府，将县的人民代表大会代表改为由选民直接选举，将上级人民检察院同下级人民检察院的关系由监督改为领导，决定对《中华人民共和国宪法》的有关条文作如下修改：

一、第二章第三节的标题修改为："地方各级人民代表大会和地方各级人民政府"。

二、第三十四条第一款修改为："省、直辖市、县、市、市辖区、镇设立人民代表大会和人民政府；人民公社设立人民代表大会和管理委员会。"

第二款修改为："人民公社的人民代表大会和管理委员会是基层政权组织，又是集体经济的领导机构。"

第三款修改为："省人民政府可以按地区设立行政公署，作为自己的派出机构。"

三、第三十五条第二款修改为："省、直辖市、设区的市的人民代表大会代表，由下一级的人民代表大会经过民主协商，无记名投票选举；县、不设区的市、市辖区、人民公社、镇的人民代表大会代表，由选民经过民主协商，无记名投票直接选举。"

增加如下一款作为第四款："县和县以上的地方各级人民代表大会设立常务委员会，它是本级人民代表大会的常设机关，对本级人民代表大会负责并报告工作，它的组织和职权由法律规定。"

原第四款作为第五款，修改为："地方各级人民代表大会会议每年至少举行一次，县和县以上的地方各级人民代表大会会议由本级人民代表大会常务委员会召集，人民公社、镇人民代表大会会议由人民公社管理委员会、镇人民政府召集。"

原第五款作为第六款。

四、第三十六条第三款修改为："地方各级人民代表大会选举并且有权罢免本级人民政府的组成人员。县和县以上的地方各级人民代表大会选举并且有权罢免本级人民代表大会常务委员会的组成人员、本级人民法院院长和本级人民检察院检察长。"

第四款修改为："地方各级人民代表大会代表有权向本级人民政府、人民法院、人民检察院和人民政府所属机关提出质询。受质询的机关必须负责答复。"

五、第三十七条第一款修改为："地方各级人民政府，是地方各级人民代表大会的执行机关，是地方各级国家行政机关。"

第二款修改为："地方各级人民政府的组织由法律规定。"

第三款修改为："地方各级人民政府执行本级人民代表大会的决议和上级国家行政机关的决议和命令，县和县以上的地方各级人民政府并且执行本级人民代表大会常务委员会的决议。地方各级人民政府依照法律规定的权限，管理本行政区域的行政工作，发布决议和命令。县和县以上的地方各级人民政府依照法律的规定任免国家机关工作人员。"

第四款修改为："地方各级人民政府对本级人民代表大会和上一级国家行政机关负责并报告工作，县和县以上的地方各级人民政府在本级人民代表大会闭会期间，对本级人民代表大会常务委员会负责并报告工作，都受国务院统一领导。"

六、第三十八条第一款修改为："自治区、自治州、自治县的自治机关是人民代表大会和人民政府。"

第二款修改为："民族自治地方的人民代表大会和人民政府的产生、任期、职权和派出机构的设置等，应当根据宪法第二章第三节规定的关于地方国家机关的组织的基本原则。"

七、第四十二条第三款修改为："最高人民法院对全国人民代表大会和全国人民代表大会常务委员会负责并报告工作。地方各级人民法院对本级人民代表大会和它的常务委员会负责并报告工作。"

八、第四十三条第二款修改为："最高人民检察院领导地方各级人民检察院和专门人民检察院的工作，上级人民检察院领导下级人民检察院的工作。"

第三款修改为："最高人民检察院对全国人民代表大会和全国人民代表大会常务委员会负责并报告工作。地方各级人民检察院对本级人民代表大会和它的常务委员会负责并报告工作。"

第五届全国人民代表大会常务委员会关于建议修改宪法第四十五条的议案

（1980年4月16日第五届全国人民代表大会常务委员会第十四次会议通过）

第五届全国人民代表大会常务委员会第十四次会议同意中国

共产党中央委员会关于修改宪法第四十五条的建议：为了充分发扬社会主义民主，健全社会主义法制，维护安定团结的政治局面，保障社会主义现代化建设的顺利进行，建议将宪法第四十五条"公民有言论、通信、出版、集会、结社、游行、示威、罢工的自由，有运用'大鸣、大放、大辩论、大字报'的权利。"修改为"公民有言论、通信、出版、集会、结社、游行、示威、罢工的自由。"取消原第四十五条中"有运用'大鸣、大放、大辩论、大字报'的权利"的规定。决定提请第五届全国人民代表大会第三次会议审议决定。

关于修改《中华人民共和国宪法》第四十五条的决议

（1980 年 9 月 10 日第五届全国人民代表大会第三次会议通过）

中华人民共和国第五届全国人民代表大会第三次会议同意第五届全国人民代表大会常务委员会提出的关于建议修改《中华人民共和国宪法》第四十五条的议案，为了充分发扬社会主义民主，健全社会主义法制，维护安定团结的政治局面，保障社会主义现代化建设的顺利进行，决定：将《中华人民共和国宪法》第四十五条"公民有言论、通信、出版、集会、结社、游行、示威、罢工的自由，有运用'大鸣、大放、大辩论、大字报'的权利。"修改为"公民有言论、通信、出版、集会、结社、游行、示威、罢工的自由。"取消原第四十五条中"有运用'大鸣、大放、大辩论、大字报'的权利"的规定。

附：

中国共产党中央委员会关于修改宪法第四十五条的建议

为了充分发扬社会主义民主，健全社会主义法制，维护安定团结的政治局面，保障社会主义现代化建设的顺利进行，建议将宪法第四十五条"公民有言论、通信、出版、集会、结社、游行、示威、罢工的自由，有运用'大鸣、大放、大辩论、大字报'的权利。"修改为"公民有言论、通信、出版、集会、结社、游行、示威、罢工的自由。"取消原第四十五条中"有运用'大鸣、大放、大辩论、大字报'的权利"的规定。现提请全国人民代表大会常务委员会审议，可否将这个建议作为人大常委的议案提请第五届全国人民代表大会第三次会议审议决定。

中国共产党中央委员会

1980 年 4 月 8 日

第五届全国人民代表大会第三次会议
关于修改宪法和成立宪法修改委员会的决议[1]

（1980 年 9 月 10 日第五届全国人民代表大会第三次会议通过）

中华人民共和国第五届全国人民代表大会第三次会议同意中国共产党中央委员会关于修改宪法和成立宪法修改委员会的建议，同意中国共产党中央委员会提出的中华人民共和国宪法修改

---

〔1〕 全国人大常委会办公厅、中共中央文献研究室编：《人民代表大会制度重要文献选编》（二），中国民主法制出版社 2015 年版，第 491 页。

委员会名单，决定由宪法修改委员会主持修改一九七八年第五届全国人民代表大会第一次会议制定的《中华人民共和国宪法》，提出中华人民共和国宪法修改草案，由全国人民代表大会常务委员会公布，交付全国各族人民讨论，再由宪法修改委员会根据讨论意见修改后，提交本届全国人民代表大会第四次会议审议。

第五届全国人民代表大会第四次会议关于推迟审议宪法修改草案的决议

（1981 年 12 月 13 日第五届全国人民代表大会第四次会议通过）

中华人民共和国第五届全国人民代表大会第四次会议决定：将中华人民共和国宪法修改草案的审议工作推迟到第五届全国人民代表大会第五次会议进行。

全国人民代表大会常务委员会关于公布《中华人民共和国宪法修改草案》的决议

（1982 年 4 月 26 日第五届全国人民代表大会常务委员会
第二十三次会议通过）

（一）第五届全国人民代表大会常务委员会第二十三次会议同意中华人民共和国宪法修改委员会的建议，决定公布《中华人民共和国宪法修改草案》，交付全国各族人民讨论。

（二）全国各级国家机关、军队、政党组织、人民团体以及学校、企业事业组织和街道、农村社队等基层单位，在 1982 年 5 月至 1982 年 8 月期间，安排必要时间，组织讨论《中华人民共和国宪法修改草案》，提出修改意见，并逐级上报。

（三）全国各族人民在讨论《中华人民共和国宪法修改草案》中提出的修改意见，由各省、自治区、直辖市人民代表大会常务委员会以及人民解放军总政治部、中央国家机关各部门、各政党组织、各人民团体分别于 1982 年 8 月底以前报送宪法修改委员会，由宪法修改委员会根据所提意见对《中华人民共和国宪法修改草案》作进一步修改后，提请第五届全国人民代表大会第五次会议审议。

中华人民共和国宪法修正案

（1988 年 4 月 12 日第七届全国人民代表大会第一次会议通过 1988 年 4 月 12 日第七届全国人民代表大会第一次会议主席团公告第八号公布施行）

第一条 宪法第十一条增加规定："国家允许私营经济在法律规定的范围内存在和发展。私营经济是社会主义公有制经济的补充。国家保护私营经济的合法的权利和利益，对私营经济实行引导、监督和管理。"

第二条 宪法第十条第四款"任何组织或者个人不得侵占、买卖、出租或者以其他形式非法转让土地。"修改为："任何组织或者个人不得侵占、买卖或者以其他形式非法转让土地。土地的使用权可以依照法律的规定转让。"

附：

中国共产党中央委员会关于修改中华人民共和国宪法个别条款的建议

根据几年来经济体制改革和对外开放进一步发展的实践，中国共产党中央委员会提出修改中华人民共和国宪法的个别条款的建议：一、宪法第十一条的原文后增加一款："国家允许私营经济在法律规定的范围内存在和发展。私营经济是社会主义公有制经济的补充。国家保护私营经济的合法的权利和利益，对私营经济实行引导、监督和管理。"二、宪法第十条第四款"任何组织或者个人不得侵占、买卖、出租或者以其他形式非法转让土地。"修改为："任何组织或者个人不得侵占、买卖或者以其他形式非法转让土地。土地的使用权可以依照法律的规定转让。"请全国人民代表大会常务委员会审议决定提请第七届全国人民代表大会第一次会议审议。

中国共产党中央委员会
1988 年 2 月 28 日

全国人民代表大会常务委员会关于中华人民共和国宪法修正案草案

第六届全国人民代表大会常务委员会第二十五次会议讨论了中国共产党中央委员会关于修改中华人民共和国宪法个别条款的建议，依照中华人民共和国宪法第六十四条的规定，提出中华人民共和国宪法个别条款的修正案草案，提请第七届全国人民代表大会第一次会议审议：

一、宪法第十一条增加规定："国家允许私营经济在法律规定的范围内存在和发展。私营经济是社会主义公有制经济的补充。国家保护私营经济的合法的权利和利益，对私营经济实行引导、监督和管理。"

二、宪法第十条第四款"任何组织或者个人不得侵占、买卖、出租或者以其他形式非法转让土地。"修改为："任何组织或者个人不得侵占、买卖或者以其他形式非法转让土地。土地的使用权可以依照法律的规定转让。"

全国人民代表大会常务委员会关于修改部分法律的决定（摘录）

（2009 年 8 月 27 日第十一届全国人民代表大会常务委员会第十次会议通过）

......

（二）对下列法律和有关法律问题的决定中关于治安管理处罚的具体规定作出修改

......

86. 将《中华人民共和国国旗法》第十九条修改为："在公共场合故意以焚烧、毁损、涂划、玷污、践踏等方式侮辱中华人民共和国国旗的，依法追究刑事责任；情节较轻的，由公安机关处以十五日以下拘留。"

87. 将《中华人民共和国国徽法》第十三条修改为："在公共场合故意以焚烧、毁损、涂划、玷污、践踏等方式侮辱中华人民共和国国徽的，依法追究刑事责任；情节较轻的，由公安机关处以十五日以下拘留。"

二、关于宪法实施的决议决定

党的十九大确立了习近平新时代中国特色社会主义思想的历史地位，确定了我国发展新的奋斗目标，并对深化国家监察体制改革、制定监察法提出了新要求。由此推动全国人民代表大会及其常务委员会对 2015 年关于实行宪法宣誓制度的决定中宣誓誓词进行了修改，进一步完善了我国宪法宣誓制度。随着宪法宣誓制度的完善，依法组织开展宪法宣誓活动，成为各级各类国家机关工作人员任职的必经程序，充分发挥了激励和教育国家工作人员忠于宪法、遵守宪法、维护宪法，加强宪法实施，弘扬宪法精神的积极作用。

全国人民代表大会常务委员会关于实行宪法宣誓制度的决定[1]

（2015 年 7 月 1 日第十二届全国人民代表大会常务委员会第十五次会议通过　2018 年 2 月 24 日第十二届全国人民代表大会常务委员会第三十三次会议修订）

宪法是国家的根本法，是治国安邦的总章程，具有最高的法律地位、法律权威、法律效力。国家工作人员必须树立宪法意识，恪守宪法原则，弘扬宪法精神，履行宪法使命。为彰显宪法

---

〔1〕 中国人大网，http：//www.npc.gov.cn/npc/c30834/201802/bbc52dbc0a734efab8ee44980a6e5cdd.shtml。

权威，激励和教育国家工作人员忠于宪法、遵守宪法、维护宪法，加强宪法实施，全国人民代表大会常务委员会决定：

一、各级人民代表大会及县级以上各级人民代表大会常务委员会选举或者决定任命的国家工作人员，以及各级人民政府、监察委员会、人民法院、人民检察院任命的国家工作人员，在就职时应当公开进行宪法宣誓。

二、宣誓誓词如下：

我宣誓：忠于中华人民共和国宪法，维护宪法权威，履行法定职责，忠于祖国、忠于人民，恪尽职守、廉洁奉公，接受人民监督，为建设富强民主文明和谐美丽的社会主义现代化强国努力奋斗！

三、全国人民代表大会选举或者决定任命的中华人民共和国主席、副主席，全国人民代表大会常务委员会委员长、副委员长、秘书长、委员，国务院总理、副总理、国务委员、各部部长、各委员会主任、中国人民银行行长、审计长、秘书长，中华人民共和国中央军事委员会主席、副主席、委员，国家监察委员会主任，最高人民法院院长，最高人民检察院检察长，以及全国人民代表大会专门委员会主任委员、副主任委员、委员等，在依照法定程序产生后，进行宪法宣誓。宣誓仪式由全国人民代表大会会议主席团组织。

四、在全国人民代表大会闭会期间，全国人民代表大会常务委员会任命或者决定任命的全国人民代表大会专门委员会个别副主任委员、委员，国务院部长、委员会主任、中国人民银行行长、审计长、秘书长，中华人民共和国中央军事委员会副主席、委员，在依照法定程序产生后，进行宪法宣誓。宣誓仪式由全国人民代表大会常务委员会委员长会议组织。

五、全国人民代表大会常务委员会任命的全国人民代表大会常务委员会副秘书长，全国人民代表大会常务委员会工作委员会主任、副主任、委员，全国人民代表大会常务委员会代表资格审查委员会主任委员、副主任委员、委员等，在依照法定程序产生后，进行宪法宣誓。宣誓仪式由全国人民代表大会常务委员会委员长会议组织。

六、全国人民代表大会常务委员会任命或者决定任命的国家监察委员会副主任、委员，最高人民法院副院长、审判委员会委员、庭长、副庭长、审判员和军事法院院长，最高人民检察院副检察长、检察委员会委员、检察员和军事检察院检察长，中华人民共和国驻外全权代表，在依照法定程序产生后，进行宪法宣誓。宣誓仪式由国家监察委员会、最高人民法院、最高人民检察院、外交部分别组织。

七、国务院及其各部门、国家监察委员会、最高人民法院、最高人民检察院任命的国家工作人员，在就职时进行宪法宣誓。宣誓仪式由任命机关组织。

八、宣誓仪式根据情况，可以采取单独宣誓或者集体宣誓的形式。单独宣誓时，宣誓人应当左手抚按《中华人民共和国宪法》，右手举拳，诵读誓词。集体宣誓时，由一人领誓，领誓人左手抚按《中华人民共和国宪法》，右手举拳，领诵誓词；其他宣誓人整齐排列，右手举拳，跟诵誓词。

宣誓场所应当庄重、严肃，悬挂中华人民共和国国旗或者国徽。宣誓仪式应当奏唱中华人民共和国国歌。

负责组织宣誓仪式的机关，可以根据本决定并结合实际情况，对宣誓的具体事项作出规定。

九、地方各级人民代表大会及县级以上地方各级人民代表大会常务委员会选举或者决定任命的国家工作人员，以及地方各级人民政府、监察委员会、人民法院、人民检察院任命的国家工作人员，在依照法定程序产生后，进行宪法宣誓。宣誓的具体组织办法由省、自治区、直辖市人民代表大会常务委员会参照本决定制定，报全国人民代表大会常务委员会备案。

十、本决定自 2018 年 3 月 12 日起施行。

附：

关于《全国人民代表大会常务委员会关于实行宪法宣誓制度的决定（修订草案）》的说明[1]

——2018 年 2 月 23 日在第十二届全国人民代表大会常务委员会第三十三次会议上

全国人大常委会法制工作委员会副主任　张勇

委员长、各位副委员长、秘书长、各位委员：

我受委员长会议的委托，作关于《全国人民代表大会常务委员会关于实行宪法宣誓制度的决定（修订草案）》的说明。

一、关于修订的必要性

贯彻落实党的十八届四中全会精神，十二届全国人大常委会第十五次会议于 2015 年 7 月 1 日通过《全国人民代表大会常务委员会关于实行宪法宣誓制度的决定》（以下简称 2015 年决定），以立法方式确立了我国宪法宣誓制度。宪法宣誓制度实行以来，各地区、各部门、各方面认真贯彻落实法律规定，依法组织开展宪法宣誓活动，对于激励和教育国家工作人员忠于宪法、遵守宪

---

[1]　中国人大网，http://www.npc.gov.cn/zgrdw/npc/xinwen/2018-02/24/content_2038166.htm

法、维护宪法，加强宪法实施，弘扬宪法精神，发挥了积极作用。

党的十九大确立了习近平新时代中国特色社会主义思想的历史地位，确定了我国发展新的奋斗目标，并对深化国家监察体制改革、制定国家监察法提出了新要求。党的十九届二中全会通过了《中共中央关于修改宪法部分内容的建议》，提出把党的十九大确定的重大理论观点和重大方针政策载入国家根本法，体现党和国家事业发展的新成就新经验新要求。在全党全国学习贯彻党的十九大和十九届二中全会精神过程中，一些地方、部门和同志提出，应当根据党的十九大精神和十九届二中全会宪法修改精神，对2015年决定中的宣誓誓词作出适当修改，进一步完善我国宪法宣誓制度。

根据党中央关于深化国家监察体制改革的决策部署，2016年12月和2017年11月，全国人大常委会先后作出关于在北京市、山西省、浙江省开展国家监察体制改革试点工作的决定和在全国各地推开试点工作的决定。同时，国家监察立法工作也在积极推进。各地监察委员会陆续成立，由地方各级人大及其常委会选举或者任命的监察委员会主任、副主任、委员，在就职时普遍进行了宪法宣誓。许多地方建议，在国家法律层面作出明确规定，监察委员会组成人员依法产生后应当进行宪法宣誓。

总的看，根据党的十九大和十九届二中全会精神，适应深化国家监察体制改革的需要，对2015年决定作出适当修改是必要的。

二、关于修订工作过程

根据常委会领导的指示，法制工作委员会及时启动对2015年决定的修订工作。我们以习近平新时代中国特色社会主义思想为指导，贯彻落实党的十九大和十九届二中全会精神，认真开展修订调研工作。召开中央纪委、中央办公厅、中央组织部、国务院办公厅、国务院法制办、外交部、最高人民法院、最高人民检察院等有关单位座谈会，听取意见和建议；到北京、天津、河北等地进行调研，了解宪法宣誓制度实施情况；对宪法宣誓制度实施中的有关问题进行了深入研究并作出答复。各地区、各部门、各方面普遍赞成对 2015 年决定作出修改完善。

我们经认真研究，建议采取修订法律方式对 2015 年决定作出修改，并拟定了《全国人民代表大会常务委员会关于实行宪法宣誓制度的决定（修订草案）》。修订草案已经委员长会议审议通过。

三、关于修订草案的内容

修订草案对 2015 年决定拟作如下修改：

一是根据党的十九大报告和十九大修改的党章，对宪法宣誓誓词中有关奋斗目标的表述作出修改，将誓词修改为："我宣誓：忠于中华人民共和国宪法，维护宪法权威，履行法定职责，忠于祖国、忠于人民，恪尽职守、廉洁奉公，接受人民监督，为建设富强民主文明和谐美丽的社会主义现代化强国努力奋斗！"修改后的誓词共 75 个字。

二是在有关条款中增加与监察委员会有关的内容，共涉及 5 条、6 处。即：在第一条中增加"监察委员会"；在第三条中增加"国家监察委员会主任"；在第六条中分别增加"国家监察委员会副主任、委员"和"国家监察委员会"；在第七条中增加"国家监察委员会"；在第九条中增加"监察委员会"。

三是在第八条第二款中增加一句："宣誓仪式应当奏唱中华人民共和国国歌。"与全国人大常委会 2017 年 9 月通过的国歌法有关规定相衔接。

四是将 2015 年决定导语段"第十二届全国人民代表大会常务委员会第十五次会议"一句中的"十五"改为"三十三";将修订后的决定施行日期确定为"2018 年 3 月 12 日"。

修订草案和以上说明是否妥当,请审议。

第二节　关于宪法相关法的决议决定

作为国家根本大法的宪法是国家法律体系的主干,很难具体规定一些枝节部分的内容。中国人民政治协商会议第一届全体会议和全国人民代表大会及其常务委员会先后对国都、纪年、国歌、国旗、国徽法修改等作出了决议决定,明确具体内容,完成法律修改。

关于中华人民共和国国都、纪年、国歌、国旗的决议

(1949 年 9 月 27 日中国人民政治协商会议第一届全体会议通过)

一、全体一致通过:中华人民共和国的国都定于北平。自即日起,改名北平为北京。

二、全体一致通过:中华人民共和国的纪年采用公元。今年为一九四九年。

三、全体一致通过:在中华人民共和国的国歌未正式制定前,以义勇军进行曲为国歌。

四、全体一致通过:中华人民共和国的国旗为红地五星旗,象征中国革命人民大团结。

第五届全国人民代表大会第五次会议关于中华人民共和国国歌的决议

(1982 年 12 月 4 日第五届全国人民代表大会第五次会议通过)

第五届全国人民代表大会第五次会议决定：恢复《义勇军进行曲》为中华人民共和国国歌，撤销本届全国人民代表大会第一次会议一九七八年三月五日通过的关于中华人民共和国国歌的决定。

附：

中华人民共和国国歌

（义勇军进行曲）

田汉作词

聂耳作曲

起来！不愿做奴隶的人们！把我们的血肉，筑成我们新的长城！中华民族到了最危险的时候，每个人被迫着发出最后的吼声。起来！起来！起来！我们万众一心，冒着敌人的炮火前进！冒着敌人的炮火前进！前进！前进！进！

全国人民代表大会常务委员会关于修改《中华人民共和国国徽法》的决定[1]

（2020年10月17日第十三届全国人民代表大会常务委员会
第二十二次会议通过）

第十三届全国人民代表大会常务委员会第二十二次会议决定对《中华人民共和国国徽法》作如下修改：

一、将第一条修改为："为了维护国徽的尊严，正确使用国徽，增强公民的国家观念，弘扬爱国主义精神，培育和践行社会主义核心价值观，根据宪法，制定本法。"

二、将第四条第一款修改为："下列机构应当悬挂国徽：

"（一）各级人民代表大会常务委员会；

---

〔1〕　中国人大网，http：//www.npc.gov.cn/npc/c30834/202010/7bb654ed028146eb9b53d92d07a5512a.shtml。

"（二）各级人民政府；

"（三）中央军事委员会；

"（四）各级监察委员会；

"（五）各级人民法院和专门人民法院；

"（六）各级人民检察院和专门人民检察院；

"（七）外交部；

"（八）国家驻外使馆、领馆和其他外交代表机构；

"（九）中央人民政府驻香港特别行政区有关机构、中央人民政府驻澳门特别行政区有关机构。"

删去第二款。

三、将第五条第一项、第二项修改为："（一）北京天安门城楼、人民大会堂；

"（二）县级以上各级人民代表大会及其常务委员会会议厅，乡、民族乡、镇的人民代表大会会场"。

增加一项，作为第四项："（四）宪法宣誓场所"。

四、将第六条第一项修改为："（一）全国人民代表大会常务委员会，国务院，中央军事委员会，国家监察委员会，最高人民法院，最高人民检察院"。

第三项修改为："（三）县级以上地方各级人民代表大会常务委员会、人民政府、监察委员会、人民法院、人民检察院，专门人民法院，专门人民检察院"。

五、增加一条，作为第七条："本法第六条规定的机构应当在其网站首页显著位置使用国徽图案。

"网站使用的国徽图案标准版本在中国人大网和中国政府网上发布。"

六、将第七条改为第八条，第二项修改为："（二）中华人民共和国主席、副主席，全国人民代表大会常务委员会委员长、副委员长，国务院总理、副总理、国务委员，中央军事委员会主席、副主席，国家监察委员会主任，最高人民法院院长和最高人民检察院检察长以职务名义对外使用的信封、信笺、请柬等"。

七、增加一条，作为第九条："标示国界线的界桩、界碑和标示领海基点方位的标志碑以及其他用于显示国家主权的标志物可以使用国徽图案。

"中国人民银行发行的法定货币可以使用国徽图案。"

八、增加一条，作为第十条："下列证件、证照可以使用国徽图案：

"（一）国家机关工作人员的工作证件、执法证件等；

"（二）国家机关颁发的营业执照、许可证书、批准证书、资格证书、权利证书等；

"（三）居民身份证，中华人民共和国护照等法定出入境证件。

"国家机关和武装力量的徽章可以将国徽图案作为核心图案。

"公民在庄重的场合可以佩戴国徽徽章，表达爱国情感。"

九、将第十条改为第十三条，第一项、第二项修改为：

"（一）商标、授予专利权的外观设计、商业广告；

"（二）日常用品、日常生活的陈设布置"。

十、增加一条，作为第十五条："国徽应当作为爱国主义教育的重要内容。

"中小学应当教育学生了解国徽的历史和精神内涵。

"新闻媒体应当积极宣传国徽知识，引导公民和组织正确使用国徽及其图案。"

十一、将第十二条改为第十六条，第二款修改为："需要悬挂非通用尺度国徽的,应当按照通用尺度成比例适当放大或者缩小,并与使用目的、所在建筑物、周边环境相适应。"

十二、将第十四条改为第十七条,修改为:"国务院办公厅统筹协调全国范围内国徽管理有关工作。地方各级人民政府统筹协调本行政区域内国徽管理有关工作。

"各级人民政府市场监督管理部门对国徽的制作和销售实施监督管理。

"县级人民政府确定的部门对本行政区域内国徽的悬挂、使用和收回实施监督管理。"

本决定自 2021 年 1 月 1 日起施行。

《中华人民共和国国徽法》根据本决定作相应修改并对条文顺序作相应调整,重新公布。

第六章

关于选举事项的决议决定

关于选举事项的决议决定涉及全国人民代表大会的产生，是我国政治生活中的头等大事，是要解决由谁来代表人民、委托谁来行使国家权力的大事。虽然选举法解决了主要问题，但是在具体选举工作中仍然会有大量事关重大的具体问题，需要全国人民代表大会及其常务委员会通过讨论决定重大事项来进一步明确和规范，指导选举的具体工作。这方面的决议决定主要包括关于代表选举、召开人民代表大会会议、开展代表工作等方面。

第一节　关于选举法律法规的决议决定

选举制度是人民代表大会制度的基础，选举法是保障公民依法行使选举权和被选举权，依法产生各级人大代表的重要法律。随着时代发展和社会变迁，选举法需要根据经济社会发展作出适应性修改，由此全国人民代表大会及时讨论相关重大事项，数次作出了修改选举法的决定。此外，全国人大常委会还专门作出决定，对新成立的省级行政区的选举条例进行讨论和批复。

一、关于修改选举法的决议决定

关于修改《中华人民共和国全国人民代表大会和地方各级人民代表大会选举法》的若干规定的决议

（1982 年 12 月 10 日第五届全国人民代表大会第五次会议通过）

第五届全国人民代表大会第五次会议决定对本届全国人民代表大会第二次会议一九七九年通过的《中华人民共和国全国人民代表大会和地方各级人民代表大会选举法》作如下修改：

一、条文中的"人民公社"改为"乡、民族乡"；"人民公社管理委员会"改为"乡、民族乡人民政府"。

二、第六条改为："全国人民代表大会和归侨人数较多地区的地方人民代表大会，应当有适当名额的归侨代表。"

三、第十条增加一款，作为第二款："县、自治县行政区域内，镇的人口特多的，或者不属于县级以下人民政府领导的企业事业组织的职工人数在全县总人口中所占比例较大的，经省、自治区、直辖市的人民代表大会常务委员会决定，农村每一代表所代表的人口数同镇或者企业事业组织职工每一代表所代表的人口数之比可以小于四比一直至一比一。"

四、第十六条第二款、第三款分别改为：

"聚居境内同一少数民族的总人口数占境内总人口数百分之十五以上的，每一代表所代表的人口数应当相当于当地人民代表大会每一代表所代表的人口数。"

"聚居境内同一少数民族的总人口数不及境内总人口数百分之十五的，每一代表所代表的人口数可以比当地人民代表大会每一代表所代表的人口数少二分之一；实行区域自治的民族人口特少的自治县，经省、自治区的人民代表大会常务委员会决定，可以少于二分之一。人口特少的其他民族，至少应有代表一人。"

五、第三十条改为："选举委员会应当向选民介绍代表候选人的情况。推荐代表候选人的党派、团体或者选民可以在选民小组会议上介绍所推荐的代表候选人的情况。但是在选举日必须停止对代表候选人的介绍。"

六、第三十八条第三款改为："获得过半数选票的当选代表的名额少于应选代表的名额时，不足的名额应当在没有当选的代表候选人中另行选举，以得票多的当选，但是得票数不得少于选票的三分之一。"

七、第四十二条增加一款，作为第二款："地方各级人民代表大会代表在任期内调离或者迁出本行政区域的，其代表资格自行终止，缺额另行补选。"

原第二款改为第三款。

第五届全国人民代表大会第二次会议通过的《中华人民共和国全国人民代表大会和地方各级人民代表大会选举法》，根据本决议作相应的修正，重新公布。

附一：

中华人民共和国全国人民代表大会和地方各级人民代表大会选举法（修正）

（1979 年 7 月 1 日第五届全国人民代表大会第二次会议通过 根据 1982 年 12 月 10 日第五届全国人民代表大会第五次会议《关于修改〈中华人民共和国全国人民代表大会和地方各级人民代表大会选举法〉的若干规定的决议》第一次修正 根据 1986 年 12 月 2 日第六届全国人民代表大会常务委员会第十八次会议《关于修改〈中华人民共和国全国人民代表大会和地方各级人民代表大会选举法〉的决定》第二次修正）

目　录

第一章　总　则

第二章　地方各级人民代表大会代表名额

第三章　全国人民代表大会代表名额

第四章　各少数民族的选举

第五章　选区划分

第六章　选民登记

第七章　代表候选人的提出

第八章　选举程序

第九章　对代表的监督、罢免和补选

第十章　对破坏选举的制裁

第十一章　附　则

第一章　总　则

第一条　根据中华人民共和国宪法，制定全国人民代表大会和地方各级人民代表大会选举法。

第二条　全国人民代表大会的代表，省、自治区、直辖市、设区的市、自治州的人民代表大会的代表，由下一级人民代表大会选举。

不设区的市、市辖区、县、自治县、乡、民族乡、镇的人民代表大会的代表，由选民直接选举。

第三条　中华人民共和国年满十八周岁的公民，不分民族、种族、性别、职业、家庭出身、宗教信仰、教育程度、财产状况和居住期限，都有选举权和被选举权。

依照法律被剥夺政治权利的人没有选举权和被选举权。

第四条　每一选民在一次选举中只有一个投票权。

第五条　人民解放军单独进行选举，选举办法另订。

第六条　全国人民代表大会和归侨人数较多地区的地方人民代表大会，应当有适当名额的归侨代表。

旅居国外的中华人民共和国公民在县级以下人民代表大会代表选举期间在国内的，可以参加原籍地或者出国前居住地的选举。

第七条　全国人民代表大会常务委员会主持全国人民代表大会代表的选举。省、自治区、直辖市、设区的市、自治州的人民代表大会常务委员会主持本级人民代表大会代表的选举。

不设区的市、市辖区、县、自治县、乡、民族乡、镇设立选举委员会，主持本级人民代表大会代表的选举。不设区的市、市辖区、县、自治县的选举委员会受本级人民代表大会常务委员会的领导。乡、民族乡、镇的选举委员会受不设区的市、市辖区、县、自治县的选举委员会的领导。

省、自治区、直辖市、设区的市、自治州的人民代表大会常务委员会指导本行政区域内县级以下人民代表大会代表的选举工作。

第八条　全国人民代表大会和地方各级人民代表大会的选举经费，由国库开支。

第二章　地方各级人民代表大会代表名额

第九条　地方各级人民代表大会代表的名额，由各省、自治区、直辖市的人民代表大会常务委员会，按照便于召开会议、讨论问题和解决问题，并且使各民族、各地区、各方面都能有适当数量的代表的原则自行决定，报全国人民代表大会常务委员会备案。

第十条　自治州、县、自治县的人民代表大会代表的名额，由本级人民代表大会常务委员会按照农村每一代表所代表的人口数四倍于镇每一代表所代表的人口数的原则分配。在县、自治县的人民代表大会中，人口特少的乡、民族乡、镇，至少应有代表一人。

县、自治县行政区域内，镇的人口特多的，或者不属于县级以下人民政府领导的企业事业组织的职工人数在全县总人口中所占比例较大的，经省、自治区、直辖市的人民代表大会常务委员会决定，农村每一代表所代表的人口数同镇或者企业事业组织职工每一代表所代表的人口数之比可以小于四比一直至一比一。

第十一条　直辖市、市、市辖区的农村每一代表所代表的人口数，应多于市区每一代表所代表的人口数。

第十二条　省、自治区的人民代表大会代表的名额，由本级人民代表大会常务委员会按照农村每一代表所代表的人口数五倍于城市每一代表所代表的人口数的原则分配。

第三章　全国人民代表大会代表名额

第十三条　全国人民代表大会的代表，由省、自治区、直辖市的人民代表大会和人民解放军选举产生。

全国人民代表大会代表的名额不超过三千人。名额的分配由全国人民代表大会常务委员会根据情况决定。

第十四条　省、自治区、直辖市应选全国人民代表大会代表的名额，由全国人民代表大会常务委员会按照农村每一代表所代表的人口数八倍于城市每一代表所代表的人口数的原则分配。

第十五条　全国少数民族应选全国人民代表大会代表，由全国人民代表大会常务委员会参照各少数民族的人口数和分布等情况，分配给各省、自治区、直辖市的人民代表大会选出。人口特少的民族，至少应有代表一人。

第四章　各少数民族的选举

第十六条　有少数民族聚居的地方，每一聚居的少数民族都应有代表参加当地的人民代表大会。

聚居境内同一少数民族的总人口数占境内总人口数百分之三十以上的，每一代表所代表的人口数应相当于当地人民代表大会每一代表所代表的人口数。

聚居境内同一少数民族的总人口数不足境内总人口数百分之十五的，每一代表所代表的人口数可以适当少于当地人民代表大会每一代表所代表的人口数，但不得少于二分之一；实行区域自治的民族人口特少的自治县，经省、自治区的人民代表大会常务委员会决定，可以少于二分之一。人口特少的其他民族，至少应有代表一人。

聚居境内同一少数民族的总人口数占境内总人口数百分之十五以上、不足百分之三十的，每一代表所代表的人口数，可以适当少于当地人民代表大会每一代表所代表的人口数，但该少数民族的代表名额不得超过代表总名额的百分之三十。

第十七条　自治区、自治州、自治县和有少数民族聚居的乡、民族乡、镇的人民代表大会，对于聚居在境内的其他少数民族和汉族代表的选举，适用本法第十六条的规定。

第十八条　散居的少数民族应选当地人民代表大会的代表，每一代表所代表的人口数可以少于当地人民代表大会每一代表所代表的人口数。

自治区、自治州、自治县和有少数民族聚居的乡、民族乡、镇的人民代表大会，对于散居的其他少数民族和汉族代表的选举，适用前款的规定。

第十九条　有少数民族聚居的不设区的市、市辖区、县、乡、民族乡、镇的人民代表大会代表的产生，按照当地的民族关系和居住状况，各少数民族选民可以单独选举或者联合选举。

自治县和有少数民族聚居的乡、民族乡、镇的人民代表大会，对于居住在境内的其他少数民族和汉族代表的选举办法，适用前款的规定。

第二十条　自治区、自治州、自治县制定或者公布的选举文件、选民名单、选民证、代表候选人名单、代表当选证书和选举委员会的印章等，都应当同时使用当地通用的民族文字。

第二十一条　少数民族选举的其他事项，参照本法有关各条的规定办理。

第五章　选区划分

第二十二条　不设区的市、市辖区、县、自治县、乡、民族乡、镇的人民代表大会的代表名额分配到选区，按选区进行选举。选区可以按居住状况划分，也可以按生产单位、事业单位、工作单位划分。

第六章　选民登记

第二十三条　选民登记按选区进行，经登记确认的选民资格长期有效。每次选举前对上次选民登记以后新满十八周岁的、被剥夺政治权利期满后恢复政治权利的选民，予以登记。对选民经登记后迁出原选区的，列入新迁入的选区的选民名单；对死亡的和依照法律被剥夺政治权利的人，从选民名单上除名。

精神病患者不能行使选举权利的，经选举委员会确认，不列入选民名单。

第二十四条　选民名单应在选举日的三十日以前公布，并发给选民证。

第二十五条　对于公布的选民名单有不同意见的，可以向选举委员会提出申诉。选举委员会对申诉意见，应在三日内作出处理决定。申诉人如果对处理决定不服，可以在选举日的五日以前向人民法院起诉，人民法院应在选举日以前作出判决。人民法院的判决为最后决定。

第七章　代表候选人的提出

第二十六条　全国和地方各级人民代表大会的代表候选人，按选区或者选举单位提名产生。

各政党、各人民团体，可以联合或者单独推荐代表候选人。选民或者代表，十人以上联名，也可以推荐代表候选人。推荐者应向选举委员会或者大会主席团介绍候选人的情况。

第二十七条　全国和地方各级人民代表大会代表候选人的名额，应多于应选代表的名额。

由选民直接选举的代表候选人名额，应多于应选代表名额三分之一至一倍；由地方各级人民代表大会选举上一级人民代表大会代表候选人的名额，应多于应选代表名额五分之一至二分之一。

第二十八条　由选民直接选举的人民代表大会代表候选人，由各选区选民和各政党、各人民团体提名推荐。选举委员会汇总后，在选举日的二十日以前公布，并由各该选区的选民小组反复酝酿、讨论、协商，根据较多数选民的意见，确定正式代表候选人名单，并在选举日的五日以前公布。

县级以上的地方各级人民代表大会在选举上一级人民代表大会代表时，由各该级人民代表大会主席团把各政党、各人民团体和代表提出的代表候选人名单提交全体代表反复酝酿、讨论、协商，根据较多数代表的意见，确定正式代表候选人名单。

第二十九条　县级以上的地方各级人民代表大会在选举上一级人民代表大会代表时，代表候选人不限于各该级人民代表大会的代表。

第三十条　选举委员会或者人民代表大会主席团应当向选民或者代表介绍代表候选人的情况。推荐代表候选人的政党、人民团体和选民、代表可以在选民小组或者代表小组会议上介绍所推荐的代表候选人的情况。但是在选举日必须停止对代表候选人的介绍。

第八章　选举程序

第三十一条　在选民直接选举人民代表大会的代表时，各选区应设立投票站或者召开选举大会进行。投票站或者选举大会由选举委员会主持。

第三十二条　县级以上的地方各级人民代表大会在选举上一级人民代表大会代表时，由各该级人民代表大会主席团主持。

第三十三条　全国和地方各级人民代表大会代表的选举，一律采用无记名投票的方法。

选民如果是文盲或者因残疾不能写选票的，可以委托他信任的人代写。

第三十四条　选举人对于代表候选人可以投赞成票，可以投反对票，可以另选其他任何选民，也可以弃权。

第三十五条　选民如果在选举期间外出，经选举委员会同意，可以书面委托其他选民代为投票。每一选民接受的委托不得超过三人。

第三十六条　投票结束后，由选民或者代表推选的监票、计票人员和选举委员会或者人民代表大会主席团的人员将投票人数和票数加以核对，作出记录，并由监票人签字。

第三十七条　每次选举所投的票数，多于投票人数的无效，少于投票人数的有效。

每一选票所选的人数，多于规定应选代表人数的作废，少于规定应选代表人数的有效。

第三十八条　在选民直接选举人民代表大会代表时，选区全体选民的过半数参加投票，选举有效。代表候选人获得参加选举的选民过半数的选票，始得当选。

县级以上的地方各级人民代表大会在选举上一级人民代表大会代表时，代表候选人获得全体代表过半数的选票，始得当选。

获得过半数选票的代表候选人名额超过应选代表名额时，以得票多的当选。如遇票数相等不能确定当选人时，应当就票数相等的候选人重新投票。

获得过半数选票的当选代表的名额少于应选代表的名额时，不足的名额应当在没有当选的代表候选人中另行选举，以得票多的当选，但是得票数不得少于选票的三分之一。

第三十九条　选举结果由选举委员会或者人民代表大会主席团根据本法确定是否有效，并予以宣布。

第九章　对代表的监督、罢免和补选

第四十条　全国和地方各级人民代表大会的代表，受选民和原选举单位的监督。选民或者选举单位都有权罢免自己选出的代表。

罢免代表，由选民直接选出的，须经原选区过半数的选民通过；由各级人民代表大会选出的，须经各该级人民代表大会过半数的代表通过，在代表大会闭会期间，须经常务委员会组成人员的过半数通过。被罢免的代表可以出席上述会议或者书面申诉意见。罢免的决议，须报送上一级人民代表大会常务委员会备案。

罢免代表的具体程序，由省、自治区、直辖市的人民代表大会常务委员会规定。

第四十一条　全国人民代表大会代表，省、自治区、直辖市、设区的市、自治州的人民代表大会代表，可以向选举他的人民代表大会的常务委员会提出辞职。

第四十二条　代表在任期内，因故出缺，由原选区或者原选举单位补选。

地方各级人民代表大会代表在任期内调离或者迁出本行政区域的，其代表资格自行终止，缺额另行补选。　.

县级以上的地方各级人民代表大会闭会期间，可以由本级人民代表大会常务委员会补选上一级人民代表大会代表。

补选出缺的代表时，代表候选人的名额可以多于应选代表的名额，也可以同应选代表的名额相等。补选的程序和方式，由省、自治区、直辖市的人民代表大会常务委员会规定。

第十章　对破坏选举的制裁

第四十三条　为保障选民和代表自由行使选举权和被选举权，对有下列违法行为的，应当依法给予行政处分或者刑事处分：

（一）用暴力、威胁、欺骗、贿赂等非法手段破坏选举或者妨害选民和代表自由行使选举权和被选举权的；

（二）伪造选举文件、虚报选举票数或者有其他违法行为的；

（三）对于控告、检举选举中违法行为的人，或者对于提出要求罢免代表的人进行压制、报复的。

第十一章　附　　则

第四十四条　省、自治区、直辖市的人民代表大会常务委员会根据本法可以制定选举实施细则，报全国人民代表大会常务委员会备案。

附二：

关于四个法律案的说明

——1982 年 12 月 6 日在第五届全国人民代表大会第五次会议上
全国人大常委会副委员长兼法制委员会主任　习仲勋

这次全国人大通过的中华人民共和国宪法，为了完善国家的领导体制和政治体制，发展社会主义民主，健全社会主义法制，对国家机构作了一系列新的重要规定。同时，在实践中也出现了一些新的情况和新的问题。因此，需要对同宪法相配合的有关国家机构的几个法律作相应的修改或者重新修订。这次提请大会审议的《全国人民代表大会组织法（草案）》，是在 1954 年制定的《全国人民代表大会组织法》的基础上，由全国人大常委会办公厅和法制委员会草拟的。《国务院组织法（草案）》，是在 1954年制定的《国务院组织法》的基础上，由国务院重新拟订的。《地方各级人民代表大会和地方各级人民政府组织法》和《全国人民代表大会和地方各级人民代表大会选举法》，是 1979 年修订的，这次由法制委员会拟订了修改决议草案，根据宪法作了一些相应的和必要的修改。同时，为了保持法律的稳定性，可改可不改的都没有改。这几个法律案，在今年 10 月间，曾分别送请中央各部门和各省、自治区、直辖市征求意见，并根据各方面的意见作了修改，经全国人大常委会第二十五次会议审议决定提请这次大会审议。

现在，我就四个法律案中的主要内容，分别说明如下：

一、关于《全国人民代表大会组织法（草案）》

这次拟订的《全国人民代表大会组织法（草案）》，根据宪法的有关规定，并总结我国建立全国人民代表大会以来的工作经验，对 1954 年制定的《全国人民代表大会组织法》作了较大的修改和补充，主要是对全国人大和全国人大常委会的组织和工作程序作了一系列的具体的规定。

（一）关于代表资格审查。

过去，全国人大代表资格是在全国人大开会以后，由全国人大代表资格审查委员会进行审查的。现在根据宪法有关规定，草案对此作了修改，规定由主持代表选举的全国人大常委会设立代表资格审查委员会，审查代表资格，并在每届全国人大第一次会议开会以前公布代表名单。这样，在全国人民代表大会开会以前，就完成了代表资格审查工作，工作上比较便利。

（二）关于代表团。

由于全国人大代表人数较多，多年来，全国人大对各项议案的审议，主要是在代表团或者代表小组进行的。草案肯定了这一行之有效的做法，规定了代表团在全国人民代表大会的地位和作用：在全国人大正式会议举行以前，讨论全国人大常委会提出的有关会议的准备事项；在会议期间，对大会各项议案进行审议，并可以由代表团团长或者由代表团推派代表，在主席团会议或者大会全体会议上，就审议的议案发表意见；对主席团提出的由选举产生的国家机构的领导人等候选人人选进行酝酿讨论，提出意见；并可以代表团为单位向大会提出议案、罢免案和质询案。

（三）关于主席团。

多年来，全国人大的各项议案，从提交代表团讨论，到修改、补充和形成相应的决议案，主席团都做了一系列的工作，起了很重要的作用。根据这些实践经验，草案规定，主席团主持全国人大会议；提出由选举产生的国家机构的领导人等候选人人选和确定正式候选人名单；组织各代表团审议列入大会议程的议案；决定对代表团和代表在会议期间提出的议案、罢免案、质询案的审议程序；拟订提交全体会议审议通过的决议草案。这些规定，对保证大会顺利地、有效地进行工作，是需要的。

（四）关于议案。

全国人大审议的议案，一般都是由全国人大常委会、国务院或者其他国家机关经过比较充分的准备提出来的。同时，草案还规定：一个代表团或者30人以上的代表可以提出议案，由主席团决定是否列入大会议程，或者将议案先交有关的专门委员会审议，提出是否列入大会议程的意见。同时，还规定全国人大常委会委员经过一定程序，也可以向全国人大常委会提出议案。这里规定代表团和代表以及全国人大常委会委员提出议案须经一定程序，是因为全国人大和它的常委会审议通过的议案，都是具有一定的约束力的，有的就是法律。这和过去每次全国人大会议上代表们提出的大量提案是不同的。那些提案主要是对各方面工作提出的建议、批评和意见，涉及的问题很多并不属于全国人大的职权范围，大会不好通过实质性的决议，只能决定转交有关方面研究处理。现在，草案规定，代表向全国人大或者它的常委会提出的对各方面工作的建议、批评和意见，都由人大常委会的办事机构交由有关机关和组织研究处理并负责答复，不再采取大会提案的形式。这样规定，比较符合实际，既简化了工作程序，又可以使代表提出的建议、批评和意见同样能够得到适当的处理和答复。

（五）关于选举和罢免。

草案规定，由大会选举产生的国家机构的领导人等候选人人选，由主席团提名。多年以来，全国人大选举国家领导人，一般都是事先由中共中央同各民主党派协商以后提出建议，经过主席团讨论决定提名的。对主席团的提名，各代表团在讨论时，代表可以提出不同意见，也可以另提候选人，经过各代表团酝酿协商以后，由主席团根据多数代表的意见确定正式候选人名单。草案肯定了这种成功的做法。

关于罢免案，草案规定，三个以上的代表团或者十分之一以上的代表，可以提出对全国人大常委会组成人员，国家主席、副主席，国务院和中央军委的组成人员，最高人民法院院长和最高人民检察院检察长的罢免案，由主席团提请大会审议。这里对提出罢免案规定了比较严格的程序，是考虑到提出罢免案是很严肃的事情，需要慎重对待。

（六）关于质询案。

草案根据宪法关于代表有权对国务院和国务院各部、各委员会提出质询案的规定，对代表提出质询案和被质询机关作出答复的程序作了规定：一个代表团或者代表30人以上可以提出质询案，由主席团决定交被质询机关书面答复，或者由被质询机关的领导人在主席团会议上、或者有关的专门委员会会议上、或者有关的代表团会议上口头答复。同时，还规定全国人大常委会委员经过一定程序，也可以提出质询案。这样规定，便于代表和全国人大常委会委员行使质询权，并使质询能够顺利地进行，有利于发挥全国人大和它的常委会对国家机关的监督作用，也便于被质询机关作出负责的答复。

多年来，各代表团或者代表在审议议案的过程中常常提出一些不了解或者不理解的问题，要求有关机关予以解释说明，今后仍然需要这样办。因此，草案除规定代表提出质询案的程序以外，还规定代表可以提出询问，由有关机关派人在代表小组或者代表团的会议上进行说明。

（七）关于专门委员会。

草案根据宪法关于全国人大设立专门委员会的规定，相应地规定了各专门委员会共同的职权，主要是：审议全国人大或者它的常委会交付的议案、质询案；起草提请大会审议的有关议案；并对属于全国人大或者它的常委会职权范围内同本委员会有关的问题，进行调查研究。

草案规定，民族委员会除行使各专门委员会共同的职权以外，还可以对加强民族团结问题进行调查研究，提出建议；审议自治区报请全国人大常委会批准的自治区的自治条例和单行条例，向全国人大常委会提出报告。

为了有利于维护法制的统一，避免各项法律互相矛盾、互不衔接，草案规定，法律委员会统一审议向全国人大或者它的常委会提出的法律草案；其他专门委员会就有关的法律草案向法律委员会提出意见和建议。

由于专门委员会是全国人大的组成部分，行使全国人大和它的常委会的部分职权，草案规定：专门委员会的组成人员从全国人大代表中选出。同时，考虑到专门委员会需要一些专家参加工作，草案规定，专门委员会可以由全国人大常委会任命若干不是代表的专家担任兼职顾问或者专职顾问。这些顾问可以列席专门委员会会议，对专门委员会审议的议案发表意见和建议。

此外，草案还规定，全国人大常委会根据工作需要，可以设立工作委员会。这种工作委员会是全国人大常委会的办事机构，根据全国人大常委会的决定进行工作，但不能像专门委员会一样行使国家权力机关的部分职权。也正因为这样，工作委员会的主任、副主任和委员的人选可以不限于全国人大代表。

二、关于《国务院组织法（草案）》

这次拟订的《国务院组织法（草案）》，是根据宪法的有关规定，总结多年来政府工作的实际经验和一年来国务院机构改革的经验，以1954年制定的《国务院组织法》为基础重新修订的。为了进一步健全国务院的组织和各项工作制度，有利于提高国家行政机关的工作效率和工作质量，草案对原组织法作了一些重要的修改和补充，主要有以下几点：

（一）关于国务院的组成、职权和领导制度。原组织法为了避免同宪法条文重复，没有写这方面的内容。这次，为了使国务院组织法完整一些，根据宪法的有关规定和实际需要，对国务院的组成和实行总理负责制、国务委员、秘书长的职责等，作了规定。

根据宪法，草案规定审计长为国务院组成人员。关于审计机关如何具体组织和进行工作，目前还缺乏经验，因此草案未作具体规定。

（二）关于国务院的会议制度。原组织法规定，国务院全体会议每月举行一次；国务院发布的决议和命令，必须经国务院全体会议或者国务院常务会议通过。根据多年来的实践经验，对于国务院会议的期限和内容，在法律上不好作硬性的规定。因此，草案原则规定："国务院工作中的重大问题，必须经国务院常务会议或者国务院全体会议讨论决定。"

（三）关于部委的设置。原组织法对国务院设置的部委逐一列出。鉴于20多年来部委的设置变动较多，今后随着国家行政管理体制和经济管理体制改革的逐步推行，势必还会有所变化，为了保持法律的稳定性和严肃性，草案没有具体列举部委的名称，只是原则规定："国务院各部、各委员会的设立、撤销或者合并，经总理提出，由全国人民代表大会决定；在全国人民代表大会闭会期间，由全国人民代表大会常务委员会决定。"

（四）关于直属机构的设置。原组织法规定，国务院直属机构的设置，须经全国人大常委会批准。草案改为由国务院决定。这是因为，直属机构的负责人不是国务院组成人员，他们的任免并不经过全国人大常委会批准，因而这些机构的设置可以不报全国人大常委会批准。

（五）关于领导人员的名额。为了巩固政府机构改革的成果，坚持精干的原则，提高工作效率，克服官僚主义，草案规定："各部设部长 1 人，副部长 2 至 4 人。各委员会设主任 1 人，副主任 2 至 4 人，委员 5 至 10 人"，每个直属机构"设负责人 2 至 5 人"。

（六）关于部委的职权。为了保持政令的统一，防止政出多门，同时适当扩大部委的职权，减少国务院的事务，草案规定："各部、各委员会工作中的方针、政策、计划和重大行政措施，应向国务院请示报告，由国务院决定。根据法律和国务院的决定，主管部、委员会可以在本部门的权限内发布命令、指示和规章。"

三、关于修改《地方各级人民代表大会和地方各级人民政府组织法》的若干规定的决议（草案）

1979 年第五届全国人民代表大会第二次会议通过的《地方各级人民代表大会和地方各级人民政府组织法》，经过 3 年来的实践，总的看来是适用的。修改决议草案大部分条款是根据宪法作相应的修改。同时，根据各地意见和实际需要，对以下三条作了修改和补充：

（一）"地方组织法"原来规定，省、自治区、直辖市的权力机关有权制定地方性法规。不少地方提出，除直辖市外，一些较大的市，政治、经济、文化地位比较重要，也需要因地制宜地制定一些地方性法规。为了适应这些城市的实际需要，又考虑到宪法规定省、自治区、直辖市才有权制定地方性法规，草案补充规定，省、自治区人民政府所在地的市和经国务院批准的较大的市的人大常委会可以拟订本市需要的地方性法规草案，提请省、自治区的人大常委会制定、公布，并报全国人大常委会和国务院备案。

（二）关于地方各级人民政府的秘书长、厅长、局长、主任、科长的任免，"地方组织法"原来规定，由本级人大常委会决定后，报上一级政府批准。不少地方提出，按照这一规定，厅长、局长、主任、科长要报上一级政府批准，而副省长、副市长、副县长由本级人大选举或者人大常委会决定任免后，不需要再报上一级政府批准，相比之下不大合适。同时，本级人大常委会决定任免后，也不好直接报请上一级政府批准，还要经过本级政府报批，程序比较烦琐。草案根据各地意见，将报上一级政府批准改为报上一级政府备案。

（三）关于地方各级人民政府领导人员和人大常委会组成人员、法院院长、检察长的选举办法，"地方组织法"原来规定，候选人名额一般应多于应选人名额。如果所提候选人名额过多，可以进行预选，根据较多数人意见，确定正式候选人名单。有些地方建议，除了规定可以采取差额选举办法以外，还可以采取经过预选产生候选人名单，然后进行选举的办法。这样规定较为灵活，可以适应不同的、复杂的情况。因此，草案改为："选举可以采用候选人数多于应选人数的办法；也可以经过预选产生候选人名单，然后进行选举。"

四、关于修改《全国人民代表大会和地方各级人民代表大会选举法》的若干规定的决议（草案）

1979 年第五届全国人民代表大会第二次会议通过的《全国人民代表大会和地方各级人民代表大会选举法》，原则上仍然是适用的，但是也有些具体问题需要补充规定。修改决议草案提出补充、修改的有六条：

（一）"选举法"第六条规定，华侨代表的产生办法另订。实践证明，华侨代表不好单独进行选举，只能在地区选举中，从归侨中产生，不好另订选举办法。因此，草案将这一条改为：全国人民代表大会和归侨人数较多地区的地方人民代表大会，应当有适当名额的归侨代表。

（二）"选举法"第十条规定，县、自治县人民代表大会代表的名额，按照农村每一代表所代表的人口数四倍于镇每一代表所代表的人口数的原则分配。各地反映，有的县辖镇的人口特多，或者不属于县以下人民政府领导的企业事业组织的职工人数在全县总人口中所占比例较大，按上述比例分配给农村的代表名额太少。因此，草案补充规定，对属于上述两种特殊情况的县、自治县，经省、自治区、直辖市的人大常委会决定，农村每一代表所代表的人口数同镇或者企业事业组织职工每一代表所代表的人口数之比可以小于 4 比 1 直至 1 比 1。

（三）"选举法"第十六条规定，聚居境内同一少数民族的总人口数不及境内总人口数 10% 的，每一代表所代表的人口数，可以少于当地人民代表大会每一代表所代表的人口数，但不得少于 1/2。这对人口较少的少数民族虽然有所照顾，但还不能完全适应一些民族自治地方的实际需要，而且有的实行区域自治的民族人口特少的自治县，如鄂伦春自治旗、鄂温克族自治旗反映，按照这一规定，实行区域自治的民族分配的代表名额仍然太少。为此，草案将聚居境内同一少数民族的总人口数不及境内总人口数"10%的"，改为不及"15%的"；并补充规定，对实行区域自治的民族人口特少的自治县，经省、自治区的人大常委会决定，实行区域自治的民族每一代表所代表的人口数，可以少于当地人民代表大会每一代表所代表的人口数的1/2。

（四）"选举法"第三十条规定，各党派、团体和选民可以在选举日前用各种形式宣传代表候选人。这是为了使选民能够比较充分地了解候选人的情况。但是在实践中发现这一规定不够严谨，可能产生不同的理解。因此，草案进一步具体规定，选举委员会应当向选民介绍代表候选人的情况，推荐代表候选人的党派、团体或者选民也可以在选民小组会议上介绍所推荐的代表候选人的情况。

（五）"选举法"第三十八条第三款规定，获得过半数选票的当选代表的名额少于应选代表的名额时，对不足的名额，另行选举。在实践中，有的经过第二次选举，获得过半数选票的当选代表的名额仍然不足应选代表的名额，如果再进行补选，工作量很大，选民也感到是个负担。因此，草案补充规定，不足的名额应当在没有当选的代表候选人中另行选举，以得票多的当选，但是得票数不得少于选票的1/3。

（六）草案对"选举法"第四十二条补充规定，地方各级人民代表大会代表在任期内调离或者迁出本行政区域的，其代表资格自行终止，缺额另行补选。由于这些代表已脱离原地区的工作，不能履行代表的职责，作这样的补充规定是适当的。

以上四个法律案，请大会予以审议。

附三：

第五届全国人民代表大会法案委员会关于四个法律案的审查报告

（1982 年 12 月 9 日第五届全国人民代表大会第五次会议主席团第四次会议通过）

第五届全国人民代表大会第五次会议全体代表对《中华人民共和国全国人民代表大会组织法（草案）》、《中华人民共和国国务院组织法（草案）》、《关于修改〈中华人民共和国全国人民代表大会和地方各级人民代表大会选举法〉的若干规定的决议（草案）》、《关于修改〈中华人民共和国地方各级人民代表大会和地方各级人民政府组织法〉的若干规定的决议（草案）》四个法律案和"关于四个法律案的说明"进行了审议，提出了许多很好的意见。法案委员会于 12 月 7 日、8 日召开了三次会议，根据代表提出的意见，对四个法律案逐条进行审查。大家认为，这四个法律案是宪法通过后，根据宪法制定的第一批重要的法律案，对于发展社会主义民主，健全社会主义法制，将有重要的作用。《中华人民共和国全国人民代表大会组织法（草案）》根据宪法的有关规定，总结了我国建立全国人民代表大会以来的工作经验，对全国人大和全国人大常委会的组织和工作程序作了一系列具体的规定，是保证全国人大和它的常委会有效地进行工作的一个重要的法律。《中华人民共和国国务院组织法（草案）》根据宪法的有关规定，吸收了多年来政府工作的经验和一年来国务院机构改革的经验，对国务院的组织和各项工作制度作了规定，有利于精简机构，克服官僚主义，提高国家行政机关的工作效率。同时，鉴于机构改革还在进行，有些问题还缺乏成熟的经验，不好规定过死，现在先作简要规定，是符合实际的。《关于修改〈中华人民共和国全国人民代表大会和地方各级人民代表大会选举法〉的若干规定的决议（草案）》和《关于修改〈中华人民共和国地方各级人民代表大会和地方各级人民政府组织法〉的若干规定的决议（草案）》，根据宪法的有关规定，并根据实践经验和实际需要，对这两个法律的若干规定做了修改和补充，是需要的。法案委员会还认为，由于宪法刚刚通过，根据宪法制定的这几个法律案的一些具体规定可能还不很完善，以后可以根据实践经验进一步补充修改。

法案委员会经过认真讨论，认为这四个法律草案总的看来是可行的，同时建议根据代表的意见分别作一些修改：

一、关于《中华人民共和国全国人民代表大会组织法（草案）》：

1. 草案第四条增加规定，各代表团可以由代表团团长或者由代表团推派的代表，在大会全体会议上代表代表团对审议的议案发表意见。

2. 草案第十三条关于全国人大常委会委员长等人选提名程序规定的"再由主席团确定正式候选人名单"，改为"再由主席团根据多数代表的意见确定正式候选人名单"。

3. 草案第十六条关于对代表质询案的口头答复，增加规定可以在"有关的代表团会议上"进行，并将"提质询案的代表所推派的代表可以列席会议"改为"提质询案的代表可以列席会议，发表意见"。

草案第三十三条关于对全国人大常委会组成人员所提质询案的口头答复，增加规定"在专门委员会会议上答复的，提质询案的常务委员会组成人员可以出席会议，发表意见"。

4. 草案第三十条改为"常务委员会举行会议的时候，可以由各省、自治区、直辖市的人民代表大会常务委员会派主任或者副主任一人列席会议，发表意见。"这样规定，在常务委员会举行临时会议或者会议内容同地方无关的时候，各省、自治区、直辖市就可以不派人列席会议。

5. 草案第三十五条第三款增加规定，"在大会闭会期间，全国人民代表大会常务委员会可以补充任命专门委员会的个别副主任委员和部分委员，由委员长会议提名，常务委员会会议通过"。

6. 草案第三十七条第三项增加规定专门委员会审议全国人大常委会交付的被认为与宪法、法律相抵触的"国务院各部、各委员会的命令、指示和规章"，以及"省、自治区、直辖市的人民政府的决定、命令和规章"。

7. 草案第三十七条第二款增加规定民族委员会还"可以对加强民族团结问题进行调查研究，提出建议"。

8. 草案第四十条按照宪法规定，增加规定全国人大代表必须"保守国家秘密"。

二、关于《中华人民共和国国务院组织法（草案）》：

1. 草案第九条关于国务院各委员会设"委员若干人"改为"委员5至10人"。

2. 草案第十条关于国务院主管部、委员会发布命令、指示和规章，要"根据国务院的决定"改为"根据法律和国务院的决定"。

3. 草案第十一条关于国务院直属机构和办事机构的设置，增加规定要根据"精简的原则"；"这些机构的负责人不得超过5人"改为"每个机构设负责人2至5人"。

4. 草案第十二条关于国务院任免人员的规定删去，因为草案第三条规定国务院行使宪法第八十九条规定的职权中，已有任免的规定。

三、《关于修改〈中华人民共和国全国人民代表大会和地方各级人民代表大会选举法〉的若干规定的决议（草案）》：

1. 根据内蒙古代表的意见，为了适应内蒙古和其他一些民族自治地方的实际需要，将草案关于"聚居境内同一少数民族的总人口数不及境内总人口数10%的，每一代表所代表的人口数可以少于当地人民代表大会每一代表所代表的人口数，但是不得少于1/2"规定中的"10%"改为"15%"。并将"可以少于当地人民代表大会每一代表所代表的人口数，但是不得少于1/2"改为"可以比当地人民代表所代表的人口数少1/2。"

2. 将草案关于在选举中"获得过半数选票的当选代表的名额少于应选代表的名额时，不足的名额应当在没有当选的代表候选人中另行选举，以得票多的当选"的规定的最后，增加规定"但是得票数不得少于选票的1/3"。

四、《关于修改〈中华人民共和国地方各级人民代表大会和地方各级人民政府组织法〉的若干规定的决议（草案）》：

1. 草案关于"可以拟订本市需要的地方性法规草案"的，除"省、自治区的人民政府所在地的市"人民代表大会常务委员会以外，增加规定"经国务院批准的较大的市"。

2. "地方组织法"第三十五条第（一）项最后增加规定，"省、自治区、直辖市以及省、自治区的人民政府所在地的市和经国务院批准的较大的市的人民政府，还可以根据法律和国务院的行政法规，制定规章；"

这里还要说明，由于"选举法"和"地方组织法"是在新宪法通过前制定的，有些用语和新宪法不完全一样，有些问题宪法作了规定，这次没有补充，都应以新宪法为准。

此外，对这四个法律草案还作了一些文字修改。

法案委员会建议对四个法律草案根据上述意见修改后，提请大会通过，并自公布之日起施行。

以上审查意见是否妥当，请主席团审议。

全国人民代表大会关于修改《中华人民共和国全国人民代表大会和地方各级人民代表大会选举法》的决定[1]

（2010 年 3 月 14 日第十一届全国人民代表大会第三次会议通过）

第十一届全国人民代表大会第三次会议决定对《中华人民共和国全国人民代表大会和地方各级人民代表大会选举法》作如下修改：

一、将第六条第一款修改为："全国人民代表大会和地方各级人民代表大会的代表应当具有广泛的代表性，应当有适当数量的基层代表，特别是工人、农民和知识分子代表；应当有适当数量的妇女代表，并逐步提高妇女代表的比例。"

二、将第八条改为第七条，修改为："全国人民代表大会和地方各级人民代表大会的选举经费，列入财政预算，由国库开支。"

三、增加一条，作为第九条："不设区的市、市辖区、县、自治县的选举委员会的组成人员由本级人民代表大会常务委员会任命。乡、民族乡、镇的选举委员会的组成人员由不设区的市、

---

〔1〕 全国人大常委会办公厅、中共中央文献研究室编：《人民代表大会制度重要文献选编》（四），中国民主法制出版社 2015 年版，第 1447—1453 页。

市辖区、县、自治县的人民代表大会常务委员会任命。

"选举委员会的组成人员为代表候选人的，应当辞去选举委员会的职务。"

四、增加一条，作为第十条："选举委员会履行下列职责：

（一）划分选举本级人民代表大会代表的选区，分配各选区应选代表的名额；

（二）进行选民登记，审查选民资格，公布选民名单；受理对于选民名单不同意见的申诉，并作出决定；

（三）确定选举日期；

（四）了解核实并组织介绍代表候选人的情况；根据较多数选民的意见，确定和公布正式代表候选人名单；

（五）主持投票选举；

（六）确定选举结果是否有效，公布当选代表名单；

（七）法律规定的其他职责。

"选举委员会应当及时公布选举信息。"

五、将第九条改为第十一条，第一款第四项修改为："乡、民族乡、镇的代表名额基数为四十名，每一千五百人可以增加一名代表；但是，代表总名额不得超过一百六十名；人口不足二千的，代表总名额可以少于四十名。"

六、将第十二条、第十三条、第十四条改为第十四条，修改为："地方各级人民代表大会代表名额，由本级人民代表大会常务委员会或者本级选举委员会根据本行政区域所辖的下一级各行政区域或者各选区的人口数，按照每一代表所代表的城乡人口数相同的原则，以及保证各地区、各民族、各方面都有适当数量代表的要求进行分配。在县、自治县的人民代表大会中，人口特少的乡、民族乡、镇，至少应有代表一人。

"地方各级人民代表大会代表名额的分配办法，由省、自治区、直辖市人民代表大会常务委员会参照全国人民代表大会代表名额分配的办法，结合本地区的具体情况规定。"

七、将第十五条第二款中的"名额的分配由全国人民代表大会常务委员会根据情况决定"的规定移至第十六条，将第十六条修改为："全国人民代表大会代表名额，由全国人民代表大会常务委员会根据各省、自治区、直辖市的人口数，按照每一代表所代表的城乡人口数相同的原则，以及保证各地区、各民族、各方面都有适当数量代表的要求进行分配。

"省、自治区、直辖市应选全国人民代表大会代表名额，由根据人口数计算确定的名额数、相同的地区基本名额数和其他应选名额数构成。

"全国人民代表大会代表名额的具体分配，由全国人民代表大会常务委员会决定。"

八、将第二十五条修改为："本行政区域内各选区每一代表所代表的人口数应当大体相等。"

九、将第二十八条修改为："对于公布的选民名单有不同意见的，可以在选民名单公布之日起五日内向选举委员会提出申诉。选举委员会对申诉意见，应在三日内作出处理决定。申诉人如果对处理决定不服，可以在选举日的五日以前向人民法院起诉，人民法院应在选举日以前作出判决。人民法院的判决为最后决定。"

十、将第二十九条第二款修改为："各政党、各人民团体，可以联合或者单独推荐代表候选人。选民或者代表，十人以上联名，也可以推荐代表候选人。推荐者应向选举委员会或者大会主席团介绍代表候选人的情况。接受推荐的代表候选人应当向选举委员会或者大会主席团如实提供个人身份、简历等基本情况。提供的基本情况不实的，选举委员会或者大会主席团应当向选民或者代表通报。"

增加一款，作为第三款："各政党、各人民团体联合或者单独推荐的代表候选人的人数，每一选民或者代表参加联名推荐的代表候选人的人数，均不得超过本选区或者选举单位应选代表的名额。"

十一、将第三十条修改为："全国和地方各级人民代表大会代表实行差额选举，代表候选人的人数应多于应选代表的名额。

"由选民直接选举人民代表大会代表的，代表候选人的人数应多于应选代表名额三分之一至一倍；由县级以上的地方各级人民代表大会选举上一级人民代表大会代表的，代表候选人的人数应多于应选代表名额五分之一至二分之一。"

十二、将第三十一条修改为："由选民直接选举人民代表大会代表的，代表候选人由各选区选民和各政党、各人民团体提名推荐。选举委员会汇总后，将代表候选人名单及代表候选人的基本情况在选举日的十五日以前公布，并交各该选区的选民小组讨论、协商，确定正式代表候选人名单。如果所提代表候选人的人数超过本法第三十条规定的最高差额比例，由选举委员会交各该选区的选民小组讨论、协商，根据较多数选民的意见，确定正式代表候选人名单；对正式代表候选人不能形成较为一致意见的，进行预选，根据预选时得票多少的顺序，确定正式代表候选人名单。正式代表候选人名单及代表候选人的基本情况应当在选举日的七日以前公布。

"县级以上的地方各级人民代表大会在选举上一级人民代表大会代表时，提名、酝酿代表候选人的时间不得少于两天。各该级人民代表大会主席团将依法提出的代表候选人名单及代表候选人的基本情况印发全体代表，由全体代表酝酿、讨论。如果所提代表候选人的人数符合本法第三十条规定的差额比例，直接进行投票选举。如果所提代表候选人的人数超过本法第三十条规定的最高差额比例，进行预选，根据预选时得票多少的顺序，按照本级人民代表大会的选举办法根据本法确定的具体差额比例，确定正式代表候选人名单，进行投票选举。"

十三、将第三十三条修改为："选举委员会或者人民代表大会主席团应当向选民或者代表介绍代表候选人的情况。推荐代表候选人的政党、人民团体和选民、代表可以在选民小组或者代表小组会议上介绍所推荐的代表候选人的情况。选举委员会根据选民的要求，应当组织代表候选人与选民见面，由代表候选人介绍本人的情况，回答选民的问题。但是，在选举日必须停止代表候选人的介绍。"

十四、增加一条，作为第三十四条："全国人民代表大会和地方各级人民代表大会代表的选举，应当严格依照法定程序进行，并接受监督。任何组织或者个人都不得以任何方式干预选民或者代表自由行使选举权。"

十五、将第三十四条改为第三十五条和第三十六条。第三十五条："在选民直接选举人民代表大会代表时，选民根据选举委员会的规定，凭身份证或者选民证领取选票。"

第三十六条："选举委员会应当根据各选区选民分布状况，按照方便选民投票的原则设立投票站，进行选举。选民居住比较集中的，可以召开选举大会，进行选举；因患有疾病等原因行动不便或者居住分散并且交通不便的选民，可以在流动票箱投票。"

十六、将第三十六条改为第三十八条，第一款修改为："全国和地方各级人民代表大会代表的选举，一律采用无记名投票的方法。选举时应当设有秘密写票处。"

十七、将第三十八条改为第四十条，修改为："选民如果在选举期间外出，经选举委员会同意，可以书面委托其他选民代为投票。每一选民接受的委托不得超过三人，并应当按照委托人的意愿代为投票。"

十八、将第三十九条改为第四十一条，增加一款，作为第二款："代表候选人的近亲属不得担任监票人、计票人。"

十九、增加一条，作为第四十五条："公民不得同时担任两个以上无隶属关系的行政区域的人民代表大会代表。"

二十、将第四十六条改为第四十九条，修改为："罢免代表采用无记名的表决方式。"

二十一、将第四十七条改为第五十条，第二款修改为："罢免由县级以上的地方各级人民代表大会选出的代表，须经各该级人民代表大会过半数的代表通过；在代表大会闭会期间，须经常务委员会组成人员的过半数通过。罢免的决议，须报送上一级人民代表大会常务委员会备案、公告。"

二十二、将第四十九条改为第五十二条，修改为："全国人民代表大会代表，省、自治区、直辖市、设区的市、自治州的人民代表大会代表，可以向选举他的人民代表大会的常务委员会书面提出辞职。常务委员会接受辞职，须经常务委员会组成人员的过半数通过。接受辞职的决议，须报送上一级人民代表大会常务委员会备案、公告。

"县级的人民代表大会代表可以向本级人民代表大会常务委员会书面提出辞职，乡级的人民代表大会代表可以向本级人民代表大会书面提出辞职。县级的人民代表大会常务委员会接受辞职，须经常务委员会组成人员的过半数通过。乡级的人民代表大会接受辞职，须经人民代表大会过半数的代表通过。接受辞职的，应当予以公告。"

二十三、增加一条，作为第五十六条："主持选举的机构发现有破坏选举的行为或者收到对破坏选举行为的举报，应当及时依法调查处理；需要追究法律责任的，及时移送有关机关予以处理。"

此外，增加"第二章选举机构"的章名，将第九章的章名修改为"对代表的监督和罢免、辞职、补选"，对章的序号作相应调整，并对条文顺序作相应调整。

本决定自公布之日起施行。

《中华人民共和国全国人民代表大会和地方各级人民代表大会选举法》根据本决定作相应修改，重新公布。

附:

关于《中华人民共和国全国人民代表大会和地方各级人民代表大会选举法修正案（草案）》的说明

（2010 年 3 月 8 日在第十一届全国人民代表大会第三次会议上）

全国人民代表大会常务委员会副委员长　王兆国

各位代表:

我受全国人大常委会委托，现对《中华人民共和国全国人民代表大会和地方各级人民代表大会选举法修正案（草案）》作说明。

一、修改选举法的必要性

选举制度是人民代表大会制度的基础，选举法是保障公民依法行使选举权和被选举权，依法产生各级人大代表的重要法律。选举法最早于 1953 年制定，1979 年重新修订，其后经过四次修改。党的十七大提出，要坚定不移地发展社会主义民主政治，扩大人民民主，保证人民当家作主，建议逐步实行城乡按相同人口比例选举人大代表。贯彻落实党的十七大的要求，有必要在深入总结选举工作实践经验的基础上，对选举法进行适当修改。

选举人大代表的城乡人口比例，是选举法中的一个重要内容。新中国成立后，1953 年制定第一部选举法时，我国的城镇人口比重较低，根据当年人口普查统计，只有 13.26%。考虑到我国当时工人阶级主要集中在城市的具体情况，为了体现工人阶级在国家政治生活中的领导地位和工业化发展方向，选举法对农村和城市选举每一代表所需的人口数作了不同的规定。比如，规定全国人大代表的选举，各省按每 80 万人选代表 1 人，直辖市和人口在 50 万以上的省辖市按每 10 万人选代表 1 人。这样规定，符合我国的政治制度和当时的实际情况，是完全必要的。1979 年修订选举法时，当时的城镇人口比重也才达到 18.96%，因此基本上延续了 1953 年的规定，对于选举人大代表的城乡不同人口比例未作大的修改，但对不同层级规定得更加明确：全国为 8：1，省、自治区为 5：1，自治州、县、自治县为 4：1。

改革开放后，我国经济社会快速发展，城镇化不断推进，城乡人口结构比例发生较大变化，全国人大常委会根据新形势、新情况，适时完善选举制度，逐步对城乡按不同人口比例选举人大代表的规定进行修改完善。1982 年修改选举法，增加规定：县、自治县境内，镇的人口特多或者不属于县级以下人民政府领导的企事业组织职工人数比例较大的，经省、自治区、直辖市人大常委会决定，农村每一代表与镇或企事业组织职工每一代表所代表的人口数之比可以小于 4：1 直至 1：1。1995 年修改选举法，将全国和省、自治区农村与城市每一代表所代表的人口数比例，与自治州、县一样，统一修改为 4：1。

1995 年以来，我国的工业化、城镇化进一步加速，农村经济文化水平大幅提高，社会结构发生深刻变化。我国城镇人口比重已由 1995 年的 29.04% 上升为 2009 年的 46.6%。与此同时，我国各级人大经历了数次换届选举，积累了丰富的经验，社会主义民主政治建设和法制建设取得巨大成就，党领导的人民民主专政的阶级基础和群众基础不断巩固和扩大。修改选举法，实行城乡按相同人口比例选举人大代表的客观条件已经具备。

二、选举法修正案草案的指导思想和形成过程

选举法修正案草案的指导思想是，以邓小平理论和"三个代表"重要思想为指导，深入贯彻落实科学发展观，按照党的十七

大的要求，总结实践经验，完善选举制度，实行城乡按相同人口比例选举人大代表，更好地体现人人平等、地区平等和民族平等原则，扩大人民民主，保证人民当家作主，为坚持和完善人民代表大会制度、发展社会主义民主政治提供坚实的制度保障。

草案起草工作遵循以下原则：一是把握方向，扩大民主。选举法是一部政治性很强的法律，修改选举法必须把握正确的政治方向，坚持党的领导、人民当家作主、依法治国有机统一，坚持中国特色社会主义政治发展道路，坚持从中国国情和实际出发。要从人民民主是社会主义的生命的高度，完善选举制度，进一步增强人大代表选举的普遍性和平等性，切实保证人民当家作主。二是突出重点，统筹兼顾。这次修改选举法，重点是落实党的十七大提出的实行城乡按相同人口比例选举人大代表的要求，同时统筹考虑选举法其他内容的必要修改。选举法的修改，是中国特色社会主义选举制度的自我完善与发展，要与经济社会发展相适应，循序渐进，逐步完善。三是积极稳妥，分类处理。对选举法实施中出现的带有一定普遍性的问题，进行深入研究，条件成熟、认识一致的，有针对性地进行修改；对于一些目前尚不具备解决条件的问题，暂不作规定，可以在实践中继续探索。

根据常委会的工作部署，从 2008 年开始，全国人大常委会法工委即着手研究选举法的修改，研究整理近几年来全国人大代表提出的关于修改选举法的议案、建议和其他方面的意见；会同有关方面组成调研组，先后到 8 个省（区、市）进行调研，并召开 31 个省（区、市）人大常委会负责同志座谈会和中央有关部门座谈会，重点听取对实行城乡按相同人口比例选举人大代表问题的意见；对城乡按相同人口比例选举人大代表涉及的问题，深入分析、反复论证。

在认真梳理代表议案建议、充分调查研究、广泛听取意见的基础上，形成了选举法修正案草案。2009 年 10 月，第十一届全国人大常委会第十一次会议对选举法修正案草案进行了初次审议。会后，将草案印发中央有关部门、各地和有关方面征求意见，并根据常委会组成人员的审议意见和各方面的意见，对修正案草案进行了修改完善。12 月常委会第十二次会议对选举法修正案草案进行了再次审议。两次常委会会议审议，对修正案草案都给予充分肯定和高度评价。常委会组成人员和列席会议的同志普遍赞成这次修改的指导思想、主要原则，赞成一步到位实行城乡按相同人口比例选举人大代表，并保证各地区、各民族、各方面都有适当数量的人大代表的修改方案。全国人大常委会经两次审议，决定将修正案草案提请十一届全国人大三次会议审议。

全国人大常委会办公厅按照法定程序，于今年 1 月 8 日将选举法修正案草案发送全国人大代表。代表们对修正案草案进行了认真的研读讨论，为审议作好准备。代表们普遍认为，修正案草案符合党的十七大精神，符合我国经济社会发展实际，能够更好地体现人人平等、地区平等和民族平等，有利于进一步扩大人民民主，保证人民当家作主。根据常委会组成人员的审议意见和代表们在讨论中提出的意见，对草案又作了一些修改，形成了提请大会审议的选举法修正案草案。

三、关于选举法修正案草案的主要内容

（一）城乡按相同人口比例选举人大代表

根据我国国体、政体，实行城乡按相同人口比例选举人大代表，应当体现以下原则要求：一是保障公民都享有平等的选举权，实行城乡按相同人口比例选举代表，体现人人平等；二是保障各地方在国家权力机关有平等的参与权，各行政区域不论人口多少，都应有相同的基本名额数，都能选举一定数量的代表，体现地区平等；三是保障各民族都有适当数量的代表，人口再少的民族，也要有一名代表，体现民族平等。这三个平等是我国国体、政体的内在要求，是有机统一的整体，不能强调其中一个方面而忽视其他方面。此外，各方面代表性人物比较集中的地方，也应给予适当的照顾。

基于以上，建议将选举法第十六条关于全国人大代表名额分配的规定，修改为："全国人民代表大会代表名额，由全国人民代表大会常务委员会根据各省、自治区、直辖市的人口数，按照每一代表所代表的城乡人口数相同的原则，以及保证各地区、各民族、各方面都有适当数量代表的要求进行分配。""省、自治区、直辖市应选全国人民代表大会代表名额，由根据人口数计算确定的名额数、相同的地区基本名额数和其他应选名额数构成。""全国人民代表大会代表名额的具体分配，由全国人民代表大会常务委员会决定。"

将第十二条、第十三条、第十四条关于地方各级人大代表名额分配的规定，合并为一条，修改为："地方各级人民代表大会代表名额，由本级人民代表大会常务委员会或者本级选举委员会根据本行政区域所辖的下一级各行政区域或者各选区的人口数，按照每一代表所代表的城乡人口数相同的原则，以及保证各地区、各民族、各方面都有适当数量代表的要求进行分配。在县、自治县的人民代表大会中，人口特少的乡、民族乡、镇，至少应有代表一人。""地方各级人民代表大会代表名额的分配办法，由省、自治区、直辖市人民代表大会常务委员会参照全国人民代表大会代表名额分配的办法，结合本地区的具体情况规定。"

将第二十五条关于直接选举中各选区每一代表所代表人口数

的规定，修改为："本行政区域内各选区每一代表所代表的人口数应当大体相等。"

这里需要说明的是，对于实行城乡按相同人口比例选举人大代表，涉及的全国人大代表名额分配问题，采取分两步走的办法。第一步是集中精力，把选举法修改好、完善好；第二步是在选举法修改完成后，根据选举法确定的原则，在广泛听取意见基础上，统筹考虑，由全国人大及其常委会作出决定，科学合理地分配。

（二）选举法修正案草案的其他主要内容

1. 关于人大代表的广泛性

一些常委委员和地方提出，应当进一步明确在各级人大代表中，来自基层的工人、农民和知识分子代表有一定的数量。据此，建议增加规定：全国人民代表大会和地方各级人民代表大会的代表"应当具有广泛的代表性，应当有适当数量的基层代表，特别是工人、农民和知识分子代表"。

2. 关于选举机构

一些地方和代表提出，选举委员会是组织领导县级和乡级人大代表选举的机构，在直接选举中具有十分重要的作用，建议根据1983年全国人大常委会通过的《关于县级以下人民代表大会代表直接选举的若干规定》，进一步完善选举的组织机构。据此，建议增加"选举机构"一章作为第二章，对选举委员会的产生、回避、职责和工作要求等分别作出具体规定。

3. 关于乡镇人大代表名额

一些地方提出，近年来，一些地方进行了较大规模的乡镇合并，乡镇人口增加较多，有的人口多达十几万甚至二十几万，选举法规定的乡镇人大代表最多不超过一百三十人的名额显得偏少。据此，建议提高乡镇人大代表名额的上限，对选举法第九条第一款第四项关于乡、民族乡、镇的代表总名额上限作出修改，将不得超过一百三十名的规定修改为"代表总名额不得超过一百六十名"。

4. 关于代表候选人提供个人情况和两地代表问题

根据一些地方选举实践中出现的新情况新问题，一些代表和有关部门建议，应明确规定人大代表候选人要填报是否取得外国永久居留权、外国国籍等情况；并对不如实提供个人情况的，应规定相应处理办法，保证选民或者代表了解真实情况；同时还应对一个公民是否可以担任两个不同地方的人大代表问题予以明确。据此，建议增加两项规定：一是，"接受推荐的代表候选人应当向选举委员会或者大会主席团如实提供个人身份、简历等基本情况。提供的基本情况不实的，应当向选民或者代表通报。"二是，"公民不得同时担任两个以上无隶属关系的行政区域的人民代表大会代表。"

5. 关于推荐代表候选人的人数

一些地方提出，各政党、各人民团体联合或者单独推荐代表候选人时，是按应选名额数提，还是按差额数提，在实践中理解不一，做法不同，应予明确。据此，建议增加规定："各政党、各人民团体联合或者单独推荐的代表候选人的人数，每一选民或者代表参加联名推荐的代表候选人的人数，均不得超过本选区或者选举单位应选代表的名额。"

6. 关于代表候选人与选民见面

一些地方提出，基层选举中，对代表候选人情况的介绍过于简单，影响选民投票积极性，为增加选民对代表候选人的了解，建议增加组织代表候选人与选民见面的内容。据此，建议将选举法第三十三条的有关规定修改为："选举委员会根据选民的要求，应当组织代表候选人与选民见面，由代表候选人介绍本人的情况，回答选民的问题。"

7. 关于保障选民和代表的选举权

针对基层选举工作中出现的违反法定程序，妨碍选民和代表自由行使选举权的情况，一些地方提出，应当强调选举工作要严格遵守选举程序，保障选民和代表依法行使选举权。据此，建议增加规定："全国人民代表大会和地方各级人民代表大会代表的选举，应当严格依照法定程序进行，并接受监督。任何组织或者个人都不得以任何方式干预选民或者代表自由行使选举权。"

8. 关于直接选举中投票选举程序的组织

一些地方提出，为了方便选民行使投票权，应当进一步规范投票站的设立和选举大会的召开，并加强对流动票箱的管理。据此，建议增加规定："选举委员会应当根据各选区选民分布状况，按照方便选民投票的原则设立投票站，进行选举；选民居住比较集中的，可以召开选举大会，进行选举。因患有疾病等原因行动不便或者居住分散并且交通不便的选民，可以在流动票箱投票。"

9. 关于接受代表辞职的程序

选举法第四十九条规定了代表提出辞职的程序。一些地方提出，代表提出辞职后，由谁接受辞职，按什么样的程序接受辞职，选举法未作规定，各地做法也不统一，建议补充相关规定。据此，建议增加一条规定，补充相关内容。对于间接选举的人大代表，"常务委员会接受辞职，须经常务委员会组成人员的过半数通过。接受辞职的决议，须报送上一级人民代表大会常务委员会备案、公告。"对于县级人大代表和乡级人大代表，县级人大常委会和乡级人大可以分别接受辞职，"县级的人民代表大会常务委员会接受辞职，须经常务委员会组成人员的过半数通过。乡级的人民代表大会接受辞职，须经人民代表大会过半数的代表通过。接受辞职的，应当予以公告。"

10. 关于对破坏选举行为的调查处理

一些常委委员和地方提出，为了及时有效查处以暴力、威胁、贿赂等手段破坏选举的行为，建议对调查处理机关及其责任予以明确。据此，建议增加一条规定："主持选举的机构或者其他有关机关，发现有破坏选举的行为或者收到对破坏选举行为的举报，应当及时依法调查处理；必要时移送有关机关予以处理。"

此外，根据一些地方和有关方面的意见，修正案草案还对选举时应当设有秘密写票处，选民接受委托代为投票应当按照委托人的意愿等内容作了补充完善。

这里还有一个问题需要说明。有些常委委员和地方提出，应对以农民工为主体的流动人口如何参加现工作地的县乡直接选举的问题作出明确规定。经研究认为，这个问题牵涉面广，比较复杂，我国户籍制度的改革正在推进过程中，现在解决这个问题的条件还不具备。因此，这次选举法修改对此可暂不作规定。各地可以按照有关人大换届选举工作的文件精神，采取有效措施，保障农民工等流动人口的选举权和被选举权。

按照"三个平等"的原则，根据我国经济社会发展实际，实行城乡按相同人口比例选举人大代表，是坚持和完善人民代表大会制度的重要内容，是发展社会主义民主政治的重要举措，将进一步保障城乡居民享有平等的选举权，推进我国的人权事业不断发展，对充分调动各方面的积极性，统筹城乡协调发展和促进社会和谐，具有重大而深远的历史意义。让我们以高度的政治责任感、使命感，把选举法修正案草案审议好、修改好。

《中华人民共和国全国人民代表大会和地方各级人民代表大会选举法修正案（草案）》和以上说明，请审议。

二、关于批准地方人民代表大会选举条例的决议

全国人民代表大会常务委员会关于批准西藏自治区各级人民代表大会选举条例的决议

（1963 年 3 月 30 日第二届全国人民代表大会常务委员会
第九十一次会议通过）

第二届全国人民代表大会常务委员会第九十一次会议决议：批准西藏自治区筹备委员会第六次扩大会议制定的西藏自治区各级人民代表大会选举条例。

西藏自治区各级人民代表大会选举条例

（1963 年 3 月 30 日第二届全国人民代表大会常务委员会
第九十一次会议批准）

目　录

第一章　总　则

第二章　自治区各级人民代表大会代表名额

第三章　选举委员会

第四章　选区划分和选民登记

第五章　代表候选人的提出

第六章　选举程序

第七章　对破坏选举的制裁

第八章　附　则

第一章　总　则

第一条　根据中华人民共和国宪法第七十条和中华人民共和国全国人民代表大会及地方各级人民代表大会选举法的规定，结合西藏自治区的具体情况，制定本条例。

第二条　自治区、设区的市、县、不设区的市、市辖区、乡、镇人民代表大会的选举，都依照本条例的规定办理。

第三条　自治区各级人民代表大会，由自治区境内各民族人民用普选方法产生。

凡不具备实行普选条件的乡、镇、县，可以召开各界人民代表会议，代行人民代表大会的职权。各界人民代表会议的代表，由本级人民政府和有关方面协商产生。

第四条　自治区各级人民代表大会的代表，都依照现行的行政区划进行选举。

第五条　自治区、设区的市、县人民代表大会的代表，由下一级的人民代表大会选举。

不设区的市、市辖区、乡、镇人民代表大会的代表，由选民直接选举。不设区的市、市辖区兼有农村、牧区的，农村、牧区应选不设区的市、市辖区人民代表大会的代表，由乡、镇人民代表大会选举。

第六条　自治区各级人民代表大会中，本行政区域内的其他民族都应当有适当名额的代表。

第七条　凡居住在自治区境内的年满十八岁的中华人民共和国公民，不分民族、种族、性别、职业、社会出身、宗教信仰、教育程度、财产状况、居住期限，都有选举权和被选举权。

妇女有同男子平等的选举权和被选举权。

第八条　有下列情况之一的，无选举权和被选举权：

（一）依法被剥夺政治权利的叛乱分子；

（二）依法被剥夺政治权利的反革命分子；

（三）其他依法被剥夺政治权利的；

（四）精神病患者。

第九条　每一个选民只有一个投票权。

第十条　驻在自治区境内的中国人民解放军，按人民武装部队代表选举办法单独进行选举。

第十一条　自治区各级人民代表大会的选举经费，由自治区选举委员会统一编制预算，报自治区筹备委员会转请国务院批准后，领取支付。

第二章　自治区各级人民代表大会代表名额

第十二条　乡、镇人民代表大会代表名额：

（一）人口不满 500 的，选代表 11 人至 15 人；

（二）人口在 500 以上、不满 1000 的，选代表 15 人至 23 人；

（三）人口在 1000 以上的，选代表 23 人至 35 人。

第十三条　县人民代表大会代表名额：

（一）人口不满 500 的乡、镇，选代表 1 人至 3 人；

（二）人口在 500 以上、不满 1000 的乡、镇，选代表 2 人至 5 人；

（三）人口在 1000 以上的乡、镇，选代表 3 人至 7 人。

人口和乡数特少的县，县人民代表大会代表总名额，不得少于 30 人。人口和乡数特多的县，县人民代表大会代表总名额，不得超过 120 人。

第十四条　不设区的市、市辖区人民代表大会代表总名额，至多不得多于 100 人。市区以内，每 500 人至 1000 人选代表 1 人。兼有农村、牧区的，农村、牧区应选不设区的市、市辖区人民代表大会的代表名额，根据本条例第十三条的规定办理。

第十五条　设区的市人民代表大会代表名额：

（一）市辖区选代表不得超过 50 人；

（二）人口不满 2 万的县，选代表 10 人至 15 人；

（三）人口在 2 万以上的县，选代表 15 人至 20 人。

第十六条　自治区人民代表大会代表名额：

（一）设区的市选代表不得超过 46 人；

（二）人口不满 1 万的县，选代表 3 人至 4 人；

（三）人口在 1 万以上、不满 2 万的县，选代表 4 人至 5 人；

（四）人口在 2 万以上的县，选代表 5 人至 6 人；

（五）不设区的市选代表不得超过 9 人；

（六）中国人民解放军选代表 18 人。

第十七条　驻在自治区境内的中国人民解放军，应选设区的市、县、不设区的市人民代表大会代表名额，根据选举法的有关规定办理。

第三章　选举委员会

第十八条　在自治区各级人民政府下成立各级选举委员会，办理各级人民代表大会选举事宜。各级选举委员会的组成人员由上一级人民政府任命。

第十九条　自治区各级选举委员会的组织：

（一）自治区选举委员会：主席 1 人，副主席若干人，委员若干人；

（二）设区的市、县、不设区的市、市辖区选举委员会：主席1人，副主席1人至2人，委员6人至12人；

（三）乡、镇选举委员会：主席1人，副主席1人，委员5人至9人。

第二十条 自治区选举委员会应当包括中国共产党、各人民团体的代表和爱国人士，并且应当有妇女参加。

设区的市、县、不设区的市、市辖区、乡、镇选举委员会的组成人员，可以根据当地情况，参照前款的规定确定。

第二十一条 自治区、设区的市、县选举委员会的任务：

（一）在各该所属区域内，监督本条例的确切执行；

（二）指导下级选举委员会的工作；

（三）受理各该所属区域内对于选举中的违法行为的检举和控告，并且作出处理的决定；

（四）登记各该级人民代表大会的当选代表，公布代表名单，并且发给当选证书。

第二十二条 不设区的市、市辖区、乡、镇选举委员会的任务：

（一）在各该所属区域内，监督本条例的确切执行；

（二）登记、审查和公布选民名单；

（三）受理各该所属区域内对于选民名单的不同意见的申诉，并且作出处理的决定；

（四）登记和公布代表候选人名单；

（五）按照选民居住情况划定选区；

（六）规定选举日期和选举方法，召开并且主持选举大会；

（七）分发选民证；

（八）计算票数，确定当选代表，公布代表名单，并且发给当选证书。

不设区的市、市辖区选举委员会还有指导所属乡、镇选举委员会工作的任务。

第二十三条 自治区选举委员会设秘书长 1 人，副秘书长若干人，并且设立办公室，处理日常事务。

设区的市、县、不设区的市、市辖区选举委员会可以设立办公室，处理日常事务。

各级选举委员会的工作人员由各该选举委员会任命。

第二十四条 自治区选举委员会可以在各专区设立自治区选举委员会的办事处，作为自治区选举委员会的派出机构，指导本专区所属各县的选举工作。

第二十五条 设区的市、县、不设区的市、市辖区、乡、镇选举委员会成立后，应将其组织分工、工作计划和有关重要事项，向上一级选举委员会报告。

第二十六条 在选举工作结束后，各级选举委员会应当将关于选举的全部文件送交本级人民政府保存，并且向上一级人民政府和上一级选举委员会作选举总结报告。

选举委员会的工作全部完成后，选举委员会即行撤销。

第四章 选区划分和选民登记

第二十七条 不设区的市、市辖区、乡、镇必须在进行选民登记以前划定选区。

第二十八条 选区应当根据当地人口、居住的自然条件和生产组织情况划分。

僧尼较多的寺院，可以单独划分选区。

第二十九条 每一个选区的人口数，应当和当地每一个代表所应当代表的人口数大体相适应。

第三十条　有其他民族居住的不设区的市、市辖区、乡、镇，可以按当地民族关系和居住情况单独或者联合划分选区。

第三十一条　不设区的市、市辖区、乡、镇选举委员会，应当在选举前按选区设立选民登记站，办理选民登记。

在选民登记过程中，须根据本条例第七条和第八条的规定，进行选民资格的审查，对有选举权和被选举权的人发给选民证。

第三十二条　每一个选民只能进行一次登记。

第三十三条　选民在居住地点的选区进行登记。生产、工作、学习的地点和居住地点不在一个选区的，经向原登记选区声明后，得凭选民证列入其生产、工作、学习所在选区的选民名单。

第三十四条　中国人民解放军的随住家属和没有军籍的工作人员，到所在选区选民登记站进行登记。

第三十五条　选民名单应当在选举以前公布。

第三十六条　对公布的选民名单有不同意见的，可以向选举委员会提出申诉，选举委员会应当及时作出处理的决定；申诉人如果对处理意见不服，可以向人民法庭或者人民法院提起诉讼，人民法庭或者人民法院的判决即为最后决定。

第三十七条　选民在选举期间变更住址的，在取得原地选举委员会的转移证明后，应即列入新居住地点的选民名单。

第三十八条　从选民登记截止到进行选举前，选民因故未登记的，补行登记，并且由选举委员会公布名单。

第五章　代表候选人的提出

第三十九条　自治区各级人民代表大会的代表候选人，都按选区或者选举单位提出。

自治区、设区的市、县、不设区的市、市辖区人民代表大会代表候选人名单，由中国共产党、各人民团体、爱国人士和其他的选民或者代表，按选区或者选举单位联合或者单独提出。

乡、镇人民代表大会代表候选人名单，一般可以由选举委员会邀请中国共产党和各人民团体的代表协商提出，也可以由选民联合或者单独提出。

第四十条　不设区的市、市辖区、乡、镇人民代表大会代表候选人名单，须在选举大会以前，交给各选民小组充分讨论。选举委员会应当根据小组讨论的结果，汇总研究，按照最多数选民的意见，提出代表候选人的正式名单。

第四十一条　自治区各级人民代表大会的同一级代表候选人，只能在一个选举单位或者一个选区内应选。

第四十二条　不设区的市、市辖区、乡、镇人民代表大会的代表候选人，不限于本选区的选民。

各级人民代表大会选举上一级人民代表大会代表的时候，其代表候选人不限于本级人民代表大会的代表。

第四十三条　代表候选人的正式名单，应当先期公布。

第四十四条　选举人可以按代表候选人名单投票，也可以另选自己愿意选举的其他任何选民或者代表。

第六章　选举程序

第四十五条　不设区的市、市辖区、乡、镇人民代表大会代表的选举，根据上级人民政府的决定，定期举行。

第四十六条　不设区的市、市辖区、乡、镇人民代表大会代表的选举，按选区或者选举单位分别进行。

第四十七条　不设区的市、市辖区、乡、镇的选举大会，须有选举委员会的代表出席才能举行。选举大会的主席团由三人组成，选举委员会的代表是主席团的当然主席，其余二人由大会推选。

自治区各级人民代表大会选举上一级人民代表大会代表的时候，由本级人民代表大会主席团主持。

第四十八条　不设区的市、市辖区、乡、镇人民代表大会代表的选举，采用无记名投票方法或者多数选民认为适当的其他方法。县级以上人民代表大会代表的选举，采用无记名投票方法。

采用无记名投票方法的时候，选举人如果是文盲或者因为残疾而不能写票的，可以请他信任的其他选举人或者大会推选的写票人按照他本人的意见代写。

第四十九条　自治区各级人民代表大会须有全体代表过半数的出席，才能开会进行选举。

选举大会须有选民过半数的出席，才能开会进行选举。如果出席选民不足过半数，应当由选举委员会定期召集第二次大会进行选举，如果第二次仍然不足过半数，可以进行选举。

第五十条　投票结束后，由大会推选的计票人员，将投票人数和票数加以核对，作出记录，并且由大会主席签字。

第五十一条　每次选举所投票数多于投票人数的无效，少于投票人数的有效。

每一选票所选举的人数多于规定人数的作废，少于规定人数的有效。

第五十二条　各级人民代表大会代表候选人获得出席选民或者全体代表半数以上选票的时候，才能当选。代表候选人所得票数不足出席选民或者全体代表过半数的时候，应当另行选举。

第五十三条　选举结果由选举委员会或者主席团根据本条例的有关规定，确定是否有效，并且宣布。

第七章　对破坏选举的制裁

第五十四条　凡用暴力、威胁、欺诈、贿赂等非法手段破坏选举或者阻碍选民自由行使其选举权和被选举权的，都是违法行为，应当由人民法院或者人民法庭给以二年以下的刑事处分。

第五十五条　各级人民政府和选举委员会的人员，犯有伪造选举文件或者虚报票数、隐瞒蒙混等违法行为的，应当由人民法院或者人民法庭给以三年以下的刑事处分。

第五十六条　对于选举中的违法行为，任何人都有向选举委员会或者人民政府和人民法院、人民法庭检举、控告的权利；任何机关或者个人都不得有压制、报复行为，违反的，应当由人民法院或者人民法庭给以三年以下的刑事处分。

第八章　附　则

第五十七条　本条例经自治区筹备委员会通过，报国务院提请全国人民代表大会常务委员会批准后实行。其解释权属于自治区选举委员会。

第二节　关于全国人大代表选举的决议决定

全国人大代表选举是一项政治性、政策性、技术性、细节性很强的工作。我国人口众多、疆域广阔，年龄、民族、宗教、信仰、文化程度多样，导致在代表选举工作需要照顾方方面面的特殊性和代表性，选举组织工作异常复杂。虽然选举法规定了选举工作的主要框架，但是在具体选举工作中仍然会有大量事关重大的具体问题，需要全国人民代表大会及其常务委员会通过讨论决定重大事项来进一步明确和规范。这方面的决议决定主要包括：关于选举的名额、时间和相关问题的决议决定，关于少数民族人大代表选举问题的决议决定，关于中国人民解放军人大代表选举问题的决议决定，关于港澳台地区人大代表选举的决议决定等。

一、关于选举的名额、时间和相关问题的决议决定

如前所述，由于全国人大代表选举的组织工作异常复杂，代表需要在召开新一届全国人民代表大会前的两个月内选出来，加之选举的准备、酝酿、正式选举需要一个较长的周期，因此，全国人民代表大会及其常务委员会通常会提前较长的时间通过关于选举的名额、时间和相关问题的决议决定，以便各选举单位能够有序做好选举的组织工作。

第一届全国人民代表大会第四次会议关于第二届全国人民代表大会代表选举问题的决议

（1957 年 7 月 15 日第一届全国人民代表大会第四次会议通过）

第一届全国人民代表大会第四次会议关于第二届全国人民代表大会代表选举问题决议如下：

一、根据中华人民共和国宪法第二十四条的规定，第二届全

国人民代表大会代表的选举，必须在一九五八年七月十五日以前完成。

各省和内蒙古自治区、新疆维吾尔自治区的第二届全国人民代表大会的代表，应该由各省和上述自治区第二届人民代表大会选举。省的和上述自治区的第二届人民代表大会代表的选举应该提前在一九五八年六月十五日以前完成。

二、第二届全国人民代表大会代表的名额仍然保持第一届全国人民代表大会代表一二二六人的名额。

三、省、自治区、直辖市、人民武装部队、国外华侨应该选举的第二届全国人民代表大会代表的名额，仍然和第一届全国人民代表大会的名额相同。行政区划变更的省、自治区、直辖市应该选举的第二届全国人民代表大会代表的名额，按照行政区划的变更作相应的调整。

全国人民代表大会常务委员会关于第二届全国人民代表大会代表选举时间和第二届全国人民代表大会第一次会议召开时间的决定

(1958 年 6 月 29 日全国人民代表大会常务委员会第九十八次会议通过)

为了适应目前全国工农业生产大跃进的情况，为了便于及时制定国民经济计划和国家预算，决定第二届全国人民代表大会第一次会议在一九五九年一月召开，第二届全国人民代表大会代表在一九五八年十月底以前选出。

全国人民代表大会常务委员会关于召开第二届全国人民代表大会第四次会议和延期举行第三届全国人民代表大会代表选举的决议

（1962 年 12 月 18 日第二届全国人民代表大会常务委员会第七十六次会议通过）

第二届全国人民代表大会常务委员会第七十六次会议决定：第二届全国人民代表大会第四次会议于 1963 年第二季度召开，第三届全国人民代表大会代表的选举延期在 1963 年下半年举行，并且提请第二届全国人民代表大会第四次会议追认。

关于第三届全国人民代表大会代表名额和选举问题的决议

（1963 年 12 月 3 日第二届全国人民代表大会第四次会议通过）

一九五八年以来，我国各族人民在中国共产党、人民政府和毛泽东主席的领导下，在鼓足干劲、力争上游、多快好省地建设社会主义的总路线，和以农业为基础、以工业为主导的发展国民经济的总方针的指引下，在社会主义革命和社会主义建设各方面都取得了伟大成就。在人民公社、工矿企业、科学文教卫生事业、人民武装部队以及社会主义事业的其他各个战线上，都涌现出大批积极分子和模范人物。为了更好地反映我国各族人民在社会主义革命和社会主义建设中的新面貌，在国家政治生活中充分地发扬民主、加强民主集中制、巩固人民民主专政，进一步团结各族人民，调动一切积极因素，实现全面大跃进和争取社会主义事业的新胜利，第二届全国人民代表大会第四次会议对于第三届全国人民代表大会代表名额和选举时间决议如下：

（一）各省、自治区应选全国人民代表大会代表的名额，按人口每四十万人选代表一人。

人口特少的省、自治区，代表名额总额不得少于十人。

直辖市、人口在三十万以上的工业城市和人口不足三十万但产业工人及其家属人口在二十万以上的工业城市、工矿区和林业区，应选全国人民代表大会代表的名额，按人口每五万人选代表一人。

（二）全国各少数民族应选全国人民代表大会代表三百人。

（三）人民武装部队应选全国人民代表大会代表一百二十人。

（四）华侨应选全国人民代表大会代表三十人，由归国华侨中选举。

（五）第三届全国人民代表大会代表的选举，在一九六四年九月底以前完成。

第五届全国人民代表大会第五次会议关于第六届全国人民代表大会代表名额和选举问题的决议

（1982 年 12 月 10 日第五届全国人民代表大会第五次会议通过）

第五届全国人民代表大会第五次会议根据《中华人民共和国宪法》、《中华人民共和国全国人民代表大会和地方各级人民代表大会选举法》的有关规定，对第六届全国人民代表大会代表名额和选举问题决议如下：

（一）各省、自治区、直辖市应选全国人民代表大会代表的名额，农村按人口每一百零四万人选代表一人，市镇按人口每十三万人选代表一人。

人口特少的省、自治区，代表名额不得少于十五人。

台湾省暂时选举代表十三人，由在各省、自治区、直辖市和中国人民解放军的台湾省籍同胞中选出，其余依法应选的名额予以保留。

（二）中国人民解放军应选全国人民代表大会代表二百六十五人。

（三）全国少数民族应选全国人民代表大会代表的名额，应占全国人民代表大会代表总名额的百分之十二左右。

人口特少的民族，至少应选全国人民代表大会代表一人。

（四）华侨应选全国人民代表大会代表三十五人，由归国华侨中选出。

（五）为了保证人口特少的地区、人口特少的民族和各方面代表人士比较集中的地区都有适当的代表名额，在全国人民代表大会代表总名额中，应有一定的名额由全国人民代表大会常务委员会根据情况分配给有关的省、自治区、直辖市进行选举。

（六）第五届全国人民代表大会的任期到一九八三年二月届满。关于第六届全国人民代表大会代表的选举，考虑到根据本次会议通过的《中华人民共和国宪法》和关于修改《中华人民共和国全国人民代表大会和地方各级人民代表大会选举法》的若干规定的决议进行选举工作，需要一定的准备时间，第五届全国人民代表大会的任期，延长至第六届全国人民代表大会第一次会议举行为止。第六届全国人民代表大会代表的选举，应在一九八三年四月底以前完成。各省、自治区、直辖市应在一九八三年四月底以前召开新的一届人民代表大会，选出第六届全国人民代表大会代表。

全国人民代表大会关于第七届全国人民代表大会代表名额和选举问题的决定

（1987 年 4 月 11 日第六届全国人民代表大会第五次会议通过）

第六届全国人民代表大会第五次会议关于第七届全国人民代表大会代表名额和选举问题决定如下：

一、第七届全国人民代表大会代表的名额仍然保持第六届全国人民代表大会代表 2978 人的名额。

二、省、自治区、直辖市、中国人民解放军、少数民族、华侨选举的第七届全国人民代表大会代表的名额，仍然和第六届全国人民代表大会代表的名额相同。

三、省、自治区、直辖市和中国人民解放军选举的第七届全国人民代表大会代表，应在一九八八年一月底以前选出。

第七届全国人民代表大会第五次会议关于第八届全国人民代表大会代表名额和选举问题的决定

（1992 年 4 月 3 日第七届全国人民代表大会第五次会议通过）

根据《中华人民共和国宪法》和《中华人民共和国全国人民代表大会和地方各级人民代表大会选举法》的有关规定，第七届全国人民代表大会第五次会议关于第八届全国人民代表大会代表名额和选举问题决定如下：

一、第八届全国人民代表大会代表的名额不超过 3000 人。

二、省、自治区、直辖市应选的第八届全国人民代表大会代表的名额，仍然和第七届全国人民代表大会代表的名额相同。

人口特少的省、自治区，代表名额不得少于 15 人。

台湾省暂时选举代表 13 人，由在各省、自治区、直辖市和中国人民解放军的台湾省籍同胞中选出，其余依法应选的名额予以保留。

三、中国人民解放军应选全国人民代表大会代表 267 人。

四、全国人民代表大会代表中，少数民族代表的名额，应占全国人民代表大会代表总名额的 12% 左右。

人口特少的民族，至少应有全国人民代表大会代表 1 人。

五、全国人民代表大会代表中，应选归国华侨代表 35 人。

六、全国人民代表大会代表中，妇女代表的比例不低于七届的比例。

七、为了保证人口特少的地区、人口特少的民族和各方面代表人士比较集中的地区都有适当的代表名额，在全国人民代表大会代表总名额中，应有一定的名额由全国人民代表大会常务委员会根据情况分配给有关的省、自治区、直辖市进行选举。

八、省、自治区、直辖市和中国人民解放军选举的第八届全国人民代表大会代表，应在 1993 年 1 月底以前选出。

第八届全国人民代表大会第五次会议关于第九届全国人大代表名额和选举问题的决定

（1997 年 3 月 14 日第八届全国人民代表大会第五次会议通过）

根据《中华人民共和国宪法》和《中华人民共和国全国人民代表大会和地方各级人民代表大会选举法》的有关规定，第八届全国人民代表大会第五次会议关于第九届全国人民代表大会代表名额和选举问题决定如下：

一、第九届全国人民代表大会代表的名额不超过 3000 人。

二、各省、自治区、直辖市应选的第九届全国人民代表大会代表的名额，农村按人口每 88 万人选代表 1 人，城市按人口每 22 万人选代表 1 人。

人口特少的省、自治区，代表名额不得少于 15 人。

台湾省暂时选举代表 13 人，由在各省、自治区、直辖市和中国人民解放军的台湾省籍同胞中选出，其余依法应选的名额予以保留。

三、中国人民解放军应选全国人民代表大会代表 265 人。

四、根据选举法的规定，香港特别行政区应选全国人民代表大会代表的名额和代表产生办法由全国人民代表大会另行规定。

五、全国人民代表大会代表中，少数民族代表的名额，应占全国人民代表大会代表总名额的 12% 左右。

人口特少的民族，至少应有全国人民代表大会代表 1 人。

六、全国人民代表大会代表中，应选归国华侨代表 35 人。

七、全国人民代表大会代表中，妇女代表的比例应高于八届的比例。

八、为了保证人口特少的地区、人口特少的民族和各方面代表人士比较集中的地区都有适当的代表名额，在全国人民代表大会代表总名额中，应有一定的名额由全国人民代表大会常务委员会根据情况分配给有关的省、自治区、直辖市进行选举。

九、第九届全国人民代表大会代表，应在 1998 年 1 月底以前选出。

第九届全国人民代表大会第五次会议关于第十届全国人民代表大会代表名额和选举问题的决定

（2002 年 3 月 15 日第九届全国人民代表大会第五次会议通过）

根据《中华人民共和国宪法》和《中华人民共和国全国人民代表大会和地方各级人民代表大会选举法》的有关规定，第九届全国人民代表大会第五次会议关于第十届全国人民代表大会代表名额和选举问题决定如下：

一、第十届全国人民代表大会代表的名额不超过 3000 人。

二、各省、自治区、直辖市应选的第十届全国人民代表大会代表的名额，农村按人口每 96 万人选代表 1 人，城市按人口每 24 万人选代表 1 人。

人口特少的省、自治区，代表名额不得少于 15 人。

三、香港特别行政区应选全国人民代表大会代表 36 人，澳门特别行政区应选全国人民代表大会代表 12 人。根据选举法的规定，代表产生办法由全国人民代表大会另行规定。

四、台湾省暂时选举代表 13 人，由在各省、自治区、直辖市和中国人民解放军的台湾省籍同胞中选出，其余依法应选的名额予以保留。

五、中国人民解放军应选全国人民代表大会代表 265 人。

六、全国人民代表大会代表中，少数民族代表的名额，应占全国人民代表大会代表总名额的 12% 左右。

人口特少的民族，至少应有全国人民代表大会代表 1 人。

七、全国人民代表大会代表中，应选归国华侨代表 35 人。

八、全国人民代表大会代表中，妇女代表的比例应高于九届的比例。

九、为了保证人口特少的地区、人口特少的民族和各方面代表人士比较集中的地区都有适当的代表名额，在全国人民代表大会代表总名额中，应有一定的名额由全国人民代表大会常务委员会根据情况分配给有关的省、自治区、直辖市进行选举。

十、第十届全国人民代表大会代表，应在 2003 年 1 月底以前选出。

第十届全国人民代表大会第五次会议关于第十一届全国人民代表大会代表名额和选举问题的决定

（2007 年 3 月 16 日第十届全国人民代表大会第五次会议通过）

根据《中华人民共和国宪法》和《中华人民共和国全国人民代表大会和地方各级人民代表大会选举法》的有关规定，第十届全国人民代表大会第五次会议关于第十一届全国人民代表大会代表名额和选举问题决定如下：

一、第十一届全国人民代表大会代表的名额不超过 3000 人。

二、各省、自治区、直辖市应选第十一届全国人民代表大会代表的名额与第十届全国人民代表大会代表的名额相同。

三、香港特别行政区应选第十一届全国人民代表大会代表 36 人，澳门特别行政区应选第十一届全国人民代表大会代表 12 人，代表产生办法由全国人民代表大会另行规定。

四、台湾省暂时选举第十一届全国人民代表大会代表 13 人，由在各省、自治区、直辖市和中国人民解放军的台湾省籍同胞中选出。代表产生办法由全国人民代表大会常务委员会规定。依法应选的其余名额予以保留。

五、中国人民解放军应选第十一届全国人民代表大会代表265人。

六、第十一届全国人民代表大会代表中，少数民族代表的名额应占代表总名额的12%左右。人口特少的民族，至少应有全国人民代表大会代表1人。

七、第十一届全国人民代表大会代表中，应选归侨代表35人。

八、第十一届全国人民代表大会代表中，妇女代表的比例不低于22%。

九、第十一届全国人民代表大会代表中，来自一线的工人和农民代表人数应高于上一届。在农民工比较集中的省、直辖市，应有农民工代表。

十、第十一届全国人民代表大会代表，于2008年1月选出。

第十一届全国人民代表大会第五次会议关于第十二届全国人民代表大会代表名额和选举问题的决定

（2012年3月14日第十一届全国人民代表大会第五次会议通过）

根据《中华人民共和国宪法》和《中华人民共和国全国人民代表大会和地方各级人民代表大会选举法》的有关规定，第十一届全国人民代表大会第五次会议关于第十二届全国人民代表大会代表名额和选举问题决定如下：

一、第十二届全国人民代表大会代表的名额不超过3000人。

二、省、自治区、直辖市应选第十二届全国人民代表大会代表的名额，由根据人口数计算确定的名额数、相同的地区基本名额数和其他应选名额数构成：

（一）第十二届全国人民代表大会代表名额中，按照人口数分配的代表名额为 2000 名，省、自治区、直辖市根据人口数计算的名额数，按城乡约每 67 万人分配 1 名；

（二）省、自治区、直辖市各分配相同的地区基本名额数为 8 名；

（三）省、自治区、直辖市应选的其他第十二届全国人民代表大会代表的名额，由全国人民代表大会常务委员会依照法律规定另行分配。

三、香港特别行政区应选第十二届全国人民代表大会代表 36 名，澳门特别行政区应选第十二届全国人民代表大会代表 12 名，代表产生办法由全国人民代表大会另行规定。

四、台湾省暂时选举第十二届全国人民代表大会代表 13 名，由在各省、自治区、直辖市和中国人民解放军的台湾省籍同胞中选出。代表产生办法由全国人民代表大会常务委员会规定。依法应选的其余名额予以保留。

五、中国人民解放军应选第十二届全国人民代表大会代表 265 名。

六、第十二届全国人民代表大会代表中，少数民族代表的名额应占代表总名额的 12% 左右。人口特少的民族至少应有 1 名代表。

七、第十二届全国人民代表大会代表中，应选归侨代表 35 名。

八、第十二届全国人民代表大会代表中，妇女代表的比例应当高于上届。

九、第十二届全国人民代表大会代表中，基层代表特别是一线工人、农民和专业技术人员代表的比例要比上届有所上升，农民工代表人数要比上届有较大幅度增加，党政领导干部代表的比例要比上届有所降低。连任的代表应占一定比例。

十、第十二届全国人民代表大会代表于 2013 年 1 月选出。

第十二届全国人民代表大会第五次会议关于第十三届全国人民代表大会代表名额和选举问题的决定[1]

（2017 年 3 月 15 日第十二届全国人民代表大会第五次会议通过）

根据《中华人民共和国宪法》和《中华人民共和国全国人民代表大会和地方各级人民代表大会选举法》的有关规定，第十二届全国人民代表大会第五次会议关于第十三届全国人民代表大会代表名额和选举问题决定如下：

一、第十三届全国人民代表大会代表的名额不超过 3000 人。

二、各省、自治区、直辖市应选第十三届全国人民代表大会代表的名额与第十二届全国人民代表大会代表的名额相同。

三、香港特别行政区应选第十三届全国人民代表大会代表 36 名，澳门特别行政区应选第十三届全国人民代表大会代表 12 名，代表产生办法由全国人民代表大会另行规定。

四、台湾省暂时选举第十三届全国人民代表大会代表 13 名，由在各省、自治区、直辖市和中国人民解放军的台湾省籍同胞中选出。代表产生办法由全国人民代表大会常务委员会规定。依法应选的其余名额予以保留。

五、中国人民解放军应选第十三届全国人民代表大会代表 265 名。

---

[1] 中国人大网，http://www.npc.gov.cn/npc/c12435/201703/0ce0a233c6e14e8eae0bfa09a198c800.shtml。

六、第十三届全国人民代表大会代表中，少数民族代表的名额应占代表总名额的 12% 左右。人口特少的民族至少应有 1 名代表。

七、第十三届全国人民代表大会代表中，应选归侨代表 35 名。

八、第十三届全国人民代表大会代表中，妇女代表的比例要比上届有所提高。

九、第十三届全国人民代表大会代表中，基层代表特别是一线工人、农民、专业技术人员代表的比例要比上届有所上升，农民工代表人数要比上届有所增加，党政领导干部代表的比例要比上届有所降低。连任的代表应占一定比例。

十、第十三届全国人民代表大会代表于 2018 年 1 月选出。

第十三届全国人民代表大会第五次会议关于第十四届全国人民代表大会代表名额和选举问题的决定[1]

(2022 年 3 月 11 日第十三届全国人民代表大会第五次会议通过)

根据《中华人民共和国宪法》和《中华人民共和国全国人民代表大会和地方各级人民代表大会选举法》的有关规定，第十三届全国人民代表大会第五次会议关于第十四届全国人民代表大会代表名额和选举问题决定如下：

一、第十四届全国人民代表大会代表的名额不超过 3000 人。

二、省、自治区、直辖市应选第十四届全国人民代表大会代表的名额，由根据人口数计算确定的名额数、相同的地区基本名

---

〔1〕 中国人大网，http://www.npc.gov.cn/npc/c30834/202203/3afd07bc09d94888b4a247e039ae9582.shtml。

额数和其他应选名额数构成。

（一）第十四届全国人民代表大会代表名额中，按照人口数分配的代表名额为 2000 名，省、自治区、直辖市根据人口数计算的名额数，按约每 70 万人分配 1 名；

（二）省、自治区、直辖市各分配地区基本名额数 8 名；

（三）省、自治区、直辖市的其他应选名额数，由全国人民代表大会常务委员会依照法律规定另行分配。

三、香港特别行政区应选第十四届全国人民代表大会代表 36 名，澳门特别行政区应选第十四届全国人民代表大会代表 12 名，代表产生办法由全国人民代表大会另行规定。

四、台湾省暂时选举第十四届全国人民代表大会代表 13 名，由在各省、自治区、直辖市以及中国人民解放军和中国人民武装警察部队的台湾省籍同胞中选出。代表产生办法由全国人民代表大会常务委员会规定。依法应选的其余名额予以保留。

五、中国人民解放军和中国人民武装警察部队应选第十四届全国人民代表大会代表 278 名。

六、第十四届全国人民代表大会代表中，少数民族代表的名额应占代表总名额的 12% 左右。人口特少的民族至少应有 1 名代表。

七、第十四届全国人民代表大会代表中，应选归侨代表 35 名。

八、第十四届全国人民代表大会代表中，妇女代表的比例原则上要高于上届。

九、第十四届全国人民代表大会代表中，基层代表特别是一线工人、农民和专业技术人员代表的比例要比上届有所上升，农民工代表人数要比上届有所增加，党政领导干部代表的比例要继续从严掌握。连任的代表应占一定比例。

十、第十四届全国人民代表大会代表于 2023 年 1 月选出。

第十四届全国人民代表大会代表名额分配方案[1]

(2022 年 4 月 20 日第十三届全国人民代表大会常务委员会
第三十四次会议通过)

根据《第十三届全国人民代表大会第五次会议关于第十四届全国人民代表大会代表名额和选举问题的决定》，第十四届全国人民代表大会代表的名额不超过 3000 人。具体分配方案如下：

北京市 40 名，天津市 31 名，河北省 116 名，山西省 60 名，内蒙古自治区 53 名，辽宁省 86 名，吉林省 53 名，黑龙江省 76 名，上海市 48 名，江苏省 133 名，浙江省 89 名，安徽省 103 名，福建省 66 名，江西省 76 名，山东省 159 名，河南省 160 名，湖北省 103 名，湖南省 109 名，广东省 160 名，广西壮族自治区 87 名，海南省 22 名，重庆市 55 名，四川省 136 名，贵州省 69 名，云南省 87 名，西藏自治区 20 名，陕西省 65 名，甘肃省 48 名，青海省 20 名，宁夏回族自治区 20 名，新疆维吾尔自治区 56 名，香港特别行政区 36 名，澳门特别行政区 12 名，台湾省暂时选举 13 名，中国人民解放军和中国人民武装警察部队 278 名，其余 255 名由全国人民代表大会常务委员会依照法律规定另行分配。

---

〔1〕　中国人大网，http：//www.npc.gov.cn/npc/c30834/202204/43effc6310c44dd4bed1d4233a5bf1f0.shtml。

二、关于少数民族人大代表选举问题的决议决定

全国人民代表大会常务委员会对少数民族代表名额分配方案一般只是在全国人民代表大会代表名额和选举问题的决定后，附加一个名额分配方案，并不会专门作出决议决定。但由于第七届全国人民代表大会少数民族代表名额分配方案沿用了第六届全国人民代表大会少数民族代表名额分配方案，因此，全国人民代表大会常务委员会通过作出决定的方式确认了这一做法。

全国人民代表大会常务委员会关于第七届全国人民代表大会少数民族代表名额分配方案的决定

（1987 年 9 月 5 日第六届全国人民代表大会常务委员会
第二十二次会议通过）

第六届全国人民代表大会常务委员会第二十二次会议根据第六届全国人民代表大会第五次会议关于第七届全国人民代表大会代表名额和选举问题的决定，决定第七届全国人民代表大会少数民族代表名额，仍然按照第五届全国人民代表大会常务委员会第二十六次会议批准的"第六届全国人民代表大会少数民族代表名额分配方案"，由省、自治区、直辖市人民代表大会选出。

附：

第六届全国人民代表大会少数民族代表名额分配方案

（1983 年 3 月 5 日第五届全国人民代表大会常务委员会
第二十六次会议批准）

根据第五届全国人民代表大会第五次会议关于第六届全国人民代表大会代表名额和选举问题的有关规定和我国少数民族的人口、分布情况，经与中央有关部门和有关省、自治区、直辖市研究协商，提出了这个方案草案。

一、我国有 55 个少数民族，人口 6723 万余人，占全国总人口的 6.7%。按照"全国少数民族应选全国人民代表大会代表的名额，应占全国人民代表大会代表总名额的 12% 左右"的规定，应选代表 360 人左右。

二、分配方案草案对民族比较多、人口比较少的广西、贵州、云南、西藏、新疆等省、自治区共增加 45 个代表名额，对人口少的 30 个少数民族各分配 1 个代表名额，保证了全国每个少数民族至少有 1 名代表。

三、分配方案草案直接分配到各省、自治区、直辖市的少数民族代表为 319 名，加上分配给中央机关提名的 26 名少数民族代表候选人，共 345 名，占全国人大代表总数的 11.5%。根据历届全国人大代表选举的情况，在统一分配的少数民族代表名额以外，还会有一些少数民族人士被选为代表，因此实际选举结果还将大于上述百分比。

第十四届全国人民代表大会少数民族代表名额分配方案[1]

(2022 年 4 月 20 日第十三届全国人民代表大会常务委员会
第三十四次会议通过)

根据《第十三届全国人民代表大会第五次会议关于第十四届全国人民代表大会代表名额和选举问题的决定》，第十四届全国人民代表大会少数民族代表名额为 360 名左右，与十三届相同。具体分配方案如下：

一、各省、自治区、直辖市应选少数民族代表 320 名，其中：

1. 蒙古族 24 名：内蒙古自治区 17 名，辽宁省 3 名，吉林省 1 名，黑龙江省 1 名，青海省 1 名，新疆维吾尔自治区 1 名；

2. 回族 37 名：北京市 1 名，天津市 1 名，河北省 3 名，辽宁省 1 名，上海市 1 名，江苏省 1 名，安徽省 2 名，山东省 3 名，河南省 5 名，云南省 2 名，陕西省 1 名，甘肃省 4 名，青海省 2 名，宁夏回族自治区 8 名，新疆维吾尔自治区 2 名；

3. 藏族 26 名：四川省 6 名，云南省 2 名，西藏自治区 12 名，甘肃省 2 名，青海省 4 名；

4. 维吾尔族 22 名：新疆维吾尔自治区 22 名；

5. 苗族 21 名：湖北省 1 名，湖南省 5 名，广西壮族自治区 2 名，海南省 1 名，重庆市 2 名，贵州省 8 名，云南省 2 名；

6. 彝族 20 名：四川省 7 名，贵州省 2 名，云南省 11 名；

7. 壮族 44 名：广东省 1 名，广西壮族自治区 41 名，云南省

---

[1] 中国人大网，http://www.npc.gov.cn/npc/c30834/202204/6ae1d890f5044f31a4de11419a7967b7.shtml。

2 名；

8. 布依族 7 名：贵州省 7 名；

9. 朝鲜族 9 名：辽宁省 1 名，吉林省 6 名，黑龙江省 2 名；

10. 满族 20 名：北京市 1 名，河北省 2 名，内蒙古自治区 1 名，辽宁省 10 名，吉林省 2 名，黑龙江省 4 名；

11. 侗族 6 名：湖南省 1 名，广西壮族自治区 1 名，贵州省 4 名；

12. 瑶族 6 名：湖南省 1 名，广东省 1 名，广西壮族自治区 3 名，云南省 1 名；

13. 白族 4 名：云南省 4 名；

14. 土家族 15 名：湖北省 6 名，湖南省 5 名，重庆市 2 名，贵州省 2 名；

15. 哈尼族 4 名：云南省 4 名；

16. 哈萨克族 5 名：新疆维吾尔自治区 5 名；

17. 傣族 5 名：云南省 5 名；

18. 黎族 5 名：海南省 5 名；

19. 傈僳族 2 名：云南省 2 名；

20. 佤族 1 名：云南省 1 名；

21. 畲族 2 名：浙江省 1 名，福建省 1 名；

22. 高山族 2 名：福建省 1 名，台湾省 1 名；

23. 拉祜族 1 名：云南省 1 名；

24. 水族 1 名：贵州省 1 名；

25. 东乡族 1 名：甘肃省 1 名；

26. 纳西族 1 名：云南省 1 名；

27. 景颇族 1 名：云南省 1 名；

28. 柯尔克孜族 1 名：新疆维吾尔自治区 1 名；

29. 土族1名：青海省1名；

30. 达斡尔族1名：内蒙古自治区1名；

31. 仫佬族1名：广西壮族自治区1名；

32. 羌族1名：四川省1名；

33. 布朗族1名：云南省1名；

34. 撒拉族1名：青海省1名；

35. 毛南族1名：广西壮族自治区1名；

36. 仡佬族1名：贵州省1名；

37. 锡伯族1名：新疆维吾尔自治区1名；

38. 阿昌族1名：云南省1名；

39. 普米族1名：云南省1名；

40. 塔吉克族1名：新疆维吾尔自治区1名；

41. 怒族1名：云南省1名；

42. 乌孜别克族1名：新疆维吾尔自治区1名；

43. 俄罗斯族1名：新疆维吾尔自治区1名；

44. 鄂温克族1名：内蒙古自治区1名；

45. 德昂族1名：云南省1名；

46. 保安族1名：甘肃省1名；

47. 裕固族1名：甘肃省1名；

48. 京族1名：广西壮族自治区1名；

49. 塔塔尔族1名：新疆维吾尔自治区1名；

50. 独龙族1名：云南省1名；

51. 鄂伦春族1名：内蒙古自治区1名；

52. 赫哲族1名：黑龙江省1名；

53. 门巴族1名：西藏自治区1名；

54. 珞巴族1名：西藏自治区1名；

55. 基诺族 1 名：云南省 1 名。

二、中国人民解放军和中国人民武装警察部队应选少数民族代表 14 名。

三、其余 26 名少数民族代表名额由全国人民代表大会常务委员会依照法律规定另行分配。

三、关于中国人民解放军人大代表选举问题的决议决定

中国人民解放军人大代表选举问题是由《中国人民解放军选举全国人民代表大会和县级以上地方各级人民代表大会代表的办法》来进行具体规范的，1996 年 10 月 29 日第八届全国人民代表大会常务委员会第二十二次会议对该办法进行了修订；2012 年 6 月 30 日第十一届全国人民代表大会常务委员会第二十七次会议作出了《关于修改〈中国人民解放军选举全国人民代表大会和县级以上地方各级人民代表大会代表的办法〉的决定》，对这一办法进行了第一次修正；2021 年 4 月 29 日第十三届全国人民代表大会常务委员会第二十八次会议作出了《关于修改〈中国人民解放军选举全国人民代表大会和县级以上地方各级人民代表大会代表的办法〉的决定》，对这一办法进行了第二次修正。

关于修改《中国人民解放军选举全国人民代表大会和县级以上地方各级人民代表大会代表的办法》的决定

（2021 年 4 月 29 日第十三届全国人民代表大会常务委员会第二十八次会议通过）

第十三届全国人民代表大会常务委员会第二十八次会议决定

对《中国人民解放军选举全国人民代表大会和县级以上地方各级人民代表大会代表的办法》作如下修改：

一、将第五条第一款修改为："人民解放军军人、文职人员，军队管理的离休、退休人员和其他人员，参加军队选举。"

二、将第八条第三款修改为："选举委员会任期五年，行使职权至新的选举委员会产生为止。选举委员会的组成人员调离本单位或者免职、退役的，其在选举委员会中担任的职务自行终止；因职务调整或者其他原因不宜继续在选举委员会中担任职务的，应当免除其在选举委员会中担任的职务。选举委员会的组成人员出缺时，应当及时增补。"

三、将第十一条第二款修改为："办公室设在政治工作部门，工作人员由本级选举委员会确定。"

四、将第十三条修改为："中央军事委员会机关部门和战区、军兵种、军事科学院、国防大学、国防科技大学等单位应选全国人民代表大会代表的名额，由人民解放军选举委员会分配。中央军事委员会直属机构参加其代管部门的选举。"

五、将第十四条第二款修改为："有关选举事宜，由省军区（卫戍区、警备区）、军分区（警备区）、人民武装部分别与驻地的人民代表大会常务委员会协商决定。"

六、将第十六条第二款修改为："中央军事委员会机关部门和战区、军兵种、军事科学院、国防大学、国防科技大学等单位的军人代表大会，选举全国人民代表大会代表。"

七、第三十八条增加一款，作为第四款："因执行任务等原因无法召开军人代表大会的，可以由本级选举委员会进行补选。"

八、增加一条，作为第四十条："人民武装警察部队选举全国人民代表大会和县级以上地方各级人民代表大会代表，适用本办法。"

九、将第二条、第十五条第一款中的"现役军人"修改为"军人"。

本决定自 2021 年 4 月 30 日起施行。

《中国人民解放军选举全国人民代表大会和县级以上地方各级人民代表大会代表的办法》根据本决定作相应修改，重新公布。

四、关于港澳台地区人大代表选举的决议决定

港澳台地区全国人大代表的选举是比较特殊的。按照选举法的规定，香港特别行政区、澳门特别行政区应选全国人民代表大会代表的名额和代表产生办法，由全国人民代表大会另行规定。全国人民代表大会除了分别制定香港、澳门特别行政区选举全国人民代表大会代表的办法，台湾省出席全国人民代表大会代表协商选举方案，在全国人民代表大会代表名额和选举问题的决定中作出安排外，一般是通过配套的选举方案来指导相关选举工作的。但有的届次和年份，会根据需要作出一些特定的决议决定。

全国人民代表大会常务委员会关于台湾省出席第七届全国人民代表大会代表协商选举方案的决定

（1987 年 9 月 5 日第六届全国人民代表大会常务委员会
第二十二次会议通过）

第六届全国人民代表大会常务委员会第二十二次会议根据第六届全国人民代表大会第五次会议关于第七届全国人民代表大会

代表名额和选举问题的决定，决定台湾省暂时选举第七届全国人民代表大会的代表，仍然按照第五届全国人民代表大会常务委员会第二十六次会议批准的"台湾省出席第六届全国人民代表大会代表协商选举方案"执行。

附:

台湾省出席第六届全国人民代表大会代表协商选举方案

（1983 年 3 月 5 日第五届全国人民代表大会常务委员会
第二十六次会议批准）

根据五届人大五次会议关于六届全国人大代表名额和选举问题的决议和杨尚昆副委员长的说明，台湾省暂时选举六届全国人大代表 13 名，由在各省、自治区、直辖市和人民解放军的台湾省籍同胞中选出；选举办法是，由在各省、自治区、直辖市和人民解放军的台湾省籍同胞派代表来北京协商选举产生。

全国 29 个省、自治区、直辖市和中央党政军机关中，现有台湾省籍同胞近 22000 人。参加协商的代表确定为 100 名左右。根据台湾省籍同胞（包括各地驻军中的台湾省籍同胞）的分布情况，分别由各省、自治区、直辖市人大常委会负责组织协商选派。

协商选举会议于四月十日左右在北京召开，会期约一周。

协商选举台湾省出席六届全国人大代表，要发扬民主，酝酿候选人时要考虑到各方面的优秀人物和代表人物，同时要适当注意到中青年、妇女、少数民族等方面的比例。

按照《中华人民共和国全国人民代表大会和地方各级人民代表大会选举法》的有关规定，选举采用差额选举办法和无记名投票的方法。

协商选举会议由全国人大常委会林丽韫委员负责召集。协商选举的具体工作，由全国人大常委会办公厅办理。

全国人民代表大会常务委员会关于补选出缺的
香港特别行政区第九届全国人民代表大会代表的决定

(1998 年 10 月 26 日第九届全国人民代表大会常务委员会
第五次会议通过)

第九届全国人民代表大会常务委员会第五次会议决定：香港特别行政区第九届全国人民代表大会代表因故出缺，由 1997 年 12 月 8 日选举香港特别行政区第九届全国人民代表大会代表时未当选的代表候选人，按得票多少顺序依次递补。

台湾省出席第十四届全国人民代表大会代表协商
选举方案[1]

(2022 年 4 月 20 日第十三届全国人民代表大会常务委员会
第三十四次会议通过)

根据《第十三届全国人民代表大会第五次会议关于第十四届全国人民代表大会代表名额和选举问题的决定》，台湾省出席第十四届全国人民代表大会代表协商选举方案如下：

一、台湾省暂时选举第十四届全国人民代表大会代表 13 名，由各省、自治区、直辖市以及中央和国家机关、中国人民解放军和中国人民武装警察部队中的台湾省籍同胞组成的协商选举会议选举产生。按照选举法规定，选举采用差额选举和无记名投票的方式进行。

---

〔1〕 中国人大网，http：//www.npc.gov.cn/npc/c30834/202204/8769551c361240b1aab1bf95bb298ee7.shtml。

二、协商选举会议人数为 126 人，由各省、自治区、直辖市以及中央和国家机关、中国人民解放军和中国人民武装警察部队中的台湾省籍同胞协商选定。参加协商选举会议人员的选定工作于 2022 年 12 月底以前完成。

三、协商选举会议定于 2023 年 1 月在北京召开。

四、协商选举会议要发扬民主，酝酿代表候选人应考虑各方面的代表人士，适当注意中青年、妇女、少数民族等方面的人选。

五、协商选举会议由全国人大常委会委员长会议指定召集人召集。

附件：台湾省出席第十四届全国人民代表大会代表协商选举会议代表分配方案

附:

台湾省出席第十四届全国人民代表大会
代表协商选举会议代表分配方案

单　位	台湾省籍同胞人数 （据 2021 年统计）	参加协商会议 代表数
北京市	2207	6
天津市	963	4
河北省	921	3
山西省	166	1
内蒙古自治区	251	1
辽宁省	1413	6
吉林省	215	2
黑龙江省	276	2
上海市	4038	9
江苏省	1624	6
浙江省	2190	6
安徽省	810	3
福建省	19984	15
江西省	1618	6
山东省	1112	3
江南省	495	3

湖北省	1161	3
湖南省	1072	3
广东省	4535	9
广西壮族自治区	454	2
海南省	4059	9
重庆市	441	2
四川省	620	2
贵州省	255	1
云南省	310	2
西藏自治区	0	0
陕西省	314	2
甘肃省	320	1
青海省	46	1
宁夏回族自治区	47	1
新疆维吾尔自治区	103	1
中央和国家机关	——	10
中国人民解放军和中国人民武装警察部队	——	1
总　计	52020	126

第三节　关于地方人大代表选举的决议决定

全国人民代表大会及其常务委员会，除了通过制定法律对地方人大代表的选举工作进行规范外，还通过讨论决定重大事项、作出决议决定对各级地方人大代表的选举时间和代表名额等作出规定，予以指导。

关于省县乡改变建制后本届人民代表大会代表名额问题的决定

(1955 年 3 月 10 日全国人民代表大会常务委员会第八次会议通过)

全国人民代表大会常务委员会于 1955 年 3 月 10 日第八次会议讨论了国务院提出的关于省、县、乡改变建制后本届人民代表大会代表超过选举法规定名额问题的意见，决定：因改变建制而合并的省、县、乡人民代表大会代表超过选举法规定名额时，一律保持现有名额，待选举省、县、乡下一届人民代表大会代表时再行调整。

关于一九五六年直辖市和县以下各级人民代表大会代表选举时间的决定

(1956 年 5 月 12 日第一届全国人民代表大会常务委员会
第四十次会议通过)

全国人民代表大会常务委员会于一九五六年五月十二日第四

十次会议根据一九五五年三月十日全国人民代表大会常务委员会第八次会议关于第一届地方各级人民代表大会任期问题的决定第二项的规定，讨论了一九五六年直辖市和县以下各级人民代表大会代表选举时间的问题，决定：直辖市、县、市、市辖区、乡、民族乡、镇一九五六年的选举，在七月至十二月间进行，基层选举一律在十一月底以前完成。

关于县市市辖区乡民族乡镇人民代表大会代表名额等问题的决定

（1956 年 5 月 12 日第一届全国人民代表大会常务委员会
第四十次会议通过）

全国人民代表大会常务委员会于 1956 年 5 月 12 日第四十次会议讨论了国务院周恩来总理提出的关于直辖市、县、市、市辖区、乡、民族乡、镇人民代表大会代表名额等问题的建议，决定：

一、乡、民族乡人民代表大会代表名额：人口在三千以下的，每五十人至一百人选代表一人；人口超过三千至七千的，每一百人至一百五十人选代表一人；人口超过七千的，每一百五十人至三百人选代表一人。乡、民族乡人民代表大会代表的总名额，至少不得少于十五人，至多不得超过七十人。

二、镇人民代表大会代表名额：人口在一万以下的，每一百人至二百人选代表一人；人口超过一万至三万的，每二百人至四百人选代表一人；人口超过三万的，每四百人至一千人选代表一人。镇人民代表大会代表的总名额，至少不得少于二十人，至多不得超过九十人。

三、县人民代表大会代表的总名额：至少不得少于三十人，至多不得超过四百五十人。乡、民族乡应选县人民代表大会代表的名额：人口在三千以下的，选代表一人至三人；人口超过三千至七千的，选代表二人至五人；人口超过七千的，选代表四人至九人。镇应选县人民代表大会代表的名额：按人口每五百人至一千五百人选代表一人；人口特多的镇应选县人民代表大会代表的总名额，至多不得超过三十人。

四、市辖区人民代表大会代表名额：人口在十万以下的，每五百人至一千人选代表一人；人口超过十万至三十万的，每一千人至一千五百人选代表一人；人口超过三十万的，每一千五百人至二千人选代表一人。市辖区人民代表大会代表的总名额，至少不得少于三十五人，至多不得超过三百五十人。

五、乡、民族乡、镇应选的市辖区和不设区的市的人民代表大会的代表，由乡、民族乡、镇的人民代表大会选举。

关于一九五八年直辖市和县以下各级人民代表大会代表选举时间的决定

（1957 年 11 月 29 日第一届全国人民代表大会常务委员会第八十六次会议通过）

1957 年 11 月 29 日全国人民代表大会常务委员会第八十六次会议根据国务院周恩来总理关于一九五八年直辖市和县以下各级人民代表大会代表选举时间问题的建议，决定：一九五八年县、市、市辖区、乡、民族乡、镇人民代表大会代表的选举，必须在 1958 年 5 月 31 日以前完成；直辖市人民代表大会代表的选举，必须在 1958 年 6 月 15 日以前完成。

关于地方各级人民代表大会代表名额问题的决定

（1958 年 3 月 19 日第一届全国人民代表大会常务委员会
第九十五次会议通过）

1958 年 3 月 19 日全国人民代表大会常务委员会第九十五次会议决定：由于行政区域的扩大或者建制的合并，地方各级人民代表大会代表的名额可以超过选举法规定的名额。省级人民代表大会代表名额需要超过选举法规定的时候，由国务院批准。县级人民代表大会代表名额需要超过选举法规定的时候，由省级人民委员会批准。乡级人民代表大会代表名额需要超过选举法规定的时候，由县级人民委员会批准。

由于行政区域的扩大或者建制的合并，县、市、市辖区、乡、民族乡、镇人民代表大会应该选举的上一级人民代表大会代表的名额需要超过选举法规定的时候，由上一级人民委员会批准。

全国人民代表大会常务委员会关于地方各级人民代表大会代表名额问题的决定

（1958 年 3 月 19 日第一届全国人民代表大会常务委员会
第九十五次会议通过）

1958 年 3 月 19 日全国人民代表大会常务委员会第九十五次会议决定：由于行政区域的扩大或者建制的合并，地方各级人民代表大会代表的名额可以超过选举法规定的名额。省级人民代表大会代表名额需要超过选举法规定的时候，由国务院批准。县级人民代表大会代表名额需要超过选举法规定的时候，由省级人民委员会批准。乡级人民代表大会代表名额需要超过选举法规定的时候，由县级人民委员会批准。

由于行政区域的扩大或者建制的合并，县、市、市辖区、乡、民族乡、镇人民代表大会应该选举的上一级人民代表大会代表的名额需要超过选举法规定的时候，由上一级人民委员会批准。

全国人民代表大会常务委员会关于县级直接选举工作问题的决定

（1980 年 2 月 12 日第五届全国人民代表大会常务委员会
第十三次会议通过）

第五届全国人民代表大会常务委员会听取了民政部部长程子华关于全国进行县级直接选举试点情况和今年县级直接选举工作部署的报告。会议认为，为了做好县级直接选举工作，必须认真按照《中华人民共和国全国人民代表大会和地方各级人民代表大会选举法》和《中华人民共和国地方各级人民代表大会和地方各级人民政府组织法》的规定，有准备、有计划、有步骤地进行。决定今年上半年全国各地应继续作好各项准备工作，各省、自治区所属各行政公署、自治州和直辖市应当进一步进行试点，下半年分期分批地全面开展，争取在今冬明春基本完成县级直接选举的任务。

全国人民代表大会常务委员会关于全国县级直接选举工作总结报告的决议

（1981 年 9 月 10 日第五届全国人民代表大会常务委员会第二十次会议通过）

第五届全国人民代表大会常务委员会第二十次会议同意全国县级直接选举工作办公室主任、民政部部长程子华所作的关于全国县级直接选举工作的总结报告。会议决定：从一九七九年下半年开始试点到一九八一年年底结束的全国县级直接选举产生的县级人民代表大会的任期，全国统一从一九八一年算起。

附：

关于全国县级直接选举工作的总结报告

全国县级直接选举工作办公室主任、民政部部长　程子华

全国县级直接选举工作，经过 1979 年下半年和 1980 年上半年两次试点，于 1980 年下半年全面铺开，到今年 8 月，在全国 2756 个县级单位（其中县、旗 2051 个，自治县、旗 76 个，不设区的市 121 个，市辖区等 508 个）中，已有 2368 个单位完成了选举工作；有 178 个单位已选出代表，尚未召开人代会；还有 86 个单位正在进行，124 个单位将要进行，到今年年底可以结束。

这届县级直接选举工作是在党的十一届三中全会提出加强社会主义民主和社会主义法制、拨乱反正的有利形势下进行的。县级直接选举工作是关系广大人民行使当家作主民主权利和加强地方政权建设的大事。五届全国人大常委会第十三次会议作出了关于县级直接选举工作安排的重要决定。全国人大常委会设立了全国县级直接选举工作办公室，由有关单位派人参加，办公室设在民政部，负责日常工作。民政部于 1979 年 12 月召开了全国县级直接选举试点工作经验交流会议，彭真副委员长到会作了重要讲话。我在五届全国人大常委会第十三次、第十七次会议上对于县级直接选举工作进行的情况分别作了汇报。由民政部部长、副部长、顾问率领部内和全国选办的干部组成工作组，先后参加了 21 个省、自治区、直辖市的选举工作。地方各级党政领导都十分重视。各省、自治区、直辖市都制定了选举实施细则，各级都成立了选举工作领导机构，抽调大批干部参加选举工作。民政部、全国选办和地方各级参加选举工作的干部，在选举工作中学习了如

何贯彻《中华人民共和国全国人民代表大会和地方各级人民代表大会选举法》、《中华人民共和国地方各级人民代表大会和地方各级人民政府组织法》（以下简称《选举法》、《地方组织法》）和做群众工作。各级不少领导同志深入基层，检查指导选举工作，及时解决问题，保证了选举工作的顺利进行。

一

这届县级直接选举工作，是按照《选举法》和《地方组织法》的规定进行的，各地的经验是：

（一）培训干部。为了搞好选举工作，各地从实际情况出发，采取专门培训、以会代训等方法，培训了大批干部。据15个省、自治区、直辖市不完全的统计，培训干部和骨干达1037.6万多人，每个选区一般都有二、三名经过培训的脱产干部。在培训干部中，各地首先是把县、区、社、镇主管选举工作的领导干部培训好。同时，各公社、镇、大队和企事业单位也培训了大批骨干。通过培训，使他们懂得了两法和有关文件的精神，提高了他们对选举工作重要意义的认识，树立了在选举工作中依法办事的思想，坚持群众路线，充分发扬民主，并且懂得了每个步骤的活动内容，政策规定，具体做法和注意事项。这些干部和骨干积极工作，对于做好这届选举工作起了很大的作用。

（二）宣传发动。各地都组织了一支强有力的宣传队伍，集中一段时间，因地制宜地利用各种宣传工具，采取各种形式，广泛地进行了宣传发动工作。各地还按照选举工作的各个步骤，结合当地特点和群众的思想实际，有针对性地深入地进行宣传。各级宣传、新闻、出版部门也进行了宣传工作。通过宣传发动群众，使开展选举工作的重要意义和两法的基本精神大体上做到了家喻户晓，提高了选民参加选举活动的自觉性。

（三）划分选区。选区划分一般是每一选区产生一至三名代表。

在农村，一般是几个生产大队联合划分一个选区，人口特多的生产大队或者人口少的人民公社，单独划分一个选区。

在市镇，大的机关、团体或企业、事业单位，单独划分一个或几个选区；人数较少的单位，有的按行业系统划分选区；没有行业系统的单位，由几个单位联合划分选区；街道居民一般按居住状况划分选区，有的也和街道辖区内的单位联合划分选区。

人口稀少、地区辽阔的山区、牧区、林区、渔区，根据当地实际情况划分选区。

县级机关选区每一代表所代表的人口数，一般和本县城镇选区每一代表所代表的人口数大体相等。

（四）选民登记。这是关系到每个选民能否行使选举权和被选举权的重要问题，各地都按照法律的规定进行了登记。

在选民登记工作中，要把好年龄关，年满 18 周岁公民年龄的计算到选举日为止。要把好政策关，即保证了有选举权和被选举权的公民行使他们应有的民主权利，又防止了没有选举权利的人窃取选举权利，基本做到了不错、不重、不漏。

对精神病患者和呆傻人，各地都是经过家属认可或者经过医疗单位诊断证明，确实不能表达自己的意志，无法行使选举权利的，不列入选民名单；对于人与户口不在一地的选民，在取得选民资格的证明以后，就地进行了选民登记。

（五）提名推荐代表候选人。选区提名推荐代表候选人，一般都经过了三上三下的反复酝酿协商。第一轮，由选民提名推荐，只要一人提名、三人以上附议和党派、团体提名推荐的都列入代表候选人名单，按照法定时间在选区张榜公布。第二轮，将第一轮提名推荐的候选人名单交各选民小组讨论，选民按照本选区应选的代表数，提出候选人。选区领导小组集中各选民小组提出的候选人，召开由选区领导小组成员、选民小组长和选民代表参加的协商会议进行协商，根据多数选民的意见，同时照顾到各个方面的代表性，按照差额选举的规定，协商出本选区的代表候选人名单。第三轮，把上述协商的代表候选人名单连同各小组提出的选区候选人名单一并交给选民小组讨论，然后由选区领导小组汇集各选民小组讨论的情况，召开上述范围的协商会议，按照多数选民的意见和差额选举的规定，确定正式代表候选人名单，由选区按照法定的时间，张榜公布。

经过上述反复协商，意见仍然不能统一时，采用预选的方法确定正式代表候选人名单。

对提名推荐的代表候选人，各地都注意宣传介绍他们的主要情况，并组织正式代表候选人与选民见面，这样便于选民挑选自己满意的人当代表，受到了选民的称赞。

（六）投票选举。投票选举前，各地都做了大量的准备工作，向广大选民宣传投票选举的注意事项，使选民积极参加投票。

投票选举，各地采取设立投票站或召开选举大会两种形式。对由于老、弱、病、残等原因不能亲自到投票站或者选举大会会场投票的选民，采取了流动票箱登门让他们投票的办法。选举日那天，广大选民以认真的态度，花中选花，好中择优，按照自己的意愿，选举自己满意的人民代表。大多数地方做到一次选举成功。一次选举没有成功的选区，也都认真总结了经验教训，再次进行了投票选举。

（七）召开人民代表大会。各地在召开代表大会以前，起草了政府工作报告，征求选民对领导班子人选的意见，并且组织代表收集提案等。

在代表大会上，人民代表对政府工作报告，财政预、决算报告，人民法院和人民检察院的工作报告进行认真审议，主要是检查对各项方针、政策贯彻执行的情况，存在的问题，开展批评与自我批评，提出改进办法。对于代表的提案和质询，认真进行研究处理和答复，解决了不少当地生产和群众生活上迫切需要解决而又能够解决的问题。这届人代会，各地收到的提案数量之多，内容之广，处理之认真及时，都是历届人代会所少有的，受到了群众的赞扬。

选好领导班子，是召开人民代表大会的一项重要议程。各地在选举领导班子时，候选人主要由代表提名推荐，代表提出的候选人名单与领导机关推荐的名单不一致时，按照大多数代表的意见确定候选人，并以选举结果为准。

实行差额选举，是我国选举制度的一项重要改革，受到了广大群众的热烈拥护。各地在选举领导班子时一般都实行了差额选举，充分表达了代表的意志，这样选出的领导班子，人民群众比较满意。同时有一些县级单位改变了领导机关推荐的县长候选人，而把代表提名的候选人选为县长；还有个别地方把不是候选人而深受群众拥护的干部选为县长。这既使干部受到了教育，又得到了群众的热烈欢迎。

二

这届县级直接选举工作，由于党中央和各级党政领导都很重视，广大干部和群众的积极努力，取得了很大成绩，主要有：

（一）选出了群众信任的县级人民代表和比较好的领导班子，加强了政权建设。根据 1925 个县级单位的统计，总人口数为

743780575 人，共选出人民代表595345 万人，平均1249 人选一名代表。代表中的工人占 10.56%，农民占 47.61%，干部占 25.53%，知识分子占 8.44%，军人、爱国人士、归侨等占 7.86%。代表中的妇女占 21.89%。不是共产党员的代表占 33.15%。这体现了我国工人阶级领导的、以工农联盟为基础的人民民主专政即无产阶级专政的国家性质。

各地在选举领导班子中，认真贯彻党的三中全会的组织路线，尊重代表的民主权利，反复酝酿协商，坚持差额选举，不仅把有丰富经验的老干部，而且把不少有革命事业心、有专业知识、年富力强的干部也选进了领导班子。根据1925 个县级单位统计，共选出县级政权领导班子成员44995 万人。其中，大专毕业的占 14.66%；妇女占 14.19%；不是共产党员的干部和群众占 20.13%。根据不完全的统计，这届县级人民政府领导班子的平均年龄比原来一般都降低了三至四岁。这样就使县级领导班子朝着革命化、专业化、知识化和年轻化方面迈出了可喜的一步。

人民通过直接选举，选出了自己信任的代表，人民通过代表选出了比较好的县级政权领导班子，体现了我们国家的一切权力属于人民，这对于加强党和政府同人民的密切联系，加强民主集中制，建设社会主义强国，都将产生良好的作用。

（二）广大干部和群众受到了一次社会主义民主和社会主义法制教育，增强了当家作主的责任感。在这届选举中，各地广泛深入地宣传了《选举法》、《地方组织法》和党中央的有关指示，使选举工作的基本精神，大体上做到了家喻户晓。各地在选举工作中一般能注意依法办事，尊重选民的民主权利。因而，广大选民珍惜自己的民主权利，积极参加选举活动。根据1925 个县级单位的统计，共登记选民415161210 人。参加投票的选民

400888810 人，占选民总数的 96.56%，这样高的参选率是前所未有的。广大群众满意地说："亲手栽花花儿鲜，亲手种果果儿甜，人民代表人民选，人民国家人民管。"我国的国家政权，充分体现了我国社会主义民主的优越性和广泛的群众基础。

（三）广大干部受到了一次群众性的考核，民主作风和干群关系有所改进。在这届选举中，群众对干部进行了广泛评议，好的受到表扬，有缺点错误的受到批评，特别是通过差额选举，选上和没有选上的干部都受到了一次教育。许多干部认为，这次选举是"照了一次镜子，上了一堂课"，进一步认识到对上级负责和对群众负责的一致性。他们深有体会地说，"为人民服务的思想少不得，政策偏不得，个人说了算要不得"，表示要更好地为人民服务，为"四化"作贡献。许多干部在选举后，深入基层，听取群众意见，积极解决生产和群众生活中迫切需要解决的问题，使各方面的工作出现了新的气象。

（四）改善和发展了社会主义的民族关系，加强了民族团结。在这届选举中，各少数民族地区，认真贯彻了《选举法》、《地方组织法》和党的民族平等、团结和民族区域自治的政策。有本民族语言文字的少数民族，在选举中都运用了自己民族的和当地通用的语言文字，便利了各民族选民参加选举活动。在代表名额分配上，民族自治地方除了首先注意实行民族区域自治民族的代表名额分配外，还注意了境内其他少数民族和汉族代表名额的分配。在民族杂居地区，一般也注意到境内各民族都有适当名额的代表。全国实行民族区域自治的地区，选出的少数民族的代表都高于本民族在其境内所占总人口的比例。

在少数民族地区，选举县级政权领导班子时，体现了少数民族当家作主的权利。自治县（自治旗）领导班子的正职，都由实行民族区域自治的民族干部担任，在副职中其他少数民族干部和汉族干部也都有适当的比例。少数民族聚居和散居的地方，也注意了把少数民族干部选进领导班子。由于认真落实了党的民族政策，少数民族的自治权利和民族平等权利得到了尊重，因而，加强了各民族之间的团结。

（五）巩固和扩大了爱国统一战线，各方面有代表性的人物被选为人民代表或县级政权领导班子的成员。在这届选举中，许多地方注意落实党的统一战线政策，宣传爱国人士、民族上层人士、宗教界人士和归国华侨在社会主义革命、社会主义建设和统一祖国事业中的作用，注意推荐他们为人民代表或县级政权领导班子的候选人。因而，他们之中不少有代表性的人物被选为人民代表或县级政权领导班子的成员。根据 1925 个县级单位统计，被选进领导班子的有 2326 人，占总数的 5.17%。这样，使党的统一战线政策进一步得到了落实。

（六）不少地方结合选民登记，还平反了一些冤、假、错案。同时，对改造好的地主、富农分子依法改变了成份；对其他被剥夺了政治权利的人进行了评审，该摘帽的摘掉了帽子，使他们得到了选举权利。这样，就使被剥夺选举权利的人数大大减少。党的政策的进一步落实，调动了他们的积极性，发展了安定团结的政治局面。

这届选举工作，虽然取得了很大成绩，但是发展是不平衡的，存在不少问题。主要有：

第一，有的单位领导缺乏民主作风和法制观念，做了一些违反《选举法》的事情。例如，任意剥夺选民的民主权利；有些领导人不尊重选民的民主权利，任意增加或减少代表候选人；个别领导人看到自己提的候选人没有当选，擅自宣布选举无效；有的地方在选举中没有超过全体选民或代表的半数就宣布当选。

第二，有的地方在选举领导班子正职的时候，强调"情况特殊"，或以"协商一致"为名，搞等额选举，或者搞陪衬式的差额选举。

第三，有的地方在选出的人民代表中，出现了共产党员过多，非党群众过少；男的过多，女的过少；干部过多，群众过少的现象。在选出的县级人民政府领导班子中，妇女和非党干部过少。

第四，有的地方为了多选干部当代表，把县直机关选区划得过小，几十个选民甚至几个选民就选出一名代表。

第五，有些地方选出代表以后，由于县级政权领导班子没有调整好，几个月、半年甚至一年，不能召开代表大会。

有些地方在选举以后不久，有些当选的干部被调动了工作，群众很有意见，说：千百张选票，顶不上一张调令，还不是领导上说了算。

上述问题，有些已经得到纠正，但在今后的选举工作中仍然需要注意防止。

三

在这届选举中，广大干部和群众受到了一次社会主义民主和法制的深刻教育，收获是很大的。但是，由于我国几千年封建主义思想的影响，经济、文化比较落后，缺乏民主习惯；在十年内乱中，民主和法制遭到林彪、江青反革命集团的严重破坏；加上"左"的错误思想的干扰和资产阶级民主思想的影响；县级直接选举是第一次，缺乏经验，等等原因，要实现完善的社会主义民主选举，不是经过一、二次选举就能做到的，需要经过长期的努力。为了巩固和发展选举成果，使社会主义民主和社会主义法制逐步得到发展、完善，根据这次选举工作的基本经验，对今后的选举工作提几点意见：

（一）加强对选举工作的领导，保证《选举法》、《地方组织法》的贯彻执行，这是做好选举工作的关键。选举工作是全国人民政治生活中的一件大事，加强领导，就是组织和支持人民当家作主，来建设社会主义的新生活。建议各级领导机关把这项工作摆到重要议事日程上，切实加强领导，认真研究解决选举工作中的问题。领导机关推荐的县级领导班子候选人要和代表提名推荐的候选人一致起来，不一致时要尊重多数代表的意见，要以选举结果为准。要教育党员、干部带头学习、宣传《选举法》、《地方组织法》，坚决依法办事，同一切违法行为作斗争。要对选举与生产和其他各项工作统筹兼顾，合理安排。

（二）充分发扬社会主义民主。在选举工作中，只有充分发扬社会主义民主，才能保障人民当家作主的民主权利，才能调动广大干部和人民群众建设社会主义的积极性，促进"四化"建设。

在这届选举工作中，个人独断专行和"左"的错误思想的影响有不少反映，在有些地方严重地影响着选举工作的进行。要克服这种错误思想的影响，就要在全部选举工作过程中，反复地进行社会主义民主和法制的教育，使广大干部、群众不断提高对实行社会主义民主重要意义的认识。特别是在提名推荐候选人和差额选举两个重要环节上，要坚持群众路线，对选民和代表提出的候选人不能任意增减，要按照多数选民和代表的意见确定正式候选人。对领导班子也要坚持差额选举。

社会主义民主和社会主义法制是不可分割的，不要社会主义法制的民主，不要党的领导的民主，不要纪律和秩序的民主，不是社会主义民主。在这届选举中，有极少数人利用选举人民代表的机会，搞所谓"竞选"，不遵守社会主义法制，搞无政府主义、极端个人主义，进行秘密串联，发表蛊惑人心的言论，公开反对四项基本原则。这种破坏社会主义民主和法制的活动，违背了全国人民的根本利益，必须坚决反对。

充分发扬民主，必须贯彻民主集中制的原则。毛泽东同志指出："民主和集中的统一，自由和纪律的统一，就是我们的民主集中制。"民主与集中只能统一，不能割裂，只有建立在民主基础上的集中，才是符合人民和国家利益的集中；也只有在集中指导下的民主，才是人民所需要的社会主义民主。在选举工作中，只有民主没有集中或者只讲集中忽视民主的想法和做法都是错误的。

（三）必须依法办事。《选举法》和《地方组织法》是搞好选举工作的法律依据；是否严格按照两法办事，是检验选举工作搞得好坏的标准。

《选举法》和《地方组织法》符合我国当前的实际情况，反映了全国人民的愿望。因此，在选举工作中，一定要坚决贯彻两法，严格按照两法的规定搞好选举各个阶段的工作。同时，对于选举中出现的各种违法现象，各级领导要加以重视。对思想认识问题，要加强法制观念的教育，提高认识，使他们自觉地依法办事。对违法的做法要及时纠正。对于有意破坏选举工作的，应根据不同情节，及时进行处理。

（四）在提名推荐代表候选人时应当注意：第一、在大中城市和其他有需要的地方，中国共产党、各民主党派、各人民团体推荐的代表候选人一般可占县级代表总数的10%左右。第二、要解决好各方面代表的比例。共产党员的比例不要过大，妇女的比例不要过少，其他各方面的比例各地应根据实际情况适当解决。代表比例，不要硬性下达到选区。要通过宣传教育和民主协商的办法来解决。为了解决好各方面代表的比例，在必要时，共产党员、干部候选人要发扬谦让风格，让给非党群众候选人，男同志要让给女同志。第三、需要到基层参加选举的县级机关党政部门的负责人，应当由县选举委员会介绍到对其比较了解的选区去参加选举活动，但不能把他们作为当然的代表候选人。

（五）县人民代表大会开完以后，要巩固和发展选举的成果。县级人大常委会和人民政府领导班子的成员要相对稳定，不要轻易调动，必须调动的要经过法律规定的程序。对于落选的干部，要给他们安排适当的工作，但不要安排为他们落选的那个职务。要注意发挥人民代表的作用。人民代表要利用各种机会，尽快地向选民传达、宣传代表大会的精神，听取选民的意见和要求，协助政府做好工作。要建立必要的制度，使代表能够履行自己的职责，克服那种开完大会以后，不发挥代表作用的现象。对于如何发挥代表的作用，有些地方按若干个选区建立一个代表小组，由人大常委会委员分工联系各个小组，是一种可行的办法。各地做法不尽相同，希望能够注意总结经验，改进工作。

（六）这届县级人民代表大会的任期从哪一年算起。这届县级直接选举，从1979年下半年和1980年上半年作典型试验，于去年下半年全面铺开选举，多数在今年完成。我们意见，这届县级人民代表大会的任期，全国统一从1981年算起。

全国这届选举工作总的来说，搞得是比较好的，取得了很大成绩。它对于健全我国的社会主义民主和法制，加强政权建设，改革干部管理制度，使县级人民代表大会及其常设机构成为有权威的人民权力机关，在基层政权和基层社会生活中逐步实现人民的直接民主，调动我国各族人民的积极性，发展安定团结的政治局面，搞好国民经济的调整和推进四化建设起了促进作用。我们坚信，在党中央的领导下，在马列主义、毛泽东思想的指引下，随着我国经济、文化、科学技术的蓬勃发展，我国的选举制度一定能够得到逐步完善，我们的国家一定能够建设成为一个现代化的、高度民主、高度文明的社会主义强国。

全国人民代表大会常务委员会关于县、乡两级人民代表大会代表选举时间的决定

（1983 年 9 月 2 日第六届全国人民代表大会常务委员会第二次会议通过）

第六届全国人民代表大会常务委员会第二次会议决定：县、乡两级人民代表大会代表的选举，因机构改革和政社分开不能在一九八三年年底以前进行的，可以由省、自治区、直辖市的人民代表大会常务委员会决定，推迟到一九八四年年底以前进行。

全国人民代表大会常务委员会关于县、乡两级人民代表大会代表选举时间的决定

（1986 年 9 月 5 日第六届全国人民代表大会常务委员会第十七次会议通过）

第六届全国人民代表大会常务委员会第十七次会议决定：根据《中华人民共和国宪法》第九十八条关于县、乡人民代表大会每届任期的规定，县、乡两级人民代表大会代表应在一九八七年年底以前进行换届选举。

全国人民代表大会常务委员会关于县、乡两级人民代表大会代表选举时间的决定

（1989 年 9 月 4 日第七届全国人民代表大会常务委员会第九次会议通过）

第七届全国人民代表大会常务委员会第九次会议决定：根据《中华人民共和国宪法》第九十八条关于县、乡人民代表大会每届任期的规定，县、乡两级人民代表大会代表应在一九九〇年年底以前进行换届选举。

全国人民代表大会常务委员会关于县、乡两级人民代表大会代表选举时间的决定

（1992 年 7 月 1 日第七届全国人民代表大会常务委员会第二十六次会议通过）

第七届全国人民代表大会常务委员会第二十六次会议决定：根据《中华人民共和国宪法》第九十八条关于县、乡人民代表大会每届任期的规定，县、乡两级人民代表大会代表应在 1993 年年底以前进行换届选举。

全国人民代表大会常务委员会关于乡级人民代表大会代表选举时间的决定

（1995 年 6 月 30 日第八届全国人民代表大会常务委员会第十四次会议通过）

第八届全国人民代表大会常务委员会第十四次会议决定：根据《中华人民共和国宪法》第九十八条关于乡、民族乡、镇人民

代表大会每届任期三年的规定，乡级人民代表大会代表应在 1996 年年底以前进行换届选举。

全国人民代表大会常务委员会关于省、自治区、直辖市人民代表大会代表名额的决定

（1997 年 5 月 9 日第八届全国人民代表大会常务委员会
第二十五次会议通过）

根据《中华人民共和国全国人民代表大会和地方各级人民代表大会选举法》的有关规定，对新一届省、自治区、直辖市人民代表大会的代表名额决定如下：北京市 781 名；天津市 710 名；河北省 779 名；山西省 552 名；内蒙古自治区 544 名；辽宁省 619 名；吉林省 520 名；黑龙江省 589 名；上海市 870 名；江苏省 808 名；浙江省 641 名；安徽省 750 名；福建省 561 名；江西省 613 名；山东省 930 名；河南省 957 名；湖北省 732 名；湖南省 774 名；广东省 803 名；广西壮族自治区 703 名；海南省 397 名；重庆市 870 名；四川省 894 名；贵州省 607 名；云南省 638 名；西藏自治区 445 名；陕西省 579 名；甘肃省 509 名；青海省 399 名；宁夏回族自治区 423 名；新疆维吾尔自治区 547 名；共计：20544 名。

全国人民代表大会常务委员会关于县级人民代表大会代表选举时间的决定

（1997 年 7 月 3 日第八届全国人民代表大会常务委员会
第二十六次会议通过）

第八届全国人民代表大会常务委员会第二十六次会议决定：

根据《中华人民共和国宪法》第九十八条关于县级人民代表大会每届任期的规定，县级人民代表大会代表应在 1998 年年底以前进行换届选举。

全国人民代表大会常务委员会关于县、乡两级人大代表选举时间的决定

（2004 年 10 月 27 日第十届全国人民代表大会常务委员会第十二次会议通过）

第十届全国人民代表大会常务委员会第十二次会议决定：依照《中华人民共和国宪法修正案》第三十条的规定，乡、民族乡、镇的人民代表大会每届任期由三年改为五年。各省、自治区、直辖市人民代表大会常务委员会可以根据本行政区域的具体情况，按照县、乡两级人民代表大会代表换届选举同步进行的原则，在 2006 年 7 月 1 日至 2007 年 12 月 31 日期间，安排本行政区域内的县、乡两级人民代表大会代表换届选举工作。

第四节　关于召开人民代表大会会议的决议决定

关于召开全国人民代表大会会议的决议决定一般是由全国人大常委会作出的，主要决定会议召开的时间、会议的主要议程等。需要指出的是，每届全国人民代表大会第一次会议的召开时间，按规定是要在本届全国人民代表大会代表选举完成后的两个

月内，由上届全国人民代表大会常务委员会召集。但在实践中，一般也都是由全国人民代表大会常务委员会先作出召开全国人民代表大会会议的决议决定，确定召开全国人民代表大会会议的时间，然后要求各选举单位在该时间点的两个月内完成代表的选举工作。此外，全国人大常委会还通过作出决议决定的方式，对地方召开人民代表大会会议的时间、届次周期等问题作出规定。

一、关于召开全国人民代表大会会议的决定

中央人民政府委员会关于召开全国人民代表大会及地方各级人民代表大会的决议

（1953 年 1 月 13 日中央人民政府委员会第二十次会议通过）

中国人民政治协商会议共同纲领规定："中华人民共和国的国家政权属于人民。人民行使国家政权的机关为各级人民代表大会和各级人民政府。各级人民代表大会由人民用普选方法产生之。各级人民代表大会选举各级人民政府。各级人民代表大会闭会期间，各级人民政府为行使各级政权的机关。国家最高政权机关为全国人民代表大会。全国人民代表大会闭会期间，中央人民政府为行使国家政权的最高机关。"（第十二条）中华人民共和国中央人民政府组织法规定："中华人民共和国政府是基于民主集中原则的人民代表大会制的政府。"（第二条）三年以前，国家初建，许多革命工作还在开始，群众发动还不够充分，召开全国人民代表大会的条件还不够成熟，故当时根据共同纲领第十三条的规定，由中国人民政治协商会议第一届全体会议执行全国人

民代表大会的职权，制定中华人民共和国中央人民政府组织法，选举中华人民共和国中央人民政府委员会并付之以行使国家权力的职权。

三年以来，由于中国共产党和毛主席的领导，全国各民族、各民主阶级、各民主党派、各人民团体的团结和努力，我们已在全国范围内基本上完成了土地改革、工矿企业民主改革以及其他各种社会改革，进行了胜利的抗美援朝运动、三反五反运动和各种知识分子的思想改造运动，坚决地镇压了反革命分子，肃清了残余土匪，特别是由于采取了正确的措施，稳定了物价，恢复并提高了工农业生产，争取了国家经济状况的根本好转，使人民生活有了初步的改善；这一系列的伟大的胜利，大大地提高了人民的组织程度和觉悟程度，大大地巩固了人民民主专政，并为第一个国家五年建设计划准备好了条件。今后我们的中心任务就是：一方面继续争取抗美援朝的胜利，一方面动员、组织和教育人民来实现国家的各项建设计划。为此，必须依照共同纲领的规定，及时地召开由人民用普选方法产生的全国人民代表大会，代替现在由中国人民政治协商会议的全体会议执行全国人民代表大会职权的形式，用普选的地方各级人民代表大会，代替现在由地方各界人民代表会议代行人民代表大会职权的形式，俾能进一步地加强人民政府与人民之间的联系，使人民民主专政的国家制度更加完备，以适应国家计划建设的要求。

中央人民政府委员会认为现在召开全国人民代表大会的条件已经具备，根据中华人民共和国中央人民政府组织法第七条第十款的规定，决议于1953年召开由人民用普选方法产生的乡、县、省（市）各级人民代表大会，并在此基础上接着召开全国人民代表大会。在这次全国人民代表大会上，将制定宪法，批准国家五年建设计划纲要和选举新的中央人民政府。

为了进行起草宪法和选举法的工作，并决议：成立中华人民共和国宪法起草委员会，以毛泽东为主席，以朱德、宋庆龄、李济深、李维汉、何香凝、沈钧儒、沈雁冰、周恩来、林伯渠、林枫、胡乔木、高岗、乌兰夫、马寅初、马叙伦、陈云、陈叔通、陈嘉庚、陈伯达、张澜、郭沫若、习仲勋、黄炎培、彭德怀、程潜、董必武、刘少奇、邓小平、邓子恢、赛福鼎·艾则孜、薄一波、饶漱石为委员组成之；成立中华人民共和国选举法起草委员会，以周恩来为主席，以安子文、李维汉、李烛尘、李章达、吴玉章、高崇民、陈毅、张治中、张奚若、章伯钧、章乃器、许德珩、彭真、彭泽民、廖承志、刘格平、刘澜涛、刘宁一、邓小平、蔡廷锴、蔡畅、谢觉哉、罗瑞卿为委员组成之。以上两个委员会应即制定自己的工作程序。

全国人民代表大会常务委员会关于准备召集第一届全国人民代表大会第二次会议的决议

（1955 年 5 月 18 日第一届全国人民代表大会常务委员会第十六次会议通过）

全国人民代表大会常务委员会第十六次会议决议：准备于 1955 年 7 月间在北京召集中华人民共和国第一届全国人民代表大会第二次会议；拟定会议的主要议案为决定发展国民经济的第一个五年计划，审查和批准 1954 年国家的决算和 1955 年国家的预算，制定中华人民共和国兵役法。开会日期，另行决定通知。

关于第二届全国人民代表大会代表选举时间和第二届全国人民代表大会第一次会议召开时间的决定

（1958 年 6 月 29 日第一届全国人民代表大会常务委员会第九十八次会议通过）

为了适应目前全国工农业生产大跃进的情况，为了便于及时制定国民经济计划和国家预算，决定第二届全国人民代表大会第一次会议在一九五九年一月召开，第二届全国人民代表大会代表在一九五八年十月底以前选出。

第五届全国人民代表大会第五次会议关于本届全国人民代表大会常务委员会职权的决议

（1982 年 12 月 4 日第五届全国人民代表大会第五次会议通过）

第五届全国人民代表大会第五次会议决定：在第六届全国人民代表大会第一次会议根据本次会议通过的《中华人民共和国宪法》选出中华人民共和国主席、副主席和下届全国人民代表大会常务委员会以前，本届全国人民代表大会常务委员会和全国人民代表大会常务委员会委员长、副委员长继续分别按照一九七八年本届全国人民代表大会第一次会议通过的《中华人民共和国宪法》第二十五条和第二十六条的规定行使职权。

全国人民代表大会常务委员会关于海南省出席第七届 全国人民代表大会代表团组成的决定

（1989 年 2 月 21 日第七届全国人民代表大会常务委员会
第六次会议通过）

海南建省前该地区由广东省人民代表大会选举产生的 13 名第七届全国人民代表大会代表，在海南建省后即为海南省第七届全国人民代表大会代表。根据全国人民代表大会关于代表名额的决议规定："人口特少的省、自治区，代表名额不得少于 15 人。"因此，除上述 13 名代表外，另将原由全国人民代表大会常务委员会分配到广东省人民代表大会进行选举的 2 名全国人民代表大会代表名额划归海南省。由这 15 名代表组成海南省出席第七届全国人民代表大会代表团。

广东省出席第七届全国人民代表大会代表的名额，由 163 名改为 148 名。

全国人民代表大会常务委员会关于召开第十届 全国人民代表大会第三次会议的决定

（2004 年 12 月 29 日第七届全国人民代表大会常务委员会
第十三次会议通过）

第十届全国人民代表大会常务委员会第十三次会议决定：中华人民共和国第十届全国人民代表大会第三次会议于 2005 年 3 月 5 日在北京召开。建议会议的主要议程是：听取和审议政府工作报告；审查和批准 2004 年国民经济和社会发展计划执行情况的报告及 2005 年国民经济和社会发展计划；审查 2004 年中央和地方预算执行情况的报告及 2005 年中央和地方预算草案，批准 2004 年中央预算执行情况的报告及 2005 年中央预算；审议全国人民代表大会常务委员会关于提请审议《反分裂国家法（草案）》的议案；审议江泽民关于辞去中华人民共和国中央军事委员会主席职务的请求，选举中华人民共和国中央军事委员会主席；根据中华人民共和国中央军事委员会主席的提名，决定补充中华人民共和国中央军事委员会其他组成人员的人选；补选第十届全国人民代表大会常务委员会委员；听取和审议全国人民代表大会常务委员会工作报告；听取和审议最高人民法院工作报告、最高人民检察院工作报告等。

全国人民代表大会常务委员会关于召开第十一届全国人民代表大会第二次会议的决定[1]

（2008 年 12 月 27 日第十一届全国人民代表大会常务委员会第六次会议通过）

第十一届全国人民代表大会常务委员会第六次会议决定：中华人民共和国第十一届全国人民代表大会第二次会议于 2009 年 3 月 5 日在北京召开。建议会议的议程是：听取和审议政府工作报告；审查和批准 2008 年国民经济和社会发展计划执行情况与 2009 年国民经济和社会发展计划草案的报告，批准 2009 年国民经济和社会发展计划；审查和批准 2008 年中央和地方预算执行情况与 2009 年中央和地方预算草案的报告，批准 2009 年中央预

---

〔1〕　中国人大网，http：//www.npc.gov.cn/npc/c12489/200812/40e5b5a3c8dd482ba3bb4ea9dc1ec570.shtml。

算；听取和审议全国人民代表大会常务委员会工作报告；听取和审议最高人民法院工作报告；听取和审议最高人民检察院工作报告。

全国人民代表大会常务委员会关于召开第十一届全国人民代表大会第四次会议的决定[1]

（2010 年 12 月 25 日第十一届全国人民代表大会常务委员会第十八次会议通过）

第十一届全国人民代表大会常务委员会第十八次会议决定：中华人民共和国第十一届全国人民代表大会第四次会议于 2011 年 3 月 5 日在北京召开。建议会议的议程是：听取和审议政府工作报告；审查和批准国民经济和社会发展第十二个五年规划纲要；审查和批准 2010 年国民经济和社会发展计划执行情况与 2011 年国民经济和社会发展计划草案的报告，批准 2011 年国民经济和社会发展计划；审查和批准 2010 年中央和地方预算执行情况与 2011 年中央和地方预算草案的报告，批准 2011 年中央预算；听取和审议全国人民代表大会常务委员会工作报告；听取和审议最高人民法院工作报告；听取和审议最高人民检察院工作报告。

---

〔1〕 中国人大网，http：//www.npc.gov.cn/npc/c10134/201012/61874e406d804146acd10fb50e955361.shtml。

全国人大常委会关于召开第十一届全国人民代表大会第五次会议的决定[1]

（2011 年 12 月 31 日第十一届全国人民代表大会常务委员会
第二十四次会议通过）

第十一届全国人民代表大会常务委员会第二十四次会议决定：中华人民共和国第十一届全国人民代表大会第五次会议于 2012 年 3 月 5 日在北京召开。建议会议的议程是：听取和审议政府工作报告；审查和批准 2011 年国民经济和社会发展计划执行情况与 2012 年国民经济和社会发展计划草案的报告，批准 2012 年国民经济和社会发展计划；审查和批准 2011 年中央和地方预算执行情况与 2012 年中央和地方预算草案的报告，批准 2012 年中央预算；审议全国人民代表大会常务委员会关于提请审议《中华人民共和国刑事诉讼法修正案（草案）》的议案；审议全国人民代表大会常务委员会关于提请审议《第十一届全国人民代表大会第五次会议关于第十二届全国人民代表大会代表名额和选举问题的决定（草案）》的议案；审议全国人民代表大会常务委员会关于提请审议《中华人民共和国香港特别行政区选举第十二届全国人民代表大会代表的办法（草案）》的议案；审议全国人民代表大会常务委员会关于提请审议《中华人民共和国澳门特别行政区选举第十二届全国人民代表大会代表的办法（草案）》的议案；听取和审议全国人民代表大会常务委员会工作报告；听取和审议最高人民法院工作报告；听取和审议最高人民检察院工作报告。

---

[1]　中国人大网，http://www.npc.gov.cn/npc/c12489/201201/cc17a7f0ec91493da30e807239de2815.shtml。

全国人大常委会关于召开第十二届全国人民代表大会第一次会议的决定

（2012 年 12 月 28 日第十一届全国人民代表大会常务委员会第三十次会议通过）

第十一届全国人民代表大会常务委员会第三十次会议决定：中华人民共和国第十二届全国人民代表大会第一次会议于 2013 年 3 月 5 日在北京召开，会期约两周。建议会议的议程是：听取和审议政府工作报告；审查和批准 2012 年国民经济和社会发展计划执行情况与 2013 年国民经济和社会发展计划草案的报告，批准 2013 年国民经济和社会发展计划；审查和批准 2012 年中央和地方预算执行情况与 2013 年中央和地方预算草案的报告，批准 2013 年中央预算；听取和审议全国人民代表大会常务委员会工作报告；听取和审议最高人民法院工作报告；听取和审议最高人民检察院工作报告；听取和审议国务院机构改革和职能转变方案；选举第十二届全国人民代表大会常务委员会委员长、副委员长、秘书长、委员；选举中华人民共和国主席、副主席；决定国务院总理的人选；决定国务院副总理、国务委员、各部部长、各委员会主任、中国人民银行行长、审计长、秘书长的人选；选举中华人民共和国中央军事委员会主席；决定中华人民共和国中央军事委员会副主席、委员的人选；选举最高人民法院院长；选举最高人民检察院检察长；决定第十二届全国人民代表大会各专门委员会的设立及其组成人员的人选。

全国人民代表大会常务委员会关于召开第十二届全国人民代表大会第二次会议的决定

（2013 年 12 月 28 日第十二届全国人民代表大会常务委员会第六次会议通过）

第十二届全国人民代表大会常务委员会第六次会议决定：中华人民共和国第十二届全国人民代表大会第二次会议于 2014 年 3 月 5 日在北京召开。建议会议的议程是：听取和审议政府工作报告；审查和批准 2013 年国民经济和社会发展计划执行情况与 2014 年国民经济和社会发展计划草案的报告，批准 2014 年国民经济和社会发展计划；审查和批准 2013 年中央和地方预算执行情况与 2014 年中央和地方预算草案的报告，批准 2014 年中央预算；听取和审议全国人民代表大会常务委员会工作报告；听取和审议最高人民法院工作报告；听取和审议最高人民检察院工作报告等。

全国人民代表大会常务委员会关于召开第十二届全国人民代表大会第三次会议的决定[1]

（2014 年 12 月 28 日第十二届全国人民代表大会常务委员会第十二次会议通过）

第十二届全国人民代表大会常务委员会第十二次会议决定：中华人民共和国第十二届全国人民代表大会第三次会议于 2015

---

〔1〕　中国人大网，http：//www.npc.gov.cn/npc/c12489/201412/2c907f8b0036469 1b603da5d3ddd54ee.shtml。

年 3 月 5 日在北京召开。建议会议的议程是：审议政府工作报告；审查和批准 2014 年国民经济和社会发展计划执行情况与 2015 年国民经济和社会发展计划草案的报告，批准 2015 年国民经济和社会发展计划；审查和批准 2014 年中央和地方预算执行情况与 2015 年中央和地方预算草案的报告，批准 2015 年中央预算；审议全国人民代表大会常务委员会关于提请审议《中华人民共和国立法法修正案（草案）》的议案；审议全国人民代表大会常务委员会工作报告；审议最高人民法院工作报告；审议最高人民检察院工作报告等。

全国人民代表大会常务委员会关于召开第十二届全国人民代表大会第四次会议的决定[1]

（2015 年 12 月 27 日第十二届全国人民代表大会常务委员会第十八次会议通过）

第十二届全国人民代表大会常务委员会第十八次会议决定：中华人民共和国第十二届全国人民代表大会第四次会议于 2016 年 3 月 5 日在北京召开。建议会议的议程是：审议政府工作报告；审查和批准国民经济和社会发展第十三个五年规划纲要；审查和批准 2015 年国民经济和社会发展计划执行情况与 2016 年国民经济和社会发展计划草案的报告，批准 2016 年国民经济和社会发展计划；审查和批准 2015 年中央和地方预算执行情况与 2016 年中央和地方预算草案的报告，批准 2016 年中央预算；审议全国人民代表大会常务委员会关于提请审议《中华人民共和国

---

[1] 中国人大网，http：//www. npc. gov. cn/npc/c12489/201512/8980fef472f44c3ab0bbf6950a0c2489. shtml。

慈善法（草案）》的议案；审议全国人民代表大会常务委员会工作报告；审议最高人民法院工作报告；审议最高人民检察院工作报告。

全国人民代表大会常务委员会关于召开第十二届 全国人民代表大会第五次会议的决定[1]

（2016 年 12 月 25 日第十二届全国人民代表大会常务委员会 第二十五次会议通过）

第十二届全国人民代表大会常务委员会第二十五次会议决定：中华人民共和国第十二届全国人民代表大会第五次会议于 2017 年 3 月 5 日在北京召开。建议会议的议程是：听取和审议政府工作报告；审查和批准 2016 年国民经济和社会发展计划执行情况与 2017 年国民经济和社会发展计划草案的报告，批准 2017 年国民经济和社会发展计划；审查和批准 2016 年中央和地方预算执行情况与 2017 年中央和地方预算草案的报告，批准 2017 年中央预算；审议全国人民代表大会常务委员会关于提请审议《中华人民共和国民法总则（草案）》的议案；审议全国人民代表大会常务委员会关于提请审议《第十二届全国人民代表大会第五次会议关于第十三届全国人民代表大会代表名额和选举问题的决定（草案）》的议案；审议全国人民代表大会常务委员会关于提请审议《中华人民共和国香港特别行政区选举第十三届全国人民代表大会代表的办法（草案）》的议案；审议全国人民代表大会常务委员会关于提请审议《中华人民共和国澳门特别行政区选举第

---

[1]　中国人大网，http：//www.npc.gov.cn/npc/c12435/201612/48f4b0daebce485 c836172b80380e3d9.shtml。

十三届全国人民代表大会代表的办法（草案）》的议案；听取和审议全国人民代表大会常务委员会工作报告；听取和审议最高人民法院工作报告；听取和审议最高人民检察院工作报告。

全国人民代表大会常务委员会关于召开第十三届全国人民代表大会第一次会议的决定[1]

（2018 年 1 月 30 日第十二届全国人民代表大会常务委员会
第三十二次会议通过）

第十二届全国人民代表大会常务委员会第三十二次会议决定：中华人民共和国第十三届全国人民代表大会第一次会议于 2018 年 3 月 5 日在北京召开。建议会议的议程是：审议政府工作报告；审查 2017 年国民经济和社会发展计划执行情况与 2018 年国民经济和社会发展计划草案的报告；审查 2017 年中央和地方预算执行情况与 2018 年中央和地方预算草案的报告；审议全国人民代表大会常务委员会关于提请审议《中华人民共和国宪法修正案（草案）》的议案；审议全国人民代表大会常务委员会关于提请审议《中华人民共和国监察法（草案）》的议案；审议全国人民代表大会常务委员会工作报告；审议最高人民法院工作报告；审议最高人民检察院工作报告；选举和决定任命国家机构组成人员等。

---

〔1〕 中国人大网，http：//www.npc.gov.cn/npc/c30834/201801/0963028882bd46d2b404cc1be921a999.shtml。

全国人民代表大会常务委员会关于召开第十三届
全国人民代表大会第二次会议的决定[1]

（2018 年 12 月 29 日第十三届全国人民代表大会常务委员会第七次
会议通过）

第十三届全国人民代表大会常务委员会第七次会议决定：中华人民共和国第十三届全国人民代表大会第二次会议于 2019 年 3 月 5 日在北京召开。建议会议的议程是：审议政府工作报告；审查 2018 年国民经济和社会发展计划执行情况与 2019 年国民经济和社会发展计划草案的报告；审查 2018 年中央和地方预算执行情况与 2019 年中央和地方预算草案的报告；审议全国人民代表大会常务委员会工作报告；审议最高人民法院工作报告；审议最高人民检察院工作报告等。

全国人民代表大会常务委员会关于召开第十三届
全国人民代表大会第三次会议的决定[2]

（2019 年 12 月 28 日第十三届全国人民代表大会常务委员会
第十五次会议通过）

第十三届全国人民代表大会常务委员会第十五次会议决定：中华人民共和国第十三届全国人民代表大会第三次会议于 2020

---

〔1〕　中国人大网，http：//www.npc.gov.cn/npc/c12489/201812/03d3d53b9e7941799ad3fcca909a2696.shtml。

〔2〕　中国人大网，http：//www.npc.gov.cn/npc/c30834/201912/4f343ef5a680441186f433d6cc11fef9.shtml。

年 3 月 5 日在北京召开。建议会议的议程是：审议政府工作报告；审查 2019 年国民经济和社会发展计划执行情况与 2020 年国民经济和社会发展计划草案的报告、2020 年国民经济和社会发展计划草案；审查 2019 年中央和地方预算执行情况与 2020 年中央和地方预算草案的报告、2020 年中央和地方预算草案；审议全国人民代表大会常务委员会关于提请审议《中华人民共和国民法典（草案）》的议案；审议全国人民代表大会常务委员会工作报告；审议最高人民法院工作报告；审议最高人民检察院工作报告等。

全国人民代表大会常务委员会关于推迟召开第十三届全国人民代表大会第三次会议的决定[1]

（2020 年 2 月 24 日第十三届全国人民代表大会常务委员会第十六次会议通过）

2019 年 12 月 28 日，第十三届全国人民代表大会常务委员会第十五次会议决定，第十三届全国人民代表大会第三次会议于 2020 年 3 月 5 日在北京召开。鉴于近期以来发生新冠肺炎的重大疫情，为了贯彻落实党中央统筹推进疫情防控和经济社会发展工作重大决策部署，继续做好疫情防控工作，切实保障人民群众生命健康安全，第十三届全国人民代表大会常务委员会第十六次会议决定：适当推迟召开第十三届全国人民代表大会第三次会议，具体开会时间由全国人民代表大会常务委员会另行决定。

---

〔1〕 中国人大网，http：//www.npc.gov.cn/npc/c30834/202002/bb0e5772706841b08431062acbe0d874.shtml。

全国人民代表大会常务委员会关于第十三届
全国人民代表大会第三次会议召开时间的决定[1]

（2020 年 4 月 29 日第十三届全国人民代表大会常务委员会
第十六次会议通过）

2020 年 2 月 24 日，第十三届全国人民代表大会常务委员会第十六次会议决定，适当推迟召开第十三届全国人民代表大会第三次会议，具体开会时间由全国人民代表大会常务委员会另行决定。综合考虑各方面因素，第十三届全国人民代表大会常务委员会第十七次会议决定：中华人民共和国第十三届全国人民代表大会第三次会议于 2020 年 5 月 22 日在北京召开。

---

[1]　中国人大网，http：//www. npc. gov. cn/npc/c30834/202004/996e6daa07834ee
e9c46f9711da0d9b4. shtml。

附：

关于《全国人民代表大会常务委员会关于第十三届 全国人民代表大会第三次会议召开时间的决定 （草案）》的说明[1]

全国人民代表大会常务委员会：

现对关于第十三届全国人民代表大会第三次会议召开时间的决定（草案）作如下说明。

2019 年 12 月 28 日，第十三届全国人大常委会第十五次会议决定，第十三届全国人民代表大会第三次会议于 2020 年 3 月 5 日在北京召开，并提出会议议程建议。按照这一决定，全国人大常委会已为大会的召开进行了一系列筹备准备工作。

鉴于发生新冠肺炎的重大疫情，为了贯彻落实党中央统筹推进疫情防控和经济社会发展工作重大决策部署，持续做好疫情防控工作，切实保障人民群众生命健康安全，2020 年 2 月 24 日，第十三届全国人大常委会第十六次会议决定，适当推迟召开第十三届全国人民代表大会第三次会议，具体开会时间由全国人民代表大会常务委员会另行决定。

在以习近平同志为核心的党中央坚强领导下，经过全国上下和广大人民群众艰苦努力，当前新冠肺炎疫情防控形势持续向好，经济社会生活逐步恢复正常。综合考虑各方面因素，适时召集第十三届全国人大第三次会议的条件已经具备。建议十三届全国人大三次会议于 2020 年 5 月 22 日在北京召开。

基于上述情况和考虑，法制工作委员会拟订了《全国人民代

---

〔1〕 中国人大网，http：//www.npc.gov.cn/npc/c30834/202005/7e29bc0f6ea44182b1b20a927e0d4b1f.shtml。

表大会常务委员会关于第十三届全国人民代表大会第三次会议召开时间的决定（草案）》。这个草案已经委员长会议审议同意，决定提请本次常委会会议审议。

草案和以上说明是否妥当，请审议。

全国人民代表大会常务委员会关于召开第十三届全国人民代表大会第四次会议的决定[1]

（2020 年 12 月 26 日第十三届全国人民代表大会常务委员会第二十四次会议通过）

第十三届全国人民代表大会常务委员会第二十四次会议决定：中华人民共和国第十三届全国人民代表大会第四次会议于 2021 年 3 月 5 日在北京召开。建议会议的议程是：审议政府工作报告；审查国民经济和社会发展第十四个五年规划和 2035 年远景目标纲要草案；审查 2020 年国民经济和社会发展计划执行情况与 2021 年国民经济和社会发展计划草案的报告、2021 年国民经济和社会发展计划草案；审查 2020 年中央和地方预算执行情况与 2021 年中央和地方预算草案的报告、2021 年中央和地方预算草案；审议全国人民代表大会常务委员会关于提请审议《中华人民共和国全国人民代表大会组织法（修正草案）》的议案；审议全国人民代表大会常务委员会关于提请审议《中华人民共和国全国人民代表大会议事规则（修正草案）》的议案；审议全国人民代表大会常务委员会工作报告；审议最高人民法院工作报告；审议最高人民检察院工作报告。

---

〔1〕　中国人大网，http：//www.npc.gov.cn/npc/c30834/202012/5af5e9a2058c4245a43e939131943a04.shtml。

全国人民代表大会常务委员会关于召开第十三届全国人民代表大会第五次会议的决定[1]

(2021 年 12 月 24 日第十三届全国人民代表大会常务委员会第三十二次会议通过)

第十三届全国人民代表大会常务委员会第三十二次会议决定：中华人民共和国第十三届全国人民代表大会第五次会议于 2022 年 3 月 5 日在北京召开。建议会议的议程是：审议政府工作报告；审查 2021 年国民经济和社会发展计划执行情况与 2022 年国民经济和社会发展计划草案的报告、2022 年国民经济和社会发展计划草案；审查 2021 年中央和地方预算执行情况与 2022 年中央和地方预算草案的报告、2022 年中央和地方预算草案；审议全国人民代表大会常务委员会关于提请审议《中华人民共和国地方各级人民代表大会和地方各级人民政府组织法（修正草案)》的议案；审议全国人民代表大会常务委员会关于提请审议《第十三届全国人民代表大会第五次会议关于第十四届全国人民代表大会代表名额和选举问题的决定（草案)》的议案；审议全国人民代表大会常务委员会关于提请审议《中华人民共和国香港特别行政区选举第十四届全国人民代表大会代表的办法（草案)》的议案；审议全国人民代表大会常务委员会关于提请审议《中华人民共和国澳门特别行政区选举第十四届全国人民代表大会代表的办法（草案)》的议案；审议全国人民代表大会常务委员会工作报告；审议最高人民法院工作报告；审议最高人民检察院工作报告。

---

〔1〕 中国人大网，http：//www.npc.gov.cn/npc/c30834/202112/6b31eab202cd41dbbcd85fa9cc5b0ffd.shtml。

全国人民代表大会常务委员会关于召开第十四届全国人民代表大会第一次会议的决定[1]

（2022 年 12 月 30 日第十三届全国人民代表大会常务委员会第三十八次会议通过）

第十三届全国人民代表大会常务委员会第三十八次会议决定：中华人民共和国第十四届全国人民代表大会第一次会议于 2023 年 3 月 5 日在北京召开。建议会议的议程是：审议政府工作报告；审查 2022 年国民经济和社会发展计划执行情况与 2023 年国民经济和社会发展计划草案的报告、2023 年国民经济和社会发展计划草案；审查 2022 年中央和地方预算执行情况与 2023 年中央和地方预算草案的报告、2023 年中央和地方预算草案；审议全国人民代表大会常务委员会关于提请审议《中华人民共和国立法法（修正草案）》的议案；审议全国人民代表大会常务委员会工作报告；审议最高人民法院工作报告；审议最高人民检察院工作报告；选举和决定任命国家机构组成人员等。

---

〔1〕 中国人大网，http://www.npc.gov.cn/npc/c30834/202212/2631f369319e495999bdf3789e495a79.shtml。

二、关于对地方召开人民代表大会会议的决定

全国人民代表大会常务委员会关于第一届地方各级
人民代表大会任期问题的决定

（1955 年 3 月 10 日第一届全国人民代表大会常务委员会
第八次会议通过）

全国人民代表大会常务委员会于 1955 年 3 月 10 日第八次会
议讨论了国务院提出的关于第一届地方各级人民代表大会任期问
题的意见，决定：（一）第一届地方各级人民代表大会的任期，
一律到第二届各该级人民代表大会举行第一次会议为止；（二）
第二届地方各级人民代表大会代表的选举，直辖市、县、市、市
辖区、乡、民族乡、镇一律在 1956 年办理，省一律在 1958 年办
理，其具体时间由全国人民代表大会常务委员会规定。

全国人民代表大会常务委员会关于自治州人民代表大会
和人民委员会每届任期问题的决定

（1956 年 5 月 8 日第一届全国人民代表大会常务委员会
第三十九次会议通过）

全国人民代表大会常务委员会于 1956 年 5 月 8 日第三十九
次会议讨论了自治州人民代表大会和人民委员会每届任期的问
题，决定：自治州人民代表大会每届任期，规定为二年。自治州
人民委员会每届任期同自治州人民代表大会每届任期相同。

全国人民代表大会常务委员会关于一九五六年直辖市和县以下各级人民代表大会代表选举时间的决定

（1956 年 5 月 12 日第一届全国人民代表大会常务委员会
第四十次会议通过）

全国人民代表大会常务委员会于一九五六年五月十二日第四十次会议根据一九五五年三月十日全国人民代表大会常务委员会第八次会议关于第一届地方各级人民代表大会任期问题的决定第二项的规定，讨论了一九五六年直辖市和县以下各级人民代表大会代表选举时间的问题，决定：直辖市、县、市、市辖区、乡、民族乡、镇一九五六年的选举，在七月至十二月间进行，基层选举一律在十一月底以前完成。

全国人民代表大会常务委员会关于县市市辖区乡民族乡镇人民代表大会代表名额等问题的决定

（1956 年 5 月 12 日全国人民代表大会常务委员会
第四十次会议通过）

全国人民代表大会常务委员会于 1956 年 5 月 12 日第四十次会议讨论了国务院周恩来总理提出的关于直辖市、县、市、市辖区、乡、民族乡、镇人民代表大会代表名额等问题的建议，决定：

一、乡、民族乡人民代表大会代表名额：人口在三千以下的，每五十人至一百人选代表一人；人口超过三千至七千的，每一百人至一百五十人选代表一人；人口超过七千的，每一百五十人至三百人选代表一人。乡、民族乡人民代表大会代表的总名额，至少不得少于十五人，至多不得超过七十人。

二、镇人民代表大会代表名额：人口在一万以下的，每一百人至二百人选代表一人；人口超过一万至三万的，每二百人至四百人选代表一人；人口超过三万的，每四百人至一千人选代表一人。镇人民代表大会代表的总名额，至少不得少于二十人，至多不得超过九十人。

三、县人民代表大会代表的总名额：至少不得少于三十人，至多不得超过四百五十人。乡、民族乡应选县人民代表大会代表的名额：人口在三千以下的，选代表一人至三人；人口超过三千至七千的，选代表二人至五人；人口超过七千的，选代表四人至九人。镇应选县人民代表大会代表的名额：按人口每五百人至一千五百人选代表一人；人口特多的镇应选县人民代表大会代表的总名额，至多不得超过三十人。

四、市辖区人民代表大会代表名额：人口在十万以下的，每五百人至一千人选代表一人；人口超过十万至三十万的，每一千人至一千五百人选代表一人；人口超过三十万的，每一千五百人至二千人选代表一人。市辖区人民代表大会代表的总名额，至少不得少于三十五人，至多不得超过三百五十人。

五、乡、民族乡、镇应选的市辖区和不设区的市的人民代表大会的代表，由乡、民族乡、镇的人民代表大会选举。

全国人民代表大会常务委员会关于省、直辖市人民代表大会会议可以每年举行一次的决定

（1957 年 11 月 14 日第一届全国人民代表大会常务委员会第八十四次会议通过）

1957 年 11 月 14 日全国人民代表大会常务委员会第八十四次

会议，根据国务院周恩来总理提出的建议，决定：省、直辖市人民代表大会会议可以每年举行一次。

关于省、自治区、直辖市可以在一九七九年设立人民代表大会常务委员会和将革命委员会改为人民政府的决议

（1979 年 9 月 13 日第五届全国人民代表大会常务委员会

第十一次会议通过）

第五届全国人民代表大会第二次会议通过的自一九八〇年一月一日起施行的《中华人民共和国地方各级人民代表大会和地方各级人民政府组织法》规定，县级以上的地方各级人民代表大会设立常务委员会，省、自治区、直辖市、自治州、县、自治县、市、市辖区、镇设立人民政府。省、自治区、直辖市如果能够作好准备工作，也可以在一九七九年召开人民代表大会，设立人民代表大会常务委员会和将革命委员会改为人民政府。

全国人民代表大会常务委员会关于延长本届人民公社、镇人民代表大会任期的决议

（1982 年 11 月 19 日第五届全国人民代表大会常务委员会

第二十五次会议通过）

第五届全国人民代表大会常务委员会第二十五次会议决定：从一九七九年下半年开始试点到一九八一年年底结束的由选民直接选举产生的人民公社、镇人民代表大会的任期，全国统一延长到一九八三年年底。

全国人民代表大会常务委员会关于地区和市合并后市人民代表大会提前换届问题的决定

（1983 年 5 月 9 日第五届全国人民代表大会常务委员会
第二十七次会议通过）

目前许多省、自治区正在进行地区和市合并或者地区和市合并的试点工作，为了有利于这一重大改革的顺利进行，现决定：由于地区和市合并，市人民代表大会需要提前换届的，可以由省、自治区的人民代表大会常务委员会决定，并报全国人民代表大会常务委员会备案。

全国人民代表大会常务委员会关于重庆市人民代表大会换届选举时间的决定

（2001 年 10 月 27 日第九届全国人民代表大会常务委员会
第二十四次会议通过）

第九届全国人民代表大会常务委员会第二十四次会议决定：为了使重庆市人民代表大会的换届选举时间与其他省、自治区、直辖市人民代表大会的换届选举时间大体取得一致，重庆市人民代表大会的换届选举时间可以由 2002 年 6 月推迟到 2003 年初。

全国人民代表大会常务委员会关于成立辽宁省第十二届人民代表大会第七次会议筹备组的决定[1]

（2016 年 9 月 13 日第十二届全国人民代表大会常务委员会
第二十三次会议通过）

第十二届全国人民代表大会常务委员会第二十三次会议决定：

一、成立辽宁省第十二届人民代表大会第七次会议筹备组，负责筹备辽宁省第十二届人民代表大会第七次会议的相关事宜。

二、筹备组负责下列事项：

（一）对辽宁省第十二届人民代表大会代表资格终止的情况予以备案、公告；

（二）对补选产生的辽宁省第十二届人民代表大会代表，根据代表资格审查委员会的报告，确认代表的资格或者确定代表的当选无效，并公布补选的代表名单；

（三）召集辽宁省第十二届人民代表大会第七次会议；

（四）需要由筹备组负责的其他事项。

三、筹备组下设代表资格审查委员会。

代表资格审查委员会负责下列事项：

（一）向筹备组报告辽宁省第十二届人民代表大会代表资格终止的情况；

（二）对补选产生的辽宁省第十二届人民代表大会代表是否符合宪法、法律规定的代表的基本条件，补选是否符合法律规定

---

[1]　中国人大网，http：//www. npc. gov. cn/npc/c238/201609/df1daaf8568348acae e3b8c1f2e532a6. shtml。

的程序，以及是否存在破坏选举和其他当选无效的违法行为进行审查，提出代表当选是否有效的意见，向筹备组报告。

第五节　关于开展代表工作的决议决定

代表选举产生后的履职活动，主要是由全国人民代表大会和地方各级人民代表大会代表法来规范和保障的。但我国第一部代表法是到 1992 年 4 月 3 日第七届全国人民代表大会第五次会议才通过实施的。在代表法制定之前，全国人大常委会曾作出过一系列决议决定，为代表依法履行代表职务提供必要的制度保障和支持。代表法颁布实施以来，全国人民代表大会常务委员会先后三次作出决定，对代表法进行修改，为代表依法履职和常委会更好地做好代表工作提供更有力的法治保障。

一、关于修改代表法的决定

关于修改部分法律的决定

（2009 年 8 月 27 日第十一届全国人民代表大会常务委员会
第十次会议通过）

第十一届全国人民代表大会常务委员会第十次会议决定：
……
三、对下列法律中关于刑事责任的规定作出修改

（一）将下列法律中的"依照刑法第×条的规定"、"比照刑法第×条的规定"修改为"依照刑法有关规定"

……

31.《中华人民共和国全国人民代表大会和地方各级人民代表大会代表法》第三十九条

……

（二）对下列法律和有关法律问题的决定中关于治安管理处罚的具体规定作出修改

……

88. 将《中华人民共和国全国人民代表大会和地方各级人民代表大会代表法》第三十九条第三款中的"依照治安管理处罚条例第十九条的规定处罚"修改为"适用《中华人民共和国治安管理处罚法》第五十条的处罚规定"。

……

本决定自公布之日起施行。

关于修改《中华人民共和国全国人民代表大会和地方各级人民代表大会代表法》的决定

（2010 年 10 月 28 日第十一届全国人民代表大会常务委员会第十七次会议通过）

第十一届全国人民代表大会常务委员会第十七次会议决定对《中华人民共和国全国人民代表大会和地方各级人民代表大会代表法》作如下修改：

一、增加一条，作为第三条："代表享有下列权利：

"（一）出席本级人民代表大会会议，参加审议各项议案、报告和其他议题，发表意见；

"（二）依法联名提出议案、质询案、罢免案等；

"（三）提出对各方面工作的建议、批评和意见；

"（四）参加本级人民代表大会的各项选举；

"（五）参加本级人民代表大会的各项表决；

"（六）获得依法执行代表职务所需的信息和各项保障；

"（七）法律规定的其他权利。"

二、将第三条、第四条改为第四条，修改为："代表应当履行下列义务：

"（一）模范地遵守宪法和法律，保守国家秘密，在自己参加的生产、工作和社会活动中，协助宪法和法律的实施；

"（二）按时出席本级人民代表大会会议，认真审议各项议案、报告和其他议题，发表意见，做好会议期间的各项工作；

"（三）积极参加统一组织的视察、专题调研、执法检查等履职活动；

"（四）加强履职学习和调查研究，不断提高执行代表职务的能力；

"（五）与原选区选民或者原选举单位和人民群众保持密切联系，听取和反映他们的意见和要求，努力为人民服务；

"（六）自觉遵守社会公德，廉洁自律，公道正派，勤勉尽责；

"（七）法律规定的其他义务。"

三、将第六条改为第五条，增加一款，作为第三款："代表不脱离各自的生产和工作。代表出席本级人民代表大会会议，参加闭会期间统一组织的履职活动，应当安排好本人的生产和工作，优先执行代表职务。"

四、将第五条改为第六条和第四十七条。

第六条："代表受原选区选民或者原选举单位的监督。"

第四十七条："选民或者选举单位有权依法罢免自己选出的代表。被提出罢免的代表有权出席罢免该代表的会议提出申辩意见，或者书面提出申辩意见。"

五、将第七条修改为："代表应当按时出席本级人民代表大会会议。代表因健康等特殊原因不能出席会议的，应当按照规定请假。

"代表在出席本级人民代表大会会议前，应当听取人民群众的意见和建议，为会议期间执行代表职务做好准备。"

六、将第八条第一款修改为："代表参加大会全体会议、代表团全体会议、小组会议，审议列入会议议程的各项议案和报告。"增加一款，作为第三款："代表应当围绕会议议题发表意见，遵守议事规则。"

七、在第九条中增加一款，作为第二款："代表依法提出的议案，由本级人民代表大会主席团决定是否列入会议议程，或者先交有关的专门委员会审议、提出是否列入会议议程的意见，再决定是否列入会议议程。"

八、将第十一条第四款修改为："乡、民族乡、镇的人民代表大会代表有权依照法律规定的程序提出本级人民代表大会主席、副主席和人民政府领导人员的人选，并有权对本级人民代表大会主席团和代表依法提出的上述人员的人选提出意见。"

九、将第十五条第三款修改为："乡、民族乡、镇的人民代表大会代表有权依照法律规定的程序提出对本级人民代表大会主席、副主席和人民政府领导人员的罢免案。"

十、将第十八条修改为："代表有权向本级人民代表大会提出对各方面工作的建议、批评和意见。建议、批评和意见应当明确具体，注重反映实际情况和问题。"

十一、在第十九条中增加一款，作为第三款："乡、民族乡、镇的人民代表大会主席、副主席负责组织本级人民代表大会代表开展闭会期间的活动。"

十二、增加一条，作为第二十条："代表在闭会期间的活动以集体活动为主，以代表小组活动为基本形式。代表可以通过多种方式听取、反映原选区选民或者原选举单位的意见和要求。"

十三、增加一条，作为第二十三条："县级以上的各级人民代表大会代表根据安排，围绕经济社会发展和关系人民群众切身利益、社会普遍关注的重大问题，开展专题调研。"

十四、增加一条，作为第二十四条："代表参加视察、专题调研活动形成的报告，由本级人民代表大会常务委员会办事机构转交有关机关、组织。对报告中提出的意见和建议的研究处理情况应当向代表反馈。"

十五、将第二十三条改为第二十六条，修改为："县级以上的各级人民代表大会代表可以应邀列席本级人民代表大会常务委员会会议，参加本级人民代表大会常务委员会组织的执法检查和其他活动。全国人民代表大会代表，省、自治区、直辖市、自治州、设区的市的人民代表大会代表可以应邀列席本级人民代表大会各专门委员会会议。"

十六、将第二十七条改为第二十九条，修改为："县级以上的各级人民代表大会代表在本级人民代表大会闭会期间，有权向本级人民代表大会常务委员会提出对各方面工作的建议、批评和意见。建议、批评和意见应当明确具体，注重反映实际情况和问题。"

十七、将第二十八条改为第三十条，修改为："乡、民族乡、镇的人民代表大会代表在本级人民代表大会闭会期间，根据统一安排，开展调研等活动；组成代表小组，分工联系选民，反映人民群众的意见和要求。"

十八、将第三十条改为第三十二条，增加一款，作为第三款："人民代表大会主席团或者常务委员会受理有关机关依照本条规定提请许可的申请，应当审查是否存在对代表在人民代表大会各种会议上的发言和表决进行法律追究，或者对代表提出建议、批评和意见等其他执行职务行为打击报复的情形，并据此作出决定。"

十九、将第三十三条改为第三十五条，修改为："代表的活动经费，应当列入本级财政预算予以保障，专款专用。"

二十、将第三十四条改为第三十六条，修改为："县级以上的各级人民代表大会常务委员会应当采取多种方式同本级人民代表大会代表保持联系，扩大代表对本级人民代表大会常务委员会活动的参与。"

二十一、增加一条，作为第三十八条："县级以上的各级人民代表大会常务委员会，各级人民政府和人民法院、人民检察院，应当及时向本级人民代表大会代表通报工作情况，提供信息资料，保障代表的知情权。"

二十二、增加一条，作为第三十九条："县级以上的各级人民代表大会常务委员会应当有计划地组织代表参加履职学习，协助代表全面熟悉人民代表大会制度、掌握履行代表职务所需的法律知识和其他专业知识。

"乡、民族乡、镇的人民代表大会代表可以参加上级人民代表大会常务委员会组织的代表履职学习。"

二十三、将第三十六条改为第四十条，修改为："县级以上的各级人民代表大会常务委员会的办事机构和工作机构是代表执行代表职务的集体服务机构，为代表执行代表职务提供服务保障。"

二十四、增加一条，作为第四十二条："有关机关、组织应当认真研究办理代表建议、批评和意见，并自交办之日起三个月内答复。涉及面广、处理难度大的建议、批评和意见，应当自交办之日起六个月内答复。

"有关机关、组织在研究办理代表建议、批评和意见的过程中，应当与代表联系沟通，充分听取意见。

"代表建议、批评和意见的办理情况，应当向本级人民代表大会常务委员会报告，并印发下一次人民代表大会会议。"

二十五、将第二十五条改为第四十五条，修改为："代表应当采取多种方式经常听取人民群众对代表履职的意见，回答原选区选民或者原选举单位对代表工作和代表活动的询问，接受监督。

"由选民直接选举的代表应当以多种方式向原选区选民报告履职情况。"

二十六、增加一条，作为第四十六条："代表应当正确处理从事个人职业活动与执行代表职务的关系，不得利用执行代表职务干涉具体司法案件或者招标投标等经济活动牟取个人利益。"

二十七、将第四十条改为第四十八条，第一款修改为："代表有下列情形之一的，暂时停止执行代表职务，由代表资格审查委员会向本级人民代表大会常务委员会或者乡、民族乡、镇的人民代表大会报告：

"（一）因刑事案件被羁押正在受侦查、起诉、审判的；

"（二）被依法判处管制、拘役或者有期徒刑而没有附加剥夺政治权利，正在服刑的。"

二十八、将第四十一条改为第四十九条，增加一项，作为第七项："（七）丧失行为能力的"。

此外，将第五章的章名修改为"对代表的监督"，并对条文顺序作相应调整。

本决定自公布之日起施行。《中华人民共和国全国人民代表大会和地方各级人民代表大会代表法》根据本决定作相应修改，重新公布。

关于修改《中华人民共和国地方各级人民代表大会和地方各级人民政府组织法》《中华人民共和国全国人民代表大会和地方各级人民代表大会选举法》《中华人民共和国全国人民代表大会和地方各级人民代表大会代表法》的决定

（2015 年 8 月 29 日第十二届全国人民代表大会常务委员会第十六次会议通过）

第十二届全国人民代表大会常务委员会第十六次会议决定：

一、对《中华人民共和国地方各级人民代表大会和地方各级人民政府组织法》作出修改

（一）将第十四条第三款修改为："乡、民族乡、镇的人民代表大会主席、副主席在本级人民代表大会闭会期间负责联系本级人民代表大会代表，根据主席团的安排组织代表开展活动，反映代表和群众对本级人民政府工作的建议、批评和意见，并负责处理主席团的日常工作。"

（二）第十五条增加一款，作为第二款："主席团在本级人民代表大会闭会期间，每年选择若干关系本地区群众切身利益和社会普遍关注的问题，有计划地安排代表听取和讨论本级人民政府的专项工作报告，对法律、法规实施情况进行检查，开展视察、调研等活动；听取和反映代表和群众对本级人民政府工作的建议、批评和意见。主席团在闭会期间的工作，向本级人民代表大会报告。"

（三）将第三十条第一款修改为："省、自治区、直辖市、自治州、设区的市的人民代表大会根据需要，可以设法制委员会、财政经济委员会、教育科学文化卫生委员会等专门委员会；县、自治县、不设区的市、市辖区的人民代表大会根据需要，可以设法制委员会、财政经济委员会等专门委员会。各专门委员会受本级人民代表大会领导；在大会闭会期间，受本级人民代表大会常务委员会领导。"

（四）将第三十七条第一款修改为："地方各级人民代表大会代表应当与原选区选民或者原选举单位和人民群众保持密切联系，听取和反映他们的意见和要求。"

第三款修改为："县、自治县、不设区的市、市辖区、乡、民族乡、镇的人民代表大会代表分工联系选民，有代表三人以上的居民地区或者生产单位可以组织代表小组。"

（五）将第四十一条第四款第三项修改为："（三）县、自治县、不设区的市、市辖区十五人至三十五人，人口超过一百万的县、自治县、不设区的市、市辖区不超过四十五人。"

（六）第五十三条增加一款，作为第三款："市辖区、不设区的市的人民代表大会常务委员会可以在街道设立工作机构。工作机构负责联系街道辖区内的人民代表大会代表，组织代表开展活动，反映代表和群众的建议、批评和意见，办理常务委员会交办的监督、选举以及其他工作，并向常务委员会报告工作。"

（七）将第七条第二款、第四十三条第二款、第六十条第一款中的"省、自治区的人民政府所在地的市和经国务院批准的较大的市"修改为"设区的市"。

二、对《中华人民共和国全国人民代表大会和地方各级人民代表大会选举法》作出修改

（一）增加一条，作为第三十四条："公民参加各级人民代表大会代表的选举，不得直接或者间接接受境外机构、组织、个人提供的与选举有关的任何形式的资助。

"违反前款规定的，不列入代表候选人名单；已经列入代表候选人名单的，从名单中除名；已经当选的，其当选无效。"

（二）将第四十四条改为第四十五条，增加一款，作为第二款："当选代表名单由选举委员会或者人民代表大会主席团予以公布。"

（三）增加一条，作为第四十六条："代表资格审查委员会依法对当选代表是否符合宪法、法律规定的代表的基本条件，选举是否符合法律规定的程序，以及是否存在破坏选举和其他当选无效的违法行为进行审查，提出代表当选是否有效的意见，向本级人民代表大会常务委员会或者乡、民族乡、镇的人民代表大会主席团报告。

"县级以上的各级人民代表大会常务委员会或者乡、民族乡、镇的人民代表大会主席团根据代表资格审查委员会提出的报告，确认代表的资格或者确定代表的当选无效，在每届人民代表大会第一次会议前公布代表名单。"

（四）将第五十一条第一款、第五十三条第一款中的"全国

人民代表大会和省、自治区、直辖市、设区的市、自治州的人民代表大会"修改为"县级以上的各级人民代表大会"。

（五）将第五十四条改为第五十六条，增加一款，作为第五款："对补选产生的代表，依照本法第四十六条的规定进行代表资格审查。"

三、对《中华人民共和国全国人民代表大会和地方各级人民代表大会代表法》作出修改

（一）将第十二条第二款中的"全国人民代表大会和省、自治区、直辖市、自治州、设区的市的人民代表大会"修改为"县级以上的各级人民代表大会"。

（二）将第十九条第三款修改为："乡、民族乡、镇的人民代表大会主席、副主席根据主席团的安排，组织本级人民代表大会代表开展闭会期间的活动。"

（三）将第二十二条第一款修改为："县级以上的各级人民代表大会代表根据本级人民代表大会常务委员会的安排，对本级或者下级国家机关和有关单位的工作进行视察。乡、民族乡、镇的人民代表大会代表根据本级人民代表大会主席团的安排，对本级人民政府和有关单位的工作进行视察。"

第三款修改为："代表可以持代表证就地进行视察。县级以上的地方各级人民代表大会常务委员会或者乡、民族乡、镇的人民代表大会主席团根据代表的要求，联系安排本级或者上级的代表持代表证就地进行视察。"

（四）将第二十三条修改为："代表根据安排，围绕经济社会发展和关系人民群众切身利益、社会普遍关注的重大问题，开展专题调研。"

（五）将第二十四条修改为："代表参加视察、专题调研活

动形成的报告，由本级人民代表大会常务委员会办事机构或者乡、民族乡、镇的人民代表大会主席团转交有关机关、组织。对报告中提出的意见和建议的研究处理情况应当向代表反馈。"

（六）将第二十六条修改为："县级以上的各级人民代表大会代表可以应邀列席本级人民代表大会常务委员会会议、本级人民代表大会各专门委员会会议，参加本级人民代表大会常务委员会组织的执法检查和其他活动。乡、民族乡、镇的人民代表大会代表参加本级人民代表大会主席团组织的执法检查和其他活动。"

（七）将第二十九条修改为："代表在本级人民代表大会闭会期间，有权向本级人民代表大会常务委员会或者乡、民族乡、镇的人民代表大会主席团提出对各方面工作的建议、批评和意见。建议、批评和意见应当明确具体，注重反映实际情况和问题。"

（八）将第三十三条修改为："代表在本级人民代表大会闭会期间，参加由本级人民代表大会常务委员会或者乡、民族乡、镇的人民代表大会主席团安排的代表活动，代表所在单位必须给予时间保障。"

（九）将第四十二条第三款修改为："代表建议、批评和意见的办理情况，应当向本级人民代表大会常务委员会或者乡、民族乡、镇的人民代表大会主席团报告，并印发下一次人民代表大会会议。代表建议、批评和意见办理情况的报告，应当予以公开。"

（十）将第四十五条第二款修改为："由选民直接选举的代表应当以多种方式向原选区选民报告履职情况。县级人民代表大会常务委员会和乡、民族乡、镇的人民代表大会主席团应当定期组织本级人民代表大会代表向原选区选民报告履职情况。"

本决定自公布之日起施行。

《中华人民共和国地方各级人民代表大会和地方各级人民政府组织法》、《中华人民共和国全国人民代表大会和地方各级人民代表大会选举法》、《中华人民共和国全国人民代表大会和地方各级人民代表大会代表法》根据本决定作相应修改，重新公布。

附一：

中华人民共和国全国人民代表大会和地方各级人民代表大会代表法

（1992年4月3日第七届全国人民代表大会第五次会议通过 根据2009年8月27日第十一届全国人民代表大会常务委员会第十次会议《关于修改部分法律的决定》第一次修正 根据2010年10月28日第十一届全国人民代表大会常务委员会第十七次会议《关于修改〈中华人民共和国全国人民代表大会和地方各级人民代表大会代表法〉的决定》第二次修正 根据2015年8月29日第十二届全国人民代表大会常务委员会第十六次会议《关于修改〈中华人民共和国地方各级人民代表大会和地方各级人民政府组织法〉、〈中华人民共和国全国人民代表大会和地方各级人民代表大会选举法〉、〈中华人民共和国全国人民代表大会和地方各级人民代表大会代表法〉的决定》第三次修正）

目 录

第一章 总 则

第二章 代表在本级人民代表大会会议期间的工作

第三章 代表在本级人民代表大会闭会期间的活动

第四章 代表执行职务的保障

第五章 对代表的监督

第六章 附 则

第一章 总 则

第一条 为保证全国人民代表大会和地方各级人民代表大会

代表依法行使代表的职权，履行代表的义务，发挥代表作用，根据宪法，制定本法。

第二条　全国人民代表大会和地方各级人民代表大会代表依照法律规定选举产生。

全国人民代表大会代表是最高国家权力机关组成人员，地方各级人民代表大会代表是地方各级国家权力机关组成人员。

全国人民代表大会和地方各级人民代表大会代表，代表人民的利益和意志，依照宪法和法律赋予本级人民代表大会的各项职权，参加行使国家权力。

第三条　代表享有下列权利：

（一）出席本级人民代表大会会议，参加审议各项议案、报告和其他议题，发表意见；

（二）依法联名提出议案、质询案、罢免案等；

（三）提出对各方面工作的建议、批评和意见；

（四）参加本级人民代表大会的各项选举；

（五）参加本级人民代表大会的各项表决；

（六）获得依法执行代表职务所需的信息和各项保障；

（七）法律规定的其他权利。

第四条　代表应当履行下列义务：

（一）模范地遵守宪法和法律，保守国家秘密，在自己参加的生产、工作和社会活动中，协助宪法和法律的实施；

（二）按时出席本级人民代表大会会议，认真审议各项议案、报告和其他议题，发表意见，做好会议期间的各项工作；

（三）积极参加统一组织的视察、专题调研、执法检查等履职活动；

（四）加强履职学习和调查研究，不断提高执行代表职务的能力；

（五）与原选区选民或者原选举单位和人民群众保持密切联系，听取和反映他们的意见和要求，努力为人民服务；

（六）自觉遵守社会公德，廉洁自律，公道正派，勤勉尽责；

（七）法律规定的其他义务。

第五条　代表依照本法的规定在本级人民代表大会会议期间的工作和在本级人民代表大会闭会期间的活动，都是执行代表职务。

国家和社会为代表执行代表职务提供保障。

代表不脱离各自的生产和工作。代表出席本级人民代表大会会议，参加闭会期间统一组织的履职活动，应当安排好本人的生产和工作，优先执行代表职务。

第六条　代表受原选区选民或者原选举单位的监督。

第二章　代表在本级人民代表大会会议期间的工作

第七条　代表应当按时出席本级人民代表大会会议。代表因健康等特殊原因不能出席会议的，应当按照规定请假。

代表在出席本级人民代表大会会议前，应当听取人民群众的意见和建议，为会议期间执行代表职务做好准备。

第八条　代表参加大会全体会议、代表团全体会议、小组会议，审议列入会议议程的各项议案和报告。

代表可以被推选或者受邀请列席主席团会议、专门委员会会议，发表意见。

代表应当围绕会议议题发表意见，遵守议事规则。

第九条　代表有权依照法律规定的程序向本级人民代表大会提出属于本级人民代表大会职权范围内的议案。议案应当有案由、案据和方案。

代表依法提出的议案，由本级人民代表大会主席团决定是否列入会议议程，或者先交有关的专门委员会审议、提出是否列入会议议程的意见，再决定是否列入会议议程。

列入会议议程的议案，在交付大会表决前，提出议案的代表要求撤回的，经主席团同意，会议对该项议案的审议即行终止。

第十条 全国人民代表大会代表，有权依照宪法规定的程序向全国人民代表大会提出修改宪法的议案。

第十一条 代表参加本级人民代表大会的各项选举。

全国人民代表大会代表有权对主席团提名的全国人民代表大会常务委员会组成人员的人选，中华人民共和国主席、副主席的人选，中央军事委员会主席的人选，最高人民法院院长和最高人民检察院检察长的人选，全国人民代表大会各专门委员会的人选，提出意见。

县级以上的地方各级人民代表大会代表有权依照法律规定的程序提出本级人民代表大会常务委员会的组成人员，人民政府领导人员，人民法院院长，人民检察院检察长以及上一级人民代表大会代表的人选，并有权对本级人民代表大会主席团和代表依法提出的上述人员的人选提出意见。

乡、民族乡、镇的人民代表大会代表有权依照法律规定的程序提出本级人民代表大会主席、副主席和人民政府领导人员的人选，并有权对本级人民代表大会主席团和代表依法提出的上述人员的人选提出意见。

各级人民代表大会代表有权对本级人民代表大会主席团的人选，提出意见。

代表对确定的候选人，可以投赞成票，可以投反对票，可以另选他人，也可以弃权。

第十二条　全国人民代表大会代表参加决定国务院组成人员和中央军事委员会副主席、委员的人选。

县级以上的各级人民代表大会代表参加表决通过本级人民代表大会各专门委员会组成人员的人选。

第十三条　代表在审议议案和报告时，可以向本级有关国家机关提出询问。有关国家机关应当派负责人或者负责人员回答询问。

第十四条　全国人民代表大会会议期间，一个代表团或者三十名以上的代表联名，有权书面提出对国务院和国务院各部、各委员会，最高人民法院，最高人民检察院的质询案。

县级以上的地方各级人民代表大会代表有权依照法律规定的程序提出对本级人民政府及其所属各部门，人民法院，人民检察院的质询案。

乡、民族乡、镇的人民代表大会代表有权依照法律规定的程序提出对本级人民政府的质询案。

质询案应当写明质询对象、质询的问题和内容。

质询案按照主席团的决定由受质询机关答复。提出质询案的代表半数以上对答复不满意的，可以要求受质询机关再作答复。

第十五条　全国人民代表大会代表有权依照法律规定的程序提出对全国人民代表大会常务委员会组成人员，中华人民共和国主席、副主席，国务院组成人员，中央军事委员会组成人员，最高人民法院院长，最高人民检察院检察长的罢免案。

县级以上的地方各级人民代表大会代表有权依照法律规定的程序提出对本级人民代表大会常务委员会组成人员，人民政府组成人员，人民法院院长，人民检察院检察长的罢免案。

乡、民族乡、镇的人民代表大会代表有权依照法律规定的程序提出对本级人民代表大会主席、副主席和人民政府领导人员的罢免案。

罢免案应当写明罢免的理由。

第十六条 县级以上的各级人民代表大会代表有权依法提议组织关于特定问题的调查委员会。

第十七条 代表参加本级人民代表大会表决，可以投赞成票，可以投反对票，也可以弃权。

第十八条 代表有权向本级人民代表大会提出对各方面工作的建议、批评和意见。建议、批评和意见应当明确具体，注重反映实际情况和问题。

第三章　代表在本级人民代表大会闭会期间的活动

第十九条 县级以上的各级人民代表大会常务委员会组织本级人民代表大会代表开展闭会期间的活动。

县级以上的地方各级人民代表大会常务委员会受上一级人民代表大会常务委员会的委托，组织本级人民代表大会选举产生的上一级人民代表大会代表开展闭会期间的活动。

乡、民族乡、镇的人民代表大会主席、副主席根据主席团的安排，组织本级人民代表大会代表开展闭会期间的活动。

第二十条 代表在闭会期间的活动以集体活动为主，以代表小组活动为基本形式。代表可以通过多种方式听取、反映原选区选民或者原选举单位的意见和要求。

第二十一条 县级以上的各级人民代表大会代表，在本级或者下级人民代表大会常务委员会协助下，可以按照便于组织和开展活动的原则组成代表小组。

县级以上的各级人民代表大会代表，可以参加下级人民代表大会代表的代表小组活动。

第二十二条　县级以上的各级人民代表大会代表根据本级人民代表大会常务委员会的安排，对本级或者下级国家机关和有关单位的工作进行视察。乡、民族乡、镇的人民代表大会代表根据本级人民代表大会主席团的安排，对本级人民政府和有关单位的工作进行视察。

代表按前款规定进行视察，可以提出约见本级或者下级有关国家机关负责人。被约见的有关国家机关负责人或者由他委托的负责人员应当听取代表的建议、批评和意见。

代表可以持代表证就地进行视察。县级以上的地方各级人民代表大会常务委员会或者乡、民族乡、镇的人民代表大会主席团根据代表的要求，联系安排本级或者上级的代表持代表证就地进行视察。

代表视察时，可以向被视察单位提出建议、批评和意见，但不直接处理问题。

第二十三条　代表根据安排，围绕经济社会发展和关系人民群众切身利益、社会普遍关注的重大问题，开展专题调研。

第二十四条　代表参加视察、专题调研活动形成的报告，由本级人民代表大会常务委员会办事机构或者乡、民族乡、镇的人民代表大会主席团转交有关机关、组织。对报告中提出的意见和建议的研究处理情况应当向代表反馈。

第二十五条　代表有权依照法律规定的程序提议临时召集本级人民代表大会会议。

第二十六条　县级以上的各级人民代表大会代表可以应邀列席本级人民代表大会常务委员会会议、本级人民代表大会各专门委员会会议，参加本级人民代表大会常务委员会组织的执法检查和其他活动。乡、民族乡、镇的人民代表大会代表参加本级人民代表大会主席团组织的执法检查和其他活动。

第二十七条　全国人民代表大会代表，省、自治区、直辖市、自治州、设区的市的人民代表大会代表可以列席原选举单位的人民代表大会会议，并可以应邀列席原选举单位的人民代表大会常务委员会会议。

第二十八条　县级以上的各级人民代表大会代表根据本级人民代表大会或者本级人民代表大会常务委员会的决定，参加关于特定问题的调查委员会。

第二十九条　代表在本级人民代表大会闭会期间，有权向本级人民代表大会常务委员会或者乡、民族乡、镇的人民代表大会主席团提出对各方面工作的建议、批评和意见。建议、批评和意见应当明确具体，注重反映实际情况和问题。

第三十条　乡、民族乡、镇的人民代表大会代表在本级人民代表大会闭会期间，根据统一安排，开展调研等活动；组成代表小组，分工联系选民，反映人民群众的意见和要求。

第四章　代表执行职务的保障

第三十一条　代表在人民代表大会各种会议上的发言和表决，不受法律追究。

第三十二条　县级以上的各级人民代表大会代表，非经本级人民代表大会主席团许可，在本级人民代表大会闭会期间，非经本级人民代表大会常务委员会许可，不受逮捕或者刑事审判。如果因为是现行犯被拘留，执行拘留的机关应当立即向该级人民代表大会主席团或者人民代表大会常务委员会报告。

对县级以上的各级人民代表大会代表，如果采取法律规定的其他限制人身自由的措施，应当经该级人民代表大会主席团或者人民代表大会常务委员会许可。

人民代表大会主席团或者常务委员会受理有关机关依照本条规定提请许可的申请，应当审查是否存在对代表在人民代表大会各种会议上的发言和表决进行法律追究，或者对代表提出建议、批评和意见等其他执行职务行为打击报复的情形，并据此作出决定。

乡、民族乡、镇的人民代表大会代表，如果被逮捕、受刑事审判、或者被采取法律规定的其他限制人身自由的措施，执行机关应当立即报告乡、民族乡、镇的人民代表大会。

第三十三条　代表在本级人民代表大会闭会期间，参加由本级人民代表大会常务委员会或者乡、民族乡、镇的人民代表大会主席团安排的代表活动，代表所在单位必须给予时间保障。

第三十四条　代表按照本法第三十三条的规定执行代表职务，其所在单位按正常出勤对待，享受所在单位的工资和其他待遇。

无固定工资收入的代表执行代表职务，根据实际情况由本级财政给予适当补贴。

第三十五条　代表的活动经费，应当列入本级财政预算予以保障，专款专用。

第三十六条　县级以上的各级人民代表大会常务委员会应当采取多种方式同本级人民代表大会代表保持联系，扩大代表对本级人民代表大会常务委员会活动的参与。

第三十七条　县级以上的地方各级人民代表大会常务委员会，应当为本行政区域内的代表执行代表职务提供必要的条件。

第三十八条　县级以上的各级人民代表大会常务委员会，各级人民政府和人民法院、人民检察院，应当及时向本级人民代表大会代表通报工作情况，提供信息资料，保障代表的知情权。

第三十九条　县级以上的各级人民代表大会常务委员会应当有计划地组织代表参加履职学习，协助代表全面熟悉人民代表大会制度、掌握履行代表职务所需的法律知识和其他专业知识。

乡、民族乡、镇的人民代表大会代表可以参加上级人民代表大会常务委员会组织的代表履职学习。

第四十条　县级以上的各级人民代表大会常务委员会的办事机构和工作机构是代表执行代表职务的集体服务机构，为代表执行代表职务提供服务保障。

第四十一条　为了便于代表执行代表职务，各级人民代表大会可以为本级人民代表大会代表制发代表证。

第四十二条　有关机关、组织应当认真研究办理代表建议、批评和意见，并自交办之日起三个月内答复。涉及面广、处理难度大的建议、批评和意见，应当自交办之日起六个月内答复。

有关机关、组织在研究办理代表建议、批评和意见的过程中，应当与代表联系沟通，充分听取意见。

代表建议、批评和意见的办理情况，应当向本级人民代表大会常务委员会或者乡、民族乡、镇的人民代表大会主席团报告，并印发下一次人民代表大会会议。代表建议、批评和意见办理情况的报告，应当予以公开。

第四十三条　少数民族代表执行代表职务时，有关部门应当在语言文字、生活习惯等方面给予必要的帮助和照顾。

第四十四条　一切组织和个人都必须尊重代表的权利，支持代表执行代表职务。

有义务协助代表执行代表职务而拒绝履行义务的，有关单位应当予以批评教育，直至给予行政处分。

阻碍代表依法执行代表职务的，根据情节，由所在单位或者上级机关给予行政处分，或者适用《中华人民共和国治安管理处罚法》第五十条的处罚规定；以暴力、威胁方法阻碍代表依法执行代表职务的，依照刑法有关规定追究刑事责任。

对代表依法执行代表职务进行打击报复的，由所在单位或者上级机关责令改正或者给予行政处分；国家工作人员进行打击报复构成犯罪的，依照刑法有关规定追究刑事责任。

第五章　对代表的监督

第四十五条　代表应当采取多种方式经常听取人民群众对代表履职的意见，回答原选区选民或者原选举单位对代表工作和代表活动的询问，接受监督。

由选民直接选举的代表应当以多种方式向原选区选民报告履职情况。县级人民代表大会常务委员会和乡、民族乡、镇的人民代表大会主席团应当定期组织本级人民代表大会代表向原选区选民报告履职情况。

第四十六条　代表应当正确处理从事个人职业活动与执行代表职务的关系，不得利用执行代表职务干涉具体司法案件或者招标投标等经济活动牟取个人利益。

第四十七条　选民或者选举单位有权依法罢免自己选出的代表。被提出罢免的代表有权出席罢免该代表的会议提出申辩意见，或者书面提出申辩意见。

第四十八条　代表有下列情形之一的，暂时停止执行代表职务，由代表资格审查委员会向本级人民代表大会常务委员会或者乡、民族乡、镇的人民代表大会报告：

（一）因刑事案件被羁押正在受侦查、起诉、审判的；

（二）被依法判处管制、拘役或者有期徒刑而没有附加剥夺政治权利，正在服刑的。

前款所列情形在代表任期内消失后，恢复其执行代表职务，但代表资格终止者除外。

第四十九条 代表有下列情形之一的，其代表资格终止：

（一）地方各级人民代表大会代表迁出或者调离本行政区域的；

（二）辞职被接受的；

（三）未经批准两次不出席本级人民代表大会会议的；

（四）被罢免的；

（五）丧失中华人民共和国国籍的；

（六）依照法律被剥夺政治权利的；

（七）丧失行为能力的。

第五十条 县级以上的各级人民代表大会代表资格的终止，由代表资格审查委员会报本级人民代表大会常务委员会，由本级人民代表大会常务委员会予以公告。

乡、民族乡、镇的人民代表大会代表资格的终止，由代表资格审查委员会报本级人民代表大会，由本级人民代表大会予以公告。

第六章 附　则

第五十一条 省、自治区、直辖市的人民代表大会及其常务委员会可以根据本法和本行政区域的实际情况，制定实施办法。

第五十二条 本法自公布之日起施行。

附二：

关于地方组织法、选举法、代表法修正案草案的说明

——2015 年 8 月 24 日在第十二届全国人民代表大会常务委员会第十六次会议上

全国人大常委会法制工作委员会副主任　郑淑娜

委员长、各位副委员长、秘书长、各位委员：

我受委员长会议的委托，作关于《〈中华人民共和国地方各级人民代表大会和地方各级人民政府组织法〉、〈中华人民共和国全国人民代表大会和地方各级人民代表大会选举法〉、〈中华人民共和国全国人民代表大会和地方各级人民代表大会代表法〉修正案（草案）》的说明。

一、修改的总体要求和工作过程

今年 6 月，党中央对加强县乡人大工作和建设提出了一系列要求，并转发了有关文件。这是新形势下党中央加强人大工作，特别是县乡人大工作、推进社会主义民主法治建设的重要举措。为此，需要相应修改地方组织法、选举法、代表法三部法律。修改的总体要求是，落实党中央关于加强县乡人大工作和建设的要求，坚定不移走中国特色社会主义政治发展道路，适应协调推进"四个全面"战略布局需要，健全地方人大特别是县乡人大组织制度和运行机制，完善选举和代表制度，推动人民代表大会制度与时俱进。

按照这一总体要求，修改的工作思路是，落实中央精神，突出重点。党中央文件明确要求修改法律的，对"三法"相应作出修改；落实相关任务举措要求法律提供制度支撑的，对"三法"

相应作出补充完善。因此，这次修改"三法"是部分修改，不是全面修改，重点就是落实党中央的要求，从法律上、制度上着力解决基层人大依法履行职责、发挥作用以及代表选举工作中存在的突出问题。对于各方面提出的其他意见和建议，有的需要通过加强和改进相关工作予以解决，有的需要地方通过制定地方性法规加以明确，认识还不统一的问题还可以继续深入研究。

地方组织法、选举法、代表法修改已列入全国人大常委会今年立法工作计划。法制工作委员会主要做了以下工作：一是深入调查研究，广泛听取意见，召开了湖北、河南两省 11 市县座谈会；赴湖南、河南省、市、县、乡镇进行调研，召开 4 省（区、市）座谈会；委托广东、湖南两省提出具体修改方案。二是对照党中央关于加强县乡人大工作和建设的任务要求，进行逐项分析，需要修改法律的，提出修改建议，并与常委会办公厅研究室、联络局共同研究，形成修改方案。三是就有关问题分别与中央组织部、中央编办、民政部和北京市等有关方面进行沟通、听取意见。四是将修改方案下发 31 个省（区、市）人大常委会征求意见，并召开部分省（市）人大常委会法制、选举联络工作机构同志座谈会。在深入研究论证的基础上，形成了地方组织法、选举法、代表法的修正案草案。

二、修改的主要内容

（一）关于加强县乡人大工作和建设

根据加强县级人大组织建设，加强乡镇人大建设，明确乡镇人大在闭会期间的职权和活动方式的要求，建议对地方组织法作如下修改：一是明确乡镇人大主席团在闭会期间的职责，增加规定，乡镇人大主席团每年选择若干关系本地区群众切身利益、群众普遍关注的问题，有计划地安排代表听取和审议本级人民政府的专项工作报告，对法律、法规实施情况进行检查，开展视察、调研等活动；听取和反映代表和群众对本级人民政府工作的建议、批评和意见（地方组织法修正案草案第一条、第二条、第三条）。二是增加县级人大常委会组成人员名额，从 15 到 27 人，修改为 15 至 35 人，人口超过 100 万的，从不超过 35 人修改为不超过 45 人（地方组织法修正案草案第六条）。三是增加规定，县级人大根据需要可以设法制委员会、财政经济委员会等专门委员会（地方组织法修正案草案第四条）。四是增加规定，市辖区、不设区的市的人大常委会可以在街道设立工作机构，负责联系辖区内的人大代表，组织代表开展活动，反映代表和群众的建议、批评和意见，办理本级人大常委会交办的监督、选举以及其他工作（地方组织法修正案草案第七条）。

（二）关于加强代表选举工作

根据依法做好人大代表选举工作，把好代表"入口关"，加强代表资格审查工作，加强对选举全过程的监督的要求，建议对选举法作如下修改：一是增加规定，公民参加各级人民代表大会代表的选举，不得直接或者间接接受境外机构、组织、个人提供的与选举有关的任何形式的资助；违反规定的，不列入代表候选人名单；已经列入代表候选人名单的，应当从名单中除名；已经当选的，其当选无效（选举法修正案草案第一条）。二是参照全国人大组织法等法律的相关规定，对代表资格审查委员会的职责和审查程序进一步予以补充和完善（选举法修正案草案第三条、第五条）。三是增加规定，当选代表名单由选举委员会或者人民代表大会主席团予以公布（选举法修正案草案第二条）。

（三）关于加强代表工作

根据加强国家机关同人大代表的联系，提高代表议案建议办理质量，做好代表履职服务保障工作，加强代表履职监督的要求，建议对代表法和地方组织法作如下修改：一是增加规定，县级人大代表列席专门委员会会议，乡镇人大代表根据乡镇人大主席团的安排开展视察、调研等活动，乡镇人大代表参加视察、专题调研活动形成的报告，由乡镇人大主席团转交有关机关、组织研究处理（代表法修正案草案第二条、第四条、第五条，地方组织法修正案草案第二条、第三条）。二是增加规定，代表建议、批评和意见办理情况的报告，应当予以公开（代表法修正案草案第八条）。三是增加规定，县级人大常委会和乡镇人大主席团应当定期组织本级代表向原选区选民报告履职情况（代表法修正案草案第九条）。

此外，十二届全国人大三次会议通过的修改立法法的决定，将"较大的市"的相关表述修改为"设区的市"，建议对地方组织法中的有关表述作出相应修改。同时，由于"三法"的一些规定关联性较强，为保持"三法"之间的协调，还对个别文字作了衔接性修改。

修正案草案和以上说明是否妥当，请审议。

附三：

关于《中华人民共和国全国人民代表大会和地方各级人民代表大会代表法修正案（草案）》审议结果的报告

全国人民代表大会常务委员会：

本次常委会会议于 8 月 26 日上午对地方组织法、选举法、代表法修正案（草案）进行了分组审议。普遍认为，修正案草案贯彻了中央精神，对于健全县乡人大组织制度和运行机制，完善选举和代表制度，推动人民代表大会制度与时俱进，具有重要意义。草案已经比较成熟，建议进一步修改后，提请本次会议通过。同时，有些常委会组成人员还提出了一些修改意见。法律委员会于 8 月 26 日下午召开会议，逐条研究了常委会组成人员的审议意见，对草案进行了审议。常委会办公厅研究室、联络局的有关负责同志列席了会议。法律委员会认为，草案是可行的，同时，提出以下修改意见：

一、有的常委委员提出，修正案草案地方组织法修改第一条规定乡镇人大主席团在闭会期间的若干职责，其中许多工作需要由乡镇人大主席、副主席负责落实，建议增加乡镇人大主席、副主席"负责处理主席团的日常工作"的内容。法律委员会经研究，建议对该条作相应修改。（决定草案建议表决稿地方组织法修改第一条）

二、有的常委委员提出，修正案草案地方组织法修改第二条中规定乡镇人大主席团安排代表听取和审议本级人民政府的专项工作报告中的"听取和审议"，与县级以上地方人大常委会听取和审议专项工作报告有所不同，建议修改为"听取和讨论"。法律委员会经研究，建议对该条作相应修改。（决定草案建议表决

稿地方组织法修改第二条）

三、有的常委委员建议，与修正案草案地方组织法修改第二条相衔接，在代表法中增加乡镇人大代表参加执法检查等活动的内容。法律委员会经研究，建议增加规定："乡、民族乡、镇的人民代表大会代表参加本级人民代表大会主席团组织的执法检查和其他活动。"（决定草案建议表决稿代表法修改第六条）

此外，根据常委会组成人员的审议意见，还对修正案草案作了个别文字修改。

审议中，有些常委会组成人员还提出了关于明确地方人大讨论决定重大事项的范围、乡镇人大主席团闭会期间的工作规范、完善代表建议批评意见的办理、建立代表履职补助制度等意见。考虑到这次修改"三法"重点是落实中央精神，是部分修改，有的问题可由地方按照中央要求制定地方性法规加以明确，有的问题需要通过加强和改进相关工作予以解决，有的问题还需要在实践中继续探索和深入研究，建议本次会议对这些问题暂不作修改。

法律委员会已按上述意见提出了全国人民代表大会常务委员会关于修改《中华人民共和国地方各级人民代表大会和地方各级人民政府组织法》、《中华人民共和国全国人民代表大会和地方各级人民代表大会选举法》、《中华人民共和国全国人民代表大会和地方各级人民代表大会代表法》的决定草案（建议表决稿），建议本次常委会会议通过。

修改决定草案建议表决稿和以上报告是否妥当，请审议。

全国人民代表大会法律委员会

2015 年 8 月 28 日

二、关于加强代表履职保障、做好代表工作的决议决定

关于加强代表履职保障、做好代表工作的决议决定，主要是在 1992 年 4 月 3 日第七届全国人民代表大会第五次会议通过《中华人民共和国全国人民代表大会和地方各级人民代表大会代表法》之前，全国人大常委会为代表依法履行代表职务提供必要的制度保障而作出的一系列决议决定。

全国人民代表大会常务委员会关于全国人民代表大会代表和省自治区直辖市人民代表大会代表视察工作的决定[1]

（1955 年 8 月 6 日第一届全国人民代表大会常务委员会
第二十次会议通过）

一、为了解各地工作情况，密切联系群众，倾听群众的意见和要求，全国人民代表大会代表和省、自治区、直辖市人民代表大会代表一般地每年应当视察工作两次。视察时间，一般以春耕以后和秋收以后为宜。年老体弱或确实离不开工作岗位的代表，可以不去视察或在住地附近视察。

二、全国人民代表大会代表可以到原选举单位的地区或其他地区视察工作；省、自治区、直辖市人民代表大会代表可以到原选举单位的地区或在省、自治区、直辖市范围内的其他地区视察工作。视察工作的时候，可以分组进行，也可以单独进行。

---

〔1〕　全国人大常委会办公厅、中共中央文献研究室编：《人民代表大会制度重要文献选编》（一），中国民主法制出版社 2015 年版，第 296—297 页。

三、全国人民代表大会代表和省、自治区、直辖市人民代表大会代表视察工作的时候，可以向当地人民委员会、人民法院、人民检察院有关的人员了解情况；可以列席当地的人民代表大会会议、人民委员会会议；可以接见当地的人民代表，访问人民群众。

四、全国人民代表大会代表和省、自治区、直辖市人民代表大会代表在到达视察地区的时候，可以和当地人民委员会接洽，取得他们的协助。各地人民委员会和其他有关部门应给代表以视察工作上的便利。

五、代表视察工作的时候，都不直接处理问题，所发现的问题分别交由当地人民委员会、人民法院、人民检察院处理。必要时，全国人民代表大会代表可将所发现的问题函报常务委员会处理；省、自治区、直辖市人民代表大会代表可将所发现的问题函报省、自治区、直辖市人民委员会处理。

六、全国人民代表大会代表视察工作的时候，所需的旅费向常务委员会报销，省、自治区、直辖市人民代表大会代表视察工作的时候，所需的旅费伙食费向省、自治区、直辖市人民委员会报销，一律不得增加地方负担。

全国人民代表大会常务委员会关于设立全国人民代表大会代表办事处的决定

（1955 年 2 月 12 日第一届全国人民代表大会常务委员会第七次会议通过）

为了全国人民代表大会代表在各地工作活动的便利，决定在北京、天津、上海和各省、自治区人民委员会所在地以及代表居住人数较多的重庆、青岛、旅大、鞍山等市，由当地省（自治区）、市人民委员会负责设立全国人民代表大会代表办事处。办事处酌设秘书一人至三人，为住在本地的全国人民代表大会代表办理秘书工作。在代表居住人数较少的市和县，由当地市、县人民委员会指定专人兼办代表的秘书工作。在有代表的部队中，由政治部指定专人兼办代表的秘书工作。全国人民代表大会代表办事处的建立，可先在若干城市试办，取得经验后，再普遍推行。

全国人民代表大会常务委员会关于处理第一届全国人民代表大会第三次会议交由常务委员会研究办理或者研究的三个提案的决议

（1957 年 4 月 3 日第一届全国人民代表大会常务委员会第五十五次会议通过）

全国人民代表大会常务委员会于 1957 年 4 月 3 日第五十五次会议讨论了第一届全国人民代表大会第三次会议交由常务委员会研究办理或者研究的第 1 号提案、第 21 号提案和第 22 号提案，决议如下：

一、第 1 号提案是建议制定禁止虐待儿童法，以保护儿童。常务委员会决定将这一提案交由常务委员会法律室在起草刑法中加以研究解决，并且转交中华全国民主妇女联合会和新华通讯社在群众中进行教育。

二、第 21 号和第 22 号提案是建议倡导火葬。常务委员会认为这一问题，是涉及改变我国许多民族几千年来风俗习惯的问题，不便作硬性规定，只能由主张火葬的人加以提倡，在公民自愿的基础上逐步推行。关于修建火葬设备问题，决定交由国务院研究办理。

全国人民代表大会常务委员会关于全国人民代表大会代表工作费问题的决定

（1958 年 3 月 7 日第一届全国人民代表大会常务委员会
第九十四次会议通过）

1958 年 3 月 7 日全国人民代表大会常务委员会第九十四次会议决定：自1958 年 4 月份起取消全国人民代表大会代表每人每月五十元的工作费，工作、生活有需要的，另行补助。

.

国家出版基金项目
NATIONAL PUBLICATION FOUNDATION

中国特色社会主义根本政治制度
人民代表大会制度纪实

总 顾 问 王汉斌
编委会主任 乔晓阳

人大讨论决定重大事项制度 (中)

任佩文 吴克非 王亚楠 / 编著

中国出版集团
中国民主法制出版社

全国百佳图书
出版单位

第七章

关于组织和人事任免的决议决定

作为新型的社会主义国家，我国的国家政权组织和机构设置有着诸多的独特之处，这是由我国的国家性质和现实特殊国情决定的。不仅如此，新中国成立后，为适应不同时期党和国家的中心任务，政府机构改革历程先后经历了精简机构、克服膨胀，改革工业经济管理部门、推进政府职能转变，实施大部制、推进政府职能转变，推进国家治理现代化，提升整体行政效能等四个主要的阶段。国家政权组织和机构设置随之发生变革和调整。与此同时，根据国家政权组织和机构设置的变革，按照党管干部的原则，党组织选拔和推荐了一大批适合国家机关各个岗位的优秀干部人选，按照相关法律程序进行任免，有效地保障了国家政权组织建设和机构功能的变革。在这样的背景下，全国人大及其常委会积极发挥讨论决定重大事项的职能作用，在组织法修改、各国家机关组织事项决定、地方国家机关组织事项决定、人事任免事项决定等方面作出了一系列决议决定，与时俱进地保障了国家政权组织、机构设置及人事任免工作的依法有序开展。

第一节　关于组织法修改的决议决定

新中国成立以来，党和政府围绕建立和完善功能合理、人员精干、统筹灵活、治理高效的党和国家工作机构进行了坚持不懈的努力，进行了多次精兵简政和机构改革。适应机构改革的需要，全国人大及其常委会通过及时作出组织法修改的决议决定，先后六次对《中华人民共和国人民检察院组织法》《中华人民共和国人民法院组织法》《中华人民共和国地方各级人民代表大会和地方各级人民政府组织法》作出修改，保障了相关改革工作的依法顺利进行。但是《中华人民共和国全国人民代表大会组织法》《中华人民共和国国务院组织法》由于规定内容较为原则，因此修改次数较少。

一、关于修改全国人民代表大会组织法的决议决定

1982 年 12 月，五届全国人大五次会议通过了全国人大组织法。这对于保障最高国家权力机关依法行使职权发挥了重要作用。党的十八大以来，以习近平同志为核心的党中央高度重视、全面加强党对人大工作的领导，推动人大制度和人大工作取得历史性成就。在新的形势下，全国人民代表大会作出了关于修改《中华人民共和国全国人民代表大会组织法》的决定，旨在贯彻习近平法治思想和习近平总书记关于坚持和完善人民代表大会制度的重要思想，落实党中央重大决策部署，进一步完善全国人大及其常委会的组织制度和工作制度。

全国人民代表大会关于修改《中华人民共和国全国人民代表大会组织法》的决定

（2021 年 3 月 11 日第十三届全国人民代表大会第四次会议通过）

第十三届全国人民代表大会第四次会议决定对《中华人民共和国全国人民代表大会组织法》作如下修改：

一、增加一章，作为第一章"总则"，包括第一条至第七条。

二、增加一条，作为第一条："为了健全全国人民代表大会及其常务委员会的组织和工作制度，保障和规范其行使职权，坚持和完善人民代表大会制度，保证人民当家作主，根据宪法，制定本法。"

三、增加一条，作为第二条："全国人民代表大会是最高国家权力机关，其常设机关是全国人民代表大会常务委员会。"

四、增加一条，作为第三条："全国人民代表大会及其常务委员会坚持中国共产党的领导，坚持以马克思列宁主义、毛泽东思想、邓小平理论、'三个代表'重要思想、科学发展观、习近平新时代中国特色社会主义思想为指导，依照宪法和法律规定行使职权。"

五、增加一条，作为第四条："全国人民代表大会由民主选举产生，对人民负责，受人民监督。

"全国人民代表大会及其常务委员会坚持全过程民主，始终同人民保持密切联系，倾听人民的意见和建议，体现人民意志，保障人民权益。"

六、增加一条，作为第五条："全国人民代表大会及其常务委员会行使国家立法权，决定重大事项，监督宪法和法律的实施，维护社会主义法制的统一、尊严、权威，建设社会主义法治国家。"

七、增加一条，作为第六条："全国人民代表大会及其常务委员会实行民主集中制原则，充分发扬民主，集体行使职权。"

八、增加一条，作为第七条："全国人民代表大会及其常务委员会积极开展对外交往，加强同各国议会、国际和地区议会组织的交流与合作。"

九、将第一条改为第八条，修改为："全国人民代表大会每届任期五年。

"全国人民代表大会会议每年举行一次，由全国人民代表大会常务委员会召集。全国人民代表大会常务委员会认为必要，或者有五分之一以上的全国人民代表大会代表提议，可以临时召集全国人民代表大会会议。"

十、将第五条改为第十一条，第二款修改为："主席团和秘书长的名单草案，由全国人民代表大会常务委员会委员长会议提出，经常务委员会会议审议通过后，提交预备会议。"

十一、将第六条改为第十二条，第二款改为第三款，修改为："主席团推选主席团成员若干人分别担任每次大会全体会议的执行主席，并指定其中一人担任全体会议主持人。"

十二、将第七条改为第十三条，修改为："全国人民代表大会会议设立秘书处。秘书处由秘书长和副秘书长若干人组成。副秘书长的人选由主席团决定。

"秘书处在秘书长领导下，办理主席团交付的事项，处理会议日常事务工作。副秘书长协助秘书长工作。"

十三、增加一条，作为第十四条："主席团处理下列事项：

"（一）根据会议议程决定会议日程；

"（二）决定会议期间代表提出议案的截止时间；

"（三）听取和审议关于议案处理意见的报告，决定会议期间提出的议案是否列入会议议程；

"（四）听取和审议秘书处和有关专门委员会关于各项议案和报告审议、审查情况的报告，决定是否将议案和决定草案、决议草案提请会议表决；

"（五）听取主席团常务主席关于国家机构组成人员人选名单的说明，提名由会议选举的国家机构组成人员的人选，依照法定程序确定正式候选人名单；

"（六）提出会议选举和决定任命的办法草案；

"（七）组织由会议选举或者决定任命的国家机构组成人员的宪法宣誓；

"（八）其他应当由主席团处理的事项。"

十四、增加一条，作为第十五条："主席团常务主席就拟提请主席团审议事项，听取秘书处和有关专门委员会的报告，向主席团提出建议。

"主席团常务主席可以对会议日程作必要的调整。"

十五、将第九条改为第十六条，修改为："全国人民代表大会主席团，全国人民代表大会常务委员会，全国人民代表大会各专门委员会，国务院，中央军事委员会，国家监察委员会，最高人民法院，最高人民检察院，可以向全国人民代表大会提出属于全国人民代表大会职权范围内的议案。"

十六、将第十条改为第十七条，修改为："一个代表团或者三十名以上的代表联名，可以向全国人民代表大会提出属于全国人民代表大会职权范围内的议案。"

十七、将第十三条改为第十八条，修改为："全国人民代表大会常务委员会委员长、副委员长、秘书长、委员的人选，中华人民共和国主席、副主席的人选，中央军事委员会主席的人选，国家监察委员会主任的人选，最高人民法院院长和最高人民检察院检察长的人选，由主席团提名，经各代表团酝酿协商后，再由主席团根据多数代表的意见确定正式候选人名单。"

十八、将第十五条改为第二十条，修改为："全国人民代表大会主席团、三个以上的代表团或者十分之一以上的代表，可以提出对全国人民代表大会常务委员会的组成人员，中华人民共和国主席、副主席，国务院和中央军事委员会的组成人员，国家监察委员会主任，最高人民法院院长和最高人民检察院检察长的罢免案，由主席团提请大会审议。"

十九、将第十六条改为第二十一条，修改为："全国人民代表大会会议期间，一个代表团或者三十名以上的代表联名，可以书面提出对国务院以及国务院各部门、国家监察委员会、最高人民法院、最高人民检察院的质询案。"

二十、增加一条，作为第二十二条："全国人民代表大会常务委员会对全国人民代表大会负责并报告工作。

"全国人民代表大会常务委员会每届任期同全国人民代表大会每届任期相同，行使职权到下届全国人民代表大会选出新的常务委员会为止。"

二十一、将第二十三条第三款修改为："常务委员会的组成人员不得担任国家行政机关、监察机关、审判机关和检察机关的职务；如果担任上述职务，应当向常务委员会辞去常务委员会的职务。"

二十二、将第二十五条第一项修改为："（一）决定常务委员会每次会议的会期，拟订会议议程草案，必要时提出调整会议议程的建议"。

增加两项，作为第三项、第四项："（三）决定是否将议案和决定草案、决议草案提请常务委员会全体会议表决，对暂不交付表决的，提出下一步处理意见；

"（四）通过常务委员会年度工作要点、立法工作计划、监督工作计划、代表工作计划、专项工作规划和工作规范性文件等"。

二十三、将第二十六条第二款修改为："代表资格审查委员会的主任委员、副主任委员和委员的人选，由委员长会议在常务委员会组成人员中提名，常务委员会任免。"

二十四、将第二十八条第一款修改为："常务委员会设立法制工作委员会、预算工作委员会和其他需要设立的工作委员会。"

增加一款，作为第三款："香港特别行政区基本法委员会、澳门特别行政区基本法委员会的设立、职责和组成人员任免，依照有关法律和全国人民代表大会有关决定的规定。"

二十五、将第三十二条改为第二十九条，修改为："委员长会议，全国人民代表大会各专门委员会，国务院，中央军事委员会，国家监察委员会，最高人民法院，最高人民检察院，常务委员会组成人员十人以上联名，可以向常务委员会提出属于常务委员会职权范围内的议案。"

二十六、将第三十三条改为第三十条，修改为："常务委员会会议期间，常务委员会组成人员十人以上联名，可以向常务委员会书面提出对国务院以及国务院各部门、国家监察委员会、最高人民法院、最高人民检察院的质询案。"

二十七、增加一条，作为第三十一条："常务委员会在全国人民代表大会闭会期间，根据国务院总理的提名，可以决定国务院其他组成人员的任免；根据中央军事委员会主席的提名，可以决定中央军事委员会其他组成人员的任免。"

二十八、增加一条，作为第三十二条："常务委员会在全国人民代表大会闭会期间，根据委员长会议、国务院总理的提请，可以决定撤销国务院其他个别组成人员的职务；根据中央军事委员会主席的提请，可以决定撤销中央军事委员会其他个别组成人员的职务。"

二十九、将第三十五条改为第三十四条，第一款修改为："全国人民代表大会设立民族委员会、宪法和法律委员会、监察和司法委员会、财政经济委员会、教育科学文化卫生委员会、外事委员会、华侨委员会、环境与资源保护委员会、农业与农村委员会、社会建设委员会和全国人民代表大会认为需要设立的其他专门委员会。各专门委员会受全国人民代表大会领导；在全国人民代表大会闭会期间，受全国人民代表大会常务委员会领导。"

第三款修改为："各专门委员会的主任委员、副主任委员和委员的人选由主席团在代表中提名，全国人民代表大会会议表决通过。在大会闭会期间，全国人民代表大会常务委员会可以任免专门委员会的副主任委员和委员，由委员长会议提名，常务委员会会议表决通过。"

三十、增加一条，作为第三十五条："各专门委员会每届任期同全国人民代表大会每届任期相同，履行职责到下届全国人民代表大会产生新的专门委员会为止。"

三十一、将第三十七条第一款第二项修改为："（二）向全国人民代表大会主席团或者全国人民代表大会常务委员会提出属于全国人民代表大会或者全国人民代表大会常务委员会职权范围内同本委员会有关的议案，组织起草法律草案和其他议案草案"。

增加四项，作为第三项至第六项："（三）承担全国人民代表大会常务委员会听取和审议专项工作报告有关具体工作；

"（四）承担全国人民代表大会常务委员会执法检查的具体组织实施工作；

"（五）承担全国人民代表大会常务委员会专题询问有关具体工作；

"（六）按照全国人民代表大会常务委员会工作安排，听取国务院有关部门和国家监察委员会、最高人民法院、最高人民检察院的专题汇报，提出建议"。

第三项改为第八项，修改为："（八）审议全国人民代表大会常务委员会交付的被认为同宪法、法律相抵触的国务院的行政法规、决定和命令，国务院各部门的命令、指示和规章，国家监察委员会的监察法规，省、自治区、直辖市和设区的市、自治州的人民代表大会及其常务委员会的地方性法规和决定、决议，省、自治区、直辖市和设区的市、自治州的人民政府的决定、命令和规章，民族自治地方的自治条例和单行条例，经济特区法规，以及最高人民法院、最高人民检察院具体应用法律问题的解释，提出意见"。

第四项改为第九项，第五项改为第七项。

增加三项，作为第十项至第十二项："（十）研究办理代表建议、批评和意见，负责有关建议、批评和意见的督促办理工作；

"（十一）按照全国人民代表大会常务委员会的安排开展对外交往；

"（十二）全国人民代表大会及其常务委员会交办的其他工作。"

三十二、将第三十七条第二款改为第三十八条，修改为："民族委员会可以对加强民族团结问题进行调查研究，提出建议；审议自治区报请全国人民代表大会常务委员会批准的自治区的自治条例和单行条例，向全国人民代表大会常务委员会提出报告。"

三十三、将第三十七条第三款改为第三十九条，修改为："宪法和法律委员会承担推动宪法实施、开展宪法解释、推进合宪性审查、加强宪法监督、配合宪法宣传等工作职责。

"宪法和法律委员会统一审议向全国人民代表大会或者全国人民代表大会常务委员会提出的法律草案和有关法律问题的决定草案；其他专门委员会就有关草案向宪法和法律委员会提出意见。"

三十四、增加一条，作为第四十条："财政经济委员会对国务院提出的国民经济和社会发展计划草案、规划纲要草案、中央和地方预算草案、中央决算草案以及相关报告和调整方案进行审查，提出初步审查意见、审查结果报告；其他专门委员会可以就有关草案和报告向财政经济委员会提出意见。"

三十五、将第四十一条改为第四十四条，修改为："全国人民代表大会代表应当同原选举单位和人民保持密切联系，可以列席原选举单位的人民代表大会会议，通过多种方式听取和反映人民的意见和要求，努力为人民服务，充分发挥在全过程民主中的作用。"

三十六、增加一条，作为第四十五条："全国人民代表大会常务委员会和各专门委员会、工作委员会应当同代表保持密切联系，听取代表的意见和建议，支持和保障代表依法履职，扩大代表对各项工作的参与，充分发挥代表作用。

"全国人民代表大会常务委员会建立健全常务委员会组成人员和各专门委员会、工作委员会联系代表的工作机制。

"全国人民代表大会常务委员会办事机构和工作机构为代表履行职责提供服务保障。"

三十七、将第二十一条改为第四十六条，修改为："全国人民代表大会代表向全国人民代表大会或者全国人民代表大会常务委员会提出的对各方面工作的建议、批评和意见，由全国人民代表大会常务委员会办事机构交由有关机关、组织研究办理并负责答复。

"对全国人民代表大会代表提出的建议、批评和意见，有关机关、组织应当与代表联系沟通，充分听取意见，介绍有关情况，认真研究办理，及时予以答复。

"全国人民代表大会有关专门委员会和常务委员会办事机构应当加强对办理工作的督促检查。常务委员会办事机构每年向常务委员会报告代表建议、批评和意见的办理情况，并予以公开。"

三十八、删去第二条、第八条、第十一条、第十二条、第十七条、第十八条、第十九条、第二十条、第二十二条、第二十九条、第三十条、第三十一条、第四十五条、第四十六条。

本决定自 2021 年 3 月 12 日起施行。

《中华人民共和国全国人民代表大会组织法》根据本决定作相应修改，并对章、条、款、项序号和顺序作相应调整，重新公布。

二、关于修改法院组织法和检察院组织法的决议决定

全国人大常委会专门作出决定对法院组织法进行修改的有两次，对检察院组织法进行修改的有一次。1986年12月2日，第六届全国人民代表大会常务委员会第八次会议通过了关于修改《中华人民共和国地方各级人民代表大会和地方各级人民政府组织法》的决定，其中也涉及对《中华人民共和国人民法院组织法》《中华人民共和国人民检察院组织法》的修改。主要是第二十八条改为第三十九条，第九项改为第十一项，修改为："按照人民法院组织法和人民检察院组织法的规定，任免人民法院副院长、庭长、副庭长、审判委员会委员、审判员，任免人民检察院副检察长、检察委员会委员、检察员，批准任免下一级人民检察院检察长；省、自治区、直辖市的人民代表大会常务委员会根据主任会议的提名，决定在省、自治区内按地区设立的和在直辖市内设立的中级人民法院院长的任免，根据省、自治区、直辖市的人民检察院检察长的提名，决定人民检察院分院检察长的任免"；以及要求《中华人民共和国人民法院组织法》第三十五条第二款、《中华人民共和国人民检察院组织法》第二十二条第一款按照该决定第十八条作相应的修改。

全国人民代表大会常务委员会关于修改 《中华人民共和国人民法院组织法》的决定

（1983年9月2日第六届全国人民代表大会常务委员会第二次会议通过）

第六届全国人民代表大会常务委员会第二次会议决定对《中

华人民共和国人民法院组织法》作如下修改：

一、第二条第一款第二项"专门人民法院"修改为"军事法院等专门人民法院"。

删去第三款"专门人民法院包括：军事法院、铁路运输法院、水上运输法院、森林法院、其他专门法院。"

二、第四条"人民法院独立进行审判，只服从法律。"修改为："人民法院依照法律规定独立行使审判权，不受行政机关、社会团体和个人的干涉。"

三、删去第九条"人民法院审判第一审案件实行人民陪审员陪审的制度，但是简单的民事案件、轻微的刑事案件和法律另有规定的案件除外。"

第十条第二款"人民法院审判第一审案件，由审判员和人民陪审员组成合议庭进行，但是简单的民事案件、轻微的刑事案件和法律另有规定的案件除外。"修改为："人民法院审判第一审案件，由审判员组成合议庭或者由审判员和人民陪审员组成合议庭进行；简单的民事案件、轻微的刑事案件和法律另有规定的案件，可以由审判员一人独任审判。"

四、第十三条"死刑案件由最高人民法院判决或者核准。死刑案件的复核程序按照中华人民共和国刑事诉讼法第三编第四章的规定办理。"修改为："死刑案件除由最高人民法院判决的以外，应当报请最高人民法院核准。杀人、强奸、抢劫、爆炸以及其他严重危害公共安全和社会治安判处死刑的案件的核准权，最高人民法院在必要的时候，得授权省、自治区、直辖市的高级人民法院行使。"

五、删去第十七条第三款"各级人民法院的司法行政工作由司法行政机关管理。"

六、第十九条第二款"基层人民法院可以设刑事审判庭和民事审判庭，庭设庭长、副庭长。"修改为："基层人民法院可以设刑事审判庭、民事审判庭和经济审判庭，庭设庭长、副庭长。"

七、第二十二条第二项"指导人民调解委员会和人民公社司法助理员的工作；"修改为："指导人民调解委员会的工作。"

删去第三项"在上级司法行政机关授予的职权范围内管理司法行政工作。"

八、第二十四条第二款"中级人民法院设刑事审判庭、民事审判庭，根据需要可以设其他审判庭。"修改为："中级人民法院设刑事审判庭、民事审判庭、经济审判庭，根据需要可以设其他审判庭。"

删去第三款"直辖市的中级人民法院和省、自治区辖的市中级人民法院应设经济审判庭。"

九、第三十四条增加一款，作为第二款："人民法院的审判人员必须具有法律专业知识。"

十、第三十七条第一款"各级人民法院按照需要可以设助理审判员，由司法行政机关任免。"修改为："各级人民法院按照需要可以设助理审判员，由本级人民法院任免。"

十一、删去第四十二条"各级人民法院的设置、人员编制和办公机构由司法行政机关另行规定。"

全国人民代表大会常务委员会关于修改《中华人民共和国人民检察院组织法》的决定

(1983 年 9 月 2 日第六届全国人民代表大会常务委员会第二次会议通过)

第六届全国人民代表大会常务委员会第二次会议决定对《中

华人民共和国人民检察院组织法》作如下修改：

一、第二条第一款"中华人民共和国设立最高人民检察院、地方各级人民检察院和专门人民检察院。"修改为："中华人民共和国设立最高人民检察院、地方各级人民检察院和军事检察院等专门人民检察院。"

删去第四款"专门人民检察院包括：军事检察院、铁路运输检察院、水上运输检察院、其他专门检察院。"

二、第二十条第一款"最高人民检察院设置刑事、法纪、监所、经济等检察厅，并且可以按照需要，设立其他业务机构。"和第二款"地方各级人民检察院和专门人民检察院可以设置相应的业务机构。"修改为："最高人民检察院根据需要，设立若干检察厅和其他业务机构。地方各级人民检察院可以分别设立相应的检察处、科和其他业务机构。"

三、第二十二条第二款"省、自治区、直辖市人民检察院检察长、副检察长和检察委员会委员的任免，须报最高人民检察院检察长提请全国人民代表大会常务委员会批准。"修改为："省、自治区、直辖市人民检察院检察长的任免，须报最高人民检察院检察长提请全国人民代表大会常务委员会批准。"

四、第二十三条第二款"自治州、省辖市、县、市、市辖区人民检察院检察长、副检察长和检察委员会委员的任免，须报省、自治区、直辖市人民检察院检察长提请本级人民代表大会常务委员会批准。"修改为："自治州、省辖市、县、市、市辖区人民检察院检察长的任免，须报上一级人民检察院检察长提请该级人民代表大会常务委员会批准。"

全国人民代表大会常务委员会关于修改
《中华人民共和国人民法院组织法》的决定[1]

（2006 年 10 月 31 日第十届全国人民代表大会常务委员会
第二十四次会议通过）

第十届全国人民代表大会常务委员会第二十四次会议决定对
《中华人民共和国人民法院组织法》作如下修改：

第十三条修改为："死刑除依法由最高人民法院判决的以外，
应当报请最高人民法院核准。"

本决定自 2007 年 1 月 1 日起施行。

《中华人民共和国人民法院组织法》根据本决定作修改并对
条款顺序作调整后，重新公布。

三、关于修改地方组织法的决议决定

地方组织法有过一次较大的修改，1979 年 7 月 1 日，第五届
全国人民代表大会第二次会议制定的《中华人民共和国地方各级
人民代表大会和地方各级人民政府组织法》，从名称上改变了
1956 年 6 月 30 日第一届全国人民代表大会第三次会议制定的
《中华人民共和国地方各级人民代表大会和地方各级人民委员会
组织法》，此后全国人大及其常委会数次作出决定，对地方组织
法进行了修改。

---

[1] 全国人大常委会办公厅、中共中央文献研究室编：《人民代表大会制度重要
文献选编》（四），中国民主法制出版社 2015 年版，第 1389 页。

关于修改中华人民共和国地方各级人民代表大会
和地方各级人民委员会组织法第二十五条第二款
第四项第五项规定的决议

（1956 年 6 月 30 日第一届全国人民代表大会第三次会议通过）

第一届全国人民代表大会第三次会议决定：

一、中华人民共和国地方各级人民代表大会和地方各级人民委员会组织法第二十五条第二款第四项"市辖区九人至二十一人；"的规定，修改为："市辖区九人至二十一人，人口特多的市辖区至多不超过二十七人；"

二、中华人民共和国地方各级人民代表大会和地方各级人民委员会组织法第二十五条第二款第五项"乡、民族乡、镇三人至十三人。"的规定，修改为："乡、民族乡、镇五人至十五人，人口特多的乡、民族乡、镇至多不超过二十五人。"

关于修改《中华人民共和国地方各级人民代表大会
和地方各级人民政府组织法》的若干规定的决议

（1982 年 12 月 10 日第五届全国人民代表大会第五次会议通过）

第五届全国人民代表大会第五次会议决定对本届全国人民代表大会第二次会议一九七九年通过的《中华人民共和国地方各级人民代表大会和地方各级人民政府组织法》作如下修改：

一、条文中的"人民公社"改为"乡、民族乡"；"人民公社管理委员会"改为"乡、民族乡人民政府"；"人民公社主任、副主任和委员若干人"改为"乡长、副乡长"；"人民公社基本核算单位"改为"农村集体经济组织",并对本法的有关条文作相应的修改。

二、第五条改为:"省、自治区、直辖市、自治州、设区的市的人民代表大会每届任期五年。县、自治县、不设区的市、市辖区、乡、民族乡、镇的人民代表大会每届任期三年。"

第三十四条改为:"省、自治区、直辖市、自治州、设区的市的人民政府每届任期五年。县、自治县、不设区的市、市辖区、乡、民族乡、镇的人民政府每届任期三年。"

三、第十六条第一款改为:"省长、副省长,自治区主席、副主席,市长、副市长,州长、副州长,县长、副县长,区长、副区长,乡长、副乡长,镇长、副镇长,县级以上的地方各级人民代表大会常务委员会的组成人员和人民法院院长、人民检察院检察长的人选,由本级人民代表大会主席团或者代表联合提名。选举可以采用候选人数多于应选人数的办法;也可以经过预选产生候选人名单,然后进行选举。"

四、第二十六条第二款改为:"常务委员会的组成人员不得担任国家行政机关、审判机关和检察机关的职务;如果担任上述职务,必须向常务委员会辞去常务委员会的职务。"

五、第二十七条增加一款,作为第二款:"省、自治区的人民政府所在地的市和经国务院批准的较大的市的人民代表大会常务委员会,可以拟订本市需要的地方性法规草案,提请省、自治区的人民代表大会常务委员会审议制定,并报全国人民代表大会常务委员会和国务院备案。"

六、第二十八条第(八)项改为:"决定本级人民政府秘书长、厅长、局长、主任、科长的任免,报上一级人民政府备案;"

七、第二十九条增加一款,作为第三款:"常务委员会主任、副主任组成主任会议，处理常务委员会的重要日常工作。"

八、第三十五条第（一）项最后增加："省、自治区、直辖市以及省、自治区的人民政府所在地的市和经国务院批准的较大的市的人民政府，还可以根据法律和国务院的行政法规，制定规章;"

九、第三十七条增加一款，作为第一款："地方各级人民政府分别实行省长、自治区主席、市长、州长、县长、区长、乡长、镇长负责制。"

原第一款改为第二款。

第五届全国人民代表大会第二次会议通过的《中华人民共和国地方各级人民代表大会和地方各级人民政府组织法》，根据本决议作相应的修正，重新公布。

关于修改《中华人民共和国地方各级人民代表大会和地方各级人民政府组织法》的决定

（1986 年 12 月 2 日第六届全国人民代表大会常务委员会
第十八次会议通过）

第六届全国人民代表大会常务委员会第十八次会议根据宪法、地方各级人民代表大会和地方各级人民政府组织法的基本原则和几年来的实践经验，决定对《中华人民共和国地方各级人民代表大会和地方各级人民政府组织法》作如下修改和补充：

一、第六条改为第七条，增加一款，作为第二款："省、自治区的人民政府所在地的市和经国务院批准的较大的市的人民代表大会根据本市的具体情况和实际需要，在不同宪法、法律、行政法规和本省、自治区的地方性法规相抵触的前提下，可以制定地方性法规，报省、自治区的人民代表大会常务委员会批准后施行，并由省、自治区的人民代表大会常务委员会报全国人民代表大会常务委员会和国务院备案。"

第二十七条改为第三十八条，第二款修改为："省、自治区的人民政府所在地的市和经国务院批准的较大的市的人民代表大会常务委员会，在本级人民代表大会闭会期间，根据本市的具体情况和实际需要，在不同宪法、法律、行政法规和本省、自治区的地方性法规相抵触的前提下，可以制定地方性法规，报省、自治区的人民代表大会常务委员会批准后施行，并由省、自治区的人民代表大会常务委员会报全国人民代表大会常务委员会和国务院备案。"

二、第七条改为第八条，第三项修改为："讨论、决定本行政区域内的政治、经济、教育、科学、文化、卫生、民政、民族工作的重大事项"。

第五项修改为："选举省长、副省长，自治区主席、副主席，市长、副市长，州长、副州长，县长、副县长，区长、副区长"。

第六项和第七项合并为一项，作为第六项，修改为："选举本级人民法院院长和人民检察院检察长；选出的人民检察院检察长，须报经上一级人民检察院检察长提请该级人民代表大会常务委员会批准"。

第十二项改为第十项，修改为："改变或者撤销本级人民代表大会常务委员会的不适当的决议"。

第十六项改为第十五项，修改为："保障宪法和法律赋予妇女的男女平等、同工同酬和婚姻自由等各项权利。"

三、第八条改为第九条，增加一项，作为第四项："审查和批准本行政区域内的财政预算和预算执行情况的报告"。

第十一项改为第十二项，修改为："保障宪法和法律赋予妇女的男女平等、同工同酬和婚姻自由等各项权利。"

四、增加第十三条："县级以上的地方各级人民代表大会每次会议举行预备会议，选举本次会议的主席团和秘书长，通过本次会议的议程和其他准备事项的决定。

"预备会议由本级人民代表大会常务委员会主持。每届人民代表大会第一次会议的预备会议，由上届本级人民代表大会常务委员会主持。

"县级以上的地方各级人民代表大会举行会议的时候，由主席团主持会议。

"县级以上的地方各级人民代表大会会议设副秘书长若干人；副秘书长的人选由主席团决定。"

五、第十条第二款改为第十四条，修改为："乡、民族乡、镇的人民代表大会举行会议的时候，选举主席团。由主席团主持会议，并负责召集下一次的本级人民代表大会会议。"

六、增加第十五条："地方各级人民代表大会每届第一次会议，在本届人民代表大会代表选举完成后的两个月内，由上届本级人民代表大会常务委员会或者乡、民族乡、镇的上次人民代表大会主席团召集。"

七、第十三条修改为三条，作为第二十五条、第二十七条、第四十五条：

1. "第二十五条　省、自治区、直辖市、自治州、设区的市的人民代表大会根据需要，可以设法制（政法）委员会、财政经济委员会、教育科学文化卫生委员会等专门委员会。各专门委员会受本级人民代表大会领导；在大会闭会期间，受本级人民代表大会常务委员会领导。

"各专门委员会的主任委员、副主任委员和委员的人选，由主席团在代表中提名，大会通过。在大会闭会期间，常务委员会可以补充任命专门委员会的个别副主任委员和部分委员，由主任会议提名，常务委员会会议通过。

"各专门委员会在本级人民代表大会及其常务委员会领导下，研究、审议和拟订有关议案；对属于本级人民代表大会及其常务委员会职权范围内同本委员会有关的问题，进行调查研究，提出建议。"

2. "第二十七条　乡、民族乡、镇的每届人民代表大会第一次会议通过的代表资格审查委员会，行使职权至本届人民代表大会任期届满为止。"

3. "第四十五条　县级以上的地方各级人民代表大会常务委员会设立代表资格审查委员会。

"代表资格审查委员会的主任委员、副主任委员和委员的人选，由常务委员会主任会议在常务委员会组成人员中提名，常务委员会会议通过。"

增加第二十六条："县级以上的地方各级人民代表大会及其常务委员会可以组织对于特定问题的调查委员会。"

八、第十四条修改为两条，作为第十七条、第十八条：

1. "第十七条　地方各级人民代表大会举行会议的时候，主席团、常务委员会、各专门委员会、本级人民政府，可以向本级人民代表大会提出属于本级人民代表大会职权范围内的议案，由主席团决定提交人民代表大会会议审议，或者并交有关的专门委员会审议、提出报告，再由主席团审议决定提交大会表决。

"县级以上的地方各级人民代表大会代表十人以上联名，乡、民族乡、镇的人民代表大会代表五人以上联名，可以向本级人民代表大会提出属于本级人民代表大会职权范围内的议案，由主席团决定是否列入大会议程，或者先交有关的专门委员会审议，提出是否列入大会议程的意见，再由主席团决定是否列入大会议程。

"向人民代表大会提出的议案，在交付大会表决前，提案人要求撤回的，对该议案的审议即行终止。"

2. "第十八条　县级以上的地方各级人民代表大会代表向本级人民代表大会及其常务委员会提出的对各方面工作的建议、批评和意见，由本级人民代表大会常务委员会的办事机构交有关机关和组织研究处理并负责答复。

"乡、民族乡、镇的人民代表大会代表向本级人民代表大会提出的对各方面工作的建议、批评和意见，由本级人民代表大会主席团交有关机关和组织研究处理并负责答复。"

增加第四十一条："县级以上的地方各级人民政府、人民代表大会各专门委员会，可以向本级人民代表大会常务委员会提出属于常务委员会职权范围内的议案，由主任会议决定提请常务委员会会议审议，或者先交有关的专门委员会审议、提出报告，再提请常务委员会会议审议。

"省、自治区、直辖市、自治州、设区的市的人民代表大会常务委员会组成人员五人以上联名，县级的人民代表大会常务委员会组成人员三人以上联名，可以向本级常务委员会提出属于常务委员会职权范围内的议案，由主任会议决定是否提请常务委员会会议审议，或者先交有关的专门委员会审议、提出报告，再决定是否提请常务委员会会议审议。"

九、第十六条改为第二十条，第一款修改为两款：

"县级以上的地方各级人民代表大会常务委员会的组成人员，

省长、副省长，自治区主席、副主席，市长、副市长，州长、副州长，县长、副县长，区长、副区长，乡长、副乡长，镇长、副镇长，人民法院院长，人民检察院检察长的人选，由本级人民代表大会主席团或者十人以上代表联合提名。

"人民代表大会常务委员会主任、秘书长，省长、自治区主席、市长、州长、县长、区长、乡长、镇长，人民法院院长，人民检察院检察长的候选人数一般应多一人，进行差额选举；如果提名的候选人只有一人，也可以等额选举。人民代表大会常务委员会副主任、副省长、自治区副主席、副市长、副州长、副县长、副区长、副乡长、副镇长的候选人数应比应选人数多一人至三人，人民代表大会常务委员会委员的候选人数应比应选人数多十分之一至五分之一，进行差额选举。如果提名的候选人超过上述差额，由主席团将全部候选人名单提交全体代表酝酿、讨论，根据较多数代表的意见，确定正式候选人名单。"

增加一款，作为第四款："地方各级人民代表大会补选常务委员会主任、副主任、秘书长、委员，省长、副省长，自治区主席、副主席，市长、副市长，州长、副州长，县长、副县长，区长、副区长，乡长、副乡长，镇长、副镇长，人民法院院长，人民检察院检察长时，候选人数可以多于应选人数，也可以同应选人数相等。选举程序和方式，由本级人民代表大会决定。"

十、增加第二十一条："县级以上的地方各级人民代表大会举行会议的时候，主席团、常务委员会或者十分之一以上代表联名，可以提出对本级人民代表大会常务委员会组成人员、人民政府领导人员、人民法院院长、人民检察院检察长的罢免案，由主席团提请大会审议。

"乡、民族乡、镇的人民代表大会举行会议的时候，主席团或者五分之一以上代表联名，可以提出对乡长、副乡长，镇长、副镇长的罢免案，由主席团提请大会审议。"

十一、增加第二十二条："地方各级人民政府领导人员，县级以上的地方各级人民代表大会常务委员会组成人员，人民法院院长，人民检察院检察长，可以向本级人民代表大会提出辞职，由大会决定是否接受辞职；大会闭会期间，可以向本级人民代表大会常务委员会提出辞职，由常务委员会决定是否接受辞职。常务委员会决定接受辞职后，报本级人民代表大会备案。人民检察院检察长的辞职，须报经上一级人民检察院检察长提请该级人民代表大会常务委员会批准。"

十二、第十七条改为第十六条，修改为："地方各级人民政府组成人员和人民法院院长、人民检察院检察长列席本级人民代表大会会议；其他有关机关、团体负责人，经主席团决定，可以列席本级人民代表大会会议。"

十三、第十八条修改为两条，作为第二十三条、第二十四条：

1. "第二十三条　地方各级人民代表大会举行会议的时候，代表十人以上联名可以书面提出对本级人民政府和它所属各工作部门以及人民法院、人民检察院的质询案，由主席团决定交受质询的机关。受质询的机关必须在会议中负责答复。"

2. "第二十四条　在地方各级人民代表大会审议议案的时候，代表可以向有关地方国家机关提出询问，由有关机关派人说明。"

增加第四十二条："在常务委员会会议期间，省、自治区、直辖市、自治州、设区的市的人民代表大会常务委员会组成人员五人以上联名，县级的人民代表大会常务委员会组成人员三人以上联名，可以向常务委员会书面提出对本级人民政府、人民法院、人民检察院的质询案，由主任会议决定交受质询机关答复。"

十四、增加第二十八条："地方各级人民代表大会代表任期，从每届本级人民代表大会举行第一次会议开始，到下届本级人民代表大会举行第一次会议为止。"

增加第三十七条："县级以上的地方各级人民代表大会常务委员会每届任期同本级人民代表大会每届任期相同，它行使职权到下届本级人民代表大会选出新的常务委员会为止。"

十五、增加第二十九条："地方各级人民代表大会代表、常务委员会组成人员，在人民代表大会和常务委员会会议上的发言和表决，不受法律追究。"

第十九条改为第三十条，修改为："县级以上的地方各级人民代表大会代表，非经本级人民代表大会主席团许可，在大会闭会期间，非经本级人民代表大会常务委员会许可，不受逮捕或者刑事审判。如果因为是现行犯被拘留，执行拘留的公安机关应当立即向该级人民代表大会主席团或者常务委员会报告。"

十六、第二十四条改为第三条，修改为："自治区、自治州、自治县的自治机关除行使本法规定的职权外，同时依照宪法、民族区域自治法和其他法律规定的权限行使自治权。"

十七、第二十六条改为第三十六条，第一款修改为两款：

"省、自治区、直辖市、自治州、设区的市的人民代表大会常务委员会由本级人民代表大会在代表中选举主任、副主任若干人、秘书长、委员若干人组成。

"县、自治县、不设区的市、市辖区的人民代表大会常务委员会由本级人民代表大会在代表中选举主任、副主任若干人和委员若干人组成。"

第二十九条第三款改为第四十三条，修改为："省、自治区、直辖市、自治州、设区的市的人民代表大会常务委员会主任、副主任和秘书长组成主任会议；县、自治县、不设区的市、市辖区的人民代表大会常务委员会主任、副主任组成主任会议。主任会议处理常务委员会的重要日常工作。"

十八、第二十八条改为第三十九条，增加三项，分别作为第一项、第八项和第十二项：

1."（一）在本行政区域内，保证宪法、法律、行政法规和上级人民代表大会及其常务委员会决议的遵守和执行"。

2."（八）撤销本级人民政府的不适当的决定和命令"。

3."（十二）在本级人民代表大会闭会期间，决定撤销个别副省长、自治区副主席、副市长、副州长、副县长、副区长的职务；决定撤销由它任命的本级人民政府其他组成人员和人民法院副院长、庭长、副庭长、审判委员会委员、审判员，人民检察院副检察长、检察委员会委员、检察员，中级人民法院院长，人民检察院分院检察长的职务"。

第三项改为第四项，修改为："讨论、决定本行政区域内的政治、经济、教育、科学、文化、卫生、民政、民族工作的重大事项"。

第七项改为第九项，修改为："在本级人民代表大会闭会期间，决定副省长、自治区副主席、副市长、副州长、副县长、副区长的个别任免；在省长、自治区主席、市长、州长、县长、区长和人民法院院长、人民检察院检察长因故不能担任职务的时候，从本级人民政府、人民法院、人民检察院副职领导人员中决定代理的人选；决定代理检察长，须报上一级人民检察院和人民代表大会常务委员会备案"。

第八项改为第十项，修改为："根据省长、自治区主席、市长、州长、县长、区长的提名，决定本级人民政府秘书长、厅长、局长、主任、科长的任免，报上一级人民政府备案"。

第九项改为第十一项，修改为："按照人民法院组织法和人民检察院组织法的规定，任免人民法院副院长、庭长、副庭长、审判委员会委员、审判员，任免人民检察院副检察长、检察委员会委员、检察员，批准任免下一级人民检察院检察长；省、自治区、直辖市的人民代表大会常务委员会根据主任会议的提名，决定在省、自治区内按地区设立的和在直辖市内设立的中级人民法院院长的任免，根据省、自治区、直辖市的人民检察院检察长的提名，决定人民检察院分院检察长的任免"。

十九、增加第四十四条："常务委员会主任因为健康情况不能工作或者缺位的时候，由常务委员会在副主任中推选一人代理主任的职务，直到主任恢复健康或者人民代表大会选出新的主任为止。"

二十、第三十三条改为第四十九条，修改为：

"省、自治区、直辖市、自治州、设区的市的人民政府分别由省长、副省长，自治区主席、副主席，市长、副市长，州长、副州长和秘书长、厅长、局长、委员会主任等组成。

"县、自治县、不设区的市、市辖区的人民政府分别由县长、副县长，市长、副市长，区长、副区长和局长、科长等组成。

"乡、民族乡的人民政府设乡长、副乡长。民族乡的乡长由建立民族乡的少数民族公民担任。镇人民政府设镇长、副镇长。"

二十一、第三十五条改为第五十一条，第五项修改为："执行国民经济和社会发展计划、预算，管理本行政区域内的经济、教育、科学、文化、卫生、体育事业、城乡建设事业和财政、民政、公安、民族事务、司法行政、监察、计划生育等行政工作"。

第八项修改为："保障少数民族的权利和尊重少数民族的风俗习惯，帮助本行政区域内各少数民族聚居的地方依照宪法和法律实行区域自治，帮助各少数民族发展政治、经济和文化的建设事业"。

第九项修改为："保障宪法和法律赋予妇女的男女平等、同工同酬和婚姻自由等各项权利"。

二十二、第三十六条改为第五十二条，删去第二项、第三项，将第四项改为第二项，修改为："执行本行政区域内的经济和社会发展计划、预算，管理本行政区域内的经济、教育、科学、文化、卫生、体育事业和财政、民政、公安、司法行政、计划生育等行政工作"。

第八项改为第六项，修改为："保障宪法和法律赋予妇女的男女平等、同工同酬和婚姻自由等各项权利"。

二十三、增加第五十四条："县级以上的地方各级人民政府会议分为全体会议和常务会议。全体会议由本级人民政府全体成员组成。省、自治区、直辖市、自治州、设区的市的人民政府常务会议，分别由省长、副省长，自治区主席、副主席，市长、副市长，州长、副州长和秘书长组成。县、自治县、不设区的市、市辖区的人民政府常务会议，分别由县长、副县长，市长、副市长，区长、副区长组成。省长、自治区主席、市长、州长、县长、区长召集和主持本级人民政府全体会议和常务会议。政府工作中的重大问题，须经政府常务会议或者全体会议讨论决定。"

二十四、第三十八条改为第五十五条，增加一款，作为第二款："县级以上的地方各级人民政府设立审计机关。地方各级审计机关依照法律规定独立行使审计监督权，对本级人民政府和上一级审计机关负责。"

二十五、第四十二条改为第五十九条，第一款修改为："省、自治区的人民政府在必要的时候，经国务院批准，可以设立若干派出机关。"

二十六、增加第五章附则第六十条："省、自治区、直辖市的人民代表大会及其常务委员会可以根据本法和实际情况，对执行中的问题作具体规定。"

此外，根据宪法和本决定对部分条文的文字和条、款、项的顺序作相应的调整和修改。

《中华人民共和国地方各级人民代表大会和地方各级人民政府组织法》根据本决定作相应的修正，重新公布。

《中华人民共和国人民法院组织法》第三十五条第二款、《中华人民共和国人民检察院组织法》第二十二条第一款按照本决定第十八条作相应的修改。

全国人民代表大会常务委员会关于修改
《中华人民共和国地方各级人民代表大会和
地方各级人民政府组织法》的决定

（1995 年 2 月 28 日第八届全国人民代表大会常务委员会
第十二次会议通过）

第八届全国人民代表大会常务委员会第十二次会议根据宪法、地方各级人民代表大会和地方各级人民政府组织法的基本原则和几年来的实践经验，决定对《中华人民共和国地方各级人民代表大会和地方各级人民政府组织法》作如下修改和补充：

一、第六条修改为："省、自治区、直辖市、自治州、县、自治县、市、市辖区的人民代表大会每届任期五年。乡、民族乡、镇的人民代表大会每届任期三年。"

二、第八条第三项、第三十九条第四项、第五十一条第五项分别增加"环境和资源保护"。

第八条第十三项、第九条第十项、第五十一条第七项、第五十二条第四项分别修改为："保护各种经济组织的合法权益"。

三、第九条增加第六项："选举本级人民代表大会主席、副主席"。

四、增加第十四条："乡、民族乡、镇的人民代表大会设主席，并可以设副主席一人至二人。主席、副主席由本级人民代表大会从代表中选出，任期同本级人民代表大会每届任期相同。

"乡、民族乡、镇的人民代表大会主席、副主席不得担任国家行政机关的职务；如果担任国家行政机关的职务，必须向本级人民代表大会辞去主席、副主席的职务。

"乡、民族乡、镇的人民代表大会主席、副主席在本级人民代表大会闭会期间负责联系本级人民代表大会代表，组织代表开展活动，并反映代表和群众对本级人民政府工作的建议、批评和意见。"

五、第十四条改为第十五条，增加规定："乡、民族乡、镇的人民代表大会主席、副主席为主席团的成员。"

六、第十六条改为第十七条，修改为："县级以上的地方各级人民政府组成人员和人民法院院长、人民检察院检察长，乡级的人民政府领导人员，列席本级人民代表大会会议；县级以上的其他有关机关、团体负责人，经本级人民代表大会常务委员会决定，可以列席本级人民代表大会会议。"

七、第十七条改为第十八条，第三款修改为："列入会议议程的议案，在交付大会表决前，提案人要求撤回的，经主席团同意，会议对该项议案的审议即行终止。"

八、第二十条第一款改为第二十一条，修改为："县级以上的地方各级人民代表大会常务委员会的组成人员，乡、民族乡、镇的人民代表大会主席、副主席，省长、副省长，自治区主席、副主席，市长、副市长，州长、副州长，县长、副县长，区长、副区长，乡长、副乡长，镇长、副镇长，人民法院院长，人民检察院检察长的人选，由本级人民代表大会主席团或者代表依照本法规定联合提名。

"省、自治区、直辖市的人民代表大会代表三十人以上书面联名，设区的市和自治州的人民代表大会代表二十人以上书面联名，县级的人民代表大会代表十人以上书面联名，可以提出本级人民代表大会常务委员会组成人员，人民政府领导人员，人民法院院长，人民检察院检察长的候选人。乡、民族乡、镇的人民代表大会代表十人以上书面联名，可以提出本级人民代表大会主席、副主席，人民政府领导人员的候选人。不同选区或者选举单位选出的代表可以酝酿、联合提出候选人。

"主席团提名的候选人人数，每一代表与其他代表联合提名的候选人人数，均不得超过应选名额。

"提名人应当如实介绍所提名的候选人的情况。"

九、第二十条第二款改为第二十二条，修改为："人民代表大会常务委员会主任、秘书长，乡、民族乡、镇的人民代表大会主席，人民政府正职领导人员，人民法院院长，人民检察院检察长的候选人数一般应多一人，进行差额选举；如果提名的候选人只有一人，也可以等额选举。人民代表大会常务委员会副主任，乡、民族乡、镇的人民代表大会副主席，人民政府副职领导人员的候选人数应比应选人数多一人至三人，人民代表大会常务委员会委员的候选人数应比应选人数多十分之一至五分之一，由本级人民代表大会根据应选人数在选举办法中规定具体差额数，进行差额选举。如果提名的候选人数符合选举办法规定的差额数，由主席团提交代表酝酿、讨论后，进行选举。如果提名的候选人数超过选举办法规定的差额数，由主席团提交代表酝酿、讨论后，进行预选，根据在预选中得票多少的顺序，按照选举办法规定的差额数，确定正式候选人名单，进行选举。

“县级以上的地方各级人民代表大会换届选举本级国家机关领导人员时，提名、酝酿候选人的时间不得少于两天。”

十、第二十条第三款作为第二十三条。

十一、增加第二十四条：“地方各级人民代表大会选举本级国家机关领导人员，获得过半数选票的候选人人数超过应选名额时，以得票多的当选。如遇票数相等不能确定当选人时，应当就票数相等的人再次投票，以得票多的当选。

“获得过半数选票的当选人数少于应选名额时，不足的名额另行选举。另行选举时，可以根据在第一次投票时得票多少的顺序确定候选人，也可以依照本法规定的程序另行提名、确定候选人。经本级人民代表大会决定，不足的名额的另行选举可以在本次人民代表大会会议上进行，也可以在下一次人民代表大会会议上进行。

“另行选举人民代表大会常务委员会副主任、委员，乡、民族乡、镇的人民代表大会副主席，人民政府副职领导人员时，依照本法第二十二条第一款的规定，确定差额数，进行差额选举。”

十二、第二十条第四款改为第二十五条，在“地方各级人民代表大会补选常务委员会主任、副主任、秘书长、委员”一句后增加"乡、民族乡、镇的人民代表大会主席、副主席"。

十三、第二十一条改为第二十六条，第一款中"人民政府领导人员"修改为"人民政府组成人员"。

第二款修改为："乡、民族乡、镇的人民代表大会举行会议的时候，主席团或者五分之一以上代表联名，可以提出对人民代表大会主席、副主席，乡长、副乡长，镇长、副镇长的罢免案，由主席团提请大会审议。"

增加第三款："罢免案应当写明罢免理由。"

增加第四款："被提出罢免的人员有权在主席团会议或者大会全体会议上提出申辩意见，或者书面提出申辩意见。在主席团会议上提出的申辩意见或者书面提出的申辩意见，由主席团印发会议。"

增加第五款："向县级以上的地方各级人民代表大会提出的罢免案，由主席团交会议审议后，提请全体会议表决；或者由主席团提议，经全体会议决定，组织调查委员会，由本级人民代表大会下次会议根据调查委员会的报告审议决定。"

十四、第二十二条改为第二十七条，其中关于"地方各级人民政府领导人员，县级以上的地方各级人民代表大会常务委员会组成人员，人民法院院长，人民检察院检察长，可以向本级人民代表大会提出辞职，由大会决定是否接受辞职"的规定，修改为："县级以上的地方各级人民代表大会常务委员会组成人员和人民政府领导人员，人民法院院长，人民检察院检察长，可以向本级人民代表大会提出辞职，由大会决定是否接受辞职。"

增加第二款："乡、民族乡、镇的人民代表大会主席、副主席，乡长、副乡长，镇长、副镇长，可以向本级人民代表大会提出辞职，由大会决定是否接受辞职。"

十五、第二十三条改为第二十八条，修改为："地方各级人民代表大会举行会议的时候，代表十人以上联名可以书面提出对本级人民政府和它所属各工作部门以及人民法院、人民检察院的质询案。质询案必须写明质询对象、质询的问题和内容。

"质询案由主席团决定交由受质询机关在主席团会议、大会全体会议或者有关的专门委员会会议上口头答复，或者由受质询机关书面答复。在主席团会议或者专门委员会会议上答复的，提质询案的代表有权列席会议，发表意见；主席团认为必要的时候，可以将答复质询案的情况报告印发会议。

"质询案以口头答复的，应当由受质询机关的负责人到会答复；质询案以书面答复的，应当由受质询机关的负责人签署，由主席团印发会议或者印发提质询案的代表。"

十六、第二十六条改为第三十一条，修改为："县级以上的地方各级人民代表大会可以组织关于特定问题的调查委员会。

"主席团或者十分之一以上代表书面联名，可以向本级人民代表大会提议组织关于特定问题的调查委员会，由主席团提请全体会议决定。

"调查委员会由主任委员、副主任委员和委员组成，由主席团在代表中提名，提请全体会议通过。

"调查委员会应当向本级人民代表大会提出调查报告。人民代表大会根据调查委员会的报告，可以作出相应的决议。人民代表大会可以授权它的常务委员会听取调查委员会的调查报告，常务委员会可以作出相应的决议，报人民代表大会下次会议备案。"

十七、第三十三条第二款和第三十九条第十三项中的"撤换"改为"罢免"。

十八、第三十六条改为第四十一条，第四款修改为："常务委员会组成人员的名额：

"（一）省、自治区、直辖市三十五人至六十五人，人口超过八千万的省不超过八十五人；

"（二）设区的市、自治州十三人至三十五人，人口超过八百万的设区的市不超过四十五人；

"（三）县、自治县、不设区的市、市辖区十一人至二十三人，人口超过一百万的县、自治县、不设区的市、市辖区不超过二十九人。"

增加第五款："省、自治区、直辖市每届人民代表大会常务委员会组成人员的名额，由省、自治区、直辖市的人民代表大会依照前款规定，按人口多少确定。自治州、县、自治县、市、市辖区每届人民代表大会常务委员会组成人员的名额，由省、自治区、直辖市的人民代表大会常务委员会依照前款规定，按人口多少确定。每届人民代表大会常务委员会组成人员的名额经确定后，在本届人民代表大会的任期内不再变动。"

十九、第四十一条改为第四十六条，增加第一款："县级以上的地方各级人民代表大会常务委员会主任会议可以向本级人民代表大会常务委员会提出属于常务委员会职权范围内的议案，由常务委员会会议审议。"

二十、第四十二条改为第四十七条，修改为："在常务委员会会议期间，省、自治区、直辖市、自治州、设区的市的人民代表大会常务委员会组成人员五人以上联名，县级的人民代表大会常务委员会组成人员三人以上联名，可以向常务委员会书面提出对本级人民政府、人民法院、人民检察院的质询案。质询案必须写明质询对象、质询的问题和内容。

"质询案由主任会议决定交由受质询机关在常务委员会全体

会议上或者有关的专门委员会会议上口头答复，或者由受质询机关书面答复。在专门委员会会议上答复的，提质询案的常务委员会组成人员有权列席会议，发表意见；主任会议认为必要的时候，可以将答复质询案的情况报告印发会议。

"质询案以口头答复的，应当由受质询机关的负责人到会答复；质询案以书面答复的，应当由受质询机关的负责人签署，由主任会议印发会议或者印发提质询案的常务委员会组成人员。"

二十一、增加第五十一条："代表资格审查委员会审查代表的选举是否符合法律规定。"

二十二、增加第五十二条："主任会议或者五分之一以上的常务委员会组成人员书面联名，可以向本级人民代表大会常务委员会提议组织关于特定问题的调查委员会，由全体会议决定。

"调查委员会由主任委员、副主任委员和委员组成，由主任会议在常务委员会组成人员和其他代表中提名，提请全体会议通过。

"调查委员会应当向本级人民代表大会常务委员会提出调查报告。常务委员会根据调查委员会的报告，可以作出相应的决议。"

二十三、第四十六条改为第五十三条，修改为："常务委员会根据工作需要，设立办事机构和其他工作机构。

"省、自治区的人民代表大会常务委员会可以在地区设立工作机构。"

二十四、第四十八条改为第五十五条，增加第三款："地方各级人民政府必须依法行使行政职权。"

二十五、增加第五十七条："新的一届人民政府领导人员依法选举产生后，应当在两个月内提请本级人民代表大会常务委员会任命人民政府秘书长、厅长、局长、委员会主任、科长。"

二十六、第五十条改为第五十八条，修改为："省、自治区、直辖市、自治州、县、自治县、市、市辖区的人民政府每届任期五年。乡、民族乡、镇的人民政府每届任期三年。"

二十七、第五十一条第一项中关于"省、自治区、直辖市以及省、自治区的人民政府所在地的市和经国务院批准的较大的市的人民政府，还可以根据法律和国务院的行政法规，制定规章"的规定单列一条，作为第六十条，修改为：

"省、自治区、直辖市的人民政府可以根据法律、行政法规和本省、自治区、直辖市的地方性法规，制定规章，报国务院和本级人民代表大会常务委员会备案。省、自治区的人民政府所在地的市和经国务院批准的较大的市的人民政府，可以根据法律、行政法规和本省、自治区的地方性法规，制定规章，报国务院和省、自治区的人民代表大会常务委员会、人民政府以及本级人民代表大会常务委员会备案。

"依照前款规定制定规章，须经各该级政府常务会议或者全体会议讨论决定。"

二十八、第五十五条改为第六十四条，第三款和第四款分别增加规定："并报本级人民代表大会常务委员会备案。"

二十九、第五十七条改为第六十六条，修改为："省、自治区、直辖市的人民政府的各工作部门受人民政府统一领导，并且依照法律或者行政法规的规定受国务院主管部门的业务指导或者领导。

"自治州、县、自治县、市、市辖区的人民政府的各工作部门受人民政府统一领导，并且依照法律或者行政法规的规定受上级人民政府主管部门的业务指导或者领导。"

此外，根据本决定对部分条文的文字和条、款、项的顺序作相应的调整和修改。

本决定自公布之日起施行。

《中华人民共和国地方各级人民代表大会和地方各级人民政府组织法》根据本决定作相应的修正，重新公布。

全国人民代表大会常务委员会关于修改《中华人民共和国地方各级人民代表大会和地方各级人民政府组织法》的决定[1]

（2004 年 10 月 27 日第十届全国人民代表大会常务委员会第十二次会议通过）

第十届全国人民代表大会常务委员会第十二次会议决定对《中华人民共和国地方各级人民代表大会和地方各级人民政府组织法》作如下修改：

一、第六条修改为："地方各级人民代表大会每届任期五年。"

二、第三十条第二款修改为："各专门委员会的主任委员、副主任委员和委员的人选，由主席团在代表中提名，大会通过。在大会闭会期间，常务委员会可以任免专门委员会的个别副主任委员和部分委员，由主任会议提名，常务委员会会议通过。"

三、第四十一条第四款第二项修改为："（二）设区的市、自治州十九人至四十一人，人口超过八百万的设区的市不超过五十一人"。第三项修改为："（三）县、自治县、不设区的市、市

---

[1]　全国人大常委会办公厅、中共中央文献研究室编：《人民代表大会制度重要文献选编》（四），中国民主法制出版社 2015 年版，第 1302—1303 页。

辖区十五人至二十七人，人口超过一百万的县、自治县、不设区的市、市辖区不超过三十五人"。

四、第五十八条修改为："地方各级人民政府每届任期五年。"

本决定第一条、第二条、第四条自公布之日起施行，第三条在选举新的一届人民代表大会常务委员会时施行。

《中华人民共和国地方各级人民代表大会和地方各级人民政府组织法》根据本决定作修改后，重新公布。

全国人民代表大会常务委员会关于修改 《中华人民共和国地方各级人民代表大会和地方各级 人民政府组织法》、《中华人民共和国全国人民代表 大会和地方各级人民代表大会选举法》、《中华人民 共和国全国人民代表大会和地方各级人民代表大会 代表法》的决定

(2015 年 8 月 29 日第十二届全国人民代表大会常务委员会第十六次会议通过)

第十二届全国人民代表大会常务委员会第十六次会议决定：

一、对《中华人民共和国地方各级人民代表大会和地方各级人民政府组织法》作出修改

（一）将第十四条第三款修改为："乡、民族乡、镇的人民代表大会主席、副主席在本级人民代表大会闭会期间负责联系本级人民代表大会代表，根据主席团的安排组织代表开展活动，反映代表和群众对本级人民政府工作的建议、批评和意见，并负责处理主席团的日常工作。"

（二）第十五条增加一款，作为第二款："主席团在本级人民代表大会闭会期间，每年选择若干关系本地区群众切身利益和社会普遍关注的问题，有计划地安排代表听取和讨论本级人民政府的专项工作报告，对法律、法规实施情况进行检查，开展视察、调研等活动；听取和反映代表和群众对本级人民政府工作的建议、批评和意见。主席团在闭会期间的工作，向本级人民代表大会报告。"

（三）将第三十条第一款修改为："省、自治区、直辖市、自治州、设区的市的人民代表大会根据需要，可以设法制委员会、财政经济委员会、教育科学文化卫生委员会等专门委员会；县、自治县、不设区的市、市辖区的人民代表大会根据需要，可以设法制委员会、财政经济委员会等专门委员会。各专门委员会受本级人民代表大会领导；在大会闭会期间，受本级人民代表大会常务委员会领导。"

（四）将第三十七条第一款修改为："地方各级人民代表大会代表应当与原选区选民或者原选举单位和人民群众保持密切联系，听取和反映他们的意见和要求。"

第三款修改为："县、自治县、不设区的市、市辖区、乡、民族乡、镇的人民代表大会代表分工联系选民，有代表三人以上的居民地区或者生产单位可以组织代表小组。"

（五）将第四十一条第四款第三项修改为："（三）县、自治县、不设区的市、市辖区十五人至三十五人，人口超过一百万的县、自治县、不设区的市、市辖区不超过四十五人。"

（六）第五十三条增加一款，作为第三款："市辖区、不设区的市的人民代表大会常务委员会可以在街道设立工作机构。工作机构负责联系街道辖区内的人民代表大会代表，组织代表开展活动，反映代表和群众的建议、批评和意见，办理常务委员会交办的监督、选举以及其他工作，并向常务委员会报告工作。"

（七）将第七条第二款、第四十三条第二款、第六十条第一款中的"省、自治区的人民政府所在地的市和经国务院批准的较大的市"修改为"设区的市"。

二、对《中华人民共和国全国人民代表大会和地方各级人民代表大会选举法》作出修改

（一）增加一条，作为第三十四条："公民参加各级人民代表大会代表的选举，不得直接或者间接接受境外机构、组织、个人提供的与选举有关的任何形式的资助。

"违反前款规定的，不列入代表候选人名单；已经列入代表候选人名单的，从名单中除名；已经当选的，其当选无效。"

（二）将第四十四条改为第四十五条，增加一款，作为第二款："当选代表名单由选举委员会或者人民代表大会主席团予以公布。"

（三）增加一条，作为第四十六条："代表资格审查委员会依法对当选代表是否符合宪法、法律规定的代表的基本条件，选举是否符合法律规定的程序，以及是否存在破坏选举和其他当选无效的违法行为进行审查，提出代表当选是否有效的意见，向本级人民代表大会常务委员会或者乡、民族乡、镇的人民代表大会主席团报告。

"县级以上的各级人民代表大会常务委员会或者乡、民族乡、镇的人民代表大会主席团根据代表资格审查委员会提出的报告，确认代表的资格或者确定代表的当选无效，在每届人民代表大会第一次会议前公布代表名单。"

（四）将第五十一条第一款、第五十三条第一款中的"全国

人民代表大会和省、自治区、直辖市、设区的市、自治州的人民代表大会"修改为"县级以上的各级人民代表大会"。

（五）将第五十四条改为第五十六条，增加一款，作为第五款："对补选产生的代表，依照本法第四十六条的规定进行代表资格审查。"

三、对《中华人民共和国全国人民代表大会和地方各级人民代表大会代表法》作出修改

（一）将第十二条第二款中的"全国人民代表大会和省、自治区、直辖市、自治州、设区的市的人民代表大会"修改为"县级以上的各级人民代表大会"。

（二）将第十九条第三款修改为："乡、民族乡、镇的人民代表大会主席、副主席根据主席团的安排，组织本级人民代表大会代表开展闭会期间的活动。"

（三）将第二十二条第一款修改为："县级以上的各级人民代表大会代表根据本级人民代表大会常务委员会的安排，对本级或者下级国家机关和有关单位的工作进行视察。乡、民族乡、镇的人民代表大会代表根据本级人民代表大会主席团的安排，对本级人民政府和有关单位的工作进行视察。"

第三款修改为："代表可以持代表证就地进行视察。县级以上的地方各级人民代表大会常务委员会或者乡、民族乡、镇的人民代表大会主席团根据代表的要求，联系安排本级或者上级的代表持代表证就地进行视察。"

（四）将第二十三条修改为："代表根据安排，围绕经济社会发展和关系人民群众切身利益、社会普遍关注的重大问题，开展专题调研。"

（五）将第二十四条修改为："代表参加视察、专题调研活

动形成的报告，由本级人民代表大会常务委员会办事机构或者乡、民族乡、镇的人民代表大会主席团转交有关机关、组织。对报告中提出的意见和建议的研究处理情况应当向代表反馈。"

（六）将第二十六条修改为："县级以上的各级人民代表大会代表可以应邀列席本级人民代表大会常务委员会会议、本级人民代表大会各专门委员会会议，参加本级人民代表大会常务委员会组织的执法检查和其他活动。乡、民族乡、镇的人民代表大会代表参加本级人民代表大会主席团组织的执法检查和其他活动。"

（七）将第二十九条修改为："代表在本级人民代表大会闭会期间，有权向本级人民代表大会常务委员会或者乡、民族乡、镇的人民代表大会主席团提出对各方面工作的建议、批评和意见。建议、批评和意见应当明确具体，注重反映实际情况和问题。"

（八）将第三十三条修改为："代表在本级人民代表大会闭会期间，参加由本级人民代表大会常务委员会或者乡、民族乡、镇的人民代表大会主席团安排的代表活动，代表所在单位必须给予时间保障。"

（九）将第四十二条第三款修改为："代表建议、批评和意见的办理情况，应当向本级人民代表大会常务委员会或者乡、民族乡、镇的人民代表大会主席团报告，并印发下一次人民代表大会会议。代表建议、批评和意见办理情况的报告，应当予以公开。"

（十）将第四十五条第二款修改为："由选民直接选举的代表应当以多种方式向原选区选民报告履职情况。县级人民代表大会常务委员会和乡、民族乡、镇的人民代表大会主席团应当定期组织本级人民代表大会代表向原选区选民报告履职情况。"

本决定自公布之日起施行。

《中华人民共和国地方各级人民代表大会和地方各级人民政府组织法》、《中华人民共和国全国人民代表大会和地方各级人民代表大会选举法》、《中华人民共和国全国人民代表大会和地方各级人民代表大会代表法》根据本决定作相应修改，重新公布。

全国人民代表大会关于修改
《中华人民共和国地方各级人民代表大会
和地方各级人民政府组织法》的决定[1]

（2022 年 3 月 11 日第十三届全国人民代表大会第五次会议通过）

第十三届全国人民代表大会第五次会议决定对《中华人民共和国地方各级人民代表大会和地方各级人民政府组织法》作如下修改：

一、第一章"总则"分为六条，包括第一条至第六条。

二、增加一条，作为第一条："为了健全地方各级人民代表大会和地方各级人民政府的组织和工作制度，保障和规范其行使职权，坚持和完善人民代表大会制度，保证人民当家作主，根据宪法，制定本法。"

三、将第四条、第四十条第二款、第五十四条合并，作为第二条，修改为："地方各级人民代表大会是地方国家权力机关。

"县级以上的地方各级人民代表大会常务委员会是本级人民代表大会的常设机关。

"地方各级人民政府是地方各级国家权力机关的执行机关，

---

〔1〕 中国人大网，http：//www. npc. gov. cn/npc/c30834/202203/a1ebf1e8f9f045deb0d7f5147bfaa3a5. shtml。

是地方各级国家行政机关。"

四、增加一条，作为第三条："地方各级人民代表大会、县级以上的地方各级人民代表大会常务委员会和地方各级人民政府坚持中国共产党的领导，坚持以马克思列宁主义、毛泽东思想、邓小平理论、'三个代表'重要思想、科学发展观、习近平新时代中国特色社会主义思想为指导，依照宪法和法律规定行使职权。"

五、增加一条，作为第四条："地方各级人民代表大会、县级以上的地方各级人民代表大会常务委员会和地方各级人民政府坚持以人民为中心，坚持和发展全过程人民民主，始终同人民保持密切联系，倾听人民的意见和建议，为人民服务，对人民负责，受人民监督。"

六、增加一条，作为第五条："地方各级人民代表大会、县级以上的地方各级人民代表大会常务委员会和地方各级人民政府遵循在中央的统一领导下、充分发挥地方的主动性积极性的原则，保证宪法、法律和行政法规在本行政区域的实施。"

七、增加一条，作为第六条："地方各级人民代表大会、县级以上的地方各级人民代表大会常务委员会和地方各级人民政府实行民主集中制原则。

"地方各级人民代表大会和县级以上的地方各级人民代表大会常务委员会应当充分发扬民主，集体行使职权。

"地方各级人民政府实行首长负责制。政府工作中的重大事项应当经集体讨论决定。"

八、第二章"地方各级人民代表大会"分为六节：第一节"地方各级人民代表大会的组成和任期"，包括第七条至第九条；第二节"地方各级人民代表大会的职权"，包括第十条至第十三条；第三节"地方各级人民代表大会会议的举行"，包括第十四条至第二十五条；第四节"地方国家机关组成人员的选举、罢免和辞职"，包括第二十六条至第三十二条；第五节"地方各级人民代表大会各委员会"，包括第三十三条至第三十七条；第六节"地方各级人民代表大会代表"，包括第三十八条至第四十五条。

九、将第一条改为两条，作为第七条和第六十一条，修改为：

"第七条　省、自治区、直辖市、自治州、县、自治县、市、市辖区、乡、民族乡、镇设立人民代表大会。

"第六十一条　省、自治区、直辖市、自治州、县、自治县、市、市辖区、乡、民族乡、镇设立人民政府。"

十、将第七条改为第十条，第二款修改为："设区的市、自治州的人民代表大会根据本行政区域的具体情况和实际需要，在不同宪法、法律、行政法规和本省、自治区的地方性法规相抵触的前提下，可以依照法律规定的权限制定地方性法规，报省、自治区的人民代表大会常务委员会批准后施行，并由省、自治区的人民代表大会常务委员会报全国人民代表大会常务委员会和国务院备案。"

增加一款，作为第三款："省、自治区、直辖市以及设区的市、自治州的人民代表大会根据区域协调发展的需要，可以开展协同立法。"

十一、将第八条改为第十一条，第二项修改为："（二）审查和批准本行政区域内的国民经济和社会发展规划纲要、计划和预算及其执行情况的报告，审查监督政府债务，监督本级人民政府对国有资产的管理"。

第三项修改为："（三）讨论、决定本行政区域内的政治、经济、教育、科学、文化、卫生、生态环境保护、自然资源、城乡建设、民政、社会保障、民族等工作的重大事项和项目"。

第六项修改为："（六）选举本级监察委员会主任、人民法院院长和人民检察院检察长；选出的人民检察院检察长，须报经上一级人民检察院检察长提请该级人民代表大会常务委员会批准"。

第八项修改为："（八）听取和审议本级人民代表大会常务委员会的工作报告"。

第九项修改为："（九）听取和审议本级人民政府和人民法院、人民检察院的工作报告"。

第十四项修改为："（十四）铸牢中华民族共同体意识，促进各民族广泛交往交流交融，保障少数民族的合法权利和利益"。

十二、将第九条改为第十二条，第一款第三项修改为："（三）根据国家计划，决定本行政区域内的经济、文化事业和公共事业的建设计划和项目"。

第一款第四项修改为："（四）审查和批准本行政区域内的预算和预算执行情况的报告，监督本级预算的执行，审查和批准本级预算的调整方案，审查和批准本级决算"。

第一款第八项修改为："（八）听取和审议乡、民族乡、镇的人民政府的工作报告"。

增加一项，作为第一款第九项："（九）听取和审议乡、民族乡、镇的人民代表大会主席团的工作报告"。

第一款第十二项改为第十三项，修改为："（十三）铸牢中华民族共同体意识，促进各民族广泛交往交流交融，保障少数民族的合法权利和利益"。

第二款修改为："少数民族聚居的乡、民族乡、镇的人民代表大会在行使职权的时候，可以依照法律规定的权限采取适合民族特点的具体措施。"

十三、将第十一条改为第十四条，第一款修改为："地方各级人民代表大会会议每年至少举行一次。乡、民族乡、镇的人民代表大会会议一般每年举行两次。会议召开的日期由本级人民代表大会常务委员会或者乡、民族乡、镇的人民代表大会主席团决定，并予以公布。"

增加一款，作为第二款："遇有特殊情况，县级以上的地方各级人民代表大会常务委员会或者乡、民族乡、镇的人民代表大会主席团可以决定适当提前或者推迟召开会议。提前或者推迟召开会议的日期未能在当次会议上决定的，常务委员会或者其授权的主任会议，乡、民族乡、镇的人民代表大会主席团可以另行决定，并予以公布。"

第二款改为第三款，修改为："县级以上的地方各级人民代表大会常务委员会或者乡、民族乡、镇的人民代表大会主席团认为必要，或者经过五分之一以上代表提议，可以临时召集本级人民代表大会会议。"

增加一款，作为第四款："地方各级人民代表大会会议有三分之二以上的代表出席，始得举行。"

十四、增加一条，作为第十六条："地方各级人民代表大会举行会议，应当合理安排会期和会议日程，提高议事质量和效率。"

十五、将第二十二条改为第二十七条，第一款修改为："人民代表大会常务委员会主任、秘书长，乡、民族乡、镇的人民代表大会主席，人民政府正职领导人员，监察委员会主任，人民法院院长，人民检察院检察长的候选人数可以多一人，进行差额选举；如果提名的候选人只有一人，也可以等额选举。人民代表大会常务委员会副主任，乡、民族乡、镇的人民代表大会副主席，人民政府副职领导人员的候选人数应比应选人数多一人至三人，人民代表大会常务委员会委员的候选人数应比应选人数多十分之一至五分之一，由本级人民代表大会根据应选人数在选举办法中规定具体差额数，进行差额选举。如果提名的候选人数符合选举办法规定的差额数，由主席团提交代表酝酿、讨论后，进行选举。如果提名的候选人数超过选举办法规定的差额数，由主席团提交代表酝酿、讨论后，进行预选，根据在预选中得票多少的顺序，按照选举办法规定的差额数，确定正式候选人名单，进行选举。"

十六、将第二十七条改为第三十二条，第一款修改为："县级以上的地方各级人民代表大会常务委员会组成人员、专门委员会组成人员和人民政府领导人员，监察委员会主任，人民法院院长，人民检察院检察长，可以向本级人民代表大会提出辞职，由大会决定是否接受辞职；大会闭会期间，可以向本级人民代表大会常务委员会提出辞职，由常务委员会决定是否接受辞职。常务委员会决定接受辞职后，报本级人民代表大会备案。人民检察院检察长的辞职，须报经上一级人民检察院检察长提请该级人民代表大会常务委员会批准。"

十七、将第三十条改为第三十三条、第三十四条、第三十五条，修改为：

"第三十三条　省、自治区、直辖市、自治州、设区的市的人民代表大会根据需要，可以设法制委员会、财政经济委员会、教育科学文化卫生委员会、环境与资源保护委员会、社会建设委员会和其他需要设立的专门委员会；县、自治县、不设区的市、市辖区的人民代表大会根据需要，可以设法制委员会、财政经济委员会等专门委员会。

"各专门委员会受本级人民代表大会领导；在大会闭会期间，受本级人民代表大会常务委员会领导。

"第三十四条 各专门委员会的主任委员、副主任委员和委员的人选，由主席团在代表中提名，大会通过。在大会闭会期间，常务委员会可以任免专门委员会的个别副主任委员和部分委员，由主任会议提名，常务委员会会议通过。

"各专门委员会每届任期同本级人民代表大会每届任期相同，履行职责到下届人民代表大会产生新的专门委员会为止。

"第三十五条 各专门委员会在本级人民代表大会及其常务委员会领导下，开展下列工作：

"（一）审议本级人民代表大会主席团或者常务委员会交付的议案；

"（二）向本级人民代表大会主席团或者常务委员会提出属于本级人民代表大会或者常务委员会职权范围内同本委员会有关的议案，组织起草有关议案草案；

"（三）承担本级人民代表大会常务委员会听取和审议专项工作报告、执法检查、专题询问等的具体组织实施工作；

"（四）按照本级人民代表大会常务委员会工作安排，听取本级人民政府工作部门和监察委员会、人民法院、人民检察院的专题汇报，提出建议；

"（五）对属于本级人民代表大会及其常务委员会职权范围内同本委员会有关的问题，进行调查研究，提出建议；

"（六）研究办理代表建议、批评和意见，负责有关建议、批评和意见的督促办理工作；

"（七）办理本级人民代表大会及其常务委员会交办的其他工作。"

十八、将第十九条改为第四十二条，第一款修改为："县级以上的地方各级人民代表大会代表向本级人民代表大会及其常务委员会提出的对各方面工作的建议、批评和意见，由本级人民代表大会常务委员会的办事机构交有关机关和组织研究办理并负责答复。"

第二款修改为："乡、民族乡、镇的人民代表大会代表向本级人民代表大会提出的对各方面工作的建议、批评和意见，由本级人民代表大会主席团交有关机关和组织研究办理并负责答复。"

增加一款，作为第三款："地方各级人民代表大会代表的建议、批评和意见的办理情况，由县级以上的地方各级人民代表大会常务委员会办事机构或者乡、民族乡、镇的人民代表大会主席团向本级人民代表大会常务委员会或者乡、民族乡、镇的人民代表大会报告，并予以公开。"

十九、将第三十七条改为第四十三条，第一款修改为："地方各级人民代表大会代表应当与原选区选民或者原选举单位和人民群众保持密切联系，听取和反映他们的意见和要求，充分发挥在发展全过程人民民主中的作用。"

增加一款，作为第四款："地方各级人民代表大会代表应当向原选区选民或者原选举单位报告履职情况。"

二十、第三章"县级以上的地方各级人民代表大会常务委员会"分为四节：第一节"常务委员会的组成和任期"，包括第四十六条至第四十八条；第二节"常务委员会的职权"，包括第四十九条和第五十条；第三节"常务委员会会议的举行"，包括第五十一条至第五十五条；第四节"常务委员会各委员会和工作机构"，包括第五十六条至第六十条。

二十一、将第二条与第四十条第一款合并，作为第四十六条，修改为："省、自治区、直辖市、自治州、县、自治县、市、市辖区的人民代表大会设立常务委员会，对本级人民代表大会负责并报告工作。"

二十二、将第四十一条改为第四十七条，第三款修改为："常务委员会的组成人员不得担任国家行政机关、监察机关、审判机关和检察机关的职务；如果担任上述职务，必须向常务委员会辞去常务委员会的职务。"

第四款第一项、第二项分别修改为："（一）省、自治区、直辖市四十五人至七十五人，人口超过八千万的省不超过九十五人；

"（二）设区的市、自治州二十九人至五十一人，人口超过八百万的设区的市不超过六十一人"。

第五款修改为："省、自治区、直辖市每届人民代表大会常务委员会组成人员的名额，由省、自治区、直辖市的人民代表大会依照前款规定，按人口多少并结合常务委员会组成人员结构的需要确定。自治州、县、自治县、市、市辖区每届人民代表大会常务委员会组成人员的名额，由省、自治区、直辖市的人民代表大会常务委员会依照前款规定，按人口多少并结合常务委员会组成人员结构的需要确定。每届人民代表大会常务委员会组成人员的名额经确定后，在本届人民代表大会的任期内不再变动。"

二十三、将第四十三条改为第四十九条，第二款修改为："设区的市、自治州的人民代表大会常务委员会在本级人民代表大会闭会期间，根据本行政区域的具体情况和实际需要，在不同宪法、法律、行政法规和本省、自治区的地方性法规相抵触的前提下，可以依照法律规定的权限制定地方性法规，报省、自治区的人民代表大会常务委员会批准后施行，并由省、自治区的人民代表大会常务委员会报全国人民代表大会常务委员会和国务院备案。"

增加一款，作为第三款："省、自治区、直辖市以及设区的市、自治州的人民代表大会常务委员会根据区域协调发展的需要，可以开展协同立法。"

二十四、将第四十四条改为第五十条，第四项修改为："（四）讨论、决定本行政区域内的政治、经济、教育、科学、文化、卫生、生态环境保护、自然资源、城乡建设、民政、社会保障、民族等工作的重大事项和项目"。

第五项修改为："（五）根据本级人民政府的建议，审查和批准本行政区域内的国民经济和社会发展规划纲要、计划和本级预算的调整方案"。

增加一项，作为第六项："（六）监督本行政区域内的国民经济和社会发展规划纲要、计划和预算的执行，审查和批准本级决算，监督审计查出问题整改情况，审查监督政府债务"。

第六项改为第七项，修改为："（七）监督本级人民政府、监察委员会、人民法院和人民检察院的工作，听取和审议有关专项工作报告，组织执法检查，开展专题询问等；联系本级人民代表大会代表，受理人民群众对上述机关和国家工作人员的申诉和意见"。

增加一项，作为第八项："（八）监督本级人民政府对国有资产的管理，听取和审议本级人民政府关于国有资产管理情况的报告"。

增加一项，作为第九项："（九）听取和审议本级人民政府关于年度环境状况和环境保护目标完成情况的报告"。

增加一项，作为第十项："（十）听取和审议备案审查工作情况报告"。

第九项改为第十三项，修改为："（十三）在本级人民代表大会闭会期间，决定副省长、自治区副主席、副市长、副州长、副县长、副区长的个别任免；在省长、自治区主席、市长、州长、县长、区长和监察委员会主任、人民法院院长、人民检察院检察长因故不能担任职务的时候，根据主任会议的提名，从本级人民政府、监察委员会、人民法院、人民检察院副职领导人员中决定代理的人选；决定代理检察长，须报上一级人民检察院和人民代表大会常务委员会备案"。

增加一项，作为第十五项："（十五）根据监察委员会主任的提名，任免监察委员会副主任、委员"。

第十二项改为第十七项，修改为："（十七）在本级人民代表大会闭会期间，决定撤销个别副省长、自治区副主席、副市长、副州长、副县长、副区长的职务；决定撤销由它任命的本级人民政府其他组成人员和监察委员会副主任、委员，人民法院副院长、庭长、副庭长、审判委员会委员、审判员，人民检察院副检察长、检察委员会委员、检察员，中级人民法院院长，人民检察院分院检察长的职务"。

删去第十四项。

增加一款，作为第二款："常务委员会讨论前款第四项规定的本行政区域内的重大事项和项目，可以作出决定或者决议，也可以将有关意见、建议送有关地方国家机关或者单位研究办理。有关办理情况应当及时向常务委员会报告。"

二十五、将第四十五条改为第五十一条，第一款修改为：

"常务委员会会议由主任召集并主持，每两个月至少举行一次。遇有特殊需要时，可以临时召集常务委员会会议。主任可以委托副主任主持会议。"

增加一款，作为第二款："县级以上的地方各级人民政府、监察委员会、人民法院、人民检察院的负责人，列席本级人民代表大会常务委员会会议。"

增加一款，作为第三款："常务委员会会议有常务委员会全体组成人员过半数出席，始得举行。"

二十六、将第四十八条改为第五十四条，修改为："省、自治区、直辖市、自治州、设区的市的人民代表大会常务委员会主任、副主任和秘书长组成主任会议；县、自治县、不设区的市、市辖区的人民代表大会常务委员会主任、副主任组成主任会议。

"主任会议处理常务委员会的重要日常工作：

"（一）决定常务委员会每次会议的会期，拟订会议议程草案，必要时提出调整会议议程的建议；

"（二）对向常务委员会提出的议案和质询案，决定交由有关的专门委员会审议或者提请常务委员会全体会议审议；

"（三）决定是否将议案和决定草案、决议草案提请常务委员会全体会议表决，对暂不交付表决的，提出下一步处理意见；

"（四）通过常务委员会年度工作计划等；

"（五）指导和协调专门委员会的日常工作；

"（六）其他重要日常工作。"

二十七、将第五十条改为第五十六条，第二款修改为："代表资格审查委员会的主任委员、副主任委员和委员的人选，由常务委员会主任会议在常务委员会组成人员中提名，常务委员会任免。"

二十八、将第五十三条改为第五十九条，第一款修改为："常务委员会根据工作需要，设立办事机构和法制工作委员会、预算工作委员会、代表工作委员会等工作机构。"

增加一款，作为第四款："县、自治县的人民代表大会常务委员会可以比照前款规定，在街道设立工作机构。"

二十九、增加一条，作为第六十条："县级以上的地方各级人民代表大会常务委员会和各专门委员会、工作机构应当建立健全常务委员会组成人员和各专门委员会、工作机构联系代表的工作机制，支持和保障代表依法履职，扩大代表对各项工作的参与，充分发挥代表作用。

"县级以上的地方各级人民代表大会常务委员会通过建立基层联系点、代表联络站等方式，密切同人民群众的联系，听取对立法、监督等工作的意见和建议。"

三十、第四章"地方各级人民政府"分为四节：第一节"一般规定"，包括第六十一条至第六十九条；第二节"地方各级人民政府的组成和任期"，包括第七十条至第七十二条；第三节"地方各级人民政府的职权"，包括第七十三条至第七十八条；第四节"地方各级人民政府的机构设置"，包括第七十九条至第八十八条。

三十一、增加一条，作为第六十二条："地方各级人民政府应当维护宪法和法律权威，坚持依法行政，建设职能科学、权责法定、执法严明、公开公正、智能高效、廉洁诚信、人民满意的法治政府。"

三十二、增加一条，作为第六十三条："地方各级人民政府应当坚持以人民为中心，全心全意为人民服务，提高行政效能，建设服务型政府。"

三十三、增加一条，作为第六十四条："地方各级人民政府应当严格执行廉洁从政各项规定，加强廉政建设，建设廉洁政府。"

三十四、增加一条，作为第六十五条："地方各级人民政府应当坚持诚信原则，加强政务诚信建设，建设诚信政府。"

三十五、增加一条，作为第六十六条："地方各级人民政府应当坚持政务公开，全面推进决策、执行、管理、服务、结果公开，依法、及时、准确公开政府信息，推进政务数据有序共享，提高政府工作的透明度。"

三十六、增加一条，作为第六十七条："地方各级人民政府应当坚持科学决策、民主决策、依法决策，提高决策的质量。"

三十七、增加一条，作为第六十八条："地方各级人民政府应当依法接受监督，确保行政权力依法正确行使。"

三十八、将第五十五条改为第六十九条，增加一款，作为第三款："地方各级人民政府实行重大事项请示报告制度。"

三十九、将第五十九条改为第七十三条，第五项修改为："（五）编制和执行国民经济和社会发展规划纲要、计划和预算，管理本行政区域内的经济、教育、科学、文化、卫生、体育、城乡建设等事业和生态环境保护、自然资源、财政、民政、社会保障、公安、民族事务、司法行政、人口与计划生育等行政工作"。

增加一项，作为第七项："（七）履行国有资产管理职责"。

第八项改为第九项，修改为："（九）铸牢中华民族共同体意识，促进各民族广泛交往交流交融，保障少数民族的合法权利和利益，保障少数民族保持或者改革自己的风俗习惯的自由，帮助本行政区域内的民族自治地方依照宪法和法律实行区域自治，帮助各少数民族发展政治、经济和文化的建设事业"。

四十、将第六十条改为第七十四条，第一款修改为："省、自治区、直辖市的人民政府可以根据法律、行政法规和本省、自治区、直辖市的地方性法规，制定规章，报国务院和本级人民代表大会常务委员会备案。设区的市、自治州的人民政府可以根据法律、行政法规和本省、自治区的地方性法规，依照法律规定的权限制定规章，报国务院和省、自治区的人民代表大会常务委员会、人民政府以及本级人民代表大会常务委员会备案。"

四十一、增加一条，作为第七十五条："县级以上的地方各级人民政府制定涉及个人、组织权利义务的规范性文件，应当依照法定权限和程序，进行评估论证、公开征求意见、合法性审查、集体讨论决定，并予以公布和备案。"

四十二、将第六十一条改为第七十六条，第二项修改为："（二）执行本行政区域内的经济和社会发展计划、预算，管理本行政区域内的经济、教育、科学、文化、卫生、体育等事业和生态环境保护、财政、民政、社会保障、公安、司法行政、人口与计划生育等行政工作"。

第五项修改为："（五）铸牢中华民族共同体意识，促进各民族广泛交往交流交融，保障少数民族的合法权利和利益，保障少数民族保持或者改革自己的风俗习惯的自由"。

四十三、将第六十四条改为第七十九条，第一款修改为："地方各级人民政府根据工作需要和优化协同高效以及精干的原则，设立必要的工作部门。"

将第三款和第四款合并，作为第三款，修改为："省、自治区、直辖市的人民政府的厅、局、委员会等工作部门和自治州、县、自治县、市、市辖区的人民政府的局、科等工作部门的设立、增加、减少或者合并，按照规定程序报请批准，并报本级人民代表大会常务委员会备案。"

四十四、增加一条，作为第八十条："县级以上的地方各级人民政府根据国家区域发展战略，结合地方实际需要，可以共同建立跨行政区划的区域协同发展工作机制，加强区域合作。

"上级人民政府应当对下级人民政府的区域合作工作进行指导、协调和监督。"

四十五、增加一条，作为第八十一条："县级以上的地方各级人民政府根据应对重大突发事件的需要，可以建立跨部门指挥协调机制。"

四十六、增加一条，作为第八十六条："街道办事处在本辖区内办理派出它的人民政府交办的公共服务、公共管理、公共安全等工作，依法履行综合管理、统筹协调、应急处置和行政执法等职责，反映居民的意见和要求。"

四十七、增加一条，作为第八十七条："乡、民族乡、镇的人民政府和市辖区、不设区的市的人民政府或者街道办事处对基层群众性自治组织的工作给予指导、支持和帮助。基层群众性自治组织协助乡、民族乡、镇的人民政府和市辖区、不设区的市的人民政府或者街道办事处开展工作。"

四十八、增加一条，作为第八十八条："乡、民族乡、镇的人民政府和街道办事处可以根据实际情况建立居民列席有关会议的制度。"

四十九、对部分条文作以下修改：

（一）将第三条改为第八十九条。

（二）在第十条、第十七条、第二十一条第一款和第二款、第二十五条、第二十六条第一款中的"人民法院院长"前增加"监察委员会主任"。

（三）将第二十四条第三款中的"第二十二条"修改为"第二十七条"。

（四）将第二十八条改为第二十四条，在第一款中的"人民法院"前增加"监察委员会"。

（五）将第二十九条改为第二十三条。

（六）在第四十七条第一款中的"本级人民政府"后增加"及其工作部门、监察委员会"。

（七）删去第五十五条第三款。

本决定通过前，省、设区的市级新的一届人民代表大会常务委员会组成人员的名额已经确定的，根据本决定增加相应的名额，并依法进行选举。

本决定自 2022 年 3 月 12 日起施行。

《中华人民共和国地方各级人民代表大会和地方各级人民政府组织法》根据本决定作相应修改并对条文顺序作相应调整，重新公布。

附：

中华人民共和国地方各级人民代表大会和地方各级人民政府组织法

（1979 年 7 月 1 日第五届全国人民代表大会第二次会议通过 1979 年 7 月 4 日公布 自 1980 年 1 月 1 日起施行 根据 1982 年 12 月 10 日第五届全国人民代表大会第五次会议《关于修改〈中华人民共和国地方各级人民代表大会和地方各级人民政府组织法〉的若干规定的决议》第一次修正 根据 1986 年 12 月 2 日第六届全国人民代表大会常务委员会第十八次会议《关于修改〈中华人民共和国地方各级人民代表大会和地方各级人民政府组织法〉的决定》第二次修正 根据 1995 年 2 月 28 日第八届全国人民代表大会常务委员会第十二次会议《关于修改〈中华人民共和国地方各级人民代表大会和地方各级人民政府组织法〉的决定》第三次修正 根据 2004 年 10 月 27 日第十届全国人民代表大会常务委员会第十二次会议《关于修改〈中华人民共和国地方各级人民代表大会和地方各级人民政府组织法〉的决定》第四次修正 根据 2015 年 8 月 29 日第十二届全国人民代表大会常务委员会第十六次会议《关于修改〈中华人民共和国地方各级人民代表大会和地方各级人民政府组织法〉、〈中华人民共和国全国人民代表大会和地方各级人民代表大会选举法〉、〈中华人民共和国全国人民代表大会和地方各级人民代表大会代表法〉的决定》第五次修正 根据 2022 年 3 月 11 日第十三届全国人民代表大会第五次会议《关于修改〈中华人民共和国地方各级人民代表大会和地方各级人民政府组织法〉的决定》第六次修正）

目 录

第一章 总 则

第二章 地方各级人民代表大会

　　第一节 地方各级人民代表大会的组成和任期

　　第二节 地方各级人民代表大会的职权

　　第三节 地方各级人民代表大会会议的举行

　　第四节 地方国家机关组成人员的选举、罢免和辞职

　　第五节 地方各级人民代表大会各委员会

　　第六节 地方各级人民代表大会代表

第三章 县级以上的地方各级人民代表大会常务委员会

　　第一节 常务委员会的组成和任期

　　第二节 常务委员会的职权

　　第三节 常务委员会会议的举行

　　第四节 常务委员会各委员会和工作机构

第四章 地方各级人民政府

　　第一节 一般规定

　　第二节 地方各级人民政府的组成和任期

　　第三节 地方各级人民政府的职权

　　第四节 地方各级人民政府的机构设置

第五章 附 则

第一章 总 则

第一条 为了健全地方各级人民代表大会和地方各级人民政府的组织和工作制度，保障和规范其行使职权，坚持和完善人民代表大会制度，保证人民当家作主，根据宪法，制定本法。

第二条　地方各级人民代表大会是地方国家权力机关。

县级以上的地方各级人民代表大会常务委员会是本级人民代表大会的常设机关。

地方各级人民政府是地方各级国家权力机关的执行机关，是地方各级国家行政机关。

第三条　地方各级人民代表大会、县级以上的地方各级人民代表大会常务委员会和地方各级人民政府坚持中国共产党的领导，坚持以马克思列宁主义、毛泽东思想、邓小平理论、"三个代表"重要思想、科学发展观、习近平新时代中国特色社会主义思想为指导，依照宪法和法律规定行使职权。

第四条　地方各级人民代表大会、县级以上的地方各级人民代表大会常务委员会和地方各级人民政府坚持以人民为中心，坚持和发展全过程人民民主，始终同人民保持密切联系，倾听人民的意见和建议，为人民服务，对人民负责，受人民监督。

第五条　地方各级人民代表大会、县级以上的地方各级人民代表大会常务委员会和地方各级人民政府遵循在中央的统一领导下、充分发挥地方的主动性积极性的原则，保证宪法、法律和行政法规在本行政区域的实施。

第六条　地方各级人民代表大会、县级以上的地方各级人民代表大会常务委员会和地方各级人民政府实行民主集中制原则。

地方各级人民代表大会和县级以上的地方各级人民代表大会常务委员会应当充分发扬民主，集体行使职权。

地方各级人民政府实行首长负责制。政府工作中的重大事项应当经集体讨论决定。

第二章　地方各级人民代表大会

第一节　地方各级人民代表大会的组成和任期

第七条　省、自治区、直辖市、自治州、县、自治县、市、市辖区、乡、民族乡、镇设立人民代表大会。

第八条　省、自治区、直辖市、自治州、设区的市的人民代表大会代表由下一级的人民代表大会选举；县、自治县、不设区的市、市辖区、乡、民族乡、镇的人民代表大会代表由选民直接选举。

地方各级人民代表大会代表名额和代表产生办法由选举法规定。各行政区域内的少数民族应当有适当的代表名额。

第九条　地方各级人民代表大会每届任期五年。

第二节　地方各级人民代表大会的职权

第十条　省、自治区、直辖市的人民代表大会根据本行政区域的具体情况和实际需要，在不同宪法、法律、行政法规相抵触的前提下，可以制定和颁布地方性法规，报全国人民代表大会常务委员会和国务院备案。

设区的市、自治州的人民代表大会根据本行政区域的具体情况和实际需要，在不同宪法、法律、行政法规和本省、自治区的地方性法规相抵触的前提下，可以依照法律规定的权限制定地方性法规，报省、自治区的人民代表大会常务委员会批准后施行，并由省、自治区的人民代表大会常务委员会报全国人民代表大会常务委员会和国务院备案。

省、自治区、直辖市以及设区的市、自治州的人民代表大会根据区域协调发展的需要，可以开展协同立法。

第十一条 县级以上的地方各级人民代表大会行使下列职权：

（一）在本行政区域内，保证宪法、法律、行政法规和上级人民代表大会及其常务委员会决议的遵守和执行，保证国家计划和国家预算的执行；

（二）审查和批准本行政区域内的国民经济和社会发展规划纲要、计划和预算及其执行情况的报告，审查监督政府债务，监督本级人民政府对国有资产的管理；

（三）讨论、决定本行政区域内的政治、经济、教育、科学、文化、卫生、生态环境保护、自然资源、城乡建设、民政、社会保障、民族等工作的重大事项和项目；

（四）选举本级人民代表大会常务委员会的组成人员；

（五）选举省长、副省长，自治区主席、副主席，市长、副市长，州长、副州长，县长、副县长，区长、副区长；

（六）选举本级监察委员会主任、人民法院院长和人民检察院检察长；选出的人民检察院检察长，须报经上一级人民检察院检察长提请该级人民代表大会常务委员会批准；

（七）选举上一级人民代表大会代表；

（八）听取和审议本级人民代表大会常务委员会的工作报告；

（九）听取和审议本级人民政府和人民法院、人民检察院的工作报告；

（十）改变或者撤销本级人民代表大会常务委员会的不适当的决议；

（十一）撤销本级人民政府的不适当的决定和命令；

（十二）保护社会主义的全民所有的财产和劳动群众集体所有的财产，保护公民私人所有的合法财产，维护社会秩序，保障公民的人身权利、民主权利和其他权利；

（十三）保护各种经济组织的合法权益；

（十四）铸牢中华民族共同体意识，促进各民族广泛交往交流交融，保障少数民族的合法权利和利益；

（十五）保障宪法和法律赋予妇女的男女平等、同工同酬和婚姻自由等各项权利。

第十二条　乡、民族乡、镇的人民代表大会行使下列职权：

（一）在本行政区域内，保证宪法、法律、行政法规和上级人民代表大会及其常务委员会决议的遵守和执行；

（二）在职权范围内通过和发布决议；

（三）根据国家计划，决定本行政区域内的经济、文化事业和公共事业的建设计划和项目；

（四）审查和批准本行政区域内的预算和预算执行情况的报告，监督本级预算的执行，审查和批准本级预算的调整方案，审查和批准本级决算；

（五）决定本行政区域内的民政工作的实施计划；

（六）选举本级人民代表大会主席、副主席；

（七）选举乡长、副乡长，镇长、副镇长；

（八）听取和审议乡、民族乡、镇的人民政府的工作报告；

（九）听取和审议乡、民族乡、镇的人民代表大会主席团的工作报告；

（十）撤销乡、民族乡、镇的人民政府的不适当的决定和命令；

（十一）保护社会主义的全民所有的财产和劳动群众集体所有的财产，保护公民私人所有的合法财产，维护社会秩序，保障公民的人身权利、民主权利和其他权利；

（十二）保护各种经济组织的合法权益；

（十三）铸牢中华民族共同体意识，促进各民族广泛交往交流交融，保障少数民族的合法权利和利益；

（十四）保障宪法和法律赋予妇女的男女平等、同工同酬和婚姻自由等各项权利。

少数民族聚居的乡、民族乡、镇的人民代表大会在行使职权的时候，可以依照法律规定的权限采取适合民族特点的具体措施。

第十三条 地方各级人民代表大会有权罢免本级人民政府的组成人员。县级以上的地方各级人民代表大会有权罢免本级人民代表大会常务委员会的组成人员和由它选出的监察委员会主任、人民法院院长、人民检察院检察长。罢免人民检察院检察长，须报经上一级人民检察院检察长提请该级人民代表大会常务委员会批准。

第三节 地方各级人民代表大会会议的举行

第十四条 地方各级人民代表大会会议每年至少举行一次。乡、民族乡、镇的人民代表大会会议一般每年举行两次。会议召开的日期由本级人民代表大会常务委员会或者乡、民族乡、镇的人民代表大会主席团决定，并予以公布。

遇有特殊情况，县级以上的地方各级人民代表大会常务委员会或者乡、民族乡、镇的人民代表大会主席团可以决定适当提前或者推迟召开会议。提前或者推迟召开会议的日期未能在当次会议上决定的，常务委员会或者其授权的主任会议，乡、民族乡、镇的人民代表大会主席团可以另行决定，并予以公布。

县级以上的地方各级人民代表大会常务委员会或者乡、民族乡、镇的人民代表大会主席团认为必要，或者经过五分之一以上代表提议，可以临时召集本级人民代表大会会议。

地方各级人民代表大会会议有三分之二以上的代表出席，始得举行。

第十五条　县级以上的地方各级人民代表大会会议由本级人民代表大会常务委员会召集。

第十六条　地方各级人民代表大会举行会议，应当合理安排会期和会议日程，提高议事质量和效率。

第十七条　县级以上的地方各级人民代表大会每次会议举行预备会议，选举本次会议的主席团和秘书长，通过本次会议的议程和其他准备事项的决定。

预备会议由本级人民代表大会常务委员会主持。每届人民代表大会第一次会议的预备会议，由上届本级人民代表大会常务委员会主持。

县级以上的地方各级人民代表大会举行会议的时候，由主席团主持会议。

县级以上的地方各级人民代表大会会议设副秘书长若干人；副秘书长的人选由主席团决定。

第十八条　乡、民族乡、镇的人民代表大会设主席，并可以设副主席一人至二人。主席、副主席由本级人民代表大会从代表中选出，任期同本级人民代表大会每届任期相同。

乡、民族乡、镇的人民代表大会主席、副主席不得担任国家行政机关的职务；如果担任国家行政机关的职务，必须向本级人民代表大会辞去主席、副主席的职务。

乡、民族乡、镇的人民代表大会主席、副主席在本级人民代表大会闭会期间负责联系本级人民代表大会代表，根据主席团的安排组织代表开展活动，反映代表和群众对本级人民政府工作的建议、批评和意见，并负责处理主席团的日常工作。

第十九条　乡、民族乡、镇的人民代表大会举行会议的时候，选举主席团。由主席团主持会议，并负责召集下一次的本级人民代表大会会议。乡、民族乡、镇的人民代表大会主席、副主席为主席团的成员。

主席团在本级人民代表大会闭会期间，每年选择若干关系本地区群众切身利益和社会普遍关注的问题，有计划地安排代表听取和讨论本级人民政府的专项工作报告，对法律、法规实施情况进行检查，开展视察、调研等活动；听取和反映代表和群众对本级人民政府工作的建议、批评和意见。主席团在闭会期间的工作，向本级人民代表大会报告。

第二十条　地方各级人民代表大会每届第一次会议，在本届人民代表大会代表选举完成后的两个月内，由上届本级人民代表大会常务委员会或者乡、民族乡、镇的上次人民代表大会主席团召集。

第二十一条　县级以上的地方各级人民政府组成人员和监察委员会主任、人民法院院长、人民检察院检察长，乡级的人民政府领导人员，列席本级人民代表大会会议；县级以上的其他有关机关、团体负责人，经本级人民代表大会常务委员会决定，可以列席本级人民代表大会会议。

第二十二条　地方各级人民代表大会举行会议的时候，主席团、常务委员会、各专门委员会、本级人民政府，可以向本级人民代表大会提出属于本级人民代表大会职权范围内的议案，由主席团决定提交人民代表大会会议审议，或者并交有关的专门委员会审议、提出报告，再由主席团审议决定提交大会表决。

县级以上的地方各级人民代表大会代表十人以上联名，乡、民族乡、镇的人民代表大会代表五人以上联名，可以向本级人民代表大会提出属于本级人民代表大会职权范围内的议案，由主席团决定是否列入大会议程，或者先交有关的专门委员会审议，提出是否列入大会议程的意见，再由主席团决定是否列入大会议程。

列入会议议程的议案，在交付大会表决前，提案人要求撤回的，经主席团同意，会议对该项议案的审议即行终止。

第二十三条　在地方各级人民代表大会审议议案的时候，代表可以向有关地方国家机关提出询问，由有关机关派人说明。

第二十四条　地方各级人民代表大会举行会议的时候，代表十人以上联名可以书面提出对本级人民政府和它所属各工作部门以及监察委员会、人民法院、人民检察院的质询案。质询案必须写明质询对象、质询的问题和内容。

质询案由主席团决定交由受质询机关在主席团会议、大会全体会议或者有关的专门委员会会议上口头答复，或者由受质询机关书面答复。在主席团会议或者专门委员会会议上答复的，提质询案的代表有权列席会议，发表意见；主席团认为必要的时候，可以将答复质询案的情况报告印发会议。

质询案以口头答复的，应当由受质询机关的负责人到会答复；质询案以书面答复的，应当由受质询机关的负责人签署，由主席团印发会议或者印发提质询案的代表。

第二十五条　地方各级人民代表大会进行选举和通过决议，以全体代表的过半数通过。

第四节　地方国家机关组成人员的选举、罢免和辞职

第二十六条　县级以上的地方各级人民代表大会常务委员会

的组成人员，乡、民族乡、镇的人民代表大会主席、副主席，省长、副省长，自治区主席、副主席，市长、副市长，州长、副州长，县长、副县长，区长、副区长，乡长、副乡长，镇长、副镇长，监察委员会主任，人民法院院长，人民检察院检察长的人选，由本级人民代表大会主席团或者代表依照本法规定联合提名。

省、自治区、直辖市的人民代表大会代表三十人以上书面联名，设区的市和自治州的人民代表大会代表二十人以上书面联名，县级的人民代表大会代表十人以上书面联名，可以提出本级人民代表大会常务委员会组成人员，人民政府领导人员，监察委员会主任，人民法院院长，人民检察院检察长的候选人。乡、民族乡、镇的人民代表大会代表十人以上书面联名，可以提出本级人民代表大会主席、副主席，人民政府领导人员的候选人。不同选区或者选举单位选出的代表可以酝酿、联合提出候选人。

主席团提名的候选人人数，每一代表与其他代表联合提名的候选人人数，均不得超过应选名额。

提名人应当如实介绍所提名的候选人的情况。

第二十七条 人民代表大会常务委员会主任、秘书长，乡、民族乡、镇的人民代表大会主席，人民政府正职领导人员，监察委员会主任，人民法院院长，人民检察院检察长的候选人数可以多一人，进行差额选举；如果提名的候选人只有一人，也可以等额选举。人民代表大会常务委员会副主任，乡、民族乡、镇的人民代表大会副主席，人民政府副职领导人员的候选人数应比应选人数多一人至三人，人民代表大会常务委员会委员的候选人数应比应选人数多十分之一至五分之一，由本级人民代表大会根据应选人数在选举办法中规定具体差额数，进行差额选举。如果提名的候选人数符合选举办法规定的差额数，由主席团提交代表酝酿、讨论后，进行选举。如果提名的候选人数超过选举办法规定的差额数，由主席团提交代表酝酿、讨论后，进行预选，根据在预选中得票多少的顺序，按照选举办法规定的差额数，确定正式候选人名单，进行选举。

县级以上的地方各级人民代表大会换届选举本级国家机关领导人员时，提名、酝酿候选人的时间不得少于两天。

第二十八条　选举采用无记名投票方式。代表对于确定的候选人，可以投赞成票，可以投反对票，可以另选其他任何代表或者选民，也可以弃权。

第二十九条　地方各级人民代表大会选举本级国家机关领导人员，获得过半数选票的候选人人数超过应选名额时，以得票多的当选。如遇票数相等不能确定当选人时，应当就票数相等的人再次投票，以得票多的当选。

获得过半数选票的当选人数少于应选名额时，不足的名额另行选举。另行选举时，可以根据在第一次投票时得票多少的顺序确定候选人，也可以依照本法规定的程序另行提名、确定候选人。经本级人民代表大会决定，不足的名额的另行选举可以在本次人民代表大会会议上进行，也可以在下一次人民代表大会会议上进行。

另行选举人民代表大会常务委员会副主任、委员，乡、民族乡、镇的人民代表大会副主席，人民政府副职领导人员时，依照本法第二十七条第一款的规定，确定差额数，进行差额选举。

第三十条　地方各级人民代表大会补选常务委员会主任、副主任、秘书长、委员，乡、民族乡、镇的人民代表大会主席、副主席，省长、副省长，自治区主席、副主席，市长、副市长，州长、副州长，县长、副县长，区长、副区长，乡长、副乡长，镇长、副镇长，监察委员会主任，人民法院院长，人民检察院检察长时，候选人数可以多于应选人数，也可以同应选人数相等。选举办法由本级人民代表大会决定。

第三十一条 县级以上的地方各级人民代表大会举行会议的时候，主席团、常务委员会或者十分之一以上代表联名，可以提出对本级人民代表大会常务委员会组成人员、人民政府组成人员、监察委员会主任、人民法院院长、人民检察院检察长的罢免案，由主席团提请大会审议。

乡、民族乡、镇的人民代表大会举行会议的时候，主席团或者五分之一以上代表联名，可以提出对人民代表大会主席、副主席，乡长、副乡长，镇长、副镇长的罢免案，由主席团提请大会审议。

罢免案应当写明罢免理由。

被提出罢免的人员有权在主席团会议或者大会全体会议上提出申辩意见，或者书面提出申辩意见。在主席团会议上提出的申辩意见或者书面提出的申辩意见，由主席团印发会议。

向县级以上的地方各级人民代表大会提出的罢免案，由主席团交会议审议后，提请全体会议表决；或者由主席团提议，经全体会议决定，组织调查委员会，由本级人民代表大会下次会议根据调查委员会的报告审议决定。

第三十二条 县级以上的地方各级人民代表大会常务委员会组成人员、专门委员会组成人员和人民政府领导人员，监察委员会主任，人民法院院长，人民检察院检察长，可以向本级人民代表大会提出辞职，由大会决定是否接受辞职；大会闭会期间，可以向本级人民代表大会常务委员会提出辞职，由常务委员会决定是否接受辞职。常务委员会决定接受辞职后，报本级人民代表大会备案。人民检察院检察长的辞职，须报经上一级人民检察院检察长提请该级人民代表大会常务委员会批准。

乡、民族乡、镇的人民代表大会主席、副主席，乡长、副乡长，镇长、副镇长，可以向本级人民代表大会提出辞职，由大会决定是否接受辞职。

第五节　地方各级人民代表大会各委员会

第三十三条　省、自治区、直辖市、自治州、设区的市的人民代表大会根据需要，可以设法制委员会、财政经济委员会、教育科学文化卫生委员会、环境与资源保护委员会、社会建设委员会和其他需要设立的专门委员会；县、自治县、不设区的市、市辖区的人民代表大会根据需要，可以设法制委员会、财政经济委员会等专门委员会。

各专门委员会受本级人民代表大会领导；在大会闭会期间，受本级人民代表大会常务委员会领导。

第三十四条　各专门委员会的主任委员、副主任委员和委员的人选，由主席团在代表中提名，大会通过。在大会闭会期间，常务委员会可以任免专门委员会的个别副主任委员和部分委员，由主任会议提名，常务委员会会议通过。

各专门委员会每届任期同本级人民代表大会每届任期相同，履行职责到下届人民代表大会产生新的专门委员会为止。

第三十五条　各专门委员会在本级人民代表大会及其常务委员会领导下，开展下列工作：

（一）审议本级人民代表大会主席团或者常务委员会交付的议案；

（二）向本级人民代表大会主席团或者常务委员会提出属于本级人民代表大会或者常务委员会职权范围内同本委员会有关的议案，组织起草有关议案草案；

（三）承担本级人民代表大会常务委员会听取和审议专项工作报告、执法检查、专题询问等的具体组织实施工作；

（四）按照本级人民代表大会常务委员会工作安排，听取本级人民政府工作部门和监察委员会、人民法院、人民检察院的专题汇报，提出建议；

（五）对属于本级人民代表大会及其常务委员会职权范围内同本委员会有关的问题，进行调查研究，提出建议；

（六）研究办理代表建议、批评和意见，负责有关建议、批评和意见的督促办理工作；

（七）办理本级人民代表大会及其常务委员会交办的其他工作。

第三十六条　县级以上的地方各级人民代表大会可以组织关于特定问题的调查委员会。

主席团或者十分之一以上代表书面联名，可以向本级人民代表大会提议组织关于特定问题的调查委员会，由主席团提请全体会议决定。

调查委员会由主任委员、副主任委员和委员组成，由主席团在代表中提名，提请全体会议通过。

调查委员会应当向本级人民代表大会提出调查报告。人民代表大会根据调查委员会的报告，可以作出相应的决议。人民代表大会可以授权它的常务委员会听取调查委员会的调查报告，常务委员会可以作出相应的决议，报人民代表大会下次会议备案。

第三十七条　乡、民族乡、镇的每届人民代表大会第一次会议通过的代表资格审查委员会，行使职权至本届人民代表大会任期届满为止。

第六节　地方各级人民代表大会代表

第三十八条　地方各级人民代表大会代表任期，从每届本级人民代表大会举行第一次会议开始，到下届本级人民代表大会举行第一次会议为止。

第三十九条　地方各级人民代表大会代表、常务委员会组成人员，在人民代表大会和常务委员会会议上的发言和表决，不受法律追究。

第四十条　县级以上的地方各级人民代表大会代表，非经本级人民代表大会主席团许可，在大会闭会期间，非经本级人民代表大会常务委员会许可，不受逮捕或者刑事审判。如果因为是现行犯被拘留，执行拘留的公安机关应当立即向该级人民代表大会主席团或者常务委员会报告。

第四十一条　地方各级人民代表大会代表在出席人民代表大会会议和执行代表职务的时候，国家根据需要给予往返的旅费和必要的物质上的便利或者补贴。

第四十二条　县级以上的地方各级人民代表大会代表向本级人民代表大会及其常务委员会提出的对各方面工作的建议、批评和意见，由本级人民代表大会常务委员会的办事机构交有关机关和组织研究办理并负责答复。

乡、民族乡、镇的人民代表大会代表向本级人民代表大会提出的对各方面工作的建议、批评和意见，由本级人民代表大会主席团交有关机关和组织研究办理并负责答复。

地方各级人民代表大会代表的建议、批评和意见的办理情况，由县级以上的地方各级人民代表大会常务委员会办事机构或者乡、民族乡、镇的人民代表大会主席团向本级人民代表大会常务委员会或者乡、民族乡、镇的人民代表大会报告，并予以公开。

第四十三条　地方各级人民代表大会代表应当与原选区选民或者原选举单位和人民群众保持密切联系，听取和反映他们的意见和要求，充分发挥在发展全过程人民民主中的作用。

省、自治区、直辖市、自治州、设区的市的人民代表大会代表可以列席原选举单位的人民代表大会会议。

县、自治县、不设区的市、市辖区、乡、民族乡、镇的人民代表大会代表分工联系选民，有代表三人以上的居民地区或者生产单位可以组织代表小组。

地方各级人民代表大会代表应当向原选区选民或者原选举单位报告履职情况。

第四十四条　省、自治区、直辖市、自治州、设区的市的人民代表大会代表受原选举单位的监督；县、自治县、不设区的市、市辖区、乡、民族乡、镇的人民代表大会代表受选民的监督。

地方各级人民代表大会代表的选举单位和选民有权随时罢免自己选出的代表。代表的罢免必须由原选举单位以全体代表的过半数通过，或者由原选区以选民的过半数通过。

第四十五条　地方各级人民代表大会代表因故不能担任代表职务的时候，由原选举单位或者由原选区选民补选。

第三章　县级以上的地方各级人民代表大会常务委员会

第一节　常务委员会的组成和任期

第四十六条　省、自治区、直辖市、自治州、县、自治县、市、市辖区的人民代表大会设立常务委员会，对本级人民代表大会负责并报告工作。

第四十七条　省、自治区、直辖市、自治州、设区的市的人民代表大会常务委员会由本级人民代表大会在代表中选举主任、副主任若干人、秘书长、委员若干人组成。

县、自治县、不设区的市、市辖区的人民代表大会常务委员会由本级人民代表大会在代表中选举主任、副主任若干人和委员若干人组成。

常务委员会的组成人员不得担任国家行政机关、监察机关、审判机关和检察机关的职务；如果担任上述职务，必须向常务委员会辞去常务委员会的职务。

常务委员会组成人员的名额：

（一）省、自治区、直辖市四十五人至七十五人，人口超过八千万的省不超过九十五人；

（二）设区的市、自治州二十九人至五十一人，人口超过八百万的设区的市不超过六十一人；

（三）县、自治县、不设区的市、市辖区十五人至三十五人，人口超过一百万的县、自治县、不设区的市、市辖区不超过四十五人。

省、自治区、直辖市每届人民代表大会常务委员会组成人员的名额，由省、自治区、直辖市的人民代表大会依照前款规定，按人口多少并结合常务委员会组成人员结构的需要确定。自治州、县、自治县、市、市辖区每届人民代表大会常务委员会组成人员的名额，由省、自治区、直辖市的人民代表大会常务委员会依照前款规定，按人口多少并结合常务委员会组成人员结构的需要确定。每届人民代表大会常务委员会组成人员的名额经确定后，在本届人民代表大会的任期内不再变动。

第四十八条　县级以上的地方各级人民代表大会常务委员会每届任期同本级人民代表大会每届任期相同，它行使职权到下届本级人民代表大会选出新的常务委员会为止。

第二节　常务委员会的职权

第四十九条　省、自治区、直辖市的人民代表大会常务委员会在本级人民代表大会闭会期间，根据本行政区域的具体情况和实际需要，在不同宪法、法律、行政法规相抵触的前提下，可以制定和颁布地方性法规，报全国人民代表大会常务委员会和国务院备案。

设区的市、自治州的人民代表大会常务委员会在本级人民代表大会闭会期间，根据本行政区域的具体情况和实际需要，在不同宪法、法律、行政法规和本省、自治区的地方性法规相抵触的前提下，可以依照法律规定的权限制定地方性法规，报省、自治区的人民代表大会常务委员会批准后施行，并由省、自治区的人民代表大会常务委员会报全国人民代表大会常务委员会和国务院备案。

省、自治区、直辖市以及设区的市、自治州的人民代表大会常务委员会根据区域协调发展的需要，可以开展协同立法。

第五十条　县级以上的地方各级人民代表大会常务委员会行使下列职权：

（一）在本行政区域内，保证宪法、法律、行政法规和上级人民代表大会及其常务委员会决议的遵守和执行；

（二）领导或者主持本级人民代表大会代表的选举；

（三）召集本级人民代表大会会议；

（四）讨论、决定本行政区域内的政治、经济、教育、科学、文化、卫生、生态环境保护、自然资源、城乡建设、民政、社会保障、民族等工作的重大事项和项目；

（五）根据本级人民政府的建议，审查和批准本行政区域内的国民经济和社会发展规划纲要、计划和本级预算的调整方案；

（六）监督本行政区域内的国民经济和社会发展规划纲要、计划和预算的执行，审查和批准本级决算，监督审计查出问题整改情况，审查监督政府债务；

（七）监督本级人民政府、监察委员会、人民法院和人民检察院的工作，听取和审议有关专项工作报告，组织执法检查，开展专题询问等；联系本级人民代表大会代表，受理人民群众对上述机关和国家工作人员的申诉和意见；

（八）监督本级人民政府对国有资产的管理，听取和审议本级人民政府关于国有资产管理情况的报告；

（九）听取和审议本级人民政府关于年度环境状况和环境保护目标完成情况的报告；

（十）听取和审议备案审查工作情况报告；

（十一）撤销下一级人民代表大会及其常务委员会的不适当的决议；

（十二）撤销本级人民政府的不适当的决定和命令；

（十三）在本级人民代表大会闭会期间，决定副省长、自治区副主席、副市长、副州长、副县长、副区长的个别任免；在省长、自治区主席、市长、州长、县长、区长和监察委员会主任、人民法院院长、人民检察院检察长因故不能担任职务的时候，根据主任会议的提名，从本级人民政府、监察委员会、人民法院、人民检察院副职领导人员中决定代理的人选；决定代理检察长，须报上一级人民检察院和人民代表大会常务委员会备案；

（十四）根据省长、自治区主席、市长、州长、县长、区长的提名，决定本级人民政府秘书长、厅长、局长、委员会主任、科长的任免，报上一级人民政府备案；

（十五）根据监察委员会主任的提名，任免监察委员会副主任、委员；

（十六）按照人民法院组织法和人民检察院组织法的规定，任免人民法院副院长、庭长、副庭长、审判委员会委员、审判员，任免人民检察院副检察长、检察委员会委员、检察员，批准任免下一级人民检察院检察长；省、自治区、直辖市的人民代表大会常务委员会根据主任会议的提名，决定在省、自治区内按地区设立的和在直辖市内设立的中级人民法院院长的任免，根据省、自治区、直辖市的人民检察院检察长的提名，决定人民检察院分院检察长的任免；

（十七）在本级人民代表大会闭会期间，决定撤销个别副省长、自治区副主席、副市长、副州长、副县长、副区长的职务；决定撤销由它任命的本级人民政府其他组成人员和监察委员会副主任、委员，人民法院副院长、庭长、副庭长、审判委员会委员、审判员，人民检察院副检察长、检察委员会委员、检察员，中级人民法院院长，人民检察院分院检察长的职务；

（十八）在本级人民代表大会闭会期间，补选上一级人民代表大会出缺的代表和罢免个别代表。

常务委员会讨论前款第四项规定的本行政区域内的重大事项和项目，可以作出决定或者决议，也可以将有关意见、建议送有关地方国家机关或者单位研究办理。有关办理情况应当及时向常务委员会报告。

第三节　常务委员会会议的举行

第五十一条　常务委员会会议由主任召集并主持，每两个月至少举行一次。遇有特殊需要时，可以临时召集常务委员会会议。主任可以委托副主任主持会议。

县级以上的地方各级人民政府、监察委员会、人民法院、人民检察院的负责人，列席本级人民代表大会常务委员会会议。

常务委员会会议有常务委员会全体组成人员过半数出席，始得举行。

常务委员会的决议，由常务委员会以全体组成人员的过半数通过。

第五十二条　县级以上的地方各级人民代表大会常务委员会主任会议可以向本级人民代表大会常务委员会提出属于常务委员会职权范围内的议案，由常务委员会会议审议。

县级以上的地方各级人民政府、人民代表大会各专门委员会，可以向本级人民代表大会常务委员会提出属于常务委员会职权范围内的议案，由主任会议决定提请常务委员会会议审议，或者先交有关的专门委员会审议、提出报告，再提请常务委员会会议审议。

省、自治区、直辖市、自治州、设区的市的人民代表大会常务委员会组成人员五人以上联名，县级的人民代表大会常务委员会组成人员三人以上联名，可以向本级常务委员会提出属于常务委员会职权范围内的议案，由主任会议决定是否提请常务委员会会议审议，或者先交有关的专门委员会审议、提出报告，再决定是否提请常务委员会会议审议。

第五十三条　在常务委员会会议期间，省、自治区、直辖市、自治州、设区的市的人民代表大会常务委员会组成人员五人以上联名，县级的人民代表大会常务委员会组成人员三人以上联名，可以向常务委员会书面提出对本级人民政府及其工作部门、监察委员会、人民法院、人民检察院的质询案。质询案必须写明质询对象、质询的问题和内容。

质询案由主任会议决定交由受质询机关在常务委员会全体会议上或者有关的专门委员会会议上口头答复，或者由受质询机关书面答复。在专门委员会会议上答复的，提质询案的常务委员会组成人员有权列席会议，发表意见；主任会议认为必要的时候，可以将答复质询案的情况报告印发会议。

质询案以口头答复的，应当由受质询机关的负责人到会答复；质询案以书面答复的，应当由受质询机关的负责人签署，由主任会议印发会议或者印发提质询案的常务委员会组成人员。

第五十四条 省、自治区、直辖市、自治州、设区的市的人民代表大会常务委员会主任、副主任和秘书长组成主任会议；县、自治县、不设区的市、市辖区的人民代表大会常务委员会主任、副主任组成主任会议。

主任会议处理常务委员会的重要日常工作：

（一）决定常务委员会每次会议的会期，拟订会议议程草案，必要时提出调整会议议程的建议；

（二）对向常务委员会提出的议案和质询案，决定交由有关的专门委员会审议或者提请常务委员会全体会议审议；

（三）决定是否将议案和决定草案、决议草案提请常务委员会全体会议表决，对暂不交付表决的，提出下一步处理意见；

（四）通过常务委员会年度工作计划等；

（五）指导和协调专门委员会的日常工作；

（六）其他重要日常工作。

第五十五条 常务委员会主任因为健康情况不能工作或者缺位的时候，由常务委员会在副主任中推选一人代理主任的职务，直到主任恢复健康或者人民代表大会选出新的主任为止。

第四节 常务委员会各委员会和工作机构

第五十六条 县级以上的地方各级人民代表大会常务委员会设立代表资格审查委员会。

代表资格审查委员会的主任委员、副主任委员和委员的人选，由常务委员会主任会议在常务委员会组成人员中提名，常务委员会任免。

第五十七条 代表资格审查委员会审查代表的选举是否符合法律规定。

第五十八条 主任会议或者五分之一以上的常务委员会组成人员书面联名，可以向本级人民代表大会常务委员会提议组织关于特定问题的调查委员会，由全体会议决定。

调查委员会由主任委员、副主任委员和委员组成，由主任会议在常务委员会组成人员和其他代表中提名，提请全体会议通过。

调查委员会应当向本级人民代表大会常务委员会提出调查报告。常务委员会根据调查委员会的报告，可以作出相应的决议。

第五十九条 常务委员会根据工作需要，设立办事机构和法制工作委员会、预算工作委员会、代表工作委员会等工作机构。

省、自治区的人民代表大会常务委员会可以在地区设立工作机构。

市辖区、不设区的市的人民代表大会常务委员会可以在街道设立工作机构。工作机构负责联系街道辖区内的人民代表大会代表，组织代表开展活动，反映代表和群众的建议、批评和意见，办理常务委员会交办的监督、选举以及其他工作，并向常务委员会报告工作。

县、自治县的人民代表大会常务委员会可以比照前款规定，在街道设立工作机构。

第六十条　县级以上的地方各级人民代表大会常务委员会和各专门委员会、工作机构应当建立健全常务委员会组成人员和各专门委员会、工作机构联系代表的工作机制，支持和保障代表依法履职，扩大代表对各项工作的参与，充分发挥代表作用。

县级以上的地方各级人民代表大会常务委员会通过建立基层联系点、代表联络站等方式，密切同人民群众的联系，听取对立法、监督等工作的意见和建议。

第四章　地方各级人民政府

第一节　一般规定

第六十一条　省、自治区、直辖市、自治州、县、自治县、市、市辖区、乡、民族乡、镇设立人民政府。

第六十二条　地方各级人民政府应当维护宪法和法律权威，坚持依法行政，建设职能科学、权责法定、执法严明、公开公正、智能高效、廉洁诚信、人民满意的法治政府。

第六十三条　地方各级人民政府应当坚持以人民为中心，全心全意为人民服务，提高行政效能，建设服务型政府。

第六十四条　地方各级人民政府应当严格执行廉洁从政各项规定，加强廉政建设，建设廉洁政府。

第六十五条　地方各级人民政府应当坚持诚信原则，加强政务诚信建设，建设诚信政府。

第六十六条　地方各级人民政府应当坚持政务公开，全面推进决策、执行、管理、服务、结果公开，依法、及时、准确公开政府信息，推进政务数据有序共享，提高政府工作的透明度。

第六十七条　地方各级人民政府应当坚持科学决策、民主决策、依法决策，提高决策的质量。

第六十八条　地方各级人民政府应当依法接受监督，确保行政权力依法正确行使。

第六十九条　地方各级人民政府对本级人民代表大会和上一级国家行政机关负责并报告工作。县级以上的地方各级人民政府在本级人民代表大会闭会期间，对本级人民代表大会常务委员会负责并报告工作。

全国地方各级人民政府都是国务院统一领导下的国家行政机关，都服从国务院。

地方各级人民政府实行重大事项请示报告制度。

第二节　地方各级人民政府的组成和任期

第七十条　省、自治区、直辖市、自治州、设区的市的人民政府分别由省长、副省长，自治区主席、副主席，市长、副市长，州长、副州长和秘书长、厅长、局长、委员会主任等组成。

县、自治县、不设区的市、市辖区的人民政府分别由县长、副县长，市长、副市长，区长、副区长和局长、科长等组成。

乡、民族乡的人民政府设乡长、副乡长。民族乡的乡长由建立民族乡的少数民族公民担任。镇人民政府设镇长、副镇长。

第七十一条　新的一届人民政府领导人员依法选举产生后，应当在两个月内提请本级人民代表大会常务委员会任命人民政府秘书长、厅长、局长、委员会主任、科长。

第七十二条 地方各级人民政府每届任期五年。

第三节 地方各级人民政府的职权

第七十三条 县级以上的地方各级人民政府行使下列职权：

（一）执行本级人民代表大会及其常务委员会的决议，以及上级国家行政机关的决定和命令，规定行政措施，发布决定和命令；

（二）领导所属各工作部门和下级人民政府的工作；

（三）改变或者撤销所属各工作部门的不适当的命令、指示和下级人民政府的不适当的决定、命令；

（四）依照法律的规定任免、培训、考核和奖惩国家行政机关工作人员；

（五）编制和执行国民经济和社会发展规划纲要、计划和预算，管理本行政区域内的经济、教育、科学、文化、卫生、体育、城乡建设等事业和生态环境保护、自然资源、财政、民政、社会保障、公安、民族事务、司法行政、人口与计划生育等行政工作；

（六）保护社会主义的全民所有的财产和劳动群众集体所有的财产，保护公民私人所有的合法财产，维护社会秩序，保障公民的人身权利、民主权利和其他权利；

（七）履行国有资产管理职责；

（八）保护各种经济组织的合法权益；

（九）铸牢中华民族共同体意识，促进各民族广泛交往交流交融，保障少数民族的合法权利和利益，保障少数民族保持或者改革自己的风俗习惯的自由，帮助本行政区域内的民族自治地方依照宪法和法律实行区域自治，帮助各少数民族发展政治、经济和文化的建设事业；

（十）保障宪法和法律赋予妇女的男女平等、同工同酬和婚姻自由等各项权利；

（十一）办理上级国家行政机关交办的其他事项。

第七十四条 省、自治区、直辖市的人民政府可以根据法律、行政法规和本省、自治区、直辖市的地方性法规，制定规章，报国务院和本级人民代表大会常务委员会备案。设区的市、自治州的人民政府可以根据法律、行政法规和本省、自治区的地方性法规，依照法律规定的权限制定规章，报国务院和省、自治区的人民代表大会常务委员会、人民政府以及本级人民代表大会常务委员会备案。

依照前款规定制定规章，须经各该级政府常务会议或者全体会议讨论决定。

第七十五条 县级以上的地方各级人民政府制定涉及个人、组织权利义务的规范性文件，应当依照法定权限和程序，进行评估论证、公开征求意见、合法性审查、集体讨论决定，并予以公布和备案。

第七十六条 乡、民族乡、镇的人民政府行使下列职权：

（一）执行本级人民代表大会的决议和上级国家行政机关的决定和命令，发布决定和命令；

（二）执行本行政区域内的经济和社会发展计划、预算，管理本行政区域内的经济、教育、科学、文化、卫生、体育等事业和生态环境保护、财政、民政、社会保障、公安、司法行政、人口与计划生育等行政工作；

（三）保护社会主义的全民所有的财产和劳动群众集体所有

的财产，保护公民私人所有的合法财产，维护社会秩序，保障公民的人身权利、民主权利和其他权利；

（四）保护各种经济组织的合法权益；

（五）铸牢中华民族共同体意识，促进各民族广泛交往交流交融，保障少数民族的合法权利和利益，保障少数民族保持或者改革自己的风俗习惯的自由；

（六）保障宪法和法律赋予妇女的男女平等、同工同酬和婚姻自由等各项权利；

（七）办理上级人民政府交办的其他事项。

第七十七条 地方各级人民政府分别实行省长、自治区主席、市长、州长、县长、区长、乡长、镇长负责制。

省长、自治区主席、市长、州长、县长、区长、乡长、镇长分别主持地方各级人民政府的工作。

第七十八条 县级以上的地方各级人民政府会议分为全体会议和常务会议。全体会议由本级人民政府全体成员组成。省、自治区、直辖市、自治州、设区的市的人民政府常务会议，分别由省长、副省长，自治区主席、副主席，市长、副市长，州长、副州长和秘书长组成。县、自治县、不设区的市、市辖区的人民政府常务会议，分别由县长、副县长，市长、副市长，区长、副区长组成。省长、自治区主席、市长、州长、县长、区长召集和主持本级人民政府全体会议和常务会议。政府工作中的重大问题，须经政府常务会议或者全体会议讨论决定。

第四节　地方各级人民政府的机构设置

第七十九条 地方各级人民政府根据工作需要和优化协同高效以及精干的原则，设立必要的工作部门。

县级以上的地方各级人民政府设立审计机关。地方各级审计机关依照法律规定独立行使审计监督权，对本级人民政府和上一级审计机关负责。

省、自治区、直辖市的人民政府的厅、局、委员会等工作部门和自治州、县、自治县、市、市辖区的人民政府的局、科等工作部门的设立、增加、减少或者合并，按照规定程序报请批准，并报本级人民代表大会常务委员会备案。

第八十条　县级以上的地方各级人民政府根据国家区域发展战略，结合地方实际需要，可以共同建立跨行政区划的区域协同发展工作机制，加强区域合作。

上级人民政府应当对下级人民政府的区域合作工作进行指导、协调和监督。

第八十一条　县级以上的地方各级人民政府根据应对重大突发事件的需要，可以建立跨部门指挥协调机制。

第八十二条　各厅、局、委员会、科分别设厅长、局长、主任、科长，在必要的时候可以设副职。

办公厅、办公室设主任，在必要的时候可以设副主任。

省、自治区、直辖市、自治州、设区的市的人民政府设秘书长一人，副秘书长若干人。

第八十三条　省、自治区、直辖市的人民政府的各工作部门受人民政府统一领导，并且依照法律或者行政法规的规定受国务院主管部门的业务指导或者领导。

自治州、县、自治县、市、市辖区的人民政府的各工作部门受人民政府统一领导，并且依照法律或者行政法规的规定受上级人民政府主管部门的业务指导或者领导。

第八十四条　省、自治区、直辖市、自治州、县、自治县、市、市辖区的人民政府应当协助设立在本行政区域内不属于自己管理的国家机关、企业、事业单位进行工作，并且监督它们遵守和执行法律和政策。

第八十五条 省、自治区的人民政府在必要的时候，经国务院批准，可以设立若干派出机关。

县、自治县的人民政府在必要的时候，经省、自治区、直辖市的人民政府批准，可以设立若干区公所，作为它的派出机关。

市辖区、不设区的市的人民政府，经上一级人民政府批准，可以设立若干街道办事处，作为它的派出机关。

第八十六条 街道办事处在本辖区内办理派出它的人民政府交办的公共服务、公共管理、公共安全等工作，依法履行综合管理、统筹协调、应急处置和行政执法等职责，反映居民的意见和要求。

第八十七条 乡、民族乡、镇的人民政府和市辖区、不设区的市的人民政府或者街道办事处对基层群众性自治组织的工作给予指导、支持和帮助。基层群众性自治组织协助乡、民族乡、镇的人民政府和市辖区、不设区的市的人民政府或者街道办事处开展工作。

第八十八条 乡、民族乡、镇的人民政府和街道办事处可以根据实际情况建立居民列席有关会议的制度。

第五章　附　则

第八十九条 自治区、自治州、自治县的自治机关除行使本法规定的职权外，同时依照宪法、民族区域自治法和其他法律规定的权限行使自治权。

第九十条 省、自治区、直辖市的人民代表大会及其常务委员会可以根据本法和实际情况，对执行中的问题作具体规定。

第二节　关于各国家机关组织事项的
决议决定

宪法和有关法律对各国家机关的机构设置没有作出明确规定。但机构设置既涉及功能调整和财政支出，又涉及执法权限划分，而且各国家机关组成人员的任免权均属于全国人大及其常委会，因此涉及机构设置、调整和改革的重大事项都会提请全国人大或其常委会审议讨论并作出决定。

一、关于全国人大组织机构设置和调整的决定

全国人民代表大会关于成立中华人民共和国香港
特别行政区基本法起草委员会的决定

（1985 年 4 月 10 日第六届全国人民代表大会第三次会议通过）

中华人民共和国第六届全国人民代表大会第三次会议决定成立中华人民共和国香港特别行政区基本法起草委员会，负责香港特别行政区基本法的起草工作。

香港特别行政区基本法起草委员会向全国人民代表大会负责，在全国人民代表大会闭会期间，向全国人民代表大会常务委员会负责。

香港特别行政区基本法起草委员会由包括香港同胞在内的各

方面的人士和专家组成。具体名单由全国人民代表大会常务委员会决定并公布。

全国人民代表大会关于成立中华人民共和国澳门特别行政区基本法起草委员会的决定

(1988 年 4 月 13 日第七届全国人民代表大会第一次会议通过)

第七届全国人民代表大会第一次会议决定成立中华人民共和国澳门特别行政区基本法起草委员会，负责澳门特别行政区基本法的起草工作。

澳门特别行政区基本法起草委员会向全国人民代表大会负责，在全国人民代表大会闭会期间，向全国人民代表大会常务委员会负责。澳门特别行政区基本法起草委员会由包括澳门同胞在内的各方面的人士和专家组成，具体组成人员名单由全国人民代表大会常务委员会决定并公布。

全国人民代表大会关于批准香港特别行政区基本法起草委员会关于设立全国人民代表大会常务委员会香港特别行政区基本法委员会的建议的决定

(1990 年 4 月 4 日第七届全国人民代表大会第三次会议通过)

第七届全国人民代表大会第三次会议决定：

一、批准香港特别行政区基本法起草委员会关于设立全国人民代表大会常务委员会香港特别行政区基本法委员会的建议。

二、在《中华人民共和国香港特别行政区基本法》实施时，设立全国人民代表大会常务委员会香港特别行政区基本法委员会。

附：

香港特别行政区基本法起草委员会关于设立全国人民代表大会常务委员会香港特别行政区基本法委员会的建议

一、名称：全国人民代表大会常务委员会香港特别行政区基本法委员会。

二、隶属关系：是全国人民代表大会常务委员会下设的工作委员会。

三、任务：就有关香港特别行政区基本法第十七条、第十八条、第一百五十八条、第一百五十九条实施中的问题进行研究，并向全国人民代表大会常务委员会提供意见。

四、组成：成员十二人，由全国人民代表大会常务委员会任命内地和香港人士各六人组成，其中包括法律界人士，任期五年。香港委员须由在外国无居留权的香港特别行政区永久性居民中的中国公民担任，由香港特别行政区行政长官、立法会主席和终审法院首席法官联合提名，报全国人民代表大会常务委员会任命。

全国人民代表大会关于批准澳门特别行政区基本法起草委员会关于设立全国人民代表大会常务委员会澳门特别行政区基本法委员会的建议的决定

（1993 年 3 月 31 日第八届全国人民代表大会第一次会议通过）

第八届全国人民代表大会第一次会议决定：

一、批准澳门特别行政区基本法起草委员会关于设立全国人民代表大会常务委员会澳门特别行政区基本法委员会的建议。

二、在《中华人民共和国澳门特别行政区基本法》实施时，设立全国人民代表大会常务委员会澳门特别行政区基本法委员会。

附：

澳门特别行政区基本法起草委员会关于设立
全国人民代表大会常务委员会澳门特别行政区
基本法委员会的建议

一、名称：全国人民代表大会常务委员会澳门特别行政区基本法委员会。

二、隶属关系：是全国人民代表大会常务委员会下设的工作委员会。

三、任务：就有关澳门特别行政区基本法第十七条、第十八条、第一百四十三条、第一百四十四条实施中问题进行研究，并向全国人民代表大会常务委员会提供意见。

四、组成：成员十人，由全国人民代表大会常务委员会任命内地和澳门人士各五人组成，其中包括法律界人士，任期五年。澳门委员须由在外国无居留权的澳门特别行政区永久性居民中的中国公民担任，由澳门特别行政区行政长官、立法会主席和终审法院院长联合提名，报全国人民代表大会常务委员会任命。

关于将全国人民代表大会环境保护委员会改为
全国人民代表大会环境与资源保护委员会的决定

（1994 年 3 月 22 日第八届全国人民代表大会第二次会议通过）

第八届全国人民代表大会第二次会议审议了全国人民代表大会环境保护委员会提出的关于将全国人民代表大会环境保护委员会改为全国人民代表大会环境与资源保护委员会的议案，决定：将全国人民代表大会环境保护委员会改为全国人民代表大会环境与资源保护委员会。

关于设立第九届全国人民代表大会专门委员会的决定

(1998 年 3 月 6 日第九届全国人民代表大会第一次会议通过)

第九届全国人民代表大会第一次会议根据《中华人民共和国宪法》第七十条的规定，决定第九届全国人民代表大会设立民族委员会、法律委员会、内务司法委员会、财政经济委员会、教育科学文化卫生委员会、外事委员会、华侨委员会、环境与资源保护委员会、农业与农村委员会。

全国人民代表大会常务委员会关于设立全国人民代表大会常务委员会预算工作委员会的决定

(1998 年 12 月 29 日第九届全国人民代表大会常务委员会
第六次会议通过)

第九届全国人民代表大会常务委员会第六次会议审议了全国人民代表大会常务委员会委员长会议关于提请审议设立全国人民代表大会常务委员会预算工作委员会的议案，决定：设立全国人民代表大会常务委员会预算工作委员会。

第十届全国人民代表大会第一次会议关于设立第十届全国人民代表大会专门委员会的决定

(2003 年 3 月 6 日第十届全国人民代表大会第一次会议通过)

根据《中华人民共和国宪法》第七十条的规定和工作需要，

第十届全国人民代表大会第一次会议决定：第十届全国人民代表大会设立民族委员会、法律委员会、内务司法委员会、财政经济委员会、教育科学文化卫生委员会、外事委员会、华侨委员会、环境与资源保护委员会、农业与农村委员会。

第十三届全国人民代表大会第一次会议关于设立第十三届全国人民代表大会专门委员会的决定[1]

（2018年3月13日第十三届全国人民代表大会第一次会议通过）

根据《中华人民共和国宪法》和有关法律的规定，第十三届全国人民代表大会第一次会议决定：第十三届全国人民代表大会设立民族委员会、宪法和法律委员会、监察和司法委员会、财政经济委员会、教育科学文化卫生委员会、外事委员会、华侨委员会、环境与资源保护委员会、农业与农村委员会、社会建设委员会。

二、关于国务院机构设置和改革的决议决定

全国人民代表大会常务委员会关于决定设立第三机械工业部并批准国务院设立城市建设总局的通知[2]

周恩来总理：

全国人民代表大会常务委员会于一九五五年四月九日第十一

---

〔1〕　中国人大网，http：//www.npc.gov.cn/npc/c30834/201803/01ccd68b15104774a08449158d4e059e.shtml。

〔2〕　国务院公报，http：//www.gov.cn/gongbao/shuju/1955/gwyb195505.pdf。

次会议决定设立中华人民共和国第三机械工业部，并批准国务院设立城市建设总局。特此通知。

全国人民代表大会关于撤销燃料工业部设立煤炭工业部、电力工业部、石油工业部、农产品采购部并修改《中华人民共和国国务院组织法》第二条第一款条文的决议

（1955 年 7 月 30 日第一届全国人民代表大会第二次会议通过）

第一届全国人民代表大会第二次会议决定：

一、撤销中华人民共和国燃料工业部。

二、设立中华人民共和国煤炭工业部，中华人民共和国电力工业部，中华人民共和国石油工业部，中华人民共和国农产品采购部。

三、中华人民共和国国务院组织法第二条第一款条文内删去燃料工业部，增加煤炭工业部、电力工业部、石油工业部、农产品采购部以及第三机械工业部。

全国人民代表大会常务委员会关于国务院机构改革问题的决议[1]

（1982 年 3 月 8 日第五届全国人民代表大会常务委员会第二十二次会议通过）

第五届全国人民代表大会常务委员会第二十二次会议，审议了国务院总理赵紫阳《关于国务院机构改革问题的报告》，对国

---

〔1〕 全国人大常委会办公厅、中共中央文献研究室编：《人民代表大会制度重要文献选编》（二），中国民主法制出版社 2015 年版，第 517—518 页。

务院机构改革工作的进展情况表示满意，并决定如下：

一、原则批准国务院机构改革初步方案。

二、国务院设国务委员若干人。国务委员的职位相当于国务院副总理级，是国务院常务会议组成人员。

三、将电力工业部和水利部合并，设立水利电力部，将商业部、全国供销合作总社和粮食部合并，设立商业部，将进出口管理委员会、对外贸易部、对外经济联络部和外国投资管理委员会合并，设立对外经济贸易部。

四、设立国家经济体制改革委员会，由国务院总理兼主任。

会议认为，政府机构的改革工作，是关系到国家前途和社会主义现代化建设的一件大事。赵紫阳总理的报告阐述的政府机构改革的基本方针和提出的几项主要工作，是正确的，切实可行的。国务院和经过批准在今年试点的地方人民政府，应该根据这个报告和国务院的部署，以高度负责的革命精神，做好深入细致的工作，保证把政府机构改革这件大事办好。决定 1983 年展开机构改革工作的各省、自治区、直辖市人民政府，也要抓紧做好准备工作。在改革过程中，一定要做到各项工作和生产建设有领导、有秩序地顺利进行，决不允许发生贻误工作和影响生产的现象。会议要求各级政府不断地完善政府工作制度，认真克服官僚主义，提高工作效率，更好地为人民服务，更有效地领导社会主义现代化建设事业。

第九届全国人民代表大会第一次会议关于国务院机构改革方案的决定[1]

(1998 年 3 月 10 日第九届全国人民代表大会第一次会议通过)

第九届全国人民代表大会第一次会议听取了国务委员兼国务院秘书长罗干关于国务院机构改革方案的说明，审议了国务院机构改革方案，决定批准国务院机构改革方案。

---

[1] 全国人大常委会办公厅、中共中央文献研究室编：《人民代表大会制度重要文献选编》（三），中国民主法制出版社 2015 年版，第 1049 页。

附：

国务院机构改革方案

按照中国共产党第十五次全国代表大会和十五届二中全会的要求，这次国务院机构改革的目标是：建立办事高效、运转协调、行为规范的政府行政管理体系，完善国家公务员制度，建设高素质的专业化行政管理队伍，逐步建立适应社会主义市场经济体制的有中国特色的政府行政管理体制。改革的原则是：按照社会主义市场经济的要求，转变政府职能，实现政企分开；按照精简、统一、效能的原则，调整政府组织结构，实行精兵简政；按照权责一致的原则，调整政府部门的职责权限，明确划分部门之间职责分工，完善行政运行机制；按照依法治国、依法行政的要求，加强行政体系的法制建设。

这次国务院机构改革的具体方案是：

一、拟不再保留的有 15 个部、委

1. 中华人民共和国电力工业部

2. 中华人民共和国煤炭工业部

3. 中华人民共和国冶金工业部

4. 中华人民共和国机械工业部

5. 中华人民共和国电子工业部

6. 中华人民共和国化学工业部

7. 中华人民共和国国内贸易部

8. 中华人民共和国邮电部

9. 中华人民共和国劳动部

10. 中华人民共和国广播电影电视部

11. 中华人民共和国地质矿产部

12. 中华人民共和国林业部

13. 中华人民共和国国家体育运动委员会

14. 中华人民共和国国防科学技术工业委员会

（组建新的国防科学技术工业委员会，将原国防科工委管理国防工业的职能、国家计委国防司的职能以及各军工总公司承担的政府职能，统归新组建的国防科学技术工业委员会管理。）

15. 中华人民共和国国家经济体制改革委员会

（为了加强国务院对经济体制改革工作的领导，国家经济体制改革委员会改为国务院高层次的议事机构，总理兼主任，有关部长任成员，不再列入国务院组成部门序列。）

二、拟新组建的有 4 个部、委

1. 中华人民共和国国防科学技术工业委员会

2. 中华人民共和国信息产业部

3. 中华人民共和国劳动和社会保障部

4. 中华人民共和国国土资源部

三、拟更名的有 3 个部、委

1. 中华人民共和国国家计划委员会更名为中华人民共和国国家发展计划委员会

2. 中华人民共和国科学技术委员会更名为中华人民共和国科学技术部

3. 中华人民共和国国家教育委员会更名为中华人民共和国教育部

四、拟保留的有 22 个部、委、行、署

1. 中华人民共和国外交部

2. 中华人民共和国国防部

3. 中华人民共和国国家经济贸易委员会

4. 中华人民共和国国家民族事务委员会

5. 中华人民共和国公安部

6. 中华人民共和国国家安全部

7. 中华人民共和国监察部

8. 中华人民共和国民政部

9. 中华人民共和国司法部

10. 中华人民共和国财政部

11. 中华人民共和国人事部

12. 中华人民共和国建设部

13. 中华人民共和国铁道部

14. 中华人民共和国交通部

15. 中华人民共和国水利部

16. 中华人民共和国农业部

17. 中华人民共和国对外贸易经济合作部

18. 中华人民共和国文化部

19. 中华人民共和国卫生部

20. 中华人民共和国国家计划生育委员会

21. 中国人民银行

22. 中华人民共和国审计署

五、改革后除国务院办公厅外，列入国务院组成部门序列的共有 29 个部、委、行、署

1. 中华人民共和国外交部

2. 中华人民共和国国防部

3. 中华人民共和国国家发展计划委员会

4. 中华人民共和国国家经济贸易委员会

5. 中华人民共和国教育部

6. 中华人民共和国科学技术部

7. 中华人民共和国国防科学技术工业委员会

8. 中华人民共和国国家民族事务委员会

9. 中华人民共和国公安部

10. 中华人民共和国国家安全部

11. 中华人民共和国监察部

12. 中华人民共和国民政部

13. 中华人民共和国司法部

14. 中华人民共和国财政部

15. 中华人民共和国人事部

16. 中华人民共和国劳动和社会保障部

17. 中华人民共和国国土资源部

18. 中华人民共和国建设部

19. 中华人民共和国铁道部

20. 中华人民共和国交通部

21. 中华人民共和国信息产业部

22. 中华人民共和国水利部

23. 中华人民共和国农业部

24. 中华人民共和国对外贸易经济合作部

25. 中华人民共和国文化部

26. 中华人民共和国卫生部

27. 中华人民共和国国家计划生育委员会

28. 中国人民银行

29. 中华人民共和国审计署

关于国务院机构改革方案的说明

（1998 年 3 月 6 日在第九届全国人民代表大会第一次会议上）

国务委员兼国务院秘书长　罗干

各位代表：

中国共产党第十五次全国代表大会提出了推进机构改革的历史任务和方针政策，党的十五届一中全会对这项工作作了具体部署。按照党中央的要求，国务院组织专门力量，进行了认真的调查研究，反复听取了各部门主要领导同志意见，党内外充分协商，在通盘考虑的基础上，提出了国务院机构改革的方案。这个方案已经国务院常务会议、中共中央政治局常委会会议、政治局会议讨论、修改。党的十五届二中全会审议通过了几经修改的方案，并建议国务院提请第九届全国人民代表大会第一次会议审议批准。

现在我受国务院委托，就国务院机构改革方案，主要是国务院组成部门的改革方案，向大会作说明，请予审议。

一、改革的必要性和紧迫性

行政体制改革是深化经济体制改革、促进经济和社会发展的迫切需要，是党和国家领导制度改革的重要内容，也是密切党和政府同人民群众联系的客观要求。

改革开放以来，特别是党的十四大以来，在邓小平理论和党的基本路线指引下，我国经济体制改革深入开展，对外开放不断扩大，社会主义现代化建设取得举世瞩目的成就。与此同时，政府机构改革也取得了一定进展，积累了经验。但是，由于历史条件的制约和宏观环境的限制，政府机构存在的诸多问题虽经多次改革仍未得到根本性的解决，机构设置与社会主义市场经济发展的矛盾日益突出。

首先，现有政府机构设置的基本框架，是在实施计划经济体制的条件下逐步形成的。突出的弊端是政企不分，政府直接干预企业的生产经营活动，不能形成科学决策的投资体制，容易造成责任不清和决策失误，难以发挥市场在资源配置中的基础作用。政企不分必然导致政府包揽属于企业的事务，大量设置专业经济管理部门。同时，片面强调综合部门与专业部门的相互制约，造成部门职能重叠，政出多门，相互扯皮，办事效率低下。经过20年来的改革开放，以公有制为主体、多种经济成分共同发展的格局已经展开，国有经济的规模日益扩大，企业组织形式和经营方式发生了很大变化，通过专业经济部门直接管理企业的体制，已经越来越不适应建立现代企业制度的要求。

其次，现有政府机构的设置原则，是在社会主义法制还不完善的条件下确立的。主要依靠行政手段管理经济和社会事务，许多本来应该运用法律手段或者通过社会中介组织来解决的问题，也是通过设立政府机构管理，把过多的社会责任和事务矛盾集中在政府身上。政府管了许多不该管、管不了、实际上也管不好的事情，影响了政府集中力量去办那些应该办的事情。随着社会主义法制的完善和社会中介组织的发育，需要及时改革政府机构的设置原则和职能运作方式，明确界定政府、企业和社会中介组织的责任，实现社会主义市场经济的法制化、规范化。

第三，现有政府机构重叠庞大、人浮于事的现象严重。这不仅滋生文牍主义和官僚主义，助长贪污腐败和不正之风，也给国家财政造成了沉重负担。中央与地方财政几乎都成了"吃饭财政"，极大影响了政府进行社会主义建设和维护社会公共利益的能力。

当前，我国改革与发展已经进入新的阶段，面临着新的问题。一方面，社会主义市场经济体制正在逐步建立，国际经济技术文化合作与交流不断扩大，现代化建设突飞猛进。另一方面，相当多的国有企业生产经营困难，下岗和失业人员增多，社会矛盾不容忽视；农业基础仍然薄弱，城乡、工农差别依然很大；盲目投资和重复建设造成大量不良贷款，潜伏着一定的金融风险；亚洲金融风暴的冲击遍及全球，对于我国经济发展已形成严峻挑战。在这种情况下，必须加快政府机构改革，为推动经济体制改革，促进经济发展，维护社会稳定，创造有利条件。

机构改革是一场革命。改革不可能没有阻力和风险，但是改革势在必行，不改革没有出路。当前国民经济保持良好发展势头，经济实力较前雄厚，社会政治稳定，社会承受能力较强，各方面对机构改革逐步形成共识，进行机构改革的条件已经具备。我们必须充分认识机构改革的必要性和紧迫性，抓住机遇，坚定不移地把这场改革进行到底。

二、改革的目标和原则

这次机构改革的目标是：建立办事高效、运转协调、行为规范的行政管理体系，完善国家公务员制度，建设高素质的专业化行政管理干部队伍，逐步建立适应社会主义市场经济体制的有中国特色的行政管理体制。

改革的原则是：

——按照发展社会主义市场经济的要求，转变政府职能，实现政企分开。要把政府职能切实转变到宏观调控、社会管理和公共服务方面来，把生产经营的权力真正交给企业。

——按照精简、统一、效能的原则，调整政府组织结构，实行精兵简政。加强宏观经济调控部门，调整和减少专业经济部门，适当调整社会服务部门，加强执法监管部门，发展社会中介组织。

——按照权责一致的原则，调整政府部门的职责权限，明确划分部门之间的职能分工，相同或相近的职能交由同一个部门承担，克服多头管理、政出多门的弊端。

——按照依法治国、依法行政的要求，加强行政体系的法制建设。

三、国务院组成部门的改革

这次机构改革的重点是国务院组成部门。除国务院办公厅外，国务院现有组成部门为 40 个，经过改革，国务院组成部门减少为 29 个。

（一）宏观调控部门

宏观调控部门的主要职责是：保持经济总量平衡，抑制通货膨胀，优化经济结构，实现经济持续快速健康发展；健全宏观调控体系，完善经济、法律手段，改善宏观调控机制。

国家计划委员会更名为国家发展计划委员会。保留国家经济贸易委员会、财政部、中国人民银行。

为了加强国务院对经济体制改革工作的领导，国家经济体制改革委员会改为国务院高层次的议事机构，总理兼任主任，有关部长任成员，不再列入国务院组成部门序列。

（二）专业经济管理部门

专业经济管理部门的主要职责是：制定行业规划和行业政策，进行行业管理；引导本行业产品结构的调整；维护行业平等竞争秩序。专业经济管理部门都要实行政企分开，切实转变职能，不再直接管理企业。政府与国有企业的关系是：政府按投入企业的资本享有所有者的权益；向企业派出稽察特派员，监督企业资产运营和盈亏状况；负责企业主要领导干部的考核、任免。企业依法自主经营、自负盈亏、照章纳税；对国有资本负有保值增值的责任，不能损害所有者权益。

保留铁道部、交通部、建设部、农业部、水利部、对外贸易经济合作部。

在邮电部和电子工业部的基础上组建信息产业部。其主要职责是：振兴电子信息产品制造业、通信业和软件业，推进国民经济和社会服务信息化；制定行业的规划、政策和规章；统筹规划国家通信主干网（包括本地和长途电信网）、广播电视网（包括无线和有线电视网）、军工部门和其他部门专用通信网，并进行行业管理；合理配置资源，避免重复建设，保证信息安全。现在广播电影电视部、航天工业总公司、航空工业总公司的信息和网络管理的政府职能，并入信息产业部。成立国家邮政局，由信息产业部管理。

组建新的国防科学技术工业委员会。将原国防科工委管理国防工业的职能、国家计委国防司的职能以及各军工总公司承担的政府职能，统归新组建的国防科学技术工业委员会管理。逐步将各军工总公司改组为若干企业集团。保留国家航天局和国家原子能机构，对外代表国家，对内作为国防科工委的机构。国防科工委要与军委有关部门配合，负责军事装备的生产供应、科研规划的制定和组织实施。国防科工委负责制定各类军工行业的发展规划和规章，实施行业管理，会同国家经贸委制订军工转民品生产的规划。

将煤炭工业部、机械工业部、冶金工业部、国内贸易部、轻工总会和纺织总会，分别改组为国家煤炭工业局、国家机械工业局、国家冶金工业局、国家国内贸易局、国家轻工业局和国家纺织工业局，由国家经贸委管理。国家经贸委及其管理的各国家局负责组织制定行业规划和规章，实施行业管理。这些国家局不直接管理企业，所制定的行业规划和规章以国家经贸委的名义发布。电力行业已组建国家电力公司，不再保留电力工业部，电力工业的政府管理职能并入国家经贸委。国家粮食储备局改为国家发展计划委员会管理的国家局。

将化学工业部、石油天然气总公司、石油化工总公司的政府职能合并，组建国家石油和化学工业局，由国家经贸委管理。化工部和两个总公司下属的油气田、炼油、石油化工、化肥、化纤等石油与化工企业以及石油公司和加油站，按照上下游结合的原则，分别组建两个特大型石油石化企业集团公司和若干大型化肥、化工产品公司。

将林业部改组为国家林业局，列入国务院直属机构序列。其主要任务是：负责植树造林，封山育林，护林防火，加强林木行业管理，制定林业规划和规章。

（三）教育科技文化、社会保障和资源管理部门

国家科学技术委员会更名为科学技术部。国家教育委员会更名为教育部。

在劳动部基础上组建劳动和社会保障部。建立统一的社会保障行政机构，现由劳动部管理的城镇职工社会保险、人事部管理的机关事业单位社会保险、民政部管理的农村社会保险、各行业部门统筹的社会保险以及卫生部门管理的医疗保险，统一由劳动和社会保障部管理。

人事部职能调整为：综合管理专业技术人员和国家公务员，承办国务院监管的大型企业领导人员的任免事宜，承办国务院向

重点大型企业派出稽察特派员的管理工作。

国家体育运动委员会改组为国家体育总局，与中华全国体育总会一个机构两块牌子。

由地质矿产部、国家土地管理局、国家海洋局和国家测绘局共同组建国土资源部。其主要职能是：土地资源、矿产资源、海洋资源等自然资源的规划、管理、保护与合理利用。保留国家海洋局和国家测绘局，作为国土资源部的部管国家局。

广播电影电视部的电视网络政府管理职能划出后，改组为国家广播电影电视总局，列入国务院直属机构序列。

（四）国家政务部门

保留外交部、国防部、文化部、卫生部、国家计划生育委员会、国家民族事务委员会、司法部、公安部、国家安全部、民政部、监察部和审计署。

为适应改革的要求，对国务院直属机构和办事机构也进行了调整。分为四种情况：一是保留的直属机构、办事机构；二是将国务院部、委调整为直属机构、办事机构；三是新组建的直属机构、办事机构；四是并入有关部门，作为部、委管理的国家局。国务院直属机构、办事机构改革的方案，将由新组成的国务院审查批准后组织实施。

四、关于组织实施

现在提出的国务院机构改革方案，既考虑了改革和发展的需要，又考虑了社会的承受能力，因此还只是一个过渡性质的方案。关于改革的力度，一些同志认为，改革的步子应该大一些，尽可能一步到位，建立与市场经济相适应的政府行政体制。另一些同志认为，当前改革的重点是国有企业，任务很重，下岗职工多，难度很大，政府机构改革的步子不宜太大。我们按照江泽民同志提出的"既要积极，又要稳妥"的方针，在改革方案的拟订过程中，始终注意了这两个方面。由于我国社会主义市场经济体制正在建立过程中，按完善的市场经济的要求改革政府机构，实现一步到位，是难以做到的。同时，机构改革又要迈出积极的步子，着力解决当前突出的矛盾，为进一步深化改革和经济发展创造良好的条件。因此，确定这次改革的重点是国务院组成部门，由 40 个部委调整为 29 个部委，既有较大的改革力度，又充分体现了积极稳妥的精神。机构改革是一项艰巨的任务，我们将精心部署，细致工作，确保方案的实施。

第一，坚持既要积极又要稳妥的方针。这次机构改革，是改革开放以来机构变化较大、人员调整较多的一次，加上今年下岗职工的问题比较突出，在组织实施中，我们将注意把机构改革同推进社会经济发展、保持社会政治稳定统筹安排，避免出现大的震荡。改革方案经九届全国人大一次会议审议通过后，新组建的机构要抓紧挂牌工作，内部的调整工作也要尽快进行。国务院各部门的"三定"（定职能、定机构、定编制）方案在年底以前实施完成，机关行政工作进入新的运行秩序。国务院机构改革后，地方各级政府也将进行机构改革。省级政府的"三定"方案明年完成。各地将按照国务院的统一部署，精心组织，积极推进。要切实加强组织领导，做耐心细致的工作，做到思想不散，秩序不乱，人员妥善安排，国有财产不流失，工作正常运转。

第二，做好人员分流工作，提高公务员队伍和基层工作人员的素质。精兵简政，分流人员，这是历次机构改革的难点。这次改革的目标是机关干部编制总数减少一半。国务院机构减编定员的工作要求今年底以前完成。但是，人员分流的工作预计要用三年左右的时间。机关工作人员一般文化水平较高，熟悉方针政策，是国家的宝贵财富，必须妥善安排，充分发挥他们的作用。人员分流的基本办法是：带职分流，定向培训，加强企业，优化结构。带职分流，就是定编定员后，超编干部离开机关，保留职级；定向培训，就是对离岗公务员进行会计、审计、法律、经济管理、教育管理等方面知识的正规培训，为走向新的岗位作准备；加强企业，就是选调定向培训后的人员首先充实工商企业、金融企业，以及财税、政法、市场管理等执法机构，文化、教育、卫生等单位和适应社会主义市场经济发展的社会中介组织；优化结构，就是通过人员分流，调整政府和企业、机关和基层人员的年龄结构、知识结构和专业结构，达到优化组合，全面提高公务员队伍和基层工作人员的整体素质。事业单位数量很大，改革任务很重，也有个初步设想，除教育单位和极少数需要由财政拨款的以外，其他事业单位每年减少财政拨款1/3，争取三年基本达到自负盈亏。

第三，认真转变政府职能，改进工作作风，提高办事效率。这是衡量机构改革成效的重要标志。不论新设立的部门，还是保留的部门，机构改革后工作责任都不是变轻了，而是加重了，必须根据新的要求，提高依法行政能力，履行国家机关的职责。要进一步完善行政运行制度，加强行政首长负责制，规范行政领导职权，避免推诿扯皮，严格行政纪律，监察失职行为。新设立的部门，以及内设机构调整较大的部门，要尽快理顺职能关系，确保正常运转。要按照德才兼备的标准选拔任用干部，领导班子要搞好自身建设，加强内部团结。所有政府工作人员，都要努力学习，勤政廉政，刻苦工作，做人民满意的公务员。

第四，加强行政组织体系的法制建设。在机构改革、精兵简政的基础上，加强和完善行政立法。建议修改《国务院组织法》，依法规范国务院组成部门的设置。建议适时修改地方组织法，对地方政府的职责权限、组织机构作出更为明确的规范。在各部门"三定"的基础上，进行部门组织立法，明确工作职能，完善工作程序。加快制定各类组织的管理法规，依法控制机构和编制，建立约束机制。

第五，严守政务纪律，服从改革大局。机构改革和人员分流，涉及改革、发展和稳定的全局，涉及部门权力和干部的切身利益，必须强调顾全大局。各级干部特别是领导干部，必须听从组织安排，正确对待个人工作岗位的变化。改革方案的研究和制订，已经考虑了各方面的意见，方案一经批准，就要坚决执行，要同心协力，争取政府机构改革的顺利实施。

第十一届全国人民代表大会第一次会议关于国务院机构改革方案的决定[1]

(2008 年 3 月 15 日第十一届全国人民代表大会第一次会议通过)

第十一届全国人民代表大会第一次会议听取了国务委员兼国务院秘书长华建敏关于国务院机构改革方案的说明，审议了国务院机构改革方案，决定批准这个方案。会议要求，国务院要加强领导，周密部署，保证机构改革方案的顺利实施。

---

〔1〕 中国人大网，http://www.npc.gov.cn/npc/c12489/200803/7b5fa9308d654185ba855d544b2cc486.shtml。

第十二届全国人民代表大会第一次会议关于国务院机构改革和职能转变方案的决定

（2013 年 3 月 14 日第十二届全国人民代表大会第一次会议通过）

第十二届全国人民代表大会第一次会议听取了国务委员兼国务院秘书长马凯关于国务院机构改革和职能转变方案的说明，审议了国务院机构改革和职能转变方案，决定批准这个方案。会议要求，国务院要周密部署，精心组织，保证方案顺利实施。实施机构改革和职能转变方案需要修改法律的，国务院要及时依法提请全国人民代表大会常务委员会审议。

根据党的十八大和十八届二中全会精神，深化国务院机构改革和职能转变，要高举中国特色社会主义伟大旗帜，以邓小平理论、"三个代表"重要思想、科学发展观为指导，按照建立中国特色社会主义行政体制目标的要求，以职能转变为核心，继续简政放权、推进机构改革、完善制度机制、提高行政效能，加快完善社会主义市场经济体制，为全面建成小康社会提供制度保障。

附:

国务院机构改革和职能转变方案

关于国务院机构改革

这次国务院机构改革,重点围绕转变职能和理顺职责关系,稳步推进大部门制改革,实行铁路政企分开,整合加强卫生和计划生育、食品药品、新闻出版和广播电影电视、海洋、能源管理机构。

(一)实行铁路政企分开。为推动铁路建设和运营健康可持续发展,保障铁路运营秩序和安全,促进各种交通运输方式相互衔接,实行铁路政企分开,完善综合交通运输体系。将铁道部拟订铁路发展规划和政策的行政职责划入交通运输部。交通运输部统筹规划铁路、公路、水路、民航发展,加快推进综合交通运输体系建设。组建国家铁路局,由交通运输部管理,承担铁道部的其他行政职责,负责拟订铁路技术标准,监督管理铁路安全生产、运输服务质量和铁路工程质量等。组建中国铁路总公司,承担铁道部的企业职责,负责铁路运输统一调度指挥,经营铁路客货运输业务,承担专运、特运任务,负责铁路建设,承担铁路安全生产主体责任等。

国家继续支持铁路建设发展,加快推进铁路投融资体制改革和运价改革,建立健全规范的公益性线路和运输补贴机制,继续深化铁路企业改革。

不再保留铁道部。

(二)组建国家卫生和计划生育委员会。为更好地坚持计划生育的基本国策,加强医疗卫生工作,深化医药卫生体制改革,优化配置医疗卫生和计划生育服务资源,提高出生人口素质和人民健康水平，将卫生部的职责、国家人口和计划生育委员会的计划生育管理和服务职责整合，组建国家卫生和计划生育委员会。主要职责是，统筹规划医疗卫生和计划生育服务资源配置，组织制定国家基本药物制度，拟订计划生育政策，监督管理公共卫生和医疗服务，负责计划生育管理和服务工作等。

将国家人口和计划生育委员会的研究拟订人口发展战略、规划及人口政策职责划入国家发展和改革委员会。

国家中医药管理局由国家卫生和计划生育委员会管理。

不再保留卫生部、国家人口和计划生育委员会。

（三）组建国家食品药品监督管理总局。为加强食品药品监督管理，提高食品药品安全质量水平，将国务院食品安全委员会办公室的职责、国家食品药品监督管理总局的职责、国家质量监督检验检疫总局的生产环节食品安全监督管理职责、国家工商行政管理总局的流通环节食品安全监督管理职责整合，组建国家食品药品监督管理总局。主要职责是，对生产、流通、消费环节的食品安全和药品的安全性、有效性实施统一监督管理等。将工商行政管理、质量技术监督部门相应的食品安全监督管理队伍和检验检测机构划转食品药品监督管理部门。

保留国务院食品安全委员会，具体工作由国家食品药品监督管理总局承担。国家食品药品监督管理总局加挂国务院食品安全委员会办公室牌子。

新组建的国家卫生和计划生育委员会负责食品安全风险评估和食品安全标准制定。农业部负责农产品质量安全监督管理。将商务部的生猪定点屠宰监督管理职责划入农业部。

不再保留国家食品药品监督管理局和单设的国务院食品安全委员会办公室。

（四）组建国家新闻出版广电总局。为进一步推进文化体制改革，统筹新闻出版广播影视资源，将国家新闻出版总署、国家广播电影电视总局的职责整合，组建国家新闻出版广电总局。主要职责是，统筹规划新闻出版广播电影电视事业产业发展，监督管理新闻出版广播影视机构和业务以及出版物、广播影视节目的内容和质量，负责著作权管理等。国家新闻出版广电总局加挂国家版权局牌子。

不再保留国家广播电影电视总局、国家新闻出版总署。

（五）重新组建国家海洋局。为推进海上统一执法，提高执法效能，将现国家海洋局及其中国海监、公安部边防海警、农业部中国渔政、海关总署海上缉私警察的队伍和职责整合，重新组建国家海洋局，由国土资源部管理。主要职责是，拟订海洋发展规划，实施海上维权执法，监督管理海域使用、海洋环境保护等。国家海洋局以中国海警局名义开展海上维权执法，接受公安部业务指导。

为加强海洋事务的统筹规划和综合协调，设立高层次议事协调机构国家海洋委员会，负责研究制定国家海洋发展战略，统筹协调海洋重大事项。国家海洋委员会的具体工作由国家海洋局承担。

（六）重新组建国家能源局。为统筹推进能源发展和改革，加强能源监督管理，将现国家能源局、国家电力监管委员会的职责整合，重新组建国家能源局，由国家发展和改革委员会管理。主要职责是，拟订并组织实施能源发展战略、规划和政策，研究提出能源体制改革建议，负责能源监督管理等。

不再保留国家电力监管委员会。

这次改革，国务院正部级机构减少 4 个，其中组成部门减少

2个，副部级机构增减相抵数量不变。改革后，除国务院办公厅外，国务院设置组成部门25个：

1. 中华人民共和国外交部

2. 中华人民共和国国防部

3. 中华人民共和国国家发展和改革委员会

4. 中华人民共和国教育部

5. 中华人民共和国科学技术部

6. 中华人民共和国工业和信息化部

7. 中华人民共和国国家民族事务委员会

8. 中华人民共和国公安部

9. 中华人民共和国国家安全部

10. 中华人民共和国监察部

11. 中华人民共和国民政部

12. 中华人民共和国司法部

13. 中华人民共和国财政部

14. 中华人民共和国人力资源和社会保障部

15. 中华人民共和国国土资源部

16. 中华人民共和国环境保护部

17. 中华人民共和国住房和城乡建设部

18. 中华人民共和国交通运输部

19. 中华人民共和国水利部

20. 中华人民共和国农业部

21. 中华人民共和国商务部

22. 中华人民共和国文化部

23. 中华人民共和国国家卫生和计划生育委员会

24. 中国人民银行

25. 中华人民共和国审计署

根据国务院组织法规定，国务院组成部门的调整和设置，由全国人民代表大会审议批准。国务院其他机构的调整和设置，将由新组成的国务院审查批准。

关于国务院机构职能转变

政府职能转变是深化行政体制改革的核心。转变国务院机构职能，必须处理好政府与市场、政府与社会、中央与地方的关系，深化行政审批制度改革，减少微观事务管理，该取消的取消、该下放的下放、该整合的整合，以充分发挥市场在资源配置中的基础性作用、更好发挥社会力量在管理社会事务中的作用、充分发挥中央和地方两个积极性，同时该加强的加强，改善和加强宏观管理，注重完善制度机制，加快形成权界清晰、分工合理、权责一致、运转高效、法治保障的国务院机构职能体系，真正做到该管的管住管好，不该管的不管不干预，切实提高政府管理科学化水平。

（一）减少和下放投资审批事项。除涉及国家安全、公共安全等重大项目外，按照"谁投资、谁决策、谁收益、谁承担风险"的原则，最大限度地缩小审批、核准、备案范围，切实落实企业和个人投资自主权。抓紧修订政府核准投资项目目录。对确需审批、核准、备案的项目，要简化程序、限时办结。

对已列入国家有关规划需要审批的项目，除涉及其他地区、需要全国统筹安排或需要总量控制的项目以及需要实行国家安全审查的外资项目外，在按行政审批制度改革原则减少审批后，一律由地方政府审批。对国家采用补助、贴息等方式扶持地方的点多、面广、量大、单项资金少的项目，国务院部门确定投资方向、原则和标准，具体由地方政府安排，相应加强对地方政府使用扶持资金的监督检查。

加强对投资活动的土地使用、能源消耗、污染排放等管理，发挥法律法规、发展规划、产业政策的约束和引导作用。

（二）减少和下放生产经营活动审批事项。按照市场主体能够自主决定、市场机制能够有效调节、行业组织能够自律管理、行政机关采用事后监督能够解决的事项不设立审批的原则，最大限度地减少对生产经营活动和产品物品的许可，最大限度地减少对各类机构及其活动的认定等非许可审批。

依法需要实施的生产经营活动审批，凡直接面向基层、量大面广或由地方实施更方便有效的，一律下放地方。

（三）减少资质资格许可和认定。除依照行政许可法要求具备特殊信誉、特殊条件或特殊技能的职业、行业需要设立的资质资格许可外，其他资质资格许可一律予以取消。按规定需要对企业事业单位和个人进行水平评价的，国务院部门依法制定职业标准或评价规范，由有关行业协会、学会具体认定。

除法律、行政法规或国务院有明确规定的外，其他达标、评比、评估和相关检查活动一律予以取消。

（四）减少专项转移支付和收费。完善财政转移支付制度，大幅度减少、合并中央对地方专项转移支付项目，增加一般性转移支付规模和比例。将适合地方管理的专项转移支付项目审批和资金分配工作下放地方政府，相应加强财政、审计监督。

取消不合法不合理的行政事业性收费和政府性基金项目，降低收费标准。建立健全政府非税收入管理制度。

（五）减少部门职责交叉和分散。最大限度地整合分散在国务院不同部门相同或相似的职责，理顺部门职责关系。房屋登记、林地登记、草原登记、土地登记的职责，城镇职工基本医疗保险、城镇居民基本医疗保险、新型农村合作医疗的职责等，分别整合由一个部门承担。

整合工程建设项目招标投标、土地使用权和矿业权出让、国有产权交易、政府采购等平台，建立统一规范的公共资源交易平台，有关部门在职责范围内加强监督管理。整合业务相同或相近的检验、检测、认证机构。推动建立统一的信用信息平台，逐步纳入金融、工商登记、税收缴纳、社保缴费、交通违章等信用信息。

（六）改革工商登记制度。对按照法律、行政法规和国务院决定需要取得前置许可的事项，除涉及国家安全、公民生命财产安全等外，不再实行先主管部门审批、再工商登记的制度，商事主体向工商部门申请登记，取得营业执照后即可从事一般生产经营活动；对从事需要许可的生产经营活动，持营业执照和有关材料向主管部门申请许可。将注册资本实缴登记制改为认缴登记制，并放宽工商登记其他条件。

推进商务诚信建设，加强对市场主体、市场活动监督管理，落实监管责任，切实维护市场秩序。

（七）改革社会组织管理制度。加快形成政社分开、权责明确、依法自治的现代社会组织体制。逐步推进行业协会商会与行政机关脱钩，强化行业自律，使其真正成为提供服务、反映诉求、规范行为的主体。探索一业多会，引入竞争机制。

重点培育、优先发展行业协会商会类、科技类、公益慈善类、城乡社区服务类社会组织。成立这些社会组织，直接向民政部门依法申请登记，不再需要业务主管单位审查同意。民政部门要依法加强登记审查和监督管理，切实履行责任。

坚持积极引导发展、严格依法管理的原则，促进社会组织健康有序发展。完善相关法律法规，建立健全统一登记、各司其职、协调配合、分级负责、依法监管的社会组织管理体制，健全社会组织管理制度，推动社会组织完善内部治理结构。

（八）改善和加强宏观管理。强化发展规划制订、经济发展趋势研判、制度机制设计、全局性事项统筹管理、体制改革统筹协调等职能。完善宏观调控体系，强化宏观调控措施的权威性和有效性，维护法制统一、政令畅通。消除地区封锁，打破行业垄断，维护全国市场的统一开放、公平诚信、竞争有序。加强社会管理能力建设，创新社会管理方式。公平对待社会力量提供医疗卫生、教育、文化、群众健身、社区服务等公共服务，加大政府购买服务力度。国务院各部门必须加强自身改革，大力推进本系统改革。

（九）加强基础性制度建设。推进国务院组织机构、职能配置、运行方式法治化。加强政务诚信制度建设。建立以居民身份证号码和组织机构代码为基础的统一社会信用代码制度。建立不动产统一登记制度。加强技术标准体系建设。完善信息网络、金融账户等实名登记制度和现金管理制度。完善各类国有资产管理制度和体制。

（十）加强依法行政。加快法治政府建设。完善依法行政的制度，提高制度质量。健全科学民主依法决策机制，建立决策后评估和纠错制度。严格依照法定权限和程序履行职责，确保法律、行政法规有效执行。深化政务公开，推进行政权力行使依据、过程、结果公开。建立健全各项监督制度，让人民监督权力。强化行政问责，严格责任追究。

宪法和法律是政府工作的根本准则。国务院和国务院各部门都要带头维护宪法法律权威，发挥法律的引导和推动作用，用法治思维和法治方式深化改革、推动发展、化解矛盾、维护稳定。以政府带头守法、严格执法，引导、教育、督促公民、法人和其他组织依法经营依法办事。

第十三届全国人民代表大会第一次会议关于国务院机构改革方案的决定[1]

(2018 年 3 月 17 日第十三届全国人民代表大会第一次会议通过)

第十三届全国人民代表大会第一次会议听取了国务委员王勇受国务院委托所作的关于国务院机构改革方案的说明，审议了国务院机构改革方案，决定批准这个方案。

会议要求，国务院要坚持党中央集中统一领导，精心组织，周密部署，确保完成国务院机构改革任务。实施机构改革方案需要制定或修改法律的，要及时启动相关程序，依法提请全国人民代表大会常务委员会审议。

---

[1] 中国人大网，http：//www. npc. gov. cn/npc/c30834/201803/e86d7291891a4dd fb196bea1db022336. shtml。

三、关于法院、检察院机构设置的决议决定

第五届全国人民代表大会常务委员会
关于成立最高人民检察院特别检察厅和
最高人民法院特别法庭检察、审判林彪、
江青反革命集团案主犯的决定[1]

（1980 年 9 月 29 日第五届全国人民代表大会常务委员会
第十六次会议通过）

鉴于林彪、江青反革命集团案是特别重大案件，根据最高人民法院和最高人民检察院的建议，全国人民代表大会常务委员会特作如下决定：

一、成立最高人民检察院特别检察厅，对林彪、江青反革命集团案进行检察起诉。

任命最高人民检察院检察长黄火青兼特别检察厅厅长，最高人民检察院副检察长喻屏、人民解放军总政治部副主任史进前为副厅长，马纯一、王文林、王芳、王振中、王瀑声、王耀青（女）、冯长义、曲文达、朱宗正、江文、孙树峰、李天相、沈家良、张中如、张英杰、张肇圻、孟庆恩、图们、钟澍钦、袁同江、敬毓嵩为检察员。

二、成立最高人民法院特别法庭，审判林彪、江青反革命集团案主犯。特别法庭设两个审判庭。

---

〔1〕　全国人大常委会办公厅、中共中央文献研究室编：《人民代表大会制度重要文献选编》（二），中国民主法制出版社 2015 年版，第 497—498 页。

任命最高人民法院院长江华兼特别法庭庭长，人民解放军副总参谋长伍修权、最高人民法院副院长曾汉周、人民解放军总政治部副主任黄玉昆为副庭长，王文正、王志道、王战平、甘英（女）、史笑谈、宁焕星、司徒擎、曲育才、朱理之、任成宏、任凌云、刘丽英（女）、刘继光、许宗祺、严信民、苏子蘅、巫宝三、李明贵、李毅、吴茂荪、沈建、张世荣、张敏、范之、费孝通、骆同启、高朝勋、高斌、黄凉尘、曹理周、翟学玺为审判员。

任命曾汉周为第一审判庭审判长、伍修权为第二审判庭审判长。

三、特别法庭公开进行审判，由各省、自治区、直辖市、各党派、各人民团体、国家机关、人民解放军派代表参加旁听。

四、特别法庭的判决是终审判决。

全国人民代表大会常务委员会关于在沿海港口城市设立海事法院的决定[1]

（1984 年 11 月 14 日第六届全国人民代表大会常务委员会
第八次会议通过）

为了适应我国海上运输和对外经济贸易事业发展的需要，有效地行使我国司法管辖权，及时地审理海事、海商案件，以维护我国和外国的当事人的合法权益，特作如下决定：

一、根据需要在沿海一定的港口城市设立海事法院。海事法院的设置或者变更、撤销，由最高人民法院决定。海事法院的审

---

〔1〕 国家法律法规数据库，https：//flk. npc. gov. cn/detail2. html？MmM5MDlmZGQ2NzhiZjE3OTAxNjc4YmY1YWY0ZTAwYWY%3D。

判机构和办事机构的设置，由最高人民法院规定。

二、海事法院对所在地的市人民代表大会常务委员会负责。海事法院的审判工作受所在地的高级人民法院监督。

三、海事法院管辖第一审海事案件和海商案件，不受理刑事案件和其他民事案件。各海事法院管辖区域的划分，由最高人民法院规定。对海事法院的判决和裁定的上诉案件由海事法院所在地的高级人民法院管辖。

四、海事法院院长由所在地的市人民代表大会常务委员会主任提请本级人民代表大会常务委员会任免。海事法院副院长、庭长、副庭长、审判员和审判委员会委员，由海事法院院长提请所在地的市人民代表大会常务委员会任免。

全国人民代表大会常务委员会关于新疆维吾尔自治区生产建设兵团设置人民法院和人民检察院的决定

（1998 年 12 月 29 日第九届全国人民代表大会常务委员会第六次会议通过）

第九届全国人民代表大会常务委员会第六次会议审议了最高人民法院《关于确定新疆生产建设兵团法院法律地位的议案》和最高人民检察院《关于确定新疆生产建设兵团检察院法律地位的议案》，决定如下：

一、在新疆维吾尔自治区设立新疆维吾尔自治区高级人民法院生产建设兵团分院，作为自治区高级人民法院的派出机构；在新疆生产建设兵团设立若干中级人民法院；在生产建设兵团农牧团场比较集中的垦区设立基层人民法院。

二、新疆维吾尔自治区人民检察院在生产建设兵团设置下列人民检察院，作为自治区人民检察院的派出机构：

（一）新疆维吾尔自治区生产建设兵团人民检察院；

（二）新疆维吾尔自治区生产建设兵团人民检察院分院；

（三）在农牧团场比较集中的垦区设置基层人民检察院。

新疆维吾尔自治区生产建设兵团人民检察院领导生产建设兵团人民检察院分院以及基层人民检察院的工作。

三、在新疆维吾尔自治区生产建设兵团设置的各级人民法院和各级人民检察院的案件管辖权，分别由最高人民法院和最高人民检察院依照有关法律予以规定。

四、新疆维吾尔自治区高级人民法院生产建设兵团分院院长、副院长、审判委员会委员、庭长、副庭长、审判员，新疆维吾尔自治区生产建设兵团中级人民法院院长、副院长、审判委员会委员、庭长、副庭长、审判员，由自治区高级人民法院院长提请自治区人民代表大会常务委员会任免；基层人民法院院长、副院长、审判委员会委员、庭长、副庭长、审判员，由新疆维吾尔自治区高级人民法院生产建设兵团分院任免。

新疆维吾尔自治区生产建设兵团人民检察院检察长、副检察长、检察委员会委员、检察员，新疆维吾尔自治区生产建设兵团人民检察院分院检察长、副检察长、检察委员会委员、检察员，由自治区人民检察院检察长提请自治区人民代表大会常务委员会任免；基层人民检察院检察长、副检察长、检察委员会委员、检察员，由新疆维吾尔自治区生产建设兵团人民检察院任免。

全国人民代表大会常务委员会关于在北京、上海、广州设立知识产权法院的决定[1]

(2014 年 8 月 31 日第十二届全国人民代表大会常务委员会第十次会议通过)

为推动实施国家创新驱动发展战略，进一步加强知识产权司法保护，切实依法保护权利人合法权益，维护社会公共利益，根据宪法和人民法院组织法，特作如下决定：

一、在北京、上海、广州设立知识产权法院。

知识产权法院审判庭的设置，由最高人民法院根据知识产权案件的类型和数量确定。

二、知识产权法院管辖有关专利、植物新品种、集成电路布图设计、技术秘密等专业技术性较强的第一审知识产权民事和行政案件。

不服国务院行政部门裁定或者决定而提起的第一审知识产权授权确权行政案件，由北京知识产权法院管辖。

知识产权法院对第一款规定的案件实行跨区域管辖。在知识产权法院设立的三年内，可以先在所在省（直辖市）实行跨区域管辖。

三、知识产权法院所在市的基层人民法院第一审著作权、商标等知识产权民事和行政判决、裁定的上诉案件，由知识产权法院审理。

四、知识产权法院第一审判决、裁定的上诉案件，由知识产

---

[1]　中国人大网，http：//www.npc.gov.cn/npc/c12489/201409/9d38b14721f44b35817082f371afb76a.shtml。

权法院所在地的高级人民法院审理。

五、知识产权法院审判工作受最高人民法院和所在地的高级人民法院监督。知识产权法院依法接受人民检察院法律监督。

六、知识产权法院院长由所在地的市人民代表大会常务委员会主任会议提请本级人民代表大会常务委员会任免。

知识产权法院副院长、庭长、审判员和审判委员会委员，由知识产权法院院长提请所在地的市人民代表大会常务委员会任免。

知识产权法院对所在地的市人民代表大会常务委员会负责并报告工作。

七、本决定施行满三年，最高人民法院应当向全国人民代表大会常务委员会报告本决定的实施情况。

八、本决定自公布之日起施行。

全国人民代表大会常务委员会关于设立上海金融法院的决定[1]

（2018 年 4 月 27 日第十三届全国人民代表大会常务委员会第二次会议通过）

为推进国家金融战略实施，健全完善金融审判体系，营造良好金融法治环境，促进经济和金融健康发展，根据宪法和人民法院组织法，特作如下决定：

一、设立上海金融法院。

上海金融法院审判庭的设置，由最高人民法院根据金融案件

---

[1] 中国人大网，http：//www.npc.gov.cn/npc/c30834/201804/f2365478a9944d588b49a35ead41e207.shtml。

的类型和数量决定。

二、上海金融法院专门管辖上海金融法院设立之前由上海市的中级人民法院管辖的金融民商事案件和涉金融行政案件。管辖案件的具体范围由最高人民法院确定。

上海金融法院第一审判决和裁定的上诉案件，由上海市高级人民法院审理。

三、上海金融法院对上海市人民代表大会常务委员会负责并报告工作。

上海金融法院审判工作受最高人民法院和上海市高级人民法院监督。上海金融法院依法接受人民检察院法律监督。

四、上海金融法院院长由上海市人民代表大会常务委员会主任会议提请本级人民代表大会常务委员会任免。

上海金融法院副院长、审判委员会委员、庭长、副庭长、审判员由上海金融法院院长提请上海市人民代表大会常务委员会任免。

五、本决定自 2018 年 4 月 28 日起施行。

附:

《关于在上海设立金融法院的决定（草案）》的说明[1]

——2018 年 4 月 25 日在第十三届全国人民代表大会常务委员会第二次会议上

最高人民法院院长　周强

委员长、各位副委员长、秘书长、各位委员:

按照会议安排，根据中央全面深化改革委员会第一次会议审议通过的《关于设立上海金融法院的方案》，我就《关于在上海设立金融法院的决定（草案）》作如下说明:

一、设立上海金融法院的意义

习近平总书记深刻指出:"金融是现代经济的核心""金融安全是国家安全的重要组成部分，是经济健康发展的重要基础"。设立上海金融法院是坚持以习近平新时代中国特色社会主义思想为指导，全面贯彻党的十九大和十九届一中、二中、三中全会以及中央经济工作会议、中央政法工作会议精神，贯彻落实党中央、国务院《关于服务实体经济防控金融风险深化金融改革的若干意见》的重大举措。

一是有利于增强中国金融司法的国际影响力。世界近代史表明，经济强国必然是金融强国。我国要从经济大国迈向经济强国，掌握国际金融交易规则的话语权至关重要，而金融法治环境是其中的基本要素和重要保障。从世界范围来看，英美等发达国家和阿联酋、哈萨克斯坦等新兴市场国家均建立了专门的金融司

---

〔1〕 中国人大网，http://www.npc.gov.cn/npc/c30834/201804/7375fa32c7a64df4889be81b1d58cce5.shtml。

法体系。通过设立上海金融法院，建立完善中国特色社会主义金融审判体制机制，有助于提升我国在国际金融交易规则制定过程中的地位和作用，为我国经济转型升级、"一带一路"建设营造更好的国际环境。

二是有利于国家金融战略的深入实施。服务实体经济、防范金融风险，深化金融改革，不仅需要增强立法的科学性和政策的有效性，也需要建立公正、高效、权威的金融审判体系。设立上海金融法院，对金融案件实行集中管辖，不仅有利于依法保障金融改革顺利推进，引导金融行业"脱虚向实"，服务实体经济，同时也有利于人民法院与金融监管部门形成合力，加强市场监管，维护金融安全，守住不发生系统性金融风险的底线。

三是有利于上海国际金融中心的发展建设。近年来，上海市涉金融案件数量迅速增长，2013 年至 2017 年平均每年增长51%，去年受理一审金融商事案件数量达到 17.9 万件。设立上海金融法院，将进一步提高金融审判专业化水平，统一裁判标准，促进法律统一适用，提升金融审判质效和司法公信力，为"到 2020 年将上海国际金融中心基本建成与我国经济实力以及人民币国际地位相适应的国际中心"提供有力的司法服务和保障。

二、草案的主要内容

（一）关于上海金融法院的设立

上海是中央确定并支持建设的国际金融中心，辖区内金融机构数量多，外资金融机构占比大，金融要素市场齐全，金融市场交易额巨大。近年来，上海法院受理的涉金融案件呈现新类型案件多、案件风险传导性强、审理难度较大、国际关注度高等突出特点，对金融审判专业化提出更高要求。探索完善金融审判体系，营造良好金融法治环境，完善中国特色金融司法体系，应当立足经济社会发展需求，选择金融案件数量较多、金融审判基础较好的上海探索设立金融法院。上海金融法院审判庭的设置，由最高人民法院根据金融案件的类型和数量以及机构编制部门的意见具体规定。

（二）关于上海金融法院的监督

上海金融法院属专门法院，其审级与上海市其他中级人民法院相同。上海金融法院依法定程序设立后，对上海市人民代表大会常务委员会负责并接受监督。根据法律规定，上海金融法院的审判工作，接受上海市高级人民法院的业务指导和审判监督；上海金融法院审理的案件，接受上海市同级人民检察院的诉讼监督。

（三）关于上海金融法院的案件管辖

上海金融法院专门管辖上海市应由中级人民法院管辖的金融商事案件和涉金融行政案件，管辖案件由最高人民法院确定。具体包括：1. 上海市辖区中级人民法院管辖的金融借款、票据、信用证、证券、期货、保险、融资租赁、典当、金融仲裁等一审、二审和再审金融商事案件；2. 上海市辖区中级人民法院管辖的以金融监管机关为被告的一审、二审和再审涉金融行政案件；3. 上海市辖区新型、重大、疑难、复杂的一审金融商事案件和涉金融行政案件；4. 最高人民法院相关司法解释指定由上海市辖区中级人民法院管辖的以上海证券交易所、中国证券登记结算有限责任公司上海分公司、上海期货交易所等为被告或者第三人履行职责引发的一审民事、行政案件。对上海金融法院判决和裁定的上诉案件，由上海市高级人民法院管辖。上海市第一、第二、第三中级人民法院不再管辖金融商事案件和涉金融行政案件。

确定上述管辖，主要是坚持严格依照法律、便于理解适用、服务发展大局原则，突出金融法院的专门职责，统一司法裁判尺度，加强法院与金融监管部门之间的直接对接，防范金融风险。《决定（草案）》经全国人大常委会通过后，最高人民法院还将专门出台相关司法解释，进一步明确上海金融法院的案件管辖问题。

（四）关于上海金融法院的法官任免

上海金融法院对上海市人民代表大会常务委员会负责。院长由上海市人民代表大会常务委员会主任会议提请上海市人民代表大会常务委员会任免。副院长、审判委员会委员、庭长、副庭长、审判员由上海金融法院院长提请上海市人民代表大会常务委员会任免。

上海金融法院的员额法官拟从现有经验丰富的优秀金融审判、民商事审判或行政审判法官中选任，也可探索从优秀律师和法学专家中公开遴选。

三、需要说明的情况

（一）关于先行探索、稳步推进。在设立上海金融法院的研究论证过程中，有单位建议最高人民法院对全国金融法院的布局进行顶层设计、整体规划。考虑到上海金融法院设立的重要性和必要性，我们认为，应当坚持先行探索、稳步推进的原则，即先行探索在上海设立金融法院。

（二）关于深化司法改革。设立上海金融法院是落实司法体制综合配套改革，完善法院组织体系的重要举措。上海金融法院设立后，将深入推进司法体制改革，优化司法职权配置，全面落实司法责任制，规范审判权力运行机制，实行法官员额制，精干设置内设机构，推行扁平化管理，进一步提升我国司法形象。

（三）关于配套措施。为确保上海金融法院职能作用的充分发挥，上海金融法院将不断完善配套措施，建立完善金融审判专家辅助制度，加强金融纠纷案件多元化解决机制建设，加强金融案件大数据资源库和金融风险防范信息共享机制建设，完善金融司法研究机制和智库建设，确保改革取得预期效果。

根据《中华人民共和国人民法院组织法》有关规定，现提请对《关于在上海设立金融法院的决定（草案）》予以审议。

全国人民代表大会常务委员会关于设立北京金融法院的决定[1]

（2021 年 1 月 22 日第十三届全国人民代表大会常务委员会第二十五次会议通过）

为实施国家金融战略，维护金融安全，健全金融审判体系，加大金融司法保护力度，营造良好金融法治环境，根据宪法和人民法院组织法，特作如下决定：

一、设立北京金融法院。

北京金融法院审判庭的设置，由最高人民法院根据金融案件的类型和数量决定。

二、北京金融法院专门管辖以下案件：

（一）应由北京市的中级人民法院管辖的第一审金融民商事案件；

（二）应由北京市的中级人民法院管辖的以金融监管机构为被告的第一审涉金融行政案件；

（三）以住所地在北京市的金融基础设施机构为被告或者第

---

〔1〕 中国人大网，http：//www.npc.gov.cn/npc/c30834/202101/51ce8706d4cd435783f4eb8b62ed6702.shtml。

三人，与其履行职责相关的第一审金融民商事案件和涉金融行政案件；

（四）北京市基层人民法院第一审金融民商事案件和涉金融行政案件判决、裁定的上诉、抗诉案件以及再审案件；

（五）依照法律规定应由其执行的案件；

（六）最高人民法院确定由其管辖的其他金融案件。

北京金融法院第一审判决、裁定的上诉案件，由北京市高级人民法院审理。

三、北京金融法院对北京市人民代表大会常务委员会负责并报告工作。

北京金融法院审判工作受最高人民法院和北京市高级人民法院监督。北京金融法院依法接受人民检察院法律监督。

四、北京金融法院院长由北京市人民代表大会常务委员会主任会议提请北京市人民代表大会常务委员会任免。

北京金融法院副院长、审判委员会委员、庭长、副庭长、审判员由北京金融法院院长提请北京市人民代表大会常务委员会任免。

五、本决定自 2021 年 1 月 23 日起施行。

第三节　关于地方组织事项的决议决定

对地方组织事项的决议决定既涉及省级行政区划的调整、设立的组织事项，也涉及民族区域自治地方的组织事项，宪法第八十九条规定，国务院"批准省、自治区、直辖市的区域划分，批准自治州、县、自治县、市的建置和区域划分"。第一百零七条第三款规定："省、直辖市的人民政府决定乡、民族乡、镇的建置和区域划分。"根据上述规定，行政区划调整的决定权在国务院和省级政府，一般不需要人民代表大会及其常委会讨论决定。但行政区划调整，关系经济、政治、文化等各方面的发展，与人民群众的切身利益密切相关，同时，行政区划的重大调整，比如大规模的小乡并大乡、区县合并、县改市等，原行政区域的人民代表大会如何在合并后行使职权、如何组织本区域代表参加上一级人民代表大会会议等，都需要作出决定。

一、关于地方组织事项的决议决定

全国人民代表大会关于撤销热河省、西康省并修改中华人民共和国地方各级人民代表大会和地方各级人民委员会组织法第二十五条第二款第一项规定的决议

（1955 年 7 月 30 日第一届全国人民代表大会第二次会议通过）

第一届全国人民代表大会第二次会议批准国务院关于撤销热河省、西康省并修改中华人民共和国地方各级人民代表大会和地方各级人民委员会组织法第二十五条第二款第一项规定的建议。兹决定：

一、撤销热河省，将热河省所属行政区域，按国务院建议分别划归河北省、辽宁省和内蒙古自治区。

二、撤销西康省，将西康省所属行政区域划归四川省。

三、修改中华人民共和国地方各级人民代表大会和地方各级

人民委员会组织法第二十五条第二款第一项的规定为：省、直辖市二十五人至五十五人，人口特多的省，必须超过五十五人的时候，须经国务院批准。

全国人民代表大会常务委员会关于省、自治区、直辖市可以在一九七九年设立人民代表大会常务委员会和将革命委员会改为人民政府的决议

（1979 年 9 月 13 日第五届全国人民代表大会常务委员会第十一次会议通过）

第五届全国人民代表大会第二次会议通过的自一九八〇年一月一日起施行的《中华人民共和国地方各级人民代表大会和地方各级人民政府组织法》规定，县级以上的地方各级人民代表大会设立常务委员会，省、自治区、直辖市、自治州、县、自治县、市、市辖区、镇设立人民政府。省、自治区、直辖市如果能够作好准备工作，也可以在一九七九年召开人民代表大会，设立人民代表大会常务委员会和将革命委员会改为人民政府。

关于海南省人民代表会议代行海南省人民代表大会职权的决定

（1988 年 7 月 1 日第七届全国人民代表大会常务委员会第二次会议通过）

第七届全国人民代表大会常务委员会第二次会议根据第七届全国人民代表大会第一次会议关于设立海南省的决定，审议了国务院报请审议的海南建省筹备组关于筹备召开海南省人民代表会

议的请示报告，决定：

一、在海南省人民代表大会召开以前，由海南省人民代表会议代行海南省人民代表大会的职权，选举省长副省长、省高级人民法院院长、省人民检察院检察长，并行使法律规定的省级人民代表大会的其他职权。

二、由海南省人民代表会议选举海南省人民代表会议常务委员会，行使法律规定的省级人民代表大会常务委员会的职权。法律关于省级人民代表大会常务委员会的其他规定，也适用于海南省人民代表会议常务委员会。海南省人民代表会议常务委员会组成人员的名额为 31 名至 35 名。

三、海南省人民代表会议第一次会议由海南建省筹备组进行筹备。海南省人民代表会议代表名额为 260 名至 300 名。海南省各市、县、自治县出席省人民代表会议的代表，由市、县、自治县人民代表大会选举产生；各政党、人民团体、国家机关和驻海南省的人民解放军出席省人民代表会议的代表，由海南建省筹备组主持，经民主协商推选产生。代表名额分配方案由海南建省筹备组同各市、县、自治县和各有关方面协商决定。

四、海南省人民代表会议常务委员会组成人员、省长副省长、省高级人民法院院长、省人民检察院检察长的选举办法，由海南省人民代表会议决定。

五、海南省人民代表大会应当在 1993 年初以前召开。

附一：

国务院关于报请审议海南建省筹备组筹备召开
海南省人民代表会议的请示

　　根据海南建省筹备组报告，目前成立海南省人民代表大会的条件尚不具备，拟召开海南省人民代表会议代行海南省人民代表大会的职权。现转上《海南建省筹备组关于筹备召开海南省人民代表会议的请示》，请全国人民代表大会常务委员会审议决定。

国务院

1988 年 5 月 3 日

附二：

海南建省筹备组关于筹备召开海南省人民
代表会议的请示

遵照中共中央、国务院中发〔1987〕23 号文件和第六届全国人大常委会第二十二次会议精神，海南建省筹备工作正在加紧进行。为了做好建省后的民主建政工作，现就有关问题请示如下：

一、关于召开海南省人民代表会议，代行海南省人民代表大会职权问题。一俟第七届全国人大审议批准国务院关于撤销海南行政区、建立海南省的议案公布，原海南行政区政权机关行使职权到海南省政府产生后终止。为避免因领导机关职能中断而贻误工作，应尽快建立省的权力机关和行政机关，以及时制定地方性法规，决定省政兴革事宜，加速海南经济特区的开发开放。由于时间紧迫，在召开省人民代表大会的条件不够成熟的情况下，拟召开海南省人民代表会议以代行海南省人民代表大会的职权。为了与全国人大换届时间相一致，并有利于贯彻《组织法》规定的"会议每年至少举行一次"的制度，海南省人民代表会议拟实行常任制，任期 5 年。呈请全国人大常委会审议批准。

二、关于召开省人民代表会议的时间和议程。基于以上原因，召开省人民代表会议的时间宜早不宜迟。如 3 月份第七届全国人大批准海南建省的议案，则 5 月前召开省人民代表会议比较合适。代表会议的主要议程有两项：第一项是讨论决定海南省建设规划；第二项是选举产生省人民代表会议常务委员会、省长、副省长、省高级人民法院院长和省人民检察院检察长。

又鉴于这次会议是建省后的首次会议，原海南行政区人民政府、中级人民法院和人民检察院分院与海南省人民代表会议不是同级建制，看来，不必向会议做工作报告，故拟免去此项议程。

三、关于代表名额和产生的办法。代表名额根据《选举法》第九条的规定，"按照便于召开会议，讨论问题和解决问题。并且使各民族、各地区、各方面能有适当数量代表的原则"，同时考虑到海南作为新建的省，有条件从建省开始，实行新的体制，率先进行机构改革，使权力机关和行政机关实现"小而精"。所以海南省人民代表会议代表的名额，拟以 200 名为基数，此外，每 15 万人口再增加 1 名代表。又由于海南少数民族、军队、华侨、农垦等方面人数较多，分布较广，需要有一定机动数，所以代表总名额以 260 名，最多不超过 300 名为宜。

代表的产生，根据《选举法》等有关法规的精神，结合海南的实际情况拟采取如下办法：各市、县出席省人民代表会议的代表，由本市、县人民代表大会选举产生。其中，三亚市升格后，原县级市人大已宣告撤销。如果该市在省人代会议前未能召开新一届人民代表大会，则拟用民主协商的办法产生出席省人民代表会议的代表。至于省一级各个方面包括各党派、人民团体、机关及驻军，则由各党派、团体、机关及部队通过民主协商的办法推选出席省人民代表会议的代表。

四、关于省人民代表会议常务委员会的职权及名额。海南省人民代表会议选举产生常务委员会，作为常设机关，执行省级人大常委会的各项职权。常务委员会的组成人员，本着精干、效能的精神，以 31 至 35 人为宜，其中常委会主任 1 人，副主任 6 至 8 人。

　　五、关于选举产生省的权力机关和行政机关领导人问题。海南建省伊始，为了加强领导，在充分依靠原有干部的同时，中央从各地调入部分领导干部。他们来自五湖四海，广大干部群众对他们尚需有一个逐步了解、认识过程。基于这种情况，省人民代表会议常务委员会成员、省长、副省长、省高级人民法院院长和省检察院检察长的候选人，拟按应选人数等额提名，并向代表认真介绍候选人情况，经代表会议充分酝酿讨论后，进行无记名投票等额选举。

　　六、关于省人民代表会议筹备工作的领导和会议的召集问题。在海南建省筹备组的领导下，进行省人民代表会议代表的选举和会议筹备工作。海南省人民代表会议由建省筹备组召集，并主持预备会议，选举本次会议主席团，然后由主席团主持会议的举行。考虑到代表会议筹备工作繁重，拟设置选举工作办公室，作为临时办事机构，负责代表选举事宜及会议的准备，代表会议召开时，这个办公室可转为会议秘书处，承担会议期间的具体事务。

　　妥否？请批示。

海南建省筹备组
1988 年 2 月 12 日

全国人民代表大会常务委员会关于海南省人民代表会议代行海南省人民代表大会职权的决定

（1988 年 7 月 1 日第七届全国人民代表大会常务委员会
第二次会议通过）

第七届全国人民代表大会常务委员会第二次会议根据第七届全国人民代表大会第一次会议关于设立海南省的决定，审议了国务院报请审议的海南建省筹备组关于筹备召开海南省人民代表会议的请示报告，决定：

一、在海南省人民代表大会召开以前，由海南省人民代表会议代行海南省人民代表大会的职权，选举省长副省长、省高级人民法院院长、省人民检察院检察长，并行使法律规定的省级人民代表大会的其他职权。

二、由海南省人民代表会议选举海南省人民代表会议常务委员会，行使法律规定的省级人民代表大会常务委员会的职权。法律关于省级人民代表大会常务委员会的其他规定，也适用于海南省人民代表会议常务委员会。海南省人民代表会议常务委员会组成人员的名额为 31 名至 35 名。

三、海南省人民代表会议第一次会议由海南建省筹备组进行筹备。海南省人民代表会议代表名额为 260 名至 300 名。海南省各市、县、自治县出席省人民代表会议的代表，由市、县、自治县人民代表大会选举产生；各政党、人民团体、国家机关和驻海南省的人民解放军出席省人民代表会议的代表，由海南建省筹备组主持，经民主协商推选产生。代表名额分配方案由海南建省筹备组同各市、县、自治县和各有关方面协商决定。

四、海南省人民代表会议常务委员会组成人员、省长副省长、省高级人民法院院长、省人民检察院检察长的选举办法，由海南省人民代表会议决定。

五、海南省人民代表大会应当在 1993 年初以前召开。

全国人民代表大会常务委员会关于国务院提请审议设立海南省的议案的决定

（1987 年 9 月 5 日第六届全国人民代表大会常务委员会
第二十二次会议通过）

第六届全国人民代表大会常务委员会第二十二次会议审议了国务院关于提请审议设立海南省的议案，决定提请第七届全国人民代表大会第一次会议审议、批准，并授权国务院成立海南建省筹备组，开展筹备工作。

全国人民代表大会常务委员会关于成立重庆市第一届人民代表大会筹备组的决定

（1997 年 5 月 9 日第八届全国人民代表大会常务委员会
第二十五次会议通过）

第八届全国人民代表大会常务委员会第二十五次会议决定：
成立重庆市第一届人民代表大会筹备组，负责筹备重庆市第一届人民代表大会的有关事宜，主持重庆市第一届人民代表大会代表的选举，召集重庆市第一届人民代表大会第一次会议。

重庆市第一届人民代表大会的代表名额为 870 名，由原重庆市和万县市、涪陵市、黔江地区所辖的 43 个区、县（市）人民代表大会选举产生。

重庆市第一届人民代表大会筹备组下设代表资格审查委员会，审查重庆市第一届人民代表大会代表的选举是否符合法律规定，并报筹备组公布代表名单。

二、关于对民族区域自治地方组织事项的决议决定

全国人民代表大会常务委员会关于批准新疆维吾尔自治区各级人民代表大会和各级人民委员会组织条例的决议

（1956 年 7 月 9 日第一届全国人民代表大会常务委员会
第四十三次会议通过）

全国人民代表大会常务委员会于 1956 年 7 月 9 日第 43 次会议决议：批准新疆维吾尔自治区第一届人民代表大会第二次会议制定的新疆维吾尔自治区各级人民代表大会和各级人民委员会组织条例。

附：

新疆维吾尔自治区各级人民代表大会和各级人民委员会组织条例

（1956 年 7 月 9 日第一届全国人民代表大会常务委员会
第四十三次会议批准）

目　录

第一章　总　则
第二章　新疆维吾尔自治区各级人民代表大会
第三章　新疆维吾尔自治区各级人民委员会
第四章　附　则

新疆维吾尔自治区各级人民代表大会和各级人民委员会组织条例已由中华人民共和国第一届全国人民代表大会常务委员会于 1956 年 7 月 9 日第 43 次会议批准，现予公布。

第一章　总　则

第一条　新疆维吾尔自治区各级人民代表大会和各级人民委员会组织条例，根据中华人民共和国宪法第二章第五节制定。

第二条　新疆维吾尔自治区的行政区域划分为：自治州、县、自治县、市、市辖区、乡、民族乡、镇。

自治区、县、市、市辖区、乡、民族乡、镇设立人民代表大会和人民委员会。

自治州、自治县的自治机关的组织和工作，依照中华人民共和国宪法第二章第五节的规定。

第三条　新疆维吾尔自治区人民代表大会和人民委员会是新

疆维吾尔自治区的自治机关。新疆维吾尔自治区各级人民代表大会和各级人民委员会都是地方国家机关。

第四条　新疆维吾尔自治区各级人民代表大会和各级人民委员会，一律实行民主集中制。

第五条　新疆维吾尔自治区各级人民代表大会和各级人民委员会中，各有关民族都应当有适当名额的代表和人员。

第二章　新疆维吾尔自治区各级人民代表大会

第六条　新疆维吾尔自治区各级人民代表大会都是地方国家权力机关。

第七条　自治区、设区的市、县的人民代表大会代表由下一级人民代表大会选举；不设区的市、市辖区、乡、民族乡、镇的人民代表大会代表由选民直接选举。新疆维吾尔自治区各级人民代表大会代表名额和代表产生办法依照选举法规定。

第八条　自治区人民代表大会每届任期四年。市、县、市辖区、乡、民族乡、镇的人民代表大会每届任期两年。

第九条　自治区人民代表大会在自治区内行使下列职权：

（一）保证法律、法令和全国人民代表大会决议的遵守和执行；

（二）根据宪法规定的权限，依照自治区的特点，制定自治条例和单行条例，报请全国人民代表大会常务委员会批准；

（三）在职权范围内通过和发布决议；

（四）保障各民族的平等权利；

（五）规划经济建设、文化建设、公共事业、优抚工作和救济工作；

（六）依照法律规定的自治区财政权限，审查和批准预算和决算；

（七）依照国家的军事制度，决定组织自治区的公安部队；

（八）选举自治区人民委员会的组成人员；

（九）选举自治区高级人民法院院长和自治区内按地区设立的各中级人民法院院长；

（十）选举全国人民代表大会代表；

（十一）听取和审查自治区人民委员会和自治区高级人民法院和自治区内按地区设立的各中级人民法院的工作报告；

（十二）改变或者撤销自治区人民委员会的不适当的决议和命令；

（十三）改变或者撤销下一级人民代表大会的不适当的决议和下一级人民委员会的不适当的决议和命令；

（十四）保护公共财产，维护公共秩序，保障公民权利。

第十条 市、县、市辖区的人民代表大会在本行政区域内行使下列职权：

（一）保证法律、法令和上级人民代表大会决议的遵守和执行；

（二）在职权范围内通过和发布决议；

（三）保障各民族的平等权利；

（四）规划经济建设、文化建设、公共事业、优抚工作和救济工作；

（五）审查和批准预算和决算；

（六）选举本级人民委员会的组成人员；

（七）选举本级人民法院院长；

（八）选举上一级人民代表大会代表；

（九）听取和审查本级人民委员会和人民法院的工作报告；

（十）改变或者撤销本级人民委员会的不适当的决议和命令；

（十一）改变或者撤销下一级人民代表大会的不适当的决议和下一级人民委员会的不适当的决议和命令；

（十二）保护公共财产，维护公共秩序，保障公民权利。

第十一条　乡、民族乡、镇的人民代表大会在本行政区域内行使下列职权：

（一）保证法律、法令和上级人民代表大会决议的遵守和执行；

（二）在职权范围内通过和发布决议；

（三）保障各民族的平等权利；

（四）批准农业、畜牧业、手工业的生产计划，决定互助合作事业和其他经济工作的具体计划；

（五）规划公共事业；

（六）决定文化、教育、卫生、优抚和救济工作的实施计划；

（七）审查财政收支；

（八）选举本级人民委员会的组成人员；

（九）选举上一级人民代表大会代表；

（十）听取和审查本级人民委员会的工作报告；

（十一）改变或者撤销本级人民委员会的不适当的决议和命令；

（十二）保护公共财产，维护公共秩序，保障公民权利。民族乡的人民代表大会在行使职权的时候，可以采取适合民族特点的具体措施。

第十二条　新疆维吾尔自治区各级人民代表大会有权罢免本级人民委员会的组成人员和由它选出的人民法院院长。

第十三条　新疆维吾尔自治区各级人民代表大会会议由本级

人民委员会召集。

第十四条　自治区人民代表大会会议每年举行一次；市、县、市辖区的人民代表大会会议每年举行两次；乡、民族乡、镇的人民代表大会会议每三个月或者四个月举行一次。

新疆维吾尔自治区各级人民委员会如果认为必要或者有五分之一的代表提议，可以临时召集本级人民代表大会会议。

第十五条　新疆维吾尔自治区各级人民代表大会举行会议的时候，选举主席团主持会议。

县级以上的人民代表大会会议设秘书长一人，副秘书长若干人。秘书长的人选由主席团提名，由人民代表大会会议通过；副秘书长的人选由主席团决定。

第十六条　新疆维吾尔自治区各级人民代表大会举行会议的时候可以设立代表资格审查委员会、议案审查委员会和其他需要设立的委员会在主席团领导下进行工作。

第十七条　新疆维吾尔自治区各级人民代表大会举行会议的时候，代表和主席团、本级人民委员会，都可以提出议案。

向新疆维吾尔自治区各级人民代表大会会议提出的议案，由主席团提请人民代表大会会议讨论，或者交付议案审查委员会审查后提请人民代表大会会议讨论。

第十八条　新疆维吾尔自治区各级人民代表大会的决议，以全体代表的过半数通过。

第十九条　新疆维吾尔自治区各级人民委员会组成人员和人民法院院长的人选，由本级人民代表大会代表联合提名或者单独提名。

县级以上的各级人民代表大会选举本级人民委员会组成人员和人民法院院长，采用无记名投票方式；乡、民族乡、镇人民代表大会选举本级人民委员会组成人员，可以采用举手方式。

第二十条　新疆维吾尔自治区各级人民代表大会举行会议的时候，使用维吾尔、汉语言文字，并且为其他民族代表准备必要的翻译。

民族乡的人民代表大会举行会议的时候，使用当地通用的语言文字。

第二十一条　新疆维吾尔自治区各级人民代表大会举行会议的时候，本级人民委员会所属各工作部门负责人员和人民法院院长、人民检察院检察长及主席团同意的其他人员可以列席。

第二十二条　新疆维吾尔自治区各级人民代表大会举行会议的时候，代表向本级人民委员会或者本级人民委员会所属各工作部门提出的质问，经过主席团提交受质问的机关。受质问的机关必须在会议中负责答复。

第二十三条　新疆维吾尔自治区各级人民代表大会代表在出席人民代表大会会议的期间，非经主席团同意不受逮捕或者审判，如果因为是现行犯被拘留，执行拘留的机关必须立即报请主席团批准。

第二十四条　新疆维吾尔自治区各级人民代表大会代表在出席人民代表大会会议的期间，国家根据需要给以往返的旅费和必要的物质上的便利。

第二十五条　新疆维吾尔自治区各级人民代表大会代表应当和原选举单位或者选民保持密切联系，宣传法律、法令和政策，协助本级人民委员会推行工作，并且向人民代表大会和人民委员会反映群众的意见和要求。

县级以上的各级人民代表大会代表可以列席原选举单位的人民代表大会会议。

不设区的市、市辖区、乡、民族乡、镇的人民代表大会代表分工联系选民，有代表三人以上的居民地区或者生产单位可以组织代表小组，协助本级人民委员会推行工作。

第二十六条　自治区、设区的市、县的人民代表大会代表受原选举单位的监督；不设区的市、市辖区、乡、民族乡、镇的人民代表大会代表受选民的监督。

新疆维吾尔自治区各级人民代表大会代表的选举单位和选民有权随时撤换自己选出的代表。代表的撤换必须由原选举单位以全体代表的过半数通过，或者由原选区选民大会以出席选民的过半数通过。

第二十七条　新疆维吾尔自治区各级人民代表大会代表因故不能担任代表职务的时候，由原选举单位或者由原选区选民补选。

第三章　新疆维吾尔自治区各级人民委员会

第二十八条　新疆维吾尔自治区各级人民委员会，即新疆维吾尔自治区各级人民政府，是新疆维吾尔自治区各级人民代表大会的执行机关，是地方各级国家行政机关。

第二十九条　新疆维吾尔自治区各级人民委员会都对本级人民代表大会和上一级国家行政机关负责并报告工作。

新疆维吾尔自治区各级人民委员会都是国务院统一领导下的国家行政机关，都服从国务院。

第三十条　新疆维吾尔自治区各级人民委员会分别由本级人民代表大会选举主席、市长、县长、区长、乡长、镇长各一人，副主席、副市长、副县长、副区长、副乡长、副镇长各若干人和委员各若干人组成。

新疆维吾尔自治区各级人民委员会组成人员的名额：

（一）自治区三十五人至四十五人；

（二）市九人至二十五人；

（三）县九人至二十一人，人口和乡、镇较多的县至多不超过三十一人；

（四）市辖区九人至十七人；

（五）乡、民族乡、镇五人至十三人。

第三十一条　自治区人民委员会每届任期四年。市、县、市辖区、乡、民族乡、镇的人民委员会每届任期两年。

新疆维吾尔自治区各级人民委员会的组成人员因故不能担任职务的时候由本级人民代表大会补选。

第三十二条　自治区人民委员会在自治区内行使下列职权：

（一）根据法律、法令、国务院的决议和命令和自治区人民代表大会的决议，规定行政措施，发布决议和命令，并且审查这些决议和命令的实施情况；

（二）主持自治区人民代表大会代表的选举；

（三）召集自治区人民代表大会会议，向自治区人民代表大会提出议案；

（四）领导所属各工作部门和下级人民委员会的工作；

（五）停止下一级人民代表大会的不适当的决议的执行；

（六）改变或者撤销所属各工作部门的不适当的命令和指示和下级人民委员会的不适当的决议和命令；

（七）依照法律的规定办理有关行政区划事项；

（八）依照法律的规定任免国家机关工作人员；

（九）执行经济计划；

（十）依照法律规定的权限管理财政，执行预算；

（十一）管理自治区所属地方国营工矿企业和商业，管理市场，领导资本主义工商业的社会主义改造；

（十二）领导农业、畜牧业、林业、手工业生产和互助合作事业；

（十三）领导牧区的建设工作；

（十四）管理水利事业；

（十五）管理与发展自治区的交通和公共事业；

（十六）管理税收工作；

（十七）管理与发展自治区的文化、教育和卫生工作；

（十八）管理优抚、救济和社会福利工作；

（十九）依照国家的军事制度，管理公安部队；

（二十）管理兵役工作；

（二十一）保护公共财产，维护公共秩序，保障公民权利；

（二十二）保障各民族的平等权利，帮助自治区内各少数民族聚居的地方实行区域自治或者建立民族乡，帮助各少数民族发展政治、经济和文化的建设事业；

（二十三）办理国务院交办的其他事项。

第三十三条 市、县、市辖区的人民委员会在本行政区域内行使下列职权：

（一）根据法律、法令、上级国家行政机关的决议和命令和本级人民代表大会的决议，规定行政措施，发布决议和命令，并且审查这些决议和命令的实施情况；

（二）主持本级人民代表大会代表的选举；

（三）召集本级人民代表大会会议，向本级人民代表大会提出议案；

（四）领导所属各工作部门和下级人民委员会的工作；

（五）停止下一级人民代表大会的不适当的决议的执行；

（六）改变或者撤销所属各工作部门的不适当的命令和指示和下级人民委员会的不适当的决议和命令；

（七）依照法律的规定任免国家机关工作人员；

（八）执行经济计划；

（九）执行预算；

（十）管理地方国营工矿企业和商业，管理市场，领导资本主义工商业的社会主义改造；

（十一）领导农业、畜牧业、林业、手工业生产和互助合作事业；

（十二）领导牧区的建设工作；

（十三）管理水利工作；

（十四）管理交通和公共事业；

（十五）管理税收工作；

（十六）管理文化、教育和卫生工作；

（十七）管理优抚、救济和社会福利工作；

（十八）管理兵役工作；

（十九）保护公共财产，维护公共秩序，保障公民权利；

（二十）保障各民族的平等权利，帮助各少数民族发展政治、经济和文化的建设事业；

（二十一）办理上级国家行政机关交办的其他事项。

第三十四条　乡、民族乡、镇的人民委员会在本行政区域内行使下列职权：

（一）根据法律、法令、上级国家行政机关的决议和命令和本级人民代表大会的决议，发布决议和命令；

（二）主持本级人民代表大会代表的选举；

（三）召集本级人民代表大会会议，向本级人民代表大会提出议案；

（四）管理财政；

（五）领导农业、畜牧业、林业、手工业生产，领导互助合作事业和其他经济工作；

（六）管理公共事业；

（七）管理文化、教育、卫生、优抚和救济工作；

（八）管理兵役工作；

（九）保护公共财产，维护公共秩序，保障公民权利；

（十）保障各民族的平等权利；

（十一）办理上级人民委员会交办的其他事项。

第三十五条 县级以上的人民委员会会议每月举行一次，乡、民族乡、镇人民委员会会议每半月举行一次，在必要的时候都可以临时举行。

新疆维吾尔自治区各级人民委员会会议如通过有关本行政区域内其他民族的特殊问题的决议，须事先与有关民族的委员充分协商。

新疆维吾尔自治区各级人民委员会举行会议的时候，可以邀请有关人员列席。

县级以上的人民委员会举行会议的时候，本级人民法院院长、人民检察院检察长可以列席。

第三十六条 主席、市长、县长、区长、乡长、镇长分别主持各级人民委员会会议和人民委员会的工作。

副主席、副市长、副县长、副区长、副乡长、副镇长分别协助主席、市长、县长、区长、乡长、镇长工作。

主席、市长、县长、区长为处理日常工作，可以召开行政会议。

第三十七条 自治区人民委员会设立民政厅、公安厅、司法厅、监察厅、计划委员会、财政厅、粮食厅、工业厅、商业厅、交通厅、农业厅、林业厅、畜牧厅、水利厅、教育厅、卫生厅、体育运动委员会、民族语言文字研究指导委员会、统计局、建筑工程局、手工业管理局、对外贸易局、工商行政管理局、文化局、劳动局、气象局、荒地勘测设计局、人事局、宗教事务处、外事处，并且设立办公厅、参事室。

第三十八条　设区的市的人民委员会按照需要可以设立民政、公安、司法、监察计划、财政、粮食、税务、工业、商业、劳动、文化、教育、卫生、体育运动、市政建设和公用事业等局、处或者委员会，并且可以设立办公室。

不设区的市的人民委员会按照需要可以设立民政、公安、财政、粮食、税务、工商、建设、劳动、文化、教育、卫生等科或者局，并且可以设立办公室。

第三十九条　县人民委员会按照需要可以设立民政、公安、计划统计、财政、粮食、税务、工商、农林、畜牧、水利、交通、文化、教育、卫生等科或者局，并且可以设立办公室。

第四十条　市辖区人民委员会按照需要可以设立民政、生产合作、工商管理、建设、劳动、文化、教育、卫生等科或者股，并且可以设立办公室。

市人民委员会的公安、税务等局可以在辖区内设立派出机关。

第四十一条　乡、民族乡、镇人民委员会按照需要可以设立民政、治安、武装、生产合作、财粮、文化教育、卫生、调解等工作委员会，吸收本级人民代表大会代表和其他适当的人员参加。

乡、民族乡、旗人民委员会，可以设文书一人。

人口和工商业较多的镇的人民委员会，经县人民委员会批准，可以参照本条例第四十条的规定设立工作部门。

第四十二条 自治区人民委员会的工作部门的设立、增加、减少或者合并，由人民委员会报请国务院批准。

市、县、市辖区、乡、民族乡、镇人民委员会的工作部门的设立、增加、减少或者合并，由人民委员会报请上一级人民委员会批准。

第四十三条 各室、局、处、委员会、科、股分别设厅长、局长、处长、委员会主任、科长、股长，在必要的时候可以设副职。

办公厅、办公室、参事室设主任，在必要的时候可以设副主任。

自治区、设区的市的人民委员会各设秘书长一人，副秘书长若干人。

第四十四条 自治区、设区的市的人民委员会按照需要可以设立若干办公机构，协助主席、市长分别掌管人民委员会所属各工作部门的工作。

第四十五条 自治区人民委员会的各工作部门受人民委员会的统一领导，并且受国务院主管部门的领导。

市、县、市辖区的人民委员会的各工作部门受本级人民委员会的统一领导，并且受上级人民委员会主管部门的领导。

第四十六条 自治区、设区的市的人民委员会的各工作部门在本部门的业务范围内，据法律和法令，上级国家行政机关主管部门的命令和指示，人民委员会的决议和命令，可以向下级人民委员会主管部门发布命令和指示。

第四十七条 自治区、市、县、市辖区的人民委员会应当协助设立在本行政区域内不属于自己管理的国家机关、国营企业和公私合营企业进行工作，并且监督它们遵守和执行法律、法令和政策，但是无权干涉它们的业务。

第四十八条 自治区人民委员会经国务院批准，可以设立若干专员公署，作为它的派出机关。

县人民委员会在必要的时候，经自治区人民委员会批准，可以设立若干区公所，作为它的派出机关。

市辖区、不设区的市的人民委员会在必要的时候，经上一级人民委员会批准，可以设立若干街道办事处，作为它的派出机关。

第四十九条 新疆维吾尔自治区各级人民委员会和各工作部门在执行职务的时候，使用维吾尔、汉语言文字。

自治区人民委员会对自治区内其他民族自治地方执行职务的时候，应当同时使用该自治地方实行区域自治的民族的语言文字。

民族乡的人民委员会在执行职务的时候，使用当地通用的语言文字。

第四章 附 则

第五十条 本条例经新疆维吾尔自治区人民代表大会通过，报请全国人民代表大会常务委员会批准后施行。

全国人民代表大会常务委员会关于批准西藏自治区筹备委员会组织简则的决议

（1956 年 9 月 26 日全国人民代表大会常务委员会
第四十七次会议通过）

1956 年 9 月 26 日全国人民代表大会常务委员会第 47 次会议决议：批准西藏自治区筹备委员会第一次会议制定的西藏自治区筹备委员会组织简则。

附：

西藏自治区筹备委员会组织简则

(1956 年 9 月 26 日第一届全国人民代表大会常务委员会
第四十七次会议批准)

西藏自治区筹备委员会组织简则已由中华人民共和国第一届
全国人民代表大会常务委员会于 1956 年 9 月 26 日第 47 次会议批
准，现予公布。

第一条　本简则根据《中华人民共和国宪法》、国务院第七
次全体会议《关于成立西藏自治区筹备委员会的决定》以及参照
《中央人民政府和西藏地方政府关于和平解放西藏办法的协议》
制定之。

第二条　西藏自治区筹备委员会（以下简称本委员会）是在
西藏自治区未成立前过渡期间的协商筹划的带政权性质的机关，
受国务院领导。

第三条　本委员会以西藏地方政府、班禅堪布会议厅委员
会，昌都地区人民解放委员会等各方面的人员、各主要寺庙、各
主要教派、社会贤达、西藏地方政府等的有代表性的爱国人士和
中央派在西藏地区工作的干部组成之。

第四条　本委员会负责领导西藏地方政府、班禅堪布会议厅
委员会、昌都地区人民解放委员会三方面执行下列的任务和
职权：

（一）根据《中华人民共和国宪法》的规定和关于和平解放
西藏办法的协议以及西藏具体情况，筹备在西藏地区实行区域自
治，应执行以下任务：

（1）逐渐加强本委员会的责任，积累工作经验、创造各种条件，以便正式成立统一的西藏自治区。

（2）筹备成立统一的自治区的各项具体工作。

（3）负责协商统一筹划办理西藏地方的建设事宜和其他应办而又可办事项；作出决议报请国务院核准施行。

（4）团结各方面人士进一步加强民族间的团结和西藏内部的团结。

（5）组织领导学习，提高干部的反帝爱国认识和政策、工作业务水平，积极地培养干部。

（6）依照法律的规定保护西藏各民族、各阶层僧俗人民的生命财产。

（7）实现宗教信仰自由，保护喇嘛寺庙及其收入。

（二）本委员会行使下列职权：

（1）根据国家法律法令和国务院的决议和命令，结合本区具体情况，经过协商发布决议和命令，涉及重大事项报国务院批准后发布，并审查其执行。

（2）根据本区具体情况，经协商同意拟定暂行法规分别报请国务院或者全国人民代表大会常务委员会批准施行。

（3）遵照国务院关于任免工作人员暂行办法的规定，分别提请国务院任免或批准任免，或由本委员会自行任免或批准任免所属机关的行政工作人员。

（4）编制经协商同意的本区的概算和预决算报国务院批准。

（5）领导和检查本委员会各部门的工作。

凡系本委员会尚未统一的各项行政事宜均仍旧分别由国务院直接领导。

第五条　本委员会委员名额暂定五十五人，委员的产生、撤换和替补经各方面协商提名，报国务院批准，主任委员、副主任委员和委员由国务院任命之。为了便于领导日常工作的进行，设立常务委员会，由本委员会全体会议推选并报国务院批准。

第六条　本委员会主任委员和副主任委员主持本委员会会议并领导本委员会的工作。

第七条　正副主任委员因事不能执行职务时，由正副主任委员提出代理人，经常务委员会通过，报国务院批准。

第八条　本委员会设秘书长一人（委员兼），承主任委员和副主任委员之命主持日常行政工作；暂设副秘书长三人，协助秘书长进行工作。

本委员会根据工作需要，暂设下列各工作部门分掌各该主管事项：

（1）办公厅：主办文书、行政、交际、编译、机要等工作。

（2）财政经济委员会：在中央统一的财政经济方针和计划下结合本区的具体情况，统一指导和计划经各方面协商同意的地方的财政经济建设。

（3）宗教事务委员会：团结西藏各教派，贯彻执行宗教信仰自由政策，并检查上述政策的执行情况及办理宗教事务等事宜。

（4）民政处：主管人事工作和经协商同意之地方政权建设。推进社会事业，调解民事纠纷，举办优抚救济工作以及其他有关民政事宜。

（5）财政处：主管经协商同意之地方财政收支，建立财政制度，编制和审核预、决算等和其他有关财政事宜。

（6）建设处：主管城市规划和建设，劳动力组织调配和工资待遇等有关事宜。

（7）文教处：主管文化、教育、新闻出版、科学研究以及其他有关文教事宜。

（8）卫生处：主管卫生行政、卫生设施、公共卫生以及其他有关卫生事宜。

（9）公安处：主管维持社会治安，推进公安工作以及其他有关公安事宜。

（10）农林处：主管指导和改进农业生产，保护和培养森林，推进农田水利建设以及其他有关农林事宜。

（11）畜牧处：主管发展畜牧事业，推进兽疫防治工作以及有关畜牧事宜。

（12）工商处：主管地方商业管理和地方工业建设以及其他有关工商事宜。

（13）交通处：主管地方交通事业的行政管理和建设事宜。

（14）司法处：主管本区司法事宜；在检察、监察和法院机构设立前，暂兼行其职务。

第九条　本委员会所属各厅、委、处设主任或处长一人，副主任或副处长二至三人。在各厅、委、处下视工作需要分设各科、室。

第十条　本委员会各厅、委、处正副主任和正副处长人选由各方面协商提名报请国务院批准任命。

第十一条　本委员会全体委员会议每六个月举行一次，由正副主任委员根据工作情况得提前或延期召集之。

第十二条　本委员会常务委员会每周举行一次，由正副主任委员召集之，各厅、委、处的负责人必要时得列席会议。

第十三条　西藏地方政府、班禅堪布会议厅委员会、昌都地区人民解放委员会三方面的地方财政开支在过渡时间如有困难时，可由各该单位直接向国务院请求给予补助，并同时向本委员会备案。

第十四条 本委员会应与西藏军区密切联系，积极协助西藏军区巩固国防、保卫地方治安。

第十五条 本简则经本委员会第一次全体会议通过，并报请全国人民代表大会常务委员会批准后施行，其修改同。

全国人民代表大会常务委员会
关于批准河北省大厂回族自治县
人民代表大会和人民委员会组织条例的决议

（1956 年 7 月 9 日第一届全国人民代表大会常务委员会
第四十三次会议通过）

全国人民代表大会常务委员会于 1956 年 7 月 9 日第 43 次会议决议：批准河北省大厂回族自治县第一届人民代表大会第一次会议制定的河北省大厂回族自治县人民代表大会和人民委员会组织条例。

附：

河北省大厂回族自治县人民代表大会和人民委员会组织条例

(1956 年 7 月 9 日第一届全国人民代表大会常务委员会
第四十三次会议批准)

目 录

第一章 总 则

第二章 自治县人民代表大会

第三章 自治县人民委员会

第四章 附 则

河北省大厂回族自治县人民代表大会和人民委员会组织条例已由中华人民共和国第一届全国人民代表大会常务委员会于 1956 年 7 月 9 日第 43 次会议批准，现予公布。

第一章 总 则

第一条 根据中华人民共和国宪法第二章第五节的规定制定本条例。

第二条 大厂回族自治县（简称本自治县，以下各条同）设立人民代表大会和人民委员会。

人民代表大会和人民委员会是本自治县的自治机关。

人民代表大会和人民委员会一律实行民主集中制。

第三条 本自治县的人民代表大会和人民委员会中，各有关民族都应当有适当名额的代表和人员。

第二章　自治县人民代表大会

第四条　本自治县人民代表大会，是地方国家权力机关。

第五条　凡本自治县的年满十八周岁的公民，不分民族、种族、性别、职业、社会出身、宗教信仰、教育程度、财产状况、居住期限，都有选举权和被选举权。但是有精神病的人和依照法律被剥夺选举权和被选举权的人除外。

妇女有同男子平等的选举权和被选举权。

第六条　本自治县人民代表大会的代表名额规定为八十五人至九十七人，由乡、镇人民代表大会选举产生。

第七条　本自治县人民代表大会每届任期两年。

第八条　本自治县人民代表大会在本行政区域内行使下列职权：

（一）保证法律、法令和上级人民代表大会决议的遵守和执行；

（二）在职权范围内通过和发布决议；

（三）依照本自治县民族的政治、经济和文化的特点，制定自治条例和单行条例，报请全国人民代表大会常务委员会批准；

（四）审查和批准预算和决算；

（五）规划经济建设、文化建设、公共事业、优抚工作和救济工作；

（六）依照国家的军事制度，决定组织本自治县的公安部队；

（七）选举并且有权罢免本自治县人民委员会的组成人员；

（八）选举并且有权罢免本自治县人民法院院长；

（九）选举上一级人民代表大会代表；

（十）听取和审查本自治县人民委员会和人民法院的工作

报告；

（十一）改变或者撤销本自治县人民委员会的不适当的决议和命令；

（十二）改变或者撤销乡、镇人民代表大会的不适当的决议和乡、镇人民委员会的不适当的决议和命令；

（十三）保护公共财产，维护公共秩序，保障公民权利；

（十四）保障各民族的平等权利。

第九条　本自治县人民代表大会会议，由本自治县人民委员会召集。

第十条　本自治县人民代表大会会议，每年举行两次。本自治县人民委员会如果认为必要或者有五分之一的代表提议，可以临时召集本自治县人民代表大会会议。

第十一条　本自治县人民代表大会举行会议的时候，选举主席团主持会议。

本自治县人民代表大会会议设秘书长一人，副秘书长若干人。秘书长的人选由主席团提名，由人民代表大会会议通过；副秘书长的人选由主席团决定。

第十二条　本自治县人民代表大会举行会议的时候，设立代表资格审查委员会、议案审查委员会和其他需要设立的委员会，在主席团领导下进行工作。

第十三条　本自治县人民代表大会举行会议的时候，代表和主席团，本自治县人民委员会，都可以提出议案。

向人民代表大会会议提出的议案，由主席团提请人民代表大会会议讨论，或者交付议案审查委员会审查后提请人民代表大会会议讨论。

第十四条　本自治县人民代表大会的决议，以全体代表的过半数通过。

第十五条　本自治县人民委员会组成人员和人民法院院长的人选，由本自治县人民代表大会代表联合提名或者单独提名。

本自治县人民代表大会选举本自治县人民委员会组成人员和人民法院院长，采用无记名投票方式。

第十六条　本自治县人民代表大会举行会议的时候，本自治县人民委员会所属各工作部门负责人员和人民法院院长、人民检察院检察长可以列席。

第十七条　本自治县人民代表大会举行会议的时候，代表向本自治县人民委员会或者本自治县人民委员会所属各工作部门提出的质问，经过主席团提交受质问的机关。受质问的机关必须在会议中负责答复。

第十八条　本自治县人民代表大会代表在出席人民代表大会会议的期间，非经主席团同意不受逮捕或者审判，如果因为是现行犯被拘留，执行拘留的机关必须立即报请主席团批准。

第十九条　本自治县人民代表大会代表在出席人民代表大会会议的期间，国家根据需要给以往返的旅费和必要的物质上的便利。

第二十条　本自治县人民代表大会代表应当和原选举单位保持密切联系，宣传法律、法令和政策，协助本自治县人民委员会推行工作，并且向人民代表大会和人民委员会反映群众的意见和要求。

本自治县人民代表大会代表可以列席原选举单位的人民代表大会会议。

第二十一条　本自治县人民代表大会代表受原选举单位的监督。

本自治县人民代表大会代表的选举单位有权随时撤换自己选出的代表。代表的撤换必须由原选举单位以全体代表的过半数通过。

第二十二条　本自治县人民代表大会因故不能担任代表职务的时候，由原选举单位补选。

第三章　自治县人民委员会

第二十三条　本自治县人民委员会，即本自治县人民政府，是本自治县人民代表大会的执行机关，是地方国家行政机关。

第二十四条　本自治县人民委员会对本自治县人民代表大会和河北省人民委员会负责并报告工作。

本自治县人民委员会是国务院统一领导下的国家行政机关，服从国务院。

第二十五条　本自治县人民委员会由本自治县人民代表大会选举县长一人，副县长若干人和委员共十三人至十七人组成。

第二十六条　本自治县人民委员会每届任期两年。

本自治县人民委员会的组成人员因故不能担任职务的时候，由本自治县人民代表大会补选。

第二十七条　本自治县人民委员会在本行政区域内行使下列职权：

（一）根据法律、法令、本自治县人民代表大会的决议和上级国家行政机关的决议和命令，规定行政措施，发布决议和命令，并且审查这些决议和命令的实施情况；

（二）主持本自治县人民代表大会代表的选举；

（三）召集本自治县人民代表大会会议，向本自治县人民代表大会提出；

（四）领导所属各工作部门和乡、镇人民委员会的工作；

（五）停止乡、镇人民代表大会的不适当的决议的执行；

（六）改变或者撤销所属各工作部门的不适当的命令和指示和乡、旗人民委员会的不适当的决议和命令；

（七）依照法律的规定任免国家机关工作人员；

（八）依照法律规定的权限，管理本自治县的财政，编造和执行预算；

（九）执行经济计划；

（十）管理市场，管理地方国营工商业，领导资本主义工商业的社会主义改选；

（十一）领导农业、手工业生产和互助合作事业；

（十二）管理税收工作；

（十三）管理交通和公共事业；

（十四）管理文化、教育、卫生、优抚、救济和社会福利工作；

（十五）依照国家的军事制度管理本自治县的公安部队；

（十六）管理兵役工作；

（十七）保护公共财产，维护公共秩序，保障公民权利；

（十八）保障各民族的平等权利；

（十九）办理上级国家行政机关交办的其他事项。

第二十八条 本自治县人民委员会会议每月举行一次，在必要的时候可以临时举行。

本自治县人民委员会举行会议的时候，可以邀请有关人员列席。

本自治县人民委员会举行会议的时候，本自治县人民法院院长、人民检察院检察长可以列席。

第二十九条　县长主持人民委员会会议和人民委员会的工作。

副县长协助县长工作。

县长为处理日常工作，可以召开行政会议。

第三十条　本自治县人民委员会按照需要设立民政、公安、财政、粮食、税务、工商、农林、水利、计划统计、文化教育、卫生等科或者局，并且设立办公室。

各局、科分别设局长、科长，在必要的时候可以设副职。

办公室设主任，在必要的时候可以设副主任。

第三十一条　本自治县人民委员会的工作部门的设立，增加、减少或者合并，由本自治县人民委员会报请河北省人民委员会批准。

第三十二条　本自治县人民委员会的各个工作部门受本自治县人民委员会的统一领导，并且受上级人民委员会主管部门的领导。

第三十三条　本自治县人民委员会应当协助设立在本自治县境内不属于自己管理的国家机关、国营企业和公私合营企业进行工作，并且监督它们遵守和执行法律、法令和政策，但是无权干涉它们的业务。

第四章　附　则

第三十四条　本条例经本自治县人民代表大会会议通过，报请全国人民代表大会常务委员会批准施行，修改时亦同。

全国人民代表大会常务委员会关于批准
河北省孟村回族自治县人民代表大会
和人民委员会组织条例的决议

（1956 年 7 月 9 日第一届全国人民代表大会常务委员会
第四十三次会议通过）

全国人民代表大会常务委员会于 1956 年 7 月 9 日第四十三
次会议决议：批准河北省孟村回族自治县第一届人民代表大会第
一次会议制定的河北省孟村回族自治县人民代表大会和人民委员
会组织条例。

河北省孟村回族自治县人民代表大会和人民委员会
组织条例

（1956 年 7 月 9 日第一届全国人民代表大会常务委员会
第四十三次会议批准）

目　　录

第一章　总　　则
第二章　自治县人民代表大会
第三章　自治县人民委员会
第四章　附　　则

河北省孟村回族自治县人民代表大会和人民委员会组织条例
已由中华人民共和国第一届全国人民代表大会常务委员会于 1956
年 7 月 9 日第 43 次会议批准，现予公布。

第一章 总 则

第一条 根据中华人民共和国宪法第二章第五节的规定制定本条例。

第二条 孟村回族自治县（简称本自治县，以下各条同）设立人民代表大会和人民委员会。

人民代表大会和人民委员会是本自治县的自治机关。

人民代表大会和人民委员会一律实行民主集中制。

第三条 本自治县的人民代表大会和人民委员会中，各有关民族都应当有适当名额的代表和人员。

第二章 自治县人民代表大会

第四条 本自治县人民代表大会，是地方国家权力机关。

第五条 凡本自治县的年满十八周岁的公民，不分民族、种族、性别、职业、社会出身、宗教信仰、教育程度、财产状况、居住期限，都有选举权和被选举权。但是有精神病的人和依照法律被剥夺选举权和被选举权的人除外。

妇女有同男子平等的选举权和被选举权。

第六条 本自治县人民代表大会的代表名额规定为八十五人至九十七人，由乡、镇人民代表大会选举产生。

第七条 本自治县人民代表大会每届任期两年。

第八条 本自治县人民代表大会在本行政区域内行使下列职权：

（一）保证法律、法令和上级人民代表大会决议的遵守和执行；

（二）在职权范围内通过和发布决议；

（三）依照本自治县民族的政治、经济和文化的特点，制定自治条例和单行条例，报请全国人民代表大会常务委员会批准；

（四）审查和批准预算和决算；

（五）规划经济建设、文化建设、公共事业、优抚工作和救济工作；

（六）依照国家的军事制度，决定组织本自治县的公安部队；

（七）选举并且有权罢免本自治县人民委员会的组成人员；

（八）选举并且有权罢免本自治县人民法院院长；

（九）选举上一级人民代表大会代表；

（十）听取和审查本自治县人民委员会和人民法院的工作报告；

（十一）改变或者撤销本自治县人民委员会的不适当的决议和命令；

（十二）改变或者撤销乡、镇人民代表大会的不适当的决议和乡、镇人民委员会的不适当的决议和命令；

（十三）保护公共财产，维护公共秩序，保障公民权利；

（十四）保障各民族的平等权利。

第九条 本自治县人民代表大会会议，由本自治县人民委员会召集。

第十条 本自治县人民代表大会会议，每年举行两次。

本自治县人民委员会如果认为必要或者有五分之一的代表提议，可以临时召集本自治县人民代表大会会议。

第十一条 本自治县人民代表大会举行会议的时候，选举主席团主持会议。

本自治县人民代表大会会议设秘书长一人，副秘书长若干人。秘书长的人选由主席团提名，由人民代表大会会议通过；副秘书长的人选由主席团决定。

第十二条 本自治县人民代表大会举行会议的时候，设立代表资格审查委员会、议案审查委员会和其他需要设立的委员会，在主席团领导下进行工作。

第十三条 本自治县人民代表大会举行会议的时候，代表和主席团，本自治县人民委员会，都可以提出议案。

向人民代表大会会议提出的议案，由主席团提请人民代表大会会议讨论，或者交付议案审查委员会审查后提请人民代表大会会议讨论。

第十四条 本自治县人民代表大会的决议，以全体代表的过半数通过。

第十五条 本自治县人民委员会组成人员和人民法院院长的人选，由本自治县人民代表大会代表联合提名或者单独提名。

本自治县人民代表大会选举本自治县人民委员会组成人员和人民法院院长，采用无记名投票方式。

第十六条 本自治县人民代表大会举行会议的时候，本自治县人民委员会所属各工作部门负责人员和人民法院院长、人民检察院检察长可以列席。

第十七条 本自治县人民代表大会举行会议的时候，代表向本自治县人民委员会或者本自治县人民委员会所属各工作部门提出的质问，经过主席团提交受质问的机关。受质问的机关必须在会议中负责答复。

第十八条 本自治县人民代表大会代表在出席人民代表大会会议的期间，非经主席团同意不受逮捕或者审判，如果因为是现行犯被拘留，执行拘留的机关必须立即报请主席团批准。

第十九条 本自治县人民代表大会代表在出席人民代表大会

会议的期间，国家根据需要给以往返的旅费和必要的物质上的便利。

第二十条　本自治县人民代表大会代表应当和原选举单位保持密切联系，宣传法律法令和政策，协助本自治县人民委员会推行工作，并且向人民代表大会和人民委员会反映群众的意见和要求。

本自治县人民代表大会代表可以列席原选举单位的人民代表大会会议。

第二十一条　本自治县人民代表大会代表受原选举单位的监督。本自治县人民代表大会代表的选举单位有权随时撤换自己选出的代表。代表的撤换必须由原选举单位以全体代表的过半数通过。

第二十二条　本自治县人民代表大会代表因故不能担任代表职务的时候，由原选举单位补选。

第三章　自治县人民委员会

第二十三条　本自治县人民委员会，即本自治县人民政府，是本自治县人民代表大会的执行机关，是地方国家行政机关。

第二十四条　本自治县人民委员会对本自治县人民代表大会和河北省人民委员会负责并报告工作。

本自治县人民委员会是国务院统一领导下的国家行政机关，服从国务院。

第二十五条　本自治县人民委员会由本自治县人民代表大会选举县长一人，副县长若干人和委员共十三人至十七人组成。

第二十六条　本自治县人民委员会每届任期两年。

本自治县人民委员会的组成人员因故不能担任职务的时候，

由本自治县人民代表大会补选。

第二十七条　本自治县人民委员会在本行政区域内行使下列职权：

（一）根据法律、法令、本自治县人民代表大会的决议和上级国家行政机关的决议和命令，规定行政措施，发布决议和命令，并且审查这些决议和命令的实施情况；

（二）主持本自治县人民代表大会代表的选举；

（三）召集本自治县人民代表大会会议，向本自治县人民代表大会提出议案；

（四）领导所属各工作部门和乡、镇人民委员会的工作；

（五）停止乡、镇人民代表大会的不适当的决议的执行；

（六）改变或者撤销所属各工作部门的不适当的命令和指示和乡、镇人民委员会的不适当的决议和命令；

（七）依照法律的规定任免国家机关工作人员；

（八）依照法律规定的权限，管理本自治县的财政，编造和执行预算；

（九）执行经济计划；

（十）管理市场，管理地方国营工商业，领导资本主义工商业的社会主义改造；

（十一）领导农业、手工业生产和互助合作事业；

（十二）管理税收工作；

（十三）管理交通和公共事业；

（十四）管理文化、教育、卫生、优抚、救济和社会福利工作；

（十五）依照国家的军事制度管理本自治县的公安部队；

（十六）管理兵役工作；

（十七）保护公共财产，维护公共秩序，保障公民权利；

（十八）保障各民族的平等权利；

（十九）办理上级国家行政机关交办的其他事项。

第二十八条　本自治县人民委员会会议每月举行一次，在必要的时候可以临时举行。

本自治县人民委员会举行会议的时候，可以邀请有关人员列席。

本自治县人民委员会举行会议的时候，本自治县人民法院院长、人民检察院检察长可以列席。

第二十九条　县长主持人民委员会会议和人民委员会的工作。

副县长协助县长工作。

县长为处理日常工作，可以召开行政会议。

第三十条　本自治县人民委员会按照需要设立民政、公安、财政、粮食、税务、工商、农林、水利、计划统计、文化教育、卫生等科或者局，并且设立办公室。

各局、科分别设局长、科长，在必要的时候可以设副职。

办公室设主任，在必要的时候可以设副主任。

第三十一条　本自治县人民委员会的工作部门的设立、增加、减少或者合并，由本自治县人民委员会报请河北省人民委员会批准。

第三十二条　本自治县人民委员会的各个工作部门受本自治县人民委员会的统一领导，并且受上级人民委员会主管部门的领导。

第三十三条　本自治县人民委员会应当协助设立在本自治县境内不属于自己管理的国家机关、国营企业和公私合营企业进行工作，并且监督它们遵守和执行法律、法令和政策，但是无权干涉它们的业务。

第四章　附　则

第三十四条　本条例经本自治县人民代表大会会议通过，报请全国人民代表大会常务委员会批准施行，修改时亦同。

全国人民代表大会常务委员会关于批准
湖南省江华瑶族自治县人民代表大会
和人民委员会组织条例的决议

（1956 年 7 月 9 日第一届全国人民代表大会常务委员会
第四十三次会议通过）

全国人民代表大会常务委员会于 1956 年 7 月 9 日第四十三次会议决议：批准湖南省江华瑶族自治县第一届人民代表大会第三次会议制定的湖南省江华瑶族自治县人民代表大会和人民委员会组织条例。

附:

湖南省江华瑶族自治县人民代表大会和人民委员会组织条例

（1956 年 7 月 9 日第一届全国人民代表大会常务委员会
第四十三次会议批准）

目　录

第一章　总　　则

第二章　自治县人民代表大会

第三章　自治县人民委员会

第四章　附　　则

湖南省江华瑶族自治县人民代表大会和人民委员会组织条例已由中华人民共和国第一届全国人民代表大会常务委员会于 1956 年 7 月 9 日第 43 次会议批准，现予公布。

第一章　总　　则

第一条　江华瑶族自治县（以下简称自治县）人民代表大会和人民委员会组织条例，根据中华人民共和国宪法第二章第五节制定。

第二条　自治县人民代表大会和人民委员会是自治县的自治机关，是地方国家机关。

第三条　自治县人民代表大会和人民委员会一律实行民主集中制。

第四条　自治县人民代表大会和人民委员会中，各有关民族都应当有适当名额的代表和人员。

第二章　自治县人民代表大会

第五条　自治县人民代表大会，是县一级国家权力机关。

第六条　自治县人民代表大会代表，由乡（镇）人民代表大会选举。自治县人民代表大会代表名额和代表产生办法依照选举法的规定。

第七条　自治县人民代表大会每届任期两年，代表连选得连任。

第八条　自治县人民代表大会在自治县内，行使下列职权：

（一）保证国家法律、法令和上级人民代表大会决议的遵守和执行；

（二）根据宪法规定的权限，按照自治县的特点，制定自治县的自治条例和单行条例，报请省人民委员会转报国务院提请全国人民代表大会常务委员会批准；

（三）在职权范围内通过和发布决议；

（四）规划经济建设、文化建设、公共事业、优抚工作和救济工作；

（五）依照法律规定的财政权限审查和批准预算和决算；

（六）依照国家的军事制度，决定组织本自治县的公安部队；

（七）选举自治县人民委员会组成人员；

（八）选举自治县人民法院院长；

（九）选举省人民代表大会代表；

（十）听取和审查自治县人民委员会和自治县人民法院的工作报告；

（十一）改变或者撤销自治县人民委员会的不适当的决议和

命令；

（十二）改变或者撤销乡（镇）人民代表大会的不适当的决议和乡（镇）人民委员会的不适当的决议和命令；

（十三）保护公共财产，维护公共秩序，保障公民权利；

（十四）保障各民族的平等权利。

第九条　自治县人民代表大会有权罢免自治县人民委员会组成人员和自治县人民法院院长。

第十条　自治县人民代表大会会议由自治县人民委员会召集。

第十一条　自治县人民代表大会会议每年举行两次；自治县人民委员会认为必要或者有五分之一的代表提议，可以临时召集自治县人民代表大会会议。

第十二条　自治县人民代表大会，在每次会议开始的时候，选举本次会议的主席团主持会议。自治县人民代表大会会议设秘书长一人，副秘书长若干人。秘书长的人选，由主席团提名，由本次会议通过；副秘书长的人选由主席团决定。

自治县人民代表大会举行会议的时候，设立大会秘书处，在秘书长领导下进行工作。

第十三条　自治县人民代表大会举行会议的时候，设立代表资格审查委员会、议案审查委员会和其他需要设立的委员会，在主席团领导下进行工作。

第十四条　自治县人民代表大会举行会议的时候，代表、主席团和自治县人民委员会都可以提出议案。其议案由主席团提请人民代表大会会议讨论，或者交付议案审查委员会审查后，提请人民代表大会会议讨论。

第十五条　自治县人民代表大会的决议，以全体代表的过半数通过。

第十六条 自治县人民委员会组成人员和自治县人民法院院长的人选，由自治县人民代表大会代表联合提名或者单独提名。

第十七条 自治县人民代表大会选举自治县人民委员会组成人员和自治县人民法院院长，采用无记名投票方式。

第十八条 自治县人民代表大会举行会议的时候，自治县人民委员会所属各工作部门负责人、自治县人民法院院长、自治县人民检察院检察长和经大会主席团同意的其他人员可以列席。

第十九条 自治县人民代表大会举行会议的时候，代表向自治县人民委员会或者自治县人民委员会所属各工作部门提出的质问，经过主席团提交受质问的机关。受质问的机关必须在会议中负责答复。

第二十条 自治县人民代表大会举行会议的时候，可以使用瑶、汉语言文字。

第二十一条 自治县人民代表大会代表在出席人民代表大会会议的期间，并经主席团同意，不受逮捕或者审判，如果因为是现行犯被拘留，执行拘留的机关，必须立即报请主席团批准。

第二十二条 自治县人民代表大会代表在出席人民代表大会会议的期间，国家根据需要给予往返的旅费和必要的物质上的便利。

第二十三条 自治县人民代表大会代表应当和原选举单位或者选民保持密切联系，宣传法律、法令和政策，协助自治县人民委员会推行各项工作，并且及时向自治县人民代表大会和自治县人民委员会反映群众的意见和要求。

自治县人民代表大会代表可以列席原选举单位的人民代表大会会议。

第二十四条 自治县人民代表大会代表受原选举单位的监督。原选举单位有权随时撤换自己选出的代表。代表的撤换必须由原选举单位以全体代表的过半数通过并且通知自治县人民委员会。

第二十五条 自治县人民代表大会代表,因故不能担任代表职务的时候,由原选举单位补选,并且通知自治县人民委员会发给代表当选证书。

第三章　自治县人民委员会

第二十六条 自治县人民委员会即自治县人民政府,是自治县人民代表大会的执行机关,是县一级国家行政机关。自治县人民委员会对自治县人民代表大会和省人民委员会负责并报告工作,并且接受省人民委员会的派出机关的指导和监督。自治县人民委员会是国务院统一领导下的国家行政机关,服从国务院。

第二十七条 自治县人民委员会,由自治县人民代表大会选举县长一人,副县长二到四人及委员十四到二十一人组成。

第二十八条 自治县人民委员会每届任期二年,县长、副县长及委员均连选得连任。

自治县人民委员会组成人员,因故不能担任职务的时候,由自治县人民代表大会补选。

第二十九条 自治县人民委员会在自治县内,行使下列职权:

(一)根据法律、法令、自治县人民代表大会的决议和上级国家行政机关的决议和命令，规定行政措施，发布决议和命令，并检查这些决议和命令的实施情况；

（二）主持自治县人民代表大会代表的选举；

（三）召集自治县人民代表大会会议，向自治县人民代表大会提出议案；

（四）领导所属各工作部门和乡（镇）人民委员会的工作；

（五）停止乡（镇）人民代表大会的不适当的决议的执行；

（六）改变或者撤销所属各工作部门的不适当的命令和指示和乡（镇）人民委员会不适当的决议和命令；

（七）依照法律的规定，任免所属国家机关工作人员；

（八）依照法律规定的财政权限，管理财政，执行预算，预算和决算应提经自治县人民代表大会审查通过或追认，并报省人民委员会批准；

（九）在国家发展国民经济计划的指导下，适应本地区的特点，发展经济、文化事业；

（十）领导组织林业、农业、手工业的生产和互助合作事业；

（十一）管理市场，管理地方国营工商业，领导私营工商业的社会主义改选；

（十二）管理税收工作；

（十三）管理交通与公共事业；

（十四）管理文化、教育、卫生、优抚、救济和社会福利工作；

（十五）管理兵役工作；

（十六）保护公共财产、维持公共秩序，保障公民权利；

（十七）组织与管理公安部队；

（十八）保障各民族的平等权利；

（十九）办理上级国家行政机关交办的其他事项。

第三十条　县长主持自治县人民委员会会议和人民委员会工作。副县长协助县长工作。

第三十一条　自治县人民委员会，按照需要设立秘书室，公安、粮食、税务、农林水利、林业管理等局，民政、财政、工商、卫生、交通、计划统计、人事、文化、教育等科。必要时，可另设其他工作部门。

自治县人民委员会的工作部门的设立、增加、减少或者合并，须报请省人民委员会批准。

第三十二条　各科、局、室，分别设科长、局长、主任，在必要时，得设副职。

第三十三条　自治县人民委员会，每一个月举行会议一次，必要时，可召开临时会议。自治县人民法院院长、人民检察院检察长及其他有关人员可以列席。

各项议案须由全体委员过半数通过。

自治县人民委员会行政会议，每月举行一次，由县长召集所属各科、局、室等负责人参加，其他有关人员可以列席。必要时，可召开临时会议。

第三十四条　自治县人民委员会对于有关全省或国家性的工作，应事前请示，事后报告。

第三十五条　自治县人民委员会所属各工作部门，受自治县人民委员会统一领导，并且受上级人民委员会的主管部门的领导和接受省人民委员会的派出机关的主管部门的指导。

第三十六条　自治县人民委员会应当协助设立在本行政区域内不属于自己管理的国家机关、国营企业和公私合营企业进行工作，并且监督他们遵守和执行法律、法令和政策，但是无权干涉他们的业务。

第三十七条　自治县人民委员会在执行职务的时候，可以使用瑶、汉语言文字。

第四章　附　则

第三十八条　本条例经自治县第一届人民代表大会第三次会议通过，报请省人民委员会转报国务院提请全国人民代表大会常务委员会批准后施行。

第一届全国人民代表大会第四次会议关于成立广西壮族自治区的决议

（1957 年 7 月 15 日第一届全国人民代表大会第四次会议通过）

第一届全国人民代表大会第四次会议批准国务院周恩来总理提出的议案，撤销广西省建制，成立广西壮族自治区，以原广西省的行政区域为广西壮族自治区的行政区域。

第一届全国人民代表大会第四次会议关于成立宁夏回族自治区的决议

（1957 年 7 月 15 日第一届全国人民代表大会第四次会议通过）

第一届全国人民代表大会第四次会议批准国务院周恩来总理提出的议案，成立宁夏回族自治区。宁夏回族自治区的行政区域，包括银川专区、吴忠回族自治州、固原回族自治州和平凉专区的隆德县、泾源回族自治县，共辖 17 个县和 2 个市。

全国人民代表大会常务委员会关于批准
甘肃省甘南藏族自治州人民代表大会
和人民委员会组织条例的决议

(1958 年 9 月 11 日第一届全国人民代表大会常务委员会
第一〇一次会议通过)

1958 年 9 月 11 日全国人民代表大会常务委员会第一〇一次
会议决议:批准甘肃省甘南藏族自治州第二届人民代表大会第一
次会议制定的甘肃省甘南藏族自治州人民代表大会和人民委员会
组织条例。

全国人民代表大会常务委员会关于批准
甘肃省临夏回族自治州各级人民代表大会
和各级人民委员会组织条例的决议

(1958 年 9 月 11 日第一届全国人民代表大会常务委员会
第一〇一次会议通过)

1958 年 9 月 11 日全国人民代表大会常务委员会第一〇一次
会议决议:批准甘肃省临夏回族自治州第一届人民代表大会第一
次会议制定的甘肃省临夏回族自治州各级人民代表大会和各级人
民委员会组织条例。

全国人民代表大会常务委员会关于批准贵州省三都水族自治县人民代表大会和人民委员会组织条例的决议

（1958 年 3 月 19 日第一届全国人民代表大会常务委员会
第九十五次会议通过）

1958 年 3 月 19 日全国人民代表大会常务委员会第九十五次会议决议：批准贵州省三都水族自治县第一届人民代表大会第一次会议制定的贵州省三都水族自治县人民代表大会和人民委员会组织条例。

全国人民代表大会常务委员会关于批准贵州省松桃苗族自治县人民代表大会组织条例和贵州省松桃苗族自治县人民委员会组织条例的决议

（1958 年 3 月 19 日第一届全国人民代表大会常务委员会
第九十五次会议通过）

1958 年 3 月 19 日全国人民代表大会常务委员会第九十五次会议决议：批准贵州省松桃苗族自治县第一届人民代表大会第一次会议制定的贵州省松桃苗族自治县人民代表大会组织条例和贵州省松桃苗族自治县人民委员会组织条例。

全国人民代表大会常务委员会关于批准
吉林省延边朝鲜族自治州各级人民代表大会
和各级人民委员会组织条例的决议

（1958 年 3 月 19 日第一届全国人民代表大会常务委员会
第九十五次会议通过）

1958 年 3 月 19 日全国人民代表大会常务委员会第九十五次会议决议：批准吉林省延边朝鲜族自治州第二届人民代表大会第二次会议制定的吉林省延边朝鲜族自治州各级人民代表大会和各级人民委员会组织条例。

全国人民代表大会常务委员会关于批准
新疆维吾尔自治区伊犁哈萨克自治州
各级人民代表大会和各级人民委员会组织
条例的决议

（1958 年 6 月 5 日第一届全国人民代表大会常务委员会
第九十七次会议通过）

1958 年 6 月 5 日全国人民代表大会常务委员会第九十七次会议决议：批准新疆维吾尔自治区伊犁哈萨克自治州第一届人民代表大会第二次会议制定的新疆维吾尔自治区伊犁哈萨克自治州各级人民代表大会和各级人民委员会组织条例。

全国人民代表大会常务委员会关于批准广西壮族自治区人民代表大会和人民委员会组织条例的决议

（1958 年 7 月 9 日第一届全国人民代表大会常务委员会
第九十九次会议通过）

1958 年 7 月 9 日全国人民代表大会常务委员会第九十九次会议决议：批准广西壮族自治区第一届人民代表大会第一次会议制定的广西壮族自治区人民代表大会和人民委员会组织条例。

全国人民代表大会常务委员会关于批准湖南省城步苗族自治县人民代表大会和人民委员会组织条例的决议

（1959 年 4 月 14 日第一届全国人民代表大会常务委员会
第一百零八次会议通过）

1959 年 4 月 14 日全国人民代表大会常务委员会第一百零八次会议决议：批准湖南省城步苗族自治县第二届人民代表大会第一次会议制定的湖南省城步苗族自治县人民代表大会和人民委员会组织条例。

全国人民代表大会常务委员会关于批准湖南省通道侗族自治县人民代表大会和人民委员会组织条例的决议

（1959 年 4 月 14 日第一届全国人民代表大会常务委员会
第一百零八次会议通过）

1959 年 4 月 14 日全国人民代表大会常务委员会第一百零八

次会议决议：批准湖南省通道侗族自治县第二届人民代表大会第一次会议制定的湖南省通道侗族自治县人民代表大会和人民委员会组织条例。

全国人民代表大会常务委员会关于批准湖南省新晃侗族自治县人民代表大会和人民委员会组织条例的决议

（1959 年 4 月 14 日第一届全国人民代表大会常务委员会
第一百零八次会议通过）

1959 年 4 月 14 日全国人民代表大会常务委员会第一百零八次会议决议：批准湖南省新晃侗族自治县第二届人民代表大会第一次会议制定的湖南省新晃侗族自治县人民代表大会和人民委员会组织条例。

第二届全国人民代表大会第一次会议关于西藏问题的决议

（1959 年 4 月 28 日第二届全国人民代表大会第一次会议通过）

第二届全国人民代表大会第一次会议详细地讨论了有关西藏的各方面问题，决议如下：

（一）会议完全同意国务院对于原西藏地方政府和上层反动集团在 1959 年 3 月 10 日举行叛乱后所采取的各项措施。会议对迅速平定叛乱的中国人民解放军驻西藏部队表示敬意和慰问，对积极协助解放军平定叛乱的西藏僧俗各界人民和各阶层爱国人士表示敬意和慰问。

（二）原西藏地方政府和上层反动集团的叛乱不是偶然的。

自英帝国主义在十九世纪末、二十世纪初以印度为基地对我国西藏地方实行军事、政治和经济的侵略以来，反侵略的西藏爱国人民同被外国侵略势力所收买利用的少数西藏卖国贼之间，就展开了长期的尖锐的斗争，而在中国解放前夜，亲帝国主义分子在原西藏地方政府的领导集团中是占着优势的。1951 年西藏和平解放以后，中央人民政府为了等待这批亲帝国主义分子的觉悟，对他们采取了宽大的态度，让他们在原地方政府继续供职，只要他们割断同帝国主义和其他外国干涉者的联系，不再进行破坏活动，就不咎既往。中央人民政府的这个政策是完全正确的，因为这有利于中央人民政府和人民解放军同西藏广大人民以及很多上中层人士建立联系，并且获得他们的信任。但是，原西藏地方政府中的卖国贼对于和平解放西藏的十七条协议阳奉阴违，继续同帝国主义者和外国干涉者勾结，阴谋实现帝国主义和外国干涉者所要求的所谓"西藏独立"，并且发动武装叛乱。中央人民政府直至叛匪向拉萨人民解放军驻军发动进攻以后，才命令人民解放军讨平叛乱，才命令解散原西藏地方政府。这就使得这些卖国贼的罪恶完全暴露在西藏各阶层人民之前，暴露在全世界人民之前。一切理由完全在中央人民政府和一切拥护中央人民政府方针的人们方面。任何对于这批出卖祖国、分裂祖国、背信弃义、杀人放火、灭绝人性的叛匪表示"同情"和企图借机干涉中国内政的外国人，只能使中国各族人民和世界各国人民认清他们的面目，从而获得必要的教训。

（三）在西藏，同在其他少数民族地区一样，应当坚决实现中央人民政府统一领导下的民族区域自治。原西藏地方政府和上层反动集团妄想实现所谓"西藏独立"，因而积极反对民族区域自治，现在随着原西藏地方政府的解散和西藏上层反动集团叛乱的失败，已经有可能在实行人民解放军军事管制的同时，在西藏自治区筹备委员会领导之下，逐步建立西藏自治区的各级地方行政机构和藏族人民的自卫武装，并且开始执行自治职权。西藏自治区的各级地方行政机构，都应当有广大人民的代表和各阶层爱国人士的代表参加。在西藏的人民解放军部队全体官兵，一切在西藏工作的汉族和其他民族的工作人员，都必须同藏族人民建立最亲密的兄弟关系，艰苦工作，英勇奋斗，为藏族人民的利益服务。

（四）西藏现在的社会制度是一种极其落后的农奴制度，农奴主对于劳动人民的剥削、压迫、残害的残酷程度是世界上少有的，甚至那些口口声声"同情"西藏叛匪的人，也说不出他们为什么硬要热心于支持这种落后制度的理由。西藏人民久已坚决要求改革自己的社会制度，许多上中层开明人士也认识到，如不改革，西藏民族断无繁荣昌盛的可能。由于反对改革的原西藏地方政府反动分子的叛乱已经平定，西藏广大人民的改革要求，已经得到顺利实现的条件。西藏自治区筹备委员会应当根据宪法，根据西藏广大人民的愿望和西藏社会经济文化的特点，逐步实现西藏的民主改革，出西藏人民于水火，以便为建设繁荣昌盛的社会主义的新西藏奠定基础。在改革过程中，应当密切团结全西藏各阶层的爱国僧俗人民，区别对待未参加叛乱的、被裹胁参加叛乱而迅速投诚的和坚决参加叛乱的农奴主，注意保护全西藏人民的宗教信仰自由和宗教文物古迹。

（五）西藏是中国的不可分割的一部分。西藏是中国人民大家庭的西藏，是西藏广大人民的西藏，而不是少数反动分子的西藏，更不是帝国主义者和外国干涉者的西藏。西藏少数反动分子的叛乱和对于叛乱的平定，完全是中国的内政，不容许任何外国人干涉。在西藏地区，贯彻地实行在中央人民政府统一领导下的、由广大人民和各界爱国人士当家作主的民族区域自治，贯彻地实行在中央人民政府统一领导下的民主改革，并且依靠各族劳动人民兄弟般的团结和互助，建设繁荣昌盛的社会主义新西藏，这是中华人民共和国的坚定不移的方针。西藏少数反动分子的叛乱，不但不能阻止这个方针的实现，而且只能加速西藏人民的觉悟，从而加速这个方针的实现。同样，任何外国势力以任何名义任何形式对于我国在西藏的这个方针进行干涉，也不能阻止这个方针的实现，只能激起包括西藏人民在内的我国各族人民的反对干涉的爱国斗争。中华人民共和国一贯遵守五项原则，同西南各邻国和平共处，尊重这些国家的主权和领土完整，不干涉这些国家的内政。全国人民代表大会遗憾地注意到，最近在印度某些政界人士中出现了极不友好的干涉中国内政的言行。这种言行不符合于两国人民的共同利益，而只符合于两国人民的共同敌人帝国主义的利益。会议希望，这种不正常的现象将迅速消除，中印两国之间的伟大的悠久的友好关系将通过双方的共同努力，得到进一步的巩固和发展。

关于直辖市和较大的市可以领导县、自治县的决定

（1959 年 9 月 17 日第二届全国人民代表大会常务委员会
第九次会议通过）

为了适应我国社会主义建设事业的迅速发展，特别是去年以来工农业生产的大跃进和农村的人民公社化，密切城市和农村的经济关系，促进工农业的相互支援，便利劳动力的调配，决定：直辖市和较大的市可以领导县、自治县。

全国人民代表大会常务委员会关于批准辽宁省阜新蒙古族自治县人民代表大会和人民委员会组织条例的决议

（1959 年 11 月 27 日第二届全国人民代表大会常务委员会
第十一次会议通过）

第二届全国人民代表大会常务委员会第十一次会议决议：批准辽宁省阜新蒙古族自治县第一届人民代表大会第一次会议制定的辽宁省阜新蒙古族自治县人民代表大会和人民委员会组织条例。

全国人民代表大会常务委员会关于批准辽宁省喀喇沁左翼蒙古族自治县人民代表大会和人民委员会组织条例的决议

（1959 年 11 月 27 日第二届全国人民代表大会常务委员会
第十一次会议通过）

第二届全国人民代表大会常务委员会第十一次会议决议：批准辽宁省喀喇沁左翼蒙古族自治县第一届人民代表大会第一次会议制定的辽宁省喀喇沁左翼蒙古族自治县人民代表大会和人民委员会组织条例。

全国人民代表大会常务委员会关于批准宁夏回族自治区人民代表大会和人民委员会组织条例的决议

（1959 年 11 月 27 日第二届全国人民代表大会常务委员会
第十一次会议通过）

第二届全国人民代表大会常务委员会第十一次会议决议：批准宁夏回族自治区第一届人民代表大会第一次会议制定的宁夏回

族自治区人民代表大会和人民委员会组织条例。

全国人民代表大会常务委员会关于批准湘西土家族苗族自治州人民代表大会和人民委员会组织条例的决议

（1959 年 11 月 27 日第二届全国人民代表大会常务委员会
第十一次会议通过）

第二届全国人民代表大会常务委员会第十一次会议决议：批准湘西土家族苗族自治州第一届人民代表大会第一次会议制定的湘西土家族苗族自治州人民代表大会和人民委员会组织条例。

全国人民代表大会常务委员会关于批准云南省楚雄彝族自治州人民代表大会和人民委员会组织条例的决议

（1959 年 11 月 27 日第二届全国人民代表大会常务委员会
第十一次会议通过）

第二届全国人民代表大会常务委员会第十一次会议决议：批准云南省楚雄彝族自治州第一届人民代表大会第一次会议制定的云南省楚雄彝族自治州人民代表大会和人民委员会组织条例。

全国人民代表大会常务委员会关于批准云南省红河哈尼族彝族自治州人民代表大会和人民委员会组织条例的决议

（1959 年 11 月 27 日第二届全国人民代表大会常务委员会
第十一次会议通过）

第二届全国人民代表大会常务委员会第十一次会议决议：批

准云南省红河哈尼族彝族自治州第一届人民代表大会第一次会议制定的云南省红河哈尼族彝族自治州人民代表大会和人民委员会组织条例。

全国人民代表大会常务委员会关于批准
云南省怒江傈僳族自治州人民代表大会
和人民委员会组织条例的决议

（1959 年 11 月 27 日第二届全国人民代表大会常务委员会
第十一次会议通过）

第二届全国人民代表大会常务委员会第十一次会议决议：批准云南省怒江傈僳族自治州第二次各族各界人民代表会议制定的云南省怒江傈僳族自治州人民代表大会和人民委员会组织条例。

全国人民代表大会常务委员会关于批准
云南省文山壮族苗族自治州各级人民代表大会
和各级人民委员会组织条例的决议

（1959 年 11 月 27 日第二届全国人民代表大会常务委员会
第十一次会议通过）

第二届全国人民代表大会常务委员会第十一次会议决议：批准云南省文山壮族苗族自治州第一届人民代表大会第一次会议制定的云南省文山壮族苗族自治州各级人民代表大会和各级人民委员会组织条例。

全国人民代表大会常务委员会关于批准
云南省丽江纳西族自治县人民代表大会
和人民委员会组织条例的决议

（1962 年 11 月 20 日第二届全国人民代表大会常务委员会
第六十九次会议通过）

第二届全国人民代表大会常务委员会第六十九次会议决议：
批准云南省丽江纳西族自治县第一届人民代表大会第一次会议制
定的云南省丽江纳西族自治县人民代表大会和人民委员会组织
条例。

全国人民代表大会常务委员会关于批准
广东省连山壮族瑶族自治县人民代表大会
和人民委员会组织条例的决议

（1964 年 12 月 12 日第二届全国人民代表大会常务委员会
第一百三十五次会议通过）

第二届全国人民代表大会常务委员会第一百三十五次会议决
议：批准广东省连山壮族瑶族自治县第一届人民代表大会第一次
会议制定的广东省连山壮族瑶族自治县人民代表大会和人民委员
会组织条例。

全国人民代表大会常务委员会关于批准
贵州省镇宁布依族苗族自治县人民代表大会
和人民委员会组织条例的决议

（1964 年 12 月 12 日第二届全国人民代表大会常务委员会
第一百三十五次会议通过）

第二届全国人民代表大会常务委员会第一百三十五次会议决议：批准贵州省镇宁布依族苗族自治县第一届人民代表大会第一次会议制定的贵州省镇宁布依族苗族自治县人民代表大会和人民委员会组织条例。

全国人民代表大会常务委员会关于批准
内蒙古自治区鄂温克族自治旗人民代表大会
和人民委员会组织条例的决议

（1964 年 12 月 12 日第二届全国人民代表大会常务委员会
第一百三十五次会议通过）

第二届全国人民代表大会常务委员会第一百三十五次会议决议：批准内蒙古自治区鄂温克族自治旗第一届人民代表大会第一次会议制定的内蒙古自治区鄂温克族自治旗人民代表大会和人民委员会组织条例。

全国人民代表大会常务委员会关于批准
内蒙古自治区莫力达瓦达斡尔族自治旗人民代表大会
和人民委员会组织条例的决议

（1964 年 12 月 12 日第二届全国人民代表大会常务委员会
第一百三十五次会议通过）

第二届全国人民代表大会常务委员会第一百三十五次会议决议：批准内蒙古自治区莫力达瓦达斡尔族自治旗第一届人民代表大会第一次会议制定的内蒙古自治区莫力达瓦达斡尔族自治旗人民代表大会和人民委员会组织条例。

全国人民代表大会常务委员会关于批准
青海省果洛藏族自治州各级人民代表大会
和各级人民委员会组织条例的决议

（1964 年 12 月 12 日第二届全国人民代表大会常务委员会
第一百三十五次会议通过）

第二届全国人民代表大会常务委员会第一百三十五次会议决议：批准青海省果洛藏族自治州第三届人民代表大会第一次会议制定的青海省果洛藏族自治州各级人民代表大会和各级人民委员会组织条例。

全国人民代表大会常务委员会关于批准
云南省河口瑶族自治县人民代表大会
和人民委员会组织条例的决议

（1964 年 12 月 12 日第二届全国人民代表大会常务委员会
第一百三十五次会议通过）

第二届全国人民代表大会常务委员会第一百三十五次会议决议：批准云南省河口瑶族自治县第一届人民代表大会第一次会议制定的云南省河口瑶族自治县人民代表大会和人民委员会组织条例。

全国人民代表大会常务委员会关于批准
云南省屏边苗族自治县人民代表大会
和人民委员会组织条例的决议

（1964 年 12 月 12 日第二届全国人民代表大会常务委员会
第一百三十五次会议通过）

第二届全国人民代表大会常务委员会第一百三十五次会议决议：批准云南省屏边苗族自治县第一届人民代表大会第一次会议制定的云南省屏边苗族自治县人民代表大会和人民委员会组织条例。

全国人民代表大会常务委员会关于批准
四川省甘孜藏族自治州各级人民代表大会
和各级人民委员会组织条例的决议

（1965 年 8 月 6 日第三届全国人民代表大会常务委员会
第十四次会议通过）

第三届全国人民代表大会常务委员会第十四次会议决议：批准四川省甘孜藏族自治州第一届人民代表大会第一次会议制定的四川省甘孜藏族自治州各级人民代表大会和各级人民委员会组织条例。

全国人民代表大会常务委员会关于批准
四川省凉山彝族自治州各级人民代表大会
和各级人民委员会组织条例的决议

（1965 年 8 月 6 日第三届全国人民代表大会常务委员会
第十四次会议通过）

第三届全国人民代表大会常务委员会第十四次会议决议：批准四川省凉山彝族自治州第一届人民代表大会第一次会议制定的四川省凉山彝族自治州各级人民代表大会和各级人民委员会组织条例。

全国人民代表大会常务委员会关于成立
西藏自治区的决议

（1965 年 8 月 25 日第三届全国人民代表大会常务委员会
第十五次会议通过）

第三届全国人民代表大会常务委员会第十五次会议决议：批准国务院提出的议案，成立西藏自治区。

全国人民代表大会常务委员会关于批准撤销最高人民
法院西藏分院和最高人民检察院西藏分院的决议

（1965 年 11 月 20 日第三届全国人民代表大会常务委员会
第十九次会议通过）

第三届全国人民代表大会常务委员会第十九次会议决议：批准最高人民法院撤销最高人民法院西藏分院，最高人民检察院撤销最高人民检察院西藏分院。

全国人民代表大会常务委员会关于批准
青海省海南藏族自治州各级人民代表大会
和各级人民委员会组织条例的决议

（1966 年 3 月 29 日第三届全国人民代表大会常务委员会
第二十九次会议通过）

第三届全国人民代表大会常务委员会第二十九次会议决议：批准青海省海南藏族自治州第三届人民代表大会第一次会议制定

的青海省海南藏族自治州各级人民代表大会和各级人民委员会组织条例。

全国人民代表大会常务委员会关于批准
新疆维吾尔自治区巴音郭楞蒙古自治州
人民代表大会和人民委员会组织条例的决议

（1966 年 3 月 29 日第三届全国人民代表大会常务委员会
第二十九次会议通过）

第三届全国人民代表大会常务委员会第二十九次会议决议：批准新疆维吾尔自治区巴音郭楞蒙古自治州第四届人民代表大会第二次会议制定的新疆维吾尔自治区巴音郭楞蒙古自治州人民代表大会和人民委员会组织条例。

全国人民代表大会常务委员会关于批准
新疆维吾尔自治区克孜勒苏柯尔克孜自治州各级
人民代表大会和各级人民委员会组织条例的决议

（1966 年 3 月 29 日第三届全国人民代表大会常务委员会
第二十九次会议通过）

第三届全国人民代表大会常务委员会第二十九次会议决议：批准新疆维吾尔自治区克孜勒苏柯尔克孜自治州第四届人民代表大会第一次会议制定的新疆维吾尔自治区克孜勒苏柯尔克孜自治州各级人民代表大会和各级人民委员会组织条例。

全国人民代表大会常务委员会关于批准 吉林省前郭尔罗斯蒙古族自治县人民代表大会 和人民委员会组织条例的决议

（1957 年 11 月 29 日第一届全国人民代表大会常务委员会
第八十六次会议通过）

1957 年 11 月 29 日全国人民代表大会常务委员会第八十六次会议决议：批准吉林省前郭尔罗斯蒙古族自治县第二届人民代表大会第一次会议制定的吉林省前郭尔罗斯蒙古族自治县人民代表大会和人民委员会组织条例。

全国人民代表大会常务委员会关于批准 黑龙江省杜尔伯特蒙古族自治县人民代表大会 和人民委员会组织条例的决议

（1957 年 6 月 17 日第一届全国人民代表大会常务委员会
第七十四次会议通过）

1957 年 6 月 17 日全国人民代表大会常务委员会第七十四次会议决议：批准黑龙江省杜尔伯特蒙古族自治县第一届人民代表大会第一次会议制定的黑龙江省杜尔伯特蒙古族自治县人民代表大会和人民委员会组织条例。

全国人民代表大会常务委员会关于批准
黔东南苗族侗族自治州人民代表大会组织条例
和黔东南苗族侗族自治州人民委员会组织条例的决议

（1957 年 6 月 17 日第一届全国人民代表大会常务委员会
第七十四次会议通过）

1957 年 6 月 17 日全国人民代表大会常务委员会第七十四次会议决议：批准黔东南苗族侗族自治州第一届人民代表大会第一次会议制定的黔东南苗族侗族自治州人民代表大会组织条例和黔东南苗族侗族自治州人民委员会组织条例。

全国人民代表大会常务委员会关于批准
黔南布依族苗族自治州人民代表大会组织条例
和黔南布依族苗族自治州人民委员会组织条例的决议

（1957 年 6 月 17 日第一届全国人民代表大会常务委员会
第七十四次会议通过）

1957 年 6 月 17 日全国人民代表大会常务委员会第七十四次会议决议：批准黔南布依族苗族自治州第一届人民代表大会第一次会议制定的黔南布依族苗族自治州人民代表大会组织条例和黔南布依族苗族自治州人民委员会组织条例。

全国人民代表大会常务委员会关于批准
云南省大理白族自治州人民代表大会
和人民委员会组织条例的决议

（1957 年 6 月 17 日第一届全国人民代表大会常务委员会
第七十四次会议通过）

1957 年 6 月 17 日全国人民代表大会常务委员会第七十四次会议决议：批准云南省大理白族自治州第一届人民代表大会第一次会议制定的云南省大理白族自治州人民代表大会和人民委员会组织条例。

第四节　关于人事任免事项的决议决定

由于人事任免事项比较具体，在全国人民代表大会换届之年，会通过集中换届的方式产生新一届各国家机关组成人员。因此，需要全国人大及其常委会通过作出决议决定的人事任免事项是比较少的，主要集中在关于人事任免规则的决议决定、关于批准人事奖惩规则的决议决定，以及关于个别全国人大常委会组成人员、国务院组成人员、全国人大代表辞去代表职务等的任免决定。

一、关于人事任免规则的决议决定

全国人民代表大会常务委员会关于地方各级人民委员会的组成人员是否限于本级人民代表大会代表问题的决定

（1955 年 11 月 8 日第一届全国人民代表大会常务委员会
第二十三次会议通过）

全国人民代表大会常务委员会于 1955 年 11 月 8 日第二十三次会议讨论了广东省人民委员会、前新疆省人民政府提出的关于地方各级人民委员会的组成人员是否限于本级人民代表大会代表的问题，决定：地方各级人民委员会的省长、自治区主席、市长、州长、县长、区长应该从本级人民代表大会的代表中选出；副省长、自治区副主席、副市长、副州长、副县长、副区长和委员一般地也应该从本级人民代表大会的代表中选出，为了适应工作的需要，个别的也可以不是本级人民代表大会的代表；乡、镇人民委员会的成员应该全部从本级人民代表大会代表中选出。

全国人民代表大会常务委员会关于在地方各级人民代表大会闭会期间省长自治区主席市长州长县长区长乡长镇长和地方各级人民法院院长缺额补充问题的决定

（1955 年 11 月 8 日第一届全国人民代表大会常务委员会
第二十三次会议通过）

全国人民代表大会常务委员会于 1955 年 11 月 8 日第二十三次会议讨论了黑龙江省人民委员会提出的关于在地方各级人民代

表大会闭会期间，省长、市长、县长、区长、乡长、镇长和地方各级人民法院院长因故不能担任职务的时候，其缺额如何补充，是否可由上级委派的问题，决定：

在地方各级人民代表大会闭会期间，省长、自治区主席、市长、州长、县长、区长、乡长、镇长因故不能担任职务的时候，应该由本级人民委员会在副省长、自治区副主席、副市长、副州长、副县长、副区长、副乡长、副镇长中推举一人报请上一级国家行政机关批准暂时代理其职务，等到本级人民代表大会举行下一次会议的时候补选。

地方各级人民委员会是同时行使本级人民代表大会常务机关的职权的，因此，在地方各级人民代表大会闭会期间，高级人民法院和基层人民法院的院长因故不能担任职务的时候，应该由本级人民委员会在本级人民法院副院长中指定一人暂时代理院长的职务，等到本级人民代表大会举行下一次会议的时候补选；中级人民法院院长因故不能担任职务的时候，应该分别由省、自治区、直辖市、较大的市、自治州的人民委员会在中级人民法院副院长中指定一人暂时代理院长的职务，等到省、自治区、直辖市、较大的市、自治州的人民代表大会举行下一次会议的时候补选。

全国人民代表大会常务委员会关于地方各级人民法院院长人民检察院检察长可否兼任各级人民委员会的组成人员问题的决定

（1955 年 11 月 10 日第一届全国人民代表大会常务委员会第二十六次会议通过）

全国人民代表大会常务委员会于 1955 年 11 月 10 日第二十六

次会议讨论了福建省人民委员会、湖北省人民委员会提出的关于地方各级人民法院院长、人民检察院检察长是否可以兼任各级人民委员会的委员的问题，决定：地方各级人民法院院长和人民检察院检察长一概不能在各级人民委员会兼任职务。

全国人民代表大会常务委员会关于最高人民法院和地方各级人民法院助理审判员任免问题的决定

（1960 年 1 月 21 日第二届全国人民代表大会常务委员会
第十二次会议通过）

第二届全国人民代表大会常务委员会第十二次会议根据最高人民法院谢觉哉院长关于最高人民法院和地方各级人民法院助理审判员任免问题的建议，决定：最高人民法院助理审判员由最高人民法院任免；地方各级人民法院助理审判员由本级人民法院任免。

全国人民代表大会常务委员会关于省人民代表大会闭会期间省人民检察院检察长产生程序的决定

（1978 年 5 月 24 日第五届全国人民代表大会常务委员会
第二次会议通过）

第五届全国人民代表大会常务委员会第二次会议讨论了安徽省革命委员会提出的关于省人民代表大会闭会期间省人民检察院检察长应经过什么程序产生的问题，决定：

为适应工作需要，在省人民代表大会闭会期间，可由省革命委员会通过省人民检察院检察长人选，提请省人民代表大会下一次会议追认。

二、关于批准人事奖惩规则的决议决定

批准国务院关于国家行政机关工作人员的奖惩暂行规定的决议

（1957 年 10 月 23 日第一届全国人民代表大会常务委员会第八十二次会议通过）

一九五七年十月二十三日全国人民代表大会常务委员会第八十二次会议决议：原则批准国务院关于国家行政机关工作人员的奖惩暂行规定。

附：

国务院关于国家行政机关工作人员的奖惩暂行规定

（1957 年 10 月 23 日全国人民代表大会常务委员会第八十二次
会议批准）

根据中华人民共和国宪法第十八条"一切国家机关工作人员
必须效忠人民民主制度，服从宪法和法律，努力为人民服务"的
规定，为了不断地提高国家行政机关工作人员的社会主义觉悟，
发扬工作积极性和创造性，防止和纠正国家行政机关工作人员的
违法失职行为，以切实保证社会主义建设事业的顺利完成，现在
对于国家行政机关工作人员的奖惩问题，作以下规定：

一、国家行政机关工作人员必须坚决地执行国家的各项政
策、法律、法令，遵守政府的决议、命令和规章制度，切实地完
成国家交给的各项工作任务，爱护和保卫公共财产，保守国家机
密，树立勤俭朴素、谦虚谨慎、密切联系群众的优良作风。

二、凡国家行政机关工作人员有下列表现的，应该予以
奖励：

（一）忠于职责，成绩优良，遵守纪律，起模范作用的；

（二）在工作上有发明、创造，提出合理化建议，对于国家
有显著贡献的；

（三）防止或者挽救事故有功，使国家和人民利益免受重大
损失的；

（四）爱护公共财产，节约国家资财有重大成绩的；

（五）同严重的违法失职行为坚决斗争，有显著功绩的；

（六）其他应该予以奖励的。

三、奖励分为：记功、记大功、授予奖品或者奖金、升级、升职、通令嘉奖六种。这几种奖励可以单独使用，也可以同时并用。

四、记功、记大功、授予奖品或者奖金、升级，由所在机关或者上级机关给予；升职，由任命其新职务的机关给予；通令嘉奖，由国务院，国务院的部门，省、自治区、直辖市人民委员会给予。

对于工作人员的奖励，应该在适当会议上或者报刊上宣布，同时以书面通知本人，并且记入本人档案。

五、国家行政机关工作人员有下列违法失职行为，尚未构成犯罪的，应该予以纪律处分。如果情节轻微，经过批评教育后，也可以免予处分。

（一）违反国家的政策、法律、法令和政府的决议、命令、规章、制度的；

（二）玩忽职守，贻误工作的；

（三）违反民主集中制，不服从上级决议、命令，压制批评，打击报复的；

（四）弄虚作假，欺骗组织的；

（五）拨弄是非，破坏团结的；

（六）丧失立场，包庇坏人的；

（七）贪污盗窃国家财产的；

（八）浪费国家资财，损害公共财物的；

（九）滥用职权，侵犯人民群众利益，损害国家机关和人民群众关系的；

（十）泄露国家机密的；

（十一）腐化堕落，损害国家机关威信的；

（十二）其他违反国家纪律的。

六、纪律处分分为：警告、记过、记大过、降级、降职、撤职、开除留用察看、开除八种。

七、国家行政机关对于违反国家纪律的工作人员，在追究纪律责任和给予纪律处分的时候，必须本着严肃和慎重的方针，按照所犯错误的性质和情节的轻重，参照本人平常的表现和对错误的认识程度，分别予以适当的纪律处分或者免予处分。

对于违反国家纪律，使国家和人民的利益遭受到一定的损失，仍然可以继续担任现任职务的人员，可以分别给予警告、记过、记大过、降级处分。

对于严重违反国家纪律，造成国家和人民利益的重大损失，不能继续担任现任职务的人员，可以给予降职或者撤职处分。如果无职可降或者无职可撤的，也可以给予降级处分。

对于严重违法失职，屡教不改，或者蜕化变质，不可救药，不适合在国家行政机关继续工作的分子，可以给予开除处分。对于其中的某些人员，为了使其有最后悔改的机会，也可以根据具体情况，从宽处理，给予开除留用察看处分。

对于混入国家行政机关进行破坏活动的反革命分子和其他坏分子，必须坚决开除出国家机关，并且依法处理。

八、国家行政机关工作人员违犯刑法，情节轻微，不追究刑事责任的，可以给予适当的纪律处分，或者经过批评教育后免予处分。

国家行政机关工作人员经人民法院判处管制、徒刑或者剥夺政治权利的，其职务自然撤销。对于被判处徒刑宣告缓刑的人员，其职务也自然撤销。在缓刑期间，仍然可以留在机关继续工作的，应该根据具体情况，分配适当的工作。

九、国家行政机关发现所属工作人员违反纪律，应该给予纪律处分的时候，必须迅速处理，不得无故拖延，一般应该从发现错误之日起，半年以内给予处分。如果情节复杂，或者有其他特殊原因，至迟不得超过两年。

十、纪律处分的权限，依照下列规定：

（一）各级国家行政机关自行任命的本机关工作人员的纪律处分，由各该机关决定和执行。

国务院各部门和各省、自治区、直辖市人民委员会任命的处长（或者相当人员）以上工作人员的降职、撤职、开除留用察看和开除处分，应该报国务院备案。

（二）上级机关任命的人员的纪律处分：警告、记过、记大过和降级处分，由直属上级决定后执行，并且报任命机关备案；降职、撤职、开除留用察看和开除处分，由直属上级决定，报任命机关批准后执行。

县（市）以下国家行政机关开除工作人员，必须报经县（市）人民委员会批准。

（三）经地方各级人民代表大会选举担任国家行政职务的人员，其警告、记过、记大过、降级处分，由上级机关决定后执行。对于严重违反纪律，不适合担任现任职务的人员，应该由本级人民代表大会予以罢免，并且由本级人民委员会报上级机关备案。在罢免前，上级机关可以先行停止其职务。必要的时候，上级机关也可以予以撤职。

（四）国家行政机关发现所属机关的纪律处分决定不适当或者错误的时候，应该加以改变，根据具体情况，分别予以加重、减轻或者撤销。

十一、国家行政机关处分任何工作人员，应该对其所犯错误的事实认真进行调查对证，并且经过一定会议讨论，作出书面结论。在讨论的时候，除了特殊情形以外，应该通知受处分人出席申述意见。纪律处分经决定或者批准生效后，应该书面通知受处分人，并且记入本人档案。

国家行政机关工作人员犯了严重的错误，在处分没有决定或者批准以前，不宜担任现任职务的，上级机关或者本机关可以先行停止其职务。

十二、国家行政机关工作人员对所受纪律处分不服的时候，应该在接到通知后一个月内，向处理机关要求复议，并且有权直接向上级机关申诉。国家行政机关对于受处分人的申诉，应该认真处理。对于受处分人给上级机关的申诉书，必须迅速转递，不得扣压。但是在复议或者申诉期间，不停止处分的执行。

十三、国家监察机关管理奖惩工作的范围，依照下列规定：

（一）国家监察机关在工作中发现需要给予国家行政机关工作人员奖励或者纪律处分的时候，应该提出具体意见，建议其主管机关作出决定，或者报请上级行政机关决定。

（二）国家监察机关对于上级行政机关交议的奖励和纪律处分案件，应该负责审议，并且提出具体意见，报请上级行政机关决定。

（三）国家监察机关对于各部门有关奖励或者纪律处分的争议，可以进行评议，并且提出具体意见，建议其主管机关作出决定，或者报请上级行政机关决定。

（四）国家监察机关对于所受理的奖励或者纪律处分的控告、申诉案件，可以进行复议或者复查，并且提出具体意见，建议其主管机关作出决定，或者报请上级行政机关决定。

十四、本规定适用于各级国家行政机关中经地方各级人民代表大会选举担任国家行政职务的人员，和各级国家行政机关任命的工作人员，以及企业、事业单位中由国家行政机关任命的工作人员。

十五、国务院各部门、地方各级人民委员会可以根据本规定制定具体实施办法。

国家行政机关所属事业单位工作人员的奖惩问题，应该由国务院各主管部门参照本规定制定奖惩办法。

十六、本规定由监察部解释。

十七、本规定自公布之日起施行。

前中央人民政府政务院"关于国家机关工作人员行政处分批准程序"和"关于撤销国家机关工作人员行政处分暂行办法"即行作废。

三、关于具体人员的任免决定

第十一届全国人民代表大会第四次会议关于确认全国人民代表大会常务委员会接受倪岳峰辞去全国人民代表大会常务委员会委员职务的请求的决定[1]

（2011 年 3 月 14 日第十一届全国人民代表大会第四次会议通过）

第十一届全国人民代表大会第四次会议决定：确认第十一届全国人民代表大会常务委员会第十九次会议关于接受倪岳峰辞去第十一届全国人民代表大会常务委员会委员及全国人民代表大会

---

〔1〕 中国人大网，http://www.npc.gov.cn/npc/c15078/201103/877f2c6201da45d6914cb1e1e51c4925.shtml。

环境与资源保护委员会副主任委员职务的请求的决定。

第十二届全国人民代表大会第二次会议关于确认全国人民代表大会常务委员会接受王晓、陈斯喜辞去全国人民代表大会常务委员会委员职务的请求的决定[1]

（2014 年 3 月 13 日第十二届全国人民代表大会第二次会议通过）

第十二届全国人民代表大会第二次会议决定：确认第十二届全国人民代表大会常务委员会第三次会议关于接受王晓辞去第十二届全国人民代表大会常务委员会委员及全国人民代表大会财政经济委员会委员职务的请求、陈斯喜辞去第十二届全国人民代表大会常务委员会委员及全国人民代表大会内务司法委员会副主任委员职务的请求的决定。

全国人民代表大会常务委员会关于接受陈豪辞去第十二届全国人民代表大会常务委员会委员等职务的请求的决定[2]

（2014 年 11 月 1 日第十二届全国人民代表大会常务委员会第十一次会议通过）

根据《中华人民共和国全国人民代表大会组织法》第二十三条第三款"常务委员会的组成人员不得担任国家行政机关、审判

---

〔1〕　中国人大网，http：//www. npc. gov. cn/npc/c10134/201403/f79f27184ef44b55a9362614e93c27b1. shtml。

〔2〕　中国人大网，http：//www. npc. gov. cn/npc/c10134/201411/b62ee569abeb4b76a673ee8ab3e15bc8. shtml。

机关和检察机关的职务；如果担任上述职务，必须向常务委员会辞去常务委员会的职务"的规定，第十二届全国人民代表大会常务委员会第十一次会议决定：接受陈豪辞去第十二届全国人民代表大会常务委员会委员及全国人民代表大会内务司法委员会副主任委员职务的请求，报请第十二届全国人民代表大会第三次会议确认。

全国人民代表大会常务委员会关于接受
陈吉宁辞去第十二届全国人民代表大会
常务委员会委员职务的请求的决定[1]

（2015 年 2 月 27 日第十二届全国人民代表大会常务委员会
第十三次会议通过）

根据《中华人民共和国全国人民代表大会组织法》第二十三条第三款"常务委员会的组成人员不得担任国家行政机关、审判机关和检察机关的职务；如果担任上述职务，必须向常务委员会辞去常务委员会的职务"的规定，第十二届全国人民代表大会常务委员会第十三次会议决定：接受陈吉宁辞去第十二届全国人民代表大会常务委员会委员职务的请求，报请第十二届全国人民代表大会第三次会议确认。

---

〔1〕 中国人大网，http：//www.npc.gov.cn/npc/c10134/201502/c964bf85eac94dce8dadc27a34f50e50.shtml。

全国人民代表大会常务委员会关于接受
徐显明辞去第十二届全国人民代表大会
常务委员会委员职务的请求的决定[1]

（2017 年 2 月 24 日第十二届全国人民代表大会常务委员会
第二十六次会议通过）

根据《中华人民共和国全国人民代表大会组织法》第二十三条第三款"常务委员会的组成人员不得担任国家行政机关、审判机关和检察机关的职务；如果担任上述职务，必须向常务委员会辞去常务委员会的职务"的规定，第十二届全国人民代表大会常务委员会第二十六次会议决定：接受徐显明辞去第十二届全国人民代表大会常务委员会委员职务的请求，报请第十二届全国人民代表大会第五次会议确认。

第十二届全国人民代表大会第五次会议关于确认全国
人民代表大会常务委员会接受徐显明辞去第十二届全国
人民代表大会常务委员会委员职务的请求的决定[2]

（2017 年 3 月 15 日第十二届全国人民代表大会第五次会议通过）

第十二届全国人民代表大会第五次会议决定：确认第十二届全国人民代表大会常务委员会第二十六次会议关于接受徐显明辞

---

〔1〕　中国人大网，http：//www.npc.gov.cn/npc/c12435/201702/e4a6b39a9eb0438fbe4c329957dbe677.shtml。

〔2〕　中国人大网，http：//www.npc.gov.cn/npc/c12435/201703/6ca89f921778413fb6c83728b6f5a338.shtml。

去第十二届全国人民代表大会常务委员会委员职务的请求的决定。

全国人民代表大会常务委员会关于撤销杨晶同志的国务委员、国务院秘书长职务的决定[1]

(2018 年 2 月 24 日第十二届全国人民代表大会常务委员会
第三十三次会议通过)

第十二届全国人民代表大会常务委员会第三十三次会议根据委员长会议的提请,决定撤销杨晶同志的国务委员、国务院秘书长职务。

全国人民代表大会常务委员会关于接受张荣顺辞去第十三届全国人民代表大会常务委员会委员等职务的请求的决定[2]

(2018 年 6 月 22 日第十三届全国人民代表大会常务委员会
第三次会议通过)

根据《中华人民共和国全国人民代表大会组织法》第二十三条第三款"常务委员会的组成人员不得担任国家行政机关、审判机关和检察机关的职务;如果担任上述职务,必须向常务委员会辞去常务委员会的职务"的规定,第十三届全国人民代表大会常

---

[1] 中国人大网,http://www.npc.gov.cn/npc/c30834/201802/2c80e34f9b0046e7b2123efa78aabaf4.shtml。

[2] 中国人大网,http://www.npc.gov.cn/npc/c30834/201806/52678d2b63904ff1ab285033568b5529.shtml。

务委员会第三次会议决定：接受张荣顺辞去第十三届全国人民代表大会常务委员会委员及全国人民代表大会宪法和法律委员会委员职务的请求，报请第十三届全国人民代表大会第二次会议确认。

全国人民代表大会常务委员会关于接受贺一诚辞去第十三届全国人民代表大会代表职务的请求的决定[1]

（2019 年 4 月 23 日第十三届全国人民代表大会常务委员会第十次会议通过）

根据《中华人民共和国澳门特别行政区选举第十三届全国人民代表大会代表的办法》第二十一条规定，第十三届全国人民代表大会常务委员会第十次会议决定：接受贺一诚辞去第十三届全国人民代表大会代表职务的请求。

全国人民代表大会常务委员会关于接受冯忠华辞去第十三届全国人民代表大会常务委员会委员等职务的请求的决定[2]

（2019 年 6 月 29 日第十三届全国人民代表大会常务委员会第十一次会议通过）

根据《中华人民共和国全国人民代表大会组织法》第二十三

---

〔1〕　中国人大网，http：//www.npc.gov.cn/npc/c30834/201904/ed15b9e5162f4b9eae3fc5c37285d51c.shtml。

〔2〕　中国人大网，http：//www.npc.gov.cn/npc/c30834/201907/1943e06c8733402986b03feea9fcee55.shtml。

条第三款"常务委员会的组成人员不得担任国家行政机关、审判机关和检察机关的职务；如果担任上述职务，必须向常务委员会辞去常务委员会的职务"的规定，第十三届全国人民代表大会常务委员会第十一次会议决定：接受冯忠华辞去第十三届全国人民代表大会常务委员会委员及全国人民代表大会农业与农村委员会委员职务的请求，报请第十三届全国人民代表大会第三次会议确认。

全国人民代表大会常务委员会关于接受张俊勇辞去第十三届全国人民代表大会代表职务的请求的决定[1]

(2019 年 12 月 28 日第十三届全国人民代表大会常务委员会第十五次会议通过)

根据《中华人民共和国香港特别行政区选举第十三届全国人民代表大会代表的办法》第二十一条规定，第十三届全国人民代表大会常务委员会第十五次会议决定：接受张俊勇辞去第十三届全国人民代表大会代表职务的请求。

---

[1] 中国人大网，http：//www.npc.gov.cn/npc/c30834/201912/55f4bd4ff8ae4f92aed9dec40e432373.shtml。

第十三届全国人民代表大会第三次会议关于确认全国人民代表大会常务委员会接受冯忠华辞去第十三届全国人民代表大会常务委员会委员等职务的请求的决定[1]

（2020 年 5 月 28 日第十三届全国人民代表大会第三次会议通过）

第十三届全国人民代表大会第三次会议决定：确认第十三届全国人民代表大会常务委员会第十一次会议关于接受冯忠华辞去第十三届全国人民代表大会常务委员会委员及全国人民代表大会农业与农村委员会委员职务的请求的决定。

全国人民代表大会常务委员会关于接受冯军辞去第十三届全国人民代表大会常务委员会委员等职务的请求的决定[2]

（2021 年 8 月 20 日第十三届全国人民代表大会常务委员会第三十次会议通过）

根据《中华人民共和国全国人民代表大会组织法》第二十三条和《中华人民共和国全国人民代表大会议事规则》第四十三条的有关规定，第十三届全国人民代表大会常务委员会第三十次会议决定：接受冯军辞去第十三届全国人民代表大会常务委员会委员及全国人民代表大会社会建设委员会委员职务的请求，并将接

---

〔1〕　中国人大网，http：//www.npc.gov.cn/npc/c30834/202005/113b818127604c20aac9dd4861169fe4.shtml。

〔2〕　中国人大网，http：//www.npc.gov.cn/npc/c30834/202108/8eac6500b6214bfd9a1042292aeb9e03.shtml。

受冯军辞去第十三届全国人民代表大会常务委员会委员职务事项向第十三届全国人民代表大会第五次会议报告。

全国人民代表大会常务委员会关于接受
程立峰辞去第十三届全国人民代表大会
常务委员会委员等职务的请求的决定[1]

（2022 年 10 月 30 日第十三届全国人民代表大会常务委员会
第三十七次会议通过）

根据《中华人民共和国全国人民代表大会组织法》第二十三条和《中华人民共和国全国人民代表大会议事规则》第四十三条的有关规定，第十三届全国人民代表大会常务委员会第三十七次会议决定：接受程立峰辞去第十三届全国人民代表大会常务委员会委员及全国人民代表大会环境与资源保护委员会副主任委员职务的请求，并将接受程立峰辞去第十三届全国人民代表大会常务委员会委员职务事项向第十四届全国人民代表大会第一次会议报告。

---

〔1〕 中国人大网，http://www.npc.gov.cn/npc/c30834/202210/7b67392223824a95bfdc6b2f68e49588.shtml。

/ 第八章 /

关于立法事项的决议决定

全国人民代表大会及其常务委员会在开展立法工作的过程中，作出了大量决议决定，涉及法律适用、法律清理、法律修改、法律废止、法律宣传等方面，有力推动了法律的实施、修改、清理、废止和宣传等工作。在实际工作中，全国人民代表大会及其常务委员会通过将讨论决定重大事项职权与行使立法权有机结合的方式，使法律的适用方式和功能更加灵活、更加有序、更加严肃。特别是在我国持续推进全面深化改革的背景下具有十分重要的战略意义。因为在试点地区依法推进改革的过程中常常会遇到既有法律规定的障碍，全国人民代表大会及其常务委员会通过行使重大事项决定权，灵活规定某项法律适用或不适用的区域或领域，既可以保证法律实施的整体严肃性，同时又能满足试点地区推进改革的法治需要，从而推动法治建设的科学有序发展。

第一节　关于法律适用的决议决定

法律适用问题是法律实施的首要问题，由于我国的特殊国情和法治建设的曲折历程，法律适用问题在历史转折和改革时期会变得十分突出，全国人民代表大会及其常务委员会坚持从实际出发，根据法治建设面临的问题，及时出台相关决议决定，明确适应法律的原则、加强法律的解释、批准国务院的行政法规，有效地解决了法治短板和法律适用中面临的复杂问题，为经济社会发展提供了有力的法治保障。

一、关于法律适用的决议决定

全国人民代表大会关于中华人民共和国现行法律、法令继续有效的决议

（1954 年 9 月 26 日第一届全国人民代表大会第一次会议通过）

中华人民共和国宪法已由第一届全国人民代表大会第一次会议通过，颁布全国。所有自从 1949 年 10 月 1 日中华人民共和国建立以来，由中央人民政府制定、批准的现行法律、法令，除开同宪法相抵触的以外，一律继续有效。

全国人民代表大会常务委员会关于中华人民共和国建国以来制定的法律、法令效力问题的决议

（1979 年 11 月 29 日第五届全国人民代表大会常务委员会第十二次会议通过）

为了加强和健全社会主义法制，保障社会主义现代化建设的顺利进行，根据一九五四年第一届全国人民代表大会第一次会议关于中华人民共和国现行法律、法令继续有效的决议的精神，现决定：从一九四九年十月一日中华人民共和国建立以来，前中央人民政府制定、批准的法律、法令；从一九五四年九月二十日第

一届全国人民代表大会第一次会议制定中华人民共和国宪法以来，全国人民代表大会和全国人民代表大会常务委员会制定、批准的法律、法令，除了同第五届全国人民代表大会制定的宪法、法律和第五届全国人民代表大会常务委员会制定、批准的法令相抵触的以外，继续有效。

全国人民代表大会常务委员会关于外商投资企业和外国企业适用增值税、消费税、营业税等税收暂行条例的决定[1]

（1993 年 12 月 29 日第八届全国人民代表大会常务委员会
第五次会议通过）

第八届全国人民代表大会常务委员会第五次会议审议了国务院关于提请审议外商投资企业和外国企业适用增值税、消费税、营业税等税收暂行条例的议案，为了统一税制，公平税负，改善我国的投资环境，适应建立和发展社会主义市场经济的需要，特作如下决定：

一、在有关税收法律制定以前，外商投资企业和外国企业自 1994 年 1 月 1 日起适用国务院发布的增值税暂行条例、消费税暂行条例和营业税暂行条例。1958 年 9 月 11 日全国人民代表大会常务委员会第一百零一次会议原则通过、1958 年 9 月 13 日国务院公布试行的《中华人民共和国工商统一税条例（草案）》同时废止。

中外合作开采海洋石油、天然气，按实物征收增值税，其税率和征收办法由国务院另行规定。

---

〔1〕　国家法律法规数据库，https：//flk. npc. gov. cn/detail2. html？MmM5MDlmZGQ2NzhiZjE3OTAxNjc4YmY1ZDZkMTAxOWY%3D。

二、1993 年 12 月 31 日前已批准设立的外商投资企业，由于依照本决定第一条的规定改征增值税、消费税、营业税而增加税负的，经企业申请，税务机关批准，在已批准的经营期限内，最长不超过五年，退还其因税负增加而多缴纳的税款；没有经营期限的，经企业申请，税务机关批准，在最长不超过五年的期限内，退还其因税负增加而多缴纳的税款。具体办法由国务院规定。

三、除增值税、消费税、营业税外，其他税种对外商投资企业和外国企业的适用，法律有规定的，依照法律的规定执行；法律未作规定的，依照国务院的规定执行。

本决定所称外商投资企业，是指在中国境内设立的中外合资经营企业、中外合作经营企业和外资企业。

本决定所称外国企业，是指在中国境内设立机构、场所，从事生产、经营和虽未设立机构、场所，而有来源于中国境内所得的外国公司、企业和其他经济组织。

本决定自公布之日起施行。

全国人民代表大会常务委员会关于军官制度改革期间暂时调整适用相关法律规定的决定[1]

（2016 年 12 月 25 日第十二届全国人民代表大会常务委员会第二十五次会议通过）

按照党中央批准的深化国防和军队改革总体方案，为加快建立军官职业化制度，构建科学规范的军官制度体系，适应现代军

---

〔1〕 中国人大网，http://www.npc.gov.cn/npc/c12435/201612/97c7af4e45c044bfa44aaa84d5599930.shtml。

队建设和作战要求，第十二届全国人民代表大会常务委员会第二十五次会议决定：军官制度改革期间，暂时调整适用《中华人民共和国现役军官法》、《中国人民解放军军官军衔条例》中军官职务等级、军衔、职务任免、教育培训、待遇保障、退役安置有关规定。具体办法和试行范围，由中央军事委员会组织制定和予以明确。改革措施成熟后，及时修改完善有关法律。

本决定自 2017 年 1 月 1 日起施行。

全国人民代表大会常务委员会关于中国人民武装警察部队改革期间暂时调整适用相关法律规定的决定[1]

（2017 年 11 月 4 日第十二届全国人民代表大会常务委员会
第三十次会议通过）

为了贯彻落实党的十九大精神，按照党中央批准的深化国防和军队改革总体方案以及关于人民武装警察部队改革的决策部署，加强党中央和中央军事委员会对人民武装警察部队的集中统一领导，调整领导指挥体制、优化力量结构编成、完善相关政策制度，建设一支听党指挥、能打胜仗、作风优良的现代化人民武装警察部队，第十二届全国人民代表大会常务委员会第三十次会议决定：人民武装警察部队改革期间，暂时调整适用《中华人民共和国国防法》、《中华人民共和国人民武装警察法》中有关人民武装警察部队领导指挥体制、职能任务、警衔制度、保障体制、部队部署和兵力调动使用的规定。具体办法按照党中央的有关决定、国务院和中央军事委员会的有关规定执行。改革措施成

---

〔1〕　中国人大网，http：//www.npc.gov.cn/npc/c30834/201711/2d0acbc7d0c6454689374f1e0d95c1bc.shtml。

熟后，及时修改完善有关法律。

本决定自 2017 年 11 月 5 日起施行。

全国人民代表大会常务委员会关于国务院机构改革涉及法律规定的行政机关职责调整问题的决定[1]

（2018 年 4 月 27 日第十三届全国人民代表大会常务委员会第二次会议通过）

为了贯彻落实党的十九大和十九届二中、三中全会精神，按照第十三届全国人民代表大会第一次会议批准的《国务院机构改革方案》，平稳有序调整法律规定的行政机关职责和工作，确保行政机关依法履行职责、开展工作，推进国家机构设置和职能配置优化协同高效，现就国务院机构改革涉及法律规定的行政机关职责调整问题作出如下决定：

一、现行法律规定的行政机关职责和工作，《国务院机构改革方案》确定由组建后的行政机关或者划入职责的行政机关承担的，在有关法律规定尚未修改之前，调整适用有关法律规定，由组建后的行政机关或者划入职责的行政机关承担；相关职责尚未调整到位之前，由原承担该职责和工作的行政机关继续承担。

地方各级行政机关承担法律规定的职责和工作需要进行调整的，按照上述原则执行。

二、法律规定上级行政机关对下级行政机关负有管理监督指导等职责的，上级行政机关职责已调整到位、下级行政机关职责尚未调整到位的，由《国务院机构改革方案》确定承担该职责的

---

[1] 中国人大网，http://www.npc.gov.cn/npc/c30834/201804/6f8b02da066f4f9289ef42d73f92f28e.shtml。

上级行政机关履行管理监督指导等职责。

三、实施《国务院机构改革方案》需要制定、修改法律，或者需要由全国人民代表大会常务委员会作出相关决定的，国务院应当及时提出议案，依照法定程序提请审议。

四、国务院及其有关部门应当精心组织，周密部署，确保行政机关履行法定职责、开展工作的连续性、稳定性、有效性，特别是做好涉及民生、应急、安全生产等重点领域工作。

五、本决定自 2018 年 4 月 28 日起施行。

附：

关于《全国人民代表大会常务委员会关于
国务院机构改革涉及法律规定的行政机关
职责调整问题的决定（草案）》的说明[1]

——2018 年 4 月 25 日在第十三届全国人民代表大会常务委员会第二次会议上

全国人大常委会法制工作委员会主任　沈春耀

委员长、各位副委员长、秘书长、各位委员：

我受委员长会议委托，作关于《全国人民代表大会常务委员会关于国务院机构改革涉及法律规定的行政机关职责调整问题的决定（草案）》（以下简称《决定》）的说明。

一、关于作出《决定》的必要性

十三届全国人大一次会议批准的《国务院机构改革方案》，具有法律效力，国务院各机构的设立和职责履行具有合法性。同时，实施机构改革方案，涉及法律规定的行政机关职责和工作的调整，需要修改有关法律规定。经初步梳理研究，这次机构改革涉及的法律数量多，内容多，情况各异。主要情况有：一是，虽然机构改革对法律规定的机构名称、职责作出了调整，但法律是以机构的职责定位来表述主管部门或行政机关，如测绘法中的"测绘地理信息主管部门"，不需要修改。二是，机构改革对法律规定的机构名称、职责作出了调整，与法律的相关表述存在不一致，需要对法律规定作相应修改。三是，机构改革对法律规定的

---

〔1〕　中国人大网，http：//www.npc.gov.cn/npc/c30834/201804/050defdef7ec464bb4847434de0f1ada.shtml。

机构名称、职责作出了调整，且涉及管理体制较大变动，需要对法律规定作较大修改。四是，机构改革对法律规定的机构名称、职责作出了调整，但相关职责划分、工作机制等尚不明确，需在理顺关系的基础上修改完善法律。同时，根据《深化党和国家机构改革方案》要求，国务院机构改革在 2018 年底前落实到位，地方机构改革任务在 2019 年 3 月底前基本完成。考虑到机构改革的不同情况和问题，机构改革涉及的法律修改工作，难以在很短时间或经一次"打包"修改来完成。

为平稳有序调整法律规定的行政机关职责和工作，避免因法律尚未修改而影响改革进程和相关工作，特别是要保持安全生产、应急救援、维护社会稳定等工作的连续性、稳定性，由全国人大常委会对国务院机构改革涉及法律规定的行政机关职责调整问题作出决定，及时明确有关问题，是必要的、可行的，有利于强化机构设立重组、职责调整和管理执法工作的合法性，确保机构改革在法治轨道上有序推进。

据此，法制工作委员会起草了关于国务院机构改革涉及法律规定的行政机关职责调整问题的决定草案稿，于 4 月 8 日召开会议听取了深化党和国家机构改革协调小组办公室和中央改革办、中央编办、司法部，以及人力资源和社会保障部等 8 个国务院有关部门和专家学者的意见。经反复研究修改，形成了《全国人民代表大会常务委员会关于国务院机构改革涉及法律规定的行政机关职责调整问题的决定（草案）》。经 4 月 17 日委员长会议审议，决定提请本次常委会会议审议。

二、关于《决定》草案的内容

《决定》草案主要包括以下内容：

一是，明确现行法律规定的行政机关职责和工作，《国务院机构改革方案》确定由组建后的行政机关或者划入职责的行政机关承担的，在有关法律规定尚未修改之前，调整适用有关法律规定，由组建后的行政机关或者划入职责的行政机关承担；相关职责尚未调整到位之前，由原行政机关依法继续承担相关职责和工作。

二是，考虑到地方各级行政机关承担了法律规定的职责和工作，地方机构改革同样面临涉及法律规定的行政机关职责调整问题，草案规定：地方各级行政机关承担法律规定的职责和工作需要进行调整的，按照上述原则执行。

三是，有的法律还规定了上级行政机关对下级行政机关的执法活动负有监督指导等职责，如上级行政机关职责已完成调整、下级行政机关职责尚未调整到位的，草案规定由新的上级行政机关履行监督指导等职责。

四是，根据《中共中央关于深化党和国家机构改革的决定》，实施机构改革方案需要制定或者修改法律的，要及时启动相关程序。草案规定：实施《国务院机构改革方案》需要制定、修改法律，或者需要由全国人民代表大会常务委员会作出相关决定的，国务院应当及时提出议案，依照法定程序提请审议。

此外，草案还对机构改革的组织实施提出了明确要求，强调国务院及其有关部门应当精心组织，周密部署，确保行政机关履行法定职责、开展工作的连续性、稳定性、有效性，特别是做好涉及民生、应急、安全生产等重点领域工作。

《决定》草案和以上说明是否妥当，请审议。

全国人民代表大会常务委员会关于
深化国防动员体制改革期间暂时调整
适用相关法律规定的决定[1]

（2021 年 10 月 23 日第十三届全国人民代表大会常务委员会
第三十一次会议通过）

　　为了深入贯彻党中央关于深化国防动员体制改革的决策部署，依据宪法和《中华人民共和国国防法》，第十三届全国人民代表大会常务委员会第三十一次会议决定：深化国防动员体制改革期间，暂时调整适用《中华人民共和国国防动员法》、《中华人民共和国人民防空法》、《中华人民共和国国防交通法》、《中华人民共和国国防教育法》中有关国防动员以及人民武装动员、经济动员、人民防空、交通战备、国防教育的领导管理体制、军地职能配置、工作机构设置和国防动员资源指挥运用的规定。具体办法按照党中央的有关决定、国务院和中央军事委员会的有关规定执行。改革措施成熟后，及时修改完善有关法律。

　　本决定自 2021 年 10 月 24 日起施行。

---

　　[1]　中国人大网，http：//www.npc.gov.cn/npc/c30834/202110/3be9271eb7d44916a62d47b85d33bc1f.shtml。

全国人民代表大会常务委员会关于军队战时调整适用《中华人民共和国刑事诉讼法》部分规定的决定[1]

(2023 年 2 月 24 日第十三届全国人民代表大会常务委员会
第三十九次会议通过)

为贯彻落实党的二十大精神，完善中国特色军事法治体系，从法律制度上保障人民军队有效履行新时代使命任务、提高打赢能力，第十三届全国人民代表大会常务委员会第三十九次会议决定：军队战时开展刑事诉讼活动，遵循《中华人民共和国刑法》、《中华人民共和国刑事诉讼法》确定的基本原则、基本制度、基本程序，适应战时刑事诉讼特点，保障诉讼当事人合法权益，维护司法公平正义，可以调整适用《中华人民共和国刑事诉讼法》关于管辖、辩护与代理、强制措施、立案、侦查、起诉、审判、执行等部分具体规定。具体由中央军事委员会规定。

本决定自 2023 年 2 月 25 日起施行。

二、关于法律解释的决议决定

全国人民代表大会常务委员会关于解释法律问题的决议

(1955 年 6 月 23 日第一届全国人民代表大会常务委员会
第十七次会议通过)

一、凡关于法律、法令条文本身需要进一步明确界限或作补

---

[1] 中国人大网，http：//www.npc.gov.cn/npc/c30834/202302/f1c1c003dc63430faad0b2fec297a0d9.shtml。

充规定的，由全国人民代表大会常务委员会分别进行解释或用法令加以规定。

二、凡关于审判过程中如何具体应用法律、法令的问题，由最高人民法院审判委员会进行解释。

全国人民代表大会常务委员会关于加强法律解释工作的决议

（1981 年 6 月 10 日第五届全国人民代表大会常务委员会第十九次会议通过）

第五届全国人民代表大会第二次会议通过几个法律以来，各地、各部门不断提出一些法律问题要求解释。同时，在实际工作中，由于对某些法律条文的理解不一致，也影响了法律的正确实施。为了健全社会主义法制，必须加强立法和法律解释工作。现对法律解释问题决定如下：

一、凡关于法律、法令条文本身需要进一步明确界限或作补充规定的，由全国人民代表大会常务委员会进行解释或用法令加以规定。

二、凡属于法院审判工作中具体应用法律、法令的问题，由最高人民法院进行解释。凡属于检察院检察工作中具体应用法律、法令的问题，由最高人民检察院进行解释。最高人民法院和最高人民检察院的解释如果有原则性的分歧，报请全国人民代表大会常务委员会解释或决定。

三、不属于审判和检察工作中的其他法律、法令如何具体应用的问题，由国务院及主管部门进行解释。

四、凡属于地方性法规条文本身需要进一步明确界限或作补充规定的，由制定法规的省、自治区、直辖市人民代表大会常务委员会进行解释或作出规定。凡属于地方性法规如何具体应用的问题，由省、自治区、直辖市人民政府主管部门进行解释。

三、关于批准国务院行政法规的决议决定

全国人民代表大会常务委员会关于批准
《国务院关于工人退休、退职的暂行办法》的决议[1]

（1978 年 5 月 24 日第五届全国人民代表大会常务委员会
第二次会议通过）

第五届全国人民代表大会常务委员会第二次会议决定：原则批准《国务院关于工人退休、退职的暂行办法》。

全国人民代表大会常务委员会关于批准
《国务院关于安置老弱病残干部的暂行办法》的决议[2]

（1978 年 5 月 24 日第五届全国人民代表大会常务委员会
第二次会议通过）

第五届全国人民代表大会常务委员会第二次会议决定：原则批准《国务院关于安置老弱病残干部的暂行办法》。

---

〔1〕 国家法律法规数据库，https：//flk. npc. gov. cn/detail2. html？MmM5MDlmZGQ2NzhiZjE3OTAxNjc4YmY1YTY3NDAwNTU％3D。

〔2〕 国家法律法规数据库，https：//flk. npc. gov. cn/detail2. html？MmM5MDlmZGQ2NzhiZjE3OTAxNjc4YmY4YTY2YjBiNmQ％3D。

第五届全国人民代表大会常务委员会关于批准 广东省经济特区条例的决议[1]

(1980 年 8 月 26 日第五届全国人民代表大会常务委员会 第十五次会议通过)

第五届全国人民代表大会常务委员会第十五次会议决定：批准国务院提出的《广东省经济特区条例》。

第五届全国人民代表大会常务委员会关于批准 《国务院关于老干部离职休养的暂行规定》的决议[2]

(1980 年 9 月 29 日第五届全国人民代表大会常务委员会 第十六次会议通过)

第五届全国人民代表大会常务委员会第十六次会议决定：批准《国务院关于老干部离职休养的暂行规定》，由国务院公布施行。

---

〔1〕 国家法律法规数据库，https：//flk. npc. gov. cn/detail2. html？ MmM5MDlmZGQ2NzhiZjE3OTAxNjc4YmY1YWFlNDAwNjk%3D。

〔2〕 国家法律法规数据库，https：//flk. npc. gov. cn/detail2. html？ MmM5MDlmZGQ2NzhiZjE3OTAxNjc4YmY1YWMxYzAwN2Q%3D。

第五届全国人民代表大会常务委员会关于批准
《国务院关于职工探亲待遇的规定》的决议[1]

（1981 年 3 月 6 日第五届全国人民代表大会常务委员会
第十七次会议通过）

第五届全国人民代表大会常务委员会第十七次会议决定：批准《国务院关于职工探亲待遇的规定》，由国务院公布施行。

第二节　关于法律清理的决议决定

集中开展法律清理工作是保证中国特色社会主义法律体系科学、统一、和谐的重要举措。全国人大及其常委会集中开展法律清理工作是根据国家法治建设需要或某一重要法律颁布实施进行统一安排，对一定时期和范围的法律、法规、政府规章等规范性文件的一致性进行整理、审查、归类等，对与经济社会发展不相适应，法律之间明显不一致、不衔接的规定作出废止、修改或重新确认其法律效力的活动。实际工作中，全国人大及其常委会根据需要经常性地安排对法律进行清理，并不一定采取作出决议决定的方式来推动，只有在涉及清理范围较大、具有历史阶段性意义时才会作出决议决定开展法律清理。

---

[1]　国家法律法规数据库，https：//flk. npc. gov. cn/detail2. html？MmM5MDlmZGQ2NzhiZjE3OTAxNjc4YmY1YWNkNDAwODc%3D。

全国人民代表大会常务委员会关于批准 法制工作委员会关于对 1978 年底以前颁布 的法律进行清理情况和意见报告的决定

（1987 年 11 月 24 日第六届全国人民代表大会常务委员会
第二十三次会议通过）

第六届全国人民代表大会常务委员会第二十三次会议决定：批准《全国人大常委会法制工作委员会关于对 1978 年底以前颁布的法律进行清理的情况和意见的报告》以及附件一《1978 年底以前颁布的已经失效的法律目录》、附件二《1978 年底以前全国人民代表大会常务委员会批准的已经不再适用的民族自治地方的组织条例目录》。

附：

全国人大常委会法制工作委员会关于对 1978 年底以前颁布的法律进行清理的情况和意见的报告

全国人民代表大会常务委员会：

根据五届人大三次会议上全国人大常委会工作报告提出清理建国以来颁布的法律的要求，法制工作委员会对 1978 年底以前颁布的法律（包括有关法律问题的决定）进行了清理。现将清理的情况和处理意见报告如下：

据统计，从 1949 年 9 月至 1978 年底，由中国人民政治协商会议第一次会议、中央人民政府委员会、全国人民代表大会及其常务委员会制定或者批准的法律共有 134 件，我们会同有关部门对这些法律逐件进行了研究，并征求一些法律专家的意见。在清理的 134 件法律中，已经失效的有 111 件（见附件一），继续有效或者继续有效正在研究修改的有 23 件。已经失效的 111 件法律分为以下四种情况：

（一）已由新法规定废止的 11 件。

（二）已有新法代替的 41 件。

（三）由于调整对象变化或者情况变化而不再适用或者已经停止施行的 29 件。

（四）对某一特定问题作出的具有法律效力的决定、条例，已经过时的 30 件。

对现已失去法律效力的 111 件法律，除已由新法规定废止的 11 件以外，对其余的 100 件，建议全国人大常委会明确这些法律已经不再适用，但是过去根据这些法律对有关问题做出的处理仍然是有效的。

此外，在 1978 年底以前，全国人大常委会批准民族自治地方的人民代表大会和人民委员会组织条例 48 件（见附件二），因新宪法、地方各级人民代表大会和地方各级人民政府组织法和民族区域自治法已经制定，各民族自治地方人民代表大会都已成立常务委员会，各自治地方都已经或正在另行制定自治条例，上述组织条例已因情况变化而不再适用。

以上报告和附件一、附件二，请审议。

全国人大常委会法制工作委员会

1987 年 11 月 11 日

附件一：1978 年底以前颁布的已经失效的法律目录（111 件）

附件二：1978 年底以前全国人民代表大会常务委员会批准的已经不再适用的民族自治地方的组织条例目录（48 件）

附件一：

1978 年底以前颁布的已经失效的法律目录（111 件）

一、已由新法规定废止的 11 件

1. 新解放区农业税暂行条例（1950 年 9 月中央人民政府委员会通过）

2. 中华人民共和国婚姻法（1950 年 4 月中央人民政府委员会通过）

3. 中华人民共和国逮捕拘留条例（1954 年 12 月全国人大常委会通过）

4. 中华人民共和国治安管理处罚条例（1957 年 10 月全国人

大常委会通过）

5. 消防监督条例（1957 年 11 月全国人大常委会原则批准）

6. 国务院关于工人、职员回家探亲的假期和工资待遇的暂行规定（1957 年 11 月全国人大常委会批准）

7. 中华人民共和国国境卫生检疫条例（1957 年 12 月全国人大常委会通过）

8. 国务院关于调整获利较大的经济作物的农业税附加比例的规定（1957 年 12 月全国人大常委会原则批准）

9. 国家建设征用土地办法（1958 年 1 月全国人大常委会原则批准）

10. 商标管理条例（1963 年 3 月全国人大常委会批准）

11. 中华人民共和国第五届全国人民代表大会第一次会议关于中华人民共和国国歌的决定（1978 年 3 月通过）

二、已有新法代替的 41 件

1. 中华人民共和国惩治反革命条例（1951 年 2 月中央人民政府委员会批准）

2. 中华人民共和国人民法院暂行组织条例（1951 年 9 月中央人民政府委员会通过）

3. 中央人民政府最高人民检察署暂行组织条例（1951 年 9 月中央人民政府委员会通过）

4. 各级地方人民检察署组织通则（1951 年 9 月中央人民政府委员会通过）

5. 中华人民共和国惩治贪污条例（1952 年 4 月中央人民政府委员会批准）

6. 中央人民政府政务院关于与外国订立条约、协定、议定书、合同等的统一办法之决定（1952 年 8 月中央人民政府委员会

批准）

7. 中华人民共和国民族区域自治实施纲要（1952 年 8 月中央人民政府委员会批准）

8. 中华人民共和国民兵组织暂行条例（1952 年 11 月中央人民政府主席批准）

9. 中华人民共和国全国人民代表大会及地方各级人民代表大会选举法（1953 年 2 月中央人民政府委员会通过）

10. 中华人民共和国全国人民代表大会组织法（1954 年 9 月全国人大通过）

11. 中华人民共和国国务院组织法（1954 年 9 月全国人大通过）

12. 中华人民共和国地方各级人民代表大会和地方各级人民委员会组织法（1954 年 9 月全国人大通过）

13. 中华人民共和国人民法院组织法（1954 年 9 月全国人大通过）

14. 中华人民共和国人民检察院组织法（1954 年 9 月全国人大通过）

15. 全国人民代表大会关于中华人民共和国现行法律、法令继续有效的决议（1954 年 9 月通过）

16. 全国人民代表大会常务委员会关于同外国缔结条约的批准手续的决定（1954 年 10 月通过）

17. 中国人民解放军军官服役条例（1955 年 2 月全国人大常委会通过）

18. 全国人民代表大会常务委员会关于解释法律问题的决议（1955 年 6 月通过）

19. 全国人民代表大会关于授权常务委员会制定单行法规的

决议（1955年7月通过）

20. 全国人民代表大会关于撤销热河省、西康省并修改中华人民共和国地方各级人民代表大会和地方各级人民委员会组织法第二十五条第二款第一项规定的决议（1955年7月通过）

21. 全国人民代表大会关于撤销燃料工业部设立煤炭工业部、电力工业部、石油工业部、农产品采购部并修改中华人民共和国国务院组织法第二条第一款条文的决议（1955年7月通过）

22. 中华人民共和国兵役法（1955年7月全国人大通过）

23. 全国人民代表大会常务委员会关于在地方各级人民代表大会闭会期间省长自治区主席市长州长县长区长乡长镇长和地方各级人民法院院长缺额补充问题的决定（1955年11月通过）

24. 全国人民代表大会常务委员会关于自治州人民代表大会和人民委员会每届任期问题的决定（1956年5月通过）

25. 全国人民代表大会常务委员会关于县市市辖区乡民族乡镇人民代表大会代表名额等问题的决定（1956年5月通过）

26. 全国人民代表大会常务委员会关于不公开进行审理的案件的决定（1956年5月通过）

27. 全国人民代表大会关于修改中华人民共和国地方各级人民代表大会和地方各级人民委员会组织法第二十五条第二款第四项第五项规定的决议（1956年6月通过）

28. 全国人民代表大会常务委员会关于对反革命分子的管制一律由人民法院判决的决定（1956年11月通过）

29. 全国人民代表大会关于死刑案件由最高人民法院判决或者核准的决议（1957年7月通过）

30. 全国人民代表大会常务委员会关于死刑案件由最高人民法院判决或者核准的决议如何执行问题给最高人民法院的批复

（1957 年 9 月批复）

31. 全国人民代表大会常务委员会关于省、直辖市人民代表大会会议可以每年举行一次的决定（1957 年 11 月通过）

32. 国务院关于工人、职员退休处理的暂行规定（1957 年 11 月全国人大常委会原则批准）

33. 国务院关于工人职员退职处理的暂行规定（1958 年 3 月全国人大常委会原则批准）

34. 全国人民代表大会常务委员会关于地方各级人民代表大会代表名额问题的决定（1958 年 3 月通过）

35. 全国人民代表大会常务委员会关于直辖市和较大的市可以领导县自治县的决定（1959 年 9 月通过）

36. 全国人民代表大会常务委员会关于最高人民法院和地方各级人民法院助理审判员任免问题的决定（1960 年 1 月通过）

37. 中国人民解放军军官服役条例（1963 年 9 月全国人大常委会修正通过）

38. 外国人入境出境过境居留旅行管理条例（1964 年 3 月全国人大常委会批准）

39. 全国人民代表大会常务委员会关于军士和兵的现役期限的决定（1965 年 1 月通过）

40. 全国人民代表大会常务委员会关于批准《关于兵役制问题的决定》的决议（1978 年 3 月全国人大常委会批准）

41. 全国人民代表大会常务委员会关于省人民代表大会闭会期间省人民检察院检察长产生程序的决定（1978 年 5 月通过）

三、由于调整对象变化或者情况变化而不再适用或者已经停止施行的 29 件

1. 中华人民共和国中央人民政府组织法（1949 年 9 月中国

人民政治协商会议第一届全体会议通过）

2. 中国人民政治协商会议组织法（1949 年 9 月中国人民政治协商会议第一届全体会议通过）

3. 省各界人民代表会议组织通则（1949 年 12 月中央人民政府委员会通过）

4. 市各界人民代表会议组织通则（1949 年 12 月中央人民政府委员会通过）

5. 县各界人民代表会议组织通则（1949 年 12 月中央人民政府委员会通过）

6. 中央人民政府政务院及所属各机关组织通则（1949 年 12 月中央人民政府委员会通过）

7. 中华人民共和国土地改革法（1950 年 6 月中央人民政府委员会通过）

8. 人民法庭组织通则（1950 年 7 月中央人民政府主席批准）

9. 中央人民政府任免国家机关工作人员暂行条例（1951 年 11 月中央人民政府委员会批准）

10. 各级人民政府民族事务委员会试行组织通则（1952 年 8 月中央人民政府主席批准）

11. 全国人民代表大会常务委员会关于地方各级人民委员会的组成人员是否限于本级人民代表大会代表问题的决定（1955 年 11 月通过）

12. 全国人民代表大会常务委员会关于地方各级人民法院院长人民检察院检察长可否兼任各级人民委员会的组成人员问题的决定（1955 年 11 月通过）

13. 农业生产合作社示范章程（1956 年 3 月全国人大常委会通过）

14. 文化娱乐税条例（1956 年 5 月全国人大常委会通过）

15. 高级农业生产合作社示范章程（1956 年 6 月全国人大通过）

16. 全国人民代表大会常务委员会关于增加农业生产合作社社员自留地的决定（1957 年 6 月通过）

17. 华侨投资于国营华侨投资公司的优待办法（1957 年 8 月全国人大常委会批准）

18. 县级以上人民委员会任免国家机关工作人员条例（1957 年 11 月全国人大常委会通过）

19. 国务院关于改进工业管理体制的规定（1957 年 11 月全国人大常委会原则批准）

20. 国务院关于改进商业管理体制的规定（1957 年 11 月全国人大常委会原则批准）

21. 国务院关于改进财政管理体制的规定（1957 年 11 月全国人大常委会原则批准）

22. 国务院关于国营、公私合营、合作经营、个体经营的企业和事业单位的学徒的学习期限和生活补贴的暂行规定（1957 年 11 月全国人大常委会原则批准）

23. 国务院关于企业、事业单位和国家机关中普通工和勤杂工的工资待遇的暂行规定（1957 年 11 月全国人大常委会原则批准）

24. 全国人民代表大会常务委员会关于适当提高高级农业生产合作社公积金比例的决定（1958 年 1 月通过）

25. 国务院关于农业生产合作社股份基金的补充规定（1958 年 1 月全国人大常委会原则批准）

26. 国务院关于改进税收管理体制的规定（1958 年 6 月全国

人大常委会原则批准）

27. 全国人民代表大会常务委员会关于批准设立最高人民法院西藏分院和最高人民检察院西藏分院的决议（1958 年 6 月通过）

28. 全国农业发展纲要（1960 年 4 月全国人民代表大会通过）

29. 民族自治地方财政管理暂行办法（1958 年 6 月全国人大常委会原则批准）

四、对特定问题作出具有法律效力的决定、条例，已经过时的 30 件

（一）关于某一届人民代表大会任期、召开时间、代表名额、选举时间的决定 9 件

1. 中央人民政府委员会关于召开全国人民代表大会及地方各级人民代表大会的决议（1953 年 1 月通过）

2. 全国人民代表大会常务委员会关于省县乡改变建制后本届人民代表大会代表名额问题的决定（1955 年 3 月通过）

3. 全国人民代表大会常务委员会关于第一届地方各级人民代表大会任期问题的决定（1955 年 3 月通过）

4. 全国人民代表大会常务委员会关于 1956 年直辖市和县以下各级人民代表大会代表选举时间的决定（1956 年 5 月通过）

5. 全国人民代表大会关于第二届全国人民代表大会代表选举问题的决议（1957 年 7 月通过）

6. 全国人民代表大会常务委员会关于 1958 年直辖市和县以下各级人民代表大会代表选举时间的决定（1957 年 11 月通过）

7. 全国人民代表大会常务委员会关于第二届全国人民代表大会代表选举时间和第二届全国人民代表大会第一次会议召开时间

的决定（1958年6月通过）

8. 全国人民代表大会关于第三届全国人民代表大会代表名额和选举问题的决议（1963年12月通过）

9. 第三届全国人民代表大会少数民族代表名额分配方案（1964年7月全国人大常委会批准）

（二）关于公债条例7件

1. 关于发行人民胜利折实公债的决定（1949年12月中央人民政府委员会通过）

2. 1954年国家经济建设公债条例（1953年12月中央人民政府委员会通过）

3. 1955年国家经济建设公债条例（1954年12月全国人大常委会通过）

4. 1956年国家经济建设公债条例（1955年11月全国人大常委会通过）

5. 1957年国家经济建设公债条例（1956年12月全国人大常委会通过）

6. 1958年国家经济建设公债条例（1957年11月全国人大常委会通过）

7. 中华人民共和国地方经济建设公债条例（1958年6月全国人大常委会通过）

（三）关于宽大处理战争罪犯、残余反革命分子和特赦战犯的决定9件

1. 全国人民代表大会常务委员会关于处理在押日本侵略中国战争中战争犯罪分子的决定（1956年4月通过）

2. 全国人民代表大会常务委员会关于宽大处理和安置城市残余反革命分子的决定（1956年11月通过）

3. 全国人民代表大会常务委员会关于特赦确实改恶从善的罪犯的决定（1959 年 9 月通过）

4. 全国人民代表大会常务委员会关于特赦确实改恶从善的蒋介石集团和伪满洲国的战争罪犯的决定（1960 年 11 月通过）

5. 全国人民代表大会常务委员会关于特赦确实改恶从善的蒋介石集团和伪满洲国的战争罪犯的决定（1961 年 12 月通过）

6. 全国人民代表大会常务委员会关于特赦确实改恶从善的蒋介石集团、伪满洲国和伪蒙疆自治政府的战争罪犯的决定（1963 年 3 月通过）

7. 全国人民代表大会常务委员会关于特赦确实改恶从善的蒋介石集团、伪满洲国和伪蒙疆自治政府的战争罪犯的决定（1964 年 12 月通过）

8. 全国人民代表大会常务委员会关于特赦确实改恶从善的蒋介石集团、伪满洲国和伪蒙疆自治政府的战争罪犯的决定（1966 年 3 月通过）

9. 全国人民代表大会常务委员会关于特赦释放全部在押战争罪犯的决定（1975 年 3 月通过）

（四）关于授予勋章奖章和军衔的决定、条例 5 件

1. 中华人民共和国授予中国人民解放军在中国人民革命战争时期有功人员的勋章奖章条例（1955 年 2 月全国人大常委会通过）

2. 全国人民代表大会常务委员会关于规定勋章奖章授予中国人民解放军在中国人民革命战争时期有功人员的决议（1955 年 2 月通过）

3. 全国人民代表大会常务委员会关于规定勋章奖章授予中国人民解放军在保卫祖国和进行国防现代化建设中有功人员的决议

（1955 年 2 月通过）

4. 全国人民代表大会常务委员会关于授予中国人民志愿军抗美援朝保家卫国有功人员勋章奖章的决议（1955 年 2 月通过）

5. 全国人民代表大会常务委员会关于取消中国人民解放军军衔制度的决定（1965 年 5 月通过）

附件二：

1978 年底以前全国人民代表大会常务委员会批准的 已经不再适用的民族自治地方的组织条例目录（48 件）

一、自治区的组织条例 6 件

1. 内蒙古自治区各级人民代表大会和各级人民委员会组织条例（1955 年 11 月全国人大常委会批准）

2. 新疆维吾尔自治区各级人民代表大会和各级人民委员会组织条例（1956 年 7 月全国人大常委会批准）

3. 西藏自治区筹备委员会组织简则（1956 年 9 月全国人大常委会批准）

4. 西藏自治区各级人民代表大会选举条例（1963 年 3 月全国人大常委会批准）

5. 广西壮族自治区人民代表大会和人民委员会组织条例（1958 年 7 月全国人大常委会批准）

6. 宁夏回族自治区人民代表大会和人民委员会组织条例（1959 年 11 月全国人大常委会批准）

二、自治州的组织条例 22 件

1. 湘西苗族自治州人民代表大会组织条例（1956 年 5 月全国人大常委会批准）

2. 湘西苗族自治州人民委员会组织条例（1956 年 5 月全国人大常委会批准）

3. 湘西土家族苗族自治州人民代表大会和人民委员会组织条例（1959 年 11 月全国人大常委会批准）

4. 黔东南苗族侗族自治州人民代表大会组织条例（1957 年 6 月全国人大常委会批准）

5. 黔东南苗族侗族自治州人民委员会组织条例（1957 年 6 月全国人大常委会批准）

6. 黔南布依族苗族自治州人民代表大会组织条例（1957 年 6 月全国人大常委会批准）

7. 黔南布依族苗族自治州人民委员会组织条例（1957 年 6 月全国人大常委会批准）

8. 云南省大理白族自治州人民代表大会和人民委员会组织条例（1957 年 6 月全国人大常委会批准）

9. 云南省文山壮族苗族自治州各级人民代表大会和各级人民委员会组织条例（1959 年 11 月全国人大常委会批准）

10. 云南省红河哈尼族彝族自治州人民代表大会和人民委员会组织条例（1959 年 11 月全国人大常委会批准）

11. 云南省楚雄彝族自治州人民代表大会和人民委员会组织条例（1959 年 11 月全国人大常委会批准）

12. 云南省怒江傈僳族自治州人民代表大会和人民委员会组织条例（1959 年 11 月全国人大常委会批准）

13. 吉林省延边朝鲜族自治州各级人民代表大会和各级人民委员会组织条例（1957 年 3 月全国人大常委会批准）

14. 甘肃省临夏回族自治州各级人民代表大会和各级人民委员会组织条例（1958 年 9 月全国人大常委会批准）

15. 甘肃省甘南藏族自治州人民代表大会和人民委员会组织条例（1958 年 9 月全国人大常委会批准）

16. 新疆维吾尔自治区伊犁哈萨克自治州各级人民代表大会和各级人民委员会组织条例（1958 年 6 月全国人大常委会批准）

17. 新疆维吾尔自治区克孜勒苏柯尔克孜自治州各级人民代表大会和各级人民委员会组织条例（1966 年 3 月全国人大常委会

批准）

18. 新疆维吾尔自治区巴音郭楞蒙古自治州人民代表大会和人民委员会组织条例（1966 年 3 月全国人大常委会批准）

19. 青海省果洛藏族自治州各级人民代表大会和各级人民委员会组织条例（1964 年 12 月全国人大常委会批准）

20. 青海省海南藏族自治州各级人民代表大会和各级人民委员会组织条例（1966 年 3 月全国人大常委会批准）

21. 四川省凉山彝族自治州各级人民代表大会和各级人民委员会组织条例（1965 年 8 月全国人大常委会批准）

22. 四川省甘孜藏族自治州各级人民代表大会和各级人民委员会组织条例（1965 年 8 月全国人大常委会批准）

三、自治县的组织条例 20 件

1. 河北省孟村回族自治县人民代表大会和人民委员会组织条例（1956 年 7 月全国人大常委会批准）

2. 河北省大厂回族自治县人民代表大会和人民委员会组织条例（1956 年 7 月全国人大常委会批准）

3. 湖南省江华瑶族自治县人民代表大会和人民委员会组织条例（1956 年 7 月全国人大常委会批准）

4. 湖南省通道侗族自治县人民代表大会和人民委员会组织条例（1959 年 4 月全国人大常委会批准）

5. 湖南省新晃侗族自治县人民代表大会和人民委员会组织条例（1959 年 4 月全国人大常委会批准）

6. 湖南省城步苗族自治县人民代表大会和人民委员会组织条例（1959 年 4 月全国人大常委会批准）

7. 黑龙江省杜尔伯特蒙古族自治县人民代表大会和人民委员会组织条例（1957 年 6 月全国人大常委会批准）

8. 吉林省前郭尔罗斯蒙古族自治县人民代表大会和人民委员会组织条例（1957 年 11 月全国人大常委会批准）

9. 贵州省三都水族自治县人民代表大会和人民委员会组织条例（1958 年 3 月全国人大常委会批准）

10. 贵州省松桃苗族自治县人民代表大会组织条例（1958 年 3 月全国人大常委会批准）

11. 贵州省松桃苗族自治县人民委员会组织条例（1958 年 3 月全国人大常委会批准）

12. 贵州省镇宁布依族苗族自治县人民代表大会和人民委员会组织条例（1964 年 12 月全国人大常委会批准）

13. 辽宁省喀喇沁左翼蒙古族自治县人民代表大会和人民委员会组织条例（1959 年 11 月全国人大常委会批准）

14. 辽宁省阜新蒙古族自治县人民代表大会和人民委员会组织条例（1959 年 11 月全国人大常委会批准）

15. 云南省丽江纳西族自治县人民代表大会和人民委员会组织条例（1962 年 11 月全国人大常委会批准）

16. 云南省屏边苗族自治县人民代表大会和人民委员会组织条例（1964 年 12 月全国人大常委会批准）

17. 云南省河口瑶族自治县人民代表大会和人民委员会组织条例（1964 年 12 月全国人大常委会批准）

18. 广东省连山壮族瑶族自治县人民代表大会和人民委员会组织条例（1964 年 12 月全国人大常委会批准）

19. 内蒙古自治区鄂温克族自治旗人民代表大会和人民委员会组织条例（1964 年 12 月全国人大常委会批准）

20. 内蒙古自治区莫力达瓦达斡尔族自治旗人民代表大会和人民委员会组织条例（1964 年 12 月全国人大常委会批准）

第三节 关于法律修改的决议决定

全国人民代表大会及其常务委员会修改法律的方式包括直接对修改后的法律草案进行表决、对修正案草案进行表决，以及对修改法律的决议决定进行表决等形式。但通过作出决议决定对法律进行修改是开展立法工作的一种重要方式，是对法律修改程度介乎其他两种方式之间的一种方式。如1954年一届全国人大一次会议通过的《中华人民共和国地方各级人民代表大会和地方各级人民委员会组织法》，在1979年由五届全国人大二次会议进行修改时，尽管前后两部法律的名称已经发生变化，但全国人大并未作出决定，而是直接对《中华人民共和国地方各级人民代表大会和地方各级人民政府组织法》进行表决。而通过表决修正案草案的方式进行修改法律的一般修改程度较小。

全国人民代表大会常务委员会关于修改《中华人民共和国民族区域自治法》的决定

(2001年2月28日第九届全国人民代表大会常务委员会第二十次会议通过)

第九届全国人民代表大会常务委员会第二十次会议决定对《中华人民共和国民族区域自治法》作如下修改：

一、序言第一自然段修改为："中华人民共和国是全国各族人民共同缔造的统一的多民族国家。民族区域自治是中国共产党运用马克思列宁主义解决我国民族问题的基本政策，是国家的一项基本政治制度。"

第三自然段修改为："实行民族区域自治，对发挥各族人民当家作主的积极性，发展平等、团结、互助的社会主义民族关系，巩固国家的统一，促进民族自治地方和全国社会主义建设事业的发展，都起了巨大的作用。今后，继续坚持和完善民族区域自治制度，使这一制度在国家的社会主义现代化建设进程中发挥更大的作用。"

第五自然段修改为："民族自治地方的各族人民和全国人民一道，在中国共产党的领导下，在马克思列宁主义、毛泽东思想、邓小平理论的指引下，坚持人民民主专政，坚持改革开放，沿着建设有中国特色社会主义的道路，集中力量进行社会主义现代化建设，发展社会主义市场经济，加强社会主义民主与法制建设，加强社会主义精神文明建设，加速民族自治地方经济、文化的发展，建设团结、繁荣的民族自治地方，为各民族的共同繁荣，把祖国建设成为富强、民主、文明的社会主义国家而努力奋斗。"

二、第十四条第二款修改为："民族自治地方一经建立，未经法定程序，不得撤销或者合并；民族自治地方的区域界线一经确定，未经法定程序，不得变动；确实需要撤销、合并或者变动的，由上级国家机关的有关部门和民族自治地方的自治机关充分协商拟定，按照法定程序报请批准。"

三、第十七条第一款修改为："自治区主席、自治州州长、自治县县长由实行区域自治的民族的公民担任。自治区、自治州、自治县的人民政府的其他组成人员，应当合理配备实行区域自治的民族和其他少数民族的人员。"

四、第十八条修改为："民族自治地方的自治机关所属工作部门的干部中，应当合理配备实行区域自治的民族和其他少数民族的人员。"

五、第十九条修改为："民族自治地方的人民代表大会有权依照当地民族的政治、经济和文化的特点，制定自治条例和单行条例。自治区的自治条例和单行条例，报全国人民代表大会常务委员会批准后生效。自治州、自治县的自治条例和单行条例报省、自治区、直辖市的人民代表大会常务委员会批准后生效，并报全国人民代表大会常务委员会和国务院备案。"并在第十六条、第三十四条和第三十五条中的"自治区"后增写"直辖市"。

六、第二十条修改为："上级国家机关的决议、决定、命令和指示，如有不适合民族自治地方实际情况的，自治机关可以报经该上级国家机关批准，变通执行或者停止执行；该上级国家机关应当在收到报告之日起六十日内给予答复。"

七、第二十二条增加一款作为第二款："民族自治地方的自治机关录用工作人员的时候，对实行区域自治的民族和其他少数民族的人员应当给予适当的照顾。"

八、第二十三条修改为："民族自治地方的企业、事业单位依照国家规定招收人员时，优先招收少数民族人员，并且可以从农村和牧区少数民族人口中招收。"

九、第二十五条、第二十六条合并为一条，作为第二十五条，修改为："民族自治地方的自治机关在国家计划的指导下，根据本地方的特点和需要，制定经济建设的方针、政策和计划，自主地安排和管理地方性的经济建设事业。"

十、第二十七条第一款改为第二十六条，修改为："民族自治地方的自治机关在坚持社会主义原则的前提下，根据法律规定和本地方经济发展的特点，合理调整生产关系和经济结构，努力发展社会主义市场经济。"

增加一款作为第二款："民族自治地方的自治机关坚持公有制为主体、多种所有制经济共同发展的基本经济制度，鼓励发展非公有制经济。"

十一、第二十八条第二款改为第二十七条第二款，修改为："民族自治地方的自治机关保护、建设草原和森林，组织和鼓励植树种草。禁止任何组织或者个人利用任何手段破坏草原和森林。严禁在草原和森林毁草毁林开垦耕地。"

十二、删去第三十一条。

十三、第三十二条改为第三十一条，第三款修改为："民族自治地方在对外经济贸易活动中，享受国家的优惠政策。"

十四、第三十三条改为第三十二条，第三款、第四款合并修改为："民族自治地方在全国统一的财政体制下，通过国家实行的规范的财政转移支付制度，享受上级财政的照顾。"

十五、增加一条作为第三十五条："民族自治地方根据本地方经济和社会发展的需要，可以依照法律规定设立地方商业银行和城乡信用合作组织。"

十六、第三十七条第一款修改为："民族自治地方的自治机关自主地发展民族教育，扫除文盲，举办各类学校，普及九年义务教育，采取多种形式发展普通高级中等教育和中等职业技术教育，根据条件和需要发展高等教育，培养各少数民族专业人才。"

第二款修改为："民族自治地方的自治机关为少数民族牧区和经济困难、居住分散的少数民族山区，设立以寄宿为主和助学金为主的公办民族小学和民族中学，保障就读学生完成义务教育阶段的学业。办学经费和助学金由当地财政解决，当地财政困难的，上级财政应当给予补助。"

第三款修改为："招收少数民族学生为主的学校（班级）和其他教育机构，有条件的应当采用少数民族文字的课本，并用少数民族语言讲课；根据情况从小学低年级或者高年级起开设汉语文课程，推广全国通用的普通话和规范汉字。"

增加一款作为第四款："各级人民政府要在财政方面扶持少数民族文字的教材和出版物的编译和出版工作。"

十七、第三十八条第一款修改为："民族自治地方的自治机关自主地发展具有民族形式和民族特点的文学、艺术、新闻、出版、广播、电影、电视等民族文化事业。加大对文化事业的投入，加强文化设施建设，加快各项文化事业的发展。"

第二款修改为："民族自治地方的自治机关组织、支持有关单位和部门收集、整理、翻译和出版民族历史文化书籍，保护民族的名胜古迹、珍贵文物和其他重要历史文化遗产，继承和发展优秀的民族传统文化。"

十八、第四十条第二款修改为："民族自治地方的自治机关加强对传染病、地方病的预防控制工作和妇幼卫生保健，改善医疗卫生条件。"

十九、第四十四条增加一款作为第一款："民族自治地方实行计划生育和优生优育，提高各民族人口素质。"

二十、第四十五条修改为："民族自治地方的自治机关保护和改善生活环境和生态环境，防治污染和其他公害，实现人口、资源和环境的协调发展。"

二十一、第四十七条修改为："民族自治地方的人民法院和人民检察院应当用当地通用的语言审理和检察案件，并合理配备通晓当地通用的少数民族语言文字的人员。对于不通晓当地通用的语言文字的诉讼参与人，应当为他们提供翻译。法律文书应当根据实际需要，使用当地通用的一种或者几种文字。保障各民族公民都有使用本民族语言文字进行诉讼的权利。"

二十二、第五十条第二款修改为："民族自治地方的自治机关帮助本地方各民族发展经济、教育、科学技术、文化、卫生、体育事业。"

二十三、第六章标题修改为"上级国家机关的职责"。

二十四、第五十五条第一款修改为："上级国家机关应当帮助、指导民族自治地方经济发展战略的研究、制定和实施，从财政、金融、物资、技术和人才等方面，帮助各民族自治地方加速发展经济、教育、科学技术、文化、卫生、体育等事业。"

增加一款作为第二款："国家制定优惠政策，引导和鼓励国内外资金投向民族自治地方。"

二十五、增加一条作为第五十六条："国家根据统一规划和市场需求，优先在民族自治地方合理安排资源开发项目和基础设施建设项目。国家在重大基础设施投资项目中适当增加投资比重和政策性银行贷款比重。""国家在民族自治地方安排基础设施建设，需要民族自治地方配套资金的，根据不同情况给予减少或者免除配套资金的照顾。""国家帮助民族自治地方加快实用科技开发和成果转化，大力推广实用技术和有条件发展的高新技术，积极引导科技人才向民族自治地方合理流动。国家向民族自治地方提供转移建设项目的时候，根据当地的条件，提供先进、适用的设备和工艺。"

二十六、增加一条作为第五十七条："国家根据民族自治地方的经济发展特点和需要，综合运用货币市场和资本市场，加大对民族自治地方的金融扶持力度。金融机构对民族自治地方的固定资产投资项目和符合国家产业政策的企业，在开发资源、发展多种经济方面的合理资金需求，应当给予重点扶持。""国家鼓励商业银行加大对民族自治地方的信贷投入，积极支持当地企业的合理资金需求。"

二十七、增加一条作为第五十八条："上级国家机关从财政、金融、人才等方面帮助民族自治地方的企业进行技术创新，促进产业结构升级。""上级国家机关应当组织和鼓励民族自治地方的企业管理人员和技术人员到经济发达地区学习，同时引导和鼓励经济发达地区的企业管理人员和技术人员到民族自治地方的企业工作。"

二十八、第五十七条改为第六十条，修改为："上级国家机关根据国家的民族贸易政策和民族自治地方的需要，对民族自治地方的商业、供销和医药企业，从投资、金融、税收等方面给予扶持。"

二十九、增加一条作为第六十一条："国家制定优惠政策，扶持民族自治地方发展对外经济贸易，扩大民族自治地方生产企业对外贸易经营自主权，鼓励发展地方优势产品出口，实行优惠的边境贸易政策。"

三十、第五十八条改为第六十二条，修改为："随着国民经济的发展和财政收入的增长，上级财政逐步加大对民族自治地方财政转移支付力度。通过一般性财政转移支付、专项财政转移支付、民族优惠政策财政转移支付以及国家确定的其他方式，增加对民族自治地方的资金投入，用于加快民族自治地方经济发展和社会进步，逐步缩小与发达地区的差距。"

三十一、删去第五十九条。

三十二、第六十条改为第六十三条，修改为："上级国家机关在投资、金融、税收等方面扶持民族自治地方改善农业、牧业、林业等生产条件和水利、交通、能源、通信等基础设施；扶持民族自治地方合理利用本地资源发展地方工业、乡镇企业、中小企业以及少数民族特需商品和传统手工业品的生产。"

三十三、第六十一条改为第六十四条，修改为："上级国家机关应当组织、支持和鼓励经济发达地区与民族自治地方开展经济、技术协作和多层次、多方面的对口支援，帮助和促进民族自治地方经济、教育、科学技术、文化、卫生、体育事业的发展。"

三十四、第六十二条改为第六十五条，第一款修改为："国家在民族自治地方开发资源、进行建设的时候，应当照顾民族自治地方的利益，作出有利于民族自治地方经济建设的安排，照顾当地少数民族的生产和生活。国家采取措施，对输出自然资源的民族自治地方给予一定的利益补偿。"

增加一款作为第二款："国家引导和鼓励经济发达地区的企业按照互惠互利的原则，到民族自治地方投资，开展多种形式的经济合作。"

三十五、增加一条作为第六十六条："上级国家机关应当把民族自治地方的重大生态平衡、环境保护的综合治理工程项目纳入国民经济和社会发展计划，统一部署。""民族自治地方为国家的生态平衡、环境保护作出贡献的，国家给予一定的利益补偿。""任何组织和个人在民族自治地方开发资源、进行建设的时候，要采取有效措施，保护和改善当地的生活环境和生态环境，防治污染和其他公害。"

三十六、第六十二条第二款、第三款合并作为第六十七条，修改为："上级国家机关隶属的在民族自治地方的企业、事业单位依照国家规定招收人员时，优先招收当地少数民族人员。""在民族自治地方的企业、事业单位，应当尊重当地自治机关的自治权，遵守当地自治条例、单行条例和地方性法规、规章，接受当地自治机关的监督。"

三十七、增加一条作为第六十九条："国家和上级人民政府应当从财政、金融、物资、技术、人才等方面加大对民族自治地方的贫困地区的扶持力度，帮助贫困人口尽快摆脱贫困状况，实现小康。"

三十八、第六十五条改为第七十一条，修改为："国家加大对民族自治地方的教育投入，并采取特殊措施，帮助民族自治地方加速普及九年义务教育和发展其他教育事业，提高各民族人民的科学文化水平。""国家举办民族高等学校，在高等学校举办民族班、民族预科，专门或者主要招收少数民族学生，并且可以采取定向招生、定向分配的办法。高等学校和中等专业学校招收新生的时候，对少数民族考生适当放宽录取标准和条件，对人口特少的少数民族考生给予特殊照顾。各级人民政府和学校应当采取多种措施帮助家庭经济困难的少数民族学生完成学业。""国家在发达地区举办民族中学或者在普通中学开设民族班，招收少数民族学生实施中等教育。""国家帮助民族自治地方培养和培训各民族教师。国家组织和鼓励各民族教师和符合任职条件的各民族毕业生到民族自治地方从事教育教学工作，并给予他们相应的优惠待遇。"

三十九、第七章"附则"增加一条作为第七十三条："国务院及其有关部门应当在职权范围内，为实施本法分别制定行政法规、规章、具体措施和办法。""自治区和辖有自治州、自治县的省、直辖市的人民代表大会及其常务委员会结合当地实际情况，制定实施本法的具体办法。"

本决定自公布之日起施行。

《中华人民共和国民族区域自治法》根据本决定作相应的修改并对条款顺序作相应调整，重新公布。

附：

关于《中华人民共和国民族区域自治法修正案（草案）》的说明

（2000年10月23日在第九届全国人民代表大会常务委员会第十八次会议上）

全国人民代表大会常务委员会副委员长　铁木尔·达瓦买提

委员长、各位副委员长、秘书长、各位委员：

我受委员长会议的委托，作关于《中华人民共和国民族区域自治法修正案（草案）》的说明。

1984年制定的民族区域自治法，以基本法的形式把党和国家的民族区域自治政策固定下来。这部法律贯彻实施十六年来，在保障民族地方的自治权利，巩固和发展平等、团结、互助的社会主义民族关系，促进民族自治地方的改革、发展和稳定，维护国家的统一等方面发挥了重要作用。民族自治地方的广大干部和群众都说这是一部好法。随着我国改革开放和社会主义现代化建设事业的发展，社会主义市场经济体制的建立，民族区域自治法有关财政经济方面的一些规定已不适应新的情况，国家对民族自治地方某些扶持和照顾的政策，也需相应作一些调整。因此，需要根据新的形势，对民族区域自治法作适当修改。

八届全国人大以来，一些全国人大代表相继提出议案，要求修改民族区域自治法。这部法律的修改工作，先后列入八届和九届全国人大常委会五年立法规划。在九届全国人大常委会党组的领导下，成立了以铁木尔·达瓦买提副委员长为组长的民族区域自治法修改小组。修改小组在民族自治地方进行了深入系统的调查研究，听取意见，并多次征求中央有关部门的意见，经过反复协商、交换意见，在主要问题上达成共识后，形成了现在的修正案（草案）。

这次修改以邓小平理论、党的基本路线和党的十五大精神为指导，遵循宪法的规定，从我国社会主义初级阶段的国情和民族地区的实际出发，根据建立社会主义市场经济体制的新形势，适应改革、发展和稳定的要求，力求解决民族自治地方经济和社会发展的一些实际问题，在财政、金融和教育文化等方面采取必要的特殊政策，加快民族地区经济和社会发展，促进民族团结，逐步缩小民族自治地方与其他地区的发展差距。同时，考虑到我国社会主义市场经济体制正在建立和完善过程中，即将加入世界贸易组织，西部大开发战略刚开始启动，许多情况还在变化，对民族自治地方的有关经济政策、措施不宜规定得过于具体，以便于国务院根据不同情况操作施行，地方上根据具体情况制定实施办法。修改内容，在序言里主要是增写了邓小平理论的指导地位，坚持改革开放，走有中国特色社会主义道路，发展社会主义市场经济等，同 1999 年宪法的修改相一致。其他修改，主要集中在经济体制和上级国家机关对民族自治地方的支持和帮助方面。现将修正案（草案）的主要问题说明如下：

一、关于对序言修改

民族区域自治法的序言，根据宪法的规定，概括地阐述了我国民族区域自治制度的性质、内容和基本原则。其中，第五自然段规定："民族自治地方的各族人民和全国人民一道，在中国共产党的领导下，在马克思列宁主义、毛泽东思想的指引下，坚持人民民主专政，坚持社会主义道路，集中力量进行社会主义现代化建设，加速民族自治地方经济、文化的发展，建设团结、繁荣的民族自治地方，为各民族的共同繁荣，把祖国建设成为高度文明、高度民主的社会主义国家而努力奋斗。"根据党的十五大精神、宪法修正案的规定和十几年来国家改革、发展的新形势，修改为："民族自治地方的各族人民和全国人民一道，在中国共产党的领导下，在马克思列宁主义、毛泽东思想和邓小平理论的指引下，坚持人民民主专政，坚持改革开放，沿着建设有中国特色社会主义的道路，集中力量进行社会主义现代化建设，发展社会主义市场经济，加强社会主义民主与法制建设，加强社会主义精神文明建设，加速民族自治地方经济、文化的发展，建设团结、繁荣的民族自治地方，为各民族的共同繁荣，把祖国建设成为富强、民主、文明的社会主义国家而努力奋斗。"作这样的修改和补充，特别是增写邓小平理论的指导地位，体现了全国各族人民的共同意愿，对于坚持和完善我国民族区域自治制度，促进民族自治地方的团结、繁荣和发展，促进国内各民族的共同繁荣，具有重大意义。

二、关于财政体制和对民族自治地方的财政支持

在80年代，我国实行"划分收支、分级包干"的财政体制。按照这一体制，民族区域自治法对民族自治地方的财政收支制度和国家有关的补助办法作了规定。民族区域自治法第三十三条第三款、第四款规定："民族自治地方的财政收入和财政支出的项目，由国务院按照优待民族自治地方的原则规定。""民族自治地方依照国家财政体制的规定，财政收入多于财政支出的，定额上缴上级财政，上缴数额可以一定几年不变；收入不敷支出的，由上级财政机关补助。"第五十八条规定："上级国家机关合理核定或者调整民族自治地方的财政收入和支出的基数。"从1994年我国实行分税制财政体制后，民族自治地方财政上仍然存在较多困

难。全国150多个民族自治地方，除少数几个自治州、自治县财政收支平衡或略有上缴外，其他均靠上级财政补贴过日子。在实行分税制财政体制下，国家对财政困难省区（包括少数民族省区）的支持，主要是通过财政转移支付制度实现的。民族地区经济欠发达，又多处边境，对这些地区采取特殊政策，进一步加大上级财政支持力度，并加以规范，有利于加快民族地区发展，有利于社会稳定和国家安全。因此，修改草案按照分税制财政体制，将原第三十三条第三、四款合并修改为："民族自治地方实行全国统一的财政体制。民族自治地方按照国家财政体制，通过国家规范的财政转移支付制度，享受上级财政的照顾。"将原第五十八条修改为："随着国民经济的发展和财政收入的增长，上级财政逐步加大对民族自治地方财政转移支付力度。通过财政转移支付，增加对民族自治地方的资金投入，用于加快民族自治地方的经济发展和社会进步，逐步缩小与发达地区的差距"。财政部已作出安排，从2000年起，在专项增加对民族地区政策性转移支付的同时，还将民族地区每年增值税增量的百分之八十由中央专项转移支付给民族地区。实行这一办法，民族自治地方将比现在得到更多照顾，也有利于自治地方在财政上行使自治权。

三、关于投资、金融等方面的支持

改革开放以来，民族自治地方经济文化得到了迅速发展，各族人民生活得到显著改善，但与发达地区相比，仍存在相当大的差距。为了进一步加快民族自治地方经济的发展，加大对民族自治地方的扶持力度，逐步缩小与发达地区的差距，这次修改，在投资、金融、基础设施建设等方面的扶持作了一些新的规定。主要是：

一是投资方面的扶持。增加一条规定："在国家统一规划指导下，以市场需求为导向，优先在民族自治地方合理安排资源开发项目和基础设施建设项目。国家应当在投资项目资本金中适当增加投资比重和政策性银行贷款比重"。

考虑到以往国家在民族自治地方安排基础设施建设，一般都要求民族自治地方负担与其他地方同样比例的配套资金。民族自治地方由于财政困难，拿不出足够的配套资金，争取不到国家的基础设施建设项目。为此，增加一条规定："国家在民族自治地方安排基础设施建设，需要民族自治地方配套资金的，应当根据不同情况给予照顾"。

二是金融方面的扶持。增加一条规定，"上级国家机关和各级国家金融机构，根据民族自治地方的经济发展特点和需要，应当加大金融扶持力度。对民族自治地方的固定资产投资项目贷款和符合国家产业政策的企业，在开发资源、发展多种经济方面的合理资金需求，应当给予重点扶持。""国有商业银行贷款实行资产负债比例管理，对民族自治地方效益好的企业给予照顾"。

三是考虑到一些民族自治地方多年来向其他地区输出资源，而自身受益不多，因此，增加规定："国家采取措施，对于资源输出的民族自治地方给予一定的利益照顾"。

四是加强民族地方的扶贫。考虑到民族自治地方贫困面大、贫困人口多，国家扶贫攻坚的主战场在民族地区，因此，增加一条规定："国家和上级人民政府应当从财政、金融、物资、技术、人才等方面加大对民族自治地方的贫困地区的扶贫力度，帮助贫困人口尽快实现温饱，摆脱贫困状况，逐步实现小康"。

四、关于教育文化方面的支持

主要是在教育方面，从两个方面作了规定。一是帮助民族自治地方发展民族小学和中学，在发达地区举办民族中学，或在普通中学开设民族班，帮助培养少数民族学生。民族区域自治法第三十七条第二款规定："民族自治地方的自治机关可以为少数民族牧区和经济困难、居住分散的少数民族山区，设立以寄宿为主和助学金为主的公办民族小学和民族中学。"由于一些民族自治地方的财政困难，其所举办的以寄宿制为主和助学金为主的公办民族小学和民族中学难以为继，因此，这次修改增加规定："当地财政困难的，上级财政根据情况给予扶持。"同时在这一条中增加一款，"各级人民政府要在财政方面扶持少数民族文字的教材和出版物的编译和出版工作"。在原第六十五条增加一款，"国家在发达地区举办民族中学或者在普通中学开设民族班，招收少数民族学生实施中等教育"。

二是加大对民族自治地方教育的扶持力度。为了帮助民族自治地方加速发展教育事业，修正案草案规定，"国家应当加大对民族自治地方的教育投入，并采取特殊措施，帮助民族自治地方加速普及九年义务教育和发展其他教育事业，提高各民族人民的科学文化水平。""对人口特少的少数民族考生给予特殊照顾。各级人民政府和学校应当采取多种措施帮助家庭经济困难的少数民族学生完成学业。""国家应当帮助民族自治地方培养和培训各民族教师。国家组织和鼓励各民族教师和符合任职条件的各民族毕业生到民族自治地方从事教育教学工作，并给他们相应的优惠待遇"。

五、关于经济发达地区和民族自治地方的对口支持

1979 年召开的全国边防工作会议，确定经济发达的省市对口支援五个自治区和少数民族比较集中的云南、贵州和青海三个省，以此为开端，发达地区与民族自治地方逐渐发展为多层次、多方面的对口支援，成效显著。原第六十一条规定："上级国家

机关应当组织和支持经济发达地区与民族自治地方开展经济、技术协作，帮助和促进民族自治地方提高经营管理水平和生产技术水平。"为了进一步加强对口支援，实现民族互助，根据多年来的经验和做法，将这一条修改为："上级国家机关应当组织、支持和鼓励经济发达地区与民族自治地方开展经济、技术协作和多层次、多方面的对口支援，帮助和促进民族自治地方经济、教育、科学技术、文化、卫生、体育事业的发展。"同时，在原第六十二条增加一款："国家引导和鼓励经济发达地区的企业按照互惠互利的原则，到民族自治地方投资，开展多种形式的经济合作"。

六、关于少数民族干部的配备

大力培养和使用少数民族干部是实行民族区域自治和加快民族地区发展的关键，是坚持和完善民族区域自治制度的一项重要内容。为此，根据党和国家的民族干部政策，在原第二十二条增加规定："民族自治地方的自治机关录用工作人员的时候，对实行区域自治的民族和其他少数民族的人员应当给予适当的照顾"。

七、关于本法的实施

民族区域自治法是一部基本法律，总的来说，规定得比较原则，它的贯彻实施，还需要一系列的配套规定和办法。现行民族区域自治法，由于配套的具体实施办法少，一些规定没有很好落实。为了促进民族区域自治法的贯彻实施，这次修改，在附则中增加了一条："国务院及其有关部门在职权范围内制定实施本法的行政法规和规章。""辖有自治州、自治县的省、自治区和直辖市的人大及其常委会结合当地实际情况，制定实施本法的地方性法规。"实施本法的行政法规、规章、地方性法规，不一定搞"大而全"，可以针对具体问题，制定颁布若干个配套文件，成熟一个就制定一个。民族区域自治法修改通过后，请国务院及其有关部门、有关地方抓紧制定配套办法，确保民族区域自治法的贯彻实施。

《中华人民共和国民族区域自治法修正案（草案）》和以上说明是否妥当，请审议。

全国人民代表大会常务委员会关于修改《中华人民共和国全国人民代表大会常务委员会议事规则》的决定

(2009 年 4 月 24 日第十一届全国人民代表大会常务委员会第八次会议通过)

第十一届全国人民代表大会常务委员会第八次会议决定对《中华人民共和国全国人民代表大会常务委员会议事规则》作如下修改：

一、第五条增加一款，作为第二款："常务委员会举行会议期间，需要调整议程的，由委员长会议提出，经常务委员会全体会议同意。"

二、将第六条修改为："常务委员会举行会议，应当在会议举行七日以前，将开会日期、建议会议讨论的主要事项，通知常务委员会组成人员和列席会议的人员；临时召集的会议，可以临时通知。"

三、将第七条第二款修改为："不是常务委员会组成人员的全国人民代表大会专门委员会主任委员、副主任委员、委员，常务委员会副秘书长、工作委员会主任、副主任，有关部门负责人，列席会议。"

四、将第八条修改为："常务委员会举行会议的时候，各省、自治区、直辖市的人民代表大会常务委员会主任或者副主任一人列席会议，并可以邀请有关的全国人民代表大会代表列席会议。"

五、第九条增加一款，作为第二款："常务委员会分组会议由委员长会议确定若干名召集人，轮流主持会议。分组名单由常务委员会办事机构拟订，报秘书长审定，并定期调整。"

增加一款，作为第三款："常务委员会举行联组会议，由委员长主持。委员长可以委托副委员长主持会议。"

六、将第十三条改为第十二条，修改为："委员长会议根据工作需要，可以委托常务委员会的工作委员会、办公厅起草议案草案，并向常务委员会会议作说明。"

七、将第十四条改为第十三条，第二款修改为："任免案应当附有拟任免人员的基本情况和任免理由；必要的时候，有关负责人应当到会回答询问。"

八、增加一条，作为第十六条："提请批准决算和预算调整方案的议案，交财政经济委员会审议，也可以同时交其他有关专门委员会审议，由财政经济委员会向常务委员会会议提出审查结果的报告。

"提请批准条约和协定的议案，交外事委员会审议，也可以同时交其他有关专门委员会审议，由外事委员会向常务委员会会议提出审核结果的报告。"

九、将第二十条修改为："拟提请常务委员会全体会议表决的议案，在审议中有重大问题需要进一步研究的，经委员长或者委员长会议提出，联组会议或者全体会议同意，可以暂不付表决，交有关专门委员会进一步审议，提出审议报告。"

十、将第二十二条修改为："常务委员会全体会议听取国务院、最高人民法院、最高人民检察院的专项工作报告，听取国民经济和社会发展计划、预算执行情况报告，听取决算报告和审计工作报告，听取常务委员会执法检查组提出的执法检查报告，听取其他报告。"

十一、将第二十五条改为第二十六条，修改为："在常务委员会会议期间，常务委员会组成人员十人以上联名，可以向常务委员会书面提出对国务院及国务院各部门和最高人民法院、最高人民检察院的质询案。"

十二、增加一条，作为第三十条："常务委员会组成人员在全体会议、联组会议和分组会议上发言，应当围绕会议确定的议题进行。

"常务委员会全体会议或者联组会议安排对有关议题进行审议的时候，常务委员会组成人员要求发言的，应当在会前由本人向常务委员会办事机构提出，由会议主持人安排，按顺序发言。在全体会议和联组会议上临时要求发言的，经会议主持人同意，始得发言。在分组会议上要求发言的，经会议主持人同意，即可发言。

"列席会议的人员的发言，适用本章有关规定。"

十三、将第二十九条改为第三十一条，修改为："在全体会议上的发言，不超过十分钟；在联组会议和分组会议上，第一次发言不超过十五分钟，第二次对同一问题的发言不超过十分钟。事先提出要求，经会议主持人同意的，可以延长发言时间。"

增加一款，作为第二款："在常务委员会会议上的发言，由常务委员会办事机构工作人员记录，经发言人核对签字后，编印会议简报和存档。"

此外，补充"总则"和"附则"章名，将原第四章的章名修改为"询问和质询"，对章的序号作相应调整；将原第十条改为第二十五条，对条文顺序作相应调整。

本决定自公布之日起施行。

《中华人民共和国全国人民代表大会常务委员会议事规则》根据本决定作相应修改，重新公布。

全国人民代表大会常务委员会关于修改部分法律的决定

(2009 年 8 月 27 日第十一届全国人民代表大会常务委员会第十次会议通过)

一、对下列法律中明显不适应社会主义市场经济和社会发展要求的规定作出修改

1. 将《中华人民共和国民法通则》第七条修改为："民事活动应当尊重社会公德，不得损害社会公共利益，扰乱社会经济秩序。"

删去第五十八条第一款第六项。

2. 删去《中华人民共和国全民所有制工业企业法》第二条第四款、第二十三条、第三十五条第一款、第五十五条。

3. 删去《中华人民共和国体育法》第四十七条。

4. 删去《中华人民共和国教育法》第五十七条第三款、第五十九条。

5. 删去《中华人民共和国防洪法》第五十二条。

二、对下列法律和法律解释中关于"征用"的规定作出修改

(一) 将下列法律和法律解释中的"征用"修改为"征收、

征用"

6.《中华人民共和国森林法》第十八条

7.《中华人民共和国军事设施保护法》第十二条

8.《中华人民共和国国防法》第四十八条

9.《中华人民共和国归侨侨眷权益保护法》第十三条

10.《中华人民共和国农村土地承包法》第十六条、第五十九条

11.《中华人民共和国草原法》第三十八条、第三十九条、第六十三条

12.《中华人民共和国刑法》第三百八十一条、第四百一十条

13. 全国人民代表大会常务委员会关于《中华人民共和国刑法》第九十三条第二款的解释

14. 全国人民代表大会常务委员会关于《中华人民共和国刑法》第二百二十八条、第三百四十二条、第四百一十条的解释

（二）将下列法律中的"征用"修改为"征收"

15.《中华人民共和国渔业法》第十四条

16.《中华人民共和国铁路法》第三十六条

17.《中华人民共和国城市房地产管理法》第九条

18.《中华人民共和国电力法》第十六条

19.《中华人民共和国煤炭法》第二十条

20.《中华人民共和国行政复议法》第三十条

21.《中华人民共和国农业法》第七十一条

三、对下列法律中关于刑事责任的规定作出修改

（一）将下列法律中的"依照刑法第×条的规定"、"比照刑法第×条的规定"修改为"依照刑法有关规定"

22. 《中华人民共和国计量法》第二十九条

23. 《中华人民共和国矿产资源法》第三十九条、第四十条、第四十三条、第四十四条、第四十八条

24. 《中华人民共和国国境卫生检疫法》第二十二条

25. 《中华人民共和国全民所有制工业企业法》第六十二条、第六十三条

26. 《中华人民共和国野生动物保护法》第三十二条、第三十七条

27. 《中华人民共和国集会游行示威法》第二十九条

28. 《中华人民共和国军事设施保护法》第三十三条、第三十四条

29. 《中华人民共和国铁路法》第六十条、第六十四条、第六十五条

30. 《中华人民共和国进出境动植物检疫法》第四十二条、第四十三条

31. 《中华人民共和国全国人民代表大会和地方各级人民代表大会代表法》第三十九条

32. 《中华人民共和国矿山安全法》第四十六条、第四十七条

33. 《中华人民共和国国家安全法》第二十六条、第二十七条、第三十二条

34. 《中华人民共和国教师法》第三十六条

35. 《中华人民共和国红十字会法》第十五条

36. 《中华人民共和国劳动法》第九十二条

37. 《中华人民共和国母婴保健法》第三十六条

38. 《中华人民共和国民用航空法》第一百九十四条、第一

百九十六条、第一百九十八条、第一百九十九条

39.《中华人民共和国电力法》第七十一条、第七十二条、第七十四条

40.《中华人民共和国行政处罚法》第六十一条

41.《中华人民共和国枪支管理法》第四十条、第四十二条、第四十三条

42.《中华人民共和国煤炭法》第七十八条、第七十九条

（二）将下列法律中引用已纳入刑法并被废止的关于惩治犯罪的决定的规定修改为"依照刑法有关规定"

43.《中华人民共和国野生动物保护法》第三十一条

44.《中华人民共和国军事设施保护法》第三十五条

45.《中华人民共和国铁路法》第六十九条

46.《中华人民共和国烟草专卖法》第四十条、第四十二条

47.《中华人民共和国民用航空法》第一百九十一条

（三）删去下列法律中关于"投机倒把"、"投机倒把罪"的规定，并作出修改

48. 将《中华人民共和国计量法》第二十八条修改为："制造、销售、使用以欺骗消费者为目的的计量器具的，没收计量器具和违法所得，处以罚款；情节严重的，并对个人或者单位直接责任人员依照刑法有关规定追究刑事责任。"

49. 将《中华人民共和国野生动物保护法》第三十五条第二款修改为："违反本法规定，出售、收购国家重点保护野生动物或者其产品，情节严重，构成犯罪的，依照刑法有关规定追究刑事责任。"

50. 将《中华人民共和国铁路法》第七十条修改为："铁路职工利用职务之便走私的，或者与其他人员勾结走私的，依照刑

法有关规定追究刑事责任。"

51. 将《中华人民共和国烟草专卖法》第三十八条第一款修改为："倒卖烟草专卖品，构成犯罪的，依法追究刑事责任；情节轻微，不构成犯罪的，由工商行政管理部门没收倒卖的烟草专卖品和违法所得，可以并处罚款。"

（四）对下列法律中关于追究刑事责任的具体规定作出修改

52. 将《中华人民共和国公民出境入境管理法》第十六条修改为："执行本法的国家工作人员，利用职权索取、收受贿赂，或者有其他违法失职行为，情节严重，构成犯罪的，依法追究刑事责任。"

53. 将《中华人民共和国铁路法》第六十一条修改为："故意损毁、移动铁路行车信号装置或者在铁路线路上放置足以使列车倾覆的障碍物的，依照刑法有关规定追究刑事责任。"

第六十二条修改为："盗窃铁路线路上行车设施的零件、部件或者铁路线路上的器材，危及行车安全的，依照刑法有关规定追究刑事责任。"

第六十三条修改为："聚众拦截列车、冲击铁路行车调度机构不听制止的，对首要分子和骨干分子依照刑法有关规定追究刑事责任。"

第六十六条修改为："倒卖旅客车票，构成犯罪的，依照刑法有关规定追究刑事责任。铁路职工倒卖旅客车票或者与其他人员勾结倒卖旅客车票的，依照刑法有关规定追究刑事责任。"

54. 将《中华人民共和国烟草专卖法》第三十九条修改为："伪造、变造、买卖本法规定的烟草专卖生产企业许可证、烟草专卖经营许可证等许可证件和准运证的，依照刑法有关规定追究刑事责任。

"烟草专卖行政主管部门和烟草公司工作人员利用职务上的便利犯前款罪的，依法从重处罚。"

55. 将《中华人民共和国城市房地产管理法》第七十一条第二款修改为："房产管理部门、土地管理部门工作人员利用职务上的便利，索取他人财物，或者非法收受他人财物为他人谋取利益，构成犯罪的，依法追究刑事责任；不构成犯罪的，给予行政处分。"

56. 将《中华人民共和国民用航空法》第一百九十二条修改为："对飞行中的民用航空器上的人员使用暴力，危及飞行安全的，依照刑法有关规定追究刑事责任。"

第一百九十三条第一款修改为："违反本法规定，隐匿携带炸药、雷管或者其他危险品乘坐民用航空器，或者以非危险品品名托运危险品的，依照刑法有关规定追究刑事责任。"

第三款修改为："隐匿携带枪支子弹、管制刀具乘坐民用航空器的，依照刑法有关规定追究刑事责任。"

第一百九十五条修改为："故意在使用中的民用航空器上放置危险品或者唆使他人放置危险品，足以毁坏该民用航空器，危及飞行安全的，依照刑法有关规定追究刑事责任。"

第一百九十七条修改为："盗窃或者故意损毁、移动使用中的航行设施，危及飞行安全，足以使民用航空器发生坠落、毁坏危险的，依照刑法有关规定追究刑事责任。"

57. 将《中华人民共和国枪支管理法》第三十九条修改为："违反本法规定，未经许可制造、买卖或者运输枪支的，依照刑法有关规定追究刑事责任。

"单位有前款行为的，对单位判处罚金，并对其直接负责的主管人员和其他直接责任人员依照刑法有关规定追究刑事责任。"

第四十一条修改为："违反本法规定，非法持有、私藏枪支的，非法运输、携带枪支入境、出境的，依照刑法有关规定追究刑事责任。"

58. 将《中华人民共和国兵役法》第六十二条第一款修改为："现役军人以逃避服兵役为目的，拒绝履行职责或者逃离部队的，按照中央军事委员会的规定给予处分；构成犯罪的，依法追究刑事责任。"

四、对下列法律和有关法律问题的决定中关于治安管理处罚的规定作出修改

（一）将下列法律和有关法律问题的决定中引用的"治安管理处罚条例"修改为"治安管理处罚法"

59. 《中华人民共和国兵役法》第六十四条

60. 《中华人民共和国矿产资源法》第四十一条、第四十八条

61. 《中华人民共和国野生动物保护法》第三十九条

62. 《中华人民共和国集会游行示威法》第二十八条、第三十二条

63. 《中华人民共和国铁路法》第六十七条

64. 《中华人民共和国水土保持法》第三十七条

65. 《中华人民共和国烟草专卖法》第四十一条

66. 《中华人民共和国工会法》第五十一条

67. 《中华人民共和国产品质量法》第六十九条

68. 《中华人民共和国消费者权益保护法》第五十二条

69. 《中华人民共和国体育法》第五十一条至第五十三条

70. 《中华人民共和国民用航空法》第二百条

71.《中华人民共和国电力法》第七十条

72.《中华人民共和国行政处罚法》第四十二条

73.《中华人民共和国煤炭法》第七十六条

74.《中华人民共和国老年人权益保障法》第四十六条、第四十八条

75.《中华人民共和国人民防空法》第五十条

76.《中华人民共和国防洪法》第六十一条、第六十二条、第六十四条

77.《中华人民共和国执业医师法》第四十条

78.《中华人民共和国安全生产法》第九十四条

79.《中华人民共和国水法》第七十二条

80.《全国人民代表大会常务委员会关于惩治走私、制作、贩卖、传播淫秽物品的犯罪分子的决定》第二条、第三条

81.《全国人民代表大会常务委员会关于严惩拐卖、绑架妇女、儿童的犯罪分子的决定》第四条

82.《全国人民代表大会常务委员会关于维护互联网安全的决定》第六条

（二）对下列法律和有关法律问题的决定中关于治安管理处罚的具体规定作出修改

83. 删去《中华人民共和国全民所有制工业企业法》第六十四条第一款；

第二款修改为："扰乱企业的秩序，致使生产、营业、工作不能正常进行，尚未造成严重损失的，由企业所在地公安机关依照《中华人民共和国治安管理处罚法》的规定处罚。"

84. 将《中华人民共和国野生动物保护法》第三十三条第二款修改为："违反本法规定，未取得持枪证持枪猎捕野生动物的，

由公安机关依照治安管理处罚法第三十二条的规定处罚。"

85. 将《中华人民共和国军事设施保护法》第三十二条、第三十三条、第三十四条中的"比照治安管理处罚条例第十九条的规定处罚"修改为"适用《中华人民共和国治安管理处罚法》第二十三条的处罚规定"。

86. 将《中华人民共和国国旗法》第十九条修改为:"在公共场合故意以焚烧、毁损、涂划、玷污、践踏等方式侮辱中华人民共和国国旗的,依法追究刑事责任;情节较轻的,由公安机关处以十五日以下拘留。"

87. 将《中华人民共和国国徽法》第十三条修改为:"在公共场合故意以焚烧、毁损、涂划、玷污、践踏等方式侮辱中华人民共和国国徽的,依法追究刑事责任;情节较轻的,由公安机关处以十五日以下拘留。"

88. 将《中华人民共和国全国人民代表大会和地方各级人民代表大会代表法》第三十九条第三款中的"依照治安管理处罚条例第十九条的规定处罚"修改为"适用《中华人民共和国治安管理处罚法》第五十条的处罚规定"。

89. 将《中华人民共和国红十字会法》第十五条第二款中的"比照治安管理处罚条例第十九条的规定处罚"修改为"适用《中华人民共和国治安管理处罚法》第五十条的处罚规定"。

90. 将《中华人民共和国公路法》第八十三条修改为:"阻碍公路建设或者公路抢修,致使公路建设或者抢修不能正常进行,尚未造成严重损失的,依照《中华人民共和国治安管理处罚法》的规定处罚。

"损毁公路或者擅自移动公路标志,可能影响交通安全,尚不够刑事处罚的,适用《中华人民共和国道路交通安全法》第九十九条的处罚规定。

"拒绝、阻碍公路监督检查人员依法执行职务未使用暴力、威胁方法的，依照《中华人民共和国治安管理处罚法》的规定处罚。"

91. 将《全国人民代表大会常务委员会关于严禁卖淫嫖娼的决定》第三条、第四条中的"依照治安管理处罚条例第三十条的规定处罚"修改为"依照《中华人民共和国治安管理处罚法》的规定处罚"。

五、对下列法律中引用其他法律名称或者条文不对应的规定作出修改

92. 将《中华人民共和国兵役法》第二十七条中的"中国人民解放军军官服役条例"修改为"《中华人民共和国现役军官法》和《中华人民共和国预备役军官法》"。

93. 将《中华人民共和国气象法》第三十五条第二款中的"《中华人民共和国城市规划法》"修改为"《中华人民共和国城乡规划法》"。

94. 将《中华人民共和国人民警察警衔条例》第二条修改为"人民警察实行警衔制度。"

95. 将《中华人民共和国仲裁法》第六十三条中的"民事诉讼法第二百一十七条第二款"修改为"民事诉讼法第二百一十三条第二款"；第七十条、第七十一条中的"民事诉讼法第二百六十条第一款"修改为"民事诉讼法第二百五十八条第一款"。

本决定自公布之日起施行。

全国人民代表大会常务委员会关于修改
《中华人民共和国消费者权益保护法》的决定[1]

(2013 年 10 月 25 日第十二届全国人民代表大会常务委员会
第五次会议通过)

第十二届全国人民代表大会常务委员会第五次会议决定对《中华人民共和国消费者权益保护法》作如下修改:

一、第五条增加一款,作为第三款:"国家倡导文明、健康、节约资源和保护环境的消费方式,反对浪费。"

二、将第十四条修改为:"消费者在购买、使用商品和接受服务时,享有人格尊严、民族风俗习惯得到尊重的权利,享有个人信息依法得到保护的权利。"

三、将第十六条第一款修改为:"经营者向消费者提供商品或者服务,应当依照本法和其他有关法律、法规的规定履行义务。"

增加一款,作为第三款:"经营者向消费者提供商品或者服务,应当恪守社会公德,诚信经营,保障消费者的合法权益;不得设定不公平、不合理的交易条件,不得强制交易。"

四、第十八条增加一款,作为第二款:"宾馆、商场、餐馆、银行、机场、车站、港口、影剧院等经营场所的经营者,应当对消费者尽到安全保障义务。"

将第二款改为第十九条,修改为:"经营者发现其提供的商品或者服务存在缺陷,有危及人身、财产安全危险的,应当立即

---

[1] 中国人大网,http://www.npc.gov.cn/npc/c12489/201310/0227a4a1704 b46 fc871df694bc246a78. shtml。

向有关行政部门报告和告知消费者，并采取停止销售、警示、召回、无害化处理、销毁、停止生产或者服务等措施。采取召回措施的，经营者应当承担消费者因商品被召回支出的必要费用。"

五、将第十九条改为第二十条，第一款修改为："经营者向消费者提供有关商品或者服务的质量、性能、用途、有效期限等信息，应当真实、全面，不得作虚假或者引人误解的宣传。"

第三款修改为："经营者提供商品或者服务应当明码标价。"

六、将第二十一条改为第二十二条，其中的"购货凭证或者服务单据"修改为"发票等购货凭证或者服务单据"。

七、将第二十二条改为第二十三条，第一款中的"但消费者在购买该商品或者接受该服务前已经知道其存在瑕疵的除外"修改为"但消费者在购买该商品或者接受该服务前已经知道其存在瑕疵，且存在该瑕疵不违反法律强制性规定的除外"。

增加一款，作为第三款："经营者提供的机动车、计算机、电视机、电冰箱、空调器、洗衣机等耐用商品或者装饰装修等服务，消费者自接受商品或者服务之日起六个月内发现瑕疵，发生争议的，由经营者承担有关瑕疵的举证责任。"

八、将第二十三条、第四十五条合并，作为第二十四条，修改为："经营者提供的商品或者服务不符合质量要求的，消费者可以依照国家规定、当事人约定退货，或者要求经营者履行更换、修理等义务。没有国家规定和当事人约定的，消费者可以自收到商品之日起七日内退货；七日后符合法定解除合同条件的，消费者可以及时退货，不符合法定解除合同条件的，可以要求经营者履行更换、修理等义务。

"依照前款规定进行退货、更换、修理的，经营者应当承担运输等必要费用。"

九、增加一条，作为第二十五条："经营者采用网络、电视、电话、邮购等方式销售商品，消费者有权自收到商品之日起七日内退货，且无需说明理由，但下列商品除外：

"（一）消费者定作的；

"（二）鲜活易腐的；

"（三）在线下载或者消费者拆封的音像制品、计算机软件等数字化商品；

"（四）交付的报纸、期刊。

"除前款所列商品外，其他根据商品性质并经消费者在购买时确认不宜退货的商品，不适用无理由退货。

"消费者退货的商品应当完好。经营者应当自收到退回商品之日起七日内返还消费者支付的商品价款。退回商品的运费由消费者承担；经营者和消费者另有约定的，按照约定。"

十、将第二十四条改为第二十六条，增加一款，作为第一款："经营者在经营活动中使用格式条款的，应当以显著方式提请消费者注意商品或者服务的数量和质量、价款或者费用、履行期限和方式、安全注意事项和风险警示、售后服务、民事责任等与消费者有重大利害关系的内容，并按照消费者的要求予以说明。"

第一款、第二款改为第二款、第三款，修改为："经营者不得以格式条款、通知、声明、店堂告示等方式，作出排除或者限制消费者权利、减轻或者免除经营者责任、加重消费者责任等对消费者不公平、不合理的规定，不得利用格式条款并借助技术手段强制交易。

"格式条款、通知、声明、店堂告示等含有前款所列内容的，其内容无效。"

全国人民代表大会常务委员会关于修改《中华人民共和国海洋环境保护法》等七部法律的决定[1]

(2013 年 12 月 28 日第十二届全国人民代表大会常务委员会第六次会议通过)

第十二届全国人民代表大会常务委员会第六次会议决定：

一、对《中华人民共和国海洋环境保护法》作出修改

（一）将第四十三条修改为："海岸工程建设项目的单位，必须在建设项目可行性研究阶段，对海洋环境进行科学调查，根据自然条件和社会条件，合理选址，编报环境影响报告书。环境影响报告书报环境保护行政主管部门审查批准。

"环境保护行政主管部门在批准环境影响报告书之前，必须征求海洋、海事、渔业行政主管部门和军队环境保护部门的意见。"

（二）将第五十四条修改为："勘探开发海洋石油，必须按有关规定编制溢油应急计划，报国家海洋行政主管部门的海区派出机构备案。"

（三）删去第八十条中的"审核和"。

二、对《中华人民共和国药品管理法》作出修改

将第十三条修改为："经省、自治区、直辖市人民政府药品监督管理部门批准，药品生产企业可以接受委托生产药品。"

三、对《中华人民共和国计量法》作出修改

（一）删去第十条第二款中的"并向国务院计量行政部门

---

〔1〕　中国人大网，http：//www.npc.gov.cn/npc/c12435/201312/b7130e6254334277a3fa907d41cd76cb.shtml。

备案"。

（二）将第十四条中的"国务院计量行政部门"修改为"省、自治区、直辖市人民政府计量行政部门"。

四、对《中华人民共和国渔业法》作出修改

将第二十三条第二款修改为："到中华人民共和国与有关国家缔结的协定确定的共同管理的渔区或者公海从事捕捞作业的捕捞许可证，由国务院渔业行政主管部门批准发放。海洋大型拖网、围网作业的捕捞许可证，由省、自治区、直辖市人民政府渔业行政主管部门批准发放。其他作业的捕捞许可证，由县级以上地方人民政府渔业行政主管部门批准发放；但是，批准发放海洋作业的捕捞许可证不得超过国家下达的船网工具控制指标，具体办法由省、自治区、直辖市人民政府规定。"

五、对《中华人民共和国海关法》作出修改

（一）将第十一条第一款修改为："进出口货物收发货人、报关企业办理报关手续，必须依法经海关注册登记。未依法经海关注册登记，不得从事报关业务。"

（二）将第二十条第一款修改为："进出境船舶和航空器兼营境内客、货运输，应当符合海关监管要求。"

（三）将第二十六条修改为："海关接受申报后，报关单证及其内容不得修改或者撤销，但符合海关规定情形的除外。"

（四）将第八十六条第八项修改为："（八）进出境运输工具，不符合海关监管要求或者未向海关办理手续，擅自兼营或者改营境内运输的"。

（五）删去第八十八条中的"和未取得报关从业资格"。

（六）将第八十九条修改为："报关企业非法代理他人报关或者超出其业务范围进行报关活动的，由海关责令改正，处以罚款；情节严重的，撤销其报关注册登记。

"报关人员非法代理他人报关或者超出其业务范围进行报关活动的，由海关责令改正，处以罚款。"

（七）将第九十条修改为："进出口货物收发货人、报关企业向海关工作人员行贿的，由海关撤销其报关注册登记，并处以罚款；构成犯罪的，依法追究刑事责任，并不得重新注册登记为报关企业。

"报关人员向海关工作人员行贿的，处以罚款；构成犯罪的，依法追究刑事责任。"

六、对《中华人民共和国烟草专卖法》作出修改

删去第八条中的"经全国或者省级烟草品种审定委员会审定批准后"。

七、对《中华人民共和国公司法》作出修改

（一）删去第七条第二款中的"实收资本"。

（二）将第二十三条第二项修改为："（二）有符合公司章程规定的全体股东认缴的出资额"。

（三）将第二十六条修改为："有限责任公司的注册资本为在公司登记机关登记的全体股东认缴的出资额。

"法律、行政法规以及国务院决定对有限责任公司注册资本实缴、注册资本最低限额另有规定的，从其规定。"

（四）删去第二十七条第三款。

（五）删去第二十九条。

（六）将第三十条改为第二十九条，修改为："股东认足公司章程规定的出资后，由全体股东指定的代表或者共同委托的代理人向公司登记机关报送公司登记申请书、公司章程等文件，申请设立登记。"

（七）删去第三十三条第三款中的"及其出资额"。

（八）删去第五十九条第一款。

（九）将第七十七条改为第七十六条，并将第二项修改为："（二）有符合公司章程规定的全体发起人认购的股本总额或者募集的实收股本总额"。

（十）将第八十一条改为第八十条，并将第一款修改为："股份有限公司采取发起设立方式设立的，注册资本为在公司登记机关登记的全体发起人认购的股本总额。在发起人认购的股份缴足前，不得向他人募集股份。"

第三款修改为："法律、行政法规以及国务院决定对股份有限公司注册资本实缴、注册资本最低限额另有规定的，从其规定。"

（十一）将第八十四条改为第八十三条，并将第一款修改为："以发起设立方式设立股份有限公司的，发起人应当书面认足公司章程规定其认购的股份，并按照公司章程规定缴纳出资。以非货币财产出资的，应当依法办理其财产权的转移手续。"

第三款修改为："发起人认足公司章程规定的出资后，应当选举董事会和监事会，由董事会向公司登记机关报送公司章程以及法律、行政法规规定的其他文件，申请设立登记。"

（十二）删去第一百七十八条第三款。

此外，对条文顺序作相应调整。

本决定对《中华人民共和国海洋环境保护法》、《中华人民共和国药品管理法》、《中华人民共和国计量法》、《中华人民共和国渔业法》、《中华人民共和国海关法》、《中华人民共和国烟草专卖法》所作的修改，自公布之日起施行；对《中华人民共和国公司法》所作的修改，自2014年3月1日起施行。

《中华人民共和国海洋环境保护法》、《中华人民共和国药品管理法》、《中华人民共和国计量法》、《中华人民共和国渔业法》、《中华人民共和国海关法》、《中华人民共和国烟草专卖法》、《中华人民共和国公司法》根据本决定作相应修改，重新公布。

<h2 style="text-align:center">全国人民代表大会关于修改
《中华人民共和国立法法》的决定</h2>

（2023 年 3 月 13 日第十四届全国人民代表大会第一次会议通过）

第十四届全国人民代表大会第一次会议决定对《中华人民共和国立法法》作如下修改：

一、将第三条改为两条，作为第三条、第四条，修改为：

"第三条　立法应当坚持中国共产党的领导，坚持以马克思列宁主义、毛泽东思想、邓小平理论、'三个代表'重要思想、科学发展观、习近平新时代中国特色社会主义思想为指导，推进中国特色社会主义法治体系建设，保障在法治轨道上全面建设社会主义现代化国家。

"第四条　立法应当坚持以经济建设为中心，坚持改革开放，贯彻新发展理念，保障以中国式现代化全面推进中华民族伟大复兴。"

二、将第四条改为第五条，修改为："立法应当符合宪法的规定、原则和精神，依照法定的权限和程序，从国家整体利益出发，维护社会主义法制的统一、尊严、权威。"

三、将第五条改为第六条，增加一款，作为第一款："立法应当坚持和发展全过程人民民主，尊重和保障人权，保障和促进社会公平正义。"

四、增加一条，作为第八条："立法应当倡导和弘扬社会主义核心价值观，坚持依法治国和以德治国相结合，铸牢中华民族共同体意识，推动社会主义精神文明建设。"

五、增加一条，作为第九条："立法应当适应改革需要，坚持在法治下推进改革和在改革中完善法治相统一，引导、推动、规范、保障相关改革，发挥法治在国家治理体系和治理能力现代化中的重要作用。"

六、将第七条改为第十条，第一款修改为："全国人民代表大会和全国人民代表大会常务委员会根据宪法规定行使国家立法权。"

增加一款，作为第四款："全国人民代表大会可以授权全国人民代表大会常务委员会制定相关法律。"

七、将第八条改为第十一条，第二项修改为："（二）各级人民代表大会、人民政府、监察委员会、人民法院和人民检察院的产生、组织和职权"。

第十项修改为："（十）诉讼制度和仲裁基本制度"。

八、将第十三条改为第十六条，修改为："全国人民代表大会及其常务委员会可以根据改革发展的需要，决定就特定事项授权在规定期限和范围内暂时调整或者暂时停止适用法律的部分规定。

"暂时调整或者暂时停止适用法律的部分规定的事项，实践证明可行的，由全国人民代表大会及其常务委员会及时修改有关法律；修改法律的条件尚不成熟的，可以延长授权的期限，或者恢复施行有关法律规定。"

九、将第十七条改为第二十条，修改为："常务委员会决定提请全国人民代表大会会议审议的法律案，应当在会议举行的一个月前将法律草案发给代表，并可以适时组织代表研读讨论，征求代表的意见。"

十、将第二十条改为第二十三条，修改为："列入全国人民代表大会会议议程的法律案，由宪法和法律委员会根据各代表团和有关的专门委员会的审议意见，对法律案进行统一审议，向主席团提出审议结果报告和法律草案修改稿，对涉及的合宪性问题以及重要的不同意见应当在审议结果报告中予以说明，经主席团会议审议通过后，印发会议。"

十一、将第三十条改为第三十三条，修改为："列入常务委员会会议议程的法律案，各方面的意见比较一致的，可以经两次常务委员会会议审议后交付表决；调整事项较为单一或者部分修改的法律案，各方面的意见比较一致，或者遇有紧急情形的，也可以经一次常务委员会会议审议即交付表决。"

十二、将第三十三条改为第三十六条，修改为："列入常务委员会会议议程的法律案，由宪法和法律委员会根据常务委员会组成人员、有关的专门委员会的审议意见和各方面提出的意见，对法律案进行统一审议，提出修改情况的汇报或者审议结果报告和法律草案修改稿，对涉及的合宪性问题以及重要的不同意见应当在修改情况的汇报或者审议结果报告中予以说明。对有关的专门委员会的审议意见没有采纳的，应当向有关的专门委员会反馈。

"宪法和法律委员会审议法律案时，应当邀请有关的专门委员会的成员列席会议，发表意见。"

十三、将第四十二条改为第四十五条，修改为："列入常务委员会会议审议的法律案，因各方面对制定该法律的必要性、可行性等重大问题存在较大意见分歧搁置审议满两年的，或者因暂不付表决经过两年没有再次列入常务委员会会议议程审议的，委员长会议可以决定终止审议，并向常务委员会报告；必要时，委员长会议也可以决定延期审议。"

十四、将第四十六条改为第四十九条，修改为："国务院、中央军事委员会、国家监察委员会、最高人民法院、最高人民检察院、全国人民代表大会各专门委员会，可以向全国人民代表大会常务委员会提出法律解释要求或者提出相关法律案。

"省、自治区、直辖市的人民代表大会常务委员会可以向全国人民代表大会常务委员会提出法律解释要求。"

十五、增加一条，作为第五十五条："全国人民代表大会及其常务委员会坚持科学立法、民主立法、依法立法，通过制定、修改、废止、解释法律和编纂法典等多种形式，增强立法的系统性、整体性、协同性、时效性。"

十六、将第五十二条改为第五十六条，修改为："全国人民代表大会常务委员会通过立法规划和年度立法计划、专项立法计划等形式，加强对立法工作的统筹安排。编制立法规划和立法计划，应当认真研究代表议案和建议，广泛征集意见，科学论证评估，根据经济社会发展和民主法治建设的需要，按照加强重点领域、新兴领域、涉外领域立法的要求，确定立法项目。立法规划和立法计划由委员长会议通过并向社会公布。

"全国人民代表大会常务委员会工作机构负责编制立法规划、拟订立法计划，并按照全国人民代表大会常务委员会的要求，督促立法规划和立法计划的落实。"

十七、将第五十四条改为第五十八条，修改为："提出法律案，应当同时提出法律草案文本及其说明，并提供必要的参阅资料。修改法律的，还应当提交修改前后的对照文本。法律草案的说明应当包括制定或者修改法律的必要性、可行性和主要内容，涉及合宪性问题的相关意见以及起草过程中对重大分歧意见的协调处理情况。"

十八、将第五十八条改为第六十二条，第二款修改为："法律签署公布后，法律文本以及法律草案的说明、审议结果报告等，应当及时在全国人民代表大会常务委员会公报和中国人大网以及在全国范围内发行的报纸上刊载。"

十九、将第六十一条改为第六十五条，增加一款，作为第四款："全国人民代表大会常务委员会工作机构编制立法技术规范。"

二十、增加一条，作为第六十八条："全国人民代表大会及其常务委员会作出有关法律问题的决定，适用本法的有关规定。"

二十一、增加一条，作为第七十条："全国人民代表大会常务委员会工作机构根据实际需要设立基层立法联系点，深入听取基层群众和有关方面对法律草案和立法工作的意见。"

二十二、增加一条，作为第七十一条："全国人民代表大会常务委员会工作机构加强立法宣传工作，通过多种形式发布立法信息、介绍情况、回应关切。"

二十三、增加一条，作为第七十九条："国务院可以根据改革发展的需要，决定就行政管理等领域的特定事项，在规定期限和范围内暂时调整或者暂时停止适用行政法规的部分规定。"

二十四、将第七十二条改为两条，第一款作为第八十条；第二款作为第八十一条第一款，修改为："设区的市的人民代表大会及其常务委员会根据本市的具体情况和实际需要，在不同宪法、法律、行政法规和本省、自治区的地方性法规相抵触的前提下，可以对城乡建设与管理、生态文明建设、历史文化保护、基层治理等方面的事项制定地方性法规，法律对设区的市制定地方性法规的事项另有规定的，从其规定。设区的市的地方性法规须报省、自治区的人民代表大会常务委员会批准后施行。省、自治区的人民代表大会常务委员会对报请批准的地方性法规，应当对其合法性进行审查，认为同宪法、法律、行政法规和本省、自治区的地方性法规不抵触的，应当在四个月内予以批准"；第三、四、五、六款分别作为第八十一条第二、三、四、五款。

二十五、增加一条，作为第八十三条："省、自治区、直辖市和设区的市、自治州的人民代表大会及其常务委员会根据区域协调发展的需要，可以协同制定地方性法规，在本行政区域或者有关区域内实施。

"省、自治区、直辖市和设区的市、自治州可以建立区域协同立法工作机制。"

二十六、将第七十四条改为第八十四条，增加两款，作为第二款、第三款："上海市人民代表大会及其常务委员会根据全国人民代表大会常务委员会的授权决定，制定浦东新区法规，在浦东新区实施。

"海南省人民代表大会及其常务委员会根据法律规定，制定海南自由贸易港法规，在海南自由贸易港范围内实施。"

二十七、将第七十九条改为第八十九条，第一款修改为："地方性法规、自治条例和单行条例公布后，其文本以及草案的说明、审议结果报告等，应当及时在本级人民代表大会常务委员会公报和中国人大网、本地方人民代表大会网站以及在本行政区域范围内发行的报纸上刊载。"

二十八、增加一条，作为第九十条："省、自治区、直辖市和设区的市、自治州的人民代表大会常务委员会根据实际需要设立基层立法联系点，深入听取基层群众和有关方面对地方性法规、自治条例和单行条例草案的意见。"

二十九、将第八十条改为第九十一条，第一款修改为："国务院各部、委员会、中国人民银行、审计署和具有行政管理职能的直属机构以及法律规定的机构，可以根据法律和国务院的行政法规、决定、命令，在本部门的权限范围内，制定规章。"

三十、将第八十二条改为第九十三条，第三款修改为："设区的市、自治州的人民政府根据本条第一款、第二款制定地方政府规章，限于城乡建设与管理、生态文明建设、历史文化保护、基层治理等方面的事项。已经制定的地方政府规章，涉及上述事项范围以外的，继续有效。"

三十一、将第九十八条改为第一百零九条，第五项修改为："（五）根据授权制定的法规应当报授权决定规定的机关备案；经济特区法规、浦东新区法规、海南自由贸易港法规报送备案时，应当说明变通的情况"。

三十二、将第九十九条第一款、第二款改为第一百一十条，修改为："国务院、中央军事委员会、国家监察委员会、最高人民法院、最高人民检察院和各省、自治区、直辖市的人民代表大会常务委员会认为行政法规、地方性法规、自治条例和单行条例同宪法或者法律相抵触，或者存在合宪性、合法性问题的，可以向全国人民代表大会常务委员会书面提出进行审查的要求，由全国人民代表大会有关的专门委员会和常务委员会工作机构进行审查、提出意见。

"前款规定以外的其他国家机关和社会团体、企业事业组织以及公民认为行政法规、地方性法规、自治条例和单行条例同宪法或者法律相抵触的，可以向全国人民代表大会常务委员会书面提出进行审查的建议，由常务委员会工作机构进行审查；必要时，送有关的专门委员会进行审查、提出意见。"

三十三、增加一条，作为第一百一十一条，将第九十九条第三款修改后作为本条第一款："全国人民代表大会专门委员会、常务委员会工作机构可以对报送备案的行政法规、地方性法规、自治条例和单行条例等进行主动审查，并可以根据需要进行专项审查。"

增加一款，作为第一百一十一条第二款："国务院备案审查工作机构可以对报送备案的地方性法规、自治条例和单行条例，部门规章和省、自治区、直辖市的人民政府制定的规章进行主动审查，并可以根据需要进行专项审查。"

三十四、将第一百条改为第一百一十二条，修改为："全国人民代表大会专门委员会、常务委员会工作机构在审查中认为行政法规、地方性法规、自治条例和单行条例同宪法或者法律相抵触，或者存在合宪性、合法性问题的，可以向制定机关提出书面审查意见；也可以由宪法和法律委员会与有关的专门委员会、常务委员会工作机构召开联合审查会议，要求制定机关到会说明情况，再向制定机关提出书面审查意见。制定机关应当在两个月内研究提出是否修改或者废止的意见，并向全国人民代表大会宪法和法律委员会、有关的专门委员会或者常务委员会工作机构反馈。

"全国人民代表大会宪法和法律委员会、有关的专门委员会、常务委员会工作机构根据前款规定，向制定机关提出审查意见，制定机关按照所提意见对行政法规、地方性法规、自治条例和单行条例进行修改或者废止的，审查终止。

"全国人民代表大会宪法和法律委员会、有关的专门委员会、常务委员会工作机构经审查认为行政法规、地方性法规、自治条例和单行条例同宪法或者法律相抵触，或者存在合宪性、合法性问题需要修改或者废止，而制定机关不予修改或者废止的，应当向委员长会议提出予以撤销的议案、建议，由委员长会议决定提请常务委员会会议审议决定。"

三十五、将第一百零一条改为第一百一十三条，修改为："全国人民代表大会有关的专门委员会、常务委员会工作机构应当按照规定要求，将审查情况向提出审查建议的国家机关、社会团体、企业事业组织以及公民反馈，并可以向社会公开。"

三十六、增加一条，作为第一百一十五条："备案审查机关应当建立健全备案审查衔接联动机制，对应当由其他机关处理的审查要求或者审查建议，及时移送有关机关处理。"

三十七、增加一条，作为第一百一十六条："对法律、行政法规、地方性法规、自治条例和单行条例、规章和其他规范性文件，制定机关根据维护法制统一的原则和改革发展的需要进行清理。"

三十八、将第一百零三条改为第一百一十七条，第二款修改为："中国人民解放军各战区、军兵种和中国人民武装警察部队，可以根据法律和中央军事委员会的军事法规、决定、命令，在其权限范围内，制定军事规章。"

三十九、增加一条，作为第一百一十八条："国家监察委员会根据宪法和法律、全国人民代表大会常务委员会的有关决定，制定监察法规，报全国人民代表大会常务委员会备案。"

四十、对部分条文中的有关表述作以下修改：

（一）在第十四条第二款、第二十六条第二款中的"中央军事委员会"后增加"国家监察委员会"。

（二）将第二十四条、第二十九条第三款和第四款、第三十六条第一款、第三十九条、第四十一条第一款、第四十八条中的"法律委员会"修改为"宪法和法律委员会"；将第三十八条、第四十一条第三款、第六十条第二款中的"法律委员会和"修改为"宪法和法律委员会、"。

（三）将第六十六条第一款中的"立法规划和年度立法计划"修改为"立法规划和立法计划"。

海南省儋州市比照适用《中华人民共和国立法法》有关赋予设区的市地方立法权的规定。

本决定自 2023 年 3 月 15 日起施行。

《中华人民共和国立法法》根据本决定作相应修改并对条文顺序作相应调整，重新公布。

全国人民代表大会常务委员会关于修改《中华人民共和国节约能源法》等六部法律的决定[1]

（2016 年 7 月 2 日第十二届全国人民代表大会常务委员会
第二十一次会议通过）

第十二届全国人民代表大会常务委员会第二十一次会议决定：

一、对《中华人民共和国节约能源法》作出修改

（一）将第十五条修改为："国家实行固定资产投资项目节能评估和审查制度。不符合强制性节能标准的项目，建设单位不

---

〔1〕 中国人大网，http://www.npc.gov.cn/npc/c10134/201607/dfe5df8cc66a4a40bf01984326e50607.shtml。

得开工建设；已经建成的，不得投入生产、使用。政府投资项目不符合强制性节能标准的，依法负责项目审批的机关不得批准建设。具体办法由国务院管理节能工作的部门会同国务院有关部门制定。"

（二）将第六十八条第一款修改为："负责审批政府投资项目的机关违反本法规定，对不符合强制性节能标准的项目予以批准建设的，对直接负责的主管人员和其他直接责任人员依法给予处分。"

二、对《中华人民共和国水法》作出修改

将第十九条修改为："建设水工程，必须符合流域综合规划。在国家确定的重要江河、湖泊和跨省、自治区、直辖市的江河、湖泊上建设水工程，未取得有关流域管理机构签署的符合流域综合规划要求的规划同意书的，建设单位不得开工建设；在其他江河、湖泊上建设水工程，未取得县级以上地方人民政府水行政主管部门按照管理权限签署的符合流域综合规划要求的规划同意书的，建设单位不得开工建设。水工程建设涉及防洪的，依照防洪法的有关规定执行；涉及其他地区和行业的，建设单位应当事先征求有关地区和部门的意见。"

三、对《中华人民共和国防洪法》作出修改

（一）将第十七条第二款修改为："前款规定的防洪工程和其他水工程、水电站未取得有关水行政主管部门签署的符合防洪规划要求的规划同意书的，建设单位不得开工建设。"

（二）将第二十七条第一款修改为："建设跨河、穿河、穿堤、临河的桥梁、码头、道路、渡口、管道、缆线、取水、排水等工程设施，应当符合防洪标准、岸线规划、航运要求和其他技术要求，不得危害堤防安全、影响河势稳定、妨碍行洪畅通；其工程建设方案未经有关水行政主管部门根据前述防洪要求审查同意的，建设单位不得开工建设。"

（三）将第三十三条第一款修改为："在洪泛区、蓄滞洪区内建设非防洪建设项目，应当就洪水对建设项目可能产生的影响和建设项目对防洪可能产生的影响作出评价，编制洪水影响评价报告，提出防御措施。洪水影响评价报告未经有关水行政主管部门审查批准的，建设单位不得开工建设。"

（四）将第五十八条第一款修改为："违反本法第三十三条第一款规定，在洪泛区、蓄滞洪区内建设非防洪建设项目，未编制洪水影响评价报告或者洪水影响评价报告未经审查批准开工建设的，责令限期改正；逾期不改正的，处五万元以下的罚款。"

四、对《中华人民共和国职业病防治法》作出修改

（一）将第十七条第一款修改为："新建、扩建、改建建设项目和技术改造、技术引进项目（以下统称建设项目）可能产生职业病危害的，建设单位在可行性论证阶段应当进行职业病危害预评价。"

增加一款，作为第二款："医疗机构建设项目可能产生放射性职业病危害的，建设单位应当向卫生行政部门提交放射性职业病危害预评价报告。卫生行政部门应当自收到预评价报告之日起三十日内，作出审核决定并书面通知建设单位。未提交预评价报告或者预评价报告未经卫生行政部门审核同意的，不得开工建设。"

（二）将第十八条第二款修改为："建设项目的职业病防护设施设计应当符合国家职业卫生标准和卫生要求；其中，医疗机构放射性职业病危害严重的建设项目的防护设施设计，应当经卫生行政部门审查同意后，方可施工。"

第三款修改为："建设项目在竣工验收前，建设单位应当进行职业病危害控制效果评价。"

增加一款，作为第四款："医疗机构可能产生放射性职业病危害的建设项目竣工验收时，其放射性职业病防护设施经卫生行政部门验收合格后，方可投入使用；其他建设项目的职业病防护设施应当由建设单位负责依法组织验收，验收合格后，方可投入生产和使用。安全生产监督管理部门应当加强对建设单位组织的验收活动和验收结果的监督核查。"

（三）删去第十九条。

（四）第六十八条改为第六十七条，将其中的"安全生产监督管理部门"修改为"卫生行政部门、安全生产监督管理部门"。

（五）第七十条改为第六十九条，修改为："建设单位违反本法规定，有下列行为之一的，由安全生产监督管理部门和卫生行政部门依据职责分工给予警告，责令限期改正；逾期不改正的，处十万元以上五十万元以下的罚款；情节严重的，责令停止产生职业病危害的作业，或者提请有关人民政府按照国务院规定的权限责令停建、关闭：

"（一）未按照规定进行职业病危害预评价的；

"（二）医疗机构可能产生放射性职业病危害的建设项目未按照规定提交放射性职业病危害预评价报告，或者放射性职业病危害预评价报告未经卫生行政部门审核同意，开工建设的；

"（三）建设项目的职业病防护设施未按照规定与主体工程同时设计、同时施工、同时投入生产和使用的；

"（四）建设项目的职业病防护设施设计不符合国家职业卫生标准和卫生要求，或者医疗机构放射性职业病危害严重的建设项目的防护设施设计未经卫生行政部门审查同意擅自施工的；

"（五）未按照规定对职业病防护设施进行职业病危害控制效果评价的；

"（六）建设项目竣工投入生产和使用前，职业病防护设施未按照规定验收合格的。"

（六）删去第八十四条。

五、对《中华人民共和国环境影响评价法》作出修改

（一）第十四条增加一款，作为第一款："审查小组提出修改意见的，专项规划的编制机关应当根据环境影响报告书结论和审查意见对规划草案进行修改完善，并对环境影响报告书结论和审查意见的采纳情况作出说明；不采纳的，应当说明理由。"

（二）删去第十七条第二款。

（三）将第十八条第三款修改为："已经进行了环境影响评价的规划包含具体建设项目的，规划的环境影响评价结论应当作为建设项目环境影响评价的重要依据，建设项目环境影响评价的内容应当根据规划的环境影响评价审查意见予以简化。"

（四）将第二十二条修改为："建设项目的环境影响报告书、报告表，由建设单位按照国务院的规定报有审批权的环境保护行政主管部门审批。

"海洋工程建设项目的海洋环境影响报告书的审批，依照《中华人民共和国海洋环境保护法》的规定办理。

"审批部门应当自收到环境影响报告书之日起六十日内，收到环境影响报告表之日起三十日内，分别作出审批决定并书面通知建设单位。

"国家对环境影响登记表实行备案管理。

"审核、审批建设项目环境影响报告书、报告表以及备案环境影响登记表，不得收取任何费用。"

（五）将第二十五条修改为："建设项目的环境影响评价文件未依法经审批部门审查或者审查后未予批准的，建设单位不得开工建设。"

（六）将第二十九条修改为："规划编制机关违反本法规定，未组织环境影响评价，或者组织环境影响评价时弄虚作假或者有失职行为，造成环境影响评价严重失实的，对直接负责的主管人员和其他直接责任人员，由上级机关或者监察机关依法给予行政处分。"

（七）将第三十一条修改为："建设单位未依法报批建设项目环境影响报告书、报告表，或者未依照本法第二十四条的规定重新报批或者报请重新审核环境影响报告书、报告表，擅自开工建设的，由县级以上环境保护行政主管部门责令停止建设，根据违法情节和危害后果，处建设项目总投资额百分之一以上百分之五以下的罚款，并可以责令恢复原状；对建设单位直接负责的主管人员和其他直接责任人员，依法给予行政处分。

"建设项目环境影响报告书、报告表未经批准或者未经原审批部门重新审核同意，建设单位擅自开工建设的，依照前款的规定处罚、处分。

"建设单位未依法备案建设项目环境影响登记表的，由县级以上环境保护行政主管部门责令备案，处五万元以下的罚款。

"海洋工程建设项目的建设单位有本条所列违法行为的，依照《中华人民共和国海洋环境保护法》的规定处罚。"

（八）删去第三十二条。

（九）第三十四条改为第三十三条，修改为："负责审核、审批、备案建设项目环境影响评价文件的部门在审批、备案中收取费用的，由其上级机关或者监察机关责令退还；情节严重的，对直接负责的主管人员和其他直接责任人员依法给予行政处分。"

六、对《中华人民共和国航道法》作出修改

将第二十八条第三款修改为："未进行航道通航条件影响评价或者经审核部门审核认为建设项目不符合本法规定的，建设单位不得建设。政府投资项目未进行航道通航条件影响评价或者经审核部门审核认为建设项目不符合本法规定的，负责建设项目审批的部门不予批准。"

本决定对《中华人民共和国节约能源法》、《中华人民共和国水法》、《中华人民共和国防洪法》、《中华人民共和国职业病防治法》、《中华人民共和国航道法》所作的修改，自公布之日起施行；对《中华人民共和国环境影响评价法》所作的修改，自2016年9月1日起施行。

《中华人民共和国节约能源法》、《中华人民共和国水法》、《中华人民共和国防洪法》、《中华人民共和国职业病防治法》、《中华人民共和国环境影响评价法》、《中华人民共和国航道法》根据本决定作相应修改，重新公布。

全国人民代表大会常务委员会关于修改《中华人民共和国种子法》的决定[1]

（2021年12月24日第十三届全国人民代表大会常务委员会第三十二次会议通过）

第十三届全国人民代表大会常务委员会第三十二次会议决定对《中华人民共和国种子法》作如下修改：

---

[1] 中国人大网，http：//www. npc. gov. cn/npc/c30834/202112/6605a0a463ef4b5096763d35f9dbc2a0. shtml。

一、将第一条修改为："为了保护和合理利用种质资源，规范品种选育、种子生产经营和管理行为，加强种业科学技术研究，鼓励育种创新，保护植物新品种权，维护种子生产经营者、使用者的合法权益，提高种子质量，发展现代种业，保障国家粮食安全，促进农业和林业的发展，制定本法。"

二、在第九条中的"国家有计划地普查、收集、整理、鉴定、登记、保存、交流和利用种质资源"后增加"重点收集珍稀、濒危、特有资源和特色地方品种"。

三、将第十一条第一款修改为："国家对种质资源享有主权。任何单位和个人向境外提供种质资源，或者与境外机构、个人开展合作研究利用种质资源的，应当报国务院农业农村、林业草原主管部门批准，并同时提交国家共享惠益的方案。国务院农业农村、林业草原主管部门可以委托省、自治区、直辖市人民政府农业农村、林业草原主管部门接收申请材料。国务院农业农村、林业草原主管部门应当将批准情况通报国务院生态环境主管部门。"

四、将第十二条第一款、第二款修改为："国家支持科研院所及高等院校重点开展育种的基础性、前沿性和应用技术研究以及生物育种技术研究，支持常规作物、主要造林树种育种和无性繁殖材料选育等公益性研究。

"国家鼓励种子企业充分利用公益性研究成果，培育具有自主知识产权的优良品种；鼓励种子企业与科研院所及高等院校构建技术研发平台，开展主要粮食作物、重要经济作物育种攻关，建立以市场为导向、利益共享、风险共担的产学研相结合的种业技术创新体系。"

五、将第二十八条修改为："植物新品种权所有人对其授权品种享有排他的独占权。植物新品种权所有人可以将植物新品种权许可他人实施，并按照合同约定收取许可使用费；许可使用费可以采取固定价款、从推广收益中提成等方式收取。

"任何单位或者个人未经植物新品种权所有人许可，不得生产、繁殖和为繁殖而进行处理、许诺销售、销售、进口、出口以及为实施上述行为储存该授权品种的繁殖材料，不得为商业目的将该授权品种的繁殖材料重复使用于生产另一品种的繁殖材料。本法、有关法律、行政法规另有规定的除外。

"实施前款规定的行为，涉及由未经许可使用授权品种的繁殖材料而获得的收获材料的，应当得到植物新品种权所有人的许可；但是，植物新品种权所有人对繁殖材料已有合理机会行使其权利的除外。

"对实质性派生品种实施第二款、第三款规定行为的，应当征得原始品种的植物新品种权所有人的同意。

"实质性派生品种制度的实施步骤和办法由国务院规定。"

六、将第三十一条第一款、第二款修改为："从事种子进出口业务的种子生产经营许可证，由国务院农业农村、林业草原主管部门核发。国务院农业农村、林业草原主管部门可以委托省、自治区、直辖市人民政府农业农村、林业草原主管部门接收申请材料。

"从事主要农作物杂交种子及其亲本种子、林木良种繁殖材料生产经营的，以及符合国务院农业农村主管部门规定条件的实行选育生产经营相结合的农作物种子企业的种子生产经营许可证，由省、自治区、直辖市人民政府农业农村、林业草原主管部门核发。"

七、将第三十四条修改为："种子生产应当执行种子生产技术规程和种子检验、检疫规程，保证种子符合净度、纯度、发芽率等质量要求和检疫要求。

"县级以上人民政府农业农村、林业草原主管部门应当指导、支持种子生产经营者采用先进的种子生产技术，改进生产工艺，提高种子质量。"

八、删去第三十九条。

九、将第五十三条改为第五十二条，删去其中的"林木种子应当经用种地省、自治区、直辖市人民政府批准"。

十、将第五十八条改为第五十七条，修改为："从事种子进出口业务的，应当具备种子生产经营许可证；其中，从事农作物种子进出口业务的，还应当按照国家有关规定取得种子进出口许可。

"从境外引进农作物、林木种子的审定权限，农作物种子的进口审批办法，引进转基因植物品种的管理办法，由国务院规定。"

十一、将第六十四条改为第六十三条，修改为："国家加强种业公益性基础设施建设，保障育种科研设施用地合理需求。

"对优势种子繁育基地内的耕地，划入永久基本农田。优势种子繁育基地由国务院农业农村主管部门商所在省、自治区、直辖市人民政府确定。"

十二、将第七十三条改为第七十二条，将第三款修改为："侵犯植物新品种权的赔偿数额按照权利人因被侵权所受到的实际损失确定；实际损失难以确定的，可以按照侵权人因侵权所获得的利益确定。权利人的损失或者侵权人获得的利益难以确定的，可以参照该植物新品种权许可使用费的倍数合理确定。故意侵犯植物新品种权，情节严重的，可以在按照上述方法确定数额的一倍以上五倍以下确定赔偿数额。"

将第四款中的"三百万元"修改为"五百万元"。

增加一款，作为第五款："赔偿数额应当包括权利人为制止侵权行为所支付的合理开支。"

十三、将第七十五条改为第七十四条，将第一款中的"一万元"修改为"二万元"，"十万元"修改为"二十万元"。

十四、将第七十六条改为第七十五条，将第一款中的"一万元"修改为"二万元"，"五千元"修改为"一万元"，"五万元"修改为"十万元"。

十五、将第七十七条改为第七十六条，在第一款中的"第三十三条"后增加"第三十四条"。

第一款增加两项，作为第五项、第六项："（五）不再具有繁殖种子的隔离和培育条件，或者不再具有无检疫性有害生物的种子生产地点或者县级以上人民政府林业草原主管部门确定的采种林，继续从事种子生产的；

"（六）未执行种子检验、检疫规程生产种子的。"

十六、删去第八十四条。

十七、将第九十二条改为第九十条，增加一项，作为第十项："（十）实质性派生品种是指由原始品种实质性派生，或者由该原始品种的实质性派生品种派生出来的品种，与原始品种有明显区别，并且除派生引起的性状差异外，在表达由原始品种基因型或者基因型组合产生的基本性状方面与原始品种相同。"

十八、将第九十三条改为第九十一条，增加一款，作为第一款："国家加强中药材种质资源保护，支持开展中药材育种科学技术研究。"

十九、将本法中的"农业主管部门"修改为"农业农村主管部门"，"林业主管部门"修改为"林业草原主管部门"，"农业、林业主管部门"修改为"农业农村、林业草原主管部门"。

本决定自 2022 年 3 月 1 日起施行。

《中华人民共和国种子法》根据本决定作相应修改并对条文顺序作相应调整，重新公布。

全国人民代表大会常务委员会关于修改
《中华人民共和国工会法》的决定[1]

(2021 年 12 月 24 日第十三届全国人民代表大会常务委员会第三十二次会议通过)

第十三届全国人民代表大会常务委员会第三十二次会议决定对《中华人民共和国工会法》作如下修改：

一、将第二条第一款修改为："工会是中国共产党领导的职工自愿结合的工人阶级群众组织，是中国共产党联系职工群众的桥梁和纽带。"

二、将第三条修改为："在中国境内的企业、事业单位、机关、社会组织（以下统称用人单位）中以工资收入为主要生活来源的劳动者，不分民族、种族、性别、职业、宗教信仰、教育程度，都有依法参加和组织工会的权利。任何组织和个人不得阻挠和限制。

"工会适应企业组织形式、职工队伍结构、劳动关系、就业形态等方面的发展变化，依法维护劳动者参加和组织工会的权利。"

三、将第四条第一款修改为："工会必须遵守和维护宪法，以宪法为根本的活动准则，以经济建设为中心，坚持社会主义道路，坚持人民民主专政，坚持中国共产党的领导，坚持马克思列宁主义、毛泽东思想、邓小平理论、'三个代表'重要思想、科学发展观、习近平新时代中国特色社会主义思想，坚持改革开

---

[1]　中国人大网，http：//www.npc.gov.cn/npc/c30834/202112/0f425fe175fb410e8b01f67c8aabba8f.shtml。

放，保持和增强政治性、先进性、群众性，依照工会章程独立自主地开展工作。"

四、将第六条修改为："维护职工合法权益、竭诚服务职工群众是工会的基本职责。工会在维护全国人民总体利益的同时，代表和维护职工的合法权益。

"工会通过平等协商和集体合同制度等，推动健全劳动关系协调机制，维护职工劳动权益，构建和谐劳动关系。

"工会依照法律规定通过职工代表大会或者其他形式，组织职工参与本单位的民主选举、民主协商、民主决策、民主管理和民主监督。

"工会建立联系广泛、服务职工的工会工作体系，密切联系职工，听取和反映职工的意见和要求，关心职工的生活，帮助职工解决困难，全心全意为职工服务。"

五、增加一条，作为第八条："工会推动产业工人队伍建设改革，提高产业工人队伍整体素质，发挥产业工人骨干作用，维护产业工人合法权益，保障产业工人主人翁地位，造就一支有理想守信念、懂技术会创新、敢担当讲奉献的宏大产业工人队伍。"

六、将第二十条改为第二十一条，修改为："工会帮助、指导职工与企业、实行企业化管理的事业单位、社会组织签订劳动合同。

"工会代表职工与企业、实行企业化管理的事业单位、社会组织进行平等协商，依法签订集体合同。集体合同草案应当提交职工代表大会或者全体职工讨论通过。

"工会签订集体合同，上级工会应当给予支持和帮助。

"企业、事业单位、社会组织违反集体合同，侵犯职工劳动权益的，工会可以依法要求企业、事业单位、社会组织予以改正并承担责任；因履行集体合同发生争议，经协商解决不成的，工会可以向劳动争议仲裁机构提请仲裁，仲裁机构不予受理或者对仲裁裁决不服的，可以向人民法院提起诉讼。"

七、将第二十二条改为第二十三条，修改为："企业、事业单位、社会组织违反劳动法律法规规定，有下列侵犯职工劳动权益情形，工会应当代表职工与企业、事业单位、社会组织交涉，要求企业、事业单位、社会组织采取措施予以改正；企业、事业单位、社会组织应当予以研究处理，并向工会作出答复；企业、事业单位、社会组织拒不改正的，工会可以提请当地人民政府依法作出处理：

"（一）克扣、拖欠职工工资的；

"（二）不提供劳动安全卫生条件的；

"（三）随意延长劳动时间的；

"（四）侵犯女职工和未成年工特殊权益的；

"（五）其他严重侵犯职工劳动权益的。"

八、将第二十九条改为第三十条，修改为："县级以上各级总工会依法为所属工会和职工提供法律援助等法律服务。"

九、将第三十一条改为第三十二条，修改为："工会会同用人单位加强对职工的思想政治引领，教育职工以国家主人翁态度对待劳动，爱护国家和单位的财产；组织职工开展群众性的合理化建议、技术革新、劳动和技能竞赛活动，进行业余文化技术学习和职工培训，参加职业教育和文化体育活动，推进职业安全健康教育和劳动保护工作。"

十、将第三十八条改为第三十九条，修改为："企业、事业单位、社会组织研究经营管理和发展的重大问题应当听取工会的意见；召开会议讨论有关工资、福利、劳动安全卫生、工作时间、休息休假、女职工保护和社会保险等涉及职工切身利益的问题，必须有工会代表参加。

"企业、事业单位、社会组织应当支持工会依法开展工作，工会应当支持企业、事业单位、社会组织依法行使经营管理权。"

十一、对部分条文作以下修改：

（一）将第十条、第三十条、第四十一条、第四十二条第一款、第四十五条中的"企业、事业单位、机关"修改为"用人单位"，将第二十一条第二款、第三款中的"企业"修改为"用人单位"。

（二）将第十二条中的"企业终止或者所在的事业单位、机关被撤销"修改为"用人单位终止或者被撤销"。

（三）将第十三条、第十九条、第二十一条第一款、第二十五条、第二十七条、第四十条、第四十二条第二款、第四十三条中的"企业、事业单位"修改为"企业、事业单位、社会组织"。

（四）将第十四条中的"民法通则"修改为"民法典"。

本决定自 2022 年 1 月 1 日起施行。

《中华人民共和国工会法》根据本决定作相应修改并对条文顺序作相应调整，重新公布。

全国人民代表大会常务委员会关于修改《中华人民共和国对外贸易法》的决定[1]

（2022 年 12 月 30 日第十三届全国人民代表大会常务委员会第三十八次会议通过）

第十三届全国人民代表大会常务委员会第三十八次会议决定

---

[1] 中国人大网，http://www.npc.gov.cn/npc/c30834/202212/1fb87c771e914c30918cf750b69cbaa6.shtml。

对《中华人民共和国对外贸易法》作如下修改：

删去第九条。

本决定自公布之日起施行。

《中华人民共和国对外贸易法》根据本决定作相应修改并对条文顺序作相应调整，重新公布。

第四节　关于法律废止的决议决定

全国人大常委会废止法律一般是通过作出废止法律的决定方式进行的。在实际工作中，既有对单个法律或决议决定作出决定进行废止，也有对多项法律或决议决定进行集中废止；既有对一个领域的相关法律或决议决定进行集中废止，也有对多个领域的多个法律和决议决定进行集中废止。

全国人大常委会关于废止
《中华人民共和国农业税条例》的决定

（2005 年 12 月 29 日第十届全国人民代表大会常务委员会
第十九次会议通过）

第十届全国人民代表大会常务委员会第十九次会议决定：

第一届全国人民代表大会常务委员会第九十六次会议于 1958 年 6 月 3 日通过的《中华人民共和国农业税条例》自 2006 年 1 月 1 日起废止。

全国人民代表大会常务委员会关于废止
部分法律的决定

(2009 年 6 月 27 日第十一届全国人民代表大会常务委员会
第九次会议通过)

第十一届全国人民代表大会常务委员会第九次会议决定,废止下列法律和有关法律问题的决定:

一、公安派出所组织条例(1954 年 12 月 31 日第一届全国人民代表大会常务委员会第四次会议通过)

二、城市街道办事处组织条例(1954 年 12 月 31 日第一届全国人民代表大会常务委员会第四次会议通过)

三、华侨申请使用国有的荒山荒地条例(1955 年 8 月 6 日第一届全国人民代表大会常务委员会第二十次会议通过)

四、全国人民代表大会常务委员会批准国务院关于华侨捐资兴办学校办法的决议及华侨捐资兴办学校办法(1957 年 8 月 1 日第一届全国人民代表大会常务委员会第七十八次会议批准)

五、全国人民代表大会常务委员会关于授权国务院改革工商税制发布有关税收条例草案试行的决定(1984 年 9 月 18 日第六届全国人民代表大会常务委员会第七次会议通过)

六、全国人民代表大会常务委员会关于惩治偷税、抗税犯罪的补充规定(1992 年 9 月 4 日第七届全国人民代表大会常务委员会第二十七次会议通过)

七、全国人民代表大会常务委员会关于加强对法律实施情况检查监督的若干规定(1993 年 9 月 2 日第八届全国人民代表大会常务委员会第三次会议通过)

八、全国人民代表大会常务委员会关于严惩组织、运送他人偷越国（边）境犯罪的补充规定（1994 年 3 月 5 日第八届全国人民代表大会常务委员会第六次会议通过）

本决定自公布之日起施行。

全国人民代表大会常务委员会关于废止有关劳动教养法律规定的决定

（2013 年 12 月 28 日第十二届全国人民代表大会常务委员会第六次会议通过）

第十二届全国人民代表大会常务委员会第六次会议决定：

一、废止 1957 年 8 月 1 日第一届全国人民代表大会常务委员会第七十八次会议通过的《全国人民代表大会常务委员会批准国务院关于劳动教养问题的决定的决议》及《国务院关于劳动教养问题的决定》。

二、废止 1979 年 11 月 29 日第五届全国人民代表大会常务委员会第十二次会议通过的《全国人民代表大会常务委员会批准国务院关于劳动教养的补充规定的决议》及《国务院关于劳动教养的补充规定》。

三、在劳动教养制度废止前，依法作出的劳动教养决定有效；劳动教养制度废止后，对正在被依法执行劳动教养的人员，解除劳动教养，剩余期限不再执行。

本决定自公布之日起施行。

第五节　关于法律宣传的决议决定

开展法治宣传教育对于服务经济社会发展、维护社会和谐稳定、建设社会主义法治国家具有极其重要的作用。改革开放以来，全国人大常委会从加强法治建设的迫切需要出发，先后作出了八个五年法治宣传教育的决定。当前，我国已开启全面建设社会主义现代化国家新征程，进入新发展阶段，必须加强宣传贯彻习近平法治思想，不断使法治成为社会共识和基本准则，夯实全面依法治国的社会基础，使公民法治素养和社会治理法治化水平显著提升，形成全社会尊法学法守法用法的良好氛围，不断推进国家治理体系和治理能力的现代化。

全国人民代表大会常务委员会关于在公民中基本普及法律常识的决议[1]

（1985 年 11 月 22 日第六届全国人民代表大会常务委员会第十三次会议通过）

为了发展社会主义民主，健全社会主义法制，必须将法律交给广大人民掌握，使广大人民知法、守法，树立法制观念，学会运用法律武器，同一切违反宪法和法律的行为作斗争，保障公民合法的权利和利益，维护宪法和法律的实施。大力加强法制宣传

---

[1]　中国人大网，http：//www.npc.gov.cn/zgrdw/n pc/zt/qt/tj65pfgzslkz/2000 – 12/06/content_ 1652704. htm。

教育，在公民中普及法律常识，对于加强社会主义法制，保障国家的长治久安，促进社会主义物质文明和精神文明的建设，实现我国在新时期的奋斗目标和总任务，具有重大的意义。第六届全国人民代表大会常务委员会第十三次会议认为，国务院提出关于在公民中普及法律常识的决议（草案）的议案很重要，很适时，并决定如下：

一、从一九八六年起，争取用五年左右时间，有计划、有步骤地在一切有接受教育能力的公民中，普遍进行一次普及法律常识的教育，并且逐步做到制度化、经常化。

二、普及法律常识的重点对象，是各级干部和青少年。各级领导干部，尤其应当成为学法、懂法、依法办事的表率。

三、普及法律常识的内容，以《宪法》为主，包括刑事、民事、国家机构等方面基本法律的基本内容，以及其他与广大干部和群众有密切关系的法律常识。各部门还应当着重学习与本部门业务有关的法律常识，各地区还可以根据需要选学其他有关的法律常识。

四、学校是普及法律常识的重要阵地。大学、中学、小学以及其他各级各类学校，都要设置法制教育的课程，或者在有关课程中增加法制教育的内容，列入教学计划，并且把法制教育同道德品质教育、思想政治教育结合起来。

五、要编写简明、通俗的法律常识读物，紧密联系实际，采取多种形式，进行普及法律常识的宣传教育，努力做到准确、通俗、生动、健康。要扎扎实实，讲求实效，防止形式主义。

六、普及法律常识，要在中国共产党的领导下，动员和依靠全社会的力量。一切国家机关和武装力量、各政党和各社会团体、各企业事业组织，都应当认真向本系统、本单位的公民进行普及法律常识的教育。报刊、通讯社和广播、电视、出版、文学艺术等部门,都应当把加强法制宣传教育、普及法律常识作为经常的重要任务。各级人民代表大会常务委员会和人民政府要加强对本决议的实施的领导,制订切实可行的规划,并采取有效措施,认真贯彻执行。

附：

对《关于在公民中基本普及法律常识的决议（草案）》的说明[1]

——1985 年 11 月 13 日在第六届全国人民代表大会常务委员会第十三次会议上

司法部部长　邹瑜

我受国务院委托，现就《关于在公民中基本普及法律常识的决议（草案）》作如下说明：

近几年来，我国社会主义民主和法制建设有了很大发展，立法工作取得了显著成绩，陆续制定和颁布了一批涉及国家政治生活、经济生活和社会生活各个重要方面的法律、法规，初步形成了以宪法为核心的社会主义法律体系，使我们的国家在重要的和基本的方面，能够做到有法可依。已经颁布的法律、法规，总的来说，实施的情况是好的。为了更好地做到有法必依，执法必严，违法必究，使已经制定的法律得到充分的遵守和执行，必须从根本上提高我国公民的法制观念，使人人知法、懂法和守法，养成依法办事的习惯。根据宪法关于在公民中普及法制教育的规定，很有必要在公民中进行一次比较系统的法律常识的教育。这不仅是当前加强我国民主与法制建设的迫切需要，也是社会主义现代化建设的客观要求，对于促进社会主义物质文明和精神文明的建设，争取社会治安的进一步好转，巩固社会的安定团结，实现国家的长治久安，具有重大的现实意义和深远的历史影响。可

---

[1]　中国人大网，http：//www. npc. gov. cn/zgrdw/npc/zt/qt/tj65pfgzslkz/2000 - 12/26/content_ 1652702. htm。

以预计，这项重大的社会工程实现之后，必将加速建设高度文明、高度民主的社会主义现代化国家的历史进程。

关于普及法律常识的对象，决议（草案）中提出：一切有接受教育能力的我国公民，都要积极参加普及法律常识的活动。我国《宪法》规定："中华人民共和国公民有受教育的权利和义务。"因此，接受法制教育，既是公民的权利，也是公民应尽的义务。决议（草案）中还提出，普及法律常识的重点对象，是各级干部和青少年。各级领导干部，尤其应当成为学法、懂法、依法办事的表率，这是因为，他们带头学法懂法，无论是在宣传群众、影响群众方面，还是在执法方面，都处于十分重要的位置。只有干部、特别是领导干部知法、懂法和守法，严格依法办事了，才能带动广大群众学法、守法、维护法律的权威。因此，全体干部特别是领导干部带头学法、守法、执法是推动公民普及法律常识的关键。青少年是国家的未来，民族的希望，他们正处在长知识、长身体的时期，他们的思想品德正在逐步形成的过程中，对他们进行法制教育，使他们从小懂得在国家和社会生活中应该遵循的行为准则，树立起牢固的法制观念，养成自觉遵纪守法的习惯，并勇于同违法行为做斗争，对于一代新人的健康成长和国家的长治久安，都具有重大意义。同时，当前社会上的青少年犯罪比较突出这一事实，也表明了向青少年加强法制宣传教育的必要性和紧迫性。

关于普及法律常识的内容，决议（草案）中是分两个层次阐述的。一是要求全体公民共同学习和掌握的，即宪法、基本法律；一是根据不同对象必须增加学习的法律，如《民族区域自治法》、《森林法》、《环境保护法（试行）》、《中外合资经营企业法》以及各种税法等。内容是否会太多了呢？我们认为不会太多，这是因为：一、这次向公民普及的法律常识，是指这些法律规定的基本精神和主要内容，并不是全部条文；二、要求普及的法律常识，都是作为我国公民应当懂得的法律常识；三、进行法制宣传教育的时候，可以根据不同对象的年龄特点、文化程度和理解能力，而有所侧重，并力求通俗易懂，为广大群众所接受。普及法律常识试点单位的实践经验证明，只要精心组织实施，基本普及上述法律常识是可以做到的。

决议（草案）中提出：学校是普及法律常识的重要阵地。据1984年统计，我国大、中、小学加上各级各类职业、技术学校的学生，合计有近2亿人，占了全国人口总数的1/5。因此，要求各级各类学校都设置法制教育课程并列入教学计划，是十分必要的。目前，小学的法制教育，多数是在思想品德课中包含法制启蒙教育的内容。中学一般已开设了法律常识课。大学有的安排学一些法学基础理论和同专业有关的法律知识。但总的说，各级各类学校进行法制教育的情况很不平衡，不少学校还没有开设这方面的课程，而且大、中、小学的法制教育内容互不衔接。因此，学校的法制教育急需进一步加强，做到系统化、规范化，并要努力提高法制课的教学效果。

普及法律常识是一项宏大的社会工程，涉及各条战线，各个领域，绝不是某一个部门所能完成的，必须动员和依靠全社会的力量，才能取得成效。决议（草案）中提出：一切国家机关和武装力量、各政党和各社会团体、各企业事业组织都要根据全国普及法律常识的统一规划和部署，向本系统、本单位的公民进行普及法律常识的教育。

普及法律常识不仅是必要的，而且是适时的、可行的。

第一，中共中央、全国人大常委会和国务院十分重视法制宣传教育工作。几年来，胡耀邦、邓小平、彭真等中央领导同志多次讲话强调这个问题。今年初，中共中央书记处批转了陈丕显同志在全国政法工作会议上的讲话，明确提出争取用五年左右的时间，在公民中基本普及法律常识。11月5日中共中央、国务院批转了中央宣传部和司法部拟定的《关于向全体公民基本普及法律常识的五年规划》并要求各地各部门结合实际，具体安排，认真组织实施党中央这一重要号召，已经得到全党、全国人民的热烈响应。目前，全国已有27个省、自治区、直辖市党委或人大常委会作出了向公民普及法律常识的决议，各地都制订了普及法律常识的实施规则。今年6月，根据彭真委员长的倡议，中央宣传部和司法部联合召开了全国法制宣传教育工作会议，进一步提高了各级领导干部的认识，统一了思想，有效地加强了对这项工作的领导。

第二，以经济建设为中心的社会主义现代化建设，迫切要求人们知法、懂法，迫切要求不仅用行政手段、经济手段，而且学会运用法律手段，保证经济体制改革的顺利进行。普及法律常识正是反映了这一客观要求。

第三，大量事实表明，广大干部和群众从来没有像现在这样渴望学习法律常识，这是普及法律常识工作的一个非常有利的条件。

第四，全国许多地方进行了普及法律常识工作的试点，并取得了一定的经验。因此，向公民基本普及法律常识的条件已经基本成熟。当然，在我们这样一个拥有10亿人口，农民占大多数，文化又不很发达的大国，普及法律常识，任务是艰巨的。但是，我们相信，只要认识到这项工作的紧迫性和必要性，切实加强领导，采取有力措施，争取用五年左右时间基本普及法律常识的目标是能够实现的。

我的说明完了，请审议。

全国人民代表大会常务委员会关于加强法制教育 维护安定团结的决定[1]

(1987 年 1 月 22 日第六届全国人民代表大会常务委员会
第十九次会议通过)

为了发展社会主义民主，健全社会主义法制，保障公民的合法的自由和权利，维护社会秩序，维护安定团结的政治局面，有领导、有计划、有步骤地进行经济体制改革、政治体制改革，顺利地进行社会主义现代化建设，第六届全国人民代表大会常务委员会第十九次会议重申：

一、坚持四项基本原则，即坚持中国共产党的领导，坚持马克思列宁主义、毛泽东思想，坚持人民民主专政，坚持社会主义道路，这是全国各族人民团结前进的共同的政治基础，也是社会主义现代化建设顺利进行的根本保证。1982 年第五届全国人民代表大会第五次会议通过的宪法的序言指出："中国新民主主义革命的胜利和社会主义事业的成就，都是中国共产党领导中国各族人民，在马克思列宁主义、毛泽东思想的指引下，坚持真理，修正错误，战胜许多艰难险阻而取得的。今后国家的根本任务是集中力量进行社会主义现代化建设。中国各族人民将继续在中国共产党领导下，在马克思列宁主义、毛泽东思想指引下，坚持人民民主专政，坚持社会主义道路，不断完善社会主义的各项制度，

---

[1] 全国人大常委会办公厅、中共中央文献研究室编：《人民代表大会制度重要文献选编》（二），中国民主法制出版社 2015 年版，第 699—706 页。

发展社会主义民主，健全社会主义法制，自力更生，艰苦奋斗，逐步实现工业、农业、国防和科学技术的现代化，把我国建设成为高度文明、高度民主的社会主义国家。"这就表明，四项基本原则反映了不以人们的意志为转移的历史发展规律，也是中国亿万人民在长期的革命斗争中作出的决定性选择。一个时期以来，资产阶级自由化思潮滋长、蔓延，否定四项基本原则，是违背宪法，违背全国人民的根本利益和共同意志的，必须坚决反对。

二、在以马克思列宁主义、毛泽东思想武装起来的中国共产党的领导下，中国人民推翻了压在自己头上的"三座大山"，摆脱了被奴役的地位，成为国家和社会的主人，取得了社会主义革命的伟大胜利和社会主义建设的巨大成就。各族人民从切身经验中得出的最基本的政治结论就是：没有中国共产党就没有新中国，只有社会主义才能救中国。当然，正如中国共产党十一届六中全会决议指出的，党在历史上也犯过大大小小的错误，包括"文化大革命"的严重错误。党本着坚持真理、随时修正错误的精神，公开承认并认真纠正自己的错误，这表明了中国共产党是一个郑重的对人民负责的党，又表明了它自身具有旺盛的生命力。

三、马克思列宁主义、毛泽东思想是我们的根本指导思想。宪法规定："国家通过普及理想教育、道德教育、文化教育、纪律和法制教育"，"加强社会主义精神文明的建设。""国家提倡爱祖国、爱人民、爱劳动、爱科学、爱社会主义的公德，在人民中进行爱国主义、集体主义和国际主义、共产主义的教育，进行辩证唯物主义和历史唯物主义的教育，反对资本主义的、封建主义的和其他的腐朽思想。"为了使我们的现代化建设事业沿着社会主义的方向发展，使我们的人民获得向这个目标前进的精神动力，必须帮助越来越多的公民树立辩证唯物主义和历史唯物主义的世界观，自觉地走历史的必由之路。这是思想战线上的一项长期的根本的任务。

四、宪法规定："社会主义制度是中华人民共和国的根本制度。禁止任何组织或者个人破坏社会主义制度。"中国人民坚决地选择了社会主义道路，就是因为他们从实践中认清了社会主义制度是优越于资本主义制度的。建国三十多年以来，我们在原来经济文化十分落后的基础上，建立起了一个独立的、比较完整的、社会主义的国民经济体系，国家经济实力大为增强，教育、科学、文化迅速发展，一些尖端科学技术达到了世界先进水平，人民的物质文化生活得到显著改善。当然，我们的社会主义经济制度由比较不完善到比较完善，要经历一个长期的过程。这就要求我们在坚持社会主义基本经济制度的前提下，实事求是地进行经济体制改革，改革那些不适应或者不完全适应社会生产力发展需要的具体制度，使我们的社会主义制度不断完善起来。

五、宪法规定："中华人民共和国是工人阶级领导的、以工农联盟为基础的人民民主专政的社会主义国家。"作为我们这种国家制度的本质特征，宪法规定："中华人民共和国的一切权力属于人民。""人民行使国家权力的机关是全国人民代表大会和地方各级人民代表大会。""全国人民代表大会是最高国家权力机关。它的常设机关是全国人民代表大会常务委员会。""国务院，即中央人民政府，是最高国家权力机关的执行机关，是最高国家行政机关"，"统一领导全国地方各级国家行政机关的工作"。宪法并且规定："人民依照法律规定，通过各种途径和形式，管理国家事务，管理经济和文化事业，管理社会事务。"这就是说，我们必须在人民内部实行充分的真正的民主，只有这样，人民才能在根本利益一致的基础上团结起来，集中力量进行社会主义现代化建设。人民民主专政，除了在人民内部实行民主的一面，还有全体人民对于人民的敌人实行专政的一面。宪法指出："在我国，剥削阶级作为阶级已经消灭，但是阶级斗争还将在一定范围内长期存在。中国人民对敌视和破坏我国社会主义制度的国内外的敌对势力和敌对分子，必须进行斗争。"这是社会主义民主即人民民主得以实现的保障。

六、宪法规定："中华人民共和国的国家机构实行民主集中制的原则。""全国人民代表大会和地方各级人民代表大会都由民主选举产生，对人民负责，受人民监督。""国家行政机关、审判机关、检察机关都由人民代表大会产生，对它负责，受它监督。"社会主义的民主集中制是高度民主基础上的集中。否定民主，只要集中，就不是真正的集中，而只能是专制主义。只要民主，否定集中，就是无政府主义，只会使国家成为一盘散沙。民主选举是实行民主集中制的基础。为了切实保障选民根据自己的意愿行使选举权利，全国人民代表大会和地方各级人民代表大会选举法规定，县、乡两级实行直接选举；在此基础上，由下一级人民代表大会选举上一级人民代表大会的代表；各政党、各团体、选民或者代表都可以依照法定的程序提出候选人，经过酝酿讨论，根据较多数选民或者代表的意见确定正式代表候选人名单；选举实行无记名投票和差额选举；选民或者选举单位并有权罢免自己选出的代表。真正按照这种具有中国特点的根本政治制度办事，我国各族人民就能通过自己的代表掌握国家权力，这是我们的国家能够经得起各种风险的可靠保证。当然，我们的国家制度有一个自我完善和发展的过程，高度的社会主义民主也有一个不断完善和发展的过程。正因为如此，我们才要进行政治体制改革。同时，我们在发展社会主义民主、健全社会主义法制的过程中，还存在着这样那样的缺点和失误，已经确立的制度和已经制定的法律还没有得到普遍的严格遵守。有的地方不尊重人民代表大会应有的职权，使它不能真正发挥国家权力机关的作用。在选举中，有的单位的领导竟然勉强群众选举或者不选举这个人那个人，有的拒绝将选民依法提出的候选人列入候选人名单，等等。这些行为都是违背宪法和法律规定的。这种现象必须加以改变。国家机关和国家工作人员必须严格依法办事，尊重和保障公民享有宪法赋予的自由、民主和其他权利。

七、宪法规定：我国"公民有言论、出版、集会、结社、游行、示威的自由。"宪法还规定了公民其他的广泛的自由和权利。我们的国家制度和社会制度保障公民享有这些自由和权利。宪法同时规定："公民在行使自由和权利的时候，不得损害国家的、社会的、集体的利益和其他公民的合法的自由和权利。"这样规定，正是为了保障全国各族人民的共同利益，保障所有公民都能真正享有宪法规定的自由和权利。

八、宪法规定："国家维护社会秩序，镇压叛国和其他反革命的活动，制裁危害社会治安、破坏社会主义经济和其他犯罪的活动，惩办和改造犯罪分子。"一九七九年第五届全国人民代表大会第二次会议通过的刑法规定，"禁止任何人利用任何手段扰乱社会秩序。扰乱社会秩序情节严重，致使工作、生产、营业和教学、科研无法进行，国家和社会遭受严重损失的"；"聚众扰乱车站、码头、民用航空站、商场、公园、影剧院、展览会、运动场或者其他公共场所秩序，聚众堵塞交通或者破坏交通秩序，抗拒、阻碍国家治安管理工作人员依法执行职务，情节严重的"；"严禁聚众'打砸抢'。因'打砸抢'致人伤残、死亡的"，"毁坏或者抢走公私财物的"；"以暴力或者其他方法，包括用'大字报'、'小字报'，公然侮辱他人或者捏造事实诽谤他人，情节严重的"；"以反革命为目的"，"煽动群众抗拒、破坏国家法律、法令实施的"，"以反革命标语、传单或者其他方法宣传煽动推翻无产阶级专政的政权和社会主义制度的"，都是触犯刑律的犯罪行为，都要依法追究法律责任。如果听任一些人"无法无天"地闹事，到处串联煽动扰乱社会秩序、工作秩序、生产秩序、教学秩序、科研秩序和人民群众的生活秩序，肆意冲击国家机关、工厂、商店、学校、科研单位，扰乱住宅、宿舍区的安宁，国家工作人员就不能正常工作，工人就不能正常做工，商店就不能正常营业，学生就不能正常读书，科研人员就不能正常地进行科研，人民群众就不能正常地生活和休息。这样，势必损害公民的合法的自由、民主和其他权利，危害安定团结的政治局面，干扰改革、开放和社会主义现代化建设的进程。这是非常清楚的。

九、宪法规定："国家维护社会主义法制的统一和尊严。""全国各族人民、一切国家机关和武装力量、各政党和各社会团体、各企业事业组织，都必须以宪法为根本的活动准则，并且负有维护宪法尊严、保证宪法实施的职责。""一切国家机关和武装力量、各政党和各社会团体、各企业事业组织都必须遵守宪法和法律。一切违反宪法和法律的行为，必须予以追究。""任何组织或者个人都不得有超越宪法和法律的特权。"中国共产党在党章中规定："党必须在宪法和法律的范围内活动。"所有公民都必须在宪法和法律的范围内活动，并且维护宪法和法律的实施。

第六届全国人民代表大会常务委员会第十九次会议认为，发展社会主义民主，健全社会主义法制，是我们国家面临的一项根本任务。我们一定要进一步加强法制教育，使各级国家机关和国家工作人员、广大人民群众熟悉和掌握宪法和法律，做到人人知法、守法，并且运用法律武器同一切违反宪法和法律的行为做斗争，维护人民的合法的自由、民主和其他权利，维护社会秩序，维护安定团结的政治局面。这样，我们就一定能够比较顺利地建设一个具有高度的社会主义民主和健全的社会主义法制的有中国特色的繁荣富强的社会主义国家。

全国人民代表大会常务委员会关于深入开展法制宣传教育的决议[1]

(1991 年 3 月 2 日第七届全国人民代表大会常务委员会
第十八次会议通过)

从一九八六年开始实施的第一个普及法律常识五年规划，已经取得了明显效果。但是，距离我国法制建设的需要还有相当大的差距。为了加强社会主义民主法制建设，全国人大常委会认为有必要在认真总结第一个五年普法经验的基础上，从一九九一年起，实施普及法律常识，加强法制宣传教育的第二个五年规划，进一步提高广大干部群众的法制观念，保障宪法和法律的实施，坚持依法办事，促进依法治国和依法管理各项事业，为国民经济和社会发展十年规划和"八五"计划的顺利实施，为改革、开放创造良好的法制环境，促进国家的政治稳定、经济振兴和社会发展，特作决定如下：

一、实施法制宣传教育的第二个五年规划，要以宣传、学习《中华人民共和国宪法》为核心，普及《中华人民共和国行政诉

---

　　〔1〕　中国人大网，http：//www.npc.gov.cn/zgrdw/npc/zt/qt/tj65pfgzslkz/2000 – 12/05/content_ 1652685.htm。

讼法》、《中华人民共和国义务教育法》、《中华人民共和国集会游行示威法》、《中华人民共和国国旗法》、《中华人民共和国婚姻法》、《关于禁毒的决定》、《关于惩治走私、制作、贩卖、传播淫秽物品的犯罪分子的决定》等法律的基本知识；同时要有针对性地选学民事的、刑事的和国家机构的基本法律的有关内容。各部门、各单位要有计划、有步骤、分层次地学习和熟悉同本部门、本单位的工作密切相关的经济等方面的专业法律知识。各地区要结合本地的实际情况，选学有关的法律、法规。

二、第二个五年法制宣传教育的重点对象是各级领导干部、执法干部、宣传教育工作者和青少年。高级干部更要带头学法、守法，依法办事，为全国人民作出表率。

三、要从培养新一代社会主义事业接班人的高度，在大、中、小学以及其他各级各类学校，设置法制教育必修课程，编好大、中、小学不同水平要求的课本，充实法制教育内容并列入教学计划，切实加强对在校学生的法制教育。要在第一个五年普法的基础上，进一步改进和完善学校的法制教育，努力实现法制教育的制度化，切实提高青少年学生的法律素质，增强他们的法制观念。

四、在学习中要坚持理论联系实际、学法用法相结合的原则。在实施法制宣传教育第二个五年规划中，要把依法行政和依法管理各项事业，切实列入各级领导的议事日程；要订好规划，抓好落实，有针对性地、严肃认真地开展执法情况的调查，坚决纠正有法不依、执法不严、违法不究等现象。学法的成果要切实落实在依法办事上，并将这一点作为考核学法成绩的一项主要标准。

五、深入持久地开展法制宣传教育，促进各项事业的依法管理，必须在中国共产党的领导下，动员和依靠全社会的力量。一切国家机关和武装力量、各政党和各社会团体，各企业、事业组织都应当认真向本系统、本部门、本单位的公民进行法制教育，积极开展依法管理工作。各级人民代表大会常务委员会和人民政府要加强对本决议实施的领导和检查，制定切实可行的规划，采取强有力的措施，认真贯彻执行。

附:

关于深入开展法制宣传教育的决议（草案）的说明[1]

——1991 年 2 月 28 日在第七届全国人民代表大会常务委员会第十八次会议上

司法部部长　蔡诚

我受国务院的委托，现就《关于深入开展法制宣传教育的决议（草案）》（以下简称决议草案）作如下说明：

1985 年 11 月，第六届全国人民代表大会常务委员会第十三次会议作出了《关于在公民中基本普及法律常识的决议》。五年多来，普法工作进展顺利，从中央到地方，从首都到边疆，有七亿多公民参加了普法学习，决议提出的目标已经基本实现，取得了明显成效，对于加强我国的社会主义法制建设发挥了重大作用。但是，这些成绩还是初步的，为了适应我国政治、经济和社会长期稳定发展的需要，有必要在总结第一个五年普法工作经验的基础上，从 1991 年起，继续实施第二个法制宣传教育的五年规划。通过实施规划，进一步提高广大干部群众的法律意识，促进依法治国和各项事业的依法管理，为国民经济和社会发展第八个五年计划的顺利完成，为深入改革、开放创造良好的法制环境，保证国家政治、经济、社会的长期稳定发展。

关于法制宣传教育的第二个五年规划学习的内容，决议草案提出：以《中华人民共和国宪法》为核心，以学习各项专业法律为重点。这是因为宪法是我国的根本大法，虽然第一个五年普法

---

〔1〕　中国人大网，http://www.npc.gov.cn/zgrdw/npc/zt/qt/tj65pfgzslkz/2000 - 12/28/content_ 1652684. htm。

期间进行了重点学习，公民对宪法的内容有了初步的了解，但是宪法观念的牢固树立还远未做到，特别是国家机关和各级领导干部的宪法观念还不能完全适应社会主义法制建设的要求，与把宪法作为根本行为准则、自觉地维护宪法尊严和最高法律权威的要求还有一定差距。因此必须坚持把宪法始终放在法制宣传教育的核心地位。各项专业法律是各项事业依法管理的依据，是依法行政的基本规则，因此要推动依法管理工作的开展，必须坚持以专业法律为学习和宣传重点。

决议草案分三个层次确定了"二五"规划的宣传教育内容。第一个层次是，要在一切有接受教育能力的公民中学习宪法，普及《中华人民共和国行政诉讼法》、《中华人民共和国义务教育法》、《中华人民共和国集会游行示威法》、《中华人民共和国国旗法》、《关于禁毒的决定》、《关于惩治走私、制作、贩卖、传播淫秽物品的犯罪分子的决定》等法律的基本知识，同时要有针对性地选学第一个五年普法期间已经学过的国家基本法律的有关内容；第二层次是各行业、各系统要有计划、有步骤、分层次、分部门地学习有关专业法律，各行各业的管理干部要熟悉本行业、本单位负责执行的以及同自己工作密切相关的法律知识；第三个层次是各地方要结合本地的实际情况，选学有关的法律、法规。这三个层次是相互联系的一个整体。

关于法制宣传教育第二个五年规划的重点对象，决议草案确定：一是各级领导干部；二是执法干部；三是青少年。各级领导干部和国家执法干部（包括司法人员和行政执法人员）都有一定的具体权力，掌握着一部分事业，他们法制观念的强弱、专业法律知识水平的高低，直接关系着依法管理的成效和整个普法工作的成效。青少年是祖国的未来，决议草案提出要从培养新一代社会主义接班人的高度，继续加强对在校学生的法制教育。要在第一个五年普法的基础上，进一步完善学校的法制教育体系，努力实现学校法制教育的科学化、系统化。从长远观点看，广大青少年绝大多数都要经过各级各类学校的教育，加强学校的法制教育，将是他们掌握法律知识，增强法制观念的主要途径。因此，决议草案作出这样的规定是有长远的战略意义的。

决议草案强调了学习法律知识要坚持理论联系实际，学用相结合的原则。这是因为我国以宪法为核心的社会主义法律体系已初步形成，在国家主要的和基本的方面做到了有法可依。目前突出的问题是，在一些地方，一些部门有法不依、执法不严、违法不究的问题还比较严重，人民群众很有意见。要解决这些问题，就必须强调认真学习法律，严格依法办事。因此，决议草案在强调学法用法，坚持理论联系实际原则的同时，要求把依法治理工作，切实摆到各级领导的议事日程上来，进一步推动依法治乡、依法治县、依法治市等依法管理活动的发展。

深入进行法制宣传教育是一项重大的社会教育工程，涉及社会各个行业，各个方面，必须在党的统一领导下进行。因此，决议草案规定，实施第二个五年普法规划要在中国共产党的领导下，动员和依靠全社会的力量来进行。一切国家机关和武装力量，各政党和各社会团体，各企业事业组织都应当认真向本系统、本部门、本单位的公民进行法制教育，积极开展依法治理工作。同时还要看到，在实施第二个五年普法规划的过程中，各系统与系统之间，各系统与地方之间都会有很多需要协调解决的问题，需要加强人大和政府的领导和监督。因此决议草案规定各级人大常委会和人民政府要加强对本决议实施的领导和监督，制定切实可行的规划，采取强有力的措施，保证法制宣传教育的第二个五年规划的贯彻执行。

我的说明完了，请审议。

全国人民代表大会常务委员会关于继续开展
法制宣传教育的决议[1]

(1996 年 5 月 15 日第八届全国人民代表大会常务委员会
第十九次会议通过)

从 1986 年开始的法制宣传教育工作已经进行了 10 年，对于提高全民族的法律素质，加强社会主义民主与法制建设，保证改革开放和社会主义现代化建设事业的发展，起了积极的作用。为了适应建立和完善社会主义市场经济体制的需要，促进国民经济和社会发展"九五"计划和 2010 年远景目标纲要的实现，全国人民代表大会常务委员会认为有必要从 1996 年起到 2000 年实施在公民中开展法制宣传教育的第三个五年规划。通过继续深入进行以宪法、基本法律和社会主义市场经济法律知识为主要内容的法制宣传教育，进一步增强全体公民的法制观念和法律意识，不断提高各级干部依法办事、依法管理的水平和能力，坚持有法必依、执法必严、违法必究，推进依法治国、建设社会主义法制国家的进程。为此，特作决议如下：

一、一切有接受教育能力的公民都应当接受法制宣传教育，努力学习宪法和有关的法律知识，做到知法、守法，依法维护国家的、集体的和个人的合法权益。

二、各级领导干部特别是高级领导干部应当带头学习宪法和

---

〔1〕　中国人大网，http：//www.npc.gov.cn/zgrdw/npc/zt/qt/tj65pfgzslkz/2000 - 12/05/content_ 1652681.htm。

法律知识，模范遵守宪法和法律，严格依法办事，做到依法决策、依法管理。

各级各类干部学校应当将法制教育作为干部教育的必修课程。各部门、各地方要把是否具备必要的法律知识和能否严格依法办事作为干部考试、考核的一项重要内容。

三、司法机关、行政执法机关的执法人员应当根据工作需要，参加法律知识培训，熟练掌握和运用与本职工作相关的法律、法规，提高自身法律素质，依法履行职责，做到依法行政、公正司法。

四、企业事业单位的经营管理人员应当把掌握社会主义市场经济的法律知识作为必备的素质，并结合本单位实际学习有关的法律、法规，做到严格依法经营、依法管理，自觉遵守市场秩序，维护社会公共利益。

五、青少年应当具备必要的法律知识。大专院校、中学（包括中等技术学校）、小学都应当开设法制教育课。基层组织应当抓好社会青少年的法律常识教育。

六、要针对不同对象的特点，运用多种形式，开展生动活泼的法制宣传教育，注重提高实际效果。文化、新闻、出版、广播、电视、电影等部门应当充分发挥大众传播媒介的重要作用，积极主动地开展法制宣传教育。

七、法制宣传教育应当坚持与法制实践相结合、与经济建设和社会发展的实际相结合，全面推进各项事业的依法治理。要从坚持依法治国的高度出发，积极推进依法治村、治乡、治县、治市、治省和行业、部门的依法治理工作。

八、实施在公民中开展法制宣传教育第三个五年规划，继续深入开展法制宣传教育，是全社会的共同责任，必须在中国共产党的领导下，动员和依靠全社会的力量去完成。一切国家机关和武装力量、各政党和各社会团体、各企业事业组织，都应当认真向本系统、本单位的公民进行法制宣传教育。各级人民代表大会常务委员会和人民政府应当加强对实施规划和本决议的领导和监督，采取有力措施，使这项工作逐步走向法律化、制度化，在全社会形成学法、用法、依法办事的社会风尚，为改革开放和社会主义现代化建设事业创造良好的法制环境。

附：

对《关于普及法制教育的决议（草案）》的说明[1]

——1996 年 5 月 7 日在第八届全国人民代表大会常务委员会第十九次会议上

司法部部长　肖扬

我受国务院的委托，现就《关于普及法制教育的决议（草案)》（以下简称决议草案）作如下说明：

1991 年 3 月 2 日，第七届全国人民代表大会常务委员会第十八次会议作出了《关于深入开展法制宣传教育的决议》。5 年来，在各级党委、人大及其常委会和政府的领导、关心、监督下，经过各地方、各部门、各单位和广大法制宣传教育工作者的共同努力，以宪法为核心、以专业法为重点的"二五"法制宣传教育工作取得了明显成效：人民群众的法制观念和法律意识明显增强；各级政府依法决策、依法管理的水平有所提高；司法人员和行政执法人员的执法水平有所提高，执法状况逐步改善；企业事业单位依法经营、依法管理的意识有所增强；依法治理工作取得可喜进展，促进了经济发展和社会稳定。根据国民经济和社会发展"九五"计划及 2010 年远景目标，从现在起到本世纪末，再到下个世纪的前 10 年，将是我国从初步建立社会主义市场经济体制到形成比较完善的社会主义市场经济体制的重要时期。在此期间，国家将要继续制定和实施与经济和社会发展相适应的法律、法规，逐步完善社会主义市场经济法制体系，用法律来规范、

---

〔1〕　中国人大网，http：//www.npc.gov.cn/zgrdw/npc/zt/qt/tj65pfgzslkz/2000 - 12/06/content_ 1652680. htm。

引导、推进社会主义市场经济的健康发展。为此，有必要在总结"二五"法制宣传教育工作经验的基础上，实施在公民中开展法制宣传教育的第三个五年规划，在全体公民中开展宪法、基本法律知识的普及教育，为改革、发展、稳定创造良好的法制环境。

法制宣传教育是法制建设的一项基础工作，面广量大，需要全民动员，全社会积极参与。因此，决议草案根据《中华人民共和国宪法》第二十四条关于国家通过普及法制教育，加强社会主义精神文明建设的规定，突出了各地方、各部门、各单位开展法制宣传教育和全体公民、重点对象的职责。

一、决议草案规定：接受法制宣传教育是中华人民共和国公民的权利和义务。这样规定，体现了公民权利和义务的统一。为了保证公民这一权利的实现，在公民中开展法制宣传教育的第三个五年规划明确规定了实施规划的方法、步骤和保障措施。为了充分发挥大众传媒在普法工作中的特殊作用，决议草案还有针对性地规定：文化、新闻、出版、广播、电视、电影等部门，应当积极主动地开展法制宣传教育工作，配合普法主管机关，努力创造良好的社会法制环境。

二、决议草案明确规定了"三五"普法的重点对象，即各级领导干部特别是高级领导干部、司法机关和行政执法机关的干部、企业事业单位的经营管理人员、青少年，并对各类对象提出了明确要求。

领导干部特别是高级领导干部是否具备较高的法律素质，能否依法管理国家事务、经济和文化事业、社会事务，直接关系到依法治国、建设社会主义法制国家目标的实现。因此，决议草案突出强调领导干部特别是高级领导干部应当带头学习法律知识，模范遵守法律、法规，做到依法决策、依法管理各项事业。

司法机关、行政执法机关的执法人员必须熟悉有关的法律、法规，严格依法履行职责，有良好的职业道德。当前，有法不依、执法不严、违法不究的现象不同程度地存在，有的地方甚至相当严重，已经引起人民群众的不满，必须给予高度重视。因此，决议草案规定司法机关、行政执法机关的执法人员应当熟练掌握和运用与本职工作相关的法律、法规，提高自身法律素质，秉公执法，做到有法必依、执法必严、违法必究。这样规定，对于提高执法人员的素质，改善执法状况，进一步密切党群关系，都有重要的现实意义。

企业事业单位经营管理人员具备相应的法律知识，是保障社会主义市场经济健康发展的客观要求。因此，决议草案规定这类人员应当把掌握与本行业、本单位和本职工作相关的法律、法规作为必备的素质，严格依法经营、依法管理，自觉遵守市场秩序，尊重社会公共利益。这是适应建立社会主义市场经济体制的要求，促进企业事业单位依法经营、依法管理，维护市场经济秩序的重要步骤。

青少年是二十一世纪国家建设的骨干力量。邓小平同志提出，法制教育要从娃娃抓起。据此，决议草案规定大专院校、中学（包括中等技术学校）、小学都应当开设法制教育课，努力提高学生的法律素质。这样规定具有深远的战略意义。

三、决议草案突出了法制教育与法制实践相结合、与经济建设和社会发展的实际相结合的原则。学法的目的在于应用，这是普法工作的出发点和归宿。为了充分发挥法制宣传教育在依法治国、建设社会主义法制国家进程中的基础性作用，决议草案强调要结合法制宣传教育，积极推进依法治村、治乡、治县、治市、治省和行业、部门的依法治理工作。决议草案还规定：各地方、各部门要把是否具备必备的法律知识和能否严格依法办事作为干部考试、考核的一项重要内容。

四、10 年普法实践证明，法制宣传教育是一项重大的社会系统工程，是亿万群众参与的法制实践活动。因此，决议草案规定，继续深入开展法制宣传教育，推进依法治国、建设社会主义法制国家的进程，是全社会的共同责任，必须在中国共产党的领导下，动员和依靠全社会的力量去完成。一切国家机关和武装力量、各政党和各社会团体、企业事业组织，都应当认真向本系统、本单位的公民进行法制宣传教育。各级人民代表大会常务委员会和人民政府应当加强对实施规划和本决议的监督。

我的说明完了，请审议。

全国人民代表大会常务委员会关于进一步开展法制宣传教育的决议[1]

(2001 年 4 月 28 日第九届全国人民代表大会常务委员会
第二十一次会议通过)

自 1986 年以来，全国已经实施了三个五年法制宣传教育规划，广大公民的法制观念明显增强，社会各项事业的依法治理工作逐步开展，在保障改革发展稳定的大局，促进依法治国基本方略的实施中发挥了积极的作用。为了适应新世纪我国社会主义现

---

〔1〕 中国人大网，http：//www.npc.gov.cn/zgrdw/npc/zt/qt/pfgz/2001 - 06/18/content_ 1988 453. htm。

代化建设的要求，顺利实施国民经济和社会发展"十五"计划，积极推进社会主义民主与法制建设，有必要从 2001 年到 2005 年在全体公民中继续实施法制宣传教育的第四个五年规划。通过深入开展法制宣传教育，宣传学习邓小平民主法制建设理论、依法治国基本方略和宪法、法律，扎实推进依法治理工作，进一步提高全体公民的法律素质和全社会的依法管理水平，努力做到有法必依、执法必严、违法必究，以保障和促进经济建设和社会各项事业顺利健康地发展。为此，特作如下决议：

一、继续深入宣传学习宪法，强化全体公民的宪法意识。努力开展与广大公民权利义务密切相关的法律法规的宣传教育，增强公民遵纪守法和依法自我保护的意识。围绕党和国家的中心工作，宣传社会主义市场经济的法律法规，宣传保障和促进西部大开发的法律法规，宣传我国加入世界贸易组织后公民需要熟悉的法律法规，宣传加强社会治安、维护社会稳定方面的法律法规，增强广大公民同违法犯罪行为做斗争的自觉性，为改革发展稳定创造良好的法治环境。坚持依法治国与以德治国相结合，法制教育和思想道德教育相结合，促进社会主义民主法制建设、精神文明建设和物质文明建设同步发展。

二、全体公民都应当接受法制教育。重点是进一步加强各级领导干部、司法人员、行政执法人员、青少年和企业经营管理人员的法制教育。各级领导干部尤其要带头学法、守法、用法，增强法制观念特别是宪法观念，做到依法决策、依法管理。司法人员和行政执法人员应当深入学习、熟练掌握与本职工作相关的法律法规，做到公正司法、依法行政，自觉维护法制的统一与权威，保护公民的合法权益。青少年应当从小接受法制教育，在九年义务教育期间掌握公民应当懂得的基本法律常识。企业经营管理人员应当努力学习与本行业有关的法律法规，增强依法经营管理的自觉性。

三、法制宣传教育是依法治国、建设社会主义法治国家的一项基础性工作。实施第四个五年法制宣传教育规划，要积极贯彻依法治国的方针，把学法和用法，法制宣传教育和依法治理的实践紧密结合起来。积极开展地方依法治理工作，逐步实现各项事务管理的法制化；积极开展各部门、各行业的依法治理工作，不断提高依法行政、依法管理的水平；积极开展基层依法治理工作，正确处理人民内部矛盾，维护社会稳定，推进基层民主政治建设；围绕党和国家的中心工作，开展各种形式的专项依法治理活动，促进各项事业顺利健康地发展。

四、开展法制宣传教育要紧密结合形势，有针对性地进行。文化、新闻出版、广播影视等部门要充分发挥大众传媒的作用，开展形式多样、生动活泼的法制宣传教育，形成浓厚的法制舆论氛围。要充分发挥居民委员会、村民委员会等基层组织的作用，把法制宣传教育工作做到每家每户。

五、在全体公民中进一步深入开展法制宣传教育，必须在中国共产党的领导下，动员和依靠全社会的力量去完成。一切国家机关和武装力量，各政党和各社会团体、各企业事业组织和各类学校，都要高度重视法制宣传教育工作，积极参与，齐抓共管，明确责任，健全制度，注重实效。

六、各级人民代表大会及其常务委员会要加强对法制宣传教育工作和依法治理工作的监督，听取工作情况的报告，开展视察活动、调查研究和执法检查，督促本决议的执行。

全国人民代表大会常务委员会关于加强
法制宣传教育的决议[1]

（2006 年 4 月 29 日第十届全国人民代表大会常务委员会
第二十一次会议通过）

自 2001 年开始，我国在全体公民中实施了第四个法制宣传教育五年规划，以宪法为核心的法律知识得到较为广泛的普及，人民群众的法律意识逐步增强；依法治理工作深入开展，各项事业的法治化管理水平逐步提高。为了适应构建社会主义和谐社会和全面建设小康社会的新形势，全面贯彻科学发展观，落实国民经济和社会发展"十一五"规划的新要求，促进依法治国基本方略的实施，有必要从 2006 年到 2010 年在全体公民中组织实施法制宣传教育第五个五年规划。为此，特作决议如下：

一、根据国民经济和社会发展第十一个五年规划纲要提出的目标，确定法制宣传教育的内容。要进一步宣传普及宪法，使全体公民进一步掌握宪法的基本知识，忠于宪法、遵守宪法，维护宪法的权威。要适应公民学习和运用法律的需求，学习宣传与经济社会发展相关的法律法规，学习宣传与群众生产生活密切相关的法律法规，学习宣传整顿和规范市场经济秩序的法律法规，学习宣传维护社会和谐稳定和促进社会公平正义的相关法律法规，增强全体公民的社会主义法治理念和爱国意识、责任意识以及权利义务观念，培养全体公民自觉尊法守法的行为习惯，保障和促进政治、经济、文化和社会建设。

---

〔1〕 中国人大网，http：//www.npc.gov.cn/zgrdw/npc/zt/qt/tj65pfgzslkz/2006 –05/23/content_ 1652642.htm。

二、突出重点，区别不同对象提出法制宣传教育的要求，增强法制宣传教育的针对性。要在继续做好全体公民法制宣传教育的基础上，重点做好公务员的法制宣传教育。各级领导干部要带头学法用法，提高依法决策和管理经济和社会事务的能力；所有公务员特别是司法和行政执法人员要牢固树立有权必有责、用权受监督、违法要追究的观念，切实提高依法行使公共权力的能力，确保国家法律的正确实施。要继续做好青少年的法制宣传教育，使青少年从小懂得应该遵循的基本行为准则，养成学法守法的行为习惯。企业经营管理人员要着力培养诚信守法观念和社会责任意识，提高依法经营和依法管理能力。要充分发挥法制宣传教育在推进社会主义新农村建设中的作用，引导广大农民依法参与村民自治活动和其他社会管理，了解和掌握维护自身合法权益、解决矛盾纠纷的法律途径和法律常识。

三、坚持法制宣传教育与法治实践相结合，提高全社会法治化管理水平。要认真总结经验，全面开展地方和行业依法治理工作，进一步提高执法和管理水平；深化乡村、社区等基层依法治理，促进基层民主政治建设；围绕平安建设、和谐区域建设以及社会热点、难点问题，开展专项依法治理。要开展形式多样的主题活动，大力推进法制宣传教育进机关、进乡村、进社区、进学校、进企业、进单位，把法制宣传教育融入社会基层组织和人民群众的工作生产生活之中，形成崇尚法律、遵守法律、依法办事的社会氛围。

四、创新和丰富法制宣传教育形式，强化大众传播媒体和新闻通讯单位的社会责任。电视、广播、报刊要开办法制栏目（专栏、专版）等，开展准确、通俗、生动活泼的法制宣传教育。繁荣法制文艺创作，努力提高作品的质量，不断提高法制宣传教育的吸引力和感染力。充分利用互联网平台开展法制宣传教育，政府网站和专业普法网站要努力成为群众学习法律知识、获得法律教育的有效途径。加强各种法制宣传教育园地、阵地建设，鼓励、引导和规范法制宣传教育志愿活动。

五、加强法制宣传教育工作的组织领导，动员和依靠全社会力量共同参与。各国家机关和武装力量，各政党和各社会团体、各企事业单位和各类组织，都要高度重视法制宣传教育工作，建立法制宣传教育制度，面向社会开展法制宣传教育活动。要讲求实效，力戒形式主义。要大力加强基层法制宣传教育工作，尽力解决基层法制宣传教育在人员、教材、经费、设施等方面的困难，努力创造良好的法制宣传教育条件。

六、加强对法制宣传教育工作的监督检查，保证本决议得到切实执行。各级人民代表大会常务委员会要把立法和对法律实施的监督工作与法制宣传教育工作结合起来，推动法制宣传教育工作的不断深入。

附：

全国人民代表大会常务委员会关于进一步加强法制宣传教育的决议[1]

（2011 年 4 月 22 日第十一届全国人民代表大会常务委员会
第二十次会议通过）

2006 年至 2010 年，我国法制宣传教育第五个五年规划已顺利实施和完成，取得了明显成效。公民的宪法和法律意识明显增强，依法治理和法治创建活动有序推进，社会管理法治化水平进一步提高，法制宣传教育在服务经济社会发展、维护社会和谐稳定、落实依法治国基本方略中发挥了重要作用。现在中国特色社会主义法律体系已经形成，这是我国社会主义民主法制建设史上的重要里程碑，是中国特色社会主义制度逐步走向成熟的重要标志。法律的生命力在于实施。中国特色社会主义法律体系形成后，有法必依、执法必严、违法必究的任务更为突出、更加紧迫，对加强法制宣传教育提出了新的更高的要求。为适应全面建设小康社会和"十二五"时期经济社会发展需要，全面落实依法治国基本方略、加快建设社会主义法治国家进程，进一步增强全社会法治观念，有必要从 2011 年到 2015 年在全体公民中组织实施法制宣传教育第六个五年规划。为此，特作决议如下：

一、深入学习宣传以宪法为统帅的中国特色社会主义法律体系。要突出抓好宪法的学习宣传，深入学习宣传宪法确立的我国的国体政体、根本制度、根本任务、公民的权利和义务等主要内

---

〔1〕　中央政府门户网站，http：//www.gov.cn/jrzg/2011－04/23/content＿ 18509
02.htm。

容和精神，进一步增强公民的宪法意识和社会主义民主法治观念，形成崇尚宪法、遵守宪法、维护宪法权威的良好氛围。深入学习宣传形成中国特色社会主义法律体系的重大意义、基本经验、基本特征，深入学习宣传中国特色社会主义法律体系的基本法律和促进经济发展、保障和改善民生、加强社会管理、反腐倡廉相关法律法规。深入开展社会主义法治理念教育，推进社会主义法治文化建设，弘扬社会主义法治精神，形成人人自觉学法守法用法和依法行政、公正司法的社会环境。

二、进一步增强法制宣传教育的针对性和实效性。法制宣传教育的对象是一切有接受能力的公民。广大公务员尤其是各级领导干部要带头学习宪法和法律，系统学习和熟练掌握与履行职责相关的法律法规，不断提高自身法律素质和法治观念，增强科学执政、民主执政、依法执政的自觉性；要充分认识依法行政、公正司法是法制宣传教育最有效的实践，增强依法决策、依法行政、公正司法的能力，不断改善领导方式和执政方式，做全社会学法守法用法的表率。要根据青少年的身心特点和接受能力，结合道德品质教育和公民意识教育，有针对性地加强法制宣传教育，努力培养青少年遵纪守法的行为习惯。企业经营管理人员、事业单位和新经济、新社会组织管理人员应当重点学习掌握与市场经济、经营管理相关的法律法规，增强诚信守法、依法管理、依法经营的观念。要在城乡基层群众中重点宣传与生产生活密切相关的法律法规，引导群众依法维护权益、表达诉求、化解纠纷，提高群众参与基层自治和其他社会管理活动的意识和能力。

三、进一步丰富法制宣传教育的形式和方法。法制宣传教育要深入群众、深入基层，生动活泼、通俗易懂，为群众所喜闻乐见，力戒形式主义。广播、电视、报刊等各类媒体要继续履行好社会责任，通过开办法制栏目（专栏、专版）等，广泛开展公益性法制宣传教育。要充分发挥互联网、移动通信等新兴媒体的特点和优势，积极开展法制宣传教育。要努力办好普法网站，充分发挥政府网及门户网站在法制宣传中的重要平台和示范带动作用。要丰富法制宣传教育进机关、进学校、进企业、进单位、进乡村、进社区的内容和形式，不断增强针对性和实效性。要完善并落实公务员法律学习培训制度，把法制宣传教育纳入公务员理论学习规划和各类干部培训机构教学课程。要充分发挥学校作为法制宣传教育重要阵地作用，保证中小学校法制教育课时、教材、师资、经费"四落实"。要充分运用"12·4"全国法制宣传日开展集中法制宣传教育活动，不断扩大法制宣传教育的覆盖面和渗透力。要坚持法制宣传教育与法治实践相结合，善于运用典型案例剖析和群众关心的热点问题开展法制宣传教育，深入推进多种形式、多种层次的法治实践活动，用法治实践推动法制宣传教育、检验法制宣传教育的实效。

四、完善法制宣传教育的组织领导和保障机制。各国家机关和武装力量、各政党、各社会团体、各企事业单位和各类组织，都要高度重视法制宣传教育工作，积极组织开展本部门、本单位以及面向社会的法制宣传教育。要完善法制宣传教育领导体制和工作机制，加强组织领导，加强执法主体的法制宣传教育责任，加强各部门间的协调配合，形成工作合力。法制宣传教育要纳入各地经济社会发展规划和政府目标管理，法制宣传教育经费列入本级政府财政预算，切实予以保障。各部门、各单位要结合实际，统筹安排，保证法制宣传教育工作正常开展。要进一步加大基层法制宣传教育各项投入，努力为基层深入开展法制宣传教育创造条件。

五、加强对本决议贯彻实施情况的监督检查。要进一步完善法制宣传教育考核评估机制，加强年度考核、阶段性检查。各级人民政府要切实组织实施好法制宣传教育第六个五年规划，做好中期督导检查和终期评估验收，并向本级人民代表大会常务委员会报告。各级人民代表大会及其常务委员会要充分运用执法检查、听取和审议工作报告以及代表视察、专题调研等形式，加强对法制宣传教育工作的监督检查，保证本决议得到贯彻落实。

附一：

关于《关于进一步加强法制宣传教育的决议（草案）》的说明[1]

——2011 年 4 月 20 日在第十一届全国人民代表大会常务委员会第二十次会议上

司法部部长　吴爱英

全国人民代表大会常务委员会：

我受国务院的委托，现对《关于进一步加强法制宣传教育的决议（草案）》（以下简称《决议（草案）》）作如下说明。

法制宣传教育是实施依法治国基本方略，建设社会主义法治国家的一项基础性工作。深入开展法制宣传教育，努力营造人人学法守法的社会氛围，对于全面落实依法治国基本方略、加快建设社会主义法治国家，对于加强和创新社会管理、构建社会主义和谐社会，对于保障和促进经济社会科学发展、全面建设小康社会具有重要意义。

党中央、全国人大、国务院历来高度重视法制宣传教育工作。党的十七大提出，深入开展法制宣传教育，弘扬法治精神，形成自觉学法守法用法的社会氛围。十七届五中全会强调，加强普法教育，形成人人学法守法的良好社会氛围。为深入贯彻落实党的十七大和十七届五中全会精神，推进全民法制宣传教育深入开展，根据党中央、全国人大、国务院的指示精神，中央宣传部、司法部通过深入调查研究，在广泛听取各地区、各部门和社

---

[1]　中国人大网，http：//www.npc.gov.cn/zgrdw/npc/zt/qt/tj65pfgzslkz/2011 - 07/20/content_ 1666157.htm。

会各界意见基础上，提出了《关于在公民中开展法制宣传教育的第六个五年规划（2011—2015 年）》，并已由中共中央、国务院转发。"六五"普法工作的指导思想和工作目标是，高举中国特色社会主义伟大旗帜，以邓小平理论和"三个代表"重要思想为指导，深入贯彻落实科学发展观，围绕"十二五"时期经济社会发展的目标任务，按照全面落实依法治国基本方略和建设社会主义政治文明的新要求，坚持法制宣传教育与社会主义核心价值体系教育相结合、与社会主义法治理念教育相结合、与社会主义公民意识教育相结合、与法治实践相结合，深入开展法制宣传教育，深入推进依法治理，大力弘扬社会主义法治精神，努力促进经济平稳较快发展和社会和谐稳定，为夺取全面建设小康社会新胜利营造良好法治环境。通过深入扎实的法制宣传教育和法治实践，深入宣传宪法，广泛传播法律知识，进一步坚定法治建设的中国特色社会主义方向，提高全民法律意识和法律素质，提高全社会法治化管理水平，促进社会主义法治文化建设，推动形成自觉学法守法用法的社会环境。

为此，特提请全国人大常委会在"六五"普法规划实施之际，再次作出决议，以推进"六五"普法工作的顺利开展，实现"六五"普法规划预定目标。现就《决议（草案）》作以下几点说明：

一、关于法制宣传教育的内容

《决议（草案）》根据"十二五"时期经济和社会发展目标任务，适应中国特色社会主义法律体系形成的需要，确定了法制宣传教育的内容。一是突出宪法的学习宣传。强调宪法是国家的根本法，是治国安邦的总章程。提出要坚持以宪法为核心，大力宣传宪法的基本内容、基本原则和精神，进一步增强全体公民的宪法意识、公民意识、爱国意识、国家安全统一意识和民主法制意识，形成崇尚宪法、遵守宪法、维护宪法权威的良好氛围，使宪法在全社会得到一体遵行，促进国家各项事业健康发展。二是加强中国特色社会主义法律体系学习宣传。明确要求深入学习宣传中国特色社会主义法律体系形成的重要意义、基本经验及其基本构成、基本特征，深入学习宣传构成中国特色社会主义法律体系的基本法律和主干法律。同时，适应"十二五"时期经济社会发展需要，深入学习宣传促进经济发展、保障和改善民生、加强社会管理、反腐倡廉相关法律法规，为经济社会发展营造良好的法治环境。三是深入开展社会主义法治理念教育。提出要组织各级领导干部和公务员认真学习社会主义法治理念，牢固树立并自觉践行依法治国、执法为民、公平正义、服务大局、党的领导的理念。加大全社会的社会主义法治理念教育力度，推动社会主义法治理念逐步深入人心。推进社会主义法治文化建设，弘扬社会主义法治精神，在全社会形成崇尚法律、遵守法律、维护法律权威的氛围。

二、关于努力提高全民法律意识和法律素质

《决议（草案）》明确提出，法制宣传教育的对象是一切有接受教育能力的公民，体现了法制宣传教育的全民性。同时，强调要重点加强领导干部、公务员、青少年、企事业经营管理人员和农民的法制宣传教育，把领导干部和青少年作为重中之重。坚持分类指导，从不同对象的实际需求出发，确定法制宣传教育的内容和方式，以增强宣传教育的针对性和实际效果。

领导干部带头学法用法，对于带动全民学法用法，推进依法治国基本方略的实施，具有重要意义。因此，要深入推进领导干部学法用法，努力提高各级领导干部依法执政、依法行政、依法决策的意识和能力。

广大公务员依法行政和服务社会的水平，直接关系到国家法律的正确实施和法治政府的建设。因此，要深入推进公务员学法用法，努力提高公务员运用法律手段解决问题的能力。

青少年是国家的希望、民族的未来，建设社会主义法治国家，需要高度重视培养和提高青少年的法律素质。因此，要深入开展青少年法制宣传教育，努力培养遵纪守法的行为习惯。

企事业经营管理人员法律素质的高低，直接影响社会主义市场经济健康有序运行的质量和水平。因此，要深入开展企事业经营管理人员法制宣传教育，增强他们诚信守法、依法经营、依法管理、依法办事的意识和能力。

农民法律素质的高低，对于建设社会主义新农村至关重要。因此，要深入开展农民法制宣传教育，努力提高农民法律素质，引导农民依法参与村民自治和其他社会管理活动，提高他们参与民主选举、民主决策、民主管理、民主监督的能力。

三、关于公务员尤其是各级领导干部要做学法守法用法的表率

广大公务员尤其是各级领导干部肩负着管理国家各项事业的重要职责，法律素质的高低直接关系到社会主义法治国家建设进程。因此，《决议（草案）》明确要求广大公务员尤其是各级领导干部要做学法守法用法的表率。带头学习法律，认真学习宪法和国家基本法律，学习中国特色社会主义法律体系和社会主义法治理念，学习新颁布的法律法规以及与履行职责相关的法律法规，不断提高自身法律素质，提高依法办事的意识、能力和水平；带头遵守法律，增强法治观念，自觉接受法律约束，严格依法办事；带头运用法律，切实做到依法行政、依法决策，维护法

律的权威和尊严。

四、关于进一步丰富和拓展法制宣传教育的方法和阵地

开拓创新是推进法制宣传教育深入开展的强大动力。因此，《决议（草案）》强调要丰富和拓展法制宣传教育的方法和阵地。提出要强化广播、电视、报刊等大众媒体的社会责任，通过开办法制栏目（专栏、专版）等，广泛开展公益性法制宣传教育；积极推动互联网、移动通信等开展法制宣传教育，加强普法网站建设，推动政府网及门户网站加大法制宣传教育力度；深入开展法律进机关、进乡村、进社区、进学校、进企业、进单位法制宣传教育主题活动；充分运用"12·4"全国法制宣传日开展集中法制宣传教育活动，不断扩大覆盖面和渗透力；加强法制宣传教育阵地建设，完善城市、乡村公共活动场所法制宣传教育设施，推进城乡社区法制宣传教育园地建设；深入基层、深入群众，广泛开展通俗易懂、喜闻乐见的法制宣传活动，提高法制宣传教育实际效果；坚持法制宣传教育与法治实践相结合，深入推进各个层次的依法治理和法治创建活动，引导群众积极参与基层民主管理，为推进社会管理创新营造良好的法治氛围。

五、关于健全完善法制宣传教育工作机制

法制宣传教育作为一项社会系统工程，要紧紧依靠党委领导、人大监督、政府实施、部门负责，动员和发动全社会力量广泛参与。因此，《决议（草案）》要求各国家机关和武装力量、各政党和各社会团体、各企事业单位和各类组织，高度重视法制宣传教育工作，组织开展好本单位和面向社会的法制宣传教育。强调要完善法制宣传教育领导体制和工作机制，加强组织领导和协调配合，广泛动员和依靠全社会力量参与法制宣传教育，形成工作合力。各级政府要把法制宣传教育经费列入本级政府财政预

算，切实予以保障。各部门各单位要结合实际，统筹安排相关经费，保证法制宣传教育工作正常开展。要加强基层法制宣传教育工作，进一步加大基层法制宣传教育各项投入，为基层法制宣传教育深入开展创造条件。

六、关于加强对本决议贯彻实施情况的监督检查

加强监督检查，是推进法制宣传教育工作任务落实的重要手段。因此，《决议（草案）》强调要进一步完善法制宣传教育考核评估机制，加强年度考核、阶段性检查。各级政府要结合"六五"普法规划实施，认真组织开展法制宣传教育，做好中期督导检查和终期评估验收，并将督导检查和评估验收情况向同级人民代表大会常务委员会报告。各级人民代表大会常务委员会要把立法和对法律实施的监督工作与法制宣传教育工作结合起来，加强对法制宣传教育工作的监督，组织开展专项督查活动，确保本决议得到贯彻落实。

党中央、全国人大、国务院一直高度重视、关心支持法制宣传教育工作。我们将坚决贯彻落实"六五"普法规划，坚决贯彻落实全国人大常委会决议，认真履行职责，扎实推进普法依法治理工作深入开展，努力为加快建设社会主义法治国家和全面建设小康社会作出新的贡献。

《关于进一步加强法制宣传教育的决议（草案）》和以上说明是否妥当，请审议。

附二：

全国人民代表大会内务司法委员会关于
《关于进一步加强法制宣传教育的决议（草案）》
审议情况和修改意见的报告[1]

——2011年4月22日在第十一届全国人民代表大会常务委员会第二十次会议上

全国人民代表大会常务委员会：

本次常委会会议对《关于进一步加强法制宣传教育的决议（草案）》进行了审议。常委会组成人员普遍认为，"五五"普法工作是认真务实的，取得了明显成效。同时认为，随着中国特色社会主义法律体系的形成，国家在经济、政治、文化、社会以及生态文明建设的各个方面实现有法可依，在这种情况下，有法必依、执法必严、违法必究的任务更加突出、更加紧迫，对法制宣传教育提出了新的更高的要求。因此，有必要在总结以往五个五年普法工作经验的基础上，继续实施法制宣传教育的第六个五年规划，以适应全面建设小康社会和"十二五"时期经济社会发展需要，进一步增强全社会的法治观念，加快推进依法治国、建设社会主义法治国家进程。常委会组成人员认为，决议草案体现了新形势下普法工作的新特点，是积极进取、与时俱进的，提出的各项要求和措施是可行的，同时，也提出了一些修改意见和建议。4月21日，内务司法委员会召开会议，根据常委会组成人员的审议意见，对决议草案进行了审议。会前，与全国人大常委会

---

[1] 中国人大网，http://www.npc.gov.cn/zgrdw/npc/zt/qt/tj65pfgzslkz/2011-07/20/content_1666156.htm。

法制工作委员会、办公厅研究室一起进行了研究，并征求了国务院法制办公室、司法部的意见，提出了决议草案建议表决稿。现将主要修改意见报告如下：

一、关于中国特色社会主义法律体系的学习宣传

常委会组成人员普遍建议，"六五"普法应当把学习中国特色社会主义法律体系作为一项重要任务，加大宣传力度。据此，建议表决稿充实了关于中国特色社会主义法律体系学习宣传的内容。一是在决议草案开头部分强调："中国特色社会主义法律体系已经形成，这是我国社会主义民主法制建设史上的重要里程碑，是中国特色社会主义制度逐步走向成熟的重要标志。法律的生命力在于实施。中国特色社会主义法律体系形成后，有法必依、执法必严、违法必究的任务更加突出、更加紧迫，对加强法制宣传教育提出了新的更高的要求。"二是将第一条标题修改为："深入学习宣传以宪法为统帅的中国特色社会主义法律体系"，并对中国特色社会主义法律体系学习宣传的重点作了进一步明确。

二、关于增强法制宣传教育的针对性和实效性

常委会组成人员普遍认为，法制宣传教育应当突出重点，区别不同对象提出不同要求，增强针对性，提高实效性。据此，建议表决稿将决议草案第二、三条合并作为第二条，将标题修改为"进一步增强法制宣传教育的针对性和实效性"，对不同对象提出不同的学习宣传重点，特别强调"广大公务员尤其是各级领导干部要带头学习宪法和法律，系统学习和熟练掌握与履行职责相关的法律法规，不断提高自身法律素质和法治观念，增强科学执政、民主执政、依法执政的自觉性；要充分认识依法行政、公正司法是法制宣传教育最有效的实践，增强依法决策、依法行政、公正司法的能力，不断改善领导方式和执政方式，做全社会学法

守法用法的表率"。

三、关于丰富法制宣传教育的形式和方法

许多常委会组成人员提出，法制宣传教育的形式和方法要生动活泼，与时俱进，为群众所喜闻乐见，力戒形式主义。要善于运用典型案例剖析和群众关心的热点问题开展法制宣传教育。据此，建议表决稿进一步充实了法制宣传教育的形式和方法。一是要充分发挥互联网、移动通信等新兴媒体的特点和优势，积极开展法制宣传教育；要充分发挥政府网及门户网站在法制宣传中的重要平台和示范带动作用。二是强调要完善公务员法律学习培训制度，把法制宣传教育纳入公务员理论学习规划和各类干部培训教学课程。三是强调要充分发挥学校作为法制宣传教育重要阵地作用，保证中小学校法制教育课时、教材、师资、经费"四落实"。四是强调要充分运用"12·4"全国法制宣传日开展集中法制宣传教育活动。

四、关于法制宣传教育的保障机制

许多常委会组成人员提出，过去有些地方和部门把法制宣传教育当作一项软任务，重视不够，保障不够有力。据此，建议表决稿强化了法制宣传教育的组织领导责任、执法主体责任和各部门间的协调配合责任，并对保障机制增加规定："法制宣传教育要纳入各地经济社会发展规划和政府目标管理，法制宣传教育经费列入本级政府财政预算，切实予以保障。"

此外，根据常委会组成人员的审议意见，还对决议草案进行了一些文字修改。

决议草案建议表决稿和以上报告是否妥当，请审议。

全国人民代表大会常务委员会关于开展第七个五年法治宣传教育的决议[1]

(2016 年 4 月 28 日第十二届全国人民代表大会常务委员会
第二十次会议通过)

2011 年至 2015 年，我国法制宣传教育第六个五年规划顺利实施，法治宣传教育在服务经济社会发展、维护社会和谐稳定、建设社会主义法治国家中发挥了重要作用。为深入学习宣传习近平总书记关于全面依法治国的重要论述，全面推进依法治国，顺利实施"十三五"规划，全面建成小康社会，推动全体公民自觉尊法学法守法用法，推进国家治理体系和治理能力现代化建设，从 2016 年至 2020 年在全体公民中开展第七个五年法治宣传教育，十分必要。通过开展第七个五年法治宣传教育，使全社会法治观念明显增强，法治思维和依法办事能力明显提高，形成崇尚法治的社会氛围。特作决议如下：

一、突出学习宣传宪法。坚持把学习宣传宪法摆在首要位置，在全社会普遍开展宪法宣传教育，重点学习宣传宪法确立的我国的国体、政体、基本政治制度、基本经济制度、公民的基本权利和义务等内容，弘扬宪法精神，树立宪法权威。实行宪法宣誓制度，组织国家工作人员在宪法宣誓前专题学习宪法。组织开展"12·4"国家宪法日集中宣传活动，教育引导一切组织和个人以宪法为根本活动准则。

二、深入学习宣传国家基本法律。坚持把学习宣传宪法相关

---

[1] 中国人大网，http://www.npc.gov.cn/npc/c10134/201604/4fdb17af9ffc465389bde2ebce86c80e.shtml。

法、民法商法、行政法、经济法、社会法、刑法、诉讼与非诉讼程序法等法律法规的基本知识，作为法治宣传教育的基本任务，结合学习贯彻创新、协调、绿色、开放、共享发展理念，加强对相关法律法规的宣传教育。在全社会树立宪法法律至上、法律面前人人平等、权由法定、权依法使等基本法治理念。

三、推动全民学法守法用法。一切有接受教育能力的公民都要接受法治宣传教育。坚持把全民普法和守法作为依法治国的长期基础性工作，加强农村和少数民族地区法治宣传教育，以群众喜闻乐见、易于接受的方式开展法治宣传教育，引导公民努力学法、自觉守法、遇事找法、解决问题靠法，增强全社会厉行法治的积极性、主动性和自觉性。大力弘扬法治精神，培育法治理念，树立法治意识，共同维护法律的权威和尊严。

四、坚持国家工作人员带头学法守法用法。坚持把各级领导干部带头学法、模范守法、严格执法作为全社会树立法治意识的关键。健全国家工作人员学法用法制度，将法治教育纳入干部教育培训总体规划。坚持把依法办事作为检验国家工作人员学法用法的重要标准，健全重大决策合法性审查机制，推行政府法律顾问制度，推动行政机关依法行政，促进司法机关公正司法。坚持把尊法学法守法用法情况作为考核领导班子和领导干部的重要内容。

五、切实把法治教育纳入国民教育体系。坚持从青少年抓起，制定青少年法治教育大纲，设立法治知识课程，完善法治教材体系，强化学校、家庭、社会"三位一体"的青少年法治教育格局，加强青少年法治教育实践基地建设，增强青少年的法治观念。

六、推进社会主义法治文化建设。把法治文化建设纳入现代公共文化服务体系，繁荣法治文化作品创作推广，广泛开展群众性法治文化活动。大力弘扬社会主义核心价值观，推动法治教育与道德教育相结合，促进法律的规范作用和道德的教化作用相辅相成。健全公民和组织守法信用记录，建立和完善学法用法先进集体、先进个人宣传表彰制度。

七、推进多层次多领域依法治理。坚持法治宣传教育与法治实践相结合，把法律规定变成引领保障经济社会发展的基本规范。深化基层组织和部门、行业依法治理，深入开展法治城市、法治县（市、区）、民主法治示范村（社区）等法治创建活动，提高社会治理法治化水平。

八、推进法治宣传教育创新。遵循现代传播规律，推进法治宣传教育工作理念、方式方法、载体阵地和体制机制等创新。结合不同地区、不同时期、不同群体的特点和需求，分类实施法治宣传教育，提高法治宣传教育的针对性和实效性，力戒形式主义。充分发挥报刊、广播、电视和新媒体新技术等在普法中的作用，推进互联网＋法治宣传教育行动。建立法官、检察官、行政执法人员、律师等以案释法制度，充分运用典型案例，结合社会热点，开展生动直观的法治宣传教育。加强法治宣传教育志愿者队伍建设。深化法律进机关、进乡村、进社区、进学校、进企业、进单位等活动。

九、健全普法责任制。一切国家机关和武装力量、各政党和各人民团体、企业事业组织和其他社会组织都要高度重视法治宣传教育工作，按照"谁主管谁负责"的原则，认真履行普法责任。实行国家机关"谁执法谁普法"的普法责任制，建立普法责任清单制度。健全媒体公益普法制度，落实各类媒体的普法责任，在重要频道、重要版面、重要时段开展公益普法。把法治宣传教育纳入当地经济社会发展规划，进一步健全完善党委领导、人大监督、政府实施、部门各负其责、全社会共同参与的法治宣传教育工作体制机制。

十、加强组织实施和监督检查。各级人民政府要积极开展第七个五年法治宣传教育工作，强化工作保障，做好中期检查和终期评估，并向本级人民代表大会常务委员会报告。各级人民代表大会及其常务委员会要充分运用执法检查、听取和审议工作报告以及代表视察、专题调研等形式，加强对法治宣传教育工作的监督检查，保证本决议得到贯彻落实。

附：

全国人民代表大会常务委员会关于开展第八个五年法治宣传教育的决议[1]

（2021年6月10日第十三届全国人民代表大会常务委员会第二十九次会议通过）

2016年至2020年，全国第七个五年法治宣传教育决议顺利实施，取得重要成果，全社会法治观念明显增强，社会治理法治化水平明显提高。当前，我国已开启全面建设社会主义现代化国家新征程，进入新发展阶段，为深入学习宣传贯彻习近平法治思想，使法治成为社会共识和基本准则，夯实全面依法治国的社会基础，有必要从2021年至2025年在全体公民中开展第八个五年法治宣传教育。通过开展第八个五年法治宣传教育，使公民法治素养和社会治理法治化水平显著提升，形成全社会尊法学法守法用法的良好氛围。特作决议如下：

一、以习近平法治思想引领全民普法工作。坚持习近平新时代中国特色社会主义思想，全面贯彻落实习近平法治思想，在党中央集中统一领导下推进全民普法工作。突出学习宣传习近平法治思想，推动习近平法治思想入脑入心、走深走实，引导全社会坚定不移走中国特色社会主义法治道路。紧紧围绕服务"十四五"时期经济社会发展，推动普法工作守正创新、提质增效、全面发展，为全面建设社会主义现代化国家营造良好法治环境。

二、大力弘扬社会主义法治精神。突出重点内容，深入宣传

---

[1] 中国人大网，http：//www.npc.gov.cn/npc/c30834/202106/c0599399c6dd4c2791dee2186bfa516e.shtml。

宪法和宪法相关法，全面落实宪法宣誓制度，加强宪法实施案例宣传，阐释好宪法精神和"中国之治"的制度基础；深入宣传民法典，全面提升民法典普法质量，让民法典深入人心。深入宣传促进科技创新、优化营商环境、加强生态环境保护等与推动高质量发展密切相关的法律法规；深入宣传加强国家安全体系和能力建设、推动更高水平平安中国建设等与社会治理现代化密切相关的法律法规。加强社会主义法治文化建设，弘扬社会主义核心价值观，推动中华优秀传统法律文化创造性转化、创新性发展，坚持依法治国与以德治国相结合，让人民群众感受到正义可期待、权利有保障、义务须履行，引导全社会树立权利与义务、个人自由与社会责任相统一的观念。

三、持续提升公民法治素养。实行公民终身法治教育制度，把法治教育纳入干部教育体系、国民教育体系、社会教育体系，不断提升全体公民法治意识和法治素养。落实国家工作人员学法用法制度，把法治素养和依法履职情况纳入考核评价干部的重要内容，引导国家工作人员树立社会主义法治理念，提高依法办事的意识和能力。重点抓好"关键少数"，发挥领导干部带头示范作用，建立领导干部应知应会法律法规清单制度，让尊法学法守法用法成为领导干部自觉行为和必备素质。大力加强青少年法治教育，全面落实《青少年法治教育大纲》，推动法治教育进课堂，教育引导青少年从小养成尊法守法习惯。

四、推进普法与依法治理有机融合。加强基层组织和部门、行业依法治理，深化法治乡村（社区）建设和依法治企、依法治校、依法治网，加大普法力度，完善预防性法律制度，推动形成办事依法、遇事找法、解决问题用法、化解矛盾靠法的法治环境。开展公共卫生安全、突发事件应急管理等方面的法治宣传教育,提高全社会应急状态下依法治理能力和水平,促进依法行动、依法行事。坚持依法治理与系统治理、综合治理、源头治理有机结合,深入开展多层次多形式法治创建活动,大力提高社会治理法治化水平。

五、着力提高普法工作的针对性和实效性。注重把普法深度融入立法、执法、司法和法律服务全过程,开展实时普法。加大以案普法、以案释法力度,使典型案事件依法处理过程成为全民普法的公开课。充分运用社会力量开展公益普法,健全社会普法教育机制。充分运用新技术新媒体开展精准普法,提高普法产品供给质量,使普法更为群众喜闻乐见。注重分层分类,坚持集中宣传教育与经常宣传教育相结合,重在常态化、制度化,把普法融入法治实践、基层治理和日常生活。

六、加强组织实施和监督检查。落实党政主要负责人推进法治建设第一责任人职责,进一步完善国家机关"谁执法谁普法"等普法责任制,全面落实普法责任清单制度,促进各社会团体、企事业单位以及其他组织履行普法责任,推动形成党委领导下的大普法工作格局。健全和落实媒体公益普法制度,加大融媒体普法力度。推动制定法治宣传教育法,为全民普法工作提供有力法律保障。健全普法工作评估指标体系和奖惩制度,做好中期评估和终期检查,加强检查结果的运用。各级人民政府要积极开展第八个五年法治宣传教育工作,向本级人民代表大会常务委员会报告工作开展情况。各级人民代表大会及其常务委员会要加强对法治宣传教育工作的监督检查,促进本决议有效实施。

国家出版基金项目
NATIONAL PUBLICATION FOUNDATION

中国特色社会主义根本政治制度
人民代表大会制度纪实

总 顾 问 王汉斌
编委会主任 乔晓阳

人大讨论决定重大事项制度（下）

任佩文 吴克非 王亚楠 / 编著

中国出版集团
中国民主法制出版社

全国百佳图书
出版单位

/ 第九章 /

关于监督事项的决议决定

监督权是宪法和法律赋予全国人大及其常委会的一项重要职权。而讨论决定重大事项职权是全国人大及其常委会开展监督工作的重要方式。如全国人民代表大会听取和审议各项工作报告，既是行使监督权，也是讨论决定国家重大事项的过程。在全国人大闭会期间，全国人大常委会审查和批准国民经济和社会发展计划、国家预算在执行过程中所作的部分调整方案；听取和审议国务院、国家监察委员会、最高人民法院和最高人民检察院的专项工作报告；撤销国务院制定的同宪法、法律相抵触的行政法规、决定和命令；撤销省、自治区、直辖市国家权力机关制定的同宪法、法律和行政法规相抵触的地方性法规和决议等，既是行使监督职权的过程，也是讨论决定重大事项决定的过程。关于监督事项的决议决定主要包括关于工作报告的决议决定、关于批准计划和预算的决议决定、关于执法检查报告的决议决定。

第一节　关于各项工作报告的决议决定

听取和审议各项工作报告是全国人民代表大会会议的重要内容。在审议中，代表们会客观评价过去一年的工作，对今后一年或五年的工作安排提出意见或建议，有关国家机关都会派工作人员到会听取审议意见，根据审议意见进一步完善工作报告，同时，大会秘书处也会根据代表的审议意见进一步完善相应的工作报告决议草案，使提交大会表决的工作报告决议能够充分反映代表的意愿。关于有关工作报告的决议主要包括：关于全国人大常委会工作报告的决议、关于政府工作报告的决议、关于最高人民法院工作报告的决议、关于最高人民检察院工作报告的决议。

一、关于人大常委会工作报告的决议决定

第十一届全国人民代表大会第一次会议关于全国人民代表大会常务委员会工作报告的决议[1]

（2008 年 3 月 18 日第十一届全国人民代表大会第一次会议通过）

第十一届全国人民代表大会第一次会议听取并审议了吴邦国委员长受第十届全国人民代表大会常务委员会委托所作的工作报告。会议高度评价十届全国人大常委会过去五年的工作，同意报告提出的关于今后工作的建议，决定批准这个报告。

会议要求，新一届全国人大常委会要认真贯彻党的十七大精神，高举中国特色社会主义伟大旗帜，以邓小平理论和"三个代表"重要思想为指导，深入贯彻落实科学发展观，坚持党的领导、人民当家作主、依法治国有机统一，紧紧围绕党和国家工作大局履行职责，为坚持和完善人民代表大会制度、发展社会主义

---

〔1〕 中国人大网，http://www.npc.gov.cn/npc/c12489/200803/f8ff7b1a60ae4afa90507d659b274e1a.shtml。

民主政治,为坚持改革开放、推动科学发展、促进社会和谐、夺取全面建设小康社会新胜利作出新的更大的贡献。

第十一届全国人民代表大会第二次会议关于
全国人民代表大会常务委员会工作报告的决议[1]

（2009 年 3 月 13 日第十一届全国人民代表大会第二次会议通过）

第十一届全国人民代表大会第二次会议听取和审议了吴邦国委员长受全国人大常委会委托所作的工作报告。会议高度评价全国人大常委会过去一年的工作,同意报告提出的今后一年的主要任务,决定批准这个报告。

会议要求,全国人大常委会要高举中国特色社会主义伟大旗帜,以邓小平理论和"三个代表"重要思想为指导,深入贯彻落实科学发展观,坚持党的领导、人民当家作主、依法治国有机统一,紧紧围绕党和国家工作大局行使职权,着力加强中国特色社会主义法律体系建设,着力促进经济平稳较快发展与社会和谐稳定,着力保障宪法和法律有效实施,努力把人大各项工作提高到一个新水平,为夺取全面建设小康社会新胜利作出新的更大的贡献。

---

〔1〕 中国人大网,http://www.npc.gov.cn/npc/c12489/200903/9b4f27fcc81a4834 9652424d98441667.shtml。

第十一届全国人民代表大会第三次会议关于
全国人民代表大会常务委员会工作报告的决议[1]

(2010 年 3 月 14 日第十一届全国人民代表大会第三次会议通过)

第十一届全国人民代表大会第三次会议听取和审议了吴邦国委员长受全国人大常委会委托所作的工作报告。会议充分肯定全国人大常委会过去一年的工作，同意报告提出的今后一年的主要任务，决定批准这个报告。

会议强调，要高举中国特色社会主义伟大旗帜，以邓小平理论和"三个代表"重要思想为指导，深入贯彻落实科学发展观，坚持党的领导、人民当家作主、依法治国有机统一，紧紧围绕党和国家工作大局依法行使职权，着力提高立法质量，确保形成中国特色社会主义法律体系目标如期实现，着力增强监督实效，推动中央重大决策部署贯彻落实，为全面推进社会主义经济建设、政治建设、文化建设、社会建设以及生态文明建设作出新的更大的贡献。

---

〔1〕 中国人大网，http://www.npc.gov.cn/npc/c12489/201003/7770223b7cc4494a8878b6dd2d8acd2d.shtml。

第十一届全国人民代表大会第四次会议关于 全国人民代表大会常务委员会工作报告的决议[1]

(2011 年 3 月 14 日第十一届全国人民代表大会第四次会议通过)

第十一届全国人民代表大会第四次会议听取和审议了吴邦国委员长受全国人大常委会委托所作的工作报告。会议高度评价全国人大常委会过去一年的工作,同意报告提出的 2011 年的主要任务,决定批准这个报告。

会议要求,全国人大常委会要高举中国特色社会主义伟大旗帜,以邓小平理论和"三个代表"重要思想为指导,深入贯彻落实科学发展观,坚持党的领导、人民当家作主、依法治国有机统一,紧紧围绕党和国家工作大局依法行使职权,在新的起点上进一步加强和改进立法工作,不断完善中国特色社会主义法律体系,在新的形势下进一步加强和改进监督工作,推动中央重大决策部署贯彻落实,为确保"十二五"时期经济社会发展良好开局和社会和谐稳定作出新贡献。

---

[1] 中国人大网,http://www.npc.gov.cn/npc/c15078/201103/437c035250d34d1a8b3b1e465465046a.shtml。

第十二届全国人民代表大会第一次会议关于
全国人民代表大会常务委员会工作报告的决议[1]

（2013 年 3 月 17 日第十二届全国人民代表大会第一次会议通过）

第十二届全国人民代表大会第一次会议听取和审议了吴邦国委员长受第十一届全国人民代表大会常务委员会委托所作的工作报告。会议高度评价十一届全国人大常委会过去五年的工作，充分肯定我国人民代表大会制度建设取得的重大成就，同意报告提出的今后一年工作的总体安排，决定批准这个报告。

会议要求，十二届全国人大常委会要深入贯彻落实党的十八大和十八届一中、二中全会精神，高举中国特色社会主义伟大旗帜，以邓小平理论、"三个代表"重要思想、科学发展观为指导，坚持党的领导、人民当家作主、依法治国有机统一，紧紧围绕党和国家工作大局，依法行使立法、监督、决定、任免等职权，完善中国特色社会主义法律体系，维护国家法制的统一、尊严和权威，推动中央重大决策部署的贯彻落实，充分发挥最高国家权力机关的作用，为全面推进依法治国、加快建设社会主义法治国家，为全面建成小康社会、实现中华民族伟大复兴作出更大的贡献。

---

〔1〕 中国人大网，http：//www. npc. gov. cn/npc/c19903/201303/95d62623c987461ab0563180a69987fb. shtml。

第十二届全国人民代表大会第二次会议关于
全国人民代表大会常务委员会工作报告的决议[1]

（2014 年 3 月 13 日第十二届全国人民代表大会第二次会议通过）

第十二届全国人民代表大会第二次会议听取和审议了张德江委员长受全国人大常委会委托所作的工作报告。会议充分肯定全国人大常委会过去一年的工作，同意报告提出的关于今后一年的主要任务，决定批准这个报告。

会议要求，全国人大常委会要高举中国特色社会主义伟大旗帜，以邓小平理论、"三个代表"重要思想、科学发展观为指导，全面贯彻落实党的十八大和十八届二中、三中全会精神，学习贯彻习近平总书记系列重要讲话精神，坚定坚持党的领导、人民当家作主、依法治国有机统一，紧紧围绕党和国家工作大局依法行使职权、积极开展工作，加强重点领域立法，确保重大改革于法有据、有序进行，加强对"一府两院"的监督，维护宪法和法律权威，促进社会公平正义，推动人民代表大会制度与时俱进，为全面深化改革、全面建成小康社会、实现中华民族伟大复兴的中国梦作出新贡献。

---

〔1〕 中国人大网，http://www.npc.gov.cn/npc/c10134/201403/222337062d57404fb7d893ab7d5242e8.shtml。

第十二届全国人民代表大会第三次会议关于
全国人民代表大会常务委员会工作报告的决议[1]

（2015年3月15日第十二届全国人民代表大会第三次会议通过）

第十二届全国人民代表大会第三次会议听取和审议了张德江委员长受全国人大常委会委托所作的工作报告。会议充分肯定全国人大常委会过去一年的工作，同意报告提出的今后一年的主要任务和工作安排，决定批准这个报告。

会议要求，全国人大常委会要全面贯彻党的十八大和十八届三中、四中全会精神，高举中国特色社会主义伟大旗帜，以邓小平理论、"三个代表"重要思想、科学发展观为指导，深入贯彻习近平总书记系列重要讲话精神，坚持党的领导、人民当家作主、依法治国有机统一，紧紧围绕全面建成小康社会、全面深化改革、全面依法治国、全面从严治党的战略布局，依法行使职权，积极开展工作，完善以宪法为核心的中国特色社会主义法律体系，充分发挥立法的引领和推动作用，加强对法律实施情况和"一府两院"工作的监督，坚决维护宪法法律权威，密切联系人大代表和人民群众，不断推动人大工作与时俱进、完善发展，为实现"两个一百年"奋斗目标、实现中华民族伟大复兴的中国梦作出新贡献。

---

[1] 中国人大网，http://www.npc.gov.cn/npc/c26320/201503/075d8466eecb4863ab9f580824cedd5a.shtml。

第十二届全国人民代表大会第四次会议关于
全国人民代表大会常务委员会工作报告的决议[1]

(2016 年 3 月 16 日第十二届全国人民代表大会第四次会议通过)

第十二届全国人民代表大会第四次会议听取和审议了张德江委员长受全国人大常委会委托所作的工作报告。会议充分肯定全国人大常委会过去一年的工作，同意报告提出的今后一年的主要任务和工作安排，决定批准这个报告。

会议要求，全国人大常委会要高举中国特色社会主义伟大旗帜，全面贯彻党的十八大和十八届三中、四中、五中全会精神，以邓小平理论、"三个代表"重要思想、科学发展观为指导，深入学习贯彻习近平总书记系列重要讲话精神，按照"五位一体"总体布局和"四个全面"战略布局，牢固树立和贯彻落实创新、协调、绿色、开放、共享的新发展理念，依法行使职权，积极开展工作，发挥职能作用，加强和改进新形势下立法工作，以良法促进发展、保证善治，实行正确监督、有效监督，推动和保证党中央重大决策部署、宪法法律和"十三五"规划纲要贯彻落实，密切同人大代表、人民群众的联系，广泛汇聚推动党和国家事业发展的强大正能量，为实现"十三五"时期经济社会发展良好开局、夺取全面建成小康社会决胜阶段的伟大胜利作出新贡献。

---

[1] 中国人大网，http://www.npc.gov.cn/npc/c10134/201603/ef839c64fa9a4c7a8173e2ae5bbc7770.shtml。

第十二届全国人民代表大会第五次会议关于全国人民代表大会常务委员会工作报告的决议[1]

(2017年3月15日第十二届全国人民代表大会第五次会议通过)

第十二届全国人民代表大会第五次会议听取和审议了张德江委员长受全国人大常委会委托所作的工作报告。会议充分肯定全国人大常委会过去一年的工作和作出的决定决议,同意报告提出的今后一年的主要任务和工作安排,决定批准这个报告。

会议要求,全国人大常委会要在以习近平同志为核心的党中央坚强领导下,全面贯彻党的十八大和十八届三中、四中、五中、六中全会精神,以邓小平理论、"三个代表"重要思想、科学发展观为指导,深入学习贯彻习近平总书记系列重要讲话精神和治国理政新理念新思想新战略,坚持党的领导、人民当家作主、依法治国有机统一,紧紧围绕统筹推进"五位一体"总体布局和协调推进"四个全面"战略布局,认真行使宪法和法律赋予的职权,坚决维护宪法法律权威,扎实做好立法、监督、决定、任免、选举、代表、对外交往、新闻舆论、理论研究等各方面工作,切实加强自身建设,全面提高人大工作水平,再接再励、奋发有为、开拓进取,以优异成绩迎接党的十九大胜利召开。

---

[1] 中国人大网,http://www.npc.gov.cn/npc/c12435/201703/70028760afd04776941b1b2b5d6c137d.shtml。

第十三届全国人民代表大会第一次会议关于全国人民代表大会常务委员会工作报告的决议[1]

（2018 年 3 月 20 日第十三届全国人民代表大会第一次会议通过）

第十三届全国人民代表大会第一次会议听取和审议了张德江委员长受第十二届全国人大常委会委托所作的工作报告。会议充分肯定十二届全国人大常委会过去五年的工作，高度评价人大工作取得的历史性成就，同意报告提出的今后一年工作的建议，决定批准这个报告。

会议要求，十三届全国人大常委会要在以习近平同志为核心的党中央坚强领导下，高举中国特色社会主义伟大旗帜，以习近平新时代中国特色社会主义思想为指导，全面贯彻党的十九大和十九届一中、二中、三中全会精神，坚持党的领导、人民当家作主、依法治国有机统一，坚决维护党中央权威和集中统一领导，长期坚持、不断完善人民代表大会制度，依法行使立法权、监督权、决定权、任免权，完善以宪法为核心的中国特色社会主义法律体系，加强对宪法法律实施和国家行政机关、监察机关、审判机关、检察机关工作的监督，加强同人民群众的联系，更好发挥人大代表作用，奋力开创新时代人大工作新局面，为决胜全面建成小康社会、夺取新时代中国特色社会主义伟大胜利、实现中华民族伟大复兴的中国梦作出新贡献。

---

〔1〕　中国人大网，http://www.npc.gov.cn/npc/c30834/201803/7adb09d165bb443a9623fc0e5e1170ae.shtml。

第十三届全国人民代表大会第二次会议关于
全国人民代表大会常务委员会工作报告的决议[1]

(2019 年 3 月 15 日第十三届全国人民代表大会第二次会议通过)

第十三届全国人民代表大会第二次会议听取和审议了栗战书委员长受全国人大常委会委托所作的工作报告。会议充分肯定全国人大常委会过去一年的工作，同意报告提出的今后一年的主要任务和工作安排，决定批准这个报告。

会议要求，全国人大常委会要以习近平新时代中国特色社会主义思想为指导，全面贯彻党的十九大和十九届二中、三中全会精神，牢固树立"四个意识"，坚定"四个自信"，做到"两个维护"，坚持党的领导、人民当家作主、依法治国有机统一，紧紧围绕党和国家工作大局依法履职尽责，用法治保障人民权益、增进民生福祉。加强宪法实施和监督，推进重点领域立法，提高科学立法、民主立法、依法立法水平，为改革发展稳定筑牢法治根基，坚持正确监督、有效监督，确保宪法法律有效实施，推动"一府一委两院"加强改进工作，密切同人民群众联系，更好发挥人大代表作用，奋力开创新时代人大工作新局面，以优异成绩庆祝中华人民共和国成立 70 周年！

---

[1] 中国人大网，http：//www. npc. gov. cn/npc/c30834/201903/cd003e9c29d5499ebbccf22d2496bb04. shtml。

第十三届全国人民代表大会第三次会议关于
全国人民代表大会常务委员会工作报告的决议[1]

（2020 年 5 月 28 日第十三届全国人民代表大会第三次会议通过）

第十三届全国人民代表大会第三次会议听取和审议了栗战书委员长受全国人大常委会委托所作的工作报告。会议充分肯定十三届全国人大二次会议以来常委会的工作，同意报告提出的今后一个阶段的主要任务和工作安排，决定批准这个报告。

会议要求，全国人大常委会要以习近平新时代中国特色社会主义思想为指导，全面贯彻党的十九大和十九届二中、三中、四中全会精神，增强"四个意识"、坚定"四个自信"、做到"两个维护"，坚持党的领导、人民当家作主、依法治国有机统一，紧扣全面建成小康社会目标任务，助力统筹推进疫情防控和经济社会发展工作，依法履职尽责，积极担当作为，保证宪法全面实施，加强重要领域立法，强化公共卫生法治保障体系，实行正确监督、有效监督，健全人大对"一府一委两院"监督制度，更好发挥人大代表作用，紧紧依靠人民做好新时代人大工作，为完成决战决胜脱贫攻坚目标任务、全面建成小康社会作出新的贡献！

---

[1] 中国人大网，http：//www.npc.gov.cn/npc/c30834/202005/10293926533f4734a0a2641bb3dd2641.shtml。

第十三届全国人民代表大会第四次会议关于 全国人民代表大会常务委员会工作报告的决议[1]

(2021年3月11日第十三届全国人民代表大会第四次会议通过)

第十三届全国人民代表大会第四次会议听取和审议了栗战书委员长受全国人大常委会委托所作的工作报告。会议充分肯定十三届全国人大三次会议以来常委会的工作，同意报告提出的今后一年的主要任务，决定批准这个报告。

会议要求，全国人大常委会要以习近平新时代中国特色社会主义思想为指导，深入贯彻习近平法治思想，全面贯彻党的十九大和十九届二中、三中、四中、五中全会精神，增强"四个意识"、坚定"四个自信"、做到"两个维护"，坚持党的领导、人民当家作主、依法治国有机统一，紧紧围绕党和国家中心任务依法行使职权，创造性开展工作，加强宪法实施和监督，推进重点领域、新兴领域、涉外领域立法，加快完善中国特色社会主义法律体系，加强法律监督和对"一府一委两院"工作的监督，更好发挥人大代表作用，全面加强自身建设，为实施"十四五"规划、开启全面建设社会主义现代化国家新征程作出新贡献，以优异成绩庆祝中国共产党成立100周年！

---

[1] 中国人大网，http：//www.npc.gov.cn/npc/kgfb/202103/1076395165ce47918 b2429532216a50a.shtml。

第十三届全国人民代表大会第五次会议关于全国人民代表大会常务委员会工作报告的决议[1]

（2022 年 3 月 11 日第十三届全国人民代表大会第五次会议通过）

第十三届全国人民代表大会第五次会议听取和审议了栗战书委员长受全国人大常委会委托所作的工作报告。会议充分肯定全国人大常委会过去一年的工作，同意报告提出的今后一年的主要任务，决定批准这个报告。

会议要求，全国人大常委会要以习近平新时代中国特色社会主义思想为指导，深入学习贯彻习近平总书记关于坚持和完善人民代表大会制度的重要思想，全面贯彻落实党的十九大和十九届历次全会精神，深刻认识"两个确立"的决定性意义，增强"四个意识"、坚定"四个自信"、做到"两个维护"，坚持党的领导、人民当家作主、依法治国有机统一，认真落实中央人大工作会议部署要求，发挥人大在发展全过程人民民主中的重要作用，紧紧围绕党和国家工作大局依法履职、担当尽责，保证宪法全面贯彻实施，健全国家治理急需、满足人民美好生活需要必备的法律制度，增强监督工作的针对性、实效性，充分发挥人大代表作用，做好人大对外工作，按照"四个机关"定位要求加强自身建设，不断提升新时代人大工作质量和水平，为全面建设社会主义现代化国家作出积极贡献，以实际行动迎接党的二十大胜利召开！

---

[1]　中国人大网，http://www.npc.gov.cn/npc/c30834/202203/4381def05d714bea8ed2d51faf1a745b.shtml。

二、关于政府工作报告的决议决定

第十一届全国人民代表大会第一次会议关于政府工作报告的决议[1]

(2008 年 3 月 18 日第十一届全国人民代表大会第一次会议通过)

第十一届全国人民代表大会第一次会议听取并审议了国务院总理温家宝所作的政府工作报告。会议认为，过去的五年，我国改革开放和现代化建设取得了举世瞩目的重大成就。会议充分肯定国务院五年来的工作，同意报告提出的 2008 年经济社会发展目标任务和工作部署，决定批准这个报告。

会议号召，全国各族人民在以胡锦涛同志为总书记的党中央领导下，全面贯彻党的十七大精神，高举中国特色社会主义伟大旗帜，以邓小平理论和"三个代表"重要思想为指导，深入贯彻落实科学发展观，万众一心，锐意进取，埋头苦干，协调推进中国特色社会主义经济建设、政治建设、文化建设、社会建设，为夺取全面建设小康社会新胜利而努力奋斗！

---

〔1〕 中国人大网，http：//www.npc.gov.cn/npc/c12489/200803/fff26d32d9ea4299 b55c72e6fd eb7b38.shtml。

第十一届全国人民代表大会第二次会议关于
政府工作报告的决议[1]

(2009 年 3 月 13 日第十一届全国人民代表大会第二次会议通过)

第十一届全国人民代表大会第二次会议听取和审议了国务院总理温家宝所作的政府工作报告。会议充分肯定国务院过去一年的工作，同意报告提出的 2009 年工作总体部署和主要任务，决定批准这个报告。

会议号召，全国各族人民在以胡锦涛同志为总书记的党中央领导下，全面贯彻党的十七大和十七届三中全会精神，高举中国特色社会主义伟大旗帜，以邓小平理论和"三个代表"重要思想为指导，深入贯彻落实科学发展观，坚定信心，团结一致，迎难而上，扎实工作，全面推进社会主义经济建设、政治建设、文化建设、社会建设以及生态文明建设，以优异的成绩迎接中华人民共和国成立 60 周年！

第十一届全国人民代表大会第三次会议关于
政府工作报告的决议[2]

(2010 年 3 月 14 日第十一届全国人民代表大会第三次会议通过)

第十一届全国人民代表大会第三次会议听取和审议了国务院

---

〔1〕 中国人大网，http：//www. npc. gov. cn/npc/c12489/200903/8a2be6c257ea43b 3af3dcbba84c5a4d8. shtml。

〔2〕 中国人大网，http：//www. npc. gov. cn/npc/c12489/201003/4abf2130363945fd 80d860429cfd5599. shtml。

总理温家宝所作的政府工作报告。会议充分肯定国务院过去一年的工作，同意报告提出的 2010 年主要任务和总体部署，决定批准这个报告。

会议强调，要高举中国特色社会主义伟大旗帜，全面贯彻党的十七大和十七届三中、四中全会精神，以邓小平理论和"三个代表"重要思想为指导，深入贯彻落实科学发展观，保持宏观经济政策的连续性和稳定性，更加注重提高经济增长质量和效益，更加注重推动经济发展方式转变和经济结构调整，更加注重推进改革开放和自主创新、增强经济增长活力和动力，更加注重改善民生、保持社会和谐稳定，更加注重统筹国内国际两个大局，实现经济社会又好又快发展。会议号召，全国各族人民在以胡锦涛同志为总书记的党中央领导下，同心同德，开拓创新，扎实工作，为全面实现"十一五"时期经济社会发展目标、夺取全面建设小康社会新胜利而努力奋斗！

第十一届全国人民代表大会第四次会议关于
政府工作报告的决议[1]

(2011 年 3 月 14 日第十一届全国人民代表大会第四次会议通过)

第十一届全国人民代表大会第四次会议听取和审议了温家宝总理所作的政府工作报告。会议高度评价"十一五"时期我国经济社会发展取得的巨大成就，充分肯定国务院过去一年的工作，同意报告提出的"十二五"时期的主要目标任务和 2011 年的工作部署，决定批准这个报告。

---

[1] 中国人大网，http://www.npc.gov.cn/npc/c15078/201103/3edafa04914b4005a311adaa1219cb37.shtml。

会议号召，全国各族人民在以胡锦涛同志为总书记的党中央领导下，全面贯彻党的十七大和十七届三中、四中、五中全会精神，高举中国特色社会主义伟大旗帜，以邓小平理论和"三个代表"重要思想为指导，深入贯彻落实科学发展观，开拓进取，团结奋斗，扎实工作，努力完成 2011 年的各项工作任务，实现"十二五"时期经济社会发展的良好开局，把中国特色社会主义伟大事业继续推向前进！

第十二届全国人民代表大会第一次会议关于政府工作报告的决议[1]

（2013 年 3 月 17 日第十二届全国人民代表大会第一次会议通过）

第十二届全国人民代表大会第一次会议听取和审议了国务院总理温家宝所作的政府工作报告。会议高度评价过去五年我国改革开放和社会主义现代化建设取得的巨大成就，充分肯定国务院过去五年的工作，同意报告提出的今年经济社会发展的总体要求和目标任务。会议认为，报告对今年政府工作的建议，充分体现了党的十八大精神，是切实可行的。会议决定批准这个报告。

会议号召，全国各族人民紧密团结在以习近平同志为总书记的党中央周围，全面贯彻落实党的十八大精神，高举中国特色社会主义伟大旗帜，以邓小平理论、"三个代表"重要思想、科学发展观为指导，紧紧围绕主题主线，稳中求进，开拓创新，埋头苦干，扎实开局，全面推进社会主义经济建设、政治建设、文化建设、社会建设、生态文明建设，实现经济持续健康发展和社会

---

〔1〕　中国人大网，http://www.npc.gov.cn/npc/c19903/201303/ff0ff68337554920a7fd5c7d393f9a32.shtml。

和谐稳定，为全面建成小康社会、实现中华民族的伟大复兴而努力奋斗！

第十二届全国人民代表大会第二次会议关于政府工作报告的决议[1]

（2014 年 3 月 13 日第十二届全国人民代表大会第二次会议通过）

第十二届全国人民代表大会第二次会议听取和审议了国务院总理李克强所作的政府工作报告。会议充分肯定国务院过去一年的工作，同意报告提出的 2014 年工作总体部署、目标任务和重点工作，决定批准这个报告。

会议号召，全国各族人民紧密团结在以习近平同志为总书记的党中央周围，高举中国特色社会主义伟大旗帜，以邓小平理论、"三个代表"重要思想、科学发展观为指导，全面贯彻落实党的十八大和十八届二中、三中全会精神，坚持稳中求进工作总基调，把改革创新贯穿于经济社会发展各个领域各个环节，齐心协力，锐意进取，扎实工作，实现经济持续健康发展和社会和谐稳定，为全面建成小康社会、建成富强民主文明和谐的社会主义现代化国家、实现中华民族伟大复兴的中国梦而努力奋斗！

---

〔1〕 中国人大网，http：//www.npc.gov.cn/npc/c10134/201403/64024736a34e489
6856419c61515e23d.shtml。

第十二届全国人民代表大会第三次会议关于
政府工作报告的决议[1]

（2015 年 3 月 15 日第十二届全国人民代表大会第三次会议通过）

第十二届全国人民代表大会第三次会议听取和审议了国务院总理李克强所作的政府工作报告。会议充分肯定国务院过去一年的工作，同意报告提出的 2015 年工作总体部署、目标任务和政策措施，决定批准这个报告。

会议号召，全国各族人民紧密团结在以习近平同志为总书记的党中央周围，高举中国特色社会主义伟大旗帜，全面贯彻党的十八大和十八届三中、四中全会精神，以邓小平理论、"三个代表"重要思想、科学发展观为指导，深入贯彻习近平总书记系列重要讲话精神，按照全面建成小康社会、全面深化改革、全面依法治国、全面从严治党的战略布局，坚持稳中求进工作总基调，主动适应经济发展新常态，凝心聚力，攻坚克难，开拓创新，扎实工作，促进经济平稳健康发展和社会和谐稳定，为实现"两个一百年"奋斗目标、实现中华民族伟大复兴的中国梦而努力奋斗！

---

[1]　中国人大网，http://www.npc.gov.cn/npc/c26320/201503/0643e5bc57b6488
7b26de3c5c86276e9.shtml。

第十二届全国人民代表大会第四次会议关于
政府工作报告的决议[1]

(2016年3月16日第十二届全国人民代表大会第四次会议通过)

第十二届全国人民代表大会第四次会议听取和审议了国务院总理李克强所作的政府工作报告。会议高度评价"十二五"时期我国经济社会发展取得的重大成就，充分肯定国务院过去一年的工作，同意报告提出的"十三五"时期主要目标任务、重大举措和2016年工作部署，决定批准这个报告。

会议号召，全国各族人民紧密团结在以习近平同志为总书记的党中央周围，高举中国特色社会主义伟大旗帜，全面贯彻党的十八大和十八届三中、四中、五中全会精神，以邓小平理论、"三个代表"重要思想、科学发展观为指导，深入贯彻习近平总书记系列重要讲话精神，按照"五位一体"总体布局和"四个全面"战略布局，牢固树立和贯彻落实创新、协调、绿色、开放、共享的新发展理念，坚持稳中求进工作总基调，适应经济发展新常态，实行宏观政策要稳、产业政策要准、微观政策要活、改革政策要实、社会政策要托底的总体思路，把握好稳增长与调结构的平衡，保持经济运行在合理区间，着力加强供给侧结构性改革，加快培育新的发展动能，改造提升传统比较优势，坚定信心，开拓进取，攻坚克难，真抓实干，努力完成2016年各项工作任务，实现"十三五"时期经济社会发展良好开局，为夺取全面建成小康社会决胜阶段的伟大胜利而努力奋斗！

---

[1] 中国人大网，http://www.npc.gov.cn/npc/c10134/201603/43f4b091506a43f6812ca3a8aac625ff.shtml。

第十二届全国人民代表大会第五次会议关于政府工作报告的决议[1]

(2017 年 3 月 15 日第十二届全国人民代表大会第五次会议通过)

第十二届全国人民代表大会第五次会议听取和审议了国务院总理李克强所作的政府工作报告。会议充分肯定国务院过去一年的工作，同意报告提出的 2017 年工作总体部署、目标任务、重点工作和政策措施，决定批准这个报告。

会议号召，全国各族人民紧密团结在以习近平同志为核心的党中央周围，高举中国特色社会主义伟大旗帜，全面贯彻党的十八大和十八届三中、四中、五中、六中全会精神，以邓小平理论、"三个代表"重要思想、科学发展观为指导，深入学习贯彻习近平总书记系列重要讲话精神和治国理政新理念新思想新战略，统筹推进"五位一体"总体布局、协调推进"四个全面"战略布局，坚持稳中求进工作总基调，牢固树立和贯彻落实新发展理念，适应把握引领经济发展新常态，坚持以提高发展质量和效益为中心，坚持以推进供给侧结构性改革为主线，适度扩大总需求，加强预期引导，深化创新驱动，全面做好稳增长、促改革、调结构、惠民生、防风险各项工作，凝心聚力，攻坚克难，奋发有为，真抓实干，保持经济平稳健康发展和社会和谐稳定，以优异成绩迎接党的十九大胜利召开！

---

〔1〕 中国人大网，http://www.npc.gov.cn/npc/c12435/201703/bd518b502e004468a4dab555365dd3f6.shtml。

第十三届全国人民代表大会第一次会议关于
政府工作报告的决议[1]

（2018 年 3 月 20 日第十三届全国人民代表大会第一次会议通过）

第十三届全国人民代表大会第一次会议听取和审议了国务院总理李克强所作的政府工作报告。会议高度评价过去五年我国经济社会发展取得的历史性成就、发生的历史性变革，充分肯定国务院过去五年的工作，同意报告提出的 2018 年经济社会发展总体要求、政策取向和对政府工作的建议，决定批准这个报告。

会议号召，全国各族人民更加紧密地团结在以习近平同志为核心的党中央周围，高举中国特色社会主义伟大旗帜，以习近平新时代中国特色社会主义思想为指导，全面贯彻党的十九大和十九届一中、二中、三中全会精神，坚持和加强党的全面领导，坚持稳中求进工作总基调，坚持新发展理念，紧扣我国社会主要矛盾变化，按照高质量发展的要求，统筹推进"五位一体"总体布局和协调推进"四个全面"战略布局，坚持以推进供给侧结构性改革为主线，统筹推进稳增长、促改革、调结构、惠民生、防风险各项工作，大力推进改革开放，创新和完善宏观调控，推动质量变革、效率变革、动力变革，在打好防范化解重大风险、精准脱贫、污染防治三大攻坚战方面取得扎实进展，引导和稳定预期，加强和改善民生，促进经济社会持续健康发展，锐意进取，埋头苦干，为决胜全面建成小康社会、夺取新时代中国特色社会主义伟大胜利，为把我国建设成为富强民主文明和谐美丽的社会

---

[1] 中国人大网，http：//www.npc.gov.cn/npc/c30834/201803/4ec72de9fb37473fb8c6b98b9c210263.shtml。

主义现代化强国、实现中华民族伟大复兴的中国梦努力奋斗!

第十三届全国人民代表大会第二次会议关于
政府工作报告的决议[1]

(2019 年 3 月 15 日第十三届全国人民代表大会第二次会议通过)

第十三届全国人民代表大会第二次会议听取和审议了国务院总理李克强所作的政府工作报告。会议充分肯定国务院过去一年的工作,同意报告提出的 2019 年经济社会发展总体要求、政策取向、目标任务和重点工作,决定批准这个报告。

会议号召,全国各族人民更加紧密地团结在以习近平同志为核心的党中央周围,高举中国特色社会主义伟大旗帜,以习近平新时代中国特色社会主义思想为指导,全面贯彻党的十九大和十九届二中、三中全会精神,统筹推进"五位一体"总体布局,协调推进"四个全面"战略布局,坚持稳中求进工作总基调,坚持新发展理念,坚持推动高质量发展,坚持以供给侧结构性改革为主线,坚持深化市场化改革、扩大高水平开放,加快建设现代化经济体系,继续打好三大攻坚战,着力激发市场主体活力,创新和完善宏观调控,统筹推进稳增长、促改革、调结构、惠民生、防风险、保稳定工作,保持经济运行在合理区间,增强人民群众的获得感、幸福感、安全感,坚定信心,迎难而上,开拓进取,团结奋斗,保持经济持续健康发展和社会大局稳定,为全面建成小康社会收官打下决定性基础,以优异成绩庆祝中华人民共和国成立 70 周年!

---

[1] 中国人大网,http://www.npc.gov.cn/npc/c30834/201903/01c1366a9bea4d25b303bdadbc950cbc.shtml。

第十三届全国人民代表大会第三次会议关于政府工作报告的决议[1]

(2020 年 5 月 28 日第十三届全国人民代表大会第三次会议通过)

第十三届全国人民代表大会第三次会议听取和审议了国务院总理李克强所作的政府工作报告。会议充分肯定国务院过去一年多的工作,同意报告提出的 2020 年经济社会发展的总体要求、主要目标和重点任务,决定批准这个报告。

会议号召,全国各族人民更加紧密地团结在以习近平同志为核心的党中央周围,高举中国特色社会主义伟大旗帜,以习近平新时代中国特色社会主义思想为指导,全面贯彻党的十九大和十九届二中、三中、四中全会精神,坚决贯彻党的基本理论、基本路线、基本方略,增强"四个意识"、坚定"四个自信"、做到"两个维护",紧扣全面建成小康社会目标任务,统筹推进疫情防控和经济社会发展工作,在疫情防控常态化前提下,坚持稳中求进工作总基调,坚持新发展理念,坚持以供给侧结构性改革为主线,坚持以改革开放为动力推动高质量发展,坚决打好三大攻坚战,加大"六稳"工作力度,全面落实"六保"任务,坚定实施扩大内需战略,维护经济发展和社会稳定大局,同心协力,攻坚克难,锐意进取,确保完成决战决胜脱贫攻坚目标任务,全面建成小康社会。

---

[1] 中国人大网,http://www.npc.gov.cn/npc/c30834/202005/2ea2a08b6f304cbd9f2052ceb444b430.shtml。

第十三届全国人民代表大会第四次会议关于
政府工作报告的决议[1]

（2021 年 3 月 11 日第十三届全国人民代表大会第四次会议通过）

第十三届全国人民代表大会第四次会议听取和审议了国务院总理李克强所作的政府工作报告。会议高度评价"十三五"时期我国经济社会发展取得的历史性成就，充分肯定国务院过去一年的工作，同意报告提出的"十四五"时期主要目标任务和 2021 年经济社会发展的总体要求、主要目标和工作部署，决定批准这个报告。

会议号召，全国各族人民更加紧密地团结在以习近平同志为核心的党中央周围，高举中国特色社会主义伟大旗帜，以习近平新时代中国特色社会主义思想为指导，全面贯彻党的十九大和十九届二中、三中、四中、五中全会精神，增强"四个意识"、坚定"四个自信"、做到"两个维护"，坚持稳中求进工作总基调，立足新发展阶段，贯彻新发展理念，构建新发展格局，以推动高质量发展为主题，以深化供给侧结构性改革为主线，以改革创新为根本动力，以满足人民日益增长的美好生活需要为根本目的，坚持系统观念，巩固拓展疫情防控和经济社会发展成果，更好统筹发展和安全，扎实做好"六稳"工作、全面落实"六保"任务，保持经济运行在合理区间，促进经济社会持续健康发展，同心协力、拼搏进取、扎实工作，确保"十四五"开好局起好步，以优异成绩庆祝中国共产党成立 100 周年。

---

〔1〕　中国人大网，http://www.npc.gov.cn/npc/kgfb/202103/75ada6baedf44b9594ca065ba2a029e6.shtml。

第十三届全国人民代表大会第五次会议关于政府工作报告的决议[1]

（2022 年 3 月 11 日第十三届全国人民代表大会第五次会议通过）

第十三届全国人民代表大会第五次会议听取和审议了国务院总理李克强所作的政府工作报告。会议高度评价在具有里程碑意义的 2021 年国家发展取得的新的重大成就，充分肯定国务院的工作，同意报告提出的 2022 年经济社会发展的总体要求、目标任务、政策措施和工作部署，决定批准这个报告。

会议号召，全国各族人民更加紧密地团结在以习近平同志为核心的党中央周围，高举中国特色社会主义伟大旗帜，以习近平新时代中国特色社会主义思想为指导，全面贯彻落实党的十九大和十九届历次全会精神，深刻认识"两个确立"的决定性意义，增强"四个意识"、坚定"四个自信"、做到"两个维护"，弘扬伟大建党精神，坚持稳中求进工作总基调，统筹国内国际两个大局，完整、准确、全面贯彻新发展理念，加快构建新发展格局，全面深化改革开放，坚持创新驱动发展，推动高质量发展，促进共同富裕，坚持以供给侧结构性改革为主线，统筹疫情防控和经济社会发展，统筹发展和安全，继续做好"六稳"工作、落实"六保"任务，保持经济运行在合理区间，持续改善民生，踔厉奋发、勇毅笃行、埋头苦干，保持经济持续健康发展和社会大局稳定，以实际行动迎接党的二十大胜利召开！

---

[1] 中国人大网，http：//www.npc.gov.cn/npc/c30834/202203/e266c5dda2a74304a826c0320f80a073.shtml。

三、关于最高人民法院工作报告的决议决定

第十一届全国人民代表大会第一次会议关于最高人民法院工作报告的决议[1]

（2008 年 3 月 18 日第十一届全国人民代表大会第一次会议通过）

第十一届全国人民代表大会第一次会议听取和审议了肖扬院长所作的最高人民法院工作报告。会议对最高人民法院过去五年的工作表示满意，同意报告提出的 2008 年的工作安排，决定批准这个报告。

会议要求，最高人民法院要认真贯彻党的十七大精神，高举中国特色社会主义伟大旗帜，以邓小平理论和"三个代表"重要思想为指导，深入贯彻落实科学发展观，牢固树立社会主义法治理念，切实履行宪法和法律赋予的职责，坚持公正司法、一心为民，深化司法改革，规范司法行为，加强审判监督，狠抓队伍建设，为维护社会公平正义、促进社会和谐、夺取全面建设小康社会新胜利提供有力的司法保障。

---

〔1〕 中国人大网，http：//www. npc. gov. cn/npc/c12489/200803/23fbad7b8f194064 b89f5614bed3e413. shtml。

第十一届全国人民代表大会第二次会议关于
最高人民法院工作报告的决议[1]

（2009 年 3 月 13 日第十一届全国人民代表大会第二次会议通过）

第十一届全国人民代表大会第二次会议听取和审议了王胜俊院长所作的最高人民法院工作报告。会议对最高人民法院过去一年的工作表示满意，同意报告提出的 2009 年的工作安排，决定批准这个报告。

会议要求，最高人民法院要高举中国特色社会主义伟大旗帜，以邓小平理论和"三个代表"重要思想为指导，深入贯彻落实科学发展观，切实履行宪法和法律赋予的职责，坚持围绕中心、服务大局，公正司法、一心为民，深化司法改革，完善工作机制，规范司法行为，加强队伍建设，充分发挥审判机关的职能作用，为保持经济平稳较快发展、维护社会公平正义、促进社会和谐稳定，为夺取全面建设小康社会新胜利提供有力的司法保障。

---

[1] 中国人大网，http：//www.npc.gov.cn/npc/c12489/200903/15946a837ab247dd883eb8452a968746.shtml。

第十一届全国人民代表大会第三次会议关于
最高人民法院工作报告的决议[1]

（2010 年 3 月 14 日第十一届全国人民代表大会第三次会议通过）

第十一届全国人民代表大会第三次会议听取和审议了王胜俊院长所作的最高人民法院工作报告。会议对最高人民法院过去一年的工作表示满意，同意报告提出的 2010 年工作安排，决定批准这个报告。

会议强调，要高举中国特色社会主义伟大旗帜，以邓小平理论和"三个代表"重要思想为指导，深入贯彻落实科学发展观，牢固树立社会主义法治理念，切实履行宪法和法律赋予的职责，坚持服务大局、司法为民，继续深化司法改革，全面加强队伍建设，着力提高司法水平，深入推进社会矛盾化解、社会管理创新、公正廉洁执法三项重点工作，更好发挥审判机关职能作用，为夺取全面建设小康社会新胜利提供有力的司法保障。

第十一届全国人民代表大会第四次会议关于
最高人民法院工作报告的决议[2]

（2011 年 3 月 14 日第十一届全国人民代表大会第四次会议通过）

第十一届全国人民代表大会第四次会议听取和审议了王胜俊

---

〔1〕　中国人大网，http：//www.npc.gov.cn/npc/c12489/201003/8090b638f2a24 e-47b1719f2bb6b68198.shtml。

〔2〕　中国人大网，http：//www.npc.gov.cn/npc/c15078/201103/a8b9de62043c406 09208257831f2c4b0.shtml。

院长所作的最高人民法院工作报告。会议对最高人民法院过去一年的工作表示满意，同意报告提出的 2011 年工作安排，决定批准这个报告。

会议要求，最高人民法院要高举中国特色社会主义伟大旗帜，以邓小平理论和"三个代表"重要思想为指导，深入贯彻落实科学发展观，牢固树立社会主义法治理念，忠实履行宪法和法律赋予的职责，进一步发挥审判机关的职能作用，深入推进社会矛盾化解、社会管理创新、公正廉洁执法三项重点工作，严格规范司法行为，着力提高司法水平，稳步推进司法改革，切实加强基层建设，为维护社会公平正义，促进社会和谐稳定，实现"十二五"时期经济社会发展良好开局提供有力的司法保障。

第十二届全国人民代表大会第二次会议关于最高人民法院工作报告的决议[1]

(2014 年 3 月 13 日第十二届全国人民代表大会第二次会议通过)

第十二届全国人民代表大会第二次会议听取和审议了周强院长所作的最高人民法院工作报告。会议充分肯定最高人民法院过去一年的工作，同意报告提出的 2014 年工作安排，决定批准这个报告。

会议要求，最高人民法院要高举中国特色社会主义伟大旗帜，以邓小平理论、"三个代表"重要思想、科学发展观为指导，全面贯彻落实党的十八大和十八届二中、三中全会精神，认真学习贯彻习近平总书记系列重要讲话精神，忠实履行宪法和法律赋

---

〔1〕 中国人大网，http://www.npc.gov.cn/npc/c10134/201403/d21a3feb7ce84d72a4c0281ee651b4c1.shtml。

予的职责，依法独立公正行使审判权，坚持正确政治方向，深化司法体制改革，加强人民法院队伍建设，着力提升司法公信力，促进社会公平正义，维护社会大局稳定，保障人民安居乐业，为全面建成小康社会、实现中华民族伟大复兴的中国梦提供有力的司法保障。

第十二届全国人民代表大会第三次会议关于最高人民法院工作报告的决议[1]

（2015 年 3 月 15 日第十二届全国人民代表大会第三次会议通过）

第十二届全国人民代表大会第三次会议听取和审议了周强院长所作的最高人民法院工作报告。会议充分肯定最高人民法院过去一年的工作，同意报告提出的 2015 年工作安排，决定批准这个报告。

会议要求，最高人民法院要全面贯彻党的十八大和十八届三中、四中全会精神，以邓小平理论、"三个代表"重要思想、科学发展观为指导，深入贯彻习近平总书记系列重要讲话精神，坚定不移走中国特色社会主义法治道路，忠实履行宪法法律赋予的职责，依法独立公正行使审判权，深化人民法院司法改革，深入推进平安中国、法治中国、过硬队伍建设，着力维护社会大局稳定、促进社会公平正义、保障人民安居乐业，在全面建成小康社会、全面深化改革、全面依法治国、全面从严治党中充分发挥审判机关的职能作用，为实现"两个一百年"奋斗目标、实现中华民族伟大复兴的中国梦作出新贡献。

---

〔1〕　中国人大网，http：//www.npc.gov.cn/npc/c26320/201503/a9bb535370c94c07a8012390f7567e52.shtml。

第十二届全国人民代表大会第四次会议关于最高人民法院工作报告的决议[1]

(2016年3月16日第十二届全国人民代表大会第四次会议通过)

第十二届全国人民代表大会第四次会议听取和审议了最高人民法院院长周强所作的工作报告。会议充分肯定最高人民法院过去一年的工作，同意报告提出的2016年工作安排，决定批准这个报告。

会议要求，最高人民法院要全面贯彻党的十八大和十八届三中、四中、五中全会精神，以邓小平理论、"三个代表"重要思想、科学发展观为指导，深入贯彻习近平总书记系列重要讲话精神，紧紧围绕"五位一体"总体布局和"四个全面"战略布局，充分发挥审判机关的职能作用，着力加强审判执行工作，全面深化司法体制改革，不断加强人民法院队伍建设，切实提高司法公信力，履行好维护社会大局稳定、促进社会公平正义、保障人民安居乐业的职责使命，为实现"十三五"时期良好开局、夺取全面建成小康社会决胜阶段的伟大胜利提供有力司法保障。

---

〔1〕 中国人大网，http://www.npc.gov.cn/npc/c10134/201603/b3241a0a5dee45bf9eed6c20c9d8d2fb.shtml。

第十二届全国人民代表大会第五次会议关于最高人民法院工作报告的决议[1]

（2017年3月15日第十二届全国人民代表大会第五次会议通过）

第十二届全国人民代表大会第五次会议听取和审议了最高人民法院院长周强所作的工作报告。会议充分肯定最高人民法院过去一年的工作，同意报告提出的2017年工作安排，决定批准这个报告。

会议要求，最高人民法院要全面贯彻党的十八大和十八届三中、四中、五中、六中全会精神，以邓小平理论、"三个代表"重要思想、科学发展观为指导，深入学习贯彻习近平总书记系列重要讲话精神和治国理政新理念新思想新战略，紧紧围绕统筹推进"五位一体"总体布局和协调推进"四个全面"战略布局，忠实履行宪法法律赋予的职责，坚定维护社会公平正义，锲而不舍推进司法体制改革，坚持不懈加强人民法院队伍建设，进一步提高审判工作质量、效率和公信力，充分发挥审判机关职能作用，为维护国家安全和社会大局稳定、服务经济社会发展、保障人民安居乐业作出更大贡献，以优异成绩迎接党的十九大胜利召开。

---

[1] 中国人大网，http：//www.npc.gov.cn/npc/c12435/201703/4e30e375f6d841b7bd523ac070099c49.shtml。

第十三届全国人民代表大会第一次会议关于
最高人民法院工作报告的决议[1]

（2018 年 3 月 20 日第十三届全国人民代表大会第一次会议通过）

第十三届全国人民代表大会第一次会议听取和审议了最高人民法院院长周强所作的工作报告。会议充分肯定最高人民法院过去五年的工作，同意报告提出的 2018 年工作建议，决定批准这个报告。

会议要求，最高人民法院要在以习近平同志为核心的党中央坚强领导下，高举中国特色社会主义伟大旗帜，以习近平新时代中国特色社会主义思想为指导，全面贯彻党的十九大和十九届一中、二中、三中全会精神，坚持和加强党的全面领导，坚持以人民为中心的发展思想，围绕统筹推进"五位一体"总体布局和协调推进"四个全面"战略布局，忠实履行宪法法律赋予的职责，深化司法体制改革，推进平安中国、法治中国建设，加强人民法院过硬队伍建设，充分发挥审判机关职能作用，维护国家政治安全，确保社会大局稳定，促进社会公平正义，保障人民安居乐业，为决胜全面建成小康社会、夺取新时代中国特色社会主义伟大胜利、实现中华民族伟大复兴的中国梦提供有力司法保障。

---

[1] 中国人大网，http://www.npc.gov.cn/npc/c30834/201803/3dab80dfd8584a11accd33ca5d8813d5.shtml。

第十三届全国人民代表大会第二次会议关于 最高人民法院工作报告的决议[1]

(2019 年 3 月 15 日第十三届全国人民代表大会第二次会议通过)

　　第十三届全国人民代表大会第二次会议听取和审议了最高人民法院院长周强所作的工作报告。会议充分肯定最高人民法院的工作,同意报告提出的 2019 年工作安排,决定批准这个报告。

　　会议要求,最高人民法院要以习近平新时代中国特色社会主义思想为指导,全面贯彻党的十九大和十九届二中、三中全会精神,牢固树立"四个意识",坚定"四个自信",做到"两个维护",毫不动摇坚持党的绝对领导,坚持以人民为中心,围绕党和国家工作大局,忠实履行宪法法律赋予的职责,着力维护国家政治安全、确保社会大局稳定、促进社会公平正义、保障人民安居乐业,全面深化司法体制改革,加强过硬队伍建设,巩固"基本解决执行难"成果,更好发挥人民法院审判职能,为决胜全面建成小康社会提供更高水平司法保障,以优异成绩庆祝中华人民共和国成立 70 周年!

――――――――――

　　〔1〕　中国人大网,http://www.npc.gov.cn/npc/c30834/201903/fbfa8f2af475449e9a4f87d5c32cc253.shtml。

第十三届全国人民代表大会第三次会议关于
最高人民法院工作报告的决议[1]

（2020 年 5 月 28 日第十三届全国人民代表大会第三次会议通过）

第十三届全国人民代表大会第三次会议听取和审议了最高人民法院院长周强所作的工作报告。会议充分肯定最高人民法院的工作，同意报告提出的下一阶段工作安排，决定批准这个报告。

会议要求，最高人民法院要以习近平新时代中国特色社会主义思想为指导，全面贯彻党的十九大和十九届二中、三中、四中全会精神，增强"四个意识"、坚定"四个自信"、做到"两个维护"，毫不动摇坚持党的绝对领导，坚持以人民为中心，忠实履行宪法法律赋予的职责，着力维护国家政治安全、维护经济发展和社会稳定大局、维护社会公平正义，持续深化司法体制改革，加快建设智慧法院，大力加强过硬队伍建设，充分发挥审判职能，为统筹推进疫情防控和经济社会发展工作、完成决战决胜脱贫攻坚目标任务、全面建成小康社会提供有力司法保障。

---

[1] 中国人大网，http：//www. npc. gov. cn/npc/c30834/202005/0ece0c81e7e84dd994ace6460 0ce4732. shtml。

第十三届全国人民代表大会第四次会议关于最高人民法院工作报告的决议[1]

(2021 年 3 月 11 日第十三届全国人民代表大会第四次会议通过)

第十三届全国人民代表大会第四次会议听取和审议了最高人民法院院长周强所作的工作报告。会议充分肯定最高人民法院的工作，同意报告提出的 2021 年工作安排，决定批准这个报告。

会议要求，最高人民法院要以习近平新时代中国特色社会主义思想为指导，深入贯彻习近平法治思想，全面贯彻党的十九大和十九届二中、三中、四中、五中全会精神，毫不动摇坚持党的绝对领导，坚持以人民为中心，更加注重系统观念、法治思维、强基导向，忠实履行宪法法律赋予的职责，着力维护国家政治安全、确保社会大局稳定、促进社会公平正义、保障人民安居乐业，持续深化司法体制改革，加快建设智慧法院，建设过硬法院队伍，不断提升新时代人民法院化解矛盾纠纷、服务人民群众的能力水平，为全面建设社会主义现代化国家开好局起好步提供有力司法保障，以优异成绩庆祝中国共产党成立 100 周年！

---

[1] 中国人大网，http：//www.npc.gov.cn/npc/kgfb/202103/06c1dab9d85d43508a57962670f5cee7.shtml。

第十三届全国人民代表大会第五次会议关于最高人民法院工作报告的决议[1]

(2022年3月11日第十三届全国人民代表大会第五次会议通过)

第十三届全国人民代表大会第五次会议听取和审议了最高人民法院院长周强所作的工作报告。会议充分肯定最高人民法院过去一年的工作，同意报告提出的2022年工作安排，决定批准这个报告。

会议要求，最高人民法院要以习近平新时代中国特色社会主义思想为指导，深入贯彻习近平法治思想，全面贯彻落实党的十九大和十九届历次全会精神，深刻认识"两个确立"的决定性意义，增强"四个意识"、坚定"四个自信"、做到"两个维护"，坚持党的绝对领导，坚持统筹发展和安全，自觉践行全过程人民民主，忠实履行宪法法律赋予的职责，充分发挥审判机关职能作用，深化司法体制改革，推进智慧法院建设，健全中国特色一站式多元纠纷解决和诉讼服务体系，巩固提升审判执行质效，巩固政法队伍教育整顿成果，扎实推动新时代人民法院工作高质量发展，切实履行好维护国家安全、社会安定、人民安宁的重大责任，推动建设更高水平的平安中国、法治中国，以实际行动迎接党的二十大胜利召开！

---

[1] 中国人大网，http://www.npc.gov.cn/npc/c30834/202203/23b21c4ac27149289c4cc856d7b45caa.shtml。

四、关于最高人民检察院工作报告的决议决定

第十一届全国人民代表大会第一次会议关于
最高人民检察院工作报告的决议[1]

（2008 年 3 月 18 日第十一届全国人民代表大会第一次会议通过）

　　第十一届全国人民代表大会第一次会议听取和审议了贾春旺检察长所作的最高人民检察院工作报告。会议对最高人民检察院过去五年的工作表示满意，同意报告提出的 2008 年的工作安排，决定批准这个报告。

　　会议要求，最高人民检察院要认真贯彻党的十七大精神，高举中国特色社会主义伟大旗帜，以邓小平理论和"三个代表"重要思想为指导，深入贯彻落实科学发展观，牢固树立社会主义法治理念，切实履行宪法和法律赋予的职责，坚持公正执法、一心为民，深化司法改革，规范执法行为，加强法律监督，狠抓队伍建设，为维护社会公平正义、促进社会和谐、夺取全面建设小康社会新胜利提供有力的司法保障。

---

　　[1]　中国人大网，http://www.npc.gov.cn/npc/c12489/200803/6b8d5d13bd564bb3a21a54240bf50bf9.shtml。

第十一届全国人民代表大会第二次会议关于
最高人民检察院工作报告的决议[1]

（2009 年 3 月 13 日第十一届全国人民代表大会第二次会议通过）

第十一届全国人民代表大会第二次会议听取和审议了曹建明检察长所作的最高人民检察院工作报告。会议对最高人民检察院过去一年的工作表示满意，同意报告提出的 2009 年的工作安排，决定批准这个报告。

会议要求，最高人民检察院要高举中国特色社会主义伟大旗帜，以邓小平理论和"三个代表"重要思想为指导，深入贯彻落实科学发展观，切实履行宪法和法律赋予的职责，坚持围绕中心、服务大局、公正执法、一心为民，深化司法改革，完善工作机制，规范执法行为，加强队伍建设，充分发挥检察机关的职能作用，为保持经济平稳较快发展、维护社会公平正义、促进社会和谐稳定，为夺取全面建设小康社会新胜利提供有力的司法保障。

---

[1] 中国人大网，http://www.npc.gov.cn/npc/c12489/200903/7d63d9cbd558485c9a1cdcc381c38ca5.shtml。

第十一届全国人民代表大会第三次会议关于
最高人民检察院工作报告的决议[1]

(2010 年 3 月 14 日第十一届全国人民代表大会第三次会议通过)

第十一届全国人民代表大会第三次会议听取和审议了曹建明检察长所作的最高人民检察院工作报告。会议对最高人民检察院过去一年的工作表示满意，同意报告提出的 2010 年工作安排，决定批准这个报告。

会议强调，要高举中国特色社会主义伟大旗帜，以邓小平理论和"三个代表"重要思想为指导，深入贯彻落实科学发展观，牢固树立社会主义法治理念，切实履行宪法和法律赋予的职责，坚持服务大局、执法为民，继续深化司法改革，全面加强队伍建设，着力提高执法水平，深入推进社会矛盾化解、社会管理创新、公正廉洁执法三项重点工作，更好发挥检察机关职能作用，为夺取全面建设小康社会新胜利提供有力的司法保障。

第十一届全国人民代表大会第四次会议关于
最高人民检察院工作报告的决议[2]

(2011 年 3 月 14 日第十一届全国人民代表大会第四次会议通过)

第十一届全国人民代表大会第四次会议听取和审议了曹建明

---

〔1〕　中国人大网，http：//www. npc. gov. cn/npc/c12489/201003/9ad632b9ae1e4f7ab317cccdae6b0380. shtml。

〔2〕　中国人大网，http：//www. npc. gov. cn/npc/c12435/201103/734996c776764bcf9a143d5e21b3611c. shtml。

检察长所作的最高人民检察院工作报告。会议对最高人民检察院过去一年的工作表示满意，同意报告提出的 2011 年工作安排，决定批准这个报告。

会议要求，最高人民检察院要高举中国特色社会主义伟大旗帜，以邓小平理论和"三个代表"重要思想为指导，深入贯彻落实科学发展观，牢固树立社会主义法治理念，忠实履行宪法和法律赋予的职责，进一步发挥检察机关的职能作用，深入推进社会矛盾化解、社会管理创新、公正廉洁执法三项重点工作，严格规范执法行为，着力提高执法水平，稳步推进司法改革，切实加强基层建设，为维护社会公平正义，促进社会和谐稳定，实现"十二五"时期经济社会发展良好开局提供有力的司法保障。

第十二届全国人民代表大会第二次会议关于
最高人民检察院工作报告的决议[1]

（2014 年 3 月 13 日第十二届全国人民代表大会第二次会议通过）

第十二届全国人民代表大会第二次会议听取和审议了曹建明检察长所作的最高人民检察院工作报告。会议充分肯定最高人民检察院过去一年的工作，同意报告提出的 2014 年工作安排，决定批准这个报告。

会议要求，最高人民检察院要高举中国特色社会主义伟大旗帜，以邓小平理论、"三个代表"重要思想、科学发展观为指导，全面贯彻落实党的十八大和十八届二中、三中全会精神，认真学习贯彻习近平总书记系列重要讲话精神，忠实履行宪法和法律赋

---

〔1〕 中国人大网，http://www.npc.gov.cn/npc/c10134/201403/a3f5f84c17724d69b21d4051e30cff9b.shtml。

予的职责，依法独立公正行使检察权，坚持正确政治方向，深化司法体制改革，加强人民检察院队伍建设，着力提升司法公信力，促进社会公平正义，维护社会大局稳定，保障人民安居乐业，为全面建成小康社会、实现中华民族伟大复兴的中国梦提供有力的司法保障。

第十二届全国人民代表大会第三次会议关于
最高人民检察院工作报告的决议[1]

（2015 年 3 月 15 日第十二届全国人民代表大会第三次会议通过）

第十二届全国人民代表大会第三次会议听取和审议了曹建明检察长所作的最高人民检察院工作报告。会议充分肯定最高人民检察院过去一年的工作，同意报告提出的 2015 年工作安排，决定批准这个报告。

会议要求，最高人民检察院要全面贯彻党的十八大和十八届三中、四中全会精神，以邓小平理论、"三个代表"重要思想、科学发展观为指导，深入贯彻习近平总书记系列重要讲话精神，坚定不移走中国特色社会主义法治道路，忠实履行宪法法律赋予的职责，依法独立公正行使检察权，深化人民检察院司法改革，深入推进平安中国、法治中国、过硬队伍建设，着力维护社会大局稳定、促进社会公平正义、保障人民安居乐业，在全面建成小康社会、全面深化改革、全面依法治国、全面从严治党中充分发挥检察机关的职能作用，为实现"两个一百年"奋斗目标、实现中华民族伟大复兴的中国梦作出新贡献。

---

〔1〕　中国人大网，http：//www. npc. gov. cn/npc/c26320/201503/7c7f8f838deb47f4af8f6f091d5832a9. shtml。

第十二届全国人民代表大会第四次会议关于
最高人民检察院工作报告的决议[1]

（2016 年 3 月 16 日第十二届全国人民代表大会第四次会议通过）

第十二届全国人民代表大会第四次会议听取和审议了最高人民检察院检察长曹建明所作的工作报告。会议充分肯定最高人民检察院过去一年的工作，同意报告提出的 2016 年工作安排，决定批准这个报告。

会议要求，最高人民检察院要全面贯彻党的十八大和十八届三中、四中、五中全会精神，以邓小平理论、"三个代表"重要思想、科学发展观为指导，深入贯彻习近平总书记系列重要讲话精神，紧紧围绕"五位一体"总体布局和"四个全面"战略布局，充分发挥检察机关的职能作用，着力加强对诉讼活动的法律监督，全面深化司法体制改革，不断加强人民检察院队伍建设，切实提高司法公信力，履行好维护社会大局稳定、促进社会公平正义、保障人民安居乐业的职责使命，为实现"十三五"时期良好开局、夺取全面建成小康社会决胜阶段的伟大胜利提供有力司法保障。

---

[1] 中国人大网，http：//www.npc.gov.cn/npc/c10134/201603/76075476f5a5497cade7a25db308e490.shtml。

第十二届全国人民代表大会第五次会议关于最高人民检察院工作报告的决议[1]

（2017年3月15日第十二届全国人民代表大会第五次会议通过）

第十二届全国人民代表大会第五次会议听取和审议了最高人民检察院检察长曹建明所作的工作报告。会议充分肯定最高人民检察院过去一年的工作，同意报告提出的2017年工作安排，决定批准这个报告。

会议要求，最高人民检察院要全面贯彻党的十八大和十八届三中、四中、五中、六中全会精神，以邓小平理论、"三个代表"重要思想、科学发展观为指导，深入学习贯彻习近平总书记系列重要讲话精神和治国理政新理念新思想新战略，紧紧围绕统筹推进"五位一体"总体布局和协调推进"四个全面"战略布局，忠实履行宪法法律赋予的职责，坚定维护社会公平正义，锲而不舍推进司法体制改革，坚持不懈加强人民检察院队伍建设，进一步提高检察工作质量、效率和公信力，充分发挥检察机关职能作用，为维护国家安全和社会大局稳定、服务经济社会发展、保障人民安居乐业作出更大贡献，以优异成绩迎接党的十九大胜利召开。

---

[1]　中国人大网，http://www.npc.gov.cn/npc/c12435/201703/c090a4fdd5324a1a8541aadb3b4c9dca.shtml。

第十三届全国人民代表大会第一次会议关于最高人民检察院工作报告的决议[1]

(2018 年 3 月 20 日第十三届全国人民代表大会第一次会议通过)

第十三届全国人民代表大会第一次会议听取和审议了最高人民检察院检察长曹建明所作的工作报告。会议充分肯定最高人民检察院过去五年的工作，同意报告提出的 2018 年工作建议，决定批准这个报告。

会议要求，最高人民检察院要在以习近平同志为核心的党中央坚强领导下，高举中国特色社会主义伟大旗帜，以习近平新时代中国特色社会主义思想为指导，全面贯彻党的十九大和十九届一中、二中、三中全会精神，坚持和加强党的全面领导，坚持以人民为中心的发展思想，围绕统筹推进"五位一体"总体布局和协调推进"四个全面"战略布局，忠实履行宪法法律赋予的职责，深化司法体制改革，推进平安中国、法治中国建设，加强人民检察院过硬队伍建设，充分发挥检察机关职能作用，维护国家政治安全，确保社会大局稳定，促进社会公平正义，保障人民安居乐业，为决胜全面建成小康社会、夺取新时代中国特色社会主义伟大胜利、实现中华民族伟大复兴的中国梦提供有力司法保障。

---

[1] 中国人大网，http：//www.npc.gov.cn/npc/c30834/201803/6f0eeaf97db94880ae57e6f8213b9072.shtml。

第十三届全国人民代表大会第二次会议关于最高人民检察院工作报告的决议[1]

（2019 年 3 月 15 日第十三届全国人民代表大会第二次会议通过）

第十三届全国人民代表大会第二次会议听取和审议了最高人民检察院检察长张军所作的工作报告。会议充分肯定最高人民检察院的工作，同意报告提出的 2019 年工作安排，决定批准这个报告。

会议要求，最高人民检察院要以习近平新时代中国特色社会主义思想为指导，全面贯彻党的十九大和十九届二中、三中全会精神，牢固树立"四个意识"，坚定"四个自信"，做到"两个维护"，毫不动摇坚持党的绝对领导，坚持以人民为中心，围绕党和国家工作大局，忠实履行宪法法律赋予的职责，着力维护国家政治安全、确保社会大局稳定、促进社会公平正义、保障人民安居乐业，全面深化司法体制改革，加强过硬队伍建设，更好发挥人民检察院刑事、民事、行政、公益诉讼各项检察职能，为决胜全面建成小康社会提供更高水平司法保障，以优异成绩庆祝中华人民共和国成立 70 周年！

---

〔1〕　中国人大网，http：//www. npc. gov. cn/npc/c30834/201903/232b831a2294412da343966cba44f6c1. shtml。

第十三届全国人民代表大会第三次会议关于
最高人民检察院工作报告的决议[1]

（2020 年 5 月 28 日第十三届全国人民代表大会第三次会议通过）

第十三届全国人民代表大会第三次会议听取和审议了最高人民检察院检察长张军所作的工作报告。会议充分肯定最高人民检察院的工作，同意报告提出的下一阶段工作安排，决定批准这个报告。

会议要求，最高人民检察院要以习近平新时代中国特色社会主义思想为指导，全面贯彻党的十九大和十九届二中、三中、四中全会精神，增强"四个意识"、坚定"四个自信"、做到"两个维护"，毫不动摇坚持党的绝对领导，坚持以人民为中心，忠实履行宪法法律赋予的职责，着力维护国家政治安全、维护经济发展和社会稳定大局、维护社会公平正义，持续深化司法体制改革，大力加强过硬队伍建设，推动刑事、民事、行政、公益诉讼检察工作全面协调充分发展，为统筹推进疫情防控和经济社会发展工作、完成决战决胜脱贫攻坚目标任务、全面建成小康社会提供有力司法保障。

---

〔1〕 中国人大网，http://www.npc.gov.cn/npc/c30834/202005/afcf40e12a6d43e3bd0dc2ea66db4d91.shtml。

第十三届全国人民代表大会第四次会议关于最高人民检察院工作报告的决议[1]

(2021年3月11日第十三届全国人民代表大会第四次会议通过)

第十三届全国人民代表大会第四次会议听取和审议了最高人民检察院检察长张军所作的工作报告。会议充分肯定最高人民检察院的工作，同意报告提出的2021年工作安排，决定批准这个报告。

会议要求，最高人民检察院要以习近平新时代中国特色社会主义思想为指导，深入贯彻习近平法治思想，全面贯彻党的十九大和十九届二中、三中、四中、五中全会精神，毫不动摇坚持党的绝对领导，坚持以人民为中心，更加注重系统观念、法治思维、强基导向，忠实履行宪法法律赋予的职责，着力维护国家政治安全、确保社会大局稳定、促进社会公平正义、保障人民安居乐业，持续深化司法体制改革，不断增强政治自觉、法治自觉、检察自觉，建设过硬检察队伍，推动刑事、民事、行政、公益诉讼检察工作全面协调充分发展，为全面建设社会主义现代化国家开好局起好步提供有力司法保障，以优异成绩庆祝中国共产党成立100周年！

---

〔1〕 中国人大网，http：//www.npc.gov.cn/npc/kgfb/202103/9130bfacdb24480cab b6935045c9fa66.shtml。

第十三届全国人民代表大会第五次会议关于最高人民检察院工作报告的决议[1]

(2022 年 3 月 11 日第十三届全国人民代表大会第五次会议通过)

第十三届全国人民代表大会第五次会议听取和审议了最高人民检察院检察长张军所作的工作报告。会议充分肯定最高人民检察院过去一年的工作，同意报告提出的 2022 年工作安排，决定批准这个报告。

会议要求，最高人民检察院要以习近平新时代中国特色社会主义思想为指导，深入贯彻习近平法治思想，全面贯彻落实党的十九大和十九届历次全会精神，深刻认识"两个确立"的决定性意义，增强"四个意识"、坚定"四个自信"、做到"两个维护"，坚持党的绝对领导，坚持统筹发展和安全，自觉践行全过程人民民主，忠实履行宪法法律赋予的职责，充分发挥检察机关职能作用，深化司法体制改革，不断增强政治自觉、法治自觉、检察自觉，依法能动推进刑事、民事、行政、公益诉讼检察工作全面协调充分发展，巩固政法队伍教育整顿成果，扎实推动新时代人民检察院工作高质量发展，切实履行好维护国家安全、社会安定、人民安宁的重大责任，推动建设更高水平的平安中国、法治中国，以实际行动迎接党的二十大胜利召开！

---

[1] 中国人大网，http：//www.npc.gov.cn/npc/c30834/202203/4511b73ccb15457ebd69d62900f76831.shtml。

第二节　关于开展计划和预算监督的决议决定

关于开展计划和预算监督的决议决定涉及两类内容，一类是关于加强预算监督工作的决议决定，另一类是关于具体计划或预算报告的决议决定。关于加强预算监督工作的决议决定，其中有直接作出关于加强中央预算审查监督的决定、关于加强经济工作监督的决定，也有关于修改《中华人民共和国预算法》的决定，通过修法来间接加强预算监督；关于具体计划或预算报告的决议决定又包括关于发展规划的决议决定、关于发展计划的决议决定、关于财政预算的决议决定、关于年度决算的决议决定等。

一、关于加强预算监督工作的决议决定

全国人民代表大会常务委员会关于加强中央预算审查监督的决定

（1999 年 12 月 25 日第九届全国人民代表大会常务委员会第十三次会议通过）

为履行宪法赋予全国人民代表大会及其常务委员会的职责，贯彻依法治国的基本方略，规范预算行为，厉行节约，更好地发挥中央预算在发展国民经济、促进社会进步、改善人民生活和深化改革、扩大开放中的作用，必须加强对中央预算的审查和监

督。为此，特作如下决定：

一、加强和改善预算编制工作。要坚持先有预算，后有支出，严格按预算支出的原则，细化预算和提前编制预算。各部门、各单位应当按照预算法的要求编好部门预算和单位预算，有关部门要按时批复预算、拨付资金。积极创造条件做到：中央本级预算的经常性支出按中央一级预算单位编制，中央预算建设性支出、基金支出按类别以及若干重大项目编制，中央财政对地方总的补助性支出按补助类别编制。在每个财政年度开始前将中央预算草案全部编制完毕。

二、加强和改善中央预算的初步审查工作。对中央预算的审查，应当按照真实、合法、效益和具有预测性的原则进行。国务院财政部门应当及时向全国人民代表大会财政经济委员会和全国人民代表大会常务委员会预算工作委员会通报有关中央预算编制的情况，在全国人民代表大会会议举行的一个半月前，将中央预算初步方案提交财政经济委员会，由财政经济委员会对上一年预算执行情况和本年度中央预算草案的主要内容进行初步审查。国务院财政部门应积极创造条件，做到提交审查的材料包括：科目列到类、重要的列到款的预算收支总表和中央政府性基金预算表，中央各预算单位收支表，建设性支出、基金支出的类别表和若干重大的项目表，按类别划分的中央财政返还或补助地方支出表，中央财政对农业、教育、科技、社会保障支出表等，以及有关说明。

三、全国人民代表大会会议期间，财政经济委员会根据各代表团和有关专门委员会的意见对中央及地方预算草案进行审查，并提出审查结果报告。全国人民代表大会关于中央及地方预算的决议，国务院应当贯彻执行。

四、加强对预算超收收入使用的监督。中央预算超收收入可以用于弥补中央财政赤字和其他必要的支出。中央预算执行过程中，需要动用超收收入追加支出时，应当编制超收收入使用方案，由国务院财政部门及时向财政经济委员会和预算工作委员会通报情况，国务院应向全国人民代表大会常务委员会作预计超收收入安排使用情况的报告。

五、严格控制不同预算科目之间的资金调剂，各部门、各单位的预算支出应当按照预算科目执行。中央预算安排的农业、教育、科技、社会保障预算资金的调减，须经全国人民代表大会常务委员会审查和批准，以后根据需要还可以逐步增加新的项目。

六、加强对中央预算调整方案的审查工作。因特殊情况必须调整中央预算时，国务院应当编制中央预算调整方案，并于当年7月至9月之间提交全国人民代表大会常务委员会。国务院财政部门应当及时向财政经济委员会和预算工作委员会通报中央预算调整的情况，在常务委员会举行会议审批中央预算调整方案的一个月前，将中央预算调整方案的初步方案提交财政经济委员会，由财政经济委员会进行初步审查。

七、中央决算草案应当按照全国人民代表大会批准的预算所列科目编制，按预算数、调整或变更数以及实际执行数分别列出，变化较大的要作出说明。中央决算草案应在全国人民代表大会常务委员会举行会议审查和批准的一个月前，提交财政经济委员会，由财政经济委员会结合审计工作报告进行初步审查。

八、加强对中央预算执行的审计。国务院审计部门要按照真实、合法和效益的要求，对中央预算执行情况和部门决算依法进行审计，审计出的问题要限时依法纠正、处理。国务院应当向全国人民代表大会常务委员会提出对中央预算执行和其他财政收支的审计工作报告，必要时，常务委员会可以对审计工作报告作出决议。

九、加强对中央预算执行情况的监督。在全国人民代表大会及其常务委员会领导下，财政经济委员会和预算工作委员会应当做好有关工作。国务院有关部门应及时向财政经济委员会、预算工作委员会提交落实全国人民代表大会关于预算决议的情况，对部门、单位批复的预算，预算收支执行情况，政府债务、社会保障基金等重点资金和预算外资金收支执行情况，有关经济、财政、金融、审计、税务、海关等综合性统计报告、规章制度及有关资料。

十、加强对预算外资金的监督。要采取措施将中央预算外资金纳入中央预算，对暂时不能纳入预算的要编制收支计划和决算。预算外资金的收支情况要向全国人民代表大会常务委员会报告。

十一、要依法执行备案制度。国务院应将全国人民代表大会授权其制定的经济体制改革和对外开放方面有关预算的暂行规定或条例，中央预算与地方预算有关收入和支出项目的划分、地方向中央上解收入、中央对地方返还或者给予补助的具体办法，省、自治区、直辖市政府报送国务院备案的预算的汇总，以及其他应报送的事项，及时报送全国人民代表大会常务委员会备案。

十二、预算工作委员会是全国人民代表大会常务委员会的工作机构，协助财政经济委员会承担全国人民代表大会及其常务委员会审查预决算、审查预算调整方案和监督预算执行方面的具体工作，受常务委员会委员长会议委托，承担有关法律草案的起草工作，协助财政经济委员会承担有关法律草案审议方面的具体工作，以及承办本决定第十一条规定的和常务委员会、委员长会议交办以及财政经济委员会需要协助办理的其他有关财政预算的具体事项。经委员长会议专项同意，预算工作委员会可以要求政府有关部门和单位提供预算情况，并获取相关信息资料及说明。经委员长会议专项批准，可以对各部门、各预算单位、重大建设项目的预算资金使用和专项资金的使用进行调查，政府有关部门和单位应积极协助、配合。

全国人民代表大会常务委员会关于修改《中华人民共和国预算法》的决定[1]

(2014 年 8 月 31 日第十二届全国人民代表大会常务委员会第十次会议通过)

第十二届全国人民代表大会常务委员会第十次会议决定对《中华人民共和国预算法》作如下修改：

一、将第一条修改为："为了规范政府收支行为，强化预算约束，加强对预算的管理和监督，建立健全全面规范、公开透明的预算制度，保障经济社会的健康发展，根据宪法，制定本法。"

二、增加一条，作为第二条："预算、决算的编制、审查、批准、监督，以及预算的执行和调整，依照本法规定执行。"

三、将第二条改为第三条，删去第二款。

将第五条第一款、第二款改为第三条第二款、第三款，修改为："全国预算由中央预算和地方预算组成。地方预算由各省、自治区、直辖市总预算组成。

"地方各级总预算由本级预算和汇总的下一级总预算组成；

---

〔1〕　全国人大常委会办公厅、中共中央文献研究室编，《人民代表大会制度重要文献选编》（四），中国民主法制出版社 2015 年版，第 1707—1729 页。

下一级只有本级预算的，下一级总预算即指下一级的本级预算。没有下一级预算的，总预算即指本级预算。"

四、将第三条改为第十二条，修改为："各级预算应当遵循统筹兼顾、勤俭节约、量力而行、讲求绩效和收支平衡的原则。

"各级政府应当建立跨年度预算平衡机制。"

五、增加一条，作为第四条："预算由预算收入和预算支出组成。

"政府的全部收入和支出都应当纳入预算。"

六、增加一条，作为第五条："预算包括一般公共预算、政府性基金预算、国有资本经营预算、社会保险基金预算。

"一般公共预算、政府性基金预算、国有资本经营预算、社会保险基金预算应当保持完整、独立。政府性基金预算、国有资本经营预算、社会保险基金预算应当与一般公共预算相衔接。"

七、将第四条改为第六条，修改为："一般公共预算是对以税收为主体的财政收入，安排用于保障和改善民生、推动经济社会发展、维护国家安全、维持国家机构正常运转等方面的收支预算。

"中央一般公共预算包括中央各部门（含直属单位，下同）的预算和中央对地方的税收返还、转移支付预算。

"中央一般公共预算收入包括中央本级收入和地方向中央的上解收入。中央一般公共预算支出包括中央本级支出、中央对地方的税收返还和转移支付。"

八、将第五条第三款、第四款改为第七条，修改为："地方各级一般公共预算包括本级各部门（含直属单位，下同）的预算和税收返还、转移支付预算。

"地方各级一般公共预算收入包括地方本级收入、上级政府对本级政府的税收返还和转移支付、下级政府的上解收入。地方各级一般公共预算支出包括地方本级支出、对上级政府的上解支出、对下级政府的税收返还和转移支付。"

九、将第六条改为第八条，修改为："各部门预算由本部门及其所属各单位预算组成"，相应删去第七条。

十、增加一条，作为第九条："政府性基金预算是对依照法律、行政法规的规定在一定期限内向特定对象征收、收取或者以其他方式筹集的资金，专项用于特定公共事业发展的收支预算。

"政府性基金预算应当根据基金项目收入情况和实际支出需要，按基金项目编制，做到以收定支。"

十一、增加一条，作为第十条："国有资本经营预算是对国有资本收益作出支出安排的收支预算。

"国有资本经营预算应当按照收支平衡的原则编制，不列赤字，并安排资金调入一般公共预算。"

十二、增加一条，作为第十一条："社会保险基金预算是对社会保险缴款、一般公共预算安排和其他方式筹集的资金，专项用于社会保险的收支预算。

"社会保险基金预算应当按照统筹层次和社会保险项目分别编制，做到收支平衡。"

十三、将第九条改为第十三条，修改为："经人民代表大会批准的预算，非经法定程序，不得调整。各级政府、各部门、各单位的支出必须以经批准的预算为依据，未列入预算的不得支出。"

十四、增加一条，作为第十四条："经本级人民代表大会或者本级人民代表大会常务委员会批准的预算、预算调整、决算、预算执行情况的报告及报表，应当在批准后二十日内由本级政府财政部门向社会公开，并对本级政府财政转移支付安排、执行的情况以及举借债务的情况等重要事项作出说明。

"经本级政府财政部门批复的部门预算、决算及报表，应当在批复后二十日内由各部门向社会公开，并对部门预算、决算中机关运行经费的安排、使用情况等重要事项作出说明。

"各级政府、各部门、各单位应当将政府采购的情况及时向社会公开。

"本条前三款规定的公开事项，涉及国家秘密的除外。"

十五、增加一条，作为第十六条："国家实行财政转移支付制度。财政转移支付应当规范、公平、公开，以推进地区间基本公共服务均等化为主要目标。

"财政转移支付包括中央对地方的转移支付和地方上级政府对下级政府的转移支付，以为均衡地区间基本财力、由下级政府统筹安排使用的一般性转移支付为主体。

"按照法律、行政法规和国务院的规定可以设立专项转移支付，用于办理特定事项。建立健全专项转移支付定期评估和退出机制。市场竞争机制能够有效调节的事项不得设立专项转移支付。

"上级政府在安排专项转移支付时，不得要求下级政府承担配套资金。但是，按照国务院的规定应当由上下级政府共同承担的事项除外。"

十六、增加一条，作为第十七条："各级预算的编制、执行应当建立健全相互制约、相互协调的机制。"

十七、将第十三条改为第二十一条，第二款、第三款修改为："县级以上地方各级人民代表大会常务委员会监督本级总预算的执行；审查和批准本级预算的调整方案；审查和批准本级决算；撤销本级政府和下一级人民代表大会及其常务委员会关于预算、决算的不适当的决定、命令和决议。

"乡、民族乡、镇的人民代表大会审查和批准本级预算和本级预算执行情况的报告；监督本级预算的执行；审查和批准本级预算的调整方案；审查和批准本级决算；撤销本级政府关于预算、决算的不适当的决定和命令。"

十八、增加一条，作为第二十二条："全国人民代表大会财政经济委员会对中央预算草案初步方案及上一年预算执行情况、中央预算调整初步方案和中央决算草案进行初步审查，提出初步审查意见。

"省、自治区、直辖市人民代表大会有关专门委员会对本级预算草案初步方案及上一年预算执行情况、本级预算调整初步方案和本级决算草案进行初步审查，提出初步审查意见。

"设区的市、自治州人民代表大会有关专门委员会对本级预算草案初步方案及上一年预算执行情况、本级预算调整初步方案和本级决算草案进行初步审查，提出初步审查意见，未设立专门委员会的，由本级人民代表大会常务委员会有关工作机构研究提出意见。

"县、自治县、不设区的市、市辖区人民代表大会常务委员会对本级预算草案初步方案及上一年预算执行情况进行初步审查，提出初步审查意见。县、自治县、不设区的市、市辖区人民代表大会常务委员会有关工作机构对本级预算调整初步方案和本级决算草案研究提出意见。

"设区的市、自治州以上各级人民代表大会有关专门委员会进行初步审查、常务委员会有关工作机构研究提出意见时，应当邀请本级人民代表大会代表参加。

"对依照本条第一款至第四款规定提出的意见，本级政府财政部门应当将处理情况及时反馈。

"依照本条第一款至第四款规定提出的意见以及本级政府财政部门反馈的处理情况报告，应当印发本级人民代表大会代表。

"全国人民代表大会常务委员会和省、自治区、直辖市、设区的市、自治州人民代表大会常务委员会有关工作机构，依照本级人民代表大会常务委员会的决定，协助本级人民代表大会财政经济委员会或者有关专门委员会承担审查预算草案、预算调整方案、决算草案和监督预算执行等方面的具体工作。"

十九、将第十五条改为第二十四条，增加一款，作为第三款："经省、自治区、直辖市政府批准，乡、民族乡、镇本级预算草案、预算调整方案、决算草案，可以由上一级政府代编，并依照本法第二十一条的规定报乡、民族乡、镇的人民代表大会审查和批准。"

二十、将第十七条、第十八条合并，作为第二十六条第一款、第二款。

二十一、将第十九条改为第二十七条，修改为："一般公共预算收入包括各项税收收入、行政事业性收费收入、国有资源（资产）有偿使用收入、转移性收入和其他收入。

"一般公共预算支出按照其功能分类，包括一般公共服务支出，外交、公共安全、国防支出，农业、环境保护支出，教育、科技、文化、卫生、体育支出，社会保障及就业支出和其他支出。

"一般公共预算支出按照其经济性质分类，包括工资福利支出、商品和服务支出、资本性支出和其他支出。"

二十二、增加一条，作为第二十八条："政府性基金预算、国有资本经营预算和社会保险基金预算的收支范围，按照法律、行政法规和国务院的规定执行。"

二十三、删去第二十条。

二十四、将第二十一条改为第二十九条，修改为："中央预算与地方预算有关收入和支出项目的划分、地方向中央上解收入、中央对地方税收返还或者转移支付的具体办法，由国务院规定，报全国人民代表大会常务委员会备案。"

二十五、删去第二十二条。

二十六、将第二十四条改为第三十一条第二款。

将第三十五条改为第三十一条第一款，修改为："国务院应当及时下达关于编制下一年预算草案的通知。编制预算草案的具体事项由国务院财政部门部署。"

二十七、将第二十五条改为第三十二条，修改为："各级预算应当根据年度经济社会发展目标、国家宏观调控总体要求和跨年度预算平衡的需要，参考上一年预算执行情况、有关支出绩效评价结果和本年度收支预测，按照规定程序征求各方面意见后，进行编制。

"各级政府依据法定权限作出决定或者制定行政措施，凡涉及增加或者减少财政收入或者支出的，应当在预算批准前提出并在预算草案中作出相应安排。

"各部门、各单位应当按照国务院财政部门制定的政府收支分类科目、预算支出标准和要求，以及绩效目标管理等预算编制规定，根据其依法履行职能和事业发展的需要以及存量资产情况，编制本部门、本单位预算草案。

"前款所称政府收支分类科目，收入分为类、款、项、目；支出按其功能分类分为类、款、项，按其经济性质分类分为类、款。"

二十八、删去第二十六条。

二十九、将第二十七条改为第三十四条，修改为："中央一般公共预算中必需的部分资金，可以通过举借国内和国外债务等方式筹措，举借债务应当控制适当的规模，保持合理的结构。

"对中央一般公共预算中举借的债务实行余额管理，余额的规模不得超过全国人民代表大会批准的限额。

"国务院财政部门具体负责对中央政府债务的统一管理。"

三十、将第二十八条改为第三十五条，修改为："地方各级预算按照量入为出、收支平衡的原则编制，除本法另有规定外，不列赤字。

"经国务院批准的省、自治区、直辖市的预算中必需的建设投资的部分资金，可以在国务院确定的限额内，通过发行地方政府债券举借债务的方式筹措。举借债务的规模，由国务院报全国人民代表大会或者全国人民代表大会常务委员会批准。省、自治区、直辖市依照国务院下达的限额举借的债务，列入本级预算调整方案，报本级人民代表大会常务委员会批准。举借的债务应当有偿还计划和稳定的偿还资金来源，只能用于公益性资本支出，不得用于经常性支出。

"除前款规定外，地方政府及其所属部门不得以任何方式举借债务。

"除法律另有规定外，地方政府及其所属部门不得为任何单位和个人的债务以任何方式提供担保。

"国务院建立地方政府债务风险评估和预警机制、应急处置机制以及责任追究制度。国务院财政部门对地方政府债务实施监督。"

三十一、将第二十九条改为第三十六条，修改为："各级预算收入的编制，应当与经济社会发展水平相适应，与财政政策相衔接。

"各级政府、各部门、各单位应当依照本法规定，将所有政府收入全部列入预算，不得隐瞒、少列。"

三十二、将第三十条改为第三十七条，修改为："各级预算支出应当依照本法规定，按其功能和经济性质分类编制。

"各级预算支出的编制，应当贯彻勤俭节约的原则，严格控制各部门、各单位的机关运行经费和楼堂馆所等基本建设支出。

"各级一般公共预算支出的编制，应当统筹兼顾，在保证基本公共服务合理需要的前提下，优先安排国家确定的重点支出。"

三十三、增加一条，作为第三十八条："一般性转移支付应当按照国务院规定的基本标准和计算方法编制。专项转移支付应当分地区、分项目编制。

"县级以上各级政府应当将对下级政府的转移支付预计数提前下达下级政府。

"地方各级政府应当将上级政府提前下达的转移支付预计数编入本级预算。"

三十四、将第三十一条改为第三十九条，修改为："中央预算和有关地方预算中应当安排必要的资金，用于扶助革命老区、民族地区、边疆地区、贫困地区发展经济社会建设事业。"

三十五、将第三十二条改为第四十条，修改为："各级一般公共预算应当按照本级一般公共预算支出额的百分之一至百分之三设置预备费，用于当年预算执行中的自然灾害等突发事件处理增加的支出及其他难以预见的开支。"

三十六、将第三十三条改为第四十一条，修改为："各级一般公共预算按照国务院的规定可以设置预算周转金，用于本级政府调剂预算年度内季节性收支差额。

"各级一般公共预算按照国务院的规定可以设置预算稳定调节基金，用于弥补以后年度预算资金的不足。"

三十七、将第三十四条改为第四十二条，修改为："各级政府上一年预算的结转资金，应当在下一年用于结转项目的支出；连续两年未用完的结转资金，应当作为结余资金管理。

"各部门、各单位上一年预算的结转、结余资金按照国务院财政部门的规定办理。"

三十八、将第三十六条改为第三十三条。

三十九、将第三十七条改为第四十四条，修改为："国务院财政部门应当在每年全国人民代表大会会议举行的四十五日前，将中央预算草案的初步方案提交全国人民代表大会财政经济委员会进行初步审查。

"省、自治区、直辖市政府财政部门应当在本级人民代表大会会议举行的三十日前，将本级预算草案的初步方案提交本级人民代表大会有关专门委员会进行初步审查。

"设区的市、自治州政府财政部门应当在本级人民代表大会会议举行的三十日前，将本级预算草案的初步方案提交本级人民代表大会有关专门委员会进行初步审查，或者送交本级人民代表大会常务委员会有关工作机构征求意见。

"县、自治县、不设区的市、市辖区政府应当在本级人民代表大会会议举行的三十日前，将本级预算草案的初步方案提交本级人民代表大会常务委员会进行初步审查。"

四十、增加一条，作为第四十五条："县、自治县、不设区的市、市辖区、乡、民族乡、镇的人民代表大会举行会议审查预算草案前，应当采用多种形式，组织本级人民代表大会代表，听取选民和社会各界的意见。"

四十一、增加一条，作为第四十六条："报送各级人民代表大会审查和批准的预算草案应当细化。本级一般公共预算支出，按其功能分类应当编列到项；按其经济性质分类，基本支出应当编列到款。本级政府性基金预算、国有资本经营预算、社会保险基金预算支出，按其功能分类应当编列到项。"

四十二、将第三十八条改为第四十七条，修改为："国务院在全国人民代表大会举行会议时，向大会作关于中央和地方预算草案以及中央和地方预算执行情况的报告。

"地方各级政府在本级人民代表大会举行会议时，向大会作关于总预算草案和总预算执行情况的报告。"

四十三、将第三十九条改为第四十三条，将第二款中的"政府预算"修改为"预算"。

四十四、增加一条，作为第四十八条："全国人民代表大会和地方各级人民代表大会对预算草案及其报告、预算执行情况的报告重点审查下列内容：

"（一）上一年预算执行情况是否符合本级人民代表大会预算决议的要求；

"（二）预算安排是否符合本法的规定；

"（三）预算安排是否贯彻国民经济和社会发展的方针政策，收支政策是否切实可行；

"（四）重点支出和重大投资项目的预算安排是否适当；

"（五）预算的编制是否完整，是否符合本法第四十六条的规定；

"（六）对下级政府的转移性支出预算是否规范、适当；

"（七）预算安排举借的债务是否合法、合理，是否有偿还计划和稳定的偿还资金来源；

"（八）与预算有关重要事项的说明是否清晰。"

四十五、增加一条，作为第四十九条："全国人民代表大会财政经济委员会向全国人民代表大会主席团提出关于中央和地方预算草案及中央和地方预算执行情况的审查结果报告。

"省、自治区、直辖市、设区的市、自治州人民代表大会有关专门委员会，县、自治县、不设区的市、市辖区人民代表大会常务委员会，向本级人民代表大会主席团提出关于总预算草案及上一年总预算执行情况的审查结果报告。

"审查结果报告应当包括下列内容：

"（一）对上一年预算执行和落实本级人民代表大会预算决议的情况作出评价；

"（二）对本年度预算草案是否符合本法的规定，是否可行作出评价；

"（三）对本级人民代表大会批准预算草案和预算报告提出建议；

"（四）对执行年度预算、改进预算管理、提高预算绩效、加强预算监督等提出意见和建议。"

四十六、将第四十二条改为第五十二条，修改为："各级预算经本级人民代表大会批准后，本级政府财政部门应当在二十日内向本级各部门批复预算。各部门应当在接到本级政府财政部门批复的本部门预算后十五日内向所属各单位批复预算。

"中央对地方的一般性转移支付应当在全国人民代表大会批准预算后三十日内正式下达。中央对地方的专项转移支付应当在全国人民代表大会批准预算后九十日内正式下达。

"省、自治区、直辖市政府接到中央一般性转移支付和专项转移支付后，应当在三十日内正式下达到本行政区域县级以上各级政府。

"县级以上地方各级预算安排对下级政府的一般性转移支付和专项转移支付，应当分别在本级人民代表大会批准预算后的三十日和六十日内正式下达。

"对自然灾害等突发事件处理的转移支付，应当及时下达预算；对据实结算等特殊项目的转移支付，可以分期下达预算，或者先预付后结算。

"县级以上各级政府财政部门应当将批复本级各部门的预算和批复下级政府的转移支付预算，抄送本级人民代表大会财政经济委员会、有关专门委员会和常务委员会有关工作机构。"

四十七、将第四十三条改为第五十三条，增加一款，作为第二款："各部门、各单位是本部门、本单位的预算执行主体，负责本部门、本单位的预算执行，并对执行结果负责。"

四十八、将第四十四条改为第五十四条，修改为："预算年度开始后，各级预算草案在本级人民代表大会批准前，可以安排下列支出：

"（一）上一年度结转的支出；

"（二）参照上一年同期的预算支出数额安排必须支付的本年度部门基本支出、项目支出，以及对下级政府的转移性支出；

"（三）法律规定必须履行支付义务的支出，以及用于自然灾害等突发事件处理的支出。

"根据前款规定安排支出的情况，应当在预算草案的报告中作出说明。

"预算经本级人民代表大会批准后，按照批准的预算执行。"

四十九、将第四十五条改为第五十五条，修改为："预算收入征收部门和单位，必须依照法律、行政法规的规定，及时、足额征收应征的预算收入。不得违反法律、行政法规规定，多征、提前征收或者减征、免征、缓征应征的预算收入，不得截留、占用或者挪用预算收入。

"各级政府不得向预算收入征收部门和单位下达收入指标。"

五十、将第四十六条改为第五十六条，修改为："政府的全部收入应当上缴国家金库（以下简称国库），任何部门、单位和个人不得截留、占用、挪用或者拖欠。

"对于法律有明确规定或者经国务院批准的特定专用资金，可以依照国务院的规定设立财政专户。"

五十一、将第四十七条改为第五十七条，第二款修改为："各级政府、各部门、各单位的支出必须按照预算执行，不得虚假列支。"

增加一款，作为第三款："各级政府、各部门、各单位应当对预算支出情况开展绩效评价。"

五十二、增加一条，作为第五十八条："各级预算的收入和支出实行收付实现制。

"特定事项按照国务院的规定实行权责发生制的有关情况，应当向本级人民代表大会常务委员会报告。"

五十三、将第四十八条改为第五十九条，第三款至第五款修改为："各级国库应当按照国家有关规定，及时准确地办理预算收入的收纳、划分、留解、退付和预算支出的拨付。

"各级国库库款的支配权属于本级政府财政部门。除法律、行政法规另有规定外，未经本级政府财政部门同意，任何部门、单位和个人都无权冻结、动用国库库款或者以其他方式支配已入国库的库款。

"各级政府应当加强对本级国库的管理和监督，按照国务院的规定完善国库现金管理，合理调节国库资金余额。"

五十四、增加一条，作为第六十条："已经缴入国库的资金，依照法律、行政法规的规定或者国务院的决定需要退付的，各级政府财政部门或者其授权的机构应当及时办理退付。按照规定应当由财政支出安排的事项，不得用退库处理。"

五十五、增加一条，作为第六十一条："国家实行国库集中收缴和集中支付制度，对政府全部收入和支出实行国库集中收付管理。"

五十六、将第五十条改为第六十三条，修改为："各部门、各单位应当加强对预算收入和支出的管理，不得截留或者动用应当上缴的预算收入，不得擅自改变预算支出的用途。"

五十七、将第五十二条改为第六十五条，修改为："各级预算周转金由本级政府财政部门管理，不得挪作他用。"

五十八、增加一条，作为第六十六条："各级一般公共预算年度执行中有超收收入的，只能用于冲减赤字或者补充预算稳定调节基金。

"各级一般公共预算的结余资金，应当补充预算稳定调节基金。

"省、自治区、直辖市一般公共预算年度执行中出现短收，通过调入预算稳定调节基金、减少支出等方式仍不能实现收支平衡的，省、自治区、直辖市政府报本级人民代表大会或者其常务委员会批准，可以增列赤字，报国务院财政部门备案，并应当在下一年度预算中予以弥补。"

五十九、将第五十三条改为第六十七条，修改为："经全国人民代表大会批准的中央预算和经地方各级人民代表大会批准的地方各级预算，在执行中出现下列情况之一的，应当进行预算调整：

"（一）需要增加或者减少预算总支出的；

"（二）需要调入预算稳定调节基金的；

"（三）需要调减预算安排的重点支出数额的；

"（四）需要增加举借债务数额的。"

六十、增加一条，作为第六十八条："在预算执行中，各级政府一般不制定新的增加财政收入或者支出的政策和措施，也不制定减少财政收入的政策和措施；必须作出并需要进行预算调整的，应当在预算调整方案中作出安排。"

六十一、将第五十四条改为第六十九条，修改为："在预算执行中，各级政府对于必须进行的预算调整，应当编制预算调整方案。预算调整方案应当说明预算调整的理由、项目和数额。

"在预算执行中，由于发生自然灾害等突发事件，必须及时增加预算支出的，应当先动支预备费；预备费不足支出的，各级政府可以先安排支出，属于预算调整的，列入预算调整方案。

"国务院财政部门应当在全国人民代表大会常务委员会举行会议审查和批准预算调整方案的三十日前，将预算调整初步方案送交全国人民代表大会财政经济委员会进行初步审查。

"省、自治区、直辖市政府财政部门应当在本级人民代表大会常务委员会举行会议审查和批准预算调整方案的三十日前，将预算调整初步方案送交本级人民代表大会有关专门委员会进行初步审查。

"设区的市、自治州政府财政部门应当在本级人民代表大会常务委员会举行会议审查和批准预算调整方案的三十日前，将预算调整初步方案送交本级人民代表大会有关专门委员会进行初步审查，或者送交本级人民代表大会常务委员会有关工作机构征求意见。

"县、自治县、不设区的市、市辖区政府财政部门应当在本级人民代表大会常务委员会举行会议审查和批准预算调整方案的三十日前，将预算调整初步方案送交本级人民代表大会常务委员会有关工作机构征求意见。

"中央预算的调整方案应当提请全国人民代表大会常务委员会审查和批准。县级以上地方各级预算的调整方案应当提请本级人民代表大会常务委员会审查和批准；乡、民族乡、镇预算的调整方案应当提请本级人民代表大会审查和批准。未经批准，不得调整预算。"

六十二、将第五十五条改为第七十条，第一款修改为："经批准的预算调整方案，各级政府应当严格执行。未经本法第六十九条规定的程序，各级政府不得作出预算调整的决定。"

六十三、将第五十六条改为第七十一条，修改为："在预算执行中，地方各级政府因上级政府增加不需要本级政府提供配套资金的专项转移支付而引起的预算支出变化，不属于预算调整。

"接受增加专项转移支付的县级以上地方各级政府应当向本级人民代表大会常务委员会报告有关情况；接受增加专项转移支付的乡、民族乡、镇政府应当向本级人民代表大会报告有关情况。"

六十四、将第五十七条改为第七十二条，修改为："各部门、各单位的预算支出应当按照预算科目执行。严格控制不同预算科目、预算级次或者项目间的预算资金的调剂，确需调剂使用的，按照国务院财政部门的规定办理。"

六十五、将第六十条改为第七十五条，修改为："编制决算草案，必须符合法律、行政法规，做到收支真实、数额准确、内容完整、报送及时。

"决算草案应当与预算相对应，按预算数、调整预算数、决算数分别列出。一般公共预算支出应当按其功能分类编列到项，按其经济性质分类编列到款。"

六十六、将第六十二条改为第七十七条，第一款、第二款修改为："国务院财政部门编制中央决算草案，经国务院审计部门审计后，报国务院审定，由国务院提请全国人民代表大会常务委员会审查和批准。

"县级以上地方各级政府财政部门编制本级决算草案，经本级政府审计部门审计后，报本级政府审定，由本级政府提请本级人民代表大会常务委员会审查和批准。"

六十七、增加一条，作为第七十八条："国务院财政部门应当在全国人民代表大会常务委员会举行会议审查和批准中央决算草案的三十日前，将上一年度中央决算草案提交全国人民代表大会财政经济委员会进行初步审查。

"省、自治区、直辖市政府财政部门应当在本级人民代表大会常务委员会举行会议审查和批准本级决算草案的三十日前，将上一年度本级决算草案提交本级人民代表大会有关专门委员会进行初步审查。

"设区的市、自治州政府财政部门应当在本级人民代表大会常务委员会举行会议审查和批准本级决算草案的三十日前，将上一年度本级决算草案提交本级人民代表大会有关专门委员会进行初步审查，或者送交本级人民代表大会常务委员会有关工作机构征求意见。

"县、自治县、不设区的市、市辖区政府财政部门应当在本级人民代表大会常务委员会举行会议审查和批准本级决算草案的三十日前，将上一年度本级决算草案送交本级人民代表大会常务委员会有关工作机构征求意见。

"全国人民代表大会财政经济委员会和省、自治区、直辖市、设区的市、自治州人民代表大会有关专门委员会，向本级人民代表大会常务委员会提出关于本级决算草案的审查结果报告。"

六十八、增加一条，作为第七十九条："县级以上各级人民代表大会常务委员会和乡、民族乡、镇人民代表大会对本级决算草案，重点审查下列内容：

"（一）预算收入情况；

"（二）支出政策实施情况和重点支出、重大投资项目资金的使用及绩效情况；

"（三）结转资金的使用情况；

"（四）资金结余情况；

"（五）本级预算调整及执行情况；

"（六）财政转移支付安排执行情况；

"（七）经批准举借债务的规模、结构、使用、偿还等情况；

"（八）本级预算周转金规模和使用情况；

"（九）本级预备费使用情况；

"（十）超收收入安排情况，预算稳定调节基金的规模和使用情况；

"（十一）本级人民代表大会批准的预算决议落实情况；

"（十二）其他与决算有关的重要情况。

"县级以上各级人民代表大会常务委员会应当结合本级政府提出的上一年度预算执行和其他财政收支的审计工作报告，对本级决算草案进行审查。"

六十九、将第六十三条改为第八十条,修改为:"各级决算经批准后,财政部门应当在二十日内向本级各部门批复决算。各部门应当在接到本级政府财政部门批复的本部门决算后十五日内向所属单位批复决算。"

七十、将第六十四条改为第八十一条,修改为:"地方各级政府应当将经批准的决算及下一级政府上报备案的决算汇总,报上一级政府备案。

"县级以上各级政府应当将下一级政府报送备案的决算汇总后,报本级人民代表大会常务委员会备案。"

七十一、将第六十九条改为第八十六条,修改为:"国务院和县级以上地方各级政府应当在每年六月至九月期间向本级人民代表大会常务委员会报告预算执行情况。"

七十二、将第七十一条改为第八十八条,修改为:"各级政府财政部门负责监督检查本级各部门及其所属各单位预算的编制、执行,并向本级政府和上一级政府财政部门报告预算执行情况。"

七十三、将第七十二条改为第八十九条,修改为:"县级以上政府审计部门依法对预算执行、决算实行审计监督。

"对预算执行和其他财政收支的审计工作报告应当向社会公开。"

七十四、增加一条,作为第九十条:"政府各部门负责监督检查所属各单位的预算执行,及时向本级政府财政部门反映本部门预算执行情况,依法纠正违反预算的行为。"

七十五、增加一条,作为第九十一条:"公民、法人或者其他组织发现有违反本法的行为,可以依法向有关国家机关进行检举、控告。

"接受检举、控告的国家机关应当依法进行处理，并为检举人、控告人保密。任何单位或者个人不得压制和打击报复检举人、控告人。"

七十六、将第七十三条至第七十五条改为第九十二条至第九十五条，修改为："第九十二条　各级政府及有关部门有下列行为之一的，责令改正，对负有直接责任的主管人员和其他直接责任人员追究行政责任：

"（一）未依照本法规定，编制、报送预算草案、预算调整方案、决算草案和部门预算、决算以及批复预算、决算的；

"（二）违反本法规定，进行预算调整的；

"（三）未依照本法规定对有关预算事项进行公开和说明的；

"（四）违反规定设立政府性基金项目和其他财政收入项目的；

"（五）违反法律、法规规定使用预算预备费、预算周转金、预算稳定调节基金、超收收入的；

"（六）违反本法规定开设财政专户的。

"第九十三条　各级政府及有关部门、单位有下列行为之一的，责令改正，对负有直接责任的主管人员和其他直接责任人员依法给予降级、撤职、开除的处分：

"（一）未将所有政府收入和支出列入预算或者虚列收入和支出的；

"（二）违反法律、行政法规的规定，多征、提前征收或者减征、免征、缓征应征预算收入的；

"（三）截留、占用、挪用或者拖欠应当上缴国库的预算收入的；

"（四）违反本法规定，改变预算支出用途的；

"（五）擅自改变上级政府专项转移支付资金用途的；

"（六）违反本法规定拨付预算支出资金，办理预算收入收纳、划分、留解、退付，或者违反本法规定冻结、动用国库库款或者以其他方式支配已入国库库款的。

"第九十四条　各级政府、各部门、各单位违反本法规定举借债务或者为他人债务提供担保，或者挪用重点支出资金，或者在预算之外及超预算标准建设楼堂馆所的，责令改正，对负有直接责任的主管人员和其他直接责任人员给予撤职、开除的处分。

"第九十五条　各级政府有关部门、单位及其工作人员有下列行为之一的，责令改正，追回骗取、使用的资金，有违法所得的没收违法所得，对单位给予警告或者通报批评；对负有直接责任的主管人员和其他直接责任人员依法给予处分：

"（一）违反法律、法规的规定，改变预算收入上缴方式的；

"（二）以虚报、冒领等手段骗取预算资金的；

"（三）违反规定扩大开支范围、提高开支标准的；

"（四）其他违反财政管理规定的行为。"

七十七、增加一条，作为第九十六条："本法第九十二条、第九十三条、第九十四条、第九十五条所列违法行为，其他法律对其处理、处罚另有规定的，依照其规定。

"违反本法规定，构成犯罪的，依法追究刑事责任。"

七十八、删去第七十六条。

七十九、增加一条，作为第九十七条："各级政府财政部门应当按年度编制以权责发生制为基础的政府综合财务报告，报告政府整体财务状况、运行情况和财政中长期可持续性，报本级人民代表大会常务委员会备案。"

八十、将第七十八条改为第九十八条，将第七十七条改为第九十九条。

八十一、增加一条，作为第一百条："省、自治区、直辖市人民代表大会或者其常务委员会根据本法，可以制定有关预算审查监督的决定或者地方性法规。"

八十二、将第五十一条、第五十八条、第六十六条中的"政府预算"修改为"预算"。

本决定自 2015 年 1 月 1 日起施行。

《中华人民共和国预算法》根据本决定作相应修改，重新公布。

全国人民代表大会常务委员会关于加强中央预算审查监督的决定[1]

(1999 年 12 月 25 日第九届全国人民代表大会常务委员会第十三次会议通过　2021 年 4 月 29 日第十三届全国人民代表大会常务委员会第二十八次会议修订)

为履行宪法法律赋予全国人民代表大会及其常务委员会的预算审查监督职责，贯彻落实党中央关于加强人大预算决算审查监督职能的部署要求，推进全面依法治国，健全完善中国特色社会主义预算审查监督制度，规范预算行为，提高预算绩效，厉行节约，更好地发挥中央预算在推进国家治理体系和治理能力现代化、推动高质量发展、促进社会进步、改善人民生活和全面深化改革开放中的重要作用，必须进一步加强对中央预算的审查监

---

[1]　中国人大网，http：//www. npc. gov. cn/npc/c30834/202104/21b9764cd21a4c4f83265fa6c88fba25. shtml。

督。为此，特作如下决定：

一、加强全口径审查和全过程监管。全国人民代表大会及其常务委员会对政府预算决算开展全口径审查和全过程监管，坚持党中央集中统一领导，坚持围绕服务党和国家工作大局，坚持以人民为中心，坚持依法审查监督，聚焦重点，注重实效，保障宪法和法律贯彻实施，保障国家方针政策和决策部署贯彻落实。

（一）加强财政政策审查监督。审查监督重点包括：财政政策贯彻落实国家方针政策和决策部署的情况；与经济社会发展目标和宏观调控总体要求相衔接的情况；加强中期财政规划管理工作，对国家重大战略任务保障的情况；财政政策制定过程中充分听取人大代表与社会各界意见建议的情况；财政政策的合理性、可行性、可持续性等情况。

（二）加强一般公共预算审查监督。审查监督一般公共预算支出总量和结构的重点包括：支出总量和结构贯彻落实国家方针政策和决策部署的情况；支出总量及其增减的情况，财政赤字规模及其占年度预计国内生产总值比重的情况；调整优化支出结构，严格控制一般性支出，提高财政资金配置效率和使用绩效等情况。

审查监督重点支出与重大投资项目的重点包括：重点支出预算和支出政策相衔接的情况；重点支出规模变化和结构优化的情况；重点支出决策论证、政策目标和绩效的情况。重大投资项目与国民经济和社会发展规划相衔接的情况；重大投资项目决策论证、投资安排和实施效果的情况。

审查监督部门预算的重点包括：部门各项收支全部纳入预算的情况；部门预算与支出政策、部门职责衔接匹配的情况；项目库建设情况；部门重点项目预算安排和绩效的情况；新增资产配置情况；结转资金使用情况；审计查出问题整改落实等情况。

审查监督中央对地方转移支付的重点包括：各类转移支付保障中央财政承担的财政事权和支出责任的情况；促进地区间财力均衡及增强基层公共服务保障能力的情况；健全规范转移支付制度、优化转移支付结构的情况；专项转移支付定期评估和退出的情况；转移支付预算下达和使用的情况；转移支付绩效的情况。

审查监督一般公共预算收入的重点包括：预算收入安排与经济社会发展目标、国家宏观调控总体要求相适应的情况；各项税收收入与对应税基相协调的情况；预算收入依法依规征收、真实完整的情况；预算收入结构优化、质量提高的情况；依法规范非税收入管理等情况。

（三）加强政府债务审查监督。审查监督中央政府债务重点包括：根据中央财政赤字规模和上年末国债余额限额，科学确定当年国债余额限额，合理控制国债余额与限额之间的差额；评估政府债务风险水平情况，推进实现稳增长和防风险的长期均衡。审查监督地方政府债务重点包括：地方政府债务纳入预算管理的情况；根据债务率、利息支出率等指标评估地方政府债务风险水平，审查地方政府新增一般债务限额和专项债务限额的合理性情况；地方政府专项债务偿还的情况；积极稳妥化解地方政府债务风险等情况。

（四）加强政府性基金预算审查监督。审查监督重点包括：基金项目设立、征收、使用和期限符合法律法规规定的情况；收支政策和预算安排的合理性、可行性、可持续性的情况；政府性基金支出使用情况；政府性基金项目绩效和评估调整等情况。

（五）加强国有资本经营预算审查监督。审查监督重点包括：预算范围完整、制度规范的情况；国有资本足额上缴收益和产权转让等收入的情况；支出使用方向和项目符合法律法规规定和政策的情况；国有资本经营预算调入一般公共预算的情况；政府投资基金管理的情况；发挥优化国有资本布局、与国资国企改革相衔接等情况。

（六）加强社会保险基金预算审查监督。审查监督重点包括：各项基金收支安排、财政补助和预算平衡的情况；预算安排贯彻落实社会保障政策的情况；推进基本养老保险全国统筹的情况；基金绩效和运营投资的情况；中长期收支预测及可持续运行等情况。

（七）进一步推进预算决算公开，提高预算决算透明度。以公开为常态、不公开为例外，监督中央政府及其部门依法及时公开预算决算信息，主动回应社会普遍关注的问题，接受社会监督。

二、加强中央预算编制的监督工作。坚持先有预算、后有支出、严格按预算支出的原则，细化预算和提前编制预算。按预算法规定的时间将中央预算草案全部编制完毕。中央预算应当按照宪法和法律规定，贯彻落实国家方针政策和决策部署，做到政策明确、标准科学、安排合理，增强可读性和可审性。

中央一般公共预算草案，应当列示预算收支情况表、转移支付预算表、基本建设支出表、政府债务情况表等，说明收支预算安排及转移支付绩效目标情况。中央政府性基金预算草案应当按基金项目分别编列、分别说明。政府性基金支出编列到资金使用的具体项目，说明结转结余和绩效目标情况。中央国有资本经营预算草案收入编列到行业或企业，说明纳入预算的企业单位的上年总体经营财务状况；支出编列到使用方向和用途，说明项目安排的依据和绩效目标。中央社会保险基金预算草案应当按保险项目编制，反映基本养老保险全国统筹推进情况，说明社会保险基金可持续运行情况。

三、加强和改善中央预算的初步审查工作。国务院财政部门应当及时向全国人民代表大会财政经济委员会和全国人民代表大会常务委员会预算工作委员会通报有关中央预算编制的情况。预算工作委员会应当结合听取全国人大代表和社会各界意见建议情况，与国务院财政等部门密切沟通，研究提出关于年度预算的分析报告。在全国人民代表大会会议举行的四十五日前，国务院财政部门应当将中央预算草案初步方案提交财政经济委员会，由财政经济委员会对中央预算草案初步方案进行初步审查，并就有关重点问题开展专题审议，提出初步审查意见。

财政经济委员会开展初步审查阶段，全国人民代表大会有关专门委员会围绕国家方针政策和决策部署，对相关领域部门预算初步方案、转移支付资金和政策开展专项审查，提出专项审查意见。专项审查意见中增加相关支出预算的建议，应当与减少其他支出预算的建议同时提出，以保持预算的平衡性、完整性和统一性。有关专门委员会的专项审查意见，送财政经济委员会、预算工作委员会研究处理，必要时作为初步审查意见的附件印发全国人民代表大会会议。

四、加强中央预算执行情况的监督工作。在全国人民代表大会及其常务委员会领导下，财政经济委员会和预算工作委员会应当做好有关工作。国务院有关部门应当及时向财政经济委员会、预算工作委员会提交落实全国人民代表大会关于预算决议的情况。国务院财政部门应当定期提供全国、中央和地方的预算执行报表，反映预算收支、政府债务等相关情况。国务院有关部门应当通过国家电子政务网等平台，定期提供部门预算执行、宏观经济、金融、审计、税务、海关、社会保障、国有资产等方面政策制度和数据信息。

全国人民代表大会常务委员会通过听取和审议专项工作报告、执法检查、专题调研等监督方式，加强对重点收支政策贯彻实施、重点领域财政资金分配和使用、重大财税改革和政策调整、重大投资项目落实情况的监督。国务院在每年八月向全国人民代表大会常务委员会报告当年预算执行情况。国务院财政部门及相关主管部门每季度提供预算执行、有关政策实施和重点项目进展情况。

全国人民代表大会常务委员会利用现代信息技术开展预算联网监督，提高预算审查监督效能，实现预算审查监督的网络化、智能化。对预算联网监督发现的问题，适时向国务院有关部门通报，有关部门应当核实处理并反馈处理情况。

五、加强中央预算调整方案的审查工作。中央预算执行中，农业、教育、科技、社会保障等重点领域支出的调减，新增发行特别国债，增加地方政府举借债务规模，须经全国人民代表大会常务委员会审查和批准。中央预算执行中必须作出预算调整的，国务院应当编制中央预算调整方案，一般于当年六月至十月期间提交全国人民代表大会常务委员会。严格控制预算调剂，各部门、各单位的预算支出应当按照预算执行，因重大事项确需调剂的，严格按照规定程序办理。中央预算执行中出台重要的增加财政收入或者支出的政策措施，调入全国社会保障基金，或者预算收支结构发生重要变化的情况，国务院财政部门应当及时向预算工作委员会通报。预算工作委员会及时将有关情况向财政经济委员会通报，必要时向全国人民代表大会常务委员会报告。

六、加强中央决算的审查工作。中央决算草案应当按照全国人民代表大会批准的预算所列科目编制，按预算数、调整预算数以及决算数分别列出，对重要变化应当作出说明。一般公共预算支出应当按功能分类编列到项，按经济性质分类编列到款。政府性基金预算支出、国有资本经营预算支出、社会保险基金预算支出，应当按功能分类编列到项。按照国务院规定实行权责发生制的特定事项，在审查中央决算草案前向全国人民代表大会常务委员会报告。中央决算草案应当在全国人民代表大会常务委员会举行会议审查和批准的三十日前，提交财政经济委员会，由财政经济委员会结合审计工作报告进行初步审查。

七、加强预算绩效的审查监督工作。各部门、各单位应当实施全面预算绩效管理，强化事前绩效评估，严格绩效目标管理，完善预算绩效指标体系，提升绩效评价质量。加强绩效评价结果运用，促进绩效评价结果与完善政策、安排预算和改进管理相结合，推进预算绩效信息公开，将重要绩效评价结果与决算草案同步报送全国人民代表大会常务委员会审查。全国人民代表大会常务委员会加强对重点支出和重大项目绩效目标、绩效评价结果的审查监督。必要时，召开预算绩效听证会。

八、加强对中央预算执行和决算的审计监督。审计机关应当按照真实、合法和效益的要求，对中央预算执行和其他财政收支情况以及决算草案进行审计监督，为全国人民代表大会常务委员会开展预算执行、决算审查监督提供支持服务。国务院应当在每年六月向全国人民代表大会常务委员会提出对上一年度中央预算执行和其他财政收支的审计工作报告。审计工作报告应当重点报告上一年度中央预算执行和决算草案、重要政策实施、财政资金绩效的审计情况，全面客观反映审计查出的问题，揭示问题产生的原因，提出改进工作的建议。审计查出的问题要依法纠正、处理，加强审计结果运用，强化责任追究，完善审计查出问题整改工作机制，健全整改情况公开机制。必要时，全国人民代表大会常务委员会可以对审计工作报告作出决议。

九、加强审计查出问题整改情况的监督工作。全国人民代表大会常务委员会对审计查出突出问题整改情况开展跟踪监督。综合运用听取和审议专项工作报告、专题询问等方式开展跟踪监督，加大监督力度，增强监督效果，推动建立健全整改长效机制，完善预算管理制度。健全人大预算审查监督与纪检监察监督、审计监督的贯通协调机制，加强信息共享，形成监督合力。

全国人民代表大会常务委员会在每年十二月听取和审议国务院关于审计查出问题整改情况的报告，根据需要可以听取审计查出突出问题相关责任部门单位的单项整改情况报告。有关责任部门单位负责人应当到会听取意见，回答询问。国务院提交的整改情况报告，应当与审计工作报告揭示的问题和提出的建议相对应，重点反映审计查出突出问题的整改情况，并提供审计查出突出问题的单项整改结果和中央部门预算执行审计查出问题整改情况清单。必要时，全国人民代表大会常务委员会可以对审计查出问题整改情况报告作出决议。

十、依法执行备案制度、强化预算法律责任。国务院应当将有关预算的法规及规范性文件，中央预算与地方预算有关收入和支出项目的划分、地方向中央上解收入、中央对地方税收返还或者转移支付的具体办法，省、自治区、直辖市政府报送国务院备案的预算决算的汇总，中央政府综合财务报告，以及其他应当报送的事项，及时报送全国人民代表大会常务委员会备案。

全国人民代表大会常务委员会开展预算决算审查监督工作发现的问题，相关机关、部门单位和地方应当及时研究处理，对违反预算法等法律规定的，依法追究法律责任；需要给予政务处分的，全国人民代表大会常务委员会有关工作机构及时通报监察机关。

十一、更好发挥全国人大代表作用。国务院财政等部门应当通过座谈会、通报会、专题调研、办理议案建议和邀请全国人大代表视察等方式，在编制预算、制定政策、推进改革过程中，认真听取全国人大代表意见建议，主动回应全国人大代表关切。全国人民代表大会有关专门委员会、常务委员会有关工作机构应当加强与全国人大代表的沟通联系，更好发挥代表作用。健全预算审查联系代表工作机制。

十二、预算工作委员会职责。预算工作委员会是全国人民代表大会常务委员会的工作机构，协助财政经济委员会承担全国人民代表大会及其常务委员会审查预算决算、审查预算调整方案和监督预算执行方面的具体工作；承担国有资产管理情况监督、审计查出突出问题整改情况跟踪监督方面的具体工作；承担预算、国有资产联网监督方面的具体工作；受委员长会议委托，承担有关法律草案的起草工作，协助财政经济委员会承担有关法律草案审议方面的具体工作；以及承办本决定规定的和常务委员会、委员长会议交办以及财政经济委员会需要协助办理的其他有关财政预算的具体事项。经委员长会议同意，预算工作委员会可以要求政府有关部门和单位提供预算情况，并获取相关信息资料及说明。经委员长会议批准，可以对各部门、各预算单位、重大建设项目的预算资金使用和专项资金的使用进行调查，政府有关部门和单位应积极协助、配合。

本决定自公布之日起施行。

全国人民代表大会常务委员会关于加强经济工作监督的决定[1]

（2000 年 3 月 1 日第九届全国人民代表大会常务委员会
第十四次会议通过　2021 年 12 月 24 日第十三届全国
人民代表大会常务委员会第三十二次会议修订）

为更好地履行宪法和法律赋予全国人民代表大会及其常务委员会的职责，贯彻落实党中央决策部署，进一步加强经济工作监督，切实增强监督实效，推动高质量发展，推进国家治理体系和治理能力现代化，结合实践经验，作如下决定：

一、全国人民代表大会常务委员会依法对国务院经济工作行使监督职权。全国人民代表大会财政经济委员会和有关专门委员会在全国人民代表大会及其常务委员会领导下，承担有关具体工作。国务院及其有关部门应当做好协助和配合。

二、全国人民代表大会常务委员会开展经济工作监督，应当坚持中国共产党的领导，坚持以马克思列宁主义、毛泽东思想、邓小平理论、"三个代表"重要思想、科学发展观、习近平新时代中国特色社会主义思想为指导，坚持以人民为中心，坚持和完善社会主义基本经济制度，保障和促进市场在资源配置中起决定性作用和更好发挥政府作用，立足新发展阶段，贯彻新发展理念，构建新发展格局，推动高质量发展。

三、根据全国人民代表大会议事规则的有关规定，全国人民代表大会财政经济委员会应当在全国人民代表大会会议举行的四

---

[1]　中国人大网，http://www.npc.gov.cn/npc/c30834/202112/91235fc015a7427abbc7e03a7f7a5518.shtml。

十五日前，会同有关专门委员会，对国民经济和社会发展年度计划进行初步审查，形成初步审查意见，送国务院有关主管部门。国务院有关主管部门应当将处理情况及时反馈财政经济委员会。

全国人民代表大会财政经济委员会开展初步审查阶段，有关专门委员会可以开展专项审查，提出专项审查意见，送财政经济委员会研究处理。

四、对国民经济和社会发展年度计划初步审查时，国务院有关主管部门应当提交以下材料：

（一）关于上一年度国民经济和社会发展计划执行情况与本年度国民经济和社会发展计划草案的报告，其中应当报告上一年度国民经济和社会发展计划主要目标和任务完成情况、全国人民代表大会决议贯彻落实情况，对本年度国民经济和社会发展计划主要目标、工作任务及相应的主要政策、措施的编制依据和考虑作出说明和解释；

（二）本年度国民经济和社会发展计划草案的初步方案；

（三）关于上一年度中央预算内投资计划执行情况的说明和本年度中央预算内投资计划的安排；

（四）初步审查所需要的其他材料。

五、对国民经济和社会发展年度计划初步审查的重点是：上一年度国民经济和社会发展计划完成情况，特别是主要目标和任务的完成情况；本年度国民经济和社会发展计划编制的指导思想应当符合党中央决策部署和中央经济工作会议精神，符合国民经济和社会发展五年规划纲要和中长期规划纲要；主要目标、重点任务和重大工程项目应当符合经济社会发展条件特别是资源、财力、环境实际支撑能力，符合五年规划纲要实施的基本要求，有利于经济社会长期健康发展；主要政策取向和措施安排应当符合完善体制机制和依法行政的要求，坚持目标导向和问题导向，针对性强且切实可行，财政政策、货币政策应当与主要目标相匹配。

六、全国人民代表大会财政经济委员会向全国人民代表大会主席团提出关于上一年度国民经济和社会发展计划执行情况和本年度国民经济和社会发展计划草案的审查结果报告。审查结果报告应当包括下列内容：

（一）关于上一年度国民经济和社会发展计划执行情况的总体评价，需要关注的主要问题；

（二）对本年度国民经济和社会发展计划报告和计划草案的可行性作出评价，对本年度国民经济和社会发展计划执行工作提出意见和建议；

（三）对全国人民代表大会会议批准国民经济和社会发展年度计划报告和计划草案提出建议。

七、全国人民代表大会常务委员会应当加强对全国人民代表大会批准的国民经济和社会发展年度计划执行的监督。

全国人民代表大会常务委员会应当在每年八月听取和审议国务院关于本年度上一阶段国民经济和社会发展计划执行情况的报告。常务委员会组成人员的审议意见交由国务院研究处理，国务院应当将研究处理情况向常务委员会提出书面报告。国民经济和社会发展年度计划执行情况的报告、常务委员会组成人员的审议意见和国务院对审议意见的研究处理情况，向全国人民代表大会代表通报并向社会公布。

全国人民代表大会财政经济委员会结合上半年经济形势分析做好相关准备工作，向常务委员会提出分析报告。

八、对国民经济和社会发展年度计划执行监督的重点是：国民经济和社会发展年度计划执行应当贯彻党中央决策部署和中央经济工作会议精神，落实全国人民代表大会决议要求，符合政府工作报告中提出的各项目标和任务要求；主要目标特别是约束性指标完成情况、重点任务和重大工程项目进展情况应当符合国民经济和社会发展年度计划进度安排；国民经济和社会发展计划执行情况的报告应当深入分析存在的主要困难和问题及其原因，对未达到预期进度的指标和任务应当作出说明和解释，提出具有针对性且切实可行的政策措施，推动国民经济和社会发展年度计划顺利完成。

九、全国人民代表大会财政经济委员会在每年四月、七月和十月中旬分别召开季度经济形势分析会议，听取国务院有关部门关于一季度、上半年、前三季度国民经济运行情况的汇报，进行分析研究，将会议对国民经济运行情况的分析和提出的意见建议向委员长会议报告，并以会议纪要和简报形式发送国务院办公厅及有关部门，各省、自治区、直辖市人民代表大会常务委员会办公厅。

十、国民经济和社会发展五年规划纲要和中长期规划纲要草案的初步审查和审查，参照本决定第三条、第六条的规定执行。

五年规划纲要和中长期规划纲要草案提请全国人民代表大会审查批准的前一年，全国人民代表大会常务委员会围绕五年规划纲要和中长期规划纲要编制工作开展专题调研，听取调研工作情况的报告，并将调研报告送有关方面研究参考，为全国人民代表大会审查批准做好准备工作。

全国人民代表大会常务委员会办公厅和财政经济委员会承担具体组织工作，拟定调研工作方案，协调有关专门委员会和常务委员会工作机构开展专题调研，汇总集成调研成果。

十一、对五年规划纲要和中长期规划纲要草案初步审查时，国务院有关主管部门应当提交以下材料：

（一）五年规划纲要和中长期规划纲要草案；

（二）关于五年规划纲要和中长期规划纲要草案及其编制情况的说明，其中应当对上一个五年规划纲要主要目标和任务完成情况、全国人民代表大会决议贯彻落实情况、本五年规划纲要主要目标和重点任务的编制依据和考虑等作出说明和解释；

（三）关于重大工程项目的安排；

（四）初步审查所需要的其他材料。

十二、对五年规划纲要和中长期规划纲要草案初步审查的重点是：上一个五年规划纲要实施情况；本五年规划纲要编制的指导思想应当符合党中央关于五年规划的建议精神，能够发挥未来五年发展蓝图和行动纲领的作用；主要目标、重点任务和重大工程项目应当符合我国国情和发展阶段，符合经济社会发展的客观规律，符合国家中长期发展战略目标，兼顾必要性与可行性；主要政策取向应当符合党的基本理论、基本路线、基本方略，针对性强且切实可行。

十三、国务院应当加强对五年规划纲要实施情况的动态监测、中期评估和总结评估。全国人民代表大会常务委员会应当加强对五年规划纲要实施的监督。

全国人民代表大会财政经济委员会和有关专门委员会在全国人民代表大会及其常务委员会领导下，有针对性地做好五年规划纲要实施的监督工作，推动五年规划纲要顺利实施。

国务院有关主管部门应当将五年规划纲要实施情况的动态监测材料送全国人民代表大会财政经济委员会。

十四、五年规划纲要实施的中期阶段，国务院应当将五年规划纲要实施情况的中期评估报告提请全国人民代表大会常务委员会审议。常务委员会组成人员的审议意见交由国务院研究处理，国务院应当将研究处理情况向常务委员会提出书面报告。五年规划纲要实施情况的中期评估报告、常务委员会组成人员的审议意见和国务院对审议意见的研究处理情况，向全国人民代表大会代表通报并向社会公布。财政经济委员会会同有关专门委员会开展专题调研，向常务委员会提出调研报告。

对五年规划纲要实施情况中期评估的监督重点是：五年规划纲要实施应当符合党中央的建议精神，贯彻落实全国人民代表大会决议要求；主要目标特别是约束性指标完成情况、重点任务和重大工程项目进展情况应当符合五年规划纲要进度安排；五年规划纲要实施情况的中期评估报告应当深入分析存在的主要困难和问题及其原因，对未达到预期进度的指标和任务应当作出解释和说明，提出有针对性且切实可行的政策措施，推动五年规划纲要顺利完成。

十五、国务院应当对上一个五年规划纲要实施情况进行总结评估，形成总结评估报告，与提请全国人民代表大会审查批准的五年规划纲要草案一并印发全国人民代表大会会议。五年规划纲要的总结评估报告应当包括下列内容：

（一）主要指标完成情况；

（二）重点任务落实情况；

（三）重大工程项目实施情况；

（四）存在的主要困难和问题；

（五）相关意见建议。

十六、经全国人民代表大会批准的国民经济和社会发展年度计划、五年规划纲要在执行过程中，出现下列情况之一的，可以进行调整：

（一）因国内外经济形势发生重大变化导致宏观调控政策取向和主要目标、重点任务等必须作出重大调整的；

（二）国家发生特别重大自然灾害、全局性的重大公共安全事件或者进入紧急状态等导致国民经济和社会发展年度计划、五年规划纲要无法正常执行或者完成的；

（三）其他特殊情况导致国民经济和社会发展年度计划、五年规划纲要无法正常执行或者完成的。

十七、国民经济和社会发展年度计划、五年规划纲要经全国人民代表大会批准后，在执行过程中需要作部分调整的，国务院应当将调整方案提请全国人民代表大会常务委员会审查和批准。国民经济和社会发展年度计划调整方案的提出一般不迟于当年第三季度末；五年规划纲要调整方案的提出一般不迟于其实施的第四年第二季度末。除特殊情况外，国务院应当在全国人民代表大会常务委员会会议举行的三十日前，将调整方案报送常务委员会。

除特殊情况外，国务院有关主管部门应当在全国人民代表大会常务委员会会议举行的四十五日前，将国务院的调整方案送交全国人民代表大会财政经济委员会，由财政经济委员会进行初步审查，并向常务委员会提出审查结果报告。

经全国人民代表大会常务委员会批准的国民经济和社会发展年度计划、五年规划纲要调整方案，应当向全国人民代表大会下次会议报告。

十八、全国人民代表大会常务委员会围绕党和国家经济工作中心和全局依法加强监督，重点关注深化经济体制改革、优化营商环境、加强科技创新、推动区域协调发展、坚持绿色低碳发展、保障和改善民生、促进共同富裕、推进高水平对外开放、维护国家经济安全等方面工作落实情况，必要时可以听取和审议国务院专项工作报告、开展专题询问或者作出决议。

全国人民代表大会财政经济委员会、有关专门委员会和常务委员会有关工作机构在常务委员会领导下做好相关工作，督促国务院有关部门更好地推进落实工作。

十九、国务院对事关国民经济和社会发展全局、涉及人民群众切身利益的重大决策，依法在出台前向全国人民代表大会常务委员会报告。

出现下列情况之一的，国务院或者国务院有关部门应当向全国人民代表大会常务委员会或者财政经济委员会和有关专门委员会报告，作出说明：

（一）因国际经济形势或者国内经济运行发生重大变化需要对宏观调控政策取向作出重大调整；

（二）涉及国计民生、国家经济安全、人民群众切身利益的重大经济体制改革或者对外开放方案出台前；

（三）重大自然灾害或者给国家财产、集体财产、人民群众生命财产造成严重损失的重大事件发生后；

（四）其他有必要向全国人民代表大会常务委员会或者财政经济委员会和有关专门委员会报告的重大经济事项。

全国人民代表大会常务委员会认为必要时，可以依法作出决定决议，也可以将讨论中的意见建议转送国务院及其有关部门研究处理。

二十、对涉及面广、影响深远、投资巨大的国家特别重大建设项目，国务院可以向全国人民代表大会或者常务委员会提出议案，由全国人民代表大会或者常务委员会审议并作出决定。

根据全国人民代表大会或者常务委员会安排，财政经济委员会会同有关专门委员会对前款所述议案进行初步审查，并向全国人民代表大会或者常务委员会提出审查报告。

二十一、全国人民代表大会常务委员会对国民经济和社会发展年度计划、五年规划纲要确定的重大工程项目和本决定第二十条所述的国家特别重大建设项目等，根据需要听取国务院的工作汇报，进行审议，认为必要时可以作出决议。

根据全国人民代表大会常务委员会安排，财政经济委员会会同有关专门委员会和常务委员会有关工作机构，可以对前款所述项目的实施情况开展专题调研，向常务委员会提出专题调研报告。

国务院有关主管部门应当每半年向全国人民代表大会财政经济委员会提供中央预算内投资计划实施情况的有关材料。

二十二、全国人民代表大会常务委员会应当加强对金融工作的监督。国务院应当在每年十月向全国人民代表大会常务委员会报告下列情况：

（一）货币政策执行情况；

（二）金融业运行情况和监督管理工作情况；

（三）金融支持实体经济情况；

（四）金融体系改革和对外开放情况；

（五）防范化解金融风险隐患情况。

国务院有关主管部门应当及时向全国人民代表大会财政经济委员会提供月度、季度和年度金融运行数据和相关材料，配合支持跟踪监督工作。

二十三、同外国或者国际组织缔结有关经济方面的条约和协定，凡根据缔结条约程序法的规定，应当由全国人民代表大会常务委员会决定批准或者加入的，由国务院向全国人民代表大会常务委员会提出议案，提请审议决定。按照常务委员会议事规则有关规定，可以将议案交由财政经济委员会提出审议意见。

上述条约和协定的修改、废除或者退出，比照其缔结的程序办理。

二十四、全国人民代表大会常务委员会通过听取和审议专项工作报告、执法检查、询问和质询、特定问题调查、专题调研等方式，加强对国务院及其有关部门经济工作的监督。

根据全国人民代表大会常务委员会安排，财政经济委员会和有关专门委员会可以召开会议，听取国务院有关部门的专题汇报。

全国人民代表大会常务委员会，财政经济委员会和有关专门委员会可以运用审计监督、财会监督和统计监督成果，聘请研究机构和专家学者，委托第三方评估，利用大数据技术等，提高经济工作监督效能。

二十五、对全国人民代表大会及其常务委员会在经济工作监督中作出的决议、决定和审议意见等，常务委员会应当加强跟踪监督，督促国务院及其有关部门贯彻执行决议和决定，认真研究处理意见和建议并及时反馈。常务委员会认为必要时，可以就有关情况听取和审议国务院的专项工作报告。国务院应当在规定期限内，将决定决议的执行情况或者审议意见的研究处理情况向全国人民代表大会常务委员会报告。财政经济委员会承担跟踪监督的具体工作。

对不执行决定决议或者执行决定决议不力造成严重后果的，全国人民代表大会及其常务委员会可以通过专题询问、质询、特定问题调查等方式加强监督。

二十六、全国人民代表大会常务委员会行使经济工作监督职权的情况，应当向全国人民代表大会报告，接受监督。财政经济委员会和有关专门委员会提出的意见和建议，应当报告委员长会议，由委员长会议决定是否批转国务院及其有关部门研究处理，并将结果报告全国人民代表大会常务委员会。

二十七、全国人民代表大会常务委员会开展经济工作监督，应当充分发挥全国人民代表大会代表的作用，认真听取代表意见建议，主动回应代表关切，支持代表依法履职。

全国人民代表大会财政经济委员会和有关专门委员会应当建立健全经济工作监督联系代表工作机制。确定监督项目、开展监督工作，应当认真听取全国人民代表大会代表的意见建议。财政经济委员会和有关专门委员会围绕代表议案建议提出的、代表普遍关注的经济社会发展工作中的突出问题，组织开展专题调研。

全国人民代表大会财政经济委员会对国民经济和社会发展年度计划和五年规划纲要草案进行初步审查时，应当邀请全国人民代表大会代表参加。本决定所列其他事项的监督工作，可以根据需要邀请有关方面的全国人民代表大会代表参加。

开展经济工作监督的有关情况应当通过代表工作机构及时向全国人民代表大会代表通报，有关材料应当及时发送全国人民代表大会代表。

二十八、全国人民代表大会常务委员会听取和审议、讨论本决定所列事项时，国务院及其有关部门应当根据要求，及时提供相关的信息资料和情况说明，并派国务院负责人或者有关部门负责人到会汇报情况，听取意见，回答询问。

全国人民代表大会财政经济委员会和有关专门委员会听取和审议、讨论本决定所列事项时，国务院有关部门应当根据要求，及时提供相关的信息资料和情况说明，并派本部门有关负责人到会汇报情况，听取意见，回答询问。

国务院有关部门根据全国人民代表大会财政经济委员会和有关专门委员会的要求，利用国家电子政务网等方式，定期提供国民经济和社会发展数据和相关材料。

二十九、全国人民代表大会常务委员会开展经济工作监督的情况，除法律另有规定外，向社会公开。

本决定自公布之日起施行。

二、关于发展规划的决议决定

第十一届全国人民代表大会第四次会议关于国民经济和社会发展第十二个五年规划纲要的决议[1]

（2011 年 3 月 14 日第十一届全国人民代表大会第四次会议通过）

第十一届全国人民代表大会第四次会议审查了国务院提出的《中华人民共和国国民经济和社会发展第十二个五年规划纲要（草案）》，会议同意全国人民代表大会财政经济委员会的审查结果报告，决定批准这个规划纲要。

会议要求，要认真实施"十二五"规划纲要，高举中国特色社会主义伟大旗帜，以邓小平理论和"三个代表"重要思想为指导，深入贯彻落实科学发展观，适应国内外形势新变化，顺应各族人民过上更好生活新期待，以科学发展为主题，以加快转变经

---

〔1〕 中国人大网，http：//www.npc.gov.cn/npc/c15078/201103/a0cf3820cde343d8a42d7a342645b895.shtml。

济发展方式为主线，深化改革开放，保障和改善民生，巩固和扩大应对国际金融危机冲击成果，促进经济长期平稳较快发展和社会和谐稳定，为全面建成小康社会打下具有决定性意义的基础。

第十二届全国人民代表大会第四次会议关于国民经济和社会发展第十三个五年规划纲要的决议[1]

(2016 年 3 月 16 日第十二届全国人民代表大会第四次会议通过)

第十二届全国人民代表大会第四次会议审查了国务院提出的《中华人民共和国国民经济和社会发展第十三个五年规划纲要（草案）》，会议同意全国人民代表大会财政经济委员会的审查结果报告，决定批准这个规划纲要。

会议认为，"十三五"规划纲要全面贯彻了《中共中央关于制定国民经济和社会发展第十三个五年规划的建议》的精神，提出的"十三五"时期经济社会发展的主要目标、重点任务和重大举措，符合我国国情和实际，体现了全国各族人民的共同意愿，反映了时代发展的客观要求，经过努力是完全可以实现的。

会议要求，要认真实施"十三五"规划纲要，高举中国特色社会主义伟大旗帜，以邓小平理论、"三个代表"重要思想、科学发展观为指导，深入贯彻习近平总书记系列重要讲话精神，坚持全面建成小康社会、全面深化改革、全面依法治国、全面从严治党的战略布局，坚持发展是第一要务，牢固树立和贯彻落实创新、协调、绿色、开放、共享的新发展理念，以提高发展质量和效益为中心，以供给侧结构性改革为主线，扩大有效供给，满足

---

〔1〕 中国人大网，http://www.npc.gov.cn/npc/c10134/201603/abef934030b0461dab93d45af155b29c.shtml。

有效需求，加快形成引领经济发展新常态的体制机制和发展方式，保持战略定力，统筹推进经济建设、政治建设、文化建设、社会建设、生态文明建设和党的建设，确保如期全面建成小康社会，为实现第二个百年奋斗目标、实现中华民族伟大复兴的中国梦奠定更加坚实的基础。

第十三届全国人民代表大会第四次会议关于国民经济和社会发展第十四个五年规划和 2035 年远景目标纲要的决议[1]

（2021 年 3 月 11 日第十三届全国人民代表大会第四次会议通过）

第十三届全国人民代表大会第四次会议审查了国务院提出的《中华人民共和国国民经济和社会发展第十四个五年规划和 2035 年远景目标纲要（草案）》，会议同意全国人民代表大会财政经济委员会的审查结果报告，决定批准这个规划纲要。

会议认为，在以习近平同志为核心的党中央坚强领导下，全党全国各族人民砥砺前行、开拓创新，"十三五"规划目标任务胜利完成，全面建成小康社会取得伟大历史性成就，决战脱贫攻坚取得全面胜利，中华民族伟大复兴向前迈出了新的一大步。这充分彰显了中国共产党领导和中国特色社会主义制度优势，将激励全党全国各族人民再接再厉，向实现第二个百年奋斗目标继续奋勇前进。

会议要求，"十四五"时期要高举中国特色社会主义伟大旗帜，深入贯彻党的十九大和十九届二中、三中、四中、五中全会

---

〔1〕　中国人大网，http：//www. npc. gov. cn/npc/kgfb/202103/e02feb61d7244e158edd86bf87477073. shtml。

精神，坚持以马克思列宁主义、毛泽东思想、邓小平理论、"三个代表"重要思想、科学发展观、习近平新时代中国特色社会主义思想为指导，全面贯彻党的基本理论、基本路线、基本方略，统筹推进经济建设、政治建设、文化建设、社会建设、生态文明建设的总体布局，协调推进全面建设社会主义现代化国家、全面深化改革、全面依法治国、全面从严治党的战略布局，坚持稳中求进工作总基调，准确把握新发展阶段，深入贯彻新发展理念，加快构建新发展格局，推动高质量发展，统筹发展和安全，推进国家治理体系和治理能力现代化，实现经济行稳致远、社会安定和谐，为全面建设社会主义现代化国家开好局起好步。

三、关于发展计划的决议决定

第十一届全国人民代表大会第一次会议关于 2007 年国民经济和社会发展计划执行情况与 2008 年国民经济和社会发展计划的决议[1]

（2008 年 3 月 18 日第十一届全国人民代表大会第一次会议通过）

第十一届全国人民代表大会第一次会议审查了国务院提出的《关于 2007 年国民经济和社会发展计划执行情况与 2008 年国民经济和社会发展计划草案的报告》及 2008 年国民经济和社会发展计划草案，同意全国人民代表大会财政经济委员会的审查结果报告。会议决定，批准《关于 2007 年国民经济和社会发展计划

---

[1] 中国人大网，http://www.npc.gov.cn/npc/c12489/200803/32b539ddd27b4c21b5b72b474c4a58fc.shtml。

执行情况与 2008 年国民经济和社会发展计划草案的报告》，批准 2008 年国民经济和社会发展计划。

第十一届全国人民代表大会第二次会议关于 2008 年 国民经济和社会发展计划执行情况与 2009 年国民 经济和社会发展计划的决议[1]

（2009 年 3 月 13 日第十一届全国人民代表大会第二次会议通过）

第十一届全国人民代表大会第二次会议审查了国务院提出的《关于 2008 年国民经济和社会发展计划执行情况与 2009 年国民经济和社会发展计划草案的报告》及 2009 年国民经济和社会发展计划草案，同意全国人民代表大会财政经济委员会的审查结果报告。会议决定，批准《关于 2008 年国民经济和社会发展计划执行情况与 2009 年国民经济和社会发展计划草案的报告》，批准 2009 年国民经济和社会发展计划。

第十一届全国人民代表大会第三次会议关于 2009 年 国民经济和社会发展计划执行情况与 2010 年国民 经济和社会发展计划的决议[2]

（2010 年 3 月 14 日第十一届全国人民代表大会第三次会议通过）

第十一届全国人民代表大会第三次会议审查了国务院提出的

---

〔1〕 中国人大网，http：//www.npc.gov.cn/npc/c12489/200903/9a10f97f025b4d9f98391b9e7b9aaa5b.shtml。

〔2〕 中国人大网，http：//www.npc.gov.cn/npc/c12489/201003/94b89f84ec2a4dc9aba05ea9789c4ac2.shtml。

《关于 2009 年国民经济和社会发展计划执行情况与 2010 年国民经济和社会发展计划草案的报告》及 2010 年国民经济和社会发展计划草案，同意全国人民代表大会财政经济委员会的审查结果报告。会议决定，批准《关于 2009 年国民经济和社会发展计划执行情况与 2010 年国民经济和社会发展计划草案的报告》，批准2010 年国民经济和社会发展计划。

第十一届全国人民代表大会第四次会议关于 2010 年国民经济和社会发展计划执行情况与 2011 年国民经济和社会发展计划的决议[1]

(2011 年 3 月 14 日第十一届全国人民代表大会第四次会议通过)

第十一届全国人民代表大会第四次会议审查了国务院提出的《关于 2010 年国民经济和社会发展计划执行情况与 2011 年国民经济和社会发展计划草案的报告》及 2011 年国民经济和社会发展计划草案，同意全国人民代表大会财政经济委员会的审查结果报告。会议决定，批准《关于 2010 年国民经济和社会发展计划执行情况与 2011 年国民经济和社会发展计划草案的报告》，批准2011 年国民经济和社会发展计划。

---

[1] 中国人大网，http：//www. npc. gov. cn/npc/c15078/201103/d79af64929b548cfba6279fa75b62386. shtml。

第十二届全国人民代表大会第一次会议关于 2012 年国民经济和社会发展计划执行情况与 2013 年国民经济和社会发展计划的决议[1]

（2013 年 3 月 17 日第十二届全国人民代表大会第一次会议通过）

第十二届全国人民代表大会第一次会议审查了国务院提出的《关于 2012 年国民经济和社会发展计划执行情况与 2013 年国民经济和社会发展计划草案的报告》及 2013 年国民经济和社会发展计划草案，同意全国人民代表大会财政经济委员会的审查结果报告。会议决定，批准《关于 2012 年国民经济和社会发展计划执行情况与 2013 年国民经济和社会发展计划草案的报告》，批准 2013 年国民经济和社会发展计划。

第十二届全国人民代表大会第二次会议关于 2013 年国民经济和社会发展计划执行情况与 2014 年国民经济和社会发展计划的决议[2]

（2014 年 3 月 13 日第十二届全国人民代表大会第二次会议通过）

第十二届全国人民代表大会第二次会议审查了国务院提出的《关于 2013 年国民经济和社会发展计划执行情况与 2014 年国民经济和社会发展计划草案的报告》及 2014 年国民经济和社会发

---

〔1〕 中国人大网，http：//www. npc. gov. cn/npc/c19903/201303/26860d9b23c743b897b21591832d9f43. shtml。

〔2〕 中国人大网，http：//www. npc. gov. cn/npc/c10134/201403/4e6d10d4591d4d07a7880c61f63e7178. shtml。

展计划草案，同意全国人民代表大会财政经济委员会的审查结果报告。会议决定，批准《关于2013年国民经济和社会发展计划执行情况与2014年国民经济和社会发展计划草案的报告》，批准2014年国民经济和社会发展计划。

第十二届全国人民代表大会第三次会议关于2014年国民经济和社会发展计划执行情况与2015年国民经济和社会发展计划的决议[1]

(2015年3月15日第十二届全国人民代表大会第三次会议通过)

第十二届全国人民代表大会第三次会议审查了国务院提出的《关于2014年国民经济和社会发展计划执行情况与2015年国民经济和社会发展计划草案的报告》及2015年国民经济和社会发展计划草案，同意全国人民代表大会财政经济委员会的审查结果报告。会议决定，批准《关于2014年国民经济和社会发展计划执行情况与2015年国民经济和社会发展计划草案的报告》，批准2015年国民经济和社会发展计划。

---

[1] 中国人大网，http：//www.npc.gov.cn/npc/c26320/201503/894e9e1701544f8d98dea8d28707e9d1.shtml。

第十二届全国人民代表大会第四次会议关于 2015 年国民经济和社会发展计划执行情况与 2016 年国民经济和社会发展计划的决议[1]

（2016 年 3 月 16 日第十二届全国人民代表大会第四次会议通过）

第十二届全国人民代表大会第四次会议审查了国务院提出的《关于 2015 年国民经济和社会发展计划执行情况与 2016 年国民经济和社会发展计划草案的报告》及 2016 年国民经济和社会发展计划草案，同意全国人民代表大会财政经济委员会的审查结果报告。会议决定，批准《关于 2015 年国民经济和社会发展计划执行情况与 2016 年国民经济和社会发展计划草案的报告》，批准 2016 年国民经济和社会发展计划。

第十二届全国人民代表大会第五次会议关于 2016 年国民经济和社会发展计划执行情况与 2017 年国民经济和社会发展计划的决议[2]

（2017 年 3 月 15 日第十二届全国人民代表大会第五次会议通过）

第十二届全国人民代表大会第五次会议审查了国务院提出的《关于 2016 年国民经济和社会发展计划执行情况与 2017 年国民经济和社会发展计划草案的报告》及 2017 年国民经济和社会发

---

〔1〕 中国人大网，http：//www.npc.gov.cn/npc/c10134/201603/abce7c04bf704610b230a7aada68dfc9.shtml。

〔2〕 中国人大网，http：//www.npc.gov.cn/npc/c12435/201703/66c31ce0ba9e467ba7dc1bfef7b4c40c.shtml。

展计划草案，同意全国人民代表大会财政经济委员会的审查结果报告。会议决定，批准《关于 2016 年国民经济和社会发展计划执行情况与 2017 年国民经济和社会发展计划草案的报告》，批准 2017 年国民经济和社会发展计划。

第十三届全国人民代表大会第一次会议关于 2017 年国民经济和社会发展计划执行情况与 2018 年国民经济和社会发展计划的决议[1]

（2018 年 3 月 20 日第十三届全国人民代表大会第一次会议通过）

第十三届全国人民代表大会第一次会议审查了国务院提出的《关于 2017 年国民经济和社会发展计划执行情况与 2018 年国民经济和社会发展计划草案的报告》及 2018 年国民经济和社会发展计划草案，同意全国人民代表大会财政经济委员会的审查结果报告。会议决定，批准《关于 2017 年国民经济和社会发展计划执行情况与 2018 年国民经济和社会发展计划草案的报告》，批准 2018 年国民经济和社会发展计划。

---

〔1〕 中国人大网，http：//www.npc.gov.cn/npc/c30834/201803/f1cf1929eb6d48c296e42abd28545013.shtml。

第十三届全国人民代表大会第二次会议关于 2018 年国民经济和社会发展计划执行情况与 2019 年国民经济和社会发展计划的决议[1]

（2019 年 3 月 15 日第十三届全国人民代表大会第二次会议通过）

第十三届全国人民代表大会第二次会议审查了国务院提出的《关于 2018 年国民经济和社会发展计划执行情况与 2019 年国民经济和社会发展计划草案的报告》及 2019 年国民经济和社会发展计划草案，同意全国人民代表大会财政经济委员会的审查结果报告。会议决定，批准《关于 2018 年国民经济和社会发展计划执行情况与 2019 年国民经济和社会发展计划草案的报告》，批准 2019 年国民经济和社会发展计划。

第十三届全国人民代表大会第三次会议关于 2019 年国民经济和社会发展计划执行情况与 2020 年国民经济和社会发展计划的决议[2]

（2020 年 5 月 28 日第十三届全国人民代表大会第三次会议通过）

第十三届全国人民代表大会第三次会议审查了国务院提出的《关于 2019 年国民经济和社会发展计划执行情况与 2020 年国民经济和社会发展计划草案的报告》及 2020 年国民经济和社会发

---

〔1〕　中国人大网，http：//www.npc.gov.cn/npc/c30834/201903/9851d5ce30a54b298e9eee96bc38e061.shtml。

〔2〕　中国人大网，http：//www.npc.gov.cn/npc/c30834/202005/ff6a66557bce47e3a3299bbb779e9c1f.shtml。

展计划草案，同意全国人民代表大会财政经济委员会的审查结果报告。会议决定，批准《关于 2019 年国民经济和社会发展计划执行情况与 2020 年国民经济和社会发展计划草案的报告》，批准 2020 年国民经济和社会发展计划。

第十三届全国人民代表大会第四次会议关于 2020 年国民经济和社会发展计划执行情况与 2021 年国民经济和社会发展计划的决议[1]

（2021 年 3 月 11 日第十三届全国人民代表大会第四次会议通过）

第十三届全国人民代表大会第四次会议审查了国务院提出的《关于 2020 年国民经济和社会发展计划执行情况与 2021 年国民经济和社会发展计划草案的报告》及 2021 年国民经济和社会发展计划草案，同意全国人民代表大会财政经济委员会的审查结果报告。会议决定，批准《关于 2020 年国民经济和社会发展计划执行情况与 2021 年国民经济和社会发展计划草案的报告》，批准 2021 年国民经济和社会发展计划。

---

〔1〕 中国人大网，http：//www. npc. gov. cn/npc/kgfb/202103/531fb2bd57364992b67e88e67e891a15. shtml。

第十三届全国人民代表大会第五次会议关于 2021 年国民经济和社会发展计划执行情况与 2022 年国民经济和社会发展计划的决议[1]

（2022 年 3 月 11 日第十三届全国人民代表大会第五次会议通过）

第十三届全国人民代表大会第五次会议审查了国务院提出的《关于 2021 年国民经济和社会发展计划执行情况与 2022 年国民经济和社会发展计划草案的报告》及 2022 年国民经济和社会发展计划草案，同意全国人民代表大会财政经济委员会的审查结果报告。会议决定，批准《关于 2021 年国民经济和社会发展计划执行情况与 2022 年国民经济和社会发展计划草案的报告》，批准 2022 年国民经济和社会发展计划。

四、关于财政预算的决议决定

第十一届全国人民代表大会第一次会议关于 2007 年中央和地方预算执行情况与 2008 年中央和地方预算的决议[2]

（2008 年 3 月 18 日第十一届全国人民代表大会第一次会议通过）

第十一届全国人民代表大会第一次会议审查了国务院提出的

---

〔1〕　中国人大网，http：//www. npc. gov. cn/npc/c30834/202203/dcf60211e2e640cb863f313c6841702c. shtml。

〔2〕　中国人大网，http：//www. npc. gov. cn/npc/c12489/200803/fb69d93c990a404ab4f50b319ae9e9d1. shtml。

《关于 2007 年中央和地方预算执行情况与 2008 年中央和地方预算草案的报告》及 2008 年中央和地方预算草案，同意全国人民代表大会财政经济委员会的审查结果报告。会议决定，批准《关于 2007 年中央和地方预算执行情况与 2008 年中央和地方预算草案的报告》，批准 2008 年中央预算。

第十一届全国人民代表大会第二次会议关于 2008 年中央和地方预算执行情况与 2009 年中央和地方预算的决议[1]

(2009 年 3 月 13 日第十一届全国人民代表大会第二次会议通过)

第十一届全国人民代表大会第二次会议审查了国务院提出的《关于 2008 年中央和地方预算执行情况与 2009 年中央和地方预算草案的报告》及 2009 年中央和地方预算草案，同意全国人民代表大会财政经济委员会的审查结果报告。会议决定，批准《关于 2008 年中央和地方预算执行情况与 2009 年中央和地方预算草案的报告》，批准 2009 年中央预算。

---

〔1〕 中国人大网，http：//www. npc. gov. cn/npc/c12489/200903/ef0d81ac9dc1490dba061a35787c912f. shtml。

第十一届全国人民代表大会第三次会议关于 2009 年中央和地方预算执行情况与 2010 年中央和地方预算的决议[1]

(2010 年 3 月 14 日第十一届全国人民代表大会第三次会议通过)

第十一届全国人民代表大会第三次会议审查了国务院提出的《关于 2009 年中央和地方预算执行情况与 2010 年中央和地方预算草案的报告》及 2010 年中央和地方预算草案，同意全国人民代表大会财政经济委员会的审查结果报告。会议决定，批准《关于 2009 年中央和地方预算执行情况与 2010 年中央和地方预算草案的报告》，批准 2010 年中央预算。

第十一届全国人民代表大会第四次会议关于 2010 年中央和地方预算执行情况与 2011 年中央和地方预算的决议[2]

(2011 年 3 月 14 日第十一届全国人民代表大会第四次会议通过)

第十一届全国人民代表大会第四次会议审查了国务院提出的《关于 2010 年中央和地方预算执行情况与 2011 年中央和地方预算草案的报告》及 2011 年中央和地方预算草案，同意全国人民代表大会财政经济委员会的审查结果报告。会议决定，批准《关

---

〔1〕　中国人大网，http：//www.npc.gov.cn/npc/c12489/201003/536d1044870f446f9abf26b1301fde42.shtml。

〔2〕　中国人大网，http：//www.npc.gov.cn/npc/c15078/201103/c6a5c900fd564c5292160ee721712868.shtml。

于 2010 年中央和地方预算执行情况与 2011 年中央和地方预算草案的报告》，批准 2011 年中央预算。

第十二届全国人民代表大会第一次会议关于 2012 年中央和地方预算执行情况与 2013 年中央和地方预算的决议[1]

(2013 年 3 月 17 日第十二届全国人民代表大会第一次会议通过)

第十二届全国人民代表大会第一次会议审查了国务院提出的《关于 2012 年中央和地方预算执行情况与 2013 年中央和地方预算草案的报告》及 2013 年中央和地方预算草案，同意全国人民代表大会财政经济委员会的审查结果报告。会议决定，批准《关于 2012 年中央和地方预算执行情况与 2013 年中央和地方预算草案的报告》，批准 2013 年中央预算。

第十二届全国人民代表大会第二次会议关于 2013 年中央和地方预算执行情况与 2014 年中央和地方预算的决议[2]

(2014 年 3 月 13 日第十二届全国人民代表大会第二次会议通过)

第十二届全国人民代表大会第二次会议审查了国务院提出的《关于 2013 年中央和地方预算执行情况与 2014 年中央和地方预

---

〔1〕 中国人大网，http：//www. npc. gov. cn/npc/c19903/201303/e62ec017149d400ca01b1790d5d53b95. shtml。

〔2〕 中国人大网，http：//www. npc. gov. cn/npc/c10134/201403/8df336e34cea4e85b4a96206dddc5232. shtml。

算草案的报告》及 2014 年中央和地方预算草案，同意全国人民代表大会财政经济委员会的审查结果报告。会议决定，批准《关于 2013 年中央和地方预算执行情况与 2014 年中央和地方预算草案的报告》，批准 2014 年中央预算。

第十二届全国人民代表大会第三次会议关于 2014 年中央和地方预算执行情况与 2015 年中央和地方预算的决议[1]

（2015 年 3 月 15 日第十二届全国人民代表大会第三次会议通过）

第十二届全国人民代表大会第三次会议审查了国务院提出的《关于 2014 年中央和地方预算执行情况与 2015 年中央和地方预算草案的报告》及 2015 年中央和地方预算草案，同意全国人民代表大会财政经济委员会的审查结果报告。会议决定，批准《关于 2014 年中央和地方预算执行情况与 2015 年中央和地方预算草案的报告》，批准 2015 年中央预算。

---

〔1〕　中国人大网，http：//www. npc. gov. cn/npc/c26320/201503/1bce1b296ef5465f9021995dfc4beab3. shtml。

全国人民代表大会常务委员会关于批准
《国务院关于提请审议批准 2015 年地方
政府债务限额的议案》的决议[1]

（2015 年 8 月 29 日第十二届全国人民代表大会常务委员会
第十六次会议通过）

第十二届全国人民代表大会常务委员会第十六次会议听取了财政部部长楼继伟受国务院委托对《国务院关于提请审议批准 2015 年地方政府债务限额的议案》作的说明，并对议案进行了审议。会议同意全国人民代表大会财政经济委员会在议案审查报告中提出的建议。会议决定，批准《国务院关于提请审议批准 2015 年地方政府债务限额的议案》。

第十二届全国人民代表大会第四次会议关于 2015 年
中央和地方预算执行情况与 2016 年中央和地方
预算的决议[2]

（2016 年 3 月 16 日第十二届全国人民代表大会第四次会议通过）

第十二届全国人民代表大会第四次会议审查了国务院提出的《关于 2015 年中央和地方预算执行情况与 2016 年中央和地方预算草案的报告》及 2016 年中央和地方预算草案，同意全国人民

---

〔1〕 中国人大网，http：//www.npc.gov.cn/npc/c12489/201508/75bff5a0325c4d2082df61c22af301b7.shtml。

〔2〕 中国人大网，http：//www.npc.gov.cn/npc/c10134/201603/1f5a29dcd4224ff79fedd48a17730b68.shtml。

代表大会财政经济委员会的审查结果报告。会议决定，批准《关于 2015 年中央和地方预算执行情况与 2016 年中央和地方预算草案的报告》，批准 2016 年中央预算。

全国人民代表大会常务委员会关于批准 2016 年中央预算调整方案的决议[1]

（2016 年 11 月 7 日第十二届全国人民代表大会常务委员会第二十四次会议通过）

第十二届全国人民代表大会常务委员会第二十四次会议听取了财政部副部长刘昆受国务院委托作的关于提请审议 2016 年中央预算调整方案（草案）的议案的说明，审查了《国务院关于提请审议 2016 年中央预算调整方案（草案）的议案》，同意全国人民代表大会财政经济委员会提出的审查结果报告。会议决定，批准 2016 年中央预算调整方案。

第十二届全国人民代表大会第五次会议关于 2016 年中央和地方预算执行情况与 2017 年中央和地方预算的决议[2]

（2017 年 3 月 15 日第十二届全国人民代表大会第五次会议通过）

第十二届全国人民代表大会第五次会议审查了国务院提出的

〔1〕　中国人大网，http：//www. npc. gov. cn/npc/c12489/201611/c7b434b3a4d04d3380f64935785195b3. shtml。

〔2〕　中国人大网，http：//www. npc. gov. cn/npc/c12435/201703/55a4de0e17534bceb9c47e2b1a335db1. shtml。

《关于 2016 年中央和地方预算执行情况与 2017 年中央和地方预算草案的报告》及 2017 年中央和地方预算草案，同意全国人民代表大会财政经济委员会的审查结果报告。会议决定，批准《关于 2016 年中央和地方预算执行情况与 2017 年中央和地方预算草案的报告》，批准 2017 年中央预算。

第十三届全国人民代表大会第一次会议关于 2017 年中央和地方预算执行情况与 2018 年中央和地方预算的决议[1]

(2018 年 3 月 20 日第十三届全国人民代表大会第一次会议通过)

第十三届全国人民代表大会第一次会议审查了国务院提出的《关于 2017 年中央和地方预算执行情况与 2018 年中央和地方预算草案的报告》及 2018 年中央和地方预算草案，同意全国人民代表大会财政经济委员会的审查结果报告。会议决定，批准《关于 2017 年中央和地方预算执行情况与 2018 年中央和地方预算草案的报告》，批准 2018 年中央预算。

---

〔1〕 中国人大网，http://www.npc.gov.cn/npc/c30834/201803/abe35b0f87f0494da890f228834877be.shtml。

第十三届全国人民代表大会第二次会议关于 2018 年 中央和地方预算执行情况与 2019 年中央和地方 预算的决议[1]

（2019 年 3 月 15 日第十三届全国人民代表大会第二次会议通过）

第十三届全国人民代表大会第二次会议审查了国务院提出的《关于 2018 年中央和地方预算执行情况与 2019 年中央和地方预算草案的报告》及 2019 年中央和地方预算草案，同意全国人民代表大会财政经济委员会的审查结果报告。会议决定，批准《关于 2018 年中央和地方预算执行情况与 2019 年中央和地方预算草案的报告》，批准 2019 年中央预算。

第十三届全国人民代表大会第三次会议关于 2019 年 中央和地方预算执行情况与 2020 年中央和地方 预算的决议[2]

（2020 年 5 月 28 日第十三届全国人民代表大会第三次会议通过）

第十三届全国人民代表大会第三次会议审查了国务院提出的《关于 2019 年中央和地方预算执行情况与 2020 年中央和地方预算草案的报告》及 2020 年中央和地方预算草案，同意全国人民代表大会财政经济委员会的审查结果报告。会议决定，批准《关

---

〔1〕 中国人大网，http：//www. npc. gov. cn/npc/c30834/201903/049e746a9f3e4425a2a615dc4e51ce98. shtml。

〔2〕 中国人大网，http：//www. npc. gov. cn/npc/c30834/202005/278947d07dea4198a49c1d6a52e25150. shtml。

于 2019 年中央和地方预算执行情况与 2020 年中央和地方预算草案的报告》，批准 2020 年中央预算。

第十三届全国人民代表大会第四次会议关于 2020 年中央和地方预算执行情况与 2021 年中央和地方预算的决议[1]

（2021 年 3 月 11 日第十三届全国人民代表大会第四次会议通过）

第十三届全国人民代表大会第四次会议审查了国务院提出的《关于 2020 年中央和地方预算执行情况与 2021 年中央和地方预算草案的报告》及 2021 年中央和地方预算草案，同意全国人民代表大会财政经济委员会的审查结果报告。会议决定，批准《关于 2020 年中央和地方预算执行情况与 2021 年中央和地方预算草案的报告》，批准 2021 年中央预算。

第十三届全国人民代表大会第五次会议关于 2021 年中央和地方预算执行情况与 2022 年中央和地方预算的决议[2]

（2022 年 3 月 11 日第十三届全国人民代表大会第五次会议通过）

第十三届全国人民代表大会第五次会议审查了国务院提出的《关于 2021 年中央和地方预算执行情况与 2022 年中央和地方预

---

〔1〕 中国人大网，http：//www.npc.gov.cn/npc/kgfb/202103/3777545c591e49c5b1a9749eb4194bbb.shtml。

〔2〕 中国人大网，http：//www.npc.gov.cn/npc/c30834/202203/d34e5b27fd944e5e849a5266ce52e30b.shtml。

算草案的报告》及 2022 年中央和地方预算草案，同意全国人民代表大会财政经济委员会的审查结果报告。会议决定，批准《关于 2021 年中央和地方预算执行情况与 2022 年中央和地方预算草案的报告》，批准 2022 年中央预算。

五、关于年度决算的决议决定

全国人民代表大会常务委员会关于批准 2008 年中央预算调整方案的决议[1]

（2008 年 6 月 26 日第十一届全国人民代表大会常务委员会第三次会议通过）

第十一届全国人民代表大会常务委员会第三次会议听取了财政部部长谢旭人代表国务院对《国务院关于提请审议 2008 年中央预算调整方案（草案）的议案》所作的说明，审查了国务院提出的 2008 年中央预算调整方案，同意全国人民代表大会财政经济委员会在审查报告中提出的建议。会议决定，批准 2008 年中央预算调整方案。

---

[1]　中国人大网，http：//www. npc. gov. cn/npc/c12489/200806/03df2ecb8b3249b79ffd0bab20d947c6. shtml。

全国人民代表大会常务委员会关于批准 2008 年中央决算的决议[1]

(2009 年 6 月 27 日第十一届全国人民代表大会常务委员会第九次会议通过)

第十一届全国人民代表大会常务委员会第九次会议，听取了财政部部长谢旭人受国务院委托作的《关于 2008 年中央决算的报告》和审计署审计长刘家义受国务院委托作的《关于 2008 年度中央预算执行和其他财政收支的审计工作报告》。会议结合审议审计工作报告，对《2008 年中央决算（草案）》和中央决算的报告进行了审查，同意全国人民代表大会财政经济委员会提出的《关于 2008 年中央决算的审查报告》，决定批准《2008 年中央决算》。

全国人民代表大会常务委员会关于批准 2009 年中央决算的决议[2]

(2010 年 6 月 25 日第十一届全国人民代表大会常务委员会第十五次会议通过)

第十一届全国人民代表大会常务委员会第十五次会议，听取了财政部部长谢旭人受国务院委托作的《国务院关于 2009 年中央决算的报告》和审计署审计长刘家义受国务院委托作的《国务

---

〔1〕 中国人大网，http：//www. npc. gov. cn/npc/c12489/200906/090f9fc588b0424b9d207e1b353706a3. shtml。

〔2〕 中国人大网，http：//www. npc. gov. cn/npc/c10134/201006/dac87cc1acd3489c8da7e531952494ca. shtml。

院关于 2009 年度中央预算执行和其他财政收支的审计工作报告》。会议结合审议审计工作报告，对《2009 年中央决算（草案）》和中央决算报告进行了审查。会议同意全国人民代表大会财政经济委员会提出的《关于 2009 年中央决算审查结果的报告》，决定批准《2009 年中央决算》。会议要求，要继续深化财政体制改革，加强和改进预算工作，严格政府债务管理，充分发挥财政在推动科学发展、保障和改善民生、构建和谐社会中的职能作用。

全国人民代表大会常务委员会关于批准 2010 年中央决算的决议[1]

（2011 年 6 月 30 日第十一届全国人民代表大会常务委员会第二十一次会议通过）

第十一届全国人民代表大会常务委员会第二十一次会议，听取了财政部部长谢旭人受国务院委托作的《国务院关于 2010 年中央决算的报告》和审计署审计长刘家义受国务院委托作的《国务院关于 2010 年度中央预算执行和其他财政收支的审计工作报告》。会议结合审议审计工作报告，对《2010 年中央决算（草案）》和中央决算报告进行了审查。会议同意全国人民代表大会财政经济委员会提出的《关于 2010 年中央决算审查结果的报告》，决定批准《2010 年中央决算》。会议要求，要切实改进预算编制管理，规范预算执行，完善财政转移支付制度，加强资金管理和监督，防范和化解地方政府性债务风险，充分发挥财政职

---

〔1〕　中国人大网，http：//www. npc. gov. cn/npc/c12489/201106/4f90f2bedffc49a9a5eba04d37a7940f. shtml。

能作用，更好地促进经济社会又好又快发展。

全国人民代表大会常务委员会关于批准 2011 年
中央决算的决议[1]

（2012 年 6 月 30 日第十一届全国人民代表大会常务委员会
第二十七次会议通过）

第十一届全国人民代表大会常务委员会第二十七次会议听取了财政部部长谢旭人受国务院委托作的《国务院关于 2011 年中央决算的报告》和审计署审计长刘家义受国务院委托作的《国务院关于 2011 年度中央预算执行和其他财政收支的审计工作报告》。会议结合审议审计工作报告，对《2011 年中央决算（草案）》和中央决算报告进行了审查。会议同意全国人民代表大会财政经济委员会提出的《关于 2011 年中央决算审查结果的报告》，决定批准《2011 年中央决算》。

全国人民代表大会常务委员会关于批准 2013 年
中央决算的决议[2]

（2014 年 6 月 27 日第十二届全国人民代表大会常务委员会
第九次会议通过）

第十二届全国人民代表大会常务委员会第九次会议听取了财

---

〔1〕 中国人大网，http：//www. npc. gov. cn/npc/c12435/201207/12782abe460c412badda667b2ceb64bc. shtml。

〔2〕 中国人大网，http：//www. npc. gov. cn/npc/c12489/201406/5847e67c72db402eb21a6b50d615060f. shtml。

政部部长楼继伟受国务院委托作的《国务院关于 2013 年中央决算的报告》和审计署审计长刘家义受国务院委托作的《国务院关于 2013 年度中央预算执行和其他财政收支的审计工作报告》。会议结合审议审计工作报告，对《2013 年中央决算（草案）》和中央决算报告进行了审查。会议同意全国人民代表大会财政经济委员会提出的审查结果报告，决定批准 2013 年中央决算。

全国人民代表大会常务委员会关于批准 2014 年中央决算的决议[1]

（2015 年 7 月 1 日第十二届全国人民代表大会常务委员会
第十五次会议通过）

第十二届全国人民代表大会常务委员会第十五次会议听取了财政部部长楼继伟受国务院委托作的《国务院关于 2014 年中央决算的报告》和审计署审计长刘家义受国务院委托作的《国务院关于 2014 年度中央预算执行和其他财政收支的审计工作报告》。会议结合审议审计工作报告，对 2014 年中央决算草案和中央决算报告进行了审查。会议同意全国人民代表大会财政经济委员会提出的审查结果报告，决定批准 2014 年中央决算。

---

〔1〕　中国人大网，http：//www.npc.gov.cn/npc/c10134/201507/8200d8e4baa54ae383b81fc04fe130ec.shtml。

全国人民代表大会常务委员会关于批准 2015 年中央决算的决议[1]

(2016 年 7 月 2 日第十二届全国人民代表大会常务委员会第二十一次会议通过)

第十二届全国人民代表大会常务委员会第二十一次会议听取了财政部部长楼继伟受国务院委托作的《国务院关于 2015 年中央决算的报告》和审计署审计长刘家义受国务院委托作的《国务院关于 2015 年度中央预算执行和其他财政收支的审计工作报告》。会议结合审议审计工作报告,对 2015 年中央决算(草案)和中央决算报告进行了审查。会议同意全国人民代表大会财政经济委员会提出的审查结果报告,决定批准 2015 年中央决算。

全国人民代表大会常务委员会关于批准 2016 年中央决算的决议[2]

(2017 年 6 月 27 日第十二届全国人民代表大会常务委员会第二十八次会议通过)

第十二届全国人民代表大会常务委员会第二十八次会议听取了财政部副部长张少春受国务院委托作的《国务院关于 2016 年中央决算的报告》和审计署审计长胡泽君受国务院委托作的《国

---

〔1〕 中国人大网,http://www.npc.gov.cn/npc/c12435/201607/2d098006a64f4e828fd3a51a641d9466.shtml。

〔2〕 中国人大网,http://www.npc.gov.cn/npc/c10134/201706/0b2772e75e49414681942f0214d27371.shtml。

务院关于 2016 年度中央预算执行和其他财政收支的审计工作报告》。会议结合审议审计工作报告，对 2016 年中央决算（草案）和中央决算报告进行了审查。会议同意全国人民代表大会财政经济委员会提出的审查结果报告，决定批准 2016 年中央决算。

全国人民代表大会常务委员会关于批准 2017 年中央决算的决议[1]

（2018 年 6 月 22 日第十三届全国人民代表大会常务委员会第三次会议通过）

第十三届全国人民代表大会常务委员会第三次会议听取了财政部部长刘昆受国务院委托作的《国务院关于 2017 年中央决算的报告》和审计署审计长胡泽君受国务院委托作的《国务院关于 2017 年度中央预算执行和其他财政收支的审计工作报告》。会议结合审议审计工作报告，对 2017 年中央决算（草案）和中央决算报告进行了审查。会议同意全国人民代表大会财政经济委员会提出的审查结果报告，决定批准 2017 年中央决算。

---

〔1〕　中国人大网，http：//www.npc.gov.cn/npc/c30834/201806/58579bf08f8c479a9ff5b564dd92ba90.shtml。

全国人民代表大会常务委员会关于批准 2018 年中央决算的决议[1]

(2019 年 6 月 29 日第十三届全国人民代表大会常务委员会第十一次会议通过)

第十三届全国人民代表大会常务委员会第十一次会议听取了财政部部长刘昆受国务院委托作的《国务院关于 2018 年中央决算的报告》和审计署审计长胡泽君受国务院委托作的《国务院关于 2018 年度中央预算执行和其他财政收支的审计工作报告》。会议结合审议审计工作报告，对 2018 年中央决算（草案）和中央决算报告进行了审查。会议同意全国人民代表大会财政经济委员会提出的审查结果报告，决定批准 2018 年中央决算。

全国人民代表大会常务委员会关于批准 2019 年中央决算的决议[2]

(2020 年 6 月 20 日第十三届全国人民代表大会常务委员会第十九次会议通过)

第十三届全国人民代表大会常务委员会第十九次会议听取了财政部部长刘昆受国务院委托作的《国务院关于 2019 年中央决算的报告》和审计署审计长胡泽君受国务院委托作的《国务院关

---

〔1〕 中国人大网，http：//www.npc.gov.cn/npc/c30834/201907/9bae64e59b944f51b44b1ca20c534383.shtml。

〔2〕 中国人大网，http：//www.npc.gov.cn/npc/c30834/202006/eb27bea61da64305baa76c318aa93296.shtml。

于 2019 年度中央预算执行和其他财政收支的审计工作报告》。会议结合审议审计工作报告，对 2019 年中央决算（草案）和中央决算报告进行了审查。会议同意全国人民代表大会财政经济委员会提出的审查结果报告，决定批准 2019 年中央决算。

全国人民代表大会常务委员会关于批准 2020 年中央决算的决议[1]

（2021 年 6 月 10 日第十三届全国人民代表大会常务委员会第二十九次会议通过）

第十三届全国人民代表大会常务委员会第二十九次会议听取了财政部部长刘昆受国务院委托作的《国务院关于 2020 年中央决算的报告》和审计署审计长侯凯受国务院委托作的《国务院关于 2020 年度中央预算执行和其他财政收支的审计工作报告》。会议结合审议审计工作报告，对 2020 年中央决算（草案）和中央决算报告进行了审查。会议同意全国人民代表大会财政经济委员会提出的审查结果报告，决定批准 2020 年中央决算。

全国人民代表大会常务委员会关于批准 2021 年中央决算的决议

（2022 年 6 月 24 日第十三届全国人民代表大会常务委员会第三十五次会议通过）

第十三届全国人民代表大会常务委员会第三十五次会议听取

---

〔1〕　中国人大网，http：//www.npc.gov.cn/npc/c30834/202106/a2633e9d183c4da99541fb66c85f1f3.shtml。

了财政部部长刘昆受国务院委托作的《国务院关于 2021 年中央决算的报告》和审计署审计长侯凯受国务院委托作的《国务院关于 2021 年度中央预算执行和其他财政收支的审计工作报告》。会议结合审议审计工作报告，对 2021 年中央决算（草案）和中央决算报告进行了审查。会议同意全国人民代表大会财政经济委员会提出的审查结果报告，决定批准 2021 年中央决算。

第三节 关于执法检查的决议决定

关于在执法检查的基础上作出决议决定还属于新生事物。2018 年 7 月上旬，十三届全国人大常委会第四次会议听取和审议了栗战书委员长所作的全国人大常委会执法检查组关于检查大气污染防治法实施情况的报告，认为，生态文明建设关系中华民族永续发展，关系亿万中国人民的福祉。党的十八大以来，以习近平同志为核心的党中央把生态文明建设作为统筹推进"五位一体"总体布局和协调推进"四个全面"战略布局的重要内容，推动生态文明建设和生态环境保护从实践到认识发生历史性、转折性、全局性变化，但生态文明建设面临的形势仍然严峻，为此全国人大常委会在赞成执法检查报告的同时，作出了关于全面加强生态环境保护、依法推动打好污染防治攻坚战的决议，要求各级人大及其常委会作为国家权力机关，肩负着贯彻落实党中央关于生态文明建设的决策部署、推动生态环境保护法律制度全面有效实施的光荣使命，要充分发挥人民代表大会制度的特点和优势，履行宪法法律赋予的职责，以法律的武器治理污染，用法治的力量保护生态环境，为全面加强生态环境保护、依法推动打好污染防治攻坚战作出贡献。

全国人民代表大会常务委员会关于全面加强生态环境保护依法推动打好污染防治攻坚战的决议[1]

（2018 年 7 月 10 日第十三届全国人民代表大会常务委员会
第四次会议通过）

第十三届全国人民代表大会常务委员会第四次会议听取和审议了栗战书委员长所作的全国人大常委会执法检查组关于检查大气污染防治法实施情况的报告。会议充分肯定和高度评价执法检查组的工作，一致赞成执法检查报告，同意报告对贯彻实施大气污染防治法、打赢蓝天保卫战提出的意见和建议。

会议认为，生态文明建设关系中华民族永续发展，关系亿万中国人民的福祉。党的十八大以来，以习近平同志为核心的党中央把生态文明建设作为统筹推进"五位一体"总体布局和协调推进"四个全面"战略布局的重要内容，谋划开展一系列根本性、开创性、长远性工作，推动生态文明建设和生态环境保护从实践到认识发生历史性、转折性、全局性变化。同时，生态文明建设面临的形势仍然严峻，正处于压力叠加、负重前行的关键期，已进入提供更多优质生态产品以满足人民日益增长的优美生态环境需要的攻坚期，也到了有条件有能力解决突出生态环境问题的窗口期。党的十九大制定了决胜全面建成小康社会、夺取新时代中国特色社会主义伟大胜利的宏伟蓝图，对加强生态文明建设、建

---

〔1〕　中国人大网，http：//www.npc.gov.cn/npc/c30834/201807/00b77a6b3dbc48fab0335520c904e489.shtml。

设美丽中国作出了全面部署。打好污染防治攻坚战是决胜全面建成小康社会的三大攻坚战之一，关系到全面建成小康社会能否得到人民认可、经得起历史检验。到 2020 年，生态环境质量总体改善，主要污染物排放总量大幅减少，是我们的总体目标。各级人大及其常委会作为国家权力机关，肩负着贯彻落实党中央关于生态文明建设的决策部署、推动生态环境保护法律制度全面有效实施的光荣使命，要充分发挥人民代表大会制度的特点和优势，履行宪法法律赋予的职责，以法律的武器治理污染，用法治的力量保护生态环境，为全面加强生态环境保护、依法推动打好污染防治攻坚战作出贡献。为此，特作决议如下。

一、坚持以习近平新时代中国特色社会主义思想特别是习近平生态文明思想为指引。党的十八大以来，以习近平同志为核心的党中央高瞻远瞩、不懈探索，深刻回答了为什么建设生态文明、建设什么样的生态文明、怎样建设生态文明等重大理论和实践问题，系统形成了习近平生态文明思想。习近平生态文明思想是习近平新时代中国特色社会主义思想的重要组成部分，有力指导生态文明建设和生态环境保护取得历史性成就、发生历史性变革。习近平生态文明思想聚焦人民群众感受最直接、要求最迫切的突出环境问题，深刻阐述了生态兴则文明兴、人与自然和谐共生、绿水青山就是金山银山、良好生态环境是最普惠的民生福祉、山水林田湖草是生命共同体、用最严格制度最严密法治保护生态环境、建设美丽中国全民行动、共谋全球生态文明建设等一系列新思想新理念新观点，对生态文明建设进行了顶层设计和全面部署，是我们保护生态环境、推动绿色发展、建设美丽中国的强大思想武器。各国家机关和全社会要以习近平生态文明思想为方向指引和根本遵循，自觉把经济社会发展同生态文明建设统筹起来，坚决摒弃以牺牲生态环境换取一时一地经济增长的做法，坚决打好污染防治攻坚战，推动形成人与自然和谐发展现代化建设新格局，不断满足人民日益增长的优美生态环境需要，加快建设美丽中国。

二、坚持党对生态文明建设的领导。党的领导是加强生态环境保护、打好污染防治攻坚战的根本政治保证。党的十八大以来，以习近平同志为核心的党中央加快推进生态文明顶层设计和制度体系建设，相继出台《关于加快推进生态文明建设的意见》、《生态文明体制改革总体方案》，制定实施40多项涉及生态文明建设的改革方案，深入实施大气、水、土壤污染防治三大行动计划，推动我国生态环境质量持续改善。根据党中央修改宪法的建议，十三届全国人大一次会议通过宪法修正案，将新发展理念、生态文明、美丽中国等载入国家根本法。2018年5月，党中央召开全国生态环境保护大会，对加强生态环境保护、打好污染防治攻坚战作出再部署，提出新要求。6月，党中央、国务院发布《关于全面加强生态环境保护坚决打好污染防治攻坚战的意见》。各国家机关及其工作人员要牢固树立政治意识、大局意识、核心意识、看齐意识，坚决维护以习近平同志为核心的党中央权威和集中统一领导，全面贯彻落实党中央决策部署，切实担负起生态文明建设和生态环境保护的政治责任。要在党中央集中统一领导下，坚持党委领导、政府主导、企业主体、公众参与，密切配合、协同发力，落实领导干部生态文明建设责任制，健全环境保护督察机制，标本兼治、综合施策，加快构建生态文明体系，全面推动绿色发展，着力解决突出生态环境问题，坚决打好污染防治攻坚战。

三、建立健全最严格最严密的生态环境保护法律制度。保护生态环境必须依靠制度、依靠法治。要统筹山水林田湖草保护治理，加快推进生态环境保护立法，完善生态环境保护法律法规制度体系，强化法律制度衔接配套。加快制定土壤污染防治法，为土壤污染防治工作提供法制保障。加快固体废物污染环境防治法等法律的修改工作，进一步完善大气、水等污染防治法律制度，建立健全覆盖水、气、声、渣、光等各种环境污染要素的法律规范，构建科学严密、系统完善的污染防治法律制度体系，严密防控重点区域、流域生态环境风险，用最严格的法律制度护蓝增绿，坚决打赢蓝天保卫战、着力打好碧水保卫战、扎实推进净土保卫战。抓紧开展生态环境保护法规、规章、司法解释和规范性文件的全面清理工作，对不符合不衔接不适应法律规定、中央精神、时代要求的，及时进行废止或修改。国务院等有关方面要及时提出有关修改法律的议案，加快制定、修改与生态环境保护法律配套的行政法规、部门规章，及时出台并不断完善生态环境保护标准。有立法权的地方人大及其常委会要加快制定、修改生态环境保护方面的地方性法规，结合本地实际进一步明确细化上位法规定，积极探索在生态环境保护领域先于国家进行立法。牢固树立法律的刚性和权威，决不允许作选择、搞变通、打折扣，决不允许搞地方保护。要加强备案审查工作，及时纠正违反上位法规定的法规、规章、司法解释，维护社会主义法制统一。

四、大力推动生态环境保护法律制度全面有效实施。制度的生命在于执行，法律的权威在于实施。大气污染防治法执法检查发现了法律实施中存在的突出问题，提出了改进工作、完善制度的建议。有关方面要高度重视，认真整改，确保大气污染防治法各项规定落在实处，以最严密的法治保障打赢蓝天保卫战。各国家机关都要严格执行生态环境保护法律制度，确保有权必有责、有责必担当、失责必追究。各级人大及其常委会要把生态文明建设作为重点工作领域，通过执法检查、听取审议工作报告、专题询问、质询等监督形式，督促有关方面认真实施生态环境保护法律，抓紧解决突出生态环境问题，进一步加大投入力度，强化科技支撑，加强生态环境保护队伍特别是基层队伍的能力建设，建立健全环境污染治理长效机制。要将生态环境质量"只能更好、不能变坏"作为责任底线，督促各级政府和有关部门扛起生态文明建设和生态环境保护的政治责任，建立健全并严格落实环境保护目标责任制和考核评价制度，严格责任追究，保证责任层层落到实处。要依法推动企业主动承担全面履行保护环境、防治污染的主体责任，落实污染者必须依法承担责任的原则，加强环境执法监管，加快建立健全生态环境保护行政执法和刑事司法衔接机制，充分发挥监察司法机关职能作用，完善生态环境保护领域民事、行政公益诉讼制度，依法严惩重罚生态环境违法犯罪行为。要坚持有法必依、执法必严、违法必究，让法律成为刚性约束和不可触碰的高压线。

五、广泛动员人民群众积极参与生态环境保护工作。生态文明是人民群众共同参与共同建设共同享有的事业。要在党的领导下，广泛动员各方力量，群策群力，群防群治，打一场污染防治攻坚的人民战争。要把生态环境保护纳入国民教育体系和党政领导干部培训体系，加强生态文明法律知识和科学知识宣传普及，倡导简约适度、绿色低碳的生活方式，引导全社会增强法治意识、生态意识、环保意识、节约意识，自觉履行生态环境保护法定义务，培育生态道德和行为准则，自觉践行绿色生活。要把群众感受作为检验工作成效和环境质量的重要依据，群众认可才是真认可，群众满意才是真满意。要健全生态环保信息强制性披露制度，依法公开环境质量信息和环保目标责任，保障人民群众的知情权、参与权、监督权。要充分发挥各类媒体的舆论监督作用，曝光突出生态环境问题，报道整改进展情况。要完善公众监督、举报反馈机制和奖励机制，保护举报人的合法权益，鼓励群众用法律的武器保护生态环境，形成崇尚生态文明、保护生态环境的社会氛围。

各国家机关和全社会要紧密团结在以习近平同志为核心的党中央周围，以习近平新时代中国特色社会主义思想为指导，全面加强生态环境保护、打好污染防治攻坚战，为全面建成小康社会、全面建设富强民主文明和谐美丽的社会主义现代化强国而努力奋斗。

关于《全国人民代表大会常务委员会关于全面加强生态环境保护依法推动打好污染防治攻坚战的决议（草案）》的说明[1]

——2018 年 7 月 9 日在第十三届全国人民代表大会常务委员会第四次会议上

全国人大环境与资源保护委员会主任委员　高虎城

委员长、各位副委员长、秘书长、各位委员：

我受环境与资源保护委员会的委托，现对《全国人民代表大会常务委员会关于全面加强生态环境保护依法推动打好污染防治攻坚战的决议（草案）》作如下说明。

一、关于打好污染防治攻坚战的重要意义和作出相关决议的必要性

党的十八大以来，以习近平同志为核心的党中央把生态文明建设作为统筹推进"五位一体"总体布局和协调推进"四个全面"战略布局的重要内容，谋划开展了一系列根本性、开创性、长远性工作，提出一系列新理念新思想新战略，生态文明理念日益深入人心，污染治理力度之大、制度出台频度之密、监管执法尺度之严、环境质量改善速度之快前所未有，推动生态环境保护发生历史性、转折性、全局性变化，生态环境质量持续好转，生态文明建设成效显著，美丽中国建设迈出重要步伐，我国成为全球生态文明建设的重要参与者、贡献者、引领者。但我们也要清醒地看到，我国环境污染形势依然严峻，生态文明建设和生态环

---

〔1〕　中国人大网，http：//www.npc.gov.cn/npc/c30834/201807/f5a651bedec141fdb8cedfce4ac65290.shtml。

境保护面临不少困难和挑战，存在许多不足，成为重要的民生之患、民心之痛，成为经济社会可持续发展的瓶颈制约，成为全面建成小康社会的明显短板。生态文明建设正处于压力叠加、负重前行的关键期，已进入提供更多优质生态产品以满足人民日益增长的优美生态环境需要的攻坚期，也到了有条件有能力解决突出生态环境问题的窗口期。

党的十九大制定了决胜全面建成小康社会、夺取新时代中国特色社会主义伟大胜利的宏伟蓝图，将坚持人与自然和谐共生作为新时代坚持和发展中国特色社会主义基本方略之一，提出要牢固树立社会主义生态文明观，把"美丽"作为社会主义现代化强国的重要目标，突出抓重点、补短板、强弱项，坚决打好污染防治攻坚战，对建设生态文明和美丽中国作出全面部署。2018 年 5 月，习近平总书记在全国生态环境保护大会上深刻阐述了生态文明思想，对加强生态环境保护、打好污染防治攻坚战作出再部署，提出新要求。6 月，党中央、国务院发布《关于全面加强生态环境保护坚决打好污染防治攻坚战的意见》。各级人大及其常委会作为国家权力机关，肩负着贯彻落实党中央关于生态文明建设的决策部署、推动环境法律制度全面有效实施的光荣使命，要充分发挥人民代表大会制度的特点和优势，履行宪法法律赋予的职责，主动作为、积极作为，以法律的武器治理污染，用法治的力量保护生态环境。

为深入学习贯彻习近平生态文明思想，贯彻落实党中央决策部署，环境与资源保护委员会向常委会领导同志提出建议：全国人大常委会听取和审议栗战书委员长所作的全国人大常委会执法检查组关于检查大气污染防治法实施情况的报告，同时作出关于全面加强生态环境保护、依法推动打好污染防治攻坚战的决议。

根据常委会领导同志的指示，环境与资源保护委员会会同常委会有关工作机构，认真研究论证、多方听取意见、反复修改完善，起草了《全国人民代表大会常务委员会关于全面加强生态环境保护依法推动打好污染防治攻坚战的决议（草案）》，2018 年 6 月 22 日，环境与资源保护委员会第五次全体会议通过这个草案，并报请委员长会议审议。2018 年 7 月 2 日，十三届全国人大常委会第 8 次委员长会议决定，7 月上旬召开的常委会第四次会议听取和审议栗战书委员长所作的全国人大常委会执法检查组关于检查大气污染防治法实施情况的报告，同时作出关于全面加强生态环境保护、依法推动打好污染防治攻坚战的决议。

二、关于决议草案的结构和主要内容

决议草案由导语和五条组成。

导语部分，肯定了执法检查组的工作，赞成执法检查报告，同意报告对贯彻实施大气污染防治法、打赢蓝天保卫战提出的意见和建议。同时要求各级人大及其常委会充分发挥人民代表大会制度的特点和优势，切实履行宪法法律赋予的职责，以法律的武器治理污染，用法治的力量保护生态环境，为全面加强生态环境保护、依法推动打好污染防治攻坚战作出贡献。

第一条，坚持以习近平新时代中国特色社会主义思想特别是习近平生态文明思想为指引。着重阐述习近平生态文明思想是我国加强生态环境保护、打好污染防治攻坚战的指导思想，是习近平新时代中国特色社会主义思想的重要组成部分，是保护生态环境、推动绿色发展、建设美丽中国的强大思想武器。号召各国家机关和全社会要以习近平生态文明思想为方向指引和根本遵循，自觉把经济社会发展同生态文明建设统筹起来，推动形成人与自然和谐发展现代化建设新格局，不断满足人民日益增长的优美生态环境需要，加快建设美丽中国。

第二条，坚持党对生态文明建设的领导。着重阐述党的领导是加强生态环境保护、打好污染防治攻坚战的根本政治保证。号召各国家机关及其工作人员牢固树立政治意识、大局意识、核心意识、看齐意识，坚决维护以习近平同志为核心的党中央权威和集中统一领导，全面贯彻落实党中央决策部署，切实担负起生态文明建设和生态环境保护的政治责任，加快构建生态文明体系，全面推动绿色发展，着力解决突出生态环境问题，坚决打好污染防治攻坚战。

第三条，建立健全最严格最严密的生态环境保护法律制度。着重阐述保护生态环境必须依靠制度、依靠法治。要加快推进生态环境保护立法，完善生态环境保护法律法规体系，开展生态环境保护法规、规章、司法解释和规范性文件的清理工作。国务院及其有关部门要及时提出有关修改法律的议案，加快制定、修改与生态环境保护法律配套的行政法规、部门规章，及时出台并不断完善生态环境保护标准。有立法权的地方人大及其常委会要加快制定、修改生态环境保护方面的地方性法规，结合本地实际进一步明确细化上位法规定。加强备案审查工作，及时纠正违反上位法规定的法规、规章、司法解释，维护社会主义法制统一。

第四条，大力推动生态环境保护法律制度全面有效实施。着重阐述制度的生命在于执行，法律的权威在于实施。要求各国家机关严格执行生态环境保护法律制度，确保有权必有责、有责必担当、失责必追究。各级人大及其常委会要把生态文明建设作为重点工作领域，督促各级政府和有关部门扛起生态文明建设和生态环境保护的政治责任，建立健全并严格落实环境保护目标责任制和考核评价制度，依法推动企业主动承担全面履行保护环境、防治污染的主体责任，落实污染者必须依法承担责任的原则，依法严惩重罚生态环境违法犯罪行为，让法律成为刚性约束和不可触碰的高压线。

第五条，广泛动员人民群众积极参与生态环境保护工作。着重阐述生态文明是人民群众共同参与共同建设共同享有的事业。号召人民群众广泛参与和监督生态环境保护工作，自觉履行生态环境保护法定义务，自觉践行绿色生活。强调要把群众感受作为检验工作成效和环境质量的重要依据，鼓励群众用法律的武器保护生态环境，形成崇尚生态文明、保护生态环境的社会氛围。

《全国人民代表大会常务委员会关于全面加强生态环境保护依法推动打好污染防治攻坚战的决议（草案）》和以上说明是否妥当，请审议。

第十章

关于对外交往的决议决定

全国人民代表大会及其常务委员会对外交往是国家总体外交的重要组成部分。在社会主义建设的不同历史时期，全国人大不断适应国家建设和对外关系的需要，积极开展对外交往，有力维护了国家主权、安全和发展利益，为国家总体外交、为我国经济社会发展和民主法治建设做出了重要贡献。面对新形势、新任务、新要求，全国人大及其常委会坚持党中央集中统一领导，坚持以习近平外交思想为指引，不断加强和改进人大对外工作，积极服务国家战略、坚决维护国家利益。在长期的对外交往中，全国人民代表大会及其常务委员会按宪法赋予的权力，充分履行自己的职责，审议批准国务院提交的各种同外国缔结的领事条约、友好条约、边界问题条约、加入国际公约及业务、技术、司法双边协定等大量决议决定，既有双边外交、多边外交的决议决定，也有关于外交工作的决议决定，为稳固和促进国家间关系、深化各领域多边务实合作注入了法治力量。

第一节　关于双边外交的决议决定

全国人民代表大会常务委员会按宪法赋予的权力，充分履行自己的职责，审议批准了国务院提交的大量同外国缔结领事条约、友好条约、边界问题条约、司法双边协定等双边外交的决议决定，有力支持了外交工作的依法开展。

第六届全国人民代表大会第三次会议关于批准《中华人民共和国政府和大不列颠及北爱尔兰联合王国政府关于香港问题的联合声明》的决定[1]

(1985 年 4 月 10 日第六届全国人民代表大会第三次会议通过)

中华人民共和国第六届全国人民代表大会第三次会议审议了国务院关于提请审议批准《中华人民共和国政府和大不列颠及北爱尔兰联合王国政府关于香港问题的联合声明》的议案，决定批准 1984 年 12 月 19 日由赵紫阳总理代表中国政府签署的《中华人民共和国政府和大不列颠及北爱尔兰联合王国政府关于香港问题的联合声明》，包括附件一：《中华人民共和国政府对香港的基本方针政策的具体说明》，附件二：《关于中英联合联络小组》和附件三：《关于土地契约》。

---

〔1〕 全国人大常委会办公厅、中共中央文献研究室编：《人民代表大会制度重要文献选编》（二），中国民主法制出版社 2015 年版，第 668 页。

全国人民代表大会常务委员会关于批准
《中华人民共和国政府和葡萄牙共和国政府
关于澳门问题的联合声明》的决定[1]

(1987 年 6 月 23 日第六届全国人民代表大会常务委员会
第二十一次会议通过)

第六届全国人民代表大会常务委员会第二十一次会议根据第六届全国人民代表大会第五次会议关于授权全国人民代表大会常务委员会审议和决定批准《中华人民共和国政府和葡萄牙共和国政府关于澳门问题的联合声明》的决定，审议了国务院关于提请审议批准《中华人民共和国政府和葡萄牙共和国政府关于澳门问题的联合声明》的议案，决定批准 1987 年 4 月 13 日由赵紫阳总理代表中国政府签署的《中华人民共和国政府和葡萄牙共和国政府关于澳门问题的联合声明》，包括附件一：《中华人民共和国政府对澳门的基本政策的具体说明》和附件二：《关于过渡时期的安排》。

---

[1] 全国人大常委会办公厅、中共中央文献研究室编：《人民代表大会制度重要文献选编》（二），中国民主法制出版社 2015 年版，第 717 页。

全国人民代表大会常务委员会关于批准
《中华人民共和国和俄罗斯联邦关于打击恐怖主义、
分裂主义和极端主义的合作协定》的决定[1]

(2011 年 12 月 31 日第十一届全国人民代表大会常务委员会
第二十四次会议通过)

第十一届全国人民代表大会常务委员会第二十四次会议决定：批准 2010 年 9 月 27 日由外交部部长杨洁篪代表中华人民共和国在北京签署的《中华人民共和国和俄罗斯联邦关于打击恐怖主义、分裂主义和极端主义的合作协定》。

全国人民代表大会常务委员会关于批准
《中华人民共和国和意大利共和国引渡条约》的决定[2]

(2011 年 12 月 31 日第十一届全国人民代表大会常务委员会
第二十四次会议通过)

第十一届全国人民代表大会常务委员会第二十四次会议决定：批准 2010 年 10 月 7 日由外交部部长杨洁篪代表中华人民共和国在罗马签署的《中华人民共和国和意大利共和国引渡条约》。

---

〔1〕 中国人大网，http：//www. npc. gov. cn/npc/c12489/201201/755ef54a125f44ea89cba6d79c43a6cb. shtml。

〔2〕 中国人大网，http：//www. npc. gov. cn/npc/c12489/201201/150ae5728be14286a13acd72a0be926b. shtml。

全国人民代表大会常务委员会关于批准
《中华人民共和国政府和意大利共和国政府
关于刑事司法协助的条约》的决定[1]

（2011 年 12 月 31 日第十一届全国人民代表大会常务委员会
第二十四次会议通过）

第十一届全国人民代表大会常务委员会第二十四次会议决定：批准 2010 年 10 月 7 日由外交部部长杨洁篪代表中华人民共和国政府在罗马签署的《中华人民共和国政府和意大利共和国政府关于刑事司法协助的条约》。

全国人民代表大会常务委员会关于批准
《中华人民共和国和吉尔吉斯共和国
关于移管被判刑人的条约》的决定[2]

（2013 年 12 月 28 日第十二届全国人民代表大会常务委员会
第六次会议通过）

第十二届全国人民代表大会常务委员会第六次会议决定：批准 2012 年 6 月 5 日由司法部部长吴爱英代表中华人民共和国在北京签署的《中华人民共和国和吉尔吉斯共和国关于移管被判刑人的条约》。

---

〔1〕　中国人大网，http：//www.npc.gov.cn/npc/c12489/201201/f110ec5a0e124cb3b30b1010df284a77.shtml。

〔2〕　中国人大网，http：//www.npc.gov.cn/npc/c12435/201312/dcfcba7e27b24887b1b1a86b26c0cde7.shtml。

全国人民代表大会常务委员会关于批准
《中华人民共和国和阿根廷共和国
关于刑事司法协助的条约》的决定[1]

（2014 年 4 月 24 日第十二届全国人民代表大会常务委员会
第八次会议通过）

第十二届全国人民代表大会常务委员会第八次会议决定：批准 2012 年 6 月 25 日由时任外交部部长杨洁篪代表中华人民共和国在布宜诺斯艾利斯签署的《中华人民共和国和阿根廷共和国关于刑事司法协助的条约》。

全国人民代表大会常务委员会关于批准
《中华人民共和国和伊朗伊斯兰共和国
引渡条约》的决定[2]

（2014 年 12 月 28 日第十二届全国人民代表大会常务委员会
第十二次会议通过）

第十二届全国人民代表大会常务委员会第十二次会议决定：批准 2012 年 9 月 10 日由时任外交部副部长张志军代表中华人民共和国在德黑兰签署的《中华人民共和国和伊朗伊斯兰共和国引渡条约》。

---

〔1〕 中国人大网，http：//www. npc. gov. cn/npc/c10134/201404/ef6bd9653fb847f0833993064a827d81. shtml。

〔2〕 中国人大网，http：//www. npc. gov. cn/npc/c12489/201412/48bbb8a632ad4d7fa22aba7f335afb9f. shtml。

全国人民代表大会常务委员会关于批准

《中华人民共和国和阿富汗伊斯兰共和国

引渡条约》的决定[1]

（2014 年 12 月 28 日第十二届全国人民代表大会常务委员会
第十二次会议通过）

第十二届全国人民代表大会常务委员会第十二次会议决定：批准 2013 年 9 月 27 日由外交部副部长刘振民代表中华人民共和国在北京签署的《中华人民共和国和阿富汗伊斯兰共和国引渡条约》。

全国人民代表大会常务委员会关于批准

《中华人民共和国和乌克兰友好合作条约》的决定[2]

（2015 年 2 月 27 日第十二届全国人民代表大会常务委员会
第十三次会议通过）

第十二届全国人民代表大会常务委员会第十三次会议决定：批准 2013 年 12 月 5 日由国家主席习近平代表中华人民共和国在北京签署的《中华人民共和国和乌克兰友好合作条约》。

---

〔1〕　中国人大网，http：//www. npc. gov. cn/npc/c12489/201412/57d8c0712e4d4438907a3b6b8da9650f. shtml。

〔2〕　中国人大网，http：//www. npc. gov. cn/npc/c10134/201502/6ea435e89ddb4b43ba529b7dd02a5a23. shtml。

全国人民代表大会常务委员会关于批准
《中华人民共和国和大韩民国领事协定》的决定[1]

(2015 年 2 月 27 日第十二届全国人民代表大会常务委员会
第十三次会议通过)

第十二届全国人民代表大会常务委员会第十三次会议决定：批准 2014 年 7 月 3 日由外交部部长王毅代表中华人民共和国在首尔签署的《中华人民共和国和大韩民国领事协定》。

全国人民代表大会常务委员会关于批准
《中华人民共和国和土库曼斯坦友好合作条约》
的决定[2]

(2015 年 2 月 27 日第十二届全国人民代表大会常务委员会
第十三次会议通过)

第十二届全国人民代表大会常务委员会第十三次会议决定：批准 2014 年 5 月 12 日由国家主席习近平代表中华人民共和国在北京签署的《中华人民共和国和土库曼斯坦友好合作条约》。

---

〔1〕 中国人大网，http：//www. npc. gov. cn/npc/c10134/201502/efce035934b648fca043efc0c867b801. shtml。

〔2〕 中国人大网，http：//www. npc. gov. cn/npc/c10134/201502/0049aa1945164b2090aee7bbb9dc3764. shtml。

全国人民代表大会常务委员会关于批准
《中华人民共和国和伊朗伊斯兰共和国
关于移管被判刑人的条约》的决定〔1〕

(2015 年 12 月 27 日第十二届全国人民代表大会常务委员会
第十八次会议通过)

第十二届全国人民代表大会常务委员会第十八次会议决定：批准 2012 年 9 月 10 日由中华人民共和国代表在德黑兰签署的《中华人民共和国和伊朗伊斯兰共和国关于移管被判刑人的条约》。

全国人民代表大会常务委员会关于批准
《中华人民共和国和白俄罗斯共和国友好合作条约》
的决定〔2〕

(2015 年 12 月 27 日第十二届全国人民代表大会常务委员会
第十八次会议通过)

第十二届全国人民代表大会常务委员会第十八次会议决定：批准 2015 年 5 月 10 日由中华人民共和国代表在明斯克签署的《中华人民共和国和白俄罗斯共和国友好合作条约》。

---

〔1〕 中国人大网，http：//www.npc.gov.cn/npc/c12489/201512/7d57a95b97d04336b2cd8f27ad4e2083.shtml。

〔2〕 中国人大网，http：//www.npc.gov.cn/npc/c12489/201512/246b9c9a982b43898511b9aec9025906.shtml。

全国人民代表大会常务委员会关于批准
《中华人民共和国和塔吉克斯坦共和国引渡条约》
的决定[1]

(2016 年 11 月 7 日第十二届全国人民代表大会常务委员会
第二十四次会议通过)

第十二届全国人民代表大会常务委员会第二十四次会议决定：批准 2014 年 9 月 13 日由中华人民共和国代表在杜尚别签署的《中华人民共和国和塔吉克斯坦共和国引渡条约》。

全国人民代表大会常务委员会关于批准
《中华人民共和国和斯里兰卡民主社会主义共和国
关于刑事司法协助的条约》 的决定[2]

(2016 年 11 月 7 日第十二届全国人民代表大会常务委员会
第二十四次会议通过)

第十二届全国人民代表大会常务委员会第二十四次会议决定：批准 2014 年 9 月 16 日由中华人民共和国代表在科伦坡签署的《中华人民共和国和斯里兰卡民主社会主义共和国关于刑事司法协助的条约》。

---

〔1〕 中国人大网，http：//www. npc. gov. cn/npc/c12489/201611/dabfc9c2cfd94fc2afb7fc24de05 6d73. shtml。

〔2〕 中国人大网，http：//www. npc. gov. cn/npc/c12489/201611/7bbea33642c046be965002ef4 bb47b9e. shtml。

全国人民代表大会常务委员会关于批准
《中华人民共和国政府和马来西亚政府关于
刑事司法协助的条约》的决定[1]

（2016 年 12 月 25 日第十二届全国人民代表大会常务委员会
第二十五次会议通过）

第十二届全国人民代表大会常务委员会第二十五次会议决定：批准 2015 年 11 月 23 日由中华人民共和国代表在布特拉加亚签署的《中华人民共和国政府和马来西亚政府关于刑事司法协助的条约》。

全国人民代表大会常务委员会关于批准
《中华人民共和国和塔吉克斯坦共和国关于
移管被判刑人的条约》的决定[2]

（2017 年 4 月 27 日第十二届全国人民代表大会常务委员会
第二十七次会议通过）

第十二届全国人民代表大会常务委员会第二十七次会议决定：批准 2014 年 9 月 13 日由中华人民共和国代表在杜尚别签署的《中华人民共和国和塔吉克斯坦共和国关于移管被判刑人的条约》。

---

〔1〕　中国人大网，http：//www. npc. gov. cn/npc/c12435/201612/93a250f6f5074a48b1b4ad95209245d1. shtml。

〔2〕　中国人大网，http：//www. npc. gov. cn/npc/c30834/201704/a3603a6ade4043ac9a4b22a1e076fc1d. shtml。

全国人民代表大会常务委员会关于批准
《中华人民共和国和阿根廷共和国引渡条约》的决定[1]

（2017 年 6 月 27 日第十二届全国人民代表大会常务委员会
第二十八次会议通过）

第十二届全国人民代表大会常务委员会第二十八次会议决定：批准 2013 年 5 月 10 日由中华人民共和国代表在布宜诺斯艾利斯签署的《中华人民共和国和阿根廷共和国引渡条约》。

全国人民代表大会常务委员会关于批准
《中华人民共和国和埃塞俄比亚联邦民主共和国
引渡条约》的决定[2]

（2017 年 6 月 27 日第十二届全国人民代表大会常务委员会
第二十八次会议通过）

第十二届全国人民代表大会常务委员会第二十八次会议决定：批准 2014 年 5 月 4 日由中华人民共和国代表在亚的斯亚贝巴签署的《中华人民共和国和埃塞俄比亚联邦民主共和国引渡条约》。

---

〔1〕 中国人大网，http：//www.npc.gov.cn/npc/c10134/201706/d071227a766d4ca98375ea02d4b22473.shtml。

〔2〕 中国人大网，http：//www.npc.gov.cn/npc/c10134/201706/e9c136700309469a9c5e6a0bbc1c0f09.shtml。

全国人民代表大会常务委员会关于批准 《中华人民共和国和亚美尼亚共和国关于 刑事司法协助的条约》的决定[1]

(2017 年 11 月 4 日第十二届全国人民代表大会常务委员会
第三十次会议通过)

第十二届全国人民代表大会常务委员会第三十次会议决定：
批准 2015 年 3 月 25 日由中华人民共和国代表在北京签署的《中华人民共和国和亚美尼亚共和国关于刑事司法协助的条约》。

全国人民代表大会常务委员会关于批准 《中华人民共和国和埃塞俄比亚联邦民主共和国关于 民事和商事司法协助的条约》的决定[2]

(2017 年 11 月 4 日第十二届全国人民代表大会常务委员会
第三十次会议通过)

第十二届全国人民代表大会常务委员会第三十次会议决定：
批准 2014 年 5 月 4 日由中华人民共和国代表在亚的斯亚贝巴签署的《中华人民共和国和埃塞俄比亚联邦民主共和国关于民事和商事司法协助的条约》。

---

〔1〕　中国人大网，http：//www.npc.gov.cn/npc/c30834/201711/6b6afe78365b4a6f a3a4a270057794b0.shtml。

〔2〕　中国人大网，http：//www.npc.gov.cn/npc/c30834/201711/fef8e6be93624eb3 aba12ebb6052c7b4.shtml。

全国人民代表大会常务委员会关于批准 《中华人民共和国和巴巴多斯引渡条约》的决定[1]

(2018 年 8 月 31 日第十三届全国人民代表大会常务委员会
第五次会议通过)

第十三届全国人民代表大会常务委员会第五次会议决定：批准 2016 年 3 月 23 日由中华人民共和国代表在布里奇顿签署的《中华人民共和国和巴巴多斯引渡条约》。

全国人民代表大会常务委员会关于批准 《中华人民共和国和格林纳达关于刑事司法协助的条约》 的决定[2]

(2018 年 10 月 26 日第十三届全国人民代表大会常务委员会
第六次会议通过)

第十三届全国人民代表大会常务委员会第六次会议决定：批准 2016 年 3 月 24 日由中华人民共和国代表在圣乔治签署的《中华人民共和国和格林纳达关于刑事司法协助的条约》。

---

[1] 中国人大网，http：//www.npc.gov.cn/npc/c30834/201808/f8afa86425bf4576
921652974d1a2f40.shtml。

[2] 中国人大网，http：//www.npc.gov.cn/npc/c12435/201810/b09fd7a809d1444
6bd02d57a79cc6ee1.shtml。

全国人民代表大会常务委员会关于批准
《中华人民共和国和格林纳达引渡条约》的决定[1]

(2018 年 10 月 26 日第十三届全国人民代表大会常务委员会
第六次会议通过)

第十三届全国人民代表大会常务委员会第六次会议决定：批准 2016 年 3 月 24 日由中华人民共和国代表在圣乔治签署的《中华人民共和国和格林纳达引渡条约》。

全国人民代表大会常务委员会关于批准
《中华人民共和国和巴巴多斯关于刑事司法协助的条约》
的决定[2]

(2019 年 4 月 23 日第十三届全国人民代表大会常务委员会
第十次会议通过)

第十三届全国人民代表大会常务委员会第十次会议决定：批准 2016 年 3 月 23 日由外交部副部长王超代表中华人民共和国在布里奇顿签署的《中华人民共和国和巴巴多斯关于刑事司法协助的条约》。

----

〔1〕　中国人大网，http：//www.npc.gov.cn/npc/c12435/201810/e0d4c1d7b1e44f41ac99e750b1f68209.shtml。

〔2〕　中国人大网，http：//www.npc.gov.cn/npc/c30834/201904/7a91a33460cc493fa15801fc0039e84b.shtml。

全国人民代表大会常务委员会关于批准《中华人民共和国和阿塞拜疆共和国关于移管被判刑人的条约》的决定[1]

（2019 年 4 月 23 日第十三届全国人民代表大会常务委员会第十次会议通过）

第十三届全国人民代表大会常务委员会第十次会议决定：批准 2015 年 12 月 10 日由中阿双方司法部部长在北京签署的《中华人民共和国和阿塞拜疆共和国关于移管被判刑人的条约》。

全国人民代表大会常务委员会关于批准《中华人民共和国和斯里兰卡民主社会主义共和国引渡条约》的决定[2]

（2019 年 8 月 26 日第十三届全国人民代表大会常务委员会第十二次会议通过）

第十三届全国人民代表大会常务委员会第十二次会议决定：批准 2016 年 4 月 7 日由中华人民共和国代表在北京签署的《中华人民共和国和斯里兰卡民主社会主义共和国引渡条约》。

---

〔1〕 中国人大网，http：//www.npc.gov.cn/npc/c30834/201904/d44ee256bf7340e5bbbf27d599911afd.shtml。

〔2〕 中国人大网，http：//www.npc.gov.cn/npc/c30834/201908/6818c665f3654ab3aa25e932c8a430a0.shtml。

全国人民代表大会常务委员会关于批准 《中华人民共和国和越南社会主义共和国引渡条约》 的决定[1]

（2019 年 8 月 26 日第十三届全国人民代表大会常务委员会
第十二次会议通过）

第十三届全国人民代表大会常务委员会第十二次会议决定：批准 2015 年 4 月 7 日由中华人民共和国代表在北京签署的《中华人民共和国和越南社会主义共和国引渡条约》。

全国人民代表大会常务委员会关于批准 《中华人民共和国和巴基斯坦伊斯兰共和国关于 移管被判刑人的条约》的决定[2]

（2020 年 4 月 29 日第十三届全国人民代表大会常务委员会
第十七次会议通过）

第十三届全国人民代表大会常务委员会第十七次会议决定：批准 2018 年 11 月 3 日由中华人民共和国代表在北京签署的《中华人民共和国和巴基斯坦伊斯兰共和国关于移管被判刑人的条约》。

---

〔1〕　中国人大网，http：//www. npc. gov. cn/npc/c30834/201908/fd5cf59583314ecc a022cb886157b540. shtml。

〔2〕　中国人大网，http：//www. npc. gov. cn/npc/c30834/202004/691b18af7532451 dae2d2698bd65a3a2. shtml。

全国人民代表大会常务委员会关于批准
《中华人民共和国和塞浦路斯共和国引渡条约》
的决定[1]

（2020 年 10 月 17 日第十三届全国人民代表大会常务委员会
第二十二次会议通过）

第十三届全国人民代表大会常务委员会第二十二次会议决定：批准 2018 年 6 月 29 日由中华人民共和国代表在北京签署的《中华人民共和国和塞浦路斯共和国引渡条约》。

全国人民代表大会常务委员会关于批准
《中华人民共和国和比利时王国引渡条约》的决定[2]

（2020 年 10 月 17 日第十三届全国人民代表大会常务委员会
第二十二次会议通过）

第十三届全国人民代表大会常务委员会第二十二次会议决定：批准 2016 年 10 月 31 日由中华人民共和国代表在北京签署的《中华人民共和国和比利时王国引渡条约》。

---

〔1〕 中国人大网，http：//www. npc. gov. cn/npc/c30834/202010/b1e2e2b32a9f4e3dad30726b4fe5f5dc. shtml。

〔2〕 中国人大网，http：//www. npc. gov. cn/npc/c30834/202010/eb4d3b73cbad4281af9ee556ab4dbeac. shtml。

全国人民代表大会常务委员会关于批准
《中华人民共和国和土耳其共和国引渡条约》的决定[1]

（2020 年 12 月 26 日第十三届全国人民代表大会常务委员会
第二十四次会议通过）

第十三届全国人民代表大会常务委员会第二十四次会议决定：批准 2017 年 5 月 13 日由中华人民共和国代表在北京签署的《中华人民共和国和土耳其共和国引渡条约》。

全国人民代表大会常务委员会关于批准
《中华人民共和国与摩洛哥王国引渡条约》的决定[2]

（2021 年 1 月 22 日第十三届全国人民代表大会常务委员会
第二十五次会议通过）

第十三届全国人民代表大会常务委员会第二十五次会议决定：批准 2016 年 5 月 11 日由中华人民共和国代表在北京签署的《中华人民共和国与摩洛哥王国引渡条约》。

---

〔1〕　中国人大网，http：//www.npc.gov.cn/npc/c30834/202012/2dafcf30afcf41ba8fdad2bd3015319d.shtml。

〔2〕　中国人大网，http：//www.npc.gov.cn/npc/c30834/202101/744fc5bb97664745aa25961762ec8dbb.shtml。

全国人民代表大会常务委员会关于批准
《中华人民共和国和比利时王国关于
移管被判刑人的条约》的决定[1]

（2021 年 1 月 22 日第十三届全国人民代表大会常务委员会
第二十五次会议通过）

第十三届全国人民代表大会常务委员会第二十五次会议决定：批准 2016 年 10 月 31 日由中华人民共和国代表在北京签署的《中华人民共和国和比利时王国关于移管被判刑人的条约》。

全国人民代表大会常务委员会关于批准
《中华人民共和国和伊朗伊斯兰共和国关于
刑事司法协助的条约》的决定[2]

（2021 年 4 月 29 日第十三届全国人民代表大会常务委员会
第二十八次会议通过）

第十三届全国人民代表大会常务委员会第二十八次会议决定：批准 2016 年 1 月 23 日由中华人民共和国代表在德黑兰签署的《中华人民共和国和伊朗伊斯兰共和国关于刑事司法协助的条约》。

---

〔1〕 中国人大网，http：//www.npc.gov.cn/npc/c30834/202101/9453c0cb93044b9da11cc6963694784b.shtml。

〔2〕 中国人大网，http：//www.npc.gov.cn/npc/c30834/202104/bf316ed8701544bfa7ee2eae0c398d76.shtml。

全国人民代表大会常务委员会关于批准
《中华人民共和国和伊朗伊斯兰共和国关于
民事和商事司法协助的条约》的决定[1]

(2021 年 4 月 29 日第十三届全国人民代表大会常务委员会
第二十八次会议通过)

第十三届全国人民代表大会常务委员会第二十八次会议决定：批准 2016 年 1 月 23 日由中华人民共和国代表在德黑兰签署的《中华人民共和国和伊朗伊斯兰共和国关于民事和商事司法协助的条约》。

全国人民代表大会常务委员会关于批准
《中华人民共和国和智利共和国引渡条约》的决定[2]

(2021 年 10 月 23 日第十三届全国人民代表大会常务委员会
第三十一次会议通过)

第十三届全国人民代表大会常务委员会第三十一次会议决定：批准 2015 年 5 月 25 日由中华人民共和国代表在圣地亚哥签署的《中华人民共和国和智利共和国引渡条约》。

---

〔1〕 中国人大网，http：//www.npc.gov.cn/npc/c30834/202104/6bfa3e3c83ac42ea a840057140a34c9e.shtml。

〔2〕 中国人大网，http：//www.npc.gov.cn/npc/c30834/202110/9050801a0ebe4aaf 88f89bf11e83553e.shtml。

全国人民代表大会常务委员会关于批准《制止与国际民用航空有关的非法行为的公约》的决定[1]

(2022 年 10 月 30 日第十三届全国人民代表大会常务委员会第三十七次会议通过)

第十三届全国人民代表大会常务委员会第三十七次会议决定：批准 2010 年 9 月 10 日由中华人民共和国代表在北京签署的《制止与国际民用航空有关的非法行为的公约》（以下称《北京公约》），同时声明：

一、中华人民共和国不受《北京公约》第二十条第一款的约束。

二、在中华人民共和国政府另行通知前，《北京公约》暂不适用于中华人民共和国香港特别行政区和中华人民共和国澳门特别行政区。

---

[1] 中国人大网，http：//www.npc.gov.cn/npc/c30834/202210/f04ce99acf1a48f38dea3ba52bc24000.shtml。

全国人民代表大会常务委员会关于批准
《〈关于持久性有机污染物的斯德哥尔摩公约〉
列入多氯萘等三种类持久性有机污染物修正案》
和《〈关于持久性有机污染物的斯德哥尔摩公约〉
列入短链氯化石蜡等三种类持久性有机污染物修正案》
的决定[1]

(2022 年 12 月 30 日第十三届全国人民代表大会常务委员会
第三十八次会议通过)

第十三届全国人民代表大会常务委员会第三十八次会议决定：批准分别于 2015 年 5 月 15 日和 2017 年 5 月 5 日经《关于持久性有机污染物的斯德哥尔摩公约》缔约方大会第七次会议和第八次会议通过的《〈关于持久性有机污染物的斯德哥尔摩公约〉列入多氯萘等三种类持久性有机污染物修正案》和《〈关于持久性有机污染物的斯德哥尔摩公约〉列入短链氯化石蜡等三种类持久性有机污染物修正案》。

第二节 关于多边外交的决议决定

新中国成立之初，就宣告彻底废除列强强加给中国的不平等条约和帝国主义在中国的一切特权，积极扩大同一切对我友好国

---

[1] 中国人大网，http：//www.npc.gov.cn/npc/c30834/202212/617825a66e254f65a4b7303a56f52e87.shtml。

家的联系，努力捍卫新生的社会主义中国的独立和主权，支持各国人民的正义事业。党的十一届三中全会后，我国对外交往进入了服务改革开放和社会主义现代化建设为全面发展的新时期，我国从中国人民的根本利益出发，全方位开展对外交流合作，努力为国内建设营造长期、稳定的和平外部环境。在这一历史发展过程中，全国人大及其常委会作出了一系列发展多边外交的决议决定，为推动我国外交事业发展提供了有力的法治保障。

全国人民代表大会常务委员会响应苏维埃社会主义共和国联盟最高苏维埃宣言的决议

（1955 年 2 月 12 日全国人民代表大会常务委员会第七次会议通过）

中华人民共和国全国人民代表大会常务委员会欢迎 1955 年 2 月 9 日苏维埃社会主义共和国联盟最高苏维埃的宣言。

世界各国人民和议会不能不注意到正在亚洲、欧洲以及世界其他地区发展着的紧张局势。

亚洲各国人民的独立和主权遭受到侵略和战争势力的日益严重的威协和侵犯。中国的领土台湾遭受到美国的公开强占。远东和亚洲的紧张局势正在加剧。复活德国和日本军国主义的危险政策要把欧洲、亚洲乃至全世界推向战争的道路。建立反对其他国家的军事集团、推行军备竞赛、准备原子战争的罪恶活动正在威胁着全世界人民的安全。

为了制止侵略战争，维护世界和平，必须消除任何国家对其他国家内政的干涉，防止德国和日本的军国主义的复活，普遍裁减军备，禁止原子武器和所有其他大规模毁灭性武器。各国之间的友好合作关系必须建立在互相尊重领土主权、互不侵犯、互不干涉内政、平等互利、和平共处的原则的基础之上。我们深信，在各国人民的共同努力下，和平的力量将一定能战胜侵略和战争的势力。

中华人民共和国全国人民代表大会常务委员会热烈响应苏联最高苏维埃的建议，认为各国议会应该担负起维护和巩固世界和平的重大责任，采取具体步骤发展各国人民的友好合作关系，并互派代表团进行访问，为加强国际和平而努力。

全国人民代表大会常务委员会关于决定任命出席 亚非会议代表团首席代表和代表的决议[1]

(1955 年 4 月 12 日全国人民代表大会常务委员会
第十二次会议通过)

全国人民代表大会常务委员会一九五五年四月十二日第十二大会议决定任命国务院总理兼外交部部长周恩来为中华人民共和国出席亚非会议代表团首席代表，国务院副总理陈毅、对外贸易部部长叶季壮、外交部副部长章汉夫和中华人民共和国驻印度尼西亚共和国特命全权大使黄镇为代表。

---

〔1〕 国务院公报，http://www.gov.cn/gongbao/shuju/1955/gwyb195505.pdf。

中华人民共和国全国人民代表大会常务委员会关于批准中华人民共和国政府关于领海声明的决议[1]

（1958 年 9 月 4 日第一届全国人民代表大会常务委员会
第一百次会议通过）

一九五八年九月四日全国人民代表大会常务委员会第一百次会议决定批准中华人民共和国政府关于领海的声明。

---

〔1〕 全国人大常委会办公厅、中共中央文献研究室编：《人民代表大会制度重要文献选编》（一），中国民主法制出版社 2015 年版，第 357—359 页。

附：

中华人民共和国政府关于领海的声明

中华人民共和国政府宣布：

（一）中华人民共和国的领海宽度为十二海里（浬）。这项规定适用于中华人民共和国的一切领土，包括中国大陆及其沿海岛屿，和同大陆及其沿海岛屿隔有公海的台湾及其周围各岛、澎湖列岛、东沙群岛、西沙群岛、中沙群岛、南沙群岛以及其他属于中国的岛屿。

（二）中国大陆及其沿海岛屿的领海以连接大陆岸上和沿海岸外缘岛屿上各基点之间的各直线为基线，从基线向外延伸十二海里（浬）的水域是中国的领海。在基线以内的水域，包括渤海湾、琼州海峡在内，都是中国的内海。在基线以内的岛屿，包括东引岛、高登岛、马祖列岛、白犬列岛、乌丘岛、大小金门岛、大担岛、二担岛、东椗岛在内，都是中国的内海岛屿。

（三）一切外国飞机和军用船舶，未经中华人民共和国政府的许可，不得进入中国的领海和领海上空。

任何外国船舶在中国领海航行，必须遵守中华人民共和国政府的有关法令。

（四）以上（二）（三）两项规定的原则同样适用于台湾及其周围各岛、澎湖列岛、东沙群岛、西沙群岛、中沙群岛、南沙群岛以及其他属于中国的岛屿。

台湾和澎湖地区现在仍然被美国武力侵占，这是侵犯中华人民共和国领土完整和主权的非法行为。台湾和澎湖等地尚待收复，中华人民共和国政府有权采取一切适当的方法，在适当的时候，收复这些地区，这是中国的内政，不容外国干涉。

一九五八年九月四日于北京

全国人民代表大会常务委员会关于批准

《东南亚友好合作条约第三修改议定书》的决定〔1〕

（2011 年 8 月 26 日第十一届全国人民代表大会常务委员会第二十二次
会议通过）

第十一届全国人民代表大会常务委员会第二十二次会议决定：批准 2010 年 7 月 23 日由外交部部长杨洁篪代表中华人民共和国在河内签署的《东南亚友好合作条约第三修改议定书》。

全国人民代表大会常务委员会关于批准

《万国邮政联盟组织法第八附加议定书》的决定〔2〕

（2012 年 4 月 27 日第十一届全国人民代表大会常务委员会
第二十六次会议通过）

第十一届全国人民代表大会常务委员会第二十六次会议决定：批准 2008 年 8 月 12 日由第 24 届万国邮政联盟代表大会通过的《万国邮政联盟组织法第八附加议定书》。

---

〔1〕 中国人大网，http：//www.npc.gov.cn/npc/c12435/201108/3a675155dcd74837b43826fe65128f8a.shtml。

〔2〕 中国人大网，http：//www.npc.gov.cn/npc/c10134/201204/4829549353834badaf544e62866ab232.shtml。

全国人民代表大会常务委员会关于批准
《中华人民共和国、塔吉克斯坦共和国和阿富汗伊斯兰
共和国关于确定三国国界交界点的协定》的决定[1]

(2012 年 10 月 26 日第十一届全国人民代表大会常务委员会
第二十九次会议通过)

第十一届全国人民代表大会常务委员会第二十九次会议决定：批准 2012 年 6 月 5 日由外交部部长杨洁篪代表中华人民共和国在北京签署的《中华人民共和国、塔吉克斯坦共和国和阿富汗伊斯兰共和国关于确定三国国界交界点的协定》。

全国人民代表大会常务委员会关于批准
《关于在上海合作组织成员国境内组织和
举行联合反恐行动的程序协定》的决定[2]

(2013 年 6 月 29 日第十二届全国人民代表大会常务委员会
第三次会议通过)

第十二届全国人民代表大会常务委员会第三次会议决定：批准 2006 年 6 月 15 日由公安部副部长孟宏伟代表中华人民共和国政府在上海签署的《关于在上海合作组织成员国境内组织和举行联合反恐行动的程序协定》（以下简称《反恐行动程序协定》）；

---

〔1〕 中国人大网，http：//www.npc.gov.cn/npc/c12435/201210/6ffca44842804690b298a57507d72c8c.shtml。

〔2〕 中国人大网，http：//www.npc.gov.cn/npc/c12489/201306/ff2a512b863f43cbbed0e20bcf510e41.shtml。

同时声明：

《反恐行动程序协定》适用于中华人民共和国澳门特别行政区；在中华人民共和国政府另行通知前，《反恐行动程序协定》暂不适用于中华人民共和国香港特别行政区。

全国人民代表大会常务委员会关于批准《关于持久性有机污染物的斯德哥尔摩公约》两修正案的决定[1]

(2013 年 8 月 30 日第十二届全国人民代表大会常务委员会第四次会议通过)

第十二届全国人民代表大会常务委员会第四次会议决定：批准分别于 2009 年 5 月 8 日和 2011 年 4 月 29 日经《关于持久性有机污染物的斯德哥尔摩公约》缔约方大会第四次会议和第五次会议通过的《〈关于持久性有机污染物的斯德哥尔摩公约〉新增列九种持久性有机污染物修正案》和《〈关于持久性有机污染物的斯德哥尔摩公约〉新增列硫丹修正案》。

---

[1] 中国人大网，http：//www.npc.gov.cn/npc/c12435/201308/148da51ae6b943299a0b6a23b3a597cc.shtml。

全国人民代表大会常务委员会关于批准 《视听表演北京条约》 的决定[1]

(2014 年 4 月 24 日第十二届全国人民代表大会常务委员会
第八次会议通过)

第十二届全国人民代表大会常务委员会第八次会议决定：批准世界知识产权组织于 2012 年 6 月 26 日在北京召开的保护音像表演外交会议上通过的《视听表演北京条约》；同时声明：

一、中华人民共和国不受《视听表演北京条约》第十一条第一款和第二款规定的约束。

二、在中华人民共和国政府另行通知前，《视听表演北京条约》暂不适用于中华人民共和国香港特别行政区。

全国人民代表大会常务委员会关于批准 《上海合作组织反恐怖主义公约》 的决定[2]

(2014 年 12 月 28 日第十二届全国人民代表大会常务委员会
第十二次会议通过)

第十二届全国人民代表大会常务委员会第十二次会议决定：批准 2009 年 6 月 16 日由时任国家主席胡锦涛代表中华人民共和国在叶卡捷琳堡签署的《上海合作组织反恐怖主义公约》，同时

---

〔1〕 中国人大网，http：//www.npc.gov.cn/npc/c10134/201404/ae74ae3dae75495498a89f505a a8486a.shtml。

〔2〕 中国人大网，http：//www.npc.gov.cn/npc/c12489/201412/ea9476b28d4c4adc81ed009351dbfa7e.shtml。

声明：在中华人民共和国政府另行通知前，《上海合作组织反恐怖主义公约》暂不适用于中华人民共和国香港特别行政区。

全国人民代表大会常务委员会关于批准 《亚洲基础设施投资银行协定》的决定[1]

(2015 年 11 月 4 日第十二届全国人民代表大会常务委员会 第十七次会议通过)

第十二届全国人民代表大会常务委员会第十七次会议决定：批准 2015 年 6 月 29 日由中华人民共和国代表在北京签署的《亚洲基础设施投资银行协定》。

全国人民代表大会常务委员会关于批准 《〈关于持久性有机污染物的斯德哥尔摩公约〉 新增列六溴环十二烷修正案》的决定[2]

(2016 年 7 月 2 日第十二届全国人民代表大会常务委员会 第二十一次会议通过)

第十二届全国人民代表大会常务委员会第二十一次会议决定：批准 2013 年 5 月 10 日经《关于持久性有机污染物的斯德哥尔摩公约》缔约方大会第六次会议审议通过的《〈关于持久性有机污染物的斯德哥尔摩公约〉新增列六溴环十二烷修正案》。

---

〔1〕 中国人大网，http：//www. npc. gov. cn/npc/c12489/201511/4309f9769ba74437aa065aecbe97d78e. shtml。

〔2〕 中国人大网，http：//www. npc. gov. cn/npc/c12435/201607/0cdec54be267429a831a6fdc26f86c00. shtml。

全国人民代表大会常务委员会关于批准
《中华人民共和国加入世界贸易组织关税
减让表修正案》的决定[1]

（2016 年 9 月 3 日第十二届全国人民代表大会常务委员会第二十二次
会议通过）

第十二届全国人民代表大会常务委员会第二十二次会议决定：批准《中华人民共和国加入世界贸易组织关税减让表修正案》。

同时，授权国务院可根据《马拉喀什建立世界贸易组织协定》采取措施，并根据世界贸易组织审议结果对《中华人民共和国加入世界贸易组织关税减让表修正案》所附关税减让表进行技术性调整。

全国人民代表大会常务委员会关于批准
《巴黎协定》的决定[2]

（2016 年 9 月 3 日第十二届全国人民代表大会常务委员会
第二十二次会议通过）

第十二届全国人民代表大会常务委员会第二十二次会议决定：批准 2016 年 4 月 22 日由中华人民共和国代表在纽约签署的

---

〔1〕 中国人大网，http：//www.npc.gov.cn/npc/c12489/201609/eccb216781184b5b94059e73b1893f5c.shtml。
〔2〕 中国人大网，http：//www.npc.gov.cn/npc/c12489/201609/10de15250e684e1588153e4cec9e6f37.shtml。

《巴黎协定》。

全国人民代表大会常务委员会关于批准《上海合作组织成员国边防合作协定》的决定[1]

(2017 年 4 月 27 日第十二届全国人民代表大会常务委员会
第二十七次会议通过)

第十二届全国人民代表大会常务委员会第二十七次会议决定：批准 2015 年 7 月 10 日由中华人民共和国代表在乌法签署的《上海合作组织成员国边防合作协定》。

全国人民代表大会常务委员会关于批准《关于成立中亚区域经济合作学院的协定》的决定[2]

(2017 年 6 月 27 日第十二届全国人民代表大会常务委员会
第二十八次会议通过)

第十二届全国人民代表大会常务委员会第二十八次会议决定：批准 2016 年 10 月 26 日由中华人民共和国政府代表在伊斯兰堡签署的《关于成立中亚区域经济合作学院的协定》（以下简称《协定》），同时声明：

一、根据《协定》第二十一条第一款第三项的规定，中华人民共和国将保留对中国国籍职员从中亚区域经济合作学院获得的

---

〔1〕 中国人大网，http：//www.npc.gov.cn/npc/c30834/201704/205affada450450c965d0bce57759b11.shtml。

〔2〕 中国人大网，http：//www.npc.gov.cn/npc/c10134/201706/f67af0c9aac545ff83e219ee56b4e3b9.shtml。

薪资和报酬征税的权利。

二、中华人民共和国澳门特别行政区适用《协定》，但不适用中华人民共和国根据《协定》第二十一条第一款第三项的规定所作的声明。

三、在中华人民共和国政府另行通知前，《协定》暂不适用于中华人民共和国香港特别行政区。

全国人民代表大会常务委员会关于批准《上海合作组织反极端主义公约》的决定[1]

(2018 年 12 月 29 日第十三届全国人民代表大会常务委员会
第七次会议通过)

第十三届全国人民代表大会常务委员会第七次会议决定：批准 2017 年 6 月 9 日由中华人民共和国代表在阿斯塔纳签署的《上海合作组织反极端主义公约》，同时声明：

在中华人民共和国政府另行通知前，《上海合作组织反极端主义公约》暂不适用于中华人民共和国香港特别行政区、澳门特别行政区。

---

〔1〕　中国人大网，http：//www.npc.gov.cn/npc/c12489/201812/76f834b68d0944f1bc41753472411e33.shtml。

全国人民代表大会常务委员会关于加入
《武器贸易条约》的决定[1]

（2020 年 6 月 20 日第十三届全国人民代表大会常务委员会
第十九次会议通过）

第十三届全国人民代表大会常务委员会第十九次会议决定：加入 2013 年 4 月 2 日由联合国大会通过的《武器贸易条约》。

全国人民代表大会常务委员会关于批准
《〈巴塞尔公约〉缔约方会议第十四次会议
第 14/12 号决定对〈巴塞尔公约〉附件二、
附件八和附件九的修正》的决定[2]

（2020 年 10 月 17 日第十三届全国人民代表大会常务委员会
第二十二次会议通过）

第十三届全国人民代表大会常务委员会第二十二次会议决定：批准 2019 年 5 月在日内瓦召开的《控制危险废物越境转移及其处置巴塞尔公约》缔约方会议第十四次会议通过的《〈巴塞尔公约〉缔约方会议第十四次会议第 14/12 号决定对〈巴塞尔公约〉附件二、附件八和附件九的修正》。

---

〔1〕 中国人大网，http：//www.npc.gov.cn/npc/c30834/202006/6b995900ab314c4da8210c458f77f272.shtml。

〔2〕 中国人大网，http：//www.npc.gov.cn/npc/c30834/202010/96b0278c5ee54778ad80aab0c0655f0c.shtml。

全国人民代表大会常务委员会关于批准
《〈上海合作组织成员国关于举行联合军事
演习的协定〉补充议定书》的决定[1]

(2021 年 4 月 29 日第十三届全国人民代表大会常务委员会
第二十八次会议通过)

第十三届全国人民代表大会常务委员会第二十八次会议决定：批准 2019 年 4 月由中华人民共和国代表在比什凯克签署的《〈上海合作组织成员国关于举行联合军事演习的协定〉补充议定书》。

全国人民代表大会常务委员会关于批准
《成立平方公里阵列天文台公约》的决定[2]

(2021 年 4 月 29 日第十三届全国人民代表大会常务委员会
第二十八次会议通过)

第十三届全国人民代表大会常务委员会第二十八次会议决定：批准 2019 年 3 月 12 日由中华人民共和国代表在罗马签署的《成立平方公里阵列天文台公约》，同时声明：

在中华人民共和国政府另行通知前，《成立平方公里阵列天文台公约》暂不适用于中华人民共和国香港特别行政区。

---

〔1〕 中国人大网，http：//www.npc.gov.cn/npc/c30834/202104/bd7183dc74764e2b96e86f041d72c3d3.shtml。

〔2〕 中国人大网，http：//www.npc.gov.cn/npc/c30834/202104/a438eb7336134f5a991a9a609f07a6e2.shtml。

全国人民代表大会常务委员会关于批准《关于为盲人、视力障碍者或其他印刷品阅读障碍者获得已出版作品提供便利的马拉喀什条约》的决定[1]

（2021 年 10 月 23 日第十三届全国人民代表大会常务委员会第三十一次会议通过）

第十三届全国人民代表大会常务委员会第三十一次会议决定：批准 2013 年 6 月 28 日由中华人民共和国代表在马拉喀什签署的《关于为盲人、视力障碍者或其他印刷品阅读障碍者获得已出版作品提供便利的马拉喀什条约》（以下简称《马拉喀什条约》），同时声明：

一、中华人民共和国香港特别行政区适用《马拉喀什条约》，并依据该条约第四条第四款的规定，将该条规定的版权例外限于市场中无法从商业渠道以合理条件为受益人获得特定无障碍格式的作品。

二、在中华人民共和国政府另行通知前，《马拉喀什条约》暂不适用于中华人民共和国澳门特别行政区。

---

[1] 中国人大网，http：//www.npc.gov.cn/npc/c30834/202110/24c0f011644542da879c78e8654cc9b8.shtml。

全国人民代表大会常务委员会关于批准
《1957 年废除强迫劳动公约》的决定[1]

（2022 年 4 月 20 日第十三届全国人民代表大会常务委员会
第三十四次会议通过）

第十三届全国人民代表大会常务委员会第三十四次会议决定：批准 1957 年 6 月 25 日在日内瓦举行的第 40 届国际劳工大会上通过的《1957 年废除强迫劳动公约》。

全国人民代表大会常务委员会关于批准
《1930 年强迫劳动公约》的决定[2]

（2022 年 4 月 20 日第十三届全国人民代表大会常务委员会
第三十四次会议通过）

第十三届全国人民代表大会常务委员会第三十四次会议决定：批准 1930 年 6 月 28 日在日内瓦举行的第 14 届国际劳工大会上通过的《1930 年强迫劳动公约》。

---

〔1〕　中国人大网，http：//www. npc. gov. cn/npc/c30834/202204/da012605b9014d45be95ad196a955fbb. shtml。
〔2〕　中国人大网，http：//www. npc. gov. cn/npc/c30834/202204/6932b82e65d84e6ba515bc044cc76bc9. shtml。

全国人民代表大会常务委员会关于批准
《关于修改二○○二年六月七日在圣彼得堡
（俄罗斯联邦）签署的〈上海合作组织成员国
关于地区反恐怖机构的协定〉的议定书》的决定[1]

（2022 年 4 月 20 日第十三届全国人民代表大会常务委员会
第三十四次会议通过）

第十三届全国人民代表大会常务委员会第三十四次会议决定：批准 2007 年 8 月 16 日由中华人民共和国代表在比什凯克签署的《关于修改二○○二年六月七日在圣彼得堡（俄罗斯联邦）签署的〈上海合作组织成员国关于地区反恐怖机构的协定〉的议定书》。

全国人民代表大会常务委员会关于批准
《中华人民共和国和厄瓜多尔共和国关于刑事司法
协助的条约》的决定[2]

（2022 年 10 月 30 日第十三届全国人民代表大会常务委员会
第三十七次会议通过）

第十三届全国人民代表大会常务委员会第三十七次会议决

---

〔1〕 中国人大网，http：//www.npc.gov.cn/npc/c30834/202204/2a93cb7cfeec4246b4933e3fbb1190f1.shtml。

〔2〕 中国人大网，http：//www.npc.gov.cn/npc/c30834/202210/6d701ae18a184af3b4cec8bc9b6e918a.shtml。

定：批准 2018 年 12 月 12 日由中华人民共和国代表在北京签署的《中华人民共和国和厄瓜多尔共和国关于刑事司法协助的条约》。

全国人民代表大会常务委员会关于批准《中华人民共和国和摩洛哥王国关于刑事司法协助的条约》的决定[1]

（2022 年 10 月 30 日第十三届全国人民代表大会常务委员会第三十七次会议通过）

第十三届全国人民代表大会常务委员会第三十七次会议决定：批准 2016 年 5 月 11 日由中华人民共和国代表在北京签署的《中华人民共和国和摩洛哥王国关于刑事司法协助的条约》。

全国人民代表大会常务委员会关于批准《中华人民共和国和刚果共和国关于刑事司法协助的条约》的决定[2]

（2022 年 10 月 30 日第十三届全国人民代表大会常务委员会第三十七次会议通过）

第十三届全国人民代表大会常务委员会第三十七次会议决定：批准 2016 年 7 月 5 日由中华人民共和国代表在北京签署的

---

〔1〕　中国人大网，http：//www.npc.gov.cn/npc/c30834/202210/4063ef6c49d8478b86dab1ebe7a3633d.shtml。

〔2〕　中国人大网，http：//www.npc.gov.cn/npc/c30834/202210/6a56f3ed8861445cb1831778451af19c.shtml。

《中华人民共和国和刚果共和国关于刑事司法协助的条约》。

全国人民代表大会常务委员会关于批准
《中华人民共和国和肯尼亚共和国关于刑事司法
协助的条约》的决定[1]

（2022 年 10 月 30 日第十三届全国人民代表大会常务委员会
第三十七次会议通过）

第十三届全国人民代表大会常务委员会第三十七次会议决定：批准 2017 年 5 月 15 日由中华人民共和国代表在北京签署的《中华人民共和国和肯尼亚共和国关于刑事司法协助的条约》。

全国人民代表大会常务委员会关于批准
《中华人民共和国和乌拉圭东岸共和国引渡条约》
的决定[2]

（2022 年 12 月 30 日第十三届全国人民代表大会常务委员会
第三十八次会议通过）

第十三届全国人民代表大会常务委员会第三十八次会议决定：批准 2019 年 4 月 29 日由中华人民共和国代表在北京签署的《中华人民共和国和乌拉圭东岸共和国引渡条约》。

---

〔1〕 中国人大网，http：//www.npc.gov.cn/npc/c30834/202210/1a91ea4eff7a42718901724e63ce2d49.shtml。

〔2〕 中国人大网，http：//www.npc.gov.cn/npc/c30834/202212/eba76c978b4f4dfcac95666cc6a08290.shtml。

全国人民代表大会常务委员会关于批准
《中华人民共和国和肯尼亚共和国引渡条约》的决定[1]

（2022 年 12 月 30 日第十三届全国人民代表大会常务委员会
第三十八次会议通过）

第十三届全国人民代表大会常务委员会第三十八次会议决定：批准 2017 年 5 月 15 日由中华人民共和国代表在北京签署的《中华人民共和国和肯尼亚共和国引渡条约》。

全国人民代表大会常务委员会关于批准
《中华人民共和国和亚美尼亚共和国引渡条约》
的决定[2]

（2022 年 12 月 30 日第十三届全国人民代表大会常务委员会
第三十八次会议通过）

第十三届全国人民代表大会常务委员会第三十八次会议决定：批准 2019 年 5 月 26 日由中华人民共和国代表在埃里温签署的《中华人民共和国和亚美尼亚共和国引渡条约》。

---

〔1〕　中国人大网，http：//www.npc.gov.cn/npc/c30834/202212/27a0ef31a85f46f09e426c5ffbf47b51.shtml。

〔2〕　中国人大网，http：//www.npc.gov.cn/npc/c30834/202212/69604c90262f4549b8f700998918b0e9.shtml。

全国人民代表大会常务委员会关于批准
《中华人民共和国和刚果共和国引渡条约》的决定[1]

（2022 年 12 月 30 日第十三届全国人民代表大会常务委员会
第三十八次会议通过）

第十三届全国人民代表大会常务委员会第三十八次会议决定：批准 2016 年 7 月 5 日由中华人民共和国代表在北京签署的《中华人民共和国和刚果共和国引渡条约》。

第三节　关于外交事项的决议决定

新中国成立初期，全国人民代表大会及其常务委员会在及时审议批准对外交往法律文件的同时，还通过行使讨论决定重大事项职权，及时作出了若干规范外交工作的决定，积极支持推进外交工作的法治建设，保障外交工作依法顺利开展。

---

〔1〕　中国人大网，http：//www.npc.gov.cn/npc/c30834/202212/93f241d934624f398f4a847bffa1ff51.shtml。

全国人民代表大会常务委员会关于同外国缔结条约的批准手续的决定

（1954 年 10 月 16 日第一届全国人民代表大会常务委员会
第一次会议通过）

一、中华人民共和国同外国缔结下列各种条约，应当依照中华人民共和国宪法第三十一条第十二项和第四十一条的规定办理批准手续：和平条约，互不侵犯条约，友好同盟互助条约和其他在条约中明文规定必须经过批准的一切条约，包括协定在内。

二、凡不属于前条规定范围内的协定、议定书等，由国务院核准。

全国人民代表大会常务委员会关于在中华人民共和国主席和副主席休假或者外出期间由全国人民代表大会常务委员会委员长接受外国使节的决定

（1955 年 12 月 28 日第一届全国人民代表大会常务委员会
第三十次会议通过）

全国人民代表大会常务委员会一九五五年十二月二十八日第三十次会议决定：在中华人民共和国主席和副主席休假或者外出期间，由全国人民代表大会常务委员会委员长接受外国使节。

第十一章

关于特定重大事项的决议决定

随着我国改革发展不断深化，法治中国建设不断推进，全国人民代表大会及其常务委员会讨论决定重大事项制度逐步走向制度化、法治化、程序化。很多重大事项被纳入相关法律规定固定下来，如随着环境保护法治建设的推进，修订后的环境保护法规定，县级以上人民政府应当定期向本级人民代表大会常务委员会报告本行政区域环境状况和环境保护目标的完成情况；县级以上地方人民政府对本行政区域发生的重大环境事件应当及时向本级人民代表大会常务委员会提出专项报告，依法接受监督。但也应看到，改革发展的过程中总会有一些新的事关重大的矛盾和问题凸显出来，需要全国人大及其常委会纳入讨论决定重大事项议题，有序开展立法或根据急迫程度作出决议决定加以规范，这样就产生了大量的特定重大事项的决议决定，包括关于重大改革的决议决定、关于重大建设的决议决定、关于重大纪念日的决议决定、关于重大荣誉的决议决定、关于国家安全的决议决定、关于国家特赦的决议决定、关于特别行政区治理的决议决定。

第一节　关于重大改革的决议决定

1978 年党的十一届三中全会以来，我国一直致力于推进和深化改革开放。改革开放涉及经济、政治、文化、社会的各个方面，是一场深刻的革命。重大改革措施，如产权制度改革、企业制度改革、劳动制度改革、社会保障制度改革、医疗制度改革等，都与人民群众利益密切相关，与稳定和发展密切相关，人大及其常委会作为人民利益的代表机关和国家权力机关，在加快相关领域立法工作的同时，积极发挥讨论决定重大事项职权，就某个特定问题作出决议决定，可以有效解决制度供给不足的问题，尽可能做到改革于法有据、有法可依，依法推进改革。

全国人民代表大会常务委员会关于调整完善生育政策的决议[1]

(2013 年 12 月 28 日第十二届全国人民代表大会常务委员会
第六次会议通过)

第十二届全国人民代表大会常务委员会第六次会议审议了国务院关于调整完善生育政策的议案，作出如下决议：

一、坚持计划生育的基本国策。四十多年来，在全国人民的共同努力下，我国计划生育取得了巨大成就，控制了人口过快增长，缓解了资源环境压力，为促进经济社会协调发展、保障和改善民生作出了重要贡献。人口众多是我国长期面临的基本国情，必须认真贯彻宪法和人口与计划生育法等法律，促进人口长期均衡发展。

二、根据我国经济社会的发展和人口形势的变化，逐步调整

---

[1]　中国人大网，http://www.npc.gov.cn/npc/c12435/201312/b7130e6254334277a3fa907d41cd76cb.shtml。

完善生育政策是必要的。同意启动实施一方是独生子女的夫妇可生育两个孩子的政策。各省、自治区、直辖市人民代表大会或者其常务委员会应当根据人口与计划生育法和本决议，结合本地实际情况，及时修改相关地方性法规或者作出规定。

三、全国人民代表大会常务委员会和地方各级人民代表大会常务委员会要加强对人口与计划生育法和本决议实施情况的监督检查，使相关法律和本决议得到有效实施。

全国人民代表大会常务委员会关于实行宪法宣誓制度的决定

（2015 年 7 月 1 日第十二届全国人民代表大会常务委员会第十五次会议通过　2018 年 2 月 24 日第十二届全国人民代表大会常务委员会第三十三次会议修订）

宪法是国家的根本法，是治国安邦的总章程，具有最高的法律地位、法律权威、法律效力。国家工作人员必须树立宪法意识，恪守宪法原则，弘扬宪法精神，履行宪法使命。为彰显宪法权威，激励和教育国家工作人员忠于宪法、遵守宪法、维护宪法，加强宪法实施，全国人民代表大会常务委员会决定：

一、各级人民代表大会及县级以上各级人民代表大会常务委员会选举或者决定任命的国家工作人员，以及各级人民政府、监察委员会、人民法院、人民检察院任命的国家工作人员，在就职时应当公开进行宪法宣誓。

二、宣誓誓词如下：

我宣誓：忠于中华人民共和国宪法，维护宪法权威，履行法定职责，忠于祖国、忠于人民，恪尽职守、廉洁奉公，接受人民监督，为建设富强民主文明和谐美丽的社会主义现代化强国努力奋斗！

三、全国人民代表大会选举或者决定任命的中华人民共和国主席、副主席，全国人民代表大会常务委员会委员长、副委员长、秘书长、委员，国务院总理、副总理、国务委员、各部部长、各委员会主任、中国人民银行行长、审计长、秘书长，中华人民共和国中央军事委员会主席、副主席、委员，国家监察委员会主任，最高人民法院院长，最高人民检察院检察长，以及全国人民代表大会专门委员会主任委员、副主任委员、委员等，在依照法定程序产生后，进行宪法宣誓。宣誓仪式由全国人民代表大会会议主席团组织。

四、在全国人民代表大会闭会期间，全国人民代表大会常务委员会任命或者决定任命的全国人民代表大会专门委员会个别副主任委员、委员，国务院部长、委员会主任、中国人民银行行长、审计长、秘书长，中华人民共和国中央军事委员会副主席、委员，在依照法定程序产生后，进行宪法宣誓。宣誓仪式由全国人民代表大会常务委员会委员长会议组织。

五、全国人民代表大会常务委员会任命的全国人民代表大会常务委员会副秘书长，全国人民代表大会常务委员会工作委员会主任、副主任、委员，全国人民代表大会常务委员会代表资格审查委员会主任委员、副主任委员、委员等，在依照法定程序产生后，进行宪法宣誓。宣誓仪式由全国人民代表大会常务委员会委员长会议组织。

六、全国人民代表大会常务委员会任命或者决定任命的国家监察委员会副主任、委员，最高人民法院副院长、审判委员会委员、庭长、副庭长、审判员和军事法院院长，最高人民检察院副检察长、检察委员会委员、检察员和军事检察院检察长，中华人民共和国驻外全权代表，在依照法定程序产生后，进行宪法宣誓。宣誓仪式由国家监察委员会、最高人民法院、最高人民检察院、外交部分别组织。

七、国务院及其各部门、国家监察委员会、最高人民法院、最高人民检察院任命的国家工作人员，在就职时进行宪法宣誓。宣誓仪式由任命机关组织。

八、宣誓仪式根据情况，可以采取单独宣誓或者集体宣誓的形式。单独宣誓时，宣誓人应当左手抚按《中华人民共和国宪法》，右手举拳，诵读誓词。集体宣誓时，由一人领誓，领誓人左手抚按《中华人民共和国宪法》，右手举拳，领诵誓词；其他宣誓人整齐排列，右手举拳，跟诵誓词。

宣誓场所应当庄重、严肃，悬挂中华人民共和国国旗或者国徽。宣誓仪式应当奏唱中华人民共和国国歌。

负责组织宣誓仪式的机关，可以根据本决定并结合实际情况，对宣誓的具体事项作出规定。

九、地方各级人民代表大会及县级以上地方各级人民代表大会常务委员会选举或者决定任命的国家工作人员，以及地方各级人民政府、监察委员会、人民法院、人民检察院任命的国家工作人员，在依照法定程序产生后，进行宪法宣誓。宣誓的具体组织办法由省、自治区、直辖市人民代表大会常务委员会参照本决定制定，报全国人民代表大会常务委员会备案。

十、本决定自 2018 年 3 月 12 日起施行。

全国人民代表大会常务委员会关于在北京市、山西省、浙江省开展国家监察体制改革试点工作的决定[1]

（2016 年 12 月 25 日第十二届全国人民代表大会常务委员会第二十五次会议通过）

根据党中央确定的《关于在北京市、山西省、浙江省开展国家监察体制改革试点方案》，为在全国推进国家监察体制改革探索积累经验，第十二届全国人民代表大会常务委员会第二十五次会议决定：在北京市、山西省、浙江省开展国家监察体制改革试点工作。

一、在北京市、山西省、浙江省及所辖县、市、市辖区设立监察委员会，行使监察职权。将试点地区人民政府的监察厅（局）、预防腐败局及人民检察院查处贪污贿赂、失职渎职以及预防职务犯罪等部门的相关职能整合至监察委员会。试点地区监察委员会由本级人民代表大会产生。监察委员会主任由本级人民代表大会选举产生；监察委员会副主任、委员，由监察委员会主任提请本级人民代表大会常务委员会任免。监察委员会对本级人民代表大会及其常务委员会和上一级监察委员会负责，并接受监督。

二、试点地区监察委员会按照管理权限，对本地区所有行使公权力的公职人员依法实施监察；履行监督、调查、处置职责，监督检查公职人员依法履职、秉公用权、廉洁从政以及道德操守情况，调查涉嫌贪污贿赂、滥用职权、玩忽职守、权力寻租、利

---

[1]　中国人大网，http：//www.npc.gov.cn/npc/c12435/201612/49d8109c0c344774888007e45ec9296e.shtml。

益输送、徇私舞弊以及浪费国家资财等职务违法和职务犯罪行为并作出处置决定，对涉嫌职务犯罪的，移送检察机关依法提起公诉。为履行上述职权，监察委员会可以采取谈话、讯问、询问、查询、冻结、调取、查封、扣押、搜查、勘验检查、鉴定、留置等措施。

三、在北京市、山西省、浙江省暂时调整或者暂时停止适用《中华人民共和国行政监察法》，《中华人民共和国刑事诉讼法》第三条、第十八条、第一百四十八条以及第二编第二章第十一节关于检察机关对直接受理的案件进行侦查的有关规定，《中华人民共和国人民检察院组织法》第五条第二项，《中华人民共和国检察官法》第六条第三项，《中华人民共和国地方各级人民代表大会和地方各级人民政府组织法》第五十九条第五项关于县级以上的地方各级人民政府管理本行政区域内的监察工作的规定。其他法律中规定由行政监察机关行使的监察职责，一并调整由监察委员会行使。

实行监察体制改革，设立监察委员会，建立集中统一、权威高效的监察体系，是事关全局的重大政治体制改革。试点地区要按照改革试点方案的要求，切实加强党的领导，认真组织实施，保证试点工作积极稳妥、依法有序推进。

本决定自 2016 年 12 月 26 日起施行。

全国人民代表大会常务委员会关于延长人民陪审员制度改革试点期限的决定[1]

(2017 年 4 月 27 日第十二届全国人民代表大会常务委员会第二十七次会议通过)

为进一步研究人民陪审员制度改革试点中的有关问题，第十二届全国人民代表大会常务委员会第二十七次会议决定：2015 年 4 月 24 日第十二届全国人民代表大会常务委员会第十四次会议授权在部分地区开展的人民陪审员制度改革试点工作，试点期限延长一年。延长期满，最高人民法院应当就试点情况向全国人民代表大会常务委员会作出报告。对实践证明可行的，最高人民法院应当会同有关方面提出修改相关法律的意见；对实践证明不宜调整的，恢复施行有关法律规定。

本决定自 2017 年 4 月 28 日起施行。

---

[1]　中国人大网，http：//www. npc. gov. cn/npc/c30834/201704/a97fc22e53074d3 bb96ade7b720c1eed. shtml。

对《关于延长人民陪审员制度改革试点期限的 决定（草案）》的说明[1]

　　——2017 年 4 月 24 日在第十二届全国人民代表大会常务委员会第二十七次会议上

最高人民法院副院长　沈德咏

全国人民代表大会常务委员会：

　　我代表最高人民法院，对《关于延长人民陪审员制度改革试点期限的决定（草案）》作说明。

　　根据全国人大常委会《关于授权在部分地区开展人民陪审员制度改革试点工作的决定》（以下简称《决定》），人民陪审员制度改革试点期限为二年，即 2017 年 5 月到期。为稳妥起见，特提请全国人大常委会作出决定，将人民陪审员制度改革试点工作延期一年至 2018 年 5 月。现作以下说明：

　　一、试点工作开展情况和初步成效

　　一年多来，根据中央统一部署，最高人民法院指导各试点法院认真落实《人民陪审员制度改革试点方案》和《决定》要求，改革人民陪审员选任条件，完善人民陪审员选任程序，扩大人民陪审员参审范围，调整人民陪审员参审职权，建立健全人民陪审员退出、惩戒和履职保障制度等，试点工作平稳推进，进展顺利。一是加强试点改革工作制度建设。会同司法部制定出台《人民陪审员制度改革试点工作实施办法》和《人民陪审员宣誓规定（试行）》，加强对试点工作的具体指导；会同全国人大内司委、

---

　　[1]　中国人大网，http://www.npc.gov.cn/npc/c30834/201704/e67f2fe242104eeb3fdd63bc14d6411.shtml。

司法部，对各地试点实施方案逐一研究批复；印发《关于进一步加强和改进人民陪审员制度改革试点工作的通知》，建立试点工作台账，探索完善人民陪审员选任、参审、培训和管理机制；研发全国统一的人民陪审员信息管理系统，推进人民陪审员管理网络化、规范化、简便化。二是加强对改革试点工作的监督指导。成立陪审工作管理处，专职负责人民陪审员制度改革试点工作；建立人民陪审员制度改革试点工作信息月报制度，全面动态掌握改革试点进展情况，并将其作为决策的重要参考；分赴试点省份开展人民陪审员制度改革试点专项督察，听取试点法院以及当地人大、司法行政机关和人民陪审员代表的意见建议，及时纠正改革试点中出现的问题和偏差；指导各试点法院完成改革试点中期评估工作，周强院长代表最高人民法院向全国人大常委会作了《关于人民陪审员制度改革试点情况的中期报告》。三是加强对改革重点问题的调查研究。成立最高人民法院人民陪审员制度改革研究小组，全面加强对改革重大理论和实践问题的研究；多次召开专门会议和座谈会、深入试点法院调研，及时全面梳理试点中出现的问题，加强对选任机制、区分事实审和法律审、参审范围、大合议庭陪审机制等重点问题的调查研究；总结梳理试点过程中的好经验、好做法，在全国试点法院范围内予以推广；联合《人民司法》杂志社开展"人民陪审员制度改革理论与实践研究"有奖征文活动。四是加强试点改革培训宣传工作。多次就改革人民陪审员培训机制、落实培训经费、改进培训形式和培训内容等进行研究部署，并举办人民陪审员示范培训班，组织编写《人民陪审员履职读本》，推动人民陪审员教育培训工作深入开展。运用现代信息技术手段，创新宣传形式、拓宽宣传渠道，加大对人民陪审员工作的宣传力度。

组织拍摄人民陪审员公益广告，在中央电视台播出，取得良好社会效果。通过官方网站、微博、微信等新媒体平台，介绍人民陪审员工作基本情况，宣传典型陪审案例，不断扩大人民陪审员工作的群众基础。

试点地区法院认真落实中央关于人民陪审员制度改革的决策部署，主动向当地党委和人大常委会报告改革试点情况，积极争取相关部门支持，加强与司法行政机关、公安机关的协作配合，努力形成推进改革的合力。在各级党委坚强领导、人大有力监督以及政府有关部门积极配合下，在社会各方面的关心支持和人民群众的积极参与下，试点工作取得阶段性成效。第一，从整体情况来看，试点工作呈现"四个转变"，即：人民陪审员选任方式主要由组织推荐产生向随机抽选转变，人民陪审员参审职权由全面参审向只参与审理事实问题转变，人民陪审员参审方式由 3 人合议庭模式向 5 人以上大合议庭陪审机制转变，人民陪审员审理案件由注重陪审案件"数量"向关注陪审案件"质量"转变。第二，人民陪审员来源更加广泛，结构更加合理。从人民陪审员数量变化情况来看，50 家试点法院已全部按要求完成人民陪审员选任工作，新选任人民陪审员 9673 人，试点法院人民陪审员总数达到 13322 人，为法官员额数的 4.3 倍。一大批通民情、知民意、接地气的普通群众被选任为人民陪审员。第三，人民陪审员陪审作用发挥更加充分。从参审案件情况来看，2016 年，50 家试点法院由人民陪审员参与审结各类案件共 81772 件，其中，民事案件 64917 件，刑事案件 11642 件，行政案件 5213 件；由人民陪审员参与组成大合议庭审结涉及群体利益、社会公共利益等社会影响较大的案件 1624 件，取得了良好的社会效果。

二、延长试点期限的必要性

由于试点工作仍处于不断探索、逐步完善的过程，有些问题还没有充分显现，特别是事实审与法律审的区分在审判实践中如何具体操作仍未形成一致意见，还需要一段时间进一步研究总结。具体存在如下问题：

一是缺乏事实审和法律审区分的有效机制。目前，对试点探索事实审和法律审分离的做法，在一些专家学者和人大代表中仍存在较大争议。虽然试点法院积极探索采用事实清单、问题列表等方式区分事实问题和法律问题，但我国民事、刑事和行政诉讼法均未明确区分事实审和法律审，如何区分某一案件中的事实认定和法律适用问题还有待进一步研究。即使就区分事实认定和法律适用问题有了比较明确的标准和规则，实践中，合议庭组成方式、评议规则、表决程序等仍需进一步研究。

二是全面实行随机抽选难度较大且不尽合理。针对试点过程中人民陪审员候选人信息来源不畅、人民陪审员全面随机抽选成本过高、少数随机抽选的候选人参审积极性不高、积极要求担任陪审员的群众无法抽选成功以及难以随机抽选到具有医疗、建筑等专业知识的陪审员等问题，不少专家学者、人大代表、政协委员建议，应适当保留组织推荐和个人申请产生人民陪审员的方式。

三是大合议庭陪审机制有待进一步完善。试点法院采用大合议庭陪审机制，审理了一批涉及征地拆迁、环境保护、食品药品安全、公共利益等群体性案件，提高了热点难点案件审理的司法公信力和社会影响力，但对于大合议庭陪审案件的适用范围、庭审程序、评议规则以及审判效率评估等问题，尚未形成较为统一的规范。

三、试点延期的期限

最高人民法院建议人民陪审员制度改革试点工作延期一年至2018 年 5 月。试点工作时间紧、任务重、要求高、责任大，为确保如期完成任务，最高人民法院将切实加强组织领导，积极协调配合，注重调查研究，加快工作进度，适时提出修改相关法律议案。

《决定（草案）》及其说明是否妥当，请审议。

全国人民代表大会常务委员会关于在全国各地推开国家监察体制改革试点工作的决定[1]

（2017 年 11 月 4 日第十二届全国人民代表大会常务委员会第三十次会议通过）

为了贯彻落实党的十九大精神，根据党中央确定的《关于在全国各地推开国家监察体制改革试点方案》，在认真总结北京市、山西省、浙江省开展国家监察体制改革试点工作经验的基础上，第十二届全国人民代表大会常务委员会第三十次会议决定：在全国各地推开国家监察体制改革试点工作。

一、在各省、自治区、直辖市、自治州、县、自治县、市、市辖区设立监察委员会，行使监察职权。将县级以上地方各级人民政府的监察厅（局）、预防腐败局和人民检察院查处贪污贿赂、失职渎职以及预防职务犯罪等部门的相关职能整合至监察委员会。监察委员会由本级人民代表大会产生。监察委员会主任由本级人民代表大会选举产生；监察委员会副主任、委员，由监察委

---

〔1〕　中国人大网，http://www.npc.gov.cn/npc/c30834/201711/aa1154aa0906492dacb89ca638c19921.shtml。

员会主任提请本级人民代表大会常务委员会任免。监察委员会对本级人民代表大会及其常务委员会和上一级监察委员会负责，并接受监督。

二、监察委员会按照管理权限，对本地区所有行使公权力的公职人员依法实施监察；履行监督、调查、处置职责，监督检查公职人员依法履职、秉公用权、廉洁从政以及道德操守情况，调查涉嫌贪污贿赂、滥用职权、玩忽职守、权力寻租、利益输送、徇私舞弊以及浪费国家资财等职务违法和职务犯罪行为并作出处置决定；对涉嫌职务犯罪的，移送检察机关依法提起公诉。为履行上述职权，监察委员会可以采取谈话、讯问、询问、查询、冻结、调取、查封、扣押、搜查、勘验检查、鉴定、留置等措施。

三、在试点工作中，暂时调整或者暂时停止适用《中华人民共和国行政监察法》，《中华人民共和国刑事诉讼法》第三条、第十八条、第一百四十八条以及第二编第二章第十一节关于检察机关对直接受理的案件进行侦查的有关规定，《中华人民共和国人民检察院组织法》第五条第二项，《中华人民共和国检察官法》第六条第三项，《中华人民共和国地方各级人民代表大会和地方各级人民政府组织法》第五十九条第五项关于县级以上的地方各级人民政府管理本行政区域内的监察工作的规定。其他法律中规定由行政监察机关行使的监察职责，一并调整由监察委员会行使。

各地区、各部门要按照改革试点方案的要求，切实加强党的领导，认真组织实施，保证试点工作积极稳妥、依法有序推进。

本决定自 2017 年 11 月 5 日起施行。

全国人民代表大会常务委员会关于中国人民解放军现役士兵衔级制度的决定[1]

（2022 年 2 月 28 日第十三届全国人民代表大会常务委员会第三十三次会议通过）

为了深化国防和军队改革，加强军队的指挥和管理，推进国防和军队现代化，根据宪法，现就中国人民解放军现役士兵衔级制度作如下决定：

一、士兵军衔是表明士兵身份、区分士兵等级的称号和标志，是党和国家给予士兵的地位和荣誉。

士兵军衔分为军士军衔、义务兵军衔。

二、军士军衔设三等七衔：

（一）高级军士：一级军士长、二级军士长、三级军士长；

（二）中级军士：一级上士、二级上士；

（三）初级军士：中士、下士。

军士军衔中，一级军士长为最高军衔，下士为最低军衔。

三、义务兵军衔由高至低分为上等兵、列兵。

四、士兵军衔按照军种划分种类，在军衔前冠以军种名称。

五、军衔高的士兵与军衔低的士兵，军衔高的为上级。军衔高的士兵在职务上隶属于军衔低的士兵的，职务高的为上级。

六、士兵军衔的授予、晋升，以本人任职岗位、德才表现和服役贡献为依据。

七、士兵军衔的标志式样和佩带办法，由中央军事委员会

---

[1]　中国人大网，http：//www.npc.gov.cn/npc/c30834/202202/8e63bb601e894bc0824662364abd52eb.shtml。

规定。

士兵必须按照规定佩带与其军衔相符的军衔标志。

八、士兵服现役的衔级年限和军衔授予、晋升、降级、剥夺以及培训、考核、任用等管理制度，由中央军事委员会规定。

九、中国人民武装警察部队现役警士、义务兵的衔级制度，适用本决定。

十、本决定自 2022 年 3 月 31 日起施行。

第二节　关于重大建设的决议决定

第一届全国人民代表大会第二次会议
关于根治黄河水害和开发黄河水利的综合规划的决议[1]

（1955 年 7 月 30 日第一届全国人民代表大会第二次会议通过）

一、第一届全国人民代表大会第二次会议批准国务院所提出的关于根治黄河水害和开发黄河水利的综合规划的原则和基本内容，并同意国务院副总理邓子恢关于根治黄河水害和开发黄河水利的综合规划的报告。

二、国务院应采取措施迅速成立三门峡水库和水电站建筑工程机构；完成刘家峡水库和水电站的勘测设计工作，并保证这两个工程的及时施工。

---

[1] 中央政府门户网站，http://www.gov.cn/test/2008－03/06/content_911477.htm。

三、为了有计划有系统地进行黄河中游地区的水土保持工作，陕西、山西、甘肃三省人民委员会应根据根治黄河水害和开发黄河水利的综合规划，在国务院各有关部门的指导下，分别制定本省的水土保持工作分期计划，并保证其按期执行。

四、国务院应责成有关部门、有关省份根据根治黄河水害和开发黄河水利的综合规划对第一期灌溉工程负责进行勘测设计并保证及时施工。

第五届全国人民代表大会第四次会议关于开展全民义务植树运动的决议[1]

(1981 年 12 月 13 日第五届全国人民代表大会第四次会议通过)

中华人民共和国第五届全国人民代表大会第四次会议，审议了国务院提出的关于开展全民义务植树运动的议案。会议认为，植树造林，绿化祖国，是建设社会主义，造福子孙后代的伟大事业，是治理山河，维护和改善生态环境的一项重大战略措施。为了加速实现绿化祖国的宏伟目标，发扬中华民族植树爱林的优良传统，进一步树立集体主义、共产主义的道德风尚，会议决定开展全民性的义务植树运动。凡是条件具备的地方，年满十一岁的中华人民共和国公民，除老弱病残者外，因地制宜，每人每年义务植树三至五棵，或者完成相应劳动量的育苗、管护和其他绿化任务。会议责成国务院根据决议精神制订关于开展全民义务植树运动的实施办法，并公布施行。会议号召，勤劳智慧的全国各族人民，在中国共产党和各级人民政府的领导下，以高度的爱国热

---

〔1〕　国家法律法规数据库，https：//flk. npc. gov. cn/detail2. html？ZmY4MDgwODE3NzRjNzJi MzAxNzc3MTcxOWZkNTIwMDY%3D。

忧，人人动手，年年植树，愚公移山，坚持不懈，为建设我们伟大的社会主义祖国而共同奋斗！

第七届全国人民代表大会第五次会议关于兴建长江三峡工程的决议[1]

（1992 年 4 月 3 日第七届全国人民代表大会第五次会议通过）

第七届全国人民代表大会第五次会议，审议了国务院关于提请审议兴建长江三峡工程议案，并根据全国人民代表大会财政经济委员会的审查报告，决定批准将兴建长江三峡工程列入国民经济和社会发展十年规划，由国务院根据国民经济发展的实际情况和国家财力、物力的可能，选择适当时机组织实施。对已发现的问题要继续研究，妥善解决。

全国人民代表大会常务委员会关于四川汶川特大地震抗震救灾及灾后恢复重建工作情况报告的决议[2]

（2008 年 6 月 26 日第十一届全国人民代表大会常务委员会第三次会议通过）

第十一届全国人民代表大会常务委员会第三次会议听取和审议了国务院副总理回良玉代表国务院所作的《关于四川汶川特大地震抗震救灾及灾后恢复重建工作情况的报告》。会议充分肯定

---

〔1〕 中央政府门户网站，http：//www. gov. cn/test/2008 - 04/15/content_ 944884. htm。

〔2〕 中国人大网，http：//www. npc. gov. cn/npc/c12489/200806/d766a466257a4499b69feb0338bfd309. shtml。

并高度评价前一阶段的抗震救灾工作，同意报告提出的关于灾后恢复重建工作的安排。

会议认为，四川汶川特大地震灾害发生后，在党中央、国务院和中央军委坚强领导下，在国务院抗震救灾总指挥部直接指挥下，全党全军全国各族人民万众一心、顽强奋战，各地区各部门紧急行动，人民解放军指战员、武警部队官兵、民兵预备役人员、公安民警勇挑重担，医疗卫生人员、新闻工作者、科技工作者和广大志愿者迅速投身抗震救灾，灾区广大干部群众不屈不挠、奋起自救，全社会奉献爱心、倾力支援，香港同胞、澳门同胞、台湾同胞和海外华侨华人踊跃捐助，开展了规模空前的抗震救灾斗争。国际社会积极支援，为抗震救灾提供了宝贵帮助。经过顽强努力，最大限度地解救了被困群众，受灾群众基本生活初步得到安排，社会秩序保持总体稳定，抗震救灾斗争取得了重大阶段性胜利，显示了党和人民的伟大力量，显示了中国特色社会主义制度的优越性，弘扬了中华民族自强不息、团结奋斗的伟大精神。

会议要求，要全面贯彻落实科学发展观，充分发挥社会主义制度能够集中力量办大事的政治优势，举全国之力，扎扎实实做好地震灾后恢复重建各项工作。要坚持以人为本，继续抓紧救治伤病人员，着力安排好受灾群众生活，全面加强卫生防疫工作，妥善做好遇难者善后工作，严防次生灾害，组织恢复生产，保持灾区社会稳定。要认真做好灾后重建前期工作，统筹规划、科学评估，抓紧制定灾后重建规划和具体实施方案。要发扬"一方有难、八方支援"的精神，实施好对口支援，加快恢复重建。受灾地区要坚持自力更生，艰苦奋斗，在全国人民的大力支持下，重建美好家园。要切实加强抗震救灾资金、物资的监管，确保救灾款物真正用于受灾地区和受灾群众。要及时总结经验，研究制定和修改有关法律法规，为抗震救灾和应对突发事件提供更加有力的法律保障。要切实做好北京奥运会和残奥会筹办工作，以实际行动支持抗震救灾。要按照中央的决策部署，坚持一手抓抗震救灾工作、一手抓经济社会发展，努力夺取抗震救灾和经济社会发展的全面胜利。

第三节　关于重大纪念日的决议决定

由全国人大常委会作出决定设立重大纪念日，是以法律形式表达国家立场和全体人民的共同意志，是一个国家保留集体记忆，推动形成共同价值，强化文化象征和纽带的重要方式。对于传承革命文化，赓续红色血脉，弘扬爱国主义精神，增强中华民族的凝聚力，激发实现中华民族伟大复兴中国梦的精神力量，建设社会主义现代化国家具有十分重要的意义。

关于中华人民共和国国庆日的决议

（1949 年 12 月 2 日中央人民政府委员会第四次会议通过）

中国人民政治协商会议第一届全国委员会在一九四九年十月九日的第一次会议中，通过《请政府明定十月一日为中华人民共和国国庆日，以代替十月十日的旧国庆日》的建议案，送请中央人民政府采择施行。

中央人民政府委员会认为中国人民政治协商会议第一届全国

委员会的这个建议是符合历史实际和代表人民意志的，决定加以采纳。

中央人民政府委员会兹宣告：自一九五零年起，即以每年的十月一日，即中华人民共和国宣告成立的伟大的日子，为中华人民共和国的国庆日。

全国人民代表大会常务委员会关于设立南京大屠杀死难者国家公祭日的决定

（2014 年 2 月 27 日第十二届全国人民代表大会常务委员会第七次会议通过）

1937 年 12 月 13 日，侵华日军在中国南京开始对我同胞实施长达四十多天惨绝人寰的大屠杀，制造了震惊中外的南京大屠杀惨案，三十多万人惨遭杀戮。这是人类文明史上灭绝人性的法西斯暴行。这一公然违反国际法的残暴行径，铁证如山，早有历史结论和法律定论。为了悼念南京大屠杀死难者和所有在日本帝国主义侵华战争期间惨遭日本侵略者杀戮的死难者，揭露日本侵略者的战争罪行，牢记侵略战争给中国人民和世界人民造成的深重灾难，表明中国人民反对侵略战争、捍卫人类尊严、维护世界和平的坚定立场，第十二届全国人民代表大会常务委员会第七次会议决定：

将 12 月 13 日设立为南京大屠杀死难者国家公祭日。每年 12 月 13 日国家举行公祭活动，悼念南京大屠杀死难者和所有在日本帝国主义侵华战争期间惨遭日本侵略者杀戮的死难者。

全国人民代表大会常务委员会关于确定中国人民抗日战争胜利纪念日的决定

(2014 年 2 月 27 日第十二届全国人民代表大会常务委员会
第七次会议通过)

中国人民抗日战争，是中国人民抵抗日本帝国主义侵略的正义战争，是世界反法西斯战争的重要组成部分，是近代以来中国反抗外敌入侵第一次取得完全胜利的民族解放战争。中国人民抗日战争的胜利，成为中华民族走向振兴的重大转折点，为实现民族独立和人民解放奠定了重要基础。中国人民为世界各国人民夺取反法西斯战争的胜利、争取世界和平的伟大事业作出了巨大贡献和民族牺牲。中华人民共和国成立后，中央人民政府政务院、国务院先后将 1945 年 9 月 2 日日本政府签署投降书的次日即 9 月 3 日设定为"九三抗战胜利纪念日"。为了牢记历史，铭记中国人民反抗日本帝国主义侵略的艰苦卓绝的斗争，缅怀在中国人民抗日战争中英勇献身的英烈和所有为中国人民抗日战争胜利作出贡献的人们，彰显中国人民抗日战争在世界反法西斯战争中的重要地位，表明中国人民坚决维护国家主权、领土完整和世界和平的坚定立场，弘扬以爱国主义为核心的伟大民族精神，激励全国各族人民为实现中华民族伟大复兴的中国梦而共同奋斗，第十二届全国人民代表大会常务委员会第七次会议决定：

将 9 月 3 日确定为中国人民抗日战争胜利纪念日。每年 9 月 3 日国家举行纪念活动。

全国人民代表大会常务委员会关于设立烈士纪念日的决定[1]

(2014 年 8 月 31 日第十二届全国人民代表大会常务委员会
第十次会议通过)

近代以来，为了争取民族独立和人民自由幸福，为了国家繁荣富强，无数的英雄献出了生命，烈士的功勋彪炳史册，烈士的精神永垂不朽。为了弘扬烈士精神，缅怀烈士功绩，培养公民的爱国主义、集体主义精神和社会主义道德风尚，培育和践行社会主义核心价值观，增强中华民族的凝聚力，激发实现中华民族伟大复兴中国梦的强大精神力量，第十二届全国人民代表大会常务委员会第十次会议决定：

将 9 月 30 日设立为烈士纪念日。每年 9 月 30 日国家举行纪念烈士活动。

全国人民代表大会常务委员会关于设立国家宪法日的决定[2]

(2014 年 11 月 1 日第十二届全国人民代表大会常务委员会
第十一次会议通过)

1982 年 12 月 4 日，第五届全国人民代表大会第五次会议通

---

〔1〕 中国人大网，http：//www. npc. gov. cn/npc/c12489/201409/d3d7a65d1db047e
a8c571095cb6c06c3. shtml。

〔2〕 中国人大网，http：//www. npc. gov. cn/npc/c10134/201411/d185a4b517b7439
b9afcc118099932fc. shtml。

过了现行的《中华人民共和国宪法》。现行宪法是对 1954 年制定的新中国第一部宪法的继承和发展。宪法是国家的根本法，是治国安邦的总章程，具有最高的法律地位、法律权威、法律效力。全面贯彻实施宪法，是全面推进依法治国、建设社会主义法治国家的首要任务和基础性工作。全国各族人民、一切国家机关和武装力量、各政党和各社会团体、各企业事业组织，都必须以宪法为根本的活动准则，并且负有维护宪法尊严、保证宪法实施的职责。任何组织或者个人都不得有超越宪法和法律的特权，一切违反宪法和法律的行为都必须予以追究。为了增强全社会的宪法意识，弘扬宪法精神，加强宪法实施，全面推进依法治国，第十二届全国人民代表大会常务委员会第十一次会议决定：

将 12 月 4 日设立为国家宪法日。国家通过多种形式开展宪法宣传教育活动。

第四节　关于重大荣誉的决议决定

功勋荣誉表彰是重要的国家制度。我国宪法规定，全国人大常委会"规定和决定授予国家的勋章和荣誉称号"，国家主席根据全国人大常委会的决定，"授予国家的勋章和荣誉称号"。新中国成立以来，党和国家始终高度重视功勋荣誉表彰工作。党的十八大以来，习近平总书记多次作出重要指示，强调要充分发挥党和国家功勋荣誉表彰的精神引领、典型示范作用，推动全社会形成见贤思齐、崇尚英雄、争做先锋的良好氛围。

全国人民代表大会常务委员会关于规定勋章奖章授予中国人民解放军在保卫祖国和进行国防现代化建设中有功人员的决议

（1955 年 2 月 12 日第一届全国人民代表大会常务委员会
第七次会议通过）

中国人民解放军在中华人民共和国主席统率下，保卫着人民革命和国家建设的成果，保卫着国家的主权、领土完整和安全，并进行着国防现代化的建设工作。为了表彰中国人民解放军在执行任务中的有功人员和部队，发扬爱国主义和革命英雄主义，鼓舞全军进一步发挥革命的积极性和创造性，现根据中华人民共和国宪法第三十一条第十四项，规定国旗勋章、红星勋章、荣誉勋章和荣誉奖章，分别授予中国人民解放军在保卫祖国和进行国防现代化建设中建有功勋的人员；并以国旗勋章和红星勋章授予建有功勋的部队和兵团。

勋章、奖章的授予办法，另以条例规定。

全国人民代表大会常务委员会关于授予宋庆龄同志中华人民共和国名誉主席荣誉称号的决定[1]

（1981 年 5 月 16 日第五届全国人民代表大会常务委员会
第十八次会议通过）

宋庆龄同志早年追随伟大的革命家孙中山先生，始终不渝地

---

[1]　全国人大常委会办公厅、中共中央文献研究室编：《人民代表大会制度重要文献选编》（二），中国民主法制出版社 2015 年版，第 505 页。

致力于中国民族解放和人民解放事业，是中华人民共和国的缔造者之一。建国伊始，即被选为中央人民政府副主席；1959 年和1965 年继续被选为中华人民共和国副主席。七十年来，她一贯在我国人民民主革命和社会主义革命、社会主义建设事业中，坚定地和中国各族人民站在一起，是中国各族人民包括台湾同胞和海外侨胞衷心敬爱的领导人，是举世闻名的爱国主义、民主主义、国际主义、共产主义的伟大战士。她在发展各国人民友好、发扬进步文化、保卫世界和平的事业中，受到中外各方人士的广泛崇敬。宋庆龄同志在我国革命和建设事业中，为国家和人民建立了光辉的业绩。为此，全国人民代表大会常务委员会决定：授予宋庆龄同志中华人民共和国名誉主席的荣誉称号。

全国人民代表大会常务委员会关于批准中央军事委员会《关于授予军队离休干部中国人民解放军功勋荣誉章的规定》的决定[1]

（1988 年 7 月 1 日第七届全国人民代表大会常务委员会
第二次会议通过）

第七届全国人民代表大会常务委员会第二次会议决定：批准中央军事委员会《关于授予军队离休干部中国人民解放军功勋荣誉章的规定》，由中央军事委员会公布施行。

---

〔1〕 国家法律法规数据库，https：//flk. npc. gov. cn/detail2. html？ MmM5MDlmZGQ2NzhiZjE3OTAxNjc4YmY1YmZiZjAwZDc% 3D。

全国人民代表大会常务委员会关于授予国家勋章和国家荣誉称号的决定[1]

(2019 年 9 月 17 日第十三届全国人民代表大会常务委员会
第十三次会议通过)

为了庆祝中华人民共和国成立 70 周年，隆重表彰为新中国建设和发展作出杰出贡献的功勋模范人物，弘扬民族精神和时代精神，根据《中华人民共和国宪法》和《中华人民共和国国家勋章和国家荣誉称号法》，第十三届全国人民代表大会常务委员会第十三次会议决定：

一、授予下列人士"共和国勋章"：

于敏、申纪兰（女）、孙家栋、李延年、张富清、袁隆平、黄旭华、屠呦呦（女）。

二、授予下列人士"友谊勋章"：

劳尔·卡斯特罗·鲁斯（古巴）、玛哈扎克里·诗琳通（女，泰国）、萨利姆·艾哈迈德·萨利姆（坦桑尼亚）、加林娜·维尼阿米诺夫娜·库利科娃（女，俄罗斯）、让—皮埃尔·拉法兰（法国）、伊莎白·柯鲁克（女，加拿大）。

三、授予下列人士国家荣誉称号：

授予叶培建、吴文俊、南仁东（满族）、顾方舟、程开甲"人民科学家"国家荣誉称号；

授予于漪（女）、卫兴华、高铭暄"人民教育家"国家荣誉称号；

---

〔1〕　中国人大网，http：//www. npc. gov. cn/npc/c30834/201909/55e0dd663aef494cb215a9ded0aaee6d. shtml。

授予王蒙、秦怡（女）、郭兰英（女）"人民艺术家"国家荣誉称号；

授予艾热提·马木提（维吾尔族）、申亮亮、麦贤得、张超"人民英雄"国家荣誉称号；

授予王文教、王有德（回族）、王启民、王继才、布茹玛汗·毛勒朵（女，柯尔克孜族）、朱彦夫、李保国、都贵玛（女，蒙古族）、高德荣（独龙族）"人民楷模"国家荣誉称号；

授予热地（藏族）"民族团结杰出贡献者"国家荣誉称号；

授予董建华"'一国两制'杰出贡献者"国家荣誉称号；

授予李道豫"外交工作杰出贡献者"国家荣誉称号；

授予樊锦诗（女）"文物保护杰出贡献者"国家荣誉称号。

全国人民代表大会常务委员会号召，全国各族人民要紧密地团结在以习近平同志为核心的党中央周围，以国家勋章和国家荣誉称号获得者为楷模，大力宣传他们的卓越功绩，积极学习他们的先进事迹，不忘初心，牢记使命，开拓进取，奋发有为，为决胜全面建成小康社会、夺取新时代中国特色社会主义伟大胜利、实现中华民族伟大复兴的中国梦作出新的更大贡献！

附：

关于《全国人民代表大会常务委员会关于授予国家勋章和国家荣誉称号的决定（草案）》的说明

——2019年9月17日在第十三届全国人民代表大会常务委员会第十三次会议上

全国人大常委会法制工作委员会主任　沈春耀

委员长、各位副委员长、秘书长、各位委员：

我受委员长会议的委托，作关于《全国人民代表大会常务委员会关于授予国家勋章和国家荣誉称号的决定（草案）》的说明。

一、关于授予国家勋章和国家荣誉称号的重大意义

党中央决定在中华人民共和国成立70周年之际，开展国家勋章和国家荣誉称号集中评选颁授，隆重表彰一批为中华人民共和国建设和发展作出杰出贡献的功勋模范人物。

功勋荣誉表彰是重要的国家制度。我国宪法规定，全国人大常委会"规定和决定授予国家的勋章和荣誉称号"，国家主席根据全国人大常委会的决定，"授予国家的勋章和荣誉称号"。党的十八大以来，以习近平同志为核心的党中央高度重视功勋荣誉表彰工作。习近平总书记多次作出重要指示，强调要充分发挥党和国家功勋荣誉表彰的精神引领、典型示范作用，推动全社会形成见贤思齐、崇尚英雄、争做先锋的良好氛围。为此，党中央决定构建党和国家功勋荣誉表彰制度体系。2015年12月，中共中央印发《关于建立健全党和国家功勋荣誉表彰制度的意见》。为贯彻落实党中央的决策部署，2015年12月27日，十二届全国人大常委会第十八次会议审议通过了《中华人民共和国国家勋章和国

家荣誉称号法》。2016年4月，党中央决定成立党和国家功勋荣誉表彰工作委员会，负责统筹协调党和国家功勋荣誉表彰工作，起草制定党内、国家、军队3个功勋荣誉表彰条例。

国家勋章和国家荣誉称号是党和国家功勋荣誉表彰制度体系的重要组成部分，是国家最高荣誉。国家勋章和国家荣誉称号法对国家勋章和国家荣誉称号的种类名称、授予对象、人选提名、授予程序、奖励形式以及宣传工作作出规定，明确了国家设立"共和国勋章"，授予在中国特色社会主义建设和保卫国家中作出巨大贡献、建立卓越功勋的杰出人士；设立"友谊勋章"，授予在我国社会主义现代化建设和促进中外交流合作、维护世界和平中作出杰出贡献的外国人；设立国家荣誉称号，授予在经济、社会、国防、外交、教育、科技、文化、卫生、体育等各领域各行业作出重大贡献、享有崇高声誉的杰出人士。国家勋章和国家荣誉称号法第七条规定："中华人民共和国主席根据全国人民代表大会常务委员会的决定，向国家勋章和国家荣誉称号获得者授予国家勋章、国家荣誉称号奖章，签发证书。"第九条规定，国家一般在国庆日或者其他重大节日、纪念日，举行颁授国家勋章、国家荣誉称号的仪式。此外，国家勋章和国家荣誉称号法还对追授范围作了明确规定，对于在国家勋章和国家荣誉称号法施行后（即2016年1月1日之后）去世的，可以追授国家勋章、国家荣誉称号。

在庆祝中华人民共和国成立70周年之际，开展国家勋章和国家荣誉称号颁授活动，是贯彻习近平新时代中国特色社会主义思想的重要举措，具有十分重要的意义。

第一，开展国家勋章和国家荣誉称号颁授活动，是强化国家意识、对功勋模范人物授予国家最高荣誉的现实需要。习近平总书记指出："伟大时代呼唤伟大精神，崇高事业需要榜样引领。"70 年前，中国共产党团结带领全国各族人民经过艰苦卓绝的斗争，推翻了压在中国人民头上的三座大山，取得了新民主主义革命的伟大胜利，建立了中华人民共和国。新中国成立后，在党中央的坚强领导下，经历了轰轰烈烈的社会主义革命和建设时期，经历了波澜壮阔、气势恢宏的改革开放时期，在此过程中涌现出无数可歌可泣的杰出人物，谱写了一曲曲感天动地、气壮山河的奋斗赞歌。开展国家勋章和国家荣誉称号颁授活动，隆重表彰为国家建设和发展作出杰出贡献的功勋模范人物，就是通过肯定他们的历史功绩，以中华人民共和国的名义给予他们国家最高荣誉，彰显其政治声誉和崇高地位，向全社会发出关心英雄、珍爱英雄、尊重英雄的强烈信号。

第二，开展国家勋章和国家荣誉称号颁授活动，是弘扬社会主义核心价值观、凝聚时代精神的现实需要。习近平总书记在庆祝改革开放 40 周年大会上指出："建成社会主义现代化强国，实现中华民族伟大复兴，是一场接力跑，我们要一棒接着一棒跑下去，每一代人都要为下一代人跑出一个好成绩。"历史是不断向前的，要达到理想的彼岸，就要沿着确定的道路不断前进。授予功勋模范人物勋章荣誉，大力宣扬他们的丰功伟绩，更重要的是通过树起标杆、立起旗帜，培育和弘扬社会主义核心价值观，增强中国特色社会主义事业凝聚力和感召力，更好地激励全国各族人民不忘初心，牢记使命，开拓进取，奋发有为，为决胜全面建成小康社会、夺取新时代中国特色社会主义伟大胜利、实现中华民族伟大复兴的中国梦不懈奋斗。

第三，开展国家勋章和国家荣誉称号颁授活动，是全面实施宪法、彰显宪法精神的重要体现。宪法是国家的根本法，是治国理政的总章程，是党和人民意志的集中体现。党的十八大以来，以习近平同志为核心的党中央把实施宪法摆在全面依法治国的突出位置，强调宪法的生命在于实施，宪法的权威也在于实施。宪法是国家法律法规和各项制度的总依据。我国宪法对国家勋章和国家荣誉称号作出基本规定，国家勋章和国家荣誉称号法对这一重要制度作出具体规定，为开展颁授活动提供了法治保障。此次开展颁授国家勋章和国家荣誉称号活动，将是现行宪法颁布实施以来的第一次，具有创制性，是实施宪法关于国家勋章荣誉制度的重要实践，对于切实彰显宪法精神，增强全民宪法意识，推进国家治理体系和治理能力现代化具有重大意义。

二、决定草案起草的工作过程和此次颁授活动把握的基本原则

2019 年 1 月初，中共中央办公厅发出《关于做好国家勋章和国家荣誉称号提名评选工作的通知》，对做好国家勋章和国家荣誉称号的提名评选工作作出整体安排，提出明确要求，各项工作始终在党中央直接领导下开展，党和国家功勋荣誉表彰工作委员会负责统筹协调。提名评审工作正式启动后，各地区各部门高度重视，报送提名人选后，由相关单位承担归口评审任务。各归口评审单位认真制定工作方案，采取工作小组评议、听取专家及相关部门意见、党组会（党委会）会议研究等方式，对本领域初步建议人选进行了严格评审，确定了人选排序。在充分参考归口评审单位排序意见基础上，经全面比选、综合平衡，党和国家功勋荣誉表彰工作委员会决定正式开展考察工作。8 月上中旬，党和国家功勋荣誉表彰工作委员会办公室牵头对"共和国勋章"和国家荣誉称号人选进行考察。根据考察结果，8 月 23 日，党和国家功勋荣誉表彰工作委员会全体会议研究通过了国家勋章和国家荣

誉称号建议人选。8月27日至9月2日，进行全国公示，建议人选得到全社会广泛和高度认同。

评选工作坚持以习近平新时代中国特色社会主义思想为指导，注意把握以下几点：一是坚持最高标准。国家勋章和国家荣誉称号是国家最高荣誉，评选中坚持功绩导向，以实际贡献为最重要衡量标准，坚持立场坚定、品德高尚、群众公认的基本要求，反复比选、好中选优，确保建议人选经得起人民考验、时间考验。二是明确评选定位。"共和国勋章"授予在中国特色社会主义建设和保卫国家中作出巨大贡献、建立卓越功勋的杰出人士。评选中强调功绩的重要性、开创性和人选的不可替代性，重点选择一些关键领域的旗帜和标杆人物。"友谊勋章"授予在我国社会主义现代化建设和促进中外交流合作、维护世界和平中作出杰出贡献的外国人。国家荣誉称号授予在各领域各行业作出重大贡献、享有崇高声誉的杰出人士。评选中综合考虑人选的先进性、代表性和广泛性，覆盖政治、经济、社会、外交、教育、科技、文化、卫生、体育等领域，做到荣誉与功绩相称、褒奖与贡献相当。国家勋章和国家荣誉称号法第四条第二款规定："国家荣誉称号的名称冠以'人民'，也可以使用其他名称。国家荣誉称号的具体名称由全国人民代表大会常务委员会在决定授予时确定。"决定草案提出的"人民科学家"、"人民教育家"、"人民艺术家"、"人民英雄"、"人民楷模"、"民族团结杰出贡献者"、"'一国两制'杰出贡献者"、"外交工作杰出贡献者"、"文物保护杰出贡献者"等9种名称，是经过充分研究、反复论证并广泛征求各方面意见后形成的，最后报经党中央同意。三是突出时代精神。充分考虑新中国成立70周年的鲜明主题，在社会主义革命、建设和改革各个历史时期均应有代表性人物入选。优先考虑重大标志性历史事件中的代表人物，注重人选蕴含的民族精神和时代精神。四是适当统筹兼顾。坚持实事求是，适当考虑各方面情况，合理确定人选。

国家勋章和国家荣誉称号法第五条第一款规定，全国人大常委会委员长会议根据各方面的建议，向全国人大常委会提出授予国家勋章、国家荣誉称号的议案。按照党中央的决策部署，这次授予工作的法律程序安排是，由全国人大常委会委员长会议提出议案，全国人大常委会审议并作出决定，国家主席根据全国人大常委会决定，授予国家勋章和国家荣誉称号，并签署国家主席令。本次授予"共和国勋章"和国家荣誉称号的建议人选已经全国公示。9月6日，党和国家功勋荣誉表彰工作委员会办公室将国家勋章和国家荣誉称号人选名单提交全国人大常委会办公厅。根据全国人大常委会的工作安排，法制工作委员会协同配合中共中央办公厅、党和国家功勋荣誉表彰工作委员会办公室，形成了拟提请全国人大常委会审议的决定草案稿，委员长会议决定提请本次常委会会议审议。

三、决定草案的主要内容

决定草案提出了授予"共和国勋章"、"友谊勋章"、国家荣誉称号的人选。

（一）授予下列人士"共和国勋章"：

于敏、申纪兰（女）、孙家栋、李延年、张富清、袁隆平、黄旭华、屠呦呦（女）。

（二）授予下列外国人士"友谊勋章"：

劳尔·卡斯特罗·鲁斯（古巴）、玛哈扎克里·诗琳通（女，泰国）、萨利姆·艾哈迈德·萨利姆（坦桑尼亚）、加林娜·维尼阿米诺夫娜·库利科娃（女，俄罗斯）、让－皮埃尔·拉法兰（法国）、伊莎白·柯鲁克（女，加拿大）。

（三）授予下列人士国家荣誉称号：

授予叶培建、吴文俊、南仁东（满族）、顾方舟、程开甲"人民科学家"国家荣誉称号；

授予于漪（女）、卫兴华、高铭暄"人民教育家"国家荣誉称号；

授予王蒙、秦怡（女）、郭兰英（女）"人民艺术家"国家荣誉称号；

授予艾热提·马木提（维吾尔族）、申亮亮、麦贤得、张超"人民英雄"国家荣誉称号；

授予王文教、王有德（回族）、王启民、王继才、布茹玛汗·毛勒朵（女，柯尔克孜族）、朱彦夫、李保国、都贵玛（女，蒙古族）、高德荣（独龙族）"人民楷模"国家荣誉称号；

授予热地（藏族）"民族团结杰出贡献者"国家荣誉称号；

授予董建华"'一国两制'杰出贡献者"国家荣誉称号；

授予李道豫"外交工作杰出贡献者"国家荣誉称号；

授予樊锦诗（女）"文物保护杰出贡献者"国家荣誉称号。

决定草案和以上说明是否妥当，请审议。

第五节　关于国家安全的决议决定

国家安全是国家的基本利益，当代国家安全涉及国民安全、领土安全、主权安全、政治安全、军事安全、经济安全、文化安全、科技安全、生态安全、信息安全等方面。党和国家始终高度重视我国的国家安全工作。全国人大常委会根据维护国家安全需要作出了一系列决议决定。2013 年 11 月 12 日，中国共产党中央国家安全委员会正式成立，中央国家安全委员会的成立，提出坚持总体国家安全观，推进国家安全法治建设，全国人大常委会积极发挥讨论决定重大事项制度职权，依法推动新时代国家安全体制创新和新时代国家安全格局构建。

全国人民代表大会常务委员会关于大兴安岭特大森林火灾事故的决议

（1987 年 6 月 23 日第六届全国人民代表大会常务委员会
第二十一次会议通过）

第六届全国人民代表大会常务委员会第二十一次会议听取了国务院秘书长、大兴安岭森林扑火领导小组组长陈俊生代表国务院所作的关于大兴安岭特大森林火灾事故和处理情况的汇报，对国务院在领导、组织大兴安岭扑火救灾工作中所采取的一系列措施表示满意。

会议对在这次扑火斗争中作出巨大贡献的人民解放军指战员、森林警察、公安消防人员和职工群众以及各有关党、政、军机关，表示高度的赞扬和崇高的敬意；对在这起特大森林火灾事故中死亡的人员表示沉痛的哀悼；对受伤人员和死亡人员的家属以及灾区人民表示深切的慰问。

会议认为，这次特大森林火灾事故的发生，主要是由于企业管理混乱、纪律松弛、违反规章制度、违章作业和领导上严重官僚主义所造成的。会议批准国务院关于撤销杨钟林业部部长职务的决定。

会议强调，保护国家宝贵的森林资源，爱林护林造林，是全国各族人民和各级国家机关的光荣职责。各级林业部门和有关地区必须认真总结经验教训，切实改进工作和工作作风，严格执行《中华人民共和国森林法》和《中华人民共和国消防条例》有关护林防火制度的规定，严防和及时扑灭森林火灾。

会议认为，这次特大森林火灾事故的教训是深刻的，全国各部门、各地区、各单位要引以为戒，要坚决反对和纠正严重不负责任的做官当老爷的官僚主义和玩忽职守、违章作业的恶劣作风。要采取一切可能的措施，严防类似事故的发生。对一切重大的责任事故，都必须严肃处理，依法追究有关人员的行政责任和法律责任，对任何人都不得姑息迁就。

会议号召，大兴安岭灾区人民和林业职工要在国家支援下，发扬自力更生、艰苦奋斗的精神，努力克服困难，尽快恢复生产，重建家园，恢复、保护和开发林业资源，同全国各族人民一道，为建设现代化的社会主义祖国作出新的贡献。

全国人民代表大会常务委员会关于维护互联网安全的决定

(2000 年 12 月 28 日第九届全国人民代表大会常务委员会第十九次会议通过　根据 2011 年 1 月 8 日《国务院关于废止和修改部分行政法规的决定》修订)

我国的互联网，在国家大力倡导和积极推动下，在经济建设和各项事业中得到日益广泛的应用，使人们的生产、工作、学习和生活方式已经开始并将继续发生深刻的变化，对于加快我国国民经济、科学技术的发展和社会服务信息化进程具有重要作用。

同时，如何保障互联网的运行安全和信息安全问题已经引起全社会的普遍关注。为了兴利除弊，促进我国互联网的健康发展，维护国家安全和社会公共利益，保护个人、法人和其他组织的合法权益，特作如下决定：

一、为了保障互联网的运行安全，对有下列行为之一，构成犯罪的，依照刑法有关规定追究刑事责任：

（一）侵入国家事务、国防建设、尖端科学技术领域的计算机信息系统；

（二）故意制作、传播计算机病毒等破坏性程序，攻击计算机系统及通信网络，致使计算机系统及通信网络遭受损害；

（三）违反国家规定，擅自中断计算机网络或者通信服务，造成计算机网络或者通信系统不能正常运行。

二、为了维护国家安全和社会稳定，对有下列行为之一，构成犯罪的，依照刑法有关规定追究刑事责任：

（一）利用互联网造谣、诽谤或者发表、传播其他有害信息，煽动颠覆国家政权、推翻社会主义制度，或者煽动分裂国家、破坏国家统一；

（二）通过互联网窃取、泄露国家秘密、情报或者军事秘密；

（三）利用互联网煽动民族仇恨、民族歧视，破坏民族团结；

（四）利用互联网组织邪教组织、联络邪教组织成员，破坏国家法律、行政法规实施。

三、为了维护社会主义市场经济秩序和社会管理秩序，对有下列行为之一，构成犯罪的，依照刑法有关规定追究刑事责任：

（一）利用互联网销售伪劣产品或者对商品、服务作虚假宣传；

（二）利用互联网损害他人商业信誉和商品声誉；

（三）利用互联网侵犯他人知识产权；

（四）利用互联网编造并传播影响证券、期货交易或者其他扰乱金融秩序的虚假信息；

（五）在互联网上建立淫秽网站、网页，提供淫秽站点链接服务，或者传播淫秽书刊、影片、音像、图片。

四、为了保护个人、法人和其他组织的人身、财产等合法权利，对有下列行为之一，构成犯罪的，依照刑法有关规定追究刑事责任：

（一）利用互联网侮辱他人或者捏造事实诽谤他人；

（二）非法截获、篡改、删除他人电子邮件或者其他数据资料，侵犯公民通信自由和通信秘密；

（三）利用互联网进行盗窃、诈骗、敲诈勒索。

五、利用互联网实施本决定第一条、第二条、第三条、第四条所列行为以外的其他行为，构成犯罪的，依照刑法有关规定追究刑事责任。

六、利用互联网实施违法行为，违反社会治安管理，尚不构成犯罪的，由公安机关依照《治安管理处罚法》予以处罚；违反其他法律、行政法规，尚不构成犯罪的，由有关行政管理部门依法给予行政处罚；对直接负责的主管人员和其他直接责任人员，依法给予行政处分或者纪律处分。

利用互联网侵犯他人合法权益，构成民事侵权的，依法承担民事责任。

七、各级人民政府及有关部门要采取积极措施，在促进互联网的应用和网络技术的普及过程中，重视和支持对网络安全技术的研究和开发，增强网络的安全防护能力。有关主管部门要加强对互联网的运行安全和信息安全的宣传教育，依法实施有效的监督管理，防范和制止利用互联网进行的各种违法活动，为互联网的健康发展创造良好的社会环境。从事互联网业务的单位要依法开展活动，发现互联网上出现违法犯罪行为和有害信息时，要采取措施，停止传输有害信息，并及时向有关机关报告。任何单位和个人在利用互联网时，都要遵纪守法，抵制各种违法犯罪行为和有害信息。人民法院、人民检察院、公安机关、国家安全机关要各司其职，密切配合，依法严厉打击利用互联网实施的各种犯罪活动。要动员全社会的力量，依靠全社会的共同努力，保障互联网的运行安全与信息安全，促进社会主义精神文明和物质文明建设。

全国人大常委会关于加强反恐怖工作有关问题的决定[1]

(2011 年 10 月 29 日第十一届全国人民代表大会常务委员会
第二十三次会议通过)

为了加强反恐怖工作，保障国家安全和人民生命、财产安全，维护社会秩序，特就反恐怖工作有关问题作如下决定：

一、国家反对一切形式的恐怖主义，坚决依法取缔恐怖活动组织，严密防范、严厉惩治恐怖活动。

二、恐怖活动是指以制造社会恐慌、危害公共安全或者胁迫国家机关、国际组织为目的，采取暴力、破坏、恐吓等手段，造成或者意图造成人员伤亡、重大财产损失、公共设施损坏、社会秩序混乱等严重社会危害的行为，以及煽动、资助或者以其他方式协助实施上述活动的行为。

---

[1] 中国人大网，http：//www.npc.gov.cn/npc/c10134/201110/2371b7da142945679398b03eccc8964d.shtml。

恐怖活动组织是指为实施恐怖活动而组成的犯罪集团。

恐怖活动人员是指组织、策划、实施恐怖活动的人和恐怖活动组织的成员。

三、国家反恐怖工作领导机构统一领导和指挥全国反恐怖工作。

公安机关、国家安全机关和人民检察院、人民法院、司法行政机关以及其他有关国家机关，应当各司其职、密切配合，依法做好反恐怖工作。

中国人民解放军、中国人民武装警察部队和民兵组织依照法律、行政法规、军事法规以及国务院、中央军事委员会的命令，防范和打击恐怖活动。

四、恐怖活动组织及恐怖活动人员名单，由国家反恐怖工作领导机构根据本决定第二条的规定认定、调整。

恐怖活动组织及恐怖活动人员名单，由国务院公安部门公布。

五、国务院公安部门公布恐怖活动组织及恐怖活动人员名单时，应当同时决定对涉及有关恐怖活动组织及恐怖活动人员的资金或者其他资产予以冻结。

金融机构和特定非金融机构对于涉及国务院公安部门公布的恐怖活动组织及恐怖活动人员的资金或者其他资产，应当立即予以冻结，并按照规定及时向国务院公安部门、国家安全部门和国务院反洗钱行政主管部门报告。

六、中华人民共和国根据缔结或者参加的国际条约，或者按照平等互惠原则，开展反恐怖国际合作。

七、认定恐怖活动组织及恐怖活动人员名单的具体办法，由国务院制定；冻结涉及恐怖活动资产的具体办法，由国务院反洗钱行政主管部门会同国务院公安部门、国家安全部门制定。

八、本决定自公布之日起施行。

全国人民代表大会常务委员会关于加强网络信息保护的决定[1]

(2012 年 12 月 28 日第十一届全国人民代表大会常务委员会第三十次会议通过)

为了保护网络信息安全，保障公民、法人和其他组织的合法权益，维护国家安全和社会公共利益，特作如下决定：

一、国家保护能够识别公民个人身份和涉及公民个人隐私的电子信息。

任何组织和个人不得窃取或者以其他非法方式获取公民个人电子信息，不得出售或者非法向他人提供公民个人电子信息。

二、网络服务提供者和其他企业事业单位在业务活动中收集、使用公民个人电子信息，应当遵循合法、正当、必要的原则，明示收集、使用信息的目的、方式和范围，并经被收集者同意，不得违反法律、法规的规定和双方的约定收集、使用信息。

网络服务提供者和其他企业事业单位收集、使用公民个人电子信息，应当公开其收集、使用规则。

三、网络服务提供者和其他企业事业单位及其工作人员对在业务活动中收集的公民个人电子信息必须严格保密，不得泄露、篡改、毁损，不得出售或者非法向他人提供。

四、网络服务提供者和其他企业事业单位应当采取技术措施

---

〔1〕 中国人大网，http：//www.npc.gov.cn/npc/c12489/201212/788288d3f0c24881bad60e84b9e1a712.shtml。

和其他必要措施，确保信息安全，防止在业务活动中收集的公民个人电子信息泄露、毁损、丢失。在发生或者可能发生信息泄露、毁损、丢失的情况时，应当立即采取补救措施。

五、网络服务提供者应当加强对其用户发布的信息的管理，发现法律、法规禁止发布或者传输的信息的，应当立即停止传输该信息，采取消除等处置措施，保存有关记录，并向有关主管部门报告。

六、网络服务提供者为用户办理网站接入服务，办理固定电话、移动电话等入网手续，或者为用户提供信息发布服务，应当在与用户签订协议或者确认提供服务时，要求用户提供真实身份信息。

七、任何组织和个人未经电子信息接收者同意或者请求，或者电子信息接收者明确表示拒绝的，不得向其固定电话、移动电话或者个人电子邮箱发送商业性电子信息。

八、公民发现泄露个人身份、散布个人隐私等侵害其合法权益的网络信息，或者受到商业性电子信息侵扰的，有权要求网络服务提供者删除有关信息或者采取其他必要措施予以制止。

九、任何组织和个人对窃取或者以其他非法方式获取、出售或者非法向他人提供公民个人电子信息的违法犯罪行为以及其他网络信息违法犯罪行为，有权向有关主管部门举报、控告；接到举报、控告的部门应当依法及时处理。被侵权人可以依法提起诉讼。

十、有关主管部门应当在各自职权范围内依法履行职责，采取技术措施和其他必要措施，防范、制止和查处窃取或者以其他非法方式获取、出售或者非法向他人提供公民个人电子信息的违法犯罪行为以及其他网络信息违法犯罪行为。有关主管部门依法履行职责时，网络服务提供者应当予以配合，提供技术支持。

国家机关及其工作人员对在履行职责中知悉的公民个人电子信息应当予以保密，不得泄露、篡改、毁损，不得出售或者非法向他人提供。

十一、对有违反本决定行为的，依法给予警告、罚款、没收违法所得、吊销许可证或者取消备案、关闭网站、禁止有关责任人员从事网络服务业务等处罚，记入社会信用档案并予以公布；构成违反治安管理行为的，依法给予治安管理处罚。构成犯罪的，依法追究刑事责任。侵害他人民事权益的，依法承担民事责任。

十二、本决定自公布之日起施行。

全国人民代表大会常务委员会关于全面禁止非法野生动物交易、革除滥食野生动物陋习、切实保障人民群众生命健康安全的决定[1]

(2020 年 2 月 24 日第十三届全国人民代表大会常务委员会第十六次会议通过)

为了全面禁止和惩治非法野生动物交易行为，革除滥食野生动物的陋习，维护生物安全和生态安全，有效防范重大公共卫生风险，切实保障人民群众生命健康安全，加强生态文明建设，促进人与自然和谐共生，全国人民代表大会常务委员会作出如下决定：

一、凡《中华人民共和国野生动物保护法》和其他有关法律

---

〔1〕 中国人大网，http：//www.npc.gov.cn/npc/c30834/202002/c56b129850aa42acb584cf01ebb68ea4.shtml。

禁止猎捕、交易、运输、食用野生动物的，必须严格禁止。

对违反前款规定的行为，在现行法律规定基础上加重处罚。

二、全面禁止食用国家保护的"有重要生态、科学、社会价值的陆生野生动物"以及其他陆生野生动物，包括人工繁育、人工饲养的陆生野生动物。

全面禁止以食用为目的猎捕、交易、运输在野外环境自然生长繁殖的陆生野生动物。

对违反前两款规定的行为，参照适用现行法律有关规定处罚。

三、列入畜禽遗传资源目录的动物，属于家畜家禽，适用《中华人民共和国畜牧法》的规定。

国务院畜牧兽医行政主管部门依法制定并公布畜禽遗传资源目录。

四、因科研、药用、展示等特殊情况，需要对野生动物进行非食用性利用的，应当按照国家有关规定实行严格审批和检疫检验。

国务院及其有关主管部门应当及时制定、完善野生动物非食用性利用的审批和检疫检验等规定，并严格执行。

五、各级人民政府和人民团体、社会组织、学校、新闻媒体等社会各方面，都应当积极开展生态环境保护和公共卫生安全的宣传教育和引导，全社会成员要自觉增强生态保护和公共卫生安全意识，移风易俗，革除滥食野生动物陋习，养成科学健康文明的生活方式。

六、各级人民政府及其有关部门应当健全执法管理体制，明确执法责任主体，落实执法管理责任，加强协调配合，加大监督检查和责任追究力度，严格查处违反本决定和有关法律法规的行为；对违法经营场所和违法经营者，依法予以取缔或者查封、关闭。

七、国务院及其有关部门和省、自治区、直辖市应当依据本决定和有关法律，制定、调整相关名录和配套规定。

国务院和地方人民政府应当采取必要措施，为本决定的实施提供相应保障。有关地方人民政府应当支持、指导、帮助受影响的农户调整、转变生产经营活动，根据实际情况给予一定补偿。

八、本决定自公布之日起施行。

全国人民代表大会关于建立健全香港特别行政区维护国家安全的法律制度和执行机制的决定[1]

(2020年5月28日第十三届全国人民代表大会第三次会议通过)

第十三届全国人民代表大会第三次会议审议了全国人民代表大会常务委员会关于提请审议《全国人民代表大会关于建立健全香港特别行政区维护国家安全的法律制度和执行机制的决定（草案）》的议案。会议认为，近年来，香港特别行政区国家安全风险凸显，"港独"、分裂国家、暴力恐怖活动等各类违法活动严重危害国家主权、统一和领土完整，一些外国和境外势力公然干预香港事务，利用香港从事危害我国国家安全的活动。为了维护国家主权、安全、发展利益，坚持和完善"一国两制"制度体系，维护香港长期繁荣稳定，保障香港居民合法权益，根据《中华人民共和国宪法》第三十一条和第六十二条第二项、第十四项、第十六项的规定，以及《中华人民共和国香港特别行政区基本法》

---

〔1〕 中国人大网，http：//www.npc.gov.cn/npc/c30834/202005/a1d3eeecb39e40cab6edeb2a62d02b73.shtml。

的有关规定，全国人民代表大会作出如下决定：

一、国家坚定不移并全面准确贯彻"一国两制"、"港人治港"、高度自治的方针，坚持依法治港，维护宪法和香港特别行政区基本法确定的香港特别行政区宪制秩序，采取必要措施建立健全香港特别行政区维护国家安全的法律制度和执行机制，依法防范、制止和惩治危害国家安全的行为和活动。

二、国家坚决反对任何外国和境外势力以任何方式干预香港特别行政区事务，采取必要措施予以反制，依法防范、制止和惩治外国和境外势力利用香港进行分裂、颠覆、渗透、破坏活动。

三、维护国家主权、统一和领土完整是香港特别行政区的宪制责任。香港特别行政区应当尽早完成香港特别行政区基本法规定的维护国家安全立法。香港特别行政区行政机关、立法机关、司法机关应当依据有关法律规定有效防范、制止和惩治危害国家安全的行为和活动。

四、香港特别行政区应当建立健全维护国家安全的机构和执行机制，强化维护国家安全执法力量，加强维护国家安全执法工作。中央人民政府维护国家安全的有关机关根据需要在香港特别行政区设立机构，依法履行维护国家安全相关职责。

五、香港特别行政区行政长官应当就香港特别行政区履行维护国家安全职责、开展国家安全教育、依法禁止危害国家安全的行为和活动等情况，定期向中央人民政府提交报告。

六、授权全国人民代表大会常务委员会就建立健全香港特别行政区维护国家安全的法律制度和执行机制制定相关法律，切实防范、制止和惩治任何分裂国家、颠覆国家政权、组织实施恐怖活动等严重危害国家安全的行为和活动以及外国和境外势力干预香港特别行政区事务的活动。全国人民代表大会常务委员会决定将上述相关法律列入《中华人民共和国香港特别行政区基本法》附件三，由香港特别行政区在当地公布实施。

　　七、本决定自公布之日起施行。

附：

关于《全国人民代表大会关于建立健全香港
特别行政区维护国家安全的法律制度和
执行机制的决定（草案）》的说明[1]

——2020 年 5 月 22 日在第十三届全国人民代表大会第三次会议上

全国人民代表大会常务委员会副委员长　王晨

各位代表：

我受全国人大常委会的委托，作关于《全国人民代表大会关于建立健全香港特别行政区维护国家安全的法律制度和执行机制的决定（草案）》的说明。

一、从国家层面建立健全香港特别行政区维护国家安全的法律制度和执行机制的必要性和重要性

香港回归以来，国家坚定贯彻"一国两制"、"港人治港"、高度自治的方针，"一国两制"实践在香港取得了前所未有的成功；同时，"一国两制"实践过程中也遇到了一些新情况新问题，面临着新的风险和挑战。当前，一个突出问题就是香港特别行政区国家安全风险日益凸显。特别是 2019 年香港发生"修例风波"以来，反中乱港势力公然鼓吹"港独"、"自决"、"公投"等主张，从事破坏国家统一、分裂国家的活动；公然侮辱、污损国旗国徽，煽动港人反中反共、围攻中央驻港机构、歧视和排挤内地在港人员；蓄意破坏香港社会秩序，暴力对抗警方执法，毁损公共设施和财物，瘫痪政府管治和立法会运作。还要看到，近年

---

〔1〕　中国人大网，http://www.npc.gov.cn/npc/c30834/202005/9959dc6cb3d349049debc518b1e968e7.shtml。

来，一些外国和境外势力公然干预香港事务，通过立法、行政、非政府组织等多种方式进行插手和捣乱，与香港反中乱港势力勾连合流、沆瀣一气，为香港反中乱港势力撑腰打气、提供保护伞，利用香港从事危害我国国家安全的活动。这些行为和活动，严重挑战"一国两制"原则底线，严重损害法治，严重危害国家主权、安全、发展利益，必须采取有力措施依法予以防范、制止和惩治。

香港基本法第 23 条规定："香港特别行政区应自行立法禁止任何叛国、分裂国家、煽动叛乱、颠覆中央人民政府及窃取国家机密的行为，禁止外国的政治性组织或团体在香港特别行政区进行政治活动，禁止香港特别行政区的政治性组织或团体与外国的政治性组织或团体建立联系。"这一规定就是通常所说的 23 条立法。它既体现了国家对香港特别行政区的信任，也明确了香港特别行政区负有维护国家安全的宪制责任和立法义务。然而，香港回归 20 多年来，由于反中乱港势力和外部敌对势力的极力阻挠、干扰，23 条立法一直没有完成。而且，自 2003 年 23 条立法受挫以来，这一立法在香港已被一些别有用心的人严重污名化、妖魔化，香港特别行政区完成 23 条立法实际上已经很困难。香港现行法律中一些源于回归之前、本来可以用于维护国家安全的有关规定，长期处于"休眠"状态。除了法律制度外，香港特别行政区在维护国家安全的机构设置、力量配备和执法权力等方面存在明显缺失，有关执法工作需要加强；香港社会需要大力开展维护国家安全的教育，普遍增强维护国家安全的意识。总的看，香港基本法明确规定的 23 条立法有被长期"搁置"的风险，香港特别行政区现行法律的有关规定难以有效执行，维护国家安全的法律制度和执行机制都明显存在不健全、不适应、不符合的"短板"问题,致使香港特别行政区危害国家安全的各种活动愈演愈烈,保持香港长期繁荣稳定、维护国家安全面临着不容忽视的风险。

党的十九届四中全会明确提出:"建立健全特别行政区维护国家安全的法律制度和执行机制,支持特别行政区强化执法力量。""绝不容忍任何挑战'一国两制'底线的行为,绝不容忍任何分裂国家的行为。"贯彻落实党中央决策部署,在香港目前形势下,必须从国家层面建立健全香港特别行政区维护国家安全的法律制度和执行机制,改变香港特别行政区国家安全领域长期"不设防"状况,在宪法和香港基本法的轨道上推进维护国家安全制度建设,加强维护国家安全工作,确保香港"一国两制"事业行稳致远。

根据宪法和香港基本法,结合多年来国家在特别行政区制度构建和发展方面的实践,从国家层面建立健全香港特别行政区维护国家安全的法律制度和执行机制,有多种可用方式,包括全国人大及其常委会作出决定、制定法律、修改法律、解释法律、将有关全国性法律列入香港基本法附件三和中央人民政府发出指令等。中央和国家有关部门在对各种因素进行综合分析、评估和研判的基础上,经认真研究并与有关方面沟通后提出了采取"决定+立法"的方式,分两步予以推进。第一步,全国人民代表大会根据宪法和香港基本法的有关规定,作出关于建立健全香港特别行政区维护国家安全的法律制度和执行机制的决定,就相关问题作出若干基本规定,同时授权全国人大常委会就建立健全香港特别行政区维护国家安全的法律制度和执行机制制定相关法律;第二步,全国人大常委会根据宪法、香港基本法和全国人大有关决定的授权,结合香港特别行政区具体情况,制定相关法律并决定将相关法律列入香港基本法附件三，由香港特别行政区在当地公布实施。

2020年5月18日，第十三届全国人民代表大会常务委员会第十八次会议听取和审议了《国务院关于香港特别行政区维护国家安全情况的报告》。会议认为，有必要从国家层面建立健全香港特别行政区维护国家安全的法律制度和执行机制，同意国务院有关报告提出的建议。根据宪法和香港基本法的有关规定，全国人大常委会法制工作委员会拟订了《全国人民代表大会关于建立健全香港特别行政区维护国家安全的法律制度和执行机制的决定（草案）》，经全国人大常委会会议审议后决定，由全国人大常委会提请十三届全国人大三次会议审议。

二、总体要求和基本原则

新形势下从国家层面建立健全香港特别行政区维护国家安全的法律制度和执行机制工作的总体要求是，坚持以习近平新时代中国特色社会主义思想为指导，全面贯彻党的十九大和十九届二中、三中、四中全会精神，深入贯彻总体国家安全观，坚持和完善"一国两制"制度体系，把维护中央对特别行政区全面管治权和保障特别行政区高度自治权有机结合起来，加强维护国家安全制度建设和执法工作，坚定维护国家主权、安全、发展利益，维护香港长期繁荣稳定，确保"一国两制"方针不会变、不动摇，确保"一国两制"实践不变形、不走样。

贯彻上述总体要求，必须遵循和把握好以下基本原则。

一是坚决维护国家安全。维护国家安全是保证国家长治久安、保持香港长期繁荣稳定的必然要求，是包括香港同胞在内的全中国人民的共同义务，是国家和香港特别行政区的共同责任。任何危害国家主权安全、挑战中央权力和香港基本法权威、利用香港对内地进行渗透破坏的活动，都是对底线的触碰，都是绝不能允许的。

二是坚持和完善"一国两制"制度体系。"一国"是实行"两制"的前提和基础，"两制"从属和派生于"一国"并统一于"一国"之内。必须坚定不移并全面准确贯彻"一国两制"、"港人治港"、高度自治的方针，准确把握"一国两制"正确方向，充分发挥"一国两制"制度优势，完善香港特别行政区同宪法和香港基本法实施相关的制度和机制。

三是坚持依法治港。宪法和香港基本法共同构成香港特别行政区的宪制基础。必须坚决维护宪法和香港基本法确定的香港特别行政区宪制秩序，严格依照宪法和香港基本法对香港特别行政区实行管治，支持香港特别行政区行政长官和政府依法施政，牢固树立并坚决维护法治权威，任何违反法律、破坏法治的行为都必须依法予以追究。

四是坚决反对外来干涉。香港特别行政区事务是中国的内政，不受任何外部势力干涉。必须坚决反对任何外国及其组织或者个人以任何方式干预香港事务，坚决防范和遏制外部势力干预香港事务和进行分裂、颠覆、渗透、破坏活动。对于任何外国制定、实施干预香港事务的有关立法、行政或者其他措施，国家将采取一切必要措施予以反制。

五是切实保障香港居民合法权益。维护国家安全同尊重保障人权，从根本上来说是一致的。依法有效防范、制止和惩治危害国家安全的极少数违法犯罪行为，是为了更好地保障香港绝大多数居民的生命财产安全，更好地保障基本权利和自由。任何维护国家安全的工作和执法，都必须严格依照法律规定、符合法定职权、遵循法定程序，不得侵犯香港居民、法人和其他组织的合法权益。

三、决定草案的主要内容

决定草案分为导语和正文两部分。导语部分扼要说明作出这一决定的起因、目的和依据。全国人民代表大会的相关决定，是根据宪法第三十一条和第六十二条第二项、第十四项、第十六项的规定以及香港基本法的有关规定，充分考虑维护国家安全的现实需要和香港特别行政区的具体情况，就建立健全香港特别行政区维护国家安全的法律制度和执行机制作出的制度安排。这一制度安排，符合宪法规定和宪法原则，与香港基本法的立法宗旨和确立的有关制度是一致的，将有效地维护香港特别行政区国家安全，有力地巩固和拓展"一国两制"的法治基础、政治基础和社会基础。

决定草案正文部分共有 7 条。第一条，阐明国家坚定不移并全面准确贯彻"一国两制"、"港人治港"、高度自治的方针；强调采取必要措施建立健全香港特别行政区维护国家安全的法律制度和执行机制，依法防范、制止和惩治危害国家安全的行为和活动。第二条，阐明国家坚决反对任何外国和境外势力以任何方式干预香港特别行政区事务，采取必要措施予以反制。第三条，明确规定维护国家主权、统一和领土完整是香港特别行政区的宪制责任；强调香港特别行政区应当尽早完成香港基本法规定的维护国家安全立法，香港特别行政区行政机关、立法机关、司法机关应当依据有关法律规定有效防范、制止和惩治危害国家安全的行为和活动。第四条，明确规定香港特别行政区应当建立健全维护国家安全的机构和执行机制；中央人民政府维护国家安全的有关机关根据需要在香港特别行政区设立机构，依法履行维护国家安全相关职责。第五条，明确规定香港特别行政区行政长官应当就香港特别行政区履行维护国家安全职责、开展国家安全教育、依法禁止危害国家安全的行为和活动等情况，定期向中央人民政府提交报告。第六条，明确全国人大常委会相关立法的宪制含义，包括三层含义：一是授权全国人大常委会就建立健全香港特别行政区维护国家安全的法律制度和执行机制制定相关法律，全国人大常委会将据此行使授权立法职权；二是明确全国人大常委会相关法律的任务是，切实防范、制止和惩治发生在香港特别行政区内的任何分裂国家、颠覆国家政权、组织实施恐怖活动等严重危害国家安全的行为和活动以及外国和境外势力干预香港特别行政区事务的活动；三是明确全国人大常委会相关法律在香港特别行政区实施的方式，即全国人大常委会决定将相关法律列入香港基本法附件三，由香港特别行政区在当地公布实施。第七条，明确本决定的施行时间，即自公布之日起施行。

全国人民代表大会根据新的形势和需要作出的上述制度安排，包括授权全国人大常委会就建立健全香港特别行政区维护国家安全的法律制度和执行机制制定相关法律，进一步贯彻落实了宪法和香港基本法的有关规定。香港特别行政区根据香港基本法第 23 条规定仍然负有维护国家安全的宪制责任和立法义务，应当尽早完成维护国家安全的有关立法。任何维护国家安全的立法及其实施都不得同本决定相抵触。

本决定作出后，全国人大常委会将会同有关方面及早制定香港特别行政区维护国家安全的相关法律，积极推动解决香港特别行政区在维护国家安全制度方面存在的突出问题，加强专门机构、执行机制和执法力量建设，确保相关法律在香港特别行政区有效实施。

《全国人民代表大会关于建立健全香港特别行政区维护国家安全的法律制度和执行机制的决定（草案）》和以上说明，请审议。

第六节　关于国家特赦的决议决定

特赦是国家依法对特定罪犯免除或减轻刑罚的制度。新中国成立后，1959 年至 1975 年间共实施过七次特赦，对于最大限度减少社会主义建设的消极因素，调动积极因素发挥了积极作用。新时代在重大历史节点实行国家特赦，体现了党和国家继承中华文明传统，施行仁政和慎刑，实现法安天下、德润人心的自信和决心，是新时代国家的法治文明深入发展的体现。

全国人民代表大会常务委员会关于特赦部分服刑罪犯的决定[1]

（2015 年 8 月 29 日第十二届全国人民代表大会常务委员会
第十六次会议通过）

第十二届全国人民代表大会常务委员会第十六次会议讨论了全国人民代表大会常务委员会委员长会议关于提请审议《全国人民代表大会常务委员会关于特赦部分服刑罪犯的决定（草案）》的议案，为纪念中国人民抗日战争暨世界反法西斯战争胜利 70

---

[1]　中国人大网，http://www.npc.gov.cn/npc/c12489/201508/eb2f7bee696142abad3f38b616c9ba21.shtml。

周年，体现依法治国理念和人道主义精神，根据宪法，决定对依据 2015 年 1 月 1 日前人民法院作出的生效判决正在服刑，释放后不具有现实社会危险性的下列罪犯实行特赦：

一、参加过中国人民抗日战争、中国人民解放战争的；

二、中华人民共和国成立以后，参加过保卫国家主权、安全和领土完整对外作战的，但犯贪污受贿犯罪，故意杀人、强奸、抢劫、绑架、放火、爆炸、投放危险物质或者有组织的暴力性犯罪，黑社会性质的组织犯罪，危害国家安全犯罪，恐怖活动犯罪的，有组织犯罪的主犯以及累犯除外；

三、年满七十五周岁、身体严重残疾且生活不能自理的；

四、犯罪的时候不满十八周岁，被判处三年以下有期徒刑或者剩余刑期在一年以下的，但犯故意杀人、强奸等严重暴力性犯罪，恐怖活动犯罪，贩卖毒品犯罪的除外。

对本决定施行之日符合上述条件的服刑罪犯，经人民法院依法作出裁定后，予以释放。

本决定自 2015 年 8 月 29 日起施行。

全国人民代表大会常务委员会关于在中华人民共和国成立七十周年之际对部分服刑罪犯予以特赦的决定[1]

（2019 年 6 月 29 日第十三届全国人民代表大会常务委员会
第十一次会议通过）

第十三届全国人民代表大会常务委员会第十一次会议审议了全国人民代表大会常务委员会委员长会议关于提请审议《全国人

---

〔1〕　中国人大网，http：//www.npc.gov.cn/npc/c30834/201907/d0ef8b8d5bae4a728d3bfa3ccc658e0c.shtml。

民代表大会常务委员会关于在中华人民共和国成立七十周年之际对部分服刑罪犯予以特赦的决定（草案）》的议案，为庆祝中华人民共和国成立 70 周年，体现依法治国理念和人道主义精神，根据宪法，决定对依据 2019 年 1 月 1 日前人民法院作出的生效判决正在服刑的下列罪犯实行特赦：

一、参加过中国人民抗日战争、中国人民解放战争的；

二、中华人民共和国成立以后，参加过保卫国家主权、安全和领土完整对外作战的；

三、中华人民共和国成立以后，为国家重大工程建设做过较大贡献并获得省部级以上"劳动模范""先进工作者""五一劳动奖章"等荣誉称号的；

四、曾系现役军人并获得个人一等功以上奖励的；

五、因防卫过当或者避险过当，被判处三年以下有期徒刑或者剩余刑期在一年以下的；

六、年满七十五周岁、身体严重残疾且生活不能自理的；

七、犯罪的时候不满十八周岁，被判处三年以下有期徒刑或者剩余刑期在一年以下的；

八、丧偶且有未成年子女或者有身体严重残疾、生活不能自理的子女，确需本人抚养的女性，被判处三年以下有期徒刑或者剩余刑期在一年以下的；

九、被裁定假释已执行五分之一以上假释考验期的，或者被判处管制的。

上述九类对象中，具有以下情形之一的，不得特赦：

（一）第二、三、四、七、八、九类对象中系贪污受贿犯罪，军人违反职责犯罪，故意杀人、强奸、抢劫、绑架、放火、爆炸、投放危险物质或者有组织的暴力性犯罪，黑社会性质的组织犯罪，贩卖毒品犯罪，危害国家安全犯罪，恐怖活动犯罪的罪犯，其他有组织犯罪的主犯，累犯的；

（二）第二、三、四、九类对象中剩余刑期在十年以上的和仍处于无期徒刑、死刑缓期执行期间的；

（三）曾经被特赦又因犯罪被判处刑罚的；

（四）不认罪悔改的；

（五）经评估具有现实社会危险性的。

对本决定施行之日符合上述条件的服刑罪犯，经人民法院依法作出裁定后，予以释放。

本决定自 2019 年 6 月 29 日起施行。

第七节　关于特别行政区治理的决议决定

特别行政区是指在中华人民共和国行政区域内，根据宪法和法律的规定设立的具有特殊法律地位，实行特殊的社会制度、政治制度、经济制度和文化制度等的行政区域。特别行政区是中国共产党和中国政府的伟大创举，是由全国人民代表大会设立，通过法律规定实现对特别行政区的依法治理。事实上，自从着手解决香港问题，全国人大及其常委会就作出了一系列决议决定，积极推动香港的顺利回归和平稳过渡，体现了中国共产党和中国政府有信心、有智慧、有能力把实行资本主义制度的香港和澳门管理好、建设好，并把符合香港、澳门特别行政区实际情况的民主法治建设好、发展好。

一、关于香港特别行政区的决议决定

全国人民代表大会关于设立香港特别行政区的决定[1]

(1990 年 4 月 4 日第七届全国人民代表大会第三次会议通过)

第七届全国人民代表大会第三次会议根据《中华人民共和国宪法》第三十一条和第六十二条第十三项的规定,决定:

一、自 1997 年 7 月 1 日起设立香港特别行政区。

二、香港特别行政区的区域包括香港岛、九龙半岛,以及所辖的岛屿和附近海域。香港特别行政区的行政区域图由国务院另行公布。

全国人民代表大会常务委员会关于郑耀棠等 32 名全国人大代表所提议案的决定

(1994 年 8 月 31 日第八届全国人民代表大会常务委员会
第九次会议通过)

第八届全国人民代表大会常务委员会第九次会议根据全国人大法律委员会的审议报告,审议了第八届全国人大第二次会议主席团交付法律委员会审议的郑耀棠等 32 名全国人大代表提出的议案。

会议认为,港英最后一届立法局、市政局和区域市政局、区

---

〔1〕 全国人大常委会办公厅、中共中央文献研究室编:《人民代表大会制度重要文献选编》(三),中国民主法制出版社 2015 年版,第 804—835 页。

议会于 1997 年 6 月 30 日终止。英国政府单方面决定的有关港英最后一届立法局、市政局和区域市政局、区议会的选举安排，违反中英联合声明，不符合《中华人民共和国香港特别行政区基本法》和《全国人民代表大会关于香港特别行政区第一届政府和立法会产生办法的决定》。会议决定：由香港特别行政区筹备委员会根据《全国人民代表大会关于香港特别行政区第一届政府和立法会产生办法的决定》，负责筹备成立香港特别行政区的有关事宜，规定香港特别行政区第一届立法会的具体产生办法，组建香港特别行政区第一届立法会。根据《中华人民共和国香港特别行政区基本法》，香港特别行政区的区域组织的职权和组成方法由香港特别行政区的法律规定。

第八届全国人民代表大会第五次会议关于全国人民代表大会香港特别行政区筹备委员会工作报告的决议

（1997 年 3 月 14 日第八届全国人民代表大会第五次会议通过）

第八届全国人民代表大会第五次会议审议了全国人民代表大会香港特别行政区筹备委员会主任委员钱其琛作的《全国人民代表大会香港特别行政区筹备委员会工作报告》。会议决定批准这个报告。

会议认为，全国人民代表大会香港特别行政区筹备委员会成立一年来，为筹建香港特别行政区所做的工作是富有成效的。筹备委员会根据《中华人民共和国香港特别行政区基本法》和全国人大及其常委会的有关决定中关于"一国两制"、高度自治、"港人治港"的方针，通过了《关于推选委员会产生办法的原则设想的决议》、《关于设立香港特别行政区临时立法会的决定》、

《关于对〈中华人民共和国国籍法〉在香港特别行政区实施作出解释的建议》、《关于处理香港原有法律问题的建议》、《关于香港特别行政区第一任行政长官、临时立法会在 1997 年 6 月 30 日前开展工作的决定》等一系列决定、决议和建议；组建了香港特别行政区第一届政府推选委员会，主持推选委员会选举产生了香港特别行政区第一任行政长官和临时立法会议员，并对与香港政权交接和平稳过渡有关的重大经济问题、法律问题以及庆祝香港回归的有关活动安排等提出了建议和意见，为香港特别行政区的成立和香港的平稳过渡奠定了基础，并且有利于香港的长期稳定和繁荣。

会议希望香港特别行政区筹备委员会再接再厉，继续支持香港特别行政区第一任行政长官的工作，为圆满完成全国人民代表大会所赋予的任务而努力。

全国人民代表大会常务委员会关于第一任全国人民代表大会常务委员会香港特别行政区基本法委员会成员继续履行职责的决定

(2002 年 6 月 29 日第九届全国人民代表大会常务委员会第二十八次会议通过)

第九届全国人民代表大会常务委员会第二十八次会议决定：第一任全国人民代表大会常务委员会香港特别行政区基本法委员会成员，在第十届全国人民代表大会常务委员会第一次会议任命第二任全国人民代表大会常务委员会香港特别行政区基本法委员会成员之前，继续履行职责。

全国人民代表大会常务委员会关于香港特别行政区 2007 年行政长官和 2008 年立法会产生办法有关问题 的决定

（2004 年 4 月 26 日第十届全国人民代表大会常务委员会
第九次会议通过）

第十届全国人民代表大会常务委员会第九次会议审议了香港特别行政区行政长官董建华 2004 年 4 月 15 日提交的《关于香港特别行政区 2007 年行政长官和 2008 年立法会产生办法是否需要修改的报告》，并在会前征询了香港特别行政区全国人大代表、全国政协委员和香港各界人士、全国人大常委会香港特别行政区基本法委员会香港委员、香港特别行政区政府政制发展专责小组的意见，同时征求了国务院港澳事务办公室的意见。全国人大常委会在审议中充分注意到近期香港社会对 2007 年以后行政长官和立法会的产生办法的关注，其中包括一些团体和人士希望 2007 年行政长官和 2008 年立法会全部议员由普选产生的意见。

会议认为，《中华人民共和国香港特别行政区基本法》（以下简称香港基本法）第四十五条和第六十八条已明确规定，香港特别行政区行政长官和立法会的产生办法应根据香港特别行政区的实际情况和循序渐进的原则而规定，最终达至行政长官由一个有广泛代表性的提名委员会按民主程序提名后普选产生、立法会全部议员由普选产生的目标。香港特别行政区行政长官和立法会的产生办法应符合香港基本法的上述原则和规定。有关香港特别行政区行政长官和立法会产生办法的任何改变，都应遵循与香港社会、经济、政治的发展相协调，有利于社会各阶层、各界别、各方面的均衡参与，有利于行政主导体制的有效运行，有利于保持香港的长期繁荣稳定等原则。

会议认为，香港特别行政区成立以来，香港居民所享有的民主权利是前所未有的。第一任行政长官由400人组成的推选委员会选举产生，第二任行政长官由800人组成的选举委员会选举产生；立法会60名议员中分区直选产生的议员已由第一届立法会的20名增加到第二届立法会的24名，今年9月产生的第三届立法会将达至30名。香港实行民主选举的历史不长，香港居民行使参与推选特别行政区行政长官的民主权利，至今不到7年。香港回归祖国以来，立法会中分区直选议员的数量已有相当幅度的增加，在达至分区直选议员和功能团体选举的议员各占一半的格局后，对香港社会整体运作的影响，尤其是对行政主导体制的影响尚有待实践检验。加之目前香港社会各界对于2007年以后行政长官和立法会的产生办法如何确定仍存在较大分歧，尚未形成广泛共识。在此情况下，实现香港基本法第四十五条规定的行政长官由一个有广泛代表性的提名委员会按民主程序提名后普选产生和香港基本法第六十八条规定的立法会全部议员由普选产生的条件还不具备。

鉴此，全国人大常委会依据香港基本法的有关规定和《全国人民代表大会常务委员会关于〈中华人民共和国香港特别行政区基本法〉附件一第七条和附件二第三条的解释》，对香港特别行政区2007年行政长官和2008年立法会的产生办法决定如下：

一、2007年香港特别行政区第三任行政长官的选举，不实行由普选产生的办法。2008年香港特别行政区第四届立法会的选举，不实行全部议员由普选产生的办法，功能团体和分区直选产生的议员各占半数的比例维持不变，立法会对法案、议案的表决程序维持不变。

二、在不违反本决定第一条的前提下，2007 年香港特别行政区第三任行政长官的具体产生办法和 2008 年香港特别行政区第四届立法会的具体产生办法，可按照香港基本法第四十五条、第六十八条的规定和附件一第七条、附件二第三条的规定作出符合循序渐进原则的适当修改。

会议认为，按照香港基本法的规定，在香港特别行政区根据实际情况，循序渐进地发展民主，是中央坚定不移的一贯立场。随着香港社会各方面的发展和进步，经过香港特别行政区政府和香港居民的共同努力，香港特别行政区的民主制度一定能够不断地向前发展，最终达至香港基本法规定的行政长官由一个有广泛代表性的提名委员会按民主程序提名后普选产生和立法会全部议员由普选产生的目标。

全国人民代表大会常务委员会关于香港特别行政区行政长官普选问题和 2016 年立法会产生办法的决定

（2014 年 8 月 31 日第十二届全国人民代表大会常务委员会第十次会议通过）

第十二届全国人民代表大会常务委员会第十次会议审议了香港特别行政区行政长官梁振英 2014 年 7 月 15 日提交的《关于香港特别行政区 2017 年行政长官及 2016 年立法会产生办法是否需要修改的报告》，并在审议中充分考虑了香港社会的有关意见和建议。

会议指出，2007 年 12 月 29 日第十届全国人民代表大会常务委员会第三十一次会议通过的《全国人民代表大会常务委员会关于香港特别行政区 2012 年行政长官和立法会产生办法及有关普选问题的决定》规定，2017 年香港特别行政区第五任行政长官的选举可以实行由普选产生的办法；在行政长官实行普选前的适当时候，行政长官须按照香港基本法的有关规定和《全国人民代表大会常务委员会关于〈中华人民共和国香港特别行政区基本法〉附件一第七条和附件二第三条的解释》，就行政长官产生办法的修改问题向全国人民代表大会常务委员会提出报告，由全国人民代表大会常务委员会确定。2013 年 12 月 4 日至 2014 年 5 月 3 日，香港特别行政区政府就 2017 年行政长官产生办法和 2016 年立法会产生办法进行了广泛、深入的公众咨询。咨询过程中，香港社会普遍希望 2017 年实现行政长官由普选产生，并就行政长官普选办法必须符合香港基本法和全国人大常委会有关决定、行政长官必须由爱国爱港人士担任等重要原则形成了广泛共识。对于 2017 年行政长官普选办法和 2016 年立法会产生办法，香港社会提出了各种意见和建议。在此基础上，香港特别行政区行政长官就 2017 年行政长官和 2016 年立法会产生办法修改问题向全国人大常委会提出报告。会议认为，行政长官的报告符合香港基本法、全国人大常委会关于香港基本法附件一第七条和附件二第三条的解释以及全国人大常委会有关决定的要求，全面、客观地反映了公众咨询的情况，是一个积极、负责、务实的报告。

会议认为，实行行政长官普选，是香港民主发展的历史性进步，也是香港特别行政区政治体制的重大变革，关系到香港长期繁荣稳定，关系到国家主权、安全和发展利益，必须审慎、稳步推进。香港特别行政区行政长官普选源于香港基本法第四十五条第二款的规定，即"行政长官的产生办法根据香港特别行政区的实际情况和循序渐进的原则而规定，最终达至由一个有广泛代表性的提名委员会按民主程序提名后普选产生的目标。"制定行政长官普选办法，必须严格遵循香港基本法有关规定，符合"一国两制"的原则，符合香港特别行政区的法律地位，兼顾社会各阶层的利益，体现均衡参与，有利于资本主义经济发展，循序渐进地发展适合香港实际情况的民主制度。鉴于香港社会对如何落实香港基本法有关行政长官普选的规定存在较大争议，全国人大常委会对正确实施香港基本法和决定行政长官产生办法负有宪制责任，有必要就行政长官普选办法的一些核心问题作出规定，以促进香港社会凝聚共识，依法顺利实现行政长官普选。

会议认为，按照香港基本法的规定，香港特别行政区行政长官既要对香港特别行政区负责，也要对中央人民政府负责，必须坚持行政长官由爱国爱港人士担任的原则。这是"一国两制"方针政策的基本要求，是行政长官的法律地位和重要职责所决定的，是保持香港长期繁荣稳定，维护国家主权、安全和发展利益的客观需要。行政长官普选办法必须为此提供相应的制度保障。

会议认为，2012 年香港特别行政区第五届立法会产生办法经过修改后，已经向扩大民主的方向迈出了重大步伐。香港基本法附件二规定的现行立法会产生办法和表决程序不作修改，2016年第六届立法会产生办法和表决程序继续适用现行规定，符合循序渐进地发展适合香港实际情况的民主制度的原则，符合香港社会的多数意见，也有利于香港社会各界集中精力优先处理行政长官普选问题，从而为行政长官实行普选后实现立法会全部议员由普选产生的目标创造条件。

鉴此，全国人民代表大会常务委员会根据《中华人民共和国香港特别行政区基本法》、《全国人民代表大会常务委员会关于〈中华人民共和国香港特别行政区基本法〉附件一第七条和附件二第三条的解释》和《全国人民代表大会常务委员会关于香港特别行政区 2012 年行政长官和立法会产生办法及有关普选问题的决定》的有关规定，决定如下：

一、从 2017 年开始，香港特别行政区行政长官选举可以实行由普选产生的办法。

二、香港特别行政区行政长官选举实行由普选产生的办法时：

（一）须组成一个有广泛代表性的提名委员会。提名委员会的人数、构成和委员产生办法按照第四任行政长官选举委员会的人数、构成和委员产生办法而规定。

（二）提名委员会按民主程序提名产生二至三名行政长官候选人。每名候选人均须获得提名委员会全体委员半数以上的支持。

（三）香港特别行政区合资格选民均有行政长官选举权，依法从行政长官候选人中选出一名行政长官人选。

（四）行政长官人选经普选产生后，由中央人民政府任命。

三、行政长官普选的具体办法依照法定程序通过修改《中华人民共和国香港特别行政区基本法》附件一《香港特别行政区行政长官的产生办法》予以规定。修改法案及其修正案应由香港特别行政区政府根据香港基本法和本决定的规定，向香港特别行政区立法会提出，经立法会全体议员三分之二多数通过，行政长官同意，报全国人民代表大会常务委员会批准。

四、如行政长官普选的具体办法未能经法定程序获得通过，行政长官的选举继续适用上一任行政长官的产生办法。

五、香港基本法附件二关于立法会产生办法和表决程序的现行规定不作修改，2016 年香港特别行政区第六届立法会产生办法和表决程序，继续适用第五届立法会产生办法和法案、议案表决程序。在行政长官由普选产生以后，香港特别行政区立法会的选举可以实行全部议员由普选产生的办法。在立法会实行普选前的适当时候，由普选产生的行政长官按照香港基本法的有关规定和《全国人民代表大会常务委员会关于〈中华人民共和国香港特别行政区基本法〉附件一第七条和附件二第三条的解释》，就立法会产生办法的修改问题向全国人民代表大会常务委员会提出报告，由全国人民代表大会常务委员会确定。

会议强调，坚定不移地贯彻落实"一国两制"、"港人治港"、高度自治方针政策，严格按照香港基本法办事，稳步推进 2017 年行政长官由普选产生，是中央的一贯立场。希望香港特别行政区政府和香港社会各界依照香港基本法和本决定的规定，共同努力，达至行政长官由普选产生的目标。

全国人民代表大会常务委员会关于香港特别行政区第六届立法会继续履行职责的决定[1]

(2020 年 8 月 11 日第十三届全国人民代表大会常务委员会
第二十一次会议通过)

第十三届全国人民代表大会常务委员会第二十一次会议审议了《国务院关于提请全国人民代表大会常务委员会就香港特别行政区第六届立法会继续运作作出决定的议案》。上述议案是应香

---

[1]　中国人大网，http://www.npc.gov.cn/npc/c30834/202008/e59a158792e84576bcfafce5ccd9c840.shtml。

港特别行政区行政长官向中央人民政府报送的有关报告提出的。香港特别行政区行政长官会同行政会议因应当地新冠肺炎疫情的严峻形势已决定将香港特别行政区第七届立法会选举推迟一年，在此情况下香港特别行政区立法机关将出现空缺。为维护香港特别行政区宪制秩序和法治秩序，确保香港特别行政区政府正常施政和社会正常运行，根据《中华人民共和国宪法》和《中华人民共和国香港特别行政区基本法》的有关规定，全国人民代表大会常务委员会作出如下决定：

2020 年 9 月 30 日后，香港特别行政区第六届立法会继续履行职责，不少于一年，直至香港特别行政区第七届立法会任期开始为止。香港特别行政区第七届立法会依法产生后，任期仍为四年。

全国人民代表大会常务委员会关于香港特别行政区立法会议员资格问题的决定[1]

(2020 年 11 月 11 日第十三届全国人民代表大会常务委员会第二十三次会议通过)

第十三届全国人民代表大会常务委员会第二十三次会议审议了《国务院关于提请就香港特别行政区立法会议员资格问题作出决定的议案》。上述议案是应香港特别行政区行政长官的请求而提出的。会议认为，为了全面准确贯彻落实"一国两制"方针和《中华人民共和国香港特别行政区基本法》，维护国家主权、安全和发展利益，维护香港长期繁荣稳定，必须确保香港特别行政区

---

〔1〕 中国人大网，http：//www.npc.gov.cn/npc/c30834/202011/b0a45a65534f4b3986fafc075345d9fc.shtml。

有关公职人员包括立法会议员符合拥护中华人民共和国香港特别行政区基本法、效忠中华人民共和国香港特别行政区的法定要求和条件。为此，全国人民代表大会常务委员会同意国务院 2020 年 11 月 7 日提出的议案，根据《中华人民共和国宪法》第五十二条、第五十四条、第六十七条第一项的规定和《中华人民共和国香港特别行政区基本法》、《全国人民代表大会关于建立健全香港特别行政区维护国家安全的法律制度和执行机制的决定》、《中华人民共和国香港特别行政区维护国家安全法》的有关规定以及《全国人民代表大会常务委员会关于〈中华人民共和国香港特别行政区基本法〉第一百零四条的解释》、《全国人民代表大会常务委员会关于香港特别行政区第六届立法会继续履行职责的决定》，作出如下决定：

一、香港特别行政区立法会议员，因宣扬或者支持"港独"主张、拒绝承认国家对香港拥有并行使主权、寻求外国或者境外势力干预香港特别行政区事务，或者具有其他危害国家安全等行为，不符合拥护中华人民共和国香港特别行政区基本法、效忠中华人民共和国香港特别行政区的法定要求和条件，一经依法认定，即时丧失立法会议员的资格。

二、本决定适用于在原定于 2020 年 9 月 6 日举行的香港特别行政区第七届立法会选举提名期间，因上述情形被香港特别行政区依法裁定提名无效的第六届立法会议员。

今后参选或者出任立法会议员的，如遇有上述情形，均适用本决定。

三、依据上述规定丧失立法会议员资格的，由香港特别行政区政府宣布。

全国人民代表大会关于完善香港特别行政区
选举制度的决定[1]

(2021 年 3 月 11 日第十三届全国人民代表大会第四次会议通过)

　　第十三届全国人民代表大会第四次会议审议了全国人民代表大会常务委员会关于提请审议《全国人民代表大会关于完善香港特别行政区选举制度的决定（草案）》的议案。会议认为，香港回归祖国后，重新纳入国家治理体系，《中华人民共和国宪法》和《中华人民共和国香港特别行政区基本法》共同构成香港特别行政区的宪制基础。香港特别行政区实行的选举制度，包括行政长官和立法会的产生办法，是香港特别行政区政治体制的重要组成部分，应当符合"一国两制"方针，符合香港特别行政区实际情况，确保爱国爱港者治港，有利于维护国家主权、安全、发展利益，保持香港长期繁荣稳定。为完善香港特别行政区选举制度，发展适合香港特别行政区实际情况的民主制度，根据《中华人民共和国宪法》第三十一条和第六十二条第二项、第十四项、第十六项的规定，以及《中华人民共和国香港特别行政区基本法》、《中华人民共和国香港特别行政区维护国家安全法》的有关规定，全国人民代表大会作出如下决定：

　　一、完善香港特别行政区选举制度，必须全面准确贯彻落实"一国两制"、"港人治港"、高度自治的方针，维护《中华人民共和国宪法》和《中华人民共和国香港特别行政区基本法》确定的香港特别行政区宪制秩序，确保以爱国者为主体的"港人治

---

　　[1]　中国人大网，http：//www.npc.gov.cn/npc/kgfb/202103/e546427083c944d484fef5482c56f9fb.shtml。

港"，切实提高香港特别行政区治理效能，保障香港特别行政区永久性居民的选举权和被选举权。

二、香港特别行政区设立一个具有广泛代表性、符合香港特别行政区实际情况、体现社会整体利益的选举委员会。选举委员会负责选举行政长官候任人、立法会部分议员，以及提名行政长官候选人、立法会议员候选人等事宜。

选举委员会由工商、金融界，专业界，基层、劳工和宗教等界，立法会议员、地区组织代表等界，香港特别行政区全国人大代表、香港特别行政区全国政协委员和有关全国性团体香港成员的代表界等五个界别共 1500 名委员组成。

三、香港特别行政区行政长官由选举委员会选出，由中央人民政府任命。

行政长官候选人须获得选举委员会不少于 188 名委员联合提名，且上述五个界别中每个界别参与提名的委员不少于 15 名。选举委员会以一人一票无记名投票选出行政长官候任人，行政长官候任人须获得选举委员会全体委员过半数支持。

四、香港特别行政区立法会议员每届 90 人。通过选举委员会选举、功能团体选举、分区直接选举三种方式分别选举产生。

五、设立香港特别行政区候选人资格审查委员会，负责审查并确认选举委员会委员候选人、行政长官候选人和立法会议员候选人的资格。香港特别行政区应当健全和完善有关资格审查制度机制，确保候选人资格符合《中华人民共和国香港特别行政区基本法》、《中华人民共和国香港特别行政区维护国家安全法》、全国人民代表大会常务委员会关于《中华人民共和国香港特别行政区基本法》第一百零四条的解释和关于香港特别行政区立法会议员资格问题的决定以及香港特别行政区本地有关法律的规定。

六、授权全国人民代表大会常务委员会根据本决定修改《中华人民共和国香港特别行政区基本法》附件一《香港特别行政区行政长官的产生办法》和附件二《香港特别行政区立法会的产生办法和表决程序》。

七、香港特别行政区应当依照本决定和全国人民代表大会常务委员会修改后的《中华人民共和国香港特别行政区基本法》附件一《香港特别行政区行政长官的产生办法》和附件二《香港特别行政区立法会的产生办法和表决程序》，修改香港特别行政区本地有关法律，依法组织、规管相关选举活动。

八、香港特别行政区行政长官应当就香港特别行政区选举制度安排和选举组织等有关重要情况，及时向中央人民政府提交报告。

九、本决定自公布之日起施行。

二、关于澳门特别行政区的决议决定

全国人民代表大会关于设立中华人民共和国澳门特别行政区的决定[1]

（1993 年 3 月 31 日第八届全国人民代表大会第一次会议通过）

第八届全国人民代表大会第一次会议根据《中华人民共和国宪法》第三十一条和第六十二条第十三项的规定，决定：

一、自 1999 年 12 月 20 日起设立澳门特别行政区。

---

〔1〕 全国人大常委会办公厅、中共中央文献研究室编，《人民代表大会制度重要文献选编》（三），中国民主法制出版社 2015 年版，第 909—939 页。

二、澳门特别行政区的区域包括澳门半岛、凼仔岛和路环岛。澳门特别行政区的行政区域图由国务院另行公布。

全国人民代表大会关于澳门特别行政区第一届政府、立法会和司法机关产生办法的决定

（1993 年 3 月 31 日第八届全国人民代表大会第一次会议通过）

一、澳门特别行政区第一届政府、立法会和司法机关根据体现国家主权、平稳过渡的原则产生。

二、全国人民代表大会设立澳门特别行政区筹备委员会，负责筹备成立澳门特别行政区的有关事宜，根据本决定规定第一届政府、立法会和司法机关的具体产生办法。筹备委员会由内地委员和不少于百分之五十的澳门委员组成，主任委员和委员由全国人民代表大会常务委员会委任。

三、澳门特别行政区筹备委员会负责筹组澳门特别行政区第一届政府推选委员会（以下简称推选委员会）。

推选委员会全部由澳门永久性居民组成，必须具有广泛代表性，成员包括澳门地区全国人民代表大会代表、澳门地区全国政协委员的代表、澳门特别行政区成立前曾在澳门行政、立法、咨询机构任职并有实际经验的人士和各阶层、界别中具有代表性的人士。

推选委员会由 200 人组成，其中：

工商、金融界 60 人

文化、教育、专业等界 50 人

劳工、社会服务、宗教等界 50 人

原政界人士、澳门地区全国人大代表、澳门地区全国政协委

员的代表 40 人

四、推选委员会在当地通过协商或协商后提名选举的方式，产生第一任行政长官的人选，报中央人民政府任命。第一任行政长官的任期与正常任期相同。

五、第一届澳门特别行政区政府由澳门特别行政区行政长官依照澳门特别行政区基本法规定负责筹组。

六、澳门特别行政区第一届立法会由 23 人组成，其中直接选举产生议员 8 人，间接选举产生议员 8 人，行政长官委任议员 7 人。原澳门最后一届立法会的组成如符合本决定和澳门特别行政区基本法的有关规定，其中由选举产生的议员如拥护中华人民共和国澳门特别行政区基本法、愿意效忠中华人民共和国澳门特别行政区并符合澳门特别行政区基本法规定条件者，经澳门特别行政区筹备委员会确认，即可成为澳门特别行政区第一届立法会议员。如有议员缺额，由澳门特别行政区筹备委员会决定补充。

澳门特别行政区第一届立法会议员的任期至 2001 年 10 月 15 日。

七、澳门特别行政区法院由澳门特别行政区筹备委员会依照澳门特别行政区基本法负责筹组。

全国人民代表大会澳门特别行政区筹备委员会关于对原澳门最后一届立法会由选举产生的议员过渡为澳门特别行政区第一届立法会议员的资格确认和缺额补充的决定

(1999 年 8 月 29 日全国人民代表大会澳门特别行政区筹备委员会第十次全体会议通过)

根据《全国人民代表大会关于澳门特别行政区第一届政府、

立法会和司法机关产生办法的决定》和澳门特别行政区筹备委员会通过的《中华人民共和国澳门特别行政区第一届立法会具体产生办法》等规定，经过对申请过渡为澳门特别行政区第一届立法会议员的原澳门最后一届立法会由选举产生的议员进行资格审查，全国人民代表大会澳门特别行政区筹备委员会决定：

一、原澳门最后一届立法会由直接选举产生的议员（按简体字姓氏笔划为序，下同）冯志强、吴国昌、周锦辉、高开贤、唐志坚、梁庆庭、廖玉麟；由间接选举产生的议员许世元、刘焯华、关翠杏、吴荣恪、欧安利、林绮涛、崔世昌、曹其真，符合成为中华人民共和国澳门特别行政区第一届立法会议员的资格要求，确认为澳门特别行政区第一届立法会议员。

二、原澳门最后一届立法会由直接选举产生的议员赵河畅（即陈继杰）未按有关要求提出过渡为澳门特别行政区第一届立法会议员的申请。由此产生的一名缺额，按照《中华人民共和国澳门特别行政区第一届立法会具体产生办法》的有关规定，在筹委会主任委员会议的主持下，由澳门特别行政区第一届政府推选委员会补选。补选的具体安排授权筹委会秘书处予以公布。

全国人民代表大会常务委员会关于增加
《中华人民共和国澳门特别行政区基本法》
附件三所列全国性法律的决定

（1999 年 12 月 20 日第九届全国人民代表大会常务委员会
第十三次会议通过）

在《中华人民共和国澳门特别行政区基本法》附件三中增加下列全国性法律：

1. 《中华人民共和国专属经济区和大陆架法》；
2. 《中华人民共和国澳门特别行政区驻军法》。

以上全国性法律，自 1999 年 12 月 20 日起由澳门特别行政区公布或立法实施。

全国人民代表大会常务委员会关于批准
《全国人民代表大会澳门特别行政区筹备委员会
工作情况的报告》和全国人民代表大会澳门
特别行政区筹备委员会结束工作的建议的决定

（1999 年 12 月 25 日第九届全国人民代表大会常务委员会
第十三次会议通过）

第九届全国人民代表大会常务委员会第十三次会议审议了全国人大澳门特别行政区筹委会主任委员钱其琛所作的《全国人民代表大会澳门特别行政区筹备委员会工作情况的报告》和《全国人民代表大会澳门特别行政区筹备委员会关于建议筹委会结束工作的报告》。会议认为，全国人民代表大会澳门特别行政区筹备委员会自 1998 年 5 月 5 日成立以来，按照《中华人民共和国澳门特别行政区基本法》和全国人民代表大会及其常务委员会的有关规定，做了大量的、卓有成效的工作，经过全体成员的共同努力，圆满地完成了筹备成立澳门特别行政区的各项工作。会议决定，批准《全国人民代表大会澳门特别行政区筹备委员会工作情况的报告》；批准全国人民代表大会澳门特别行政区筹备委员会关于筹委会结束工作的建议。

全国人民代表大会常务委员会关于增加 《中华人民共和国澳门特别行政区基本法》 附件三所列全国性法律的决定

（2005 年 10 月 27 日第十届全国人民代表大会常务委员会
第十八次会议通过）

第十届全国人民代表大会常务委员会第十八次会议决定：在《中华人民共和国澳门特别行政区基本法》附件三中增加全国性法律《中华人民共和国外国中央银行财产司法强制措施豁免法》。

全国人大常委会关于澳门特别行政区 2013 年 立法会产生办法和 2014 年行政长官产生办法 有关问题的决定

（2012 年 2 月 29 日第十一届全国人民代表大会常务委员会
第二十五次会议通过）

第十一届全国人民代表大会常务委员会第二十五次会议审议了澳门特别行政区行政长官崔世安 2012 年 2 月 7 日提交的《关于澳门特别行政区 2013 年立法会产生办法和 2014 年行政长官产生办法是否需要修改的报告》，并在会前征询了国务院港澳事务办公室的意见。

会议认为，《中华人民共和国澳门特别行政区基本法》（以下简称澳门基本法）第四十七条已明确规定，澳门特别行政区行政长官在当地通过选举或协商产生，由中央人民政府任命。澳门基本法第六十八条已明确规定，立法会多数议员由选举产生。有关澳门特别行政区行政长官产生办法和立法会产生办法的任何修改，都应当符合澳门基本法的上述规定，并遵循从澳门的实际情况出发，有利于保持澳门特别行政区基本政治制度的稳定，有利于行政主导政治体制的有效运作，有利于兼顾澳门社会各阶层各界别的利益，有利于保持澳门的长期繁荣稳定和发展等原则。

会议认为，澳门基本法附件一第一条关于行政长官由一个具有广泛代表性的选举委员会选举产生的规定，澳门基本法附件二第一条关于立法会由直接选举的议员、间接选举的议员和委任的议员三部分组成的规定，是符合上述原则的基本制度安排，并得到澳门社会各界的普遍肯定和认同，应当长期保持不变。同时，为适应澳门社会的发展进步，有需要对 2013 年立法会产生办法和 2014 年行政长官产生办法作出适当的修改。

鉴此，全国人大常委会依据澳门基本法的有关规定和《全国人民代表大会常务委员会关于〈中华人民共和国澳门特别行政区基本法〉附件一第七条和附件二第三条的解释》，对澳门特别行政区 2013 年立法会产生办法和 2014 年行政长官产生办法决定如下：

一、澳门基本法附件一第一条关于行政长官由一个具有广泛代表性的选举委员会选举产生的规定维持不变，澳门基本法附件二第一条关于第三届及以后各届立法会由直接选举的议员、间接选举的议员和委任的议员三部分组成的规定维持不变。

二、在不违反本决定第一条的前提下，2013 年澳门特别行政区立法会产生办法和 2014 年澳门特别行政区行政长官产生办法，可按照澳门基本法第四十七条、第六十八条和附件一第七条、附件二第三条的规定作出适当修改。

/ 第十二章 /

关于授权的决议决定

授权决定是全国人民代表大会及其常务委员会为支持各国家机关依法推进改革，通过讨论决定重大事项的方式，对特定领域的特定事项授权在一定期限内在部分地方暂时调整或者暂时停止适用法律的部分规定而作出决议决定的活动。授权决定有利于按照党的十八届四中全会明确要求的"重大改革于法有据"的原则，促进改革与立法关系实现良性互动，既解决改革中法律适用的问题，又依法保护地方推进改革的积极性。授权决定主要包括，关于授权全国人民代表大会常务委员会的决议决定、关于授权国务院的决议决定、关于授权国家监察委员会的决议决定、关于授权"两高"的决议决定、关于授权地方政府的决议决定、关于授权特别行政区的决定。

第一节　关于授权常务委员会的
决议决定

关于向常务委员会授权的决议决定，主要是在全国人民代表大会成立初期，常务委员会立法还未成为常态的情况下，全国人民代表大会作出决议，授权常务委员会制定单行法规的历史做法。

第一届全国人民代表大会第二次会议
关于授权常务委员会制定单行法规的决议

（1955 年 7 月 30 日第一届全国人民代表大会第二次
会议通过）

第一届全国人民代表大会第二次会议认为，随着社会主义建设和社会主义改造事业的进展，国家急需制定各项法律，以适应国家建设和国家工作的要求。在全国人民代表大会闭会期间，有些部分性质的法律，不可避免地急需常务委员会通过施行。为此，特依照中华人民共和国宪法第三十一条第十九项的规定，授权常务委员会依照宪法的精神、根据实际的需要，适时地制定部分性质的法律。

第二节　关于授权国务院的决议决定

关于向国务院授权的决议决定，主要包括授权国务院制定"暂行条例"或者"暂行规定"的决议决定、授权国务院调整法律适用的决议决定，以及授权国务院开展改革试点工作的决议决定。

一、授权国务院立法的决议决定

全国人民代表大会常务委员会关于授权国务院改革工商税制发布有关税收条例草案试行的决定

（1984 年 9 月 18 日第六届全国人民代表大会常务委员会第七次会议通过）

第六届全国人民代表大会常务委员会第七次会议根据国务院的建议，决定授权国务院在实施国营企业利改税和改革工商税制的过程中，拟定有关税收条例，以草案形式发布试行，再根据试行的经验加以修订，提请全国人民代表大会常务委员会审议。国务院发布试行的以上税收条例草案，不适用于中外合资经营企业和外资企业。

全国人民代表大会关于授权国务院在经济体制改革和对外开放方面可以制定暂行的规定或者条例的决定

（1985 年 4 月 10 日第六届全国人民代表大会第三次会议通过）

为了保障经济体制改革和对外开放工作的顺利进行，第六届全国人民代表大会第三次会议决定：授权国务院对于有关经济体制改革和对外开放方面的问题，必要时可以根据宪法，在同有关法律和全国人民代表大会及其常务委员会的有关决定的基本原则不相抵触的前提下，制定暂行的规定或者条例，颁布实施，并报全国人民代表大会常务委员会备案。经过实践检验，条件成熟时由全国人民代表大会或者全国人民代表大会常务委员会制定法律。

二、授权国务院调整法律适用的决议决定

全国人民代表大会常务委员会关于授权国务院在部分地方开展药品上市许可持有人制度试点和有关问题的决定[1]

（2015 年 11 月 4 日第十二届全国人民代表大会常务委员会第十七次会议通过）

为了推进药品审评审批制度改革，鼓励药品创新，提升药品质量，为进一步改革完善药品管理制度提供实践经验，第十二届全国人民代表大会常务委员会第十七次会议决定：

一、授权国务院在北京、天津、河北、上海、江苏、浙江、福建、山东、广东、四川十个省、直辖市开展药品上市许可持有人制度试点，允许药品研发机构和科研人员取得药品批准文号，对药品质量承担相应责任。

二、同意国务院组织开展药品注册分类改革，提升药品质量，推进我国药品产业转型升级。为此，依照《中华人民共和国药品管理法》相关规定，批准生产已有国家药品标准的药品，应当符合国家药品标准，并达到原研药品的质量和疗效；批准生产在境外已经上市在境内尚未上市的药品，尚无国家药品标准的，

---

〔1〕 中国人大网，http://www.npc.gov.cn/npc/c12489/201511/be6e921517e947459a0f232e70eda96a.shtml。

应当达到原研药品的质量和疗效。国家食品药品监督管理总局应当按照上述要求及时制定、修订相关国家药品标准。

本决定授权的试点期限为三年，自本决定施行之日起算。国家食品药品监督管理总局制定具体试点方案，经国务院批准后报全国人民代表大会常务委员会备案。试点期间，国务院要加强对试点工作的组织指导和监督检查，保证药品质量和安全。试点期满后，对实践证明可行的，修改完善《中华人民共和国药品管理法》；对实践证明不宜调整的，恢复实施《中华人民共和国药品管理法》的规定。试点期间取得的药品批准文号，在试点期满后继续有效。试点期限届满前，国务院向全国人民代表大会常务委员会提出本决定实施情况的报告。

本决定自 2015 年 11 月 5 日起施行。

全国人民代表大会常务委员会关于授权国务院在广东省暂时调整部分法律规定的行政审批试行期届满后有关问题的决定[1]

（2015 年 12 月 27 日第十二届全国人民代表大会常务委员会第十八次会议通过）

为进一步积累经验，深化行政审批制度改革，第十二届全国人民代表大会常务委员会第十八次会议决定：《全国人民代表大会常务委员会关于授权国务院在广东省暂时调整部分法律规定的行政审批的决定》中调整的行政审批，尚未修改有关法律规定的，在广东省继续试行。对实践证明可行的，由国务院提出修改

---

〔1〕 中国人大网，http：//www.npc.gov.cn/npc/c12489/201512/16aa32dfcf214d32ab16351fe8549bce.shtml。

有关法律的议案。2018 年 1 月 1 日前未提出修改有关法律的议案的，恢复施行有关法律规定。

本决定自 2015 年 12 月 28 日起施行。

三、授权国务院推进改革的决议决定

全国人民代表大会常务委员会关于延长授权
国务院在部分地方开展药品上市许可
持有人制度试点期限的决定[1]

（2018 年 10 月 26 日第十三届全国人民代表大会常务委员会
第六次会议通过）

为了更好总结药品上市许可持有人制度试点经验，为改革完善药品管理制度打好基础，并做好药品上市许可持有人制度试点工作和《中华人民共和国药品管理法》修改工作的衔接，第十三届全国人民代表大会常务委员会第六次会议决定：将 2015 年 11 月 4 日第十二届全国人民代表大会常务委员会第十七次会议授权国务院在部分地方开展药品上市许可持有人制度试点工作的三年期限延长一年。

本决定自 2018 年 11 月 5 日起施行。

---

〔1〕 中国人大网，http：//www. npc. gov. cn/npc/c12435/201810/f709f81fea9f4b16b05708c7dad541f1. shtml。

全国人民代表大会常务委员会关于授权国务院提前下达部分新增地方政府债务限额的决定[1]

(2018 年 12 月 29 日第十三届全国人民代表大会常务委员会
第七次会议通过)

为了加快地方政府债券发行使用进度，保障重点项目资金需求，发挥政府债券资金对稳投资、扩内需、补短板的重要作用，更好发挥积极的财政政策作用，保持经济持续健康发展，第十三届全国人民代表大会常务委员会第七次会议决定：在 2019 年 3 月全国人民代表大会批准当年地方政府债务限额之前，授权国务院提前下达 2019 年地方政府新增一般债务限额 5800 亿元、新增专项债务限额 8100 亿元，合计 13900 亿元；授权国务院在 2019 年以后年度，在当年新增地方政府债务限额的 60% 以内，提前下达下一年度新增地方政府债务限额（包括一般债务限额和专项债务限额）。授权期限为 2019 年 1 月 1 日至 2022 年 12 月 31 日。

为了进一步规范和完善地方政府债务管理制度，防范和化解地方政府债务风险，国务院每年提前下达的部分新增地方政府债务限额，应当按照党中央决策部署，并根据经济形势和宏观调控的需要来确定。提前下达情况应当报全国人民代表大会常务委员会备案。各省、自治区、直辖市人民政府按照国务院批准的提前下达的新增政府债务限额编制预算，经本级人民代表大会批准后执行，并向下级人民政府下达新增债务限额。下级人民政府新增债务限额经本级人民代表大会或其常务委员会批准后执行。

---

〔1〕　中国人大网，http：//www.npc.gov.cn/npc/c12489/201812/1fdf320dbd4842c1b70ce0c64c82fdbd.shtml。

在每年国务院提请全国人民代表大会审查的预算报告和草案中，应当报告和反映提前下达部分新增地方政府债务限额的规模和分省、自治区、直辖市下达的情况。预算报告和草案经全国人民代表大会批准后，地方政府新增债务规模应当按照批准的预算执行。国务院应当采取措施，确保地方政府债务余额不得突破批准的限额。

本决定自 2019 年 1 月 1 日起施行。

全国人民代表大会常务委员会关于授权国务院在粤港澳大湾区内地九市开展香港法律执业者和澳门执业律师取得内地执业资质和从事律师职业试点工作的决定[1]

（2020 年 8 月 11 日第十三届全国人民代表大会常务委员会
第二十一次会议通过）

为促进粤港澳大湾区建设，发挥香港法律执业者和澳门执业律师的专业作用，第十三届全国人民代表大会常务委员会第二十一次会议决定：授权国务院在广东省广州市、深圳市、珠海市、佛山市、惠州市、东莞市、中山市、江门市、肇庆市开展试点工作，符合条件的香港法律执业者和澳门执业律师通过粤港澳大湾区律师执业考试，取得内地执业资质的，可以从事一定范围内的内地法律事务。具体试点办法由国务院制定，报全国人民代表大会常务委员会备案。试点期限为三年，自试点办法印发之日起算。试点期间，国务院要依法加强对试点工作的组织指导和监督检查，就试点情况向全国人大常委会作出报告。试点期满后，对

---

［1］ 中国人大网，http：//www.npc.gov.cn/npc/c30834/202008/2ab218efc1b14d79bb7ea9301bbfb3ea.shtml。

实践证明可行的，修改完善有关法律。

本决定自公布之日起施行。

全国人民代表大会常务委员会关于授权国务院在部分地区开展房地产税改革试点工作的决定[1]

（2021 年 10 月 23 日第十三届全国人民代表大会常务委员会第三十一次会议通过）

为积极稳妥推进房地产税立法与改革，引导住房合理消费和土地资源节约集约利用，促进房地产市场平稳健康发展，第十三届全国人民代表大会常务委员会第三十一次会议决定：授权国务院在部分地区开展房地产税改革试点工作。

一、试点地区的房地产税征税对象为居住用和非居住用等各类房地产，不包括依法拥有的农村宅基地及其上住宅。土地使用权人、房屋所有权人为房地产税的纳税人。非居住用房地产继续按照《中华人民共和国房产税暂行条例》、《中华人民共和国城镇土地使用税暂行条例》执行。

二、国务院制定房地产税试点具体办法，试点地区人民政府制定具体实施细则。国务院及其有关部门、试点地区人民政府应当构建科学可行的征收管理模式和程序。

三、国务院按照积极稳妥的原则，统筹考虑深化试点与统一立法、促进房地产市场平稳健康发展等情况确定试点地区，报全国人民代表大会常务委员会备案。

本决定授权的试点期限为五年，自国务院试点办法印发之日

---

〔1〕　中国人大网，http://www.npc.gov.cn/npc/kgfb/202110/0c62b16ed76f49799ee6454a8eba0a5d.shtml。

起算。试点过程中，国务院应当及时总结试点经验，在授权期限届满的六个月以前，向全国人民代表大会常务委员会报告试点情况，需要继续授权的，可以提出相关意见，由全国人民代表大会常务委员会决定。条件成熟时，及时制定法律。

本决定自公布之日起施行，试点实施启动时间由国务院确定。

第三节　关于授权国家监察委员会的决议决定

国家监察委员会是国家最高监察机关，制定监察法规是国家监察委员会履行宪法法律职责所需要的职权。我国宪法规定，监察委员会的组织和职权由法律规定。在立法法修改前，由全国人大常委会作出关于国家监察委员会制定监察法规的决定，是必要的，符合宪法和监察法的原则和精神。

全国人民代表大会常务委员会关于国家监察委员会制定监察法规的决定[1]

（2019 年 10 月 26 日第十三届全国人民代表大会常务委员会第十四次会议通过）

为了贯彻实施《中华人民共和国宪法》和《中华人民共和国监察法》，保障国家监察委员会依法履行最高监察机关职责，

---

[1]　中国人大网，http：//www. npc. gov. cn/npc/c30834/201910/911aed040a7948a3b2679568d6216140. shtml。

根据监察工作实际需要，第十三届全国人民代表大会常务委员会第十四次会议决定：

一、国家监察委员会根据宪法和法律，制定监察法规。

监察法规可以就下列事项作出规定：

（一）为执行法律的规定需要制定监察法规的事项；

（二）为履行领导地方各级监察委员会工作的职责需要制定监察法规的事项。

监察法规不得与宪法、法律相抵触。

二、监察法规应当经国家监察委员会全体会议决定，由国家监察委员会发布公告予以公布。

三、监察法规应当在公布后的三十日内报全国人民代表大会常务委员会备案。

全国人民代表大会常务委员会有权撤销同宪法和法律相抵触的监察法规。

四、本决定自 2019 年 10 月 27 日起施行。

第四节　关于授权"两高"的决议决定

党的十八届三中全会提出，建设法治中国，必须深化司法体制改革，加快建设公正高效权威的社会主义司法制度，维护人民权益。为支持和推动"两高"推进司法改革，全国人大常委会围绕优化司法职权配置、加强人权保障、提高司法能力、践行司法为民等重点适时作出决议决定，推动司法部门为经济发展和社会和谐稳定提供有力的司法保障。

全国人民代表大会常务委员会关于授权
最高人民法院、最高人民检察院在部分地区
开展刑事案件速裁程序试点工作的决定[1]

(2014 年 6 月 27 日第十二届全国人民代表大会常务委员会
第九次会议通过)

为进一步完善刑事诉讼程序，合理配置司法资源，提高审理刑事案件的质量与效率，维护当事人的合法权益，第十二届全国人民代表大会常务委员会第九次会议决定：授权最高人民法院、最高人民检察院在北京、天津、上海、重庆、沈阳、大连、南京、杭州、福州、厦门、济南、青岛、郑州、武汉、长沙、广州、深圳、西安开展刑事案件速裁程序试点工作。对事实清楚，证据充分，被告人自愿认罪，当事人对适用法律没有争议的危险驾驶、交通肇事、盗窃、诈骗、抢夺、伤害、寻衅滋事等情节较轻，依法可能判处一年以下有期徒刑、拘役、管制的案件，或者依法单处罚金的案件，进一步简化刑事诉讼法规定的相关诉讼程序。试点刑事案件速裁程序，应当遵循刑事诉讼法的基本原则，充分保障当事人的诉讼权利，确保司法公正。试点办法由最高人民法院、最高人民检察院制定，报全国人民代表大会常务委员会备案。试点期限为二年，自试点办法印发之日起算。

最高人民法院、最高人民检察院应当加强对试点工作的组织指导和监督检查。试点进行中，最高人民法院、最高人民检察院应当就试点情况向全国人民代表大会常务委员会作出中期报告。

---

〔1〕 中国人大网，http://www.npc.gov.cn/npc/c12489/201406/f1422d83468343d496d2e967d6b4f803.shtml。

试点期满后，对实践证明可行的，应当修改完善有关法律；对实践证明不宜调整的，恢复施行有关法律规定。

本决定自公布之日起施行。

全国人民代表大会常务委员会关于授权最高人民检察院在部分地区开展公益诉讼试点工作的决定[1]

（2015 年 7 月 1 日第十二届全国人民代表大会常务委员会第十五次会议通过）

为加强对国家利益和社会公共利益的保护，第十二届全国人民代表大会常务委员会第十五次会议决定：授权最高人民检察院在生态环境和资源保护、国有资产保护、国有土地使用权出让、食品药品安全等领域开展提起公益诉讼试点。试点地区确定为北京、内蒙古、吉林、江苏、安徽、福建、山东、湖北、广东、贵州、云南、陕西、甘肃十三个省、自治区、直辖市。人民法院应当依法审理人民检察院提起的公益诉讼案件。试点工作必须坚持党的领导、人民当家作主和依法治国的有机统一，充分发挥法律监督、司法审判职能作用，促进依法行政、严格执法，维护宪法法律权威，维护社会公平正义，维护国家利益和社会公共利益。试点工作应当稳妥有序，遵循相关诉讼制度的原则。提起公益诉讼前，人民检察院应当依法督促行政机关纠正违法行政行为、履行法定职责，或者督促、支持法律规定的机关和有关组织提起公益诉讼。本决定的实施办法由最高人民法院、最高人民检察院制定，报全国人民代表大会常务委员会备案。试点期限为二年，自本决定公布之日起算。

---

〔1〕　中国人大网，http：//www. npc. gov. cn/npc/c10134/201507/1b884f853d384b20a7cbd4d6945f5e4d. shtml。

最高人民法院、最高人民检察院应当加强对试点工作的组织指导和监督检查。试点进行中，最高人民检察院应当就试点情况向全国人民代表大会常务委员会作出中期报告。试点期满后，对实践证明可行的，应当修改完善有关法律。

本决定自公布之日起施行。

全国人民代表大会常务委员会关于授权最高人民法院、最高人民检察院在部分地区开展刑事案件认罪认罚从宽制度试点工作的决定[1]

（2016 年 9 月 3 日第十二届全国人民代表大会常务委员会
第二十二次会议通过）

为进一步落实宽严相济刑事政策，完善刑事诉讼程序，合理配置司法资源，提高办理刑事案件的质量与效率，确保无罪的人不受刑事追究，有罪的人受到公正惩罚，维护当事人的合法权益，促进司法公正，第十二届全国人民代表大会常务委员会第二十二次会议决定：授权最高人民法院、最高人民检察院在北京、天津、上海、重庆、沈阳、大连、南京、杭州、福州、厦门、济南、青岛、郑州、武汉、长沙、广州、深圳、西安开展刑事案件认罪认罚从宽制度试点工作。对犯罪嫌疑人、刑事被告人自愿如实供述自己的罪行，对指控的犯罪事实没有异议，同意人民检察院量刑建议并签署具结书的案件，可以依法从宽处理。试点工作应当遵循刑法、刑事诉讼法的基本原则，保障犯罪嫌疑人、刑事被告人的辩护权和其他诉讼权利，保障被害人的合法权益，维护

---

[1] 中国人大网，http：//www.npc.gov.cn/npc/c12489/201609/7c686912266348ba84d16e36e9b7c033.shtml。

社会公共利益，完善诉讼权利告知程序，强化监督制约，严密防范并依法惩治滥用职权、徇私枉法行为，确保司法公正。

最高人民法院、最高人民检察院会同有关部门根据本决定，遵循刑法、刑事诉讼法的基本原则，制定试点办法，对适用条件、从宽幅度、办理程序、证据标准、律师参与等作出具体规定，报全国人民代表大会常务委员会备案。试点期限为二年，自试点办法印发之日起算。

2014 年 6 月 27 日第十二届全国人民代表大会常务委员会第九次会议授权最高人民法院、最高人民检察院在上述地区开展的刑事案件速裁程序试点工作，按照新的试点办法继续试行。

最高人民法院、最高人民检察院应当加强对试点工作的组织领导和监督检查，保证试点工作积极、稳妥、有序进行。试点进行中，最高人民法院、最高人民检察院应当就试点情况向全国人民代表大会常务委员会作出中期报告。试点期满后，对实践证明可行的，应当修改完善有关法律；对实践证明不宜调整的，恢复施行有关法律规定。

本决定自 2016 年 9 月 4 日起施行。

全国人民代表大会常务委员会关于授权最高人民法院在部分地区开展民事诉讼程序繁简分流改革试点工作的决定[1]

（2019 年 12 月 28 日第十三届全国人民代表大会常务委员会
第十五次会议通过）

为进一步优化司法资源配置，推进案件繁简分流、轻重分

---

〔1〕　中国人大网，http：//www.npc.gov.cn/npc/c30834/201912/f5b96258cb2047ef9367b72f1c4e199d.shtml。

离、快慢分道，深化民事诉讼制度改革，提升司法效能，促进司法公正，第十三届全国人民代表大会常务委员会第十五次会议决定：授权最高人民法院在北京、上海市辖区内中级人民法院、基层人民法院，南京、苏州、杭州、宁波、合肥、福州、厦门、济南、郑州、洛阳、武汉、广州、深圳、成都、贵阳、昆明、西安、银川市中级人民法院及其辖区内基层人民法院，北京、上海、广州知识产权法院，上海金融法院，北京、杭州、广州互联网法院，就优化司法确认程序、完善小额诉讼程序、完善简易程序规则、扩大独任制适用范围、健全电子诉讼规则等，开展民事诉讼程序繁简分流改革试点工作。试点期间，试点法院暂时调整适用《中华人民共和国民事诉讼法》第三十九条第一款、第二款，第四十条第一款，第八十七条第一款，第一百六十二条，第一百六十九条第一款，第一百九十四条。试点工作应当遵循民事诉讼法的基本原则，充分保障当事人诉讼权利，促进提升司法效率，确保司法公正。试点具体办法由最高人民法院牵头研究制定，报全国人民代表大会常务委员会备案。试点期限为二年，自试点办法印发之日起算。

最高人民法院应当加强对试点工作的组织指导和监督检查。试点过程中，最高人民法院应当就试点情况向全国人民代表大会常务委员会作出中期报告。试点期满后，对实践证明可行的，应当修改完善有关法律；对实践证明不宜调整的，恢复施行有关法律规定。

本决定自 2019 年 12 月 29 日起施行。

全国人民代表大会常务委员会关于授权最高人民法院组织开展四级法院审级职能定位改革试点工作的决定[1]

（2021 年 8 月 20 日第十三届全国人民代表大会常务委员会第三十次会议通过）

为推动完善我国诉讼制度，明确四级法院审级职能定位，加强审级制约监督体系建设，优化司法资源配置，保障法律正确统一适用，第十三届全国人民代表大会常务委员会第三十次会议决定：

授权最高人民法院在本院和北京、天津、辽宁、上海、江苏、浙江、山东、河南、广东、四川、重庆、陕西 12 个省、直辖市的人民法院组织开展四级法院审级职能定位改革试点工作，就完善民事、行政案件级别管辖制度，完善案件管辖权转移和提级审理机制，完善民事、行政再审申请程序和标准，完善最高人民法院审判权力运行机制等内容开展改革试点。试点期间，试点法院暂时调整适用《中华人民共和国民事诉讼法》第一百九十九条，《中华人民共和国行政诉讼法》第十五条、第九十条。试点工作应当遵循有关诉讼法律的基本原则，充分保障当事人的诉讼权利，坚持依法纠错与维护生效裁判权威相统一，确保司法公正。试点具体办法由最高人民法院组织研究制定，报全国人民代表大会常务委员会备案。试点期限为二年，自试点办法印发之日起算。

---

[1]　中国人大网，http：//www.npc.gov.cn/npc/c30834/202108/a7c5d80bbb764f5f89f1409a74a681ff.shtml。

最高人民法院应当加强对试点工作的组织指导和监督检查。试点过程中，最高人民法院应当就试点情况向全国人民代表大会常务委员会作出中期报告。试点期满后，对实践证明可行的，应当修改完善有关法律；对实践证明不宜调整的，恢复施行有关法律规定。

本决定自公布之日起施行。

第五节　关于授权地方政府的决议决定

为支持部分地方政府加大改革开放力度，为深化全国改革和开放发挥领头羊作用，全国人大及其常委会根据实际工作需要，通过作出决议决定，直接授权地方根据有关的法律、法令、政策规定的原则，按照地方的具体情况和实际需要，制定法规或单行法规，依法推进改革和开放。

全国人民代表大会常务委员会关于授权广东省、福建省人民代表大会及其常务委员会制定所属经济特区的各项单行经济法规的决议

（1981 年 11 月 26 日第五届全国人民代表大会常务委员会第二十一次会议通过）

第五届全国人民代表大会常务委员会第二十一次会议审议了国务院关于建议授权广东省、福建省人民代表大会及其常务委员会制定所属经济特区的各项单行经济法规的议案，会议认为，为

了使广东省、福建省所属经济特区的建设顺利进行，使特区的经济管理充分适应工作需要，更加有效地发挥经济特区的作用，决定：授权广东省、福建省人民代表大会及其常务委员会，根据有关的法律、法令、政策规定的原则，按照各该省经济特区的具体情况和实际需要，制定经济特区的各项单行经济法规，并报全国人民代表大会常务委员会和国务院备案。

第七届全国人民代表大会第一次会议关于建立海南经济特区的决议[1]

（1988 年 4 月 13 日第七届全国人民代表大会第一次会议通过）

第七届全国人民代表大会第一次会议审议了国务院关于建立海南经济特区的议案，决定：一、划定海南岛为海南经济特区。二、授权海南省人民代表大会及其常务委员会，根据海南经济特区的具体情况和实际需要，遵循国家有关法律、全国人民代表大会及其常务委员会有关决定和国务院有关行政法规的原则制定法规，在海南经济特区实施，并报全国人民代表大会常务委员会和国务院备案。

全国人民代表大会关于国务院提请审议授权深圳市制定深圳经济特区法规和规章的议案的决定

（1989 年 4 月 4 日第七届全国人民代表大会第二次会议通过）

第七届全国人民代表大会第二次会议审议了国务院提请授权

---

[1] 国家法律法规数据库，https：//flk. npc. gov. cn/detail2. html？ZmY4MDgwODE3NzdkMG M5NDAxNzc4NDNkZWJmNjA4NDY%3D。

1041

深圳市人民代表大会及其常务委员会和深圳市人民政府分别制定深圳经济特区法规和深圳经济特区规章的议案，决定：授权全国人民代表大会常务委员会在深圳市依法选举产生市人民代表大会及其常务委员会后，对国务院提出的上述议案进行审议，作出相应决定。

全国人民代表大会常务委员会关于授权深圳市人民代表大会及其常务委员会和深圳市人民政府分别制定法规和规章在深圳经济特区实施的决定

（1992 年 7 月 1 日第七届全国人民代表大会常务委员会第二十六次会议通过）

根据《第七届全国人民代表大会第二次会议关于国务院提请审议授权深圳市制定深圳经济特区法规和规章的议案的决定》，第七届全国人民代表大会常务委员会第二十六次会议审议了国务院关于提请授权深圳市人民代表大会及其常务委员会和深圳市人民政府分别制定深圳经济特区法规和深圳经济特区规章的议案，决定授权深圳市人民代表大会及其常务委员会根据具体情况和实际需要，遵循宪法的规定以及法律和行政法规的基本原则，制定法规，在深圳经济特区实施，并报全国人民代表大会常务委员会、国务院和广东省人民代表大会常务委员会备案；授权深圳市人民政府制定规章并在深圳经济特区组织实施。

全国人民代表大会关于授权厦门市人民代表大会及其常务委员会和厦门市人民政府分别制定法规和规章在厦门经济特区实施的决定

（1994 年 3 月 22 日第八届全国人民代表大会第二次会议通过）

第八届全国人民代表大会第二次会议审议了福建省袁启彤等 36 名全国人大代表在八届全国人大一次会议上提出的关于授权厦门市人大及其常委会和厦门市政府分别制定法规和规章的议案，决定授权厦门市人民代表大会及其常务委员会根据经济特区的具体情况和实际需要，遵循宪法的规定以及法律和行政法规的基本原则，制定法规，在厦门经济特区实施，并报全国人民代表大会常务委员会、国务院和福建省人民代表大会常务委员会备案；授权厦门市人民政府制定规章并在厦门经济特区组织实施。

全国人民代表大会关于授权汕头市和珠海市人民代表大会及其常务委员会、人民政府分别制定法规和规章在各自的经济特区实施的决定

（1996 年 3 月 17 日第八届全国人民代表大会第四次会议通过）

第八届全国人民代表大会第四次会议决定：授权汕头市和珠海市人民代表大会及其常务委员会根据经济特区的具体情况和实际需要，遵循宪法的规定以及法律和行政法规的基本原则，制定法规，分别在汕头和珠海经济特区实施，并报全国人民代表大会常务委员会、国务院和广东省人民代表大会常务委员会备案；授

权汕头市和珠海市人民政府制定规章并分别在汕头和珠海经济特区组织实施。

全国人民代表大会常务委员会关于授权上海市人民代表大会及其常务委员会制定浦东新区法规的决定[1]

(2021 年 6 月 10 日第十三届全国人民代表大会常务委员会
第二十九次会议通过)

第十三届全国人民代表大会常务委员会第二十九次会议审议了国务院关于提请审议《关于授权上海市人民代表大会及其常务委员会制定浦东新区法规的决定(草案)》的议案。为建立完善与支持浦东大胆试、大胆闯、自主改相适应的法治保障体系,推动浦东新区高水平改革开放,打造社会主义现代化建设引领区,第十三届全国人民代表大会常务委员会第二十九次会议决定:

一、授权上海市人民代表大会及其常务委员会根据浦东改革创新实践需要,遵循宪法规定以及法律和行政法规基本原则,制定浦东新区法规,在浦东新区实施。

二、根据本决定制定的浦东新区法规,应当依照《中华人民共和国立法法》的有关规定分别报全国人民代表大会常务委员会和国务院备案。浦东新区法规报送备案时,应当说明对法律、行政法规、部门规章作出变通规定的情况。

三、本决定自公布之日起施行。

---

[1] 中国人大网,http://www.npc.gov.cn/npc/c30834/202106/9566bd58b477461483314c22ce449015.shtml。

第六节　关于授权特别行政区的决定

为更好地发挥香港、澳门特别行政区的带动作用，促进内地与香港、澳门特别行政区交往，解决内地和特别行政区之间日益密切合作面临的法律和制度障碍，全国人大常委会作出决议决定，授权特别行政区对内地部分地区一定的管辖权，支持特别行政区依法推进与内地的密切合作和共同发展。

全国人民代表大会常务委员会关于授权
香港特别行政区对深圳湾口岸港方口岸区
实施管辖的决定

(2006 年 10 月 31 日第十届全国人民代表大会常务委员会
第二十四次会议通过)

第十届全国人民代表大会常务委员会第二十三次会议审议了国务院关于提请审议授权香港特别行政区对深圳湾口岸港方口岸区实施管辖的议案，第二十四次会议审议了关于授权香港特别行政区对深圳湾口岸港方口岸区实施管辖的决定（草案）。会议认为，为了缓解内地与香港特别行政区交往日益增多带来的陆路通关压力，适应深圳市与香港特别行政区之间交通运输和便利通关的客观要求，促进内地和香港特别行政区之间的人员交流和经贸往来，推动两地经济共同发展，在深圳湾口岸内设立港方口岸区，专用于人员、交通工具、货物的通关查验，是必要的。全国人民代表大会常务委员会决定：

一、授权香港特别行政区自深圳湾口岸启用之日起，对该口岸所设港方口岸区依照香港特别行政区法律实施管辖。

香港特别行政区对深圳湾口岸港方口岸区实行禁区式管理。

二、深圳湾口岸港方口岸区的范围，由国务院规定。

三、深圳湾口岸港方口岸区土地使用期限，由国务院依照有关法律的规定确定。

全国人民代表大会常务委员会关于授权澳门特别行政区对设在横琴岛的澳门大学新校区实施管辖的决定

（2009 年 6 月 27 日第十一届全国人民代表大会常务委员会第九次会议通过）

第十一届全国人民代表大会常务委员会第九次会议审议了国务院关于提请审议授权澳门特别行政区对横琴岛澳门大学新校区实施管辖的议案。全国人民代表大会常务委员会决定：

一、授权澳门特别行政区自横琴岛澳门大学新校区启用之日起，在本决定第三条规定的期限内对该校区依照澳门特别行政区法律实施管辖。

横琴岛澳门大学新校区与横琴岛的其他区域隔开管理，具体方式由国务院规定。

二、横琴岛澳门大学新校区位于广东省珠海市横琴口岸南侧，横琴岛环岛东路和十字门水道西岸之间，用地面积为 1.0926 平方千米。具体界址由国务院确定。

在本决定第三条规定的期限内不得变更该校区土地的用途。

三、澳门特别行政区政府以租赁方式取得横琴岛澳门大学新校区的土地使用权，租赁期限自该校区启用之日起至 2049 年 12 月 19 日止。租赁期限届满，经全国人民代表大会常务委员会决定，可以续期。

参考书目

［1］《马克思恩格斯全集》，人民出版社 1956 年版。

［2］《马克思恩格斯选集》，人民出版社 1995 年版。

［3］《列宁全集》，人民出版社 1995 年版。

［4］《毛泽东文集》，人民出版社 1999 年版。

［5］王汉斌主编：《人民代表大会制度文献集成》，中国民主法制出版社 2016 年版。

［6］全国人大常委会办公厅、中共中央文献研究室编：《人民代表大会制度重要文献选编》（全四册），中国民主法制出版社 2015 年版。

［7］中国人大网—权威发布—决议决定，http：//www. npc. gov. cn/npc/c12489/list. shtml。

［8］中央政府门户网站，http：//www. gov. cn/。

［9］国家法律法规数据库，https：//flk. npc. gov. cn/index. html。

［10］蔡定剑：《中国人民代表大会制度》（第四版），法律出版社 2003 年版。

［11］陈斯喜：《人民代表大会制度概论》，中国民主法制出版社 2016 年版。

［12］李伯钧：《人大代表依法履职实用手册》，中国民主法制出版社 2016 年版。

［13］何俊志：《从苏维埃到人民代表大会制——中国共产党关于现代代议制的构想与实践》，复旦大学出版社 2011 年版。

［14］张牢生主编：《地方国家权力机关决定权研究》，中国民主法制出版社 2004 年版。

［15］田自勇：《人民代表大会重大事项决定权制度研究》，河北师范大学 2014 年博士学位论文。

［16］李婷：《论人民主权思想的发展脉络——从卢梭到马克思》，南京师范大学 2014 年博士学位论文。

［17］刘素峰：《人民代表大会制度对马克思主义国家学说的继承和发展》，江西师范大学 2010 年硕士学位论文。

［18］杨振：《全国人大常委会的决定权研究》，大连海事大学 2020 年硕士论文。

丛书后记

我国的人民代表大会制度，是中国共产党领导人民在长期革命斗争中创造的一种新的政权组织形式。1949 年 9 月 29 日，中国人民政治协商会议第一届全体会议通过的《中国人民政治协商会议共同纲领》提出："中华人民共和国的国家政权属于人民。人民行使国家政权的机关为各级人民代表大会和各级人民政府。"人民代表大会制度由此确定。1949 年至 1954 年 8 月，从中国人民政治协商会议和地方各界人民代表会议向各级人民代表大会过渡。1954 年 9 月，第一届全国人民代表大会第一次会议召开，我国人民代表大会制度建立。至今，人民代表大会制度走过了 70 年，回顾这 70 年历程，从 1954 年到 1966 年人民代表大会制度全面确立并曲折发展；"文化大革命"的 10 年，人民代表大会制度遭受严重破坏；从粉碎"四人帮"特别是党的十一届三中全会开始，人民代表大会制度得到恢复和进一步健全，人大工作取得重大进展。党的十八大以来，我们党立足新的历史方位，深刻把握我国社会主要矛盾发生的新变化，积极回应人民群众对民主法治的新要求新期盼，着力推进国家治理体系和治理能力现代化，健全人民当家作主制度体系，加强基层政权建设，改进人大代表工作，人大工作取得历史性成就，人民代表大会制度更加成熟、更加定型。

《中国特色社会主义根本政治制度——人民代表大会制度纪实》丛书，则是尽可能通过整理历史文献的方式，记录和展现人民代表大会制度确立、曲折发展、不断健全、逐步成熟、完善定型的制度发展和人大工作全貌。项目实施过程，是回顾中国特色社会主义根本政治制度逐渐完善的过程，是汇集70年来历代人大工作者工作成就和艰辛探索的过程。同时，也是编写团队记录、整理、学习，以及勤奋耕耘的过程。该丛书具体构成和分工如下：

《人民代表大会制度引论》，万其刚著；《人民代表大会制度发展历程》，万其刚著；《人大选举制度和任免制度》，徐丛华著；《人大立法制度》，主编：张生，副主编：刘舟祺、邹亚莎、罗冠男；《人大代表工作制度》，章林、李跃乾、刘福军、王仰飞编著；《人大讨论决定重大事项制度》，任佩文、吴克非、王亚楠编著；《人大监督制度》，吉卫国著；《人大会议制度》，陈家刚、蔡金花、隋斌斌著；《人大对外交往工作》，王柱国、陈佳美思、庞明、刘亚宁编著；《人大自身建设》，唐亮、万恒易、梁明编著；《人大选举和任免工作纪实》，主编：任佩文，副主编：王亚楠；《人大代表工作纪实》，主编：任佩文，副主编：吴克非；《人大会议工作纪实（目录）》，主编：李正斌，副主编：高翯；《人大立法工作纪实（目录）》，主编：曾庆辉，副主编：邱晶；《人大监督工作纪实（目录）》，主编：曾庆辉，副主编：邱晶。

上述作者分别来自全国人大、北京市人大、安徽省人大、兰州市人大、人民代表报、中国社会科学院法学所、北京联合大学、西安交通大学、西北师范大学、江西师范大学、中共广东省委党校等单位，既有一直从事人大制度研究的学者，也有长期从事人大工作的实务工作者。

限于出版篇幅，丛书暂未收录地方人大相关文献；同时，适应出版新形态的需要，部分工作纪实将目录纸质出版，具体内容同步以数据库方式出版。参与数据库编纂工作的人员有杨积堂、周小华、王维国、崔英楠、曾庆辉、邱晶、李正斌、高嚣、王柱国、陈佳美思、庞明、刘亚宁、任佩文、吴克非、王亚楠、刘宇、周悦、曹倩、赵树荣、姜素兰、王岩、魏启秀、沙作金、马磊、张新勇、李少军、喻思敏、钟志龙、王婷、邱纪贤、钮红然、祝蓉、陈敏、杨世禹、常晓璐、周义、王乔松、梅润生、杨娇、周鹏、李俊、杨蕙铭、徐博智、于淼、陈东红、冯兆惠、石亚楠等同志。丛书由杨积堂和吴高盛担任执行总主编并负责统稿。

"中国特色社会主义根本政治制度——人民代表大会制度纪实"是所有参与人员努力协作的成果，由于时间跨度大，内容交叉多，为了尽可能反映70年来人大工作的全貌，各部分作者之间反复进行沟通、协调，力求内容准确全面，同时尽可能避免重复。在编写过程中，每一位作者、编辑都倾尽全力，以高度的责任感和使命感投入工作，翻阅了大量文献资料，进行了深入研究与探讨。虽然我们已竭尽全力，但深知丛书一定存在不足之处，我们期待着读者的反馈与建议，以便在未来不断改进和完善。

在丛书即将出版之际，我们要特别感谢全国人大图书馆为文献查阅提供的帮助和支持，感谢北京联合大学人民代表大会制度研究所从选题策划到最终编写全过程给予的大力支持。中国民主法制出版社刘海涛社长、贾兵伟副总经理带领团队，对丛书编写、审读、编辑、出版的每一个环节给予严谨的指导和热忱的帮助，责任编辑张霞、负责数据库开发的翟锦严谨、敬业，在此一并表达敬意和感谢。

习近平总书记强调："人民代表大会制度，坚持中国共产党领导，坚持马克思主义国家学说的基本原则，适应人民民主专政的国体，有效保证国家沿着社会主义道路前进。人民代表大会制度，坚持国家一切权力属于人民，最大限度保障人民当家作主，把党的领导、人民当家作主、依法治国有机统一起来，有效保证国家治理跳出治乱兴衰的历史周期率。人民代表大会制度，正确处理事关国家前途命运的一系列重大政治关系，实现国家统一高效组织各项事业，维护国家统一和民族团结，有效保证国家政治生活既充满活力又安定有序。"值此全国人民代表大会成立70周年之际，我们希望这套丛书能够为人民代表大会制度研究和实务工作的更好开展尽绵薄之力，把国家根本政治制度坚持好、完善好、运行好、宣传好，努力开创人大工作新局面。

编　者